U0787706

大丰年鉴

盐城市大丰区地方志编纂委员会办公室 编

方志出版社

2021

图书在版编目（CIP）数据

大丰年鉴. 2021 / 盐城市大丰区地方志编纂委员会办公室编. -- 北京 ： 方志出版社，2021.11
ISBN 978-7-5144-4983-9

Ⅰ. ①大… Ⅱ. ①盐… Ⅲ. ①大丰—2021—年鉴
Ⅳ. ①Z525.34

中国版本图书馆CIP数据核字（2021）第252859号

大丰年鉴（2021）

编　　者：盐城市大丰区地方志编纂委员会办公室
责任编辑：徐　宏
封面设计：钱锡军　周古凯

出 版 者：方志出版社
地址　北京市朝阳区潘家园东里9号（国家方志馆4层）
邮编　100021
网址　http://www.zgfzcb.cn
发　　行：方志出版社图书经销中心
电话（010）67110500
经　　销：各地新华书店
印　　刷：南京凯德印刷有限公司

开　　本：880×1230　1/16
印　　张：27.25
字　　数：783千字
版　　次：2021年11月第1版　2021年11月第1次印刷
印　　数：0001~1200册

ISBN 978-7-5144-4983-9　定价：398.00元

·版权所有　翻印必究·

大丰年鉴（2021）编辑委员会

主　　任　陈允春　卫爱军

副 主 任　顾　斌　沈旭峰　陈小龙　马沈春　钱锡军

编　　委　周剑飞　奚　俊　倪卫华　刘洪芳　丁彩前

　　　　　陈一青　朱晓华

主　　编　钱锡军

副 主 编　周剑飞　奚　俊

编　　辑　刘洪芳　丁彩前　陈一青　朱晓华　谢竹青

　　　　　於晨婷　董　艺

特约审稿　杨长国

图片编辑　周古凯

地图编制　盐城市大丰区民政局

　　　　　江苏星月测绘科技股份有限公司

编 辑 部　地　址　江苏省盐城市大丰区飞达东路 100 号

　　　　　邮　编　224100

　　　　　电　话　（0515）87033270

　　　　　电　邮　dsbnjk@163.com

《大丰年鉴（2021）》手机版

大丰年鉴（2021）撰稿人员

（按姓氏笔画为序）

丁正华	丁虎翼	丁　旺	丁荣喜	王云霄	王中杰	王　宁	王军勇
王志伟	王国生	王明娟	王淑君	王　琨	王　颖	韦礼和	韦　伟
尤　勇	仇　勇	方振宇	尹思雨	卢　笙	卢　鹏	冯银山	吉中旭
毕少东	吕秀凤	朱红军	朱良军	朱　峰	朱爱凤	朱梅影	仲维华
任婷婷	刘　波	刘亚琴	刘晓生	刘新奇	刘　源	孙　勇	孙晓晨
杜　鹃	李亚庆	李进成	李林珅	杨小杰	杨开轩	杨进东	杨利平
杨　松	杨雨培	杨　波	杨怡琴	杨燕倩	束冬梅	束秋莲	吴中锋
吴　荣	吴　洋	吴海燕	吴蒙郡	吴耀庭	何　颖	佘飞飞	汪　倩
汪　锋	沈金高	沈莉莉	沈　滢	宋　鹏	张　丰	张　平	张　冲
张　庆	张素萍	张莉霞	张　晨	张敏弛	张　斌	张源倍	张　慧
张　燕	陆仁德	陆玉婷	陆建丰	陆逢春	陈　白	陈永斌	陈　刚
陈伟琴	陈志伟	陈　杭	陈征涛	陈　怡	陈桂官	陈晓波	陈晓睿
陈涛平	陈　浩	陈　萍	陈　晨	陈雯婷	陈鹤飞	陈　赟	陈　璐
英　俐	范　燕	郁筱瑶	季明姝	金伟杰	周汉明	周　荣	周剑宇
周海宁	周　斌	郑　杏	单　振	胡　静	胡　榕	施　勇	姜晓东
秦红卫	袁康勇	耿　健	夏　伟	夏晓霞	夏萍萍	顾龙海	顾　丽
顾　蓉	顾春艳	顾晨澂	顾　清	顾鹏贵	钱　澍	徐巳力	徐巳力
高伟伟	高　宇	高建星	高　峰	郭　璐	唐　欢	唐佳莉	黄启明
黄　宙	黄素华	崔跃兵	康东升	葛顺明	程玉杰	储　斌	谢竹青
谢　杨	蔡卫平	蔡根青	管慧静	熊　铮	潘　丰	薛丹丹	

编辑说明

一、《大丰年鉴》是由盐城市大丰区人民政府主办，盐城市大丰区地方志编纂委员会办公室负责编纂的地方综合年鉴。2000年创刊，一年一刊，本卷为第22卷。

二、《大丰年鉴(2021)》以马克思列宁主义、毛泽东思想、邓小平理论、“三个代表”重要思想、科学发展观、习近平新时代中国特色社会主义思想为指导，坚持辩证唯物主义和历史唯物主义的立场、观点和方法，旨在全面系统地记述大丰区2020年度自然、政治、经济、文化、社会、生态建设等方面的基本情况，客观真实地反映全区各行各业取得的新成就、新经验以及需要解决的新矛盾和新问题，为各级各部门科学决策提供参考依据，为社会各界了解大丰、研究大丰提供资料信息、为编修地方史志积累地情史料。

三、《大丰年鉴(2021)》采用条目式纪事体，分类编撰。基本结构分为类目、分目、条目三个层次，以条目为主要载体，标题用【 】标出。全书设大丰概况、中共盐城市大丰区委员会、盐城市大丰区人民代表大会、盐城市大丰区人民政府、政协盐城市大丰区委员会、中共盐城市大丰区纪律检查委员会·盐城市大丰区监察委员会、群众团体、法治、军事、沿海开发、开放型经济、区园建设、经济管理与监督、农业、工业、商贸服务业、建筑业·房地产业、金融、城镇建设、水利、旅游·麋鹿保护、交通·邮电·供电、生态环境、科学技术、教育、文化、卫生健康、体育、社会生活、人力资源·社会保障、公共安全、镇·街道、驻丰农场、人物，共34个类目、256个分目，收录条目1375条、表68个。

四、《大丰年鉴(2021)》记述起讫时间原则上为2020年1月1日至2020年12月31日；但在“人物”类目和“附录”类目的个别内容中，选用了2021年的资料，以保证年鉴资料的完整性和时效性。

五、《大丰年鉴(2021)》采用的文字材料，大部分是由各镇(街道)、各部门提供，并经单位领导审阅。文中所列数据，由于统计口径不同，少数数据略有差异，请读者注意，并以区统计局提供的年度统计资料为准。

六、《大丰年鉴(2021)》卷首有正文目录；卷末有按汉语拼音音序编排的内容分析索引，以方便读者查考。

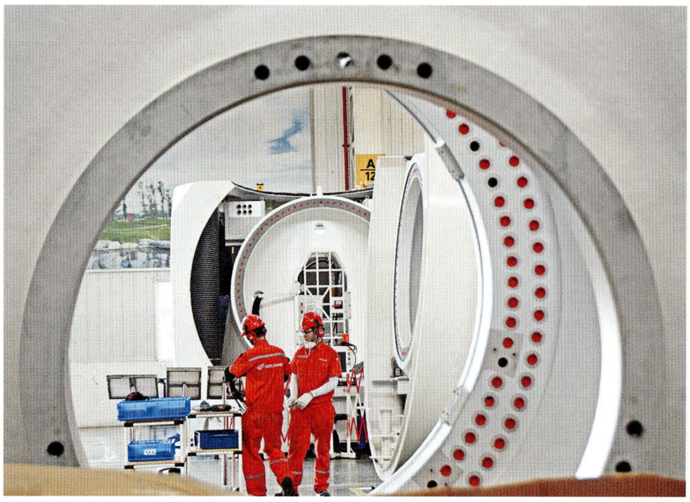

转型升级　“十三五”期末，大丰区战略性新兴产业开票销售295.1亿元，占规模以上工业比重31.2%；海上风电总装机容量占盐城市近50%。金光、中化两个世界500强企业重组并购项目全面落地。国家高新技术企业总数超150家、是“十二五”期末的3倍；建成国家级企业技术中心4家、占全市一半。　邱　鹏　周古凯　摄

HANNA
KINGSTOWN
SMLC

沿海开发　“十三五”期间，大丰港入列盐城港“一港四区”组团，对韩主要港口集装箱航线全覆盖，实现“沪丰通”通关模式。大丰港铁路支线开工，10万吨级深水航道建成。中韩（盐城）产业园临港产业配套区扎实推进，B型保税物流中心封关运行。

周古凯　董　溪　摄

光明定食

光明粮食科技产业园

接轨上海　“十三五”期间，沪苏大丰产业联动集聚区被纳入国家《长江三角洲区域一体化发展规划纲要》和江苏省、上海市实施方案，常盐工业园在全省45个南北共建园区中位列第一方阵。　邱　鹏　周古凯　摄

城市建设　“十三五”期末，大丰区城镇化率64%，较“十二五”期末提高6.2个百分点，与大市区一同创成全国文明城市。中交美庐城、吾悦广场建成营业，市民服务中心、文化会展中心、图书馆新馆投入使用。图为正在建设中的城西楼群一角　　周古凯　摄

文明实践站
新时代
水美乡村

全国文明村镇
全国乡村旅游重点村

乡村振兴　“十三五”期间，大丰区新建新型农村社区21个，改善农房9979户，被表彰为苏北农房改善工作绩效评价优秀县（市、区）。建成省特色田园乡村9个、数量苏北第一。恒北村、全心村、狮子口村被评为全国文明村。　卢日伟　邱　鹏　周古凯　摄

绿色生态　“十三五”期末，大丰区$PM_{2.5}$浓度均值为30.9微克/立方米；空气质量优良天数比率85%。国省考断面水质达标率及优Ⅲ比例、国控入海河流断面水质达标率均为100%。全面加强湿地保护，为盐城黄海湿地成功申遗作出重大贡献。建成国家级节水型社会建设达标县（市、区）。国家级生态镇实现全覆盖，创成省级生态文明建设示范镇4个、示范村7个。　周古凯　摄

创客
AIRPLANE

民生幸福　“十三五”期末，大丰区城乡居民养老保险基础养老金标准苏北最高，企业退休人员人均养老金水平盐城各县（市、区）第一。新水源地及引水工程大丰支线竣工通水，彻底解决饮水安全问题。新建中小学3所、幼儿园11所，新增四星级高中2所。　严正东　邱　鹏　周古凯　摄

2020年12月30日，盐通铁路盐城大丰站正式建成运营，大丰由此迈入“高铁时代”。其总建筑面积为23610平方米，站房建筑面积14982平方米，站场规模为2台4线。站前广场建筑面积5.6万平方米，景观及河岸绿化面积5.9万平方米。　　　　卢日伟　周古凯　何绍丰　摄

盐城大丰站

2020年11月27日，盐通高铁试运行。其大丰段总长36.93千米，途径新丰、刘庄、大中、西团、白驹、草堰等镇和街道。　　　　周古凯　摄

2020年12月26日，连接大丰城区和盐城大丰站的沪丰大道通过交工验收。道路全长8.9千米，其中东西长5.3千米，为双向六车道一级公路；南北长3.6千米，为双向六车道城市主干道。　　周古凯　摄

2020年11月6日，总投资16亿元的大丰吾悦广场城市综合体盛大开业。周古凯　摄

wuyue
吾悦广场
盐城
大丰
大丰吾悦广场
11.06
盛大启幕
GRAND OPENING

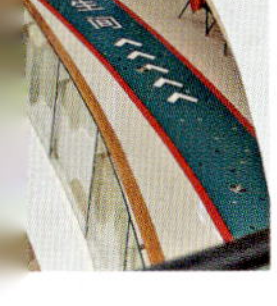

wuyue 吾悦广场
wuyue
吾悦广场
盐城
大丰
大丰吾悦广场
11.06
盛大启幕
GRAND OPENING

2020年8月19日，大丰区城东农贸市场正式启用。该市场建筑面积1.1万平方米，在全区首家拥有中央空调和新风系统、人行电梯，并配备大数据电子秤、信息中心、质量检测中心，同时拥有能容纳近100个车位的顶层停车场。

周古凯　摄

东农贸市场
BRUCE LEE

Ocean world
海洋世界

中華水滸園

2020年12月17日，文化和旅游部公布第二批国家全域旅游示范区名单，大丰区在盐城市率先上榜，成为全市第一个“国家全域旅游示范区”。 周古凯 摄

春

春
春
春

2020年1月17日，第二届秦淮·大丰梅花湾新春灯会举行亮灯仪式。此次灯会举办时间为1月25日至2月29日。

董 溪 陈国民 周古凯 摄

2020年3月28日，大丰荷兰花海郁金香文化月开幕。　　周古凯　摄

大丰 · 让花海告诉世界

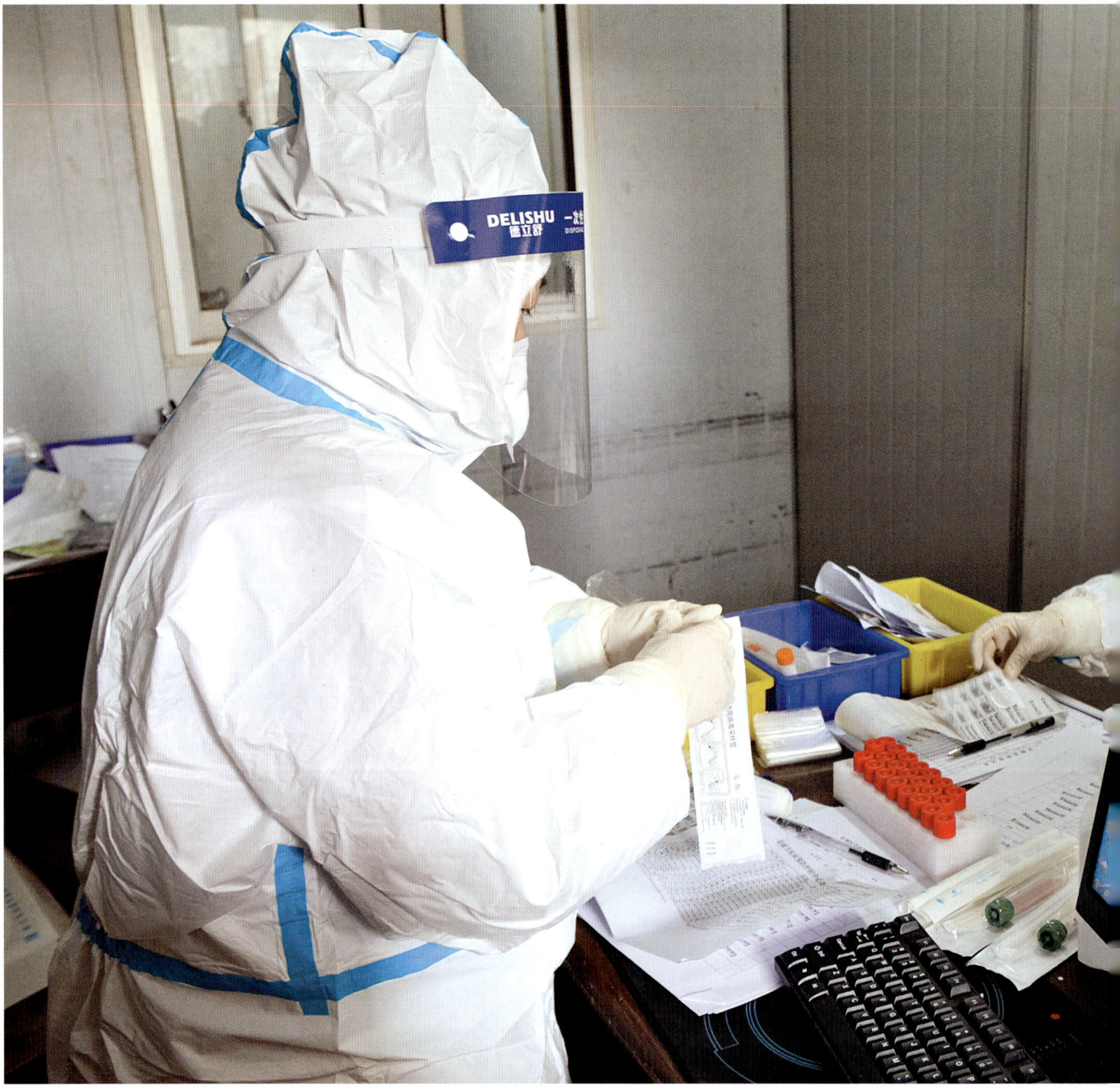
DELISHU
德立舒

医疗废物
JMC
江铃 顺达
POLICE

我刚回大桥
了你我的健康，改日再聚！
观察时间：

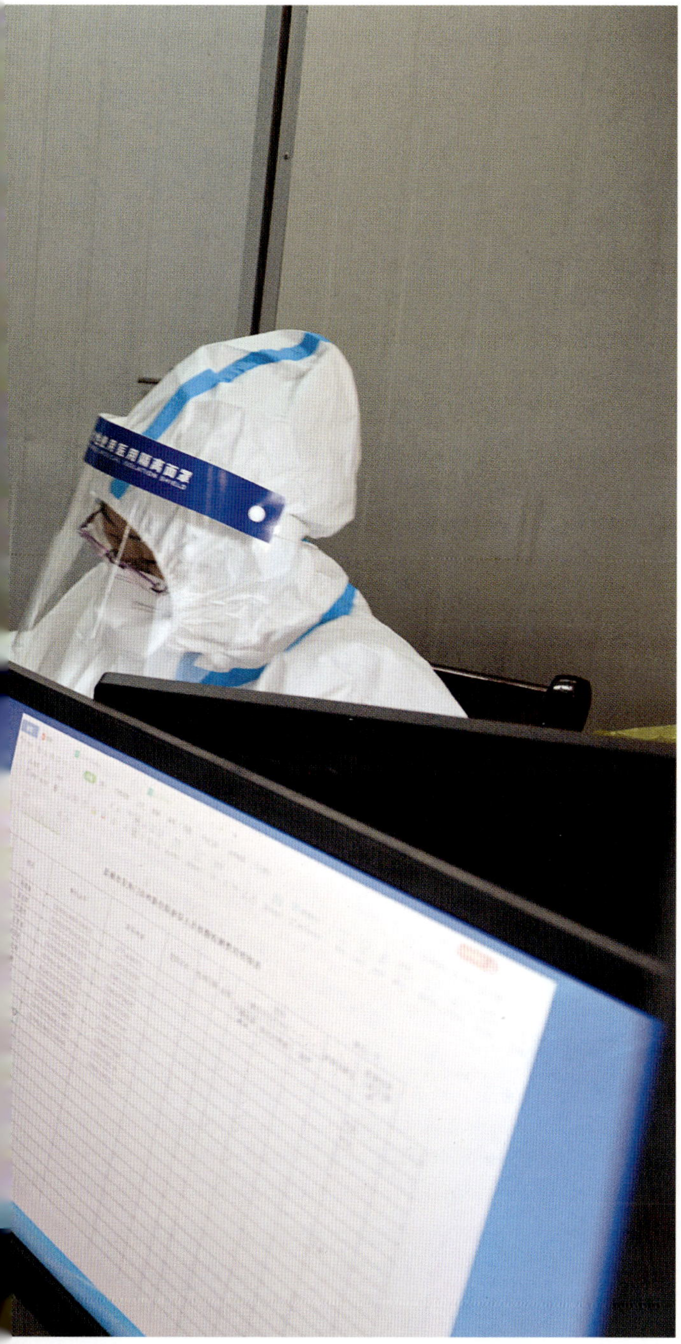

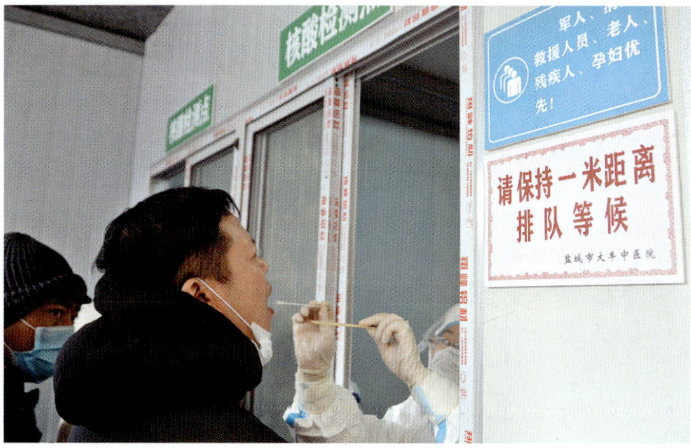

2020年，在新冠肺炎疫情防控期间，大丰区按照上级部门的部署要求，结合大丰实际，依法实行科学的防控措施，保障人民群众的身体健康和生命安全。

严正东　周左人　王正平　董华鸿　卢日伟　摄

2020年2月，大丰区新冠肺炎疫情防控工作处于关键时期，全区上下众志成城，全力做好疫情防控工作，切断病毒传播途径，遏制疫情蔓延势头，切实保障了全区广大居民身体健康。　严正东　摄

2020年2月11日，由大丰人民医院和中医院16名医护人员组成的医疗队赶赴湖北省黄石市阳新县，开展新冠肺炎医疗救治工作。至3月17日，阳新县最后一名新冠肺炎患者治愈出院，他们坚守到最后一班岗。3月20日晚8点30分，医疗队员们平安回到大丰。 黄一百　丰医战队　供图

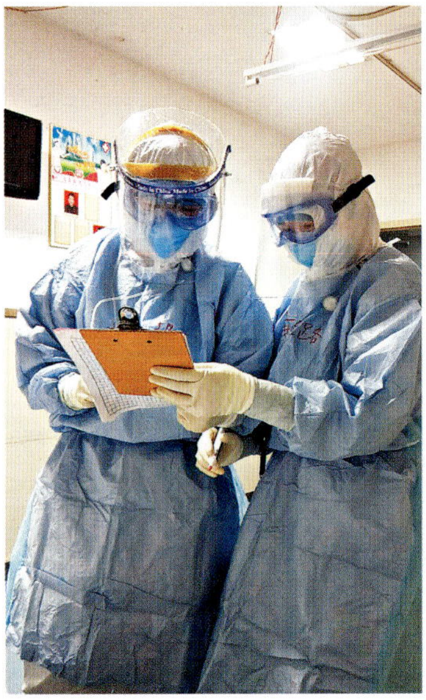

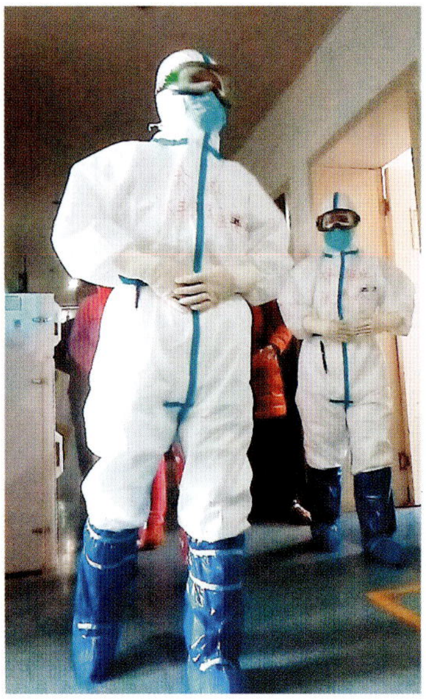

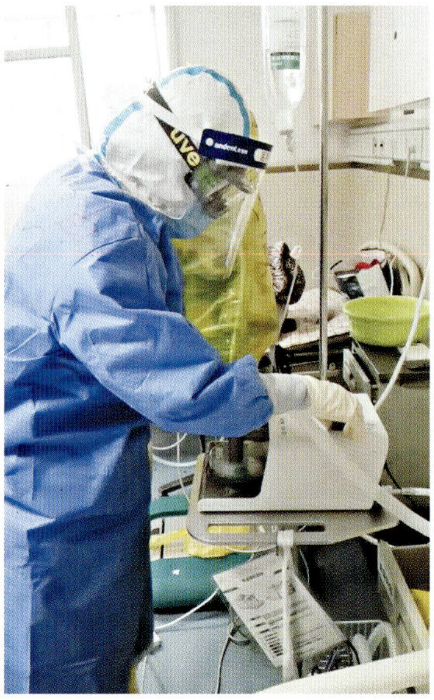

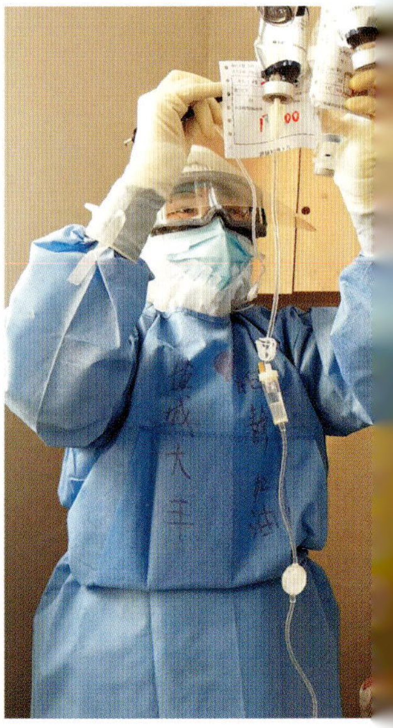

谢谢你，为我们拼过命！
江苏
致敬英雄
阳新县欢送江苏省援助医疗队仪式

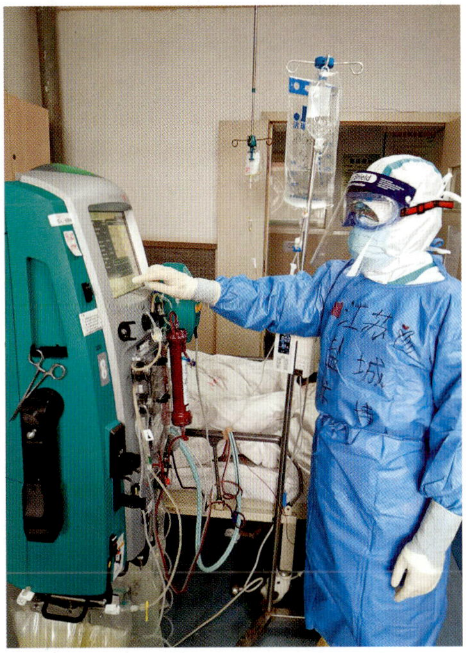

求真 向善 立美
教真 扬善 育美

江苏省大丰高级中学 020年春学期开学典礼

七步洗手法
七步洗手法

根据盐城市统一部署安排，大丰区各类学校自2020年3月30日起分批次、错峰开学。 单汉江　周古凯　摄

战疫情赶工期 周左人摄

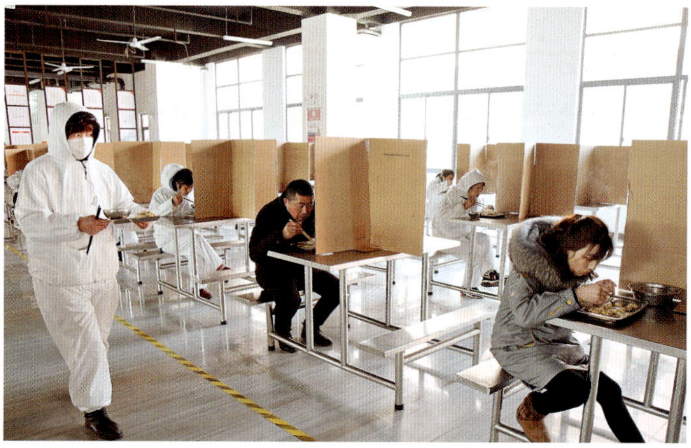

2020年2月，大丰区有力有序组织企业复产复工，促进经济社会平稳健康运行。

陆　军　王　越　晁心华　周左人　摄

2020年10月9日，纪念八路军新四军会师80周年活动在大丰区白驹镇狮子口会师纪念地举行。该活动由盐城市新四军研究会主办，大丰区委宣传部、区委党史办承办。

单培泉　董汝涛　摄

《大丰年鉴》要目

特 载

大事记

大丰概况

中共盐城市大丰区委员会

盐城市大丰区人民代表大会

盐城市大丰区人民政府

政协盐城市大丰区委员会

中共盐城市大丰区纪律检查委员会 盐城市大丰区监察委员会

群众团体

法 治

军 事

沿海开发

开放型经济

区园建设

经济管理与监督

农 业

工　业

商贸服务业

建筑业·房地产业

金　融

城镇建设

水　利

旅游·麋鹿保护

交通·邮电·供电

生 态 环 境

科学技术

教育

文　化

卫生健康

体　育

社会生活

人力资源·社会保障

公共安全

镇·街道

驻丰农场

人　物

荣誉栏

附　　录

索　　引

十　大　新　闻

学习宣传贯彻党的十九届五中全会精神 党建引领擎旗奋进

2020年，大丰区强化政治引领，深入学习宣传贯彻党的十九届五中全会精神和习近平总书记视察江苏重要讲话指示精神，推动全区党员干部树牢“四个意识”、坚定“四个自信”、做到“两个维护”，奠定“争当表率、争做示范、走在前列”坚实基础，党建工作全市第一。坚持区委理论中心组学习会、区委学习报告会，建立意识形态工作联系点制度，开展理论宣讲，持续推进“学习强国”平台学习，推进全区政治生态评估工作，挂牌成立区融媒体中心，探索打造“红色邻里”党建品牌，深入推进“正风肃纪镇村行”“正风肃纪看机关”等专项行动。与大市区一同高分高位创成全国文明城市，区政府获全市创建全国文明城市集体二等功。2300多个党组织、3万多名党员冲锋战“疫”一线，16名医护人员组成盐城首批援黄石医疗支援队，疫情防控取得较好成效。

高质量发展全市领跑
“十三五”圆满收官

2020年6月1—3日，大丰区党政代表团赴南京秦淮区、溧水区以及常州溧阳市、南通海门市考察学习，大力弘扬“开放、创新、实干、担当”新大丰精神，在全市率先启动复工复产，扎实做好“六稳”工作，奋力书写高质量发展和高水平全面建成小康社会的“大丰答卷”。2020年，高质量发展实绩走在全市综合考核前列。实现地区生产总值686.78亿元、年均增长6.2%、为2015年的1.4倍，人均接近10万元；全口径工业开票销售1143.42亿元、年均增长10.1%、为2015年的1.6倍；一般公共预算收入53.57亿元、同比增长5%；固定资产投资同比增长6%；外贸进出口总额27.8亿美元、同比增长17.8%；“四上企业”总数突破千家，达1050家；金融机构存贷款总额苏北第一，上市公司总数量、累计融资额、合计市值居全市前列；城镇和农村常住居民人均可支配收入分别为40975元、26754元，年均分别增长7.3%、8.3%，分别为2015年的1.4倍、1.5倍。

盐通高铁开通
大丰迈进“高铁时代”

2020年12月30日，随着“复兴号”盐通高铁首发列车驶入盐城大丰站，标志着盐通铁路盐城大丰站正式建成运营。大丰由此迈入“高铁时代”，真正全面融入上海“一小时经济圈”和北京“一日商务圈”，昂首踏上社会主义现代化建设新征程。盐通高铁是中国“八纵八横”高铁网沿海铁路的重要组成部分，是服务“一带一路”建设和长江经济带发展的重要交通脉络，是苏北地区首条全线设计时速350千米的高铁，缩短了大丰与长三角、京津冀两大都市圈的时空距离。大力推进“3+1”交通重点工程，大丰港铁路支线开工建设，高铁综合枢纽、沪丰大道投入使用。

两家世界500强企业项目落地
海洋经济高歌猛进

2020年，世界500强企业金光集团、中国化工集团分别与江苏博汇集团、辉丰生物农业股份有限公司重组并购项目全面落地。大丰区与江苏盐城港控股集团签订战略合作协议，大丰港正式入列全市港口一体化的组团。大丰港建成10万吨级深水航道，实现对韩主要港口集装箱航线全覆盖和东南亚直航航线首航，进境肉类、水果指定监管场地获批，“韩品荟”线上商城启动运营，全市最大保税冷链食品库投入使用，完成货物吞吐量、集装箱分别占盐城港的66%、98%。临港产业绿色转型取得重大突破，新开竣工临港产业项目32个。大丰港石化新材料产业园被省政府认定为化工园区。

光明食品“一园一厨五基地”签约
飞地经济振翅高飞

2020年7月18日，总投资100亿元的光明食品集团“一园一厨五基地”项目签约。大丰区扎实组织上海城市经济投资说明会、接轨上海重大项目开工签约等活动，开工亿元以上项目24个，投产亿元以上项目12个。加快沪苏大丰产业联动集聚区建设，总投资40亿元的正泰新能源项目快速推进。加强场地联动发展，举办“2020长三角新生态农产品高峰论坛”，与上海光明集团共建上海优质农副产品供应加工基地列入长三角区域一体化发展年度工作计划，区场共建“大丰仓”品牌成功发布。常盐工业园在全省45个南北共建园区中位列第一方阵。

盐城首家“国家全域旅游示范区”建成 旅游经济花团锦簇

2020年12月17日，文旅部公布第二批97个国家全域旅游示范区名单，大丰区在盐城率先上榜。大丰区坚持把全域旅游作为推动经济转型升级和高质量发展的重要抓手，着力构建“黄海湿地、斗龙港、串场河文化、城市商贸休闲、美丽乡村”五大旅游产业集聚区。荷兰花海创建国家AAAAA级景区通过景观质量评审、为全省唯一。《只有爱·戏剧幻城》对外公演，被评为“2020年度消费者最青睐的江苏文旅融合标杆项目”。全区高等级景区数量质量位居全省前列，国内外游客接待量、旅游业总收入比“十二五”末分别增长25%、50%。

吾悦广场城市综合体开业 城市建设硕果累累

2020年11月6日，总投资16亿元的大丰吾悦广场城市综合体盛大开业。大丰区深入开展城市建设大会战，打造“一镇一里两街两商圈”（新丰镇、新丰里、人民路海派风情街、幸福大街、吾悦广场商圈、中交美庐城商圈），33项城建交通重点工程投入81.5亿元，11个老旧小区完成综合整治，人民路海派风情街快车道通车，新丰里、幸福大街公建提升工程进场施工，城乡公交一体化改造完成，新改建提升农贸市场10个，建成餐厨垃圾处理厂、建筑垃圾调剂场。城镇化率64%、城区绿化覆盖率41%，比“十二五”末分别提高6.2和2.5个百分点。

长三角（盐城）智能网联汽车试验场开建 项目建设动能澎湃

2020年11月28日，长三角（盐城）智能网联汽车试验场项目开工建设。大丰区在盐城率先推行产业链“链长制”，在上海、北京成立招商服务中心，开展招商攻坚赛、大会战，高频次组织集中观摩、开竣工活动，强化“店小二”式服务，探索“拿地即开工”模式，龙马风电装备、奔博太智能制造等150个重大项目签约落户，天合光能、耀德电子等65个亿元以上项目开工建设，维盛新材料、杰源智能制造等35个亿元以上项目竣工投产，长三角（盐城）智能网联汽车试验场和正泰新能源项目被列入省重大项目。战略性新兴产业开票销售296亿元，占规模以上工业比重30%。

城乡居保基础养老金苏北领先 民生福祉日益增进

2020年，大丰区两次对年满60周岁领取城乡居保基础养老金人员提高基础养老金标准，领取水平已连续7年高于省定标准，保持苏北领先。企业退休人员人均养老金全市第一，失业保险金人均待遇同比增长21%，低收入人员住院医疗费用个人自付部分控制在住院费用的10%以内。大丰人民医院晋级为三级综合医院，区中医院与复旦大学附属妇产科医院暨上海红房子妇产科医院妇科专家团队签署合作协议，区妇幼保健院、三院异地新建工程启动，丰华社区卫生服务中心投入使用。在全市首家实现国家卫生镇、省卫生村全覆盖。全国新教育实验第二十届研讨会在大丰区举行。大丰外国语学校投入使用，卯酉教育服务中心开工建设，63所学校与南通有关学校结成教育合作联盟。完成棚户区改造2600户。设立退役军人关爱基金。

农房改善7000户 乡村振兴演绎精彩

截至2020年7月底，大丰区218个村集体债务全部化清。大丰区坚持城乡融合，狠抓脱贫攻坚，加快乡村振兴。沿海冷链物流智慧城参加全省农业农村重大项目集中开工。启动联建项目173个，实现“村有项目、村企结对”全覆盖。9339户、16240名建档立卡农户全部脱贫，31个省市定经济薄弱村全部达标，低收入人口和经济薄弱村脱贫巩固率均为100%。新建新型农村社区14个，改善农房7000户，被表彰为苏北农房改善工作绩效评价优秀县（市、区）。创成省特色田园乡村8个，数量苏北第一。建成省农村人居环境整治示范村14个，农村生活垃圾集中收运处理率100%。

（摘编自《大丰日报》）

十大突破项目

龙马风电装备制造项目

该项目由山东龙马控股集团有限公司投资兴建，计划总投资30亿元，总建筑面积约22万平方米。项目分两期实施。一期风电定转子项目，新上大型加工设备、焊接设备、涂装及检测设备等260多台（套），2020年9月开工建设。二期新上电气设备、环保设备、精密钣金结构件项目，计划2021年6月开工建设。项目全部达产后实现年开票销售30亿元。

耀德柔性电路板项目

该项目由深圳市耀德科技股份有限公司投资兴建，计划总投资22亿元，占地12.9公顷，重组原培耘电子闲置土地及厂房，购置先进生产设备500多(台)套、自动光学检测设备40多台。公司专注于FPC、PVD的研发及生产，是华为、三星、康佳集团、国显科技等国内外大型知名电子产品厂商的合格供应商。项目2020年11月开工建设，预计2021年6月一期竣工投产，2022年启动二期建设。整个项目全部建成投产后，可年产双层柔性线路板100万平方米、多层板85万平方米，实现开票销售35亿元。

博敏印制电路板项目

该项目由江苏博敏电子有限公司投资兴建，计划总投资20亿元，总建筑面积8万多平方米，在原电子电路板第一工厂建成投产的基础上，提升工艺技术，扩大经营，启动第二工厂建设，主要生产HDI高端电子电路板、集成电路载板、类载板、封装等产品。规划引进德国、以色列、日本等全球技术领先的高精尖设备及检测设施100余台(套)。项目2020年11月开工建设，计划2022年10月部分投产。整个项目全部建成达产后，预计年产HDI板72万立方米，实现开票销售22亿元。

双瑞风电叶片制造项目

该项目由洛阳双瑞风电叶片有限公司投资兴建，计划总投资12亿元。先期租用江苏华天能源有限公司6.65万平方米厂房，新上6条叶片生产线及产品检测设备，年内已竣工投产。新征用地15公顷，建设厂房6.5万平方米，再新上6条叶片生产线。该项目依托中国船舶重工集团公司第七二五研究所材料及技术优势，产品大梁采用世界领先的碳纤维灌注技术、腹板PS面一体定位合模工艺。项目2020年3月开工建设，计划2021年6月投产。整个项目达产后，可年产海上风电叶片600套，开票销售20亿元。

长三角智能网联汽车试验场项目

该项目隶属于中汽研汽车试验场股份有限公司，总规划征地面积105.5公顷，计划总投资13.76亿元。项目规划建设8条智能网联汽车测试所需的专业道路、研发数据中心及实验室。项目于2020年开工建设，计划2023年6月全面竣工运营。项目建成后，将实现5个世界第一：全世界最大的智能网联多功能柔性测试广场，全世界唯一封闭试验场内拥有全尺寸蝶型立交桥和高架路，全世界唯一具有500米以上真实隧道的智能网联试验场，全世界最宽的智能网联多车道性能路，全世界网联功能最齐全的试验场。

中天海缆系统项目

该项目由中天科技海缆股份有限公司投资建设，总投资25亿元，占地13.3公顷，计划新建中高压海缆车间、高压海缆和特种海缆车间、办公楼及仓库等设施共8.3万平方米。该公司是中国规模最大、品种最全、竞争力最强的专业化海缆公司，排名全球第七、中国第一。项目全部建成后，将形成中高压交/直流海底光电缆年产能1000千米，兼顾风机电缆200千米，海上风电用特种海缆年产能100千米的规模，年销售额25亿元；海上风电安装和施工配套年销售25亿元。

天合光能光伏组件项目

该项目由天合光能股份有限公司投资建设，计划投资25亿元，总占地面积27.3公顷，总建筑面积约13万平方米，2020年11月开工建设，计划2021年12月竣工投产。该公司业务覆盖光伏组件的研发、生产和销售，电站及系统产品，光伏发电及运维服务、智能微网及多能系统的开发和销售以及能源云平台运营等。项目投产后将进一步提升该公司在高效光伏组件领域的规模优势和成本优势。项目达产满产后，预计实现年销售收入约135亿元。

美高半导体LED封装项目

该项目由东莞天佑半导体有限公司投资建设，总投资5亿元，建筑面积1.5万平方米。公司拥有专利技术40多项，是华为、美的、小米、TCL、飞利浦、西门子等多家知名企业的供应商，并从德国、日本等国家和地区进口固晶机、焊线机等一批先进设备，新上全自动半导体封装生产线300条，按照工业4.0标准，建设无灯工厂，打造为集成电路、LED照明及半导体封装线的智能制造研发与生产基地。预计年销售收入7亿元。

正泰光伏组件项目

该项目由浙江正泰太阳能科技有限公司投资建设，总投资40亿元，占地29.1公顷，总建筑面积34.2万平方米。其中一期投资13.6亿元，占地16.3公顷，建筑面积17.2万平方米，主要建设高度自动化的高效电池生产线和高效组件生产线，全面投产后可年产1.8吉瓦电池和2.2吉瓦组件，可量产电池效率23%+的高效电池片和500瓦+的高功率组件产品。项目设备自动化程度高，设备总投入89490万元，以专用自动化机器人设备为主。项目计划2021年投产，全部建成后，将达到5吉瓦电池、5吉瓦组件、年开票销售80亿元的生产能力。

沿海冷链物流智慧城项目

该项目由中农批（南京）冷链物流有限公司投资建设，计划总投资15亿元，年度计划投资3亿元，占地23.3公顷，总建筑面积35万平方米。项目2020年5月开工建设，预计2022年12月投产运营，建设智能化多功能多温层冷藏中心、一站式展示交易中心、电子商务双创中心、会展中心、信息结算中心、检测检疫与溯源中心、食品安全智慧谷、城市物流配送中心、商务配套服务区、涉农金融中心、设施农业产学研一体化基地等。项目全部建成运营后，库容达10万吨，将成为苏北地区最大的冷链物流基地，对进一步优化提升大丰区现代服务业和现代农业等产业结构、增强城市经济综合竞争力具有重要的辐射和带动作用，预计年交易额40亿元至50亿元。

（区项目服务中心　《大丰日报》）

〖编辑　刘洪芳〗

大事记

1月

3—5日　政协盐城市大丰区第十四届委员会第四次会议召开。区委书记薛盛堂作题为《携手共绘同心圆，合力共筑小康梦》的讲话。会议期间开展协商议政活动。会议举行选举大会，石根美当选为区十四届政协主席，张春山、汤云庆、朱梅芳当选为区十四届政协副主席，顾国华当选为区十四届政协秘书长。会议表彰2019年度政协工作先进集体和先进个人，听取区政协十四届四次会议期间提案审查情况的报告，通过会议决议。

4—6日　盐城市大丰区第十五届人民代表大会第四次会议召开。会议听取和审议区政府工作报告、区人大常委会工作报告、区人民法院工作报告、区人民检察院工作报告；审查和批准区2019年国民经济和社会发展计划执行情况与2020年国民经济和社会发展计划；审查和批准区2019年财政预算执行情况和2020年财政预算；审议区人民政府关于区十五届人大三次会议期间代表议案及建议、批评和意见办理情况的报告。

14日　大丰区"不忘初心、牢记使命"主题教育总结大会举行。会议要求践行初心使命，勇担发展重任，奋力推进新时代大丰高质量发展。

△　大丰区政银企"面对面"对接系列活动——中小企业专场恳谈会召开。会上，市地方金融监管局明确表示支持大丰发展。区工信局发布全区工业经济运行及中小企业资金需求情况。各银行介绍本行特色产品、服务、优势，并与企业恳谈交流。

17日　第二届秦淮·大丰梅花湾新春灯会举行亮灯仪式。正式举办时间为1月25日至2月29日。活动期间，举行梅花湾文化展、提灯游园、猜灯谜、民俗表演、非遗体验展、灯市等文化活动。

18日　区政府召开十五届五次全体（扩大）会议，深入学习贯彻中共十九大和十九届二中、三中、四中全会以及中央经济工作会议精神，按照省、市、区委全会和区人代会部署要求，从头从紧落实2020年各项工作，进一步加强政府系统思想和作风建设，推进政府治理体系和治理能力现代化，为决胜高水平全面建成小康社会提供坚强保障。

23日　大丰区召开新型冠状病毒感染的肺炎疫情防控工作部署会议。会议要求有序开展疫情防控工作，构筑疫情防控坚固防线，切实保障人民群众生命安全和身体健康。

2月

3日　区委常委会第93次会议暨区委应对新型冠状病毒感染的肺炎疫情工作领导小组全体会议召开。会议要求全区上下把思想和行动统一到中共中央和省、市委重大决策部署上来，突出工作重点，实行群防群治，加强党的领导，紧紧依靠全区人民，筑牢疫情防控"铜墙铁壁"，全力以赴打赢疫情防控阻击战。

4日　区委书记薛盛堂检查防控物资生产企业，了解企业复产情况，协调解决生产过程中存在的困难和问题。他要求，齐心协力做好医用物资储备，多措并举加强口罩生产供应，全力保障防控工作需要和群众需求。

11日　大丰区16名医护人员驰援湖北黄石。

△　盐城市委书记戴源到大丰区实地检查调研企业复工复产情况。他要求做好科学防控，强化服务保障，尽快实现复工复产企业扩面增效。

18日　盐城市第七安全生产督导组进驻大丰。督导组组长尹贵尧出席汇报会并讲话。区委书记薛盛堂汇报大丰区安全生产工作情况。

29日　大丰区2019年度综合考核总结表彰大会以电视直播的方式召开，动员全区上下振奋精神，激发斗志，奋力夺取疫情防控和实现经济社会发展目标的双胜利。

△　大丰区城市建设大会战动员会召开，号召全区上下认清形势、咬定目标、抢工会战，迅速掀起城市建设大会战的热潮。

3月

2日 大丰区举行项目集中启动(开工)活动。此次活动设1个主现场、6个分现场,同步举行项目集中开工,8个项目中,产业项目总投资24.2亿元。

10日 江苏省安全生产第九督导组组长、省商务厅二级巡视员王存带队到大丰区,督导检查安全生产工作。督导组分别到丰山集团、辉丰公司、林场、荷兰花海等现场检查,并暗访危化仓储企业,认为大丰区各级党委、政府及相关部门高度重视安全生产工作,责任落实到位,风险管控得力,措施扎实有效,希望进一步加大工作力度,创新工作机制。

11日 工信部驻江苏复工复产联络员工作组到大丰,就金风科技复工复产情况开展实地调研。工作组对金风科技疫情防控措施到位、复工复产有力有序表示充分肯定,鼓励企业进一步坚定发展信心,在做好疫情防控和安全生产的前提下,努力实现全面复产复工。

△ 区委书记薛盛堂、区长李志军会见悦达集团党委书记、董事局主席王连春,总裁祁广亚一行,双方就加快推进悦达集团产业布局在大丰的项目进行会谈。

20日 省人大常委会原常务副主任、省综合交通运输学会理事长史和平一行到大丰调研新能源淡化海水项目,对新能源海水淡化产业发展取得的成绩给予充分肯定。

25日 副省长费高云一行到大丰区,调研湿地保护工作。市委书记戴源等市、区领导陪同。

28日 苏州盐城沿海合作开发园区举行2020年春季项目签约暨集中开工仪式,11个项目参加签约开工,其中开工项目8个,签约项目3个,总投资33亿元。

△ 2020年荷兰花海郁金香文化月开幕。

30日 全区高三和初三年级学生正式开学复课。区四套班子领导分别到各学校检查指导开学复课和校园疫情防控工作。

31日 盐城市第二次高质量发展项目观摩推进会在大丰区举行。市委书记、市人大常委会主任戴源出席会议并讲话。推进会上,与会人员先后观摩大丰区的郎克斯智能制造、杰源智能制造、大丰外国语学校、苏大维格微纳防伪新材料、维旺科技微纳光学导光板、科玛保健食品、吾悦广场、郁金香种球研培基地、《只有爱》戏剧幻城9个项目现场。

4月

5日 2020年第八届恒北梨花文化节开幕。该届文化节,恒北村将戏曲文化、非遗文化、民俗文化、美食文化、农耕文化融合,展现精彩的乡村旅游业态。

9日 区委书记薛盛堂会见中国汽车技术研究中心有限公司党委委员、副总经理李洧一行和悦达集团党委书记、董事局主席王连春一行,三方就中汽试验场改制上市、募投项目合作等事宜进行会谈。

13日 浙江正泰太阳能科技有限公司与沪苏大丰产业联动集聚区在上海签署光伏新能源领域战略合作协议。全国政协常委、工商联副主席、浙江正泰集团董事长南存辉,盐城市委副书记、市长曹路宝,临港集团党委书记、董事长刘家平,临港集团党委副书记、总裁袁国华等出席并见证签约。

△ 区委书记薛盛堂在上海拜访温德姆酒店集团,与集团大中华区总裁、董事总经理刘晨军等,磋商洽谈相关合作项目,全面拓展合作空间。

22日 中共盐城市大丰区第十二届纪律检查委员会第五次全体会议召开。区纪委常委会主持会议。区委常委、纪委书记、监委主任须卫琴代表区纪委常委会作工作报告。区委书记薛盛堂在会上强调,要深入学习贯彻习近平总书记在中央纪委四次全会上的重要讲话和中央、省市纪委全会精神,精准发力深入推进全面从严治党,为决胜高水平全面小康提供坚强保障。

△ 江苏沿海现代农业产业园项目落户大丰区三龙镇,总投资约3亿元,注册资本2000万元。项目分为两期,7月开工建设,2022年上半年全部竣工投产。

29日 2020长三角农产品新生态高峰论坛在大丰区成功举行。上海市商务委副主任诸旖,光明食品集团党委书记、董事长是明芳,上海农商行行长顾建忠,江苏省商务厅副厅长郁

2020年4月5日,2020年第八届恒北梨花文化节开幕。周古凯 摄

冰滢及盐城市委副书记陈红红、副市长蒋巍、大丰区委书记薛盛堂等出席。

5月

14日 市第三届文明家庭、第五届最美家庭颁奖礼暨第三届“家庭文化月”启动仪式在大丰区荷兰花海举行。

18日 “深耕长三角·逐梦新盐城”线上投资环境说明会暨第十三届海盐文化节在盐城举行。大丰区的长三角（盐城）智能网联汽车试验场项目、光明食品产业五大基地项目和盐城工学院新能源产业学院3个项目参加签约。

△ “深耕长三角·筑梦新盐城”线上投资环境说明会暨第十三届海盐文化节举行期间，大丰区邀请客商在盐城举行大丰分现场集中签约活动。活动共签约25个项目，其中，现场集中签约20个，视频连线云签约5个。25个签约项目协议总投资84.45亿元，其中外资5100万美元。

△ 大丰海上风电合作签约仪式在盐城市举行。大丰区与新疆金风科技股份有限公司、中国电建集团华东勘测设计研究院有限公司签订《大丰海上风电项目合作备忘录》，与华东勘测设计研究院签订《战略合作协议》。

25—26日 国务院常驻现场督导第一组到大丰督导安全生产工作。督导组在座谈会上听取了大丰区安全生产工作情况汇报，充分肯定大丰区安全生产专项整治行动取得的成绩，并到江苏丰山集团股份有限公司、恒泰水务有限公司、东华能源液化气储配站等现场了解安全生产专项整治开展情况。

27日 省人大常委会原常务副主任、省综合交通运输学会理事长史和平，国网江苏省电力有限公司董事长、党委书记肖世杰到大丰调研新能源淡化海水项目。史和平对大丰区新能源海水淡化产业发展取得的成绩给予充分肯定。

是月 大丰区X波段数字化天气雷达工程项目正式投入使用，监测预警效能提升。

△ 大丰港保税物流中心（B型）冷链食品库投入运营，该仓库可容纳货物5000吨，是盐城地区最大的保税冷链食品库。

6月

1—3日 区委书记薛盛堂、区长李志军率大丰区党政代表团赴南京秦淮区、溧水区以及常州溧阳市、南通海门市考察学习，学习借鉴四地在产业发展、城市建设管理、旅游发展、接轨上海、乡村振兴等方面的成功经验和做法。

10日 省人大常委会副主任、党组副书记陈震宁率队到大丰，调研大丰区农民群众住房条件改善工作。在大丰期间，陈震宁一行察看刘庄友谊新型农村社区、农房改善进城入镇房产超市等现场，对大丰区率先开展的相关工作和阶段成果予以充分肯定，认可许多有效做法和新鲜经验对面上工作顺利开展有借鉴推广意义。

11日 区委书记薛盛堂主持召开新丰里、人民路海派风情街景观、幸福路风貌提升及通港大道两侧策划方案汇报会。他强调，要匠心精工绘制美好蓝图，全面释放城市发展活力，努力建设人民满意城市，绘就高质量发展的幸福底色。

19日 荷兰花海《只有爱·戏剧幻城》举行全球公演活动。

△ 陕西省铜川市人大常委会主任张建军，市委常委、常务副市长郝光耀率党政代表团到大丰参观考察。代表团先后考察荷兰花海、吉凯同科技有限公司等现场，对大丰区高质量发展旅游项目、推动文化旅游产业融合发展、推进高新产业建设所取得的成果予以高度评价。

22日 大丰区接轨大上海融入长三角规划（2020—2025年）汇报暨高层专家研讨会在上海举行。

22—23日 区委书记薛盛堂在上海拜访上海电气集团、光华教育集团，区长李志军拜访科技公司大陆集团和上海市民政局，为突破重大项目，深化交流合作，深度接轨上海，谱写合作新篇。

23日 大丰区接轨上海再添新平台——上海招商服务中心在上海正式揭牌。区委书记薛盛堂、区人大常委会主任范大玉出席揭牌仪式。上海大丰商会会长张兆平应邀参加。

24日 盐城市未成年人思想道德建设暨“小手拉大手 共建文明城”主题活动推进会在大丰区召开。会上，表彰了全市“小手拉大手 共建文明城”主题活动先进集体和先进个人。大丰区3所学校和6位老师受到表彰。

7月

1日 中天科技海缆系统项目成功签约。该项目总投资约25亿元，注册资本2亿元，通过建设海上风电安装和施工配套项目，可年产高端海缆约1000千米，年销售达25亿~50亿元。

2日 省政协主席黄莉新率部分委员到大丰区，就“稳就业保民生”主题开展专题调研。黄莉新对大丰区创新开展稳就业保民生工作取得的成效给予肯定，希望大力实施就业优先战略，努力实现更加充分更高质量的就业。

5日 盐城黄海湿地世界遗产证书揭牌仪式暨淮河生态经济带生态环保联防联治专委会成立大会在盐城召开，与会嘉宾一行约40人到大丰先后考察了荷兰花海、大丰港集装箱码头和江苏丰海新能源淡化海水发展有限公司等现场。

6日 省政协科学技术委员会副主任汤建鸣带队到大丰区调研督查安全生产工作，并召开座谈会听取工作汇报，就做好当前和下一步工作提出要求。市委常委、常务副市长羊维达，大丰区委书记薛盛堂参加活动。

7日　高考开考。大丰区有高考考生2280人(另有379名应届生报名参加高职院校提前招生考试并被录取),设大丰高级中学1个标准化考点,计82个考场,考点分设3个考区,备用防疫隔离考场8个。全区设实验初中1个集体食宿点。

14日　中考开考。大丰区有考生4457名,设大丰高级中学、新丰中学两个考点,有150个普通考场、8个备用防疫隔离考场。全区设大丰高级中学、新丰中学、创新英达3个标准食宿点。

17日　兴化市委书记叶东华率党政代表团到大丰区考察。其间,代表团一行先后考察了苏大维格微纳防伪新材料项目、维旺科技微纳光学导光板项目、金风科技风电项目、丰盈锂电池项目现场和荷兰花海,对大丰区推进高新产业建设、高质量发展旅游项目、推动文化旅游产业融合发展所取得的成果予以高度评价。

18日　区委、区政府举行全区接轨上海重大项目开工签约活动,光明食品集团"一园一厨五基地"、上海电气高效电池等13个重大项目集中签约,正泰新能源5吉瓦高效电池和5吉瓦高效组件项目在沪苏大丰产业联动集聚区落地开工。

21日　大丰区举行"三区"(开发区、高新区、港区)重大项目观摩活动。双一机舱罩、宝诚重工、迈杰科输配电设备制造,城东农贸市场、凌肯汽车新材料,诚康固体片剂、国投综合盐处理、金风科技实验中心—16兆瓦传动实验室8个项目接受观摩。

22日　省涉外联防联控指挥部第四专项督查组到大丰,察看大丰港通用码头、大丰引航站、"三无"船舶扣押基地以及集中隔离医学观察点,通过现场走访和召开座谈会等形式,了解大丰区港口口岸涉外疫情防控工作及严防水路疫情输入专项整治行动开展情况。

30日　大丰区科技镇长团座谈会召开,总结省第十二批科技镇长团大丰团履职情况,交流工作心得体会,听取大家对大丰区发展的意见建议。

8月

3日　中国共产党盐城市大丰区第十二届委员会第十次全体会议举行。全会总结上半年工作,部署下半年任务,动员全区上下奋力夺取疫情防控和经济社会发展"双胜利",决战决胜高水平全面建成小康社会。全会由区委常委会主持,区委书记薛盛堂代表区委常委会讲话。

4日　大丰区举行城建大会战项目观摩活动,总部经济园、大丰外国语学校、丰华社区卫生服务中心、润富花园南侧地块搬迁、人民路海派风情街、城区老旧小区综合整治及金丰小区提升改造工程、景尚名城拆迁安置房、荷兰花海天沐温泉度假酒店、大丰高铁站房、大丰高铁站前广场、沪丰大道11个项目集中接受观摩。

4—6日　陕西省铜川市宜君县委书记刘冲,率党政代表团到大丰区考察。其间,宜君县党政代表团先后考察了"白驹古镇、水浒原乡"特色小镇项目、刘庄镇大丰创意集团总部及新厂区项目、中汽汽车试验场及宜君名优特产(大丰)展销中心等现场,对大丰区持续招引优质项目、注重新能源装备开发和利用、大力推进高新产业建设、高质量发展旅游项目、推动文化旅游产业融合发展等方面的做法和成绩深表赞叹。

7日　2020"苏韵乡情"乡村休闲旅游农业(盐城)专场推介暨大丰恒北采梨节开幕式在大中街道恒北村举行。省农业农村厅副厅长朱新华、省农业科学院副院长刘贤金等领导嘉宾到场见证。市委副书记陈红红向恒北村授予"中国美丽休闲乡村"牌匾,副市长顾云岭、大丰区委书记薛盛堂分别致辞。

10日　省政协副主席姚晓东一行到大丰,就"发展特色旅游,促进大众消费"开展视察。姚晓东对大丰区打造特色旅游景区、深化文旅融合发展工作取得的成绩给予充分肯定。

△　区委书记、区委国家安全委员会主任薛盛堂主持召开区委国家安全委员会第一次会议,深入学习贯彻习近平总书记关于国家安全工作的系列重要论述,认真落实中央、省市委国家安全有关会议精神,讨论审议相关文件,研究部署全区国家安全工作任务。

12—13日　区长李志军率队赴深圳开展先进制造业专题招商活动。活动期间,李志军先后考察拜访国微集团(深圳)有限公司、深圳耀德科技股份有限公司、宏凯实业有限公司、博敏电子营销总部,了解企业发展情况,与企业负责人就项目合作相关事宜进行深入交流会商。活动期间,深圳招商服务中心及招才引智工作站揭牌成立。

13日　常州市委书记、市人大常委会主任齐家滨率党政代表团一行到大丰区参观考察。盐城市委书记戴源等市、区领导陪同。考察中,双方领导希望能进一步密切交流联系、拓展合作领域,实施更多合作项目、取得更大合作成效,在新的起点上推动两地共同繁荣。

△　耀德科技高精密柔性线路板项目成功落户大丰。该项目总投资约22亿元,规划总建筑面积12万平方米。

17日　公安部交管局副局长石勇率队到大丰督导交通安全专项整治工作。督导组对大丰区前阶段交通安全专项整治工作取得的成效给予充分肯定,并对下一步工作提出要求。

17—19日　国务院督导组到大丰区开展危化品专项整治督导工作。工业和信息化部安全司处长张利洪带队。在大丰期间,督导组深入到大丰港石化新材料产业园,通过听取汇报、检查企业、查阅台账、座谈交流等方式,对大丰区安全生产专项整治工作特别是危化品专项整治情况进行督查指导。

19日　高新区(丰华街道)城东农贸市场正式启用。该农贸市场着力打造成为苏北首创、盐城首家一站式、现代化、信息化、综合性的智慧型农贸市场。

29日　区委书记薛盛堂会见博敏电子股份有限公司总裁徐缓一

行，双方就进一步深化合作进行友好交流。

9月

1日 上海市人大常委会副主任、党组副书记徐泽洲一行到大丰区开展考察调研活动。在大丰期间，考察组察看了大丰上海知青纪念馆、沪苏大丰产业联动集聚区、新丰镇太兴人大代表之家、荷兰花海，并听取相关情况介绍。考察组充分肯定了大丰区接轨上海取得的成绩。

3日 江苏省人大监察和司法工作座谈会在大丰区举行。省人大常委会副主任、党组副书记王燕文出席会议并讲话，市委书记、市人大常委会主任戴源致辞。会上，盐城、苏州等6个设区市人大常委会分管负责人交流了工作学习体会和2020年以来的工作情况，并就进一步做好全省人大监察司法工作提出了意见建议。

△ 大丰农副产品进苏果超市暨全区企村项目集中签约活动举行。活动中，苏果超市有限公司与大丰区签订联建协议，15个企村联建项目集中签约，苏果超市有限公司向丰收大地农业园区授予苏果超市生鲜供应基地牌匾。

7日 2020中国新能源高峰论坛在盐城开幕。大丰区中天天丰海工装备产业链项目参加集中签约，该项目总投资40亿元，将建设年产高端海缆约1000千米，年产海上风电钢管桩、导管架、塔筒等大型海工装备20万吨，以及海上风电安装和施工配套项目，运维码头及海上风电运维项目，打造集海工装备和海洋工程于一体的海上风电产业链，年销售50亿~100亿元。

△ 由中国海洋工程咨询协会海上风电分会和大丰区共同承办的海上风电论坛在盐城成功举办。盐城市委常委、常务副市长羊维达，区委书记薛盛堂等分别致辞。区长李志军作产业推介。中国海洋工程咨询协会副会长郭立峰，新疆金风科技股份有限公司总裁曹志刚等近200名新能源领域国内外权威机构及重点企业嘉宾应邀出席。

8日 大丰区阿特斯6吉瓦光伏组件二期项目正式开工。区委书记薛盛堂，阿特斯阳光电力集团高级副总裁、首席制造官张光春一行，以及参加2020中国新能源高峰论坛的部分嘉宾出席开工活动现场。

15日 南通市委书记徐惠民率党政代表团一行，到大丰区参观考察。市委书记戴源等市、区领导陪同。考察中，双方表示，两地将深化产业合作对接，推动创新协同发展，加强文旅交流合作，相互借鉴提高，补齐短板弱项，努力把各自优势变成共同优势，共同推动两地繁荣发展。

△ 大丰区欧美同学会（大丰区留学人员联谊会）正式成立。

16日 "万企联万村、共走振兴路"——2020年大丰（南京）企村联建共建暨特色农产品推介会在南京举办。区政府与钟山宾馆集团签订战略合作框架协议。大中街道恒北村党委与省会议中心党总支签订党建共建协议，16个企村联建项目集中签约。

△ 由新华社江苏分社、中央电视台江苏记者站、人民网、《新华日报》、江苏卫视等18个主流媒体组成的采访团，聚焦大丰区在南京举办的企村联建共建活动，深入采访大丰区推进"万企联万村、共走振兴路"行动的特色做法和初步成效。区委书记薛盛堂接受专访并分享经验做法。

17日 大丰区与苏合集团签订战略合作框架协议。

18日 中国民主促进会盐城市大丰区支部委员会成立。

19日 大丰区融媒体中心正式挂牌成立。

26日 2020年中国文旅创作与产业发展峰会在荷兰花海举行。峰会以《只有爱·戏剧幻城》为主题，邀请众多行业艺术家、学者、企业家，共同探讨文旅创作与产业发展的新起点、新逻辑。市委书记戴源出席并致辞。

△ 荷兰花海百合花文化月开幕。

28日 大丰区新能源产业发展迎来"双喜临门"：天合光能10吉瓦光伏组件项目成功签约；盐城工学院大丰新能源产业学院揭牌。

29日 海峡两岸关系协会原会长、中国外商投资企业协会会长陈德铭，到大丰区调研新能源淡化海水项目。陈德铭认为大丰区新能源海水淡化产业发展实现重大突破，发挥示范带动作用。

2020年9月17日，大丰区与苏合集团签订战略合作框架协议。
邱鹏 摄

10月

9日 由盐城市新四军研究会主

2020年10月24—25日，由新教育研究院、新教育基金会主办，区人民政府承办的全国新教育实验第二十届研讨会在大丰区举行。

邱鹏 摄

办，大丰区委宣传部、区委党史办承办的纪念八路军新四军会师80周年活动在大丰区举行。南京军区原司令员、中国新四军研究会原会长朱文泉与区委书记薛盛堂共同为中国新四军和华中抗日根据地研究会“铁军精神教育基地”揭牌。

△ 南京军区原司令员、中国新四军研究会原会长朱文泉，省政协原副主席张九汉，省军区原政治部主任苏俊高，在大丰区考察经济社会发展情况。其间，朱文泉一行先后察看图书馆、丰联创智产业集中区、朝荣村新型农村社区、恒北村等现场，对大丰区推进文化艺术与旅游产业、高新产业建设所取得的成果予以高度评价，勉励大丰区打好“革命老区”红色资源牌，更好地推进各项事业发展。

11日 全国人大常委会副委员长、民盟中央主席丁仲礼率调研组到大丰区，就海水淡化技术创新与市场运用进行专题调研。省人大常委会副秘书长袁功民，市长曹路宝等省、市、区领导参加活动。

14日 副省长马欣率队到大丰区调研文旅工作，对大丰区积极打造特色旅游产业，扎实推动文旅融合发展取得的成绩给予充分肯定。

15日 省委副书记任振鹤到大丰区，就谋划和推进“十四五”农业农村发展进行调研。省委副秘书长赵旻、省农业农村厅厅长杨时云、省住房和城乡建设厅党组书记顾小平参加调研。市委书记戴源、市委副书记陈红红分别汇报相关工作。

21日 钟山宾馆集团与大中街道恒北村开展联建共建活动。

23日 2020江苏大丰（南京）金融投资说明会在南京举行。活动期间签约项目76个、授信总额245.4亿元，其中现场签约项目20个、授信金额93.95亿元。

24—25日 由新教育研究院、新教育基金会主办，区人民政府承办的全国新教育实验第二十届研讨会在大丰区举行。全国政协常委、副秘书长、民进中央副主席、新教育实验发起人朱永新，省政协副主席、民进江苏省委主委朱晓进等省、市、区领导分别出席相关活动。研讨会以“新时代·新德育”为主题。来自全国各地的500多位新教育实验区教育主管部门领导、实验学校校长教师、新教育研究专家共聚大丰，通过教育叙事、专家点评、论坛交流、现场考察等形式，认识和了解大丰新教育实践经验和成果。

△ “华夏院士论坛2020大丰”活动在大丰区举行。该论坛全面聚焦医疗卫生前沿领域，共话“健康医学新时代”，共促健康事业新发展。

27日 副省长马秋林率队到大丰，调研工业经济发展情况。其间，马秋林一行先后到大丰阿特斯阳光电力科技有限公司、江苏博敏电子有限公司等企业调研，对大丰区全力推进重大产业项目建设，实现战略性新兴产业蓬勃发展给予充分肯定。

28日 2020中国大丰（上海）城市经济投资说明会在上海举行。活动成功签约项目8个、战略合作协议3个，计划总投资231亿元，涉及房地产开发、基础设施、旅游康养等多个领域。

△ 安道麦股份有限公司与江苏辉丰生物农业股份有限公司举行股权合作签约仪式。中国化工集团有限公司总经理杨兴强、市委书记戴源等领导出席仪式。

29日 长三角（盐城）智能网联汽车半封闭测试示范运行区启动仪式在大丰区举行。区政府与中汽试验场、大陆集团、华人运通公司签订战略合作协议，协同推进汽车科技研发，加速打造盐城汽车“大丰板块”。

△ 大丰区与江苏盐城港控股集团战略合作框架协议成功签约。

30日 在第二届中韩贸易投资博览会成功举办期间，大丰区举行外资项目签约及科玛美保一期、维盛新材料项目投产大丰专场活动。韩国科玛二期、韩国昌美达电机、韩国汽车注塑等6个外资项目集中签约，总投资2.2亿美元，涵盖汽车及零部件、健康食品、金融服务等多个领域。

11月

4日 中央直属单位及省直属单位部分全国人大代表到大丰区，就“十四五”规划编制、经济高质量发展、综合交通体系建设等开展专题调研活动。

△ 出席长三角“三市一区”（浙江台州市、安徽黄山市、江苏盐城市、上海普陀区）政协主席联席会议人员到大丰考察。考察组参观了江苏大丰麋鹿国家级自然保护区和荷兰花海，对大丰区扎实开展生态保护和生态文

明建设工作给予充分肯定。

6日 总投资16亿元的大丰吾悦广场城市综合体盛大开业。

9日 区委书记薛盛堂带队赴上海开展招商活动，对接金光集团、临港集团，会商洽谈项目合作相关事宜，积极拓展接轨上海开放合作新空间。

10日 区委书记薛盛堂在上海招商期间会见光明食品集团党委书记、董事长是明芳和集团党委副书记、总裁刘平，双方就加快推动光明食品集团“一园一厨五基地”建设，在更宽领域、更高层次实现合作共赢进行深入磋商交流。

△ 南京海事法院巡回审判基地在大丰揭牌成立。

11日 省政协副主席王荣平一行到大丰区调研风电产业装备制造发展情况。其间，王荣平一行到金风科技和中车电机调研，并主持召开座谈会，听取大丰区风电产业发展情况汇报，与企业负责人就发展过程中遇到的难题展开交流和探讨。

△ 区委书记薛盛堂赴北京开展招商活动，对接中国长江三峡集团有限公司、中国电力建设集团等央企国企，就推进国家海上风电检测中心、谋求“十四五”智慧能源及长江大保护战略合作以及加快推动海上风电产业集群项目落地等事宜进行会商交流，并为“盐城市大丰区北京招商服务中心”揭牌。

12日 平安银行盐城大丰支行正式开业。

18日 盐城市电子信息产业发展大会召开，区委书记薛盛堂在盐城会见大丰区邀请参会的重点客商——博敏电子股份有限公司董事长徐缓、深圳耀德科技股份有限公司董事长罗静霞和深圳弈博大集团董事长陶白根，就合力做大做强电子信息产业链、构建一流的产业生态圈进行深入交流。

20日 区委书记薛盛堂带队赴南京拜访省沿海开发集团，双方签订战略合作框架协议。

28日 大丰区长三角（盐城）智能网联汽车试验场项目、天合光能盐城大丰10吉瓦光伏组件项目，中天科技海缆系统、海鑫海上风电装备制造、盐城港大丰港区工作船安保项目等一批重大项目集中开工。

29日 2020第三届盐城市大丰区“风中足迹”半程马拉松赛在荷兰花海景区迎风开跑。此次比赛共设置2个组别，分别为半程马拉松（约21.10千米）和迷你跑（约4千米），来自全国新能源行业及其他领域近3000名跑步爱好者参赛。

30日 大丰区首张集成性营业执照发放。

是月 大丰区创成全国第三批节水型社会建设达标县（区）。

12月

2日 大丰港区顺利进行首次粮食“散改集”水运，开通了大丰港至长江流域、西南地区“散改集”新路径。

4日 常州市代表团到大丰区考察，就进一步深化南北挂钩合作共建、携手推动共建园区高质量发展、努力实现区域协同发展进行座谈交流。常州市市长陈金虎率队。盐城市市长曹路宝等市、区领导陪同考察并出席座谈会。

△ 区委书记薛盛堂、区长李志军会见到大丰考察的新疆金风科技股份有限公司董事长武钢，双方就进一步深化合作进行友好交流。

7日 江苏省卫健委正式发文，确认大丰人民医院为三级综合医院。20日，人民医院晋升三级综合医院活动举行。

9日 大丰区与国网盐城供电公司签订战略合作协议，共同建设清洁能源高比例城市能源互联网示范区。

16日 大丰组省人大代表赴大丰区，围绕城市经济、乡村振兴开展集中视察活动。省人大代表、市长曹路宝，省人大代表、市人大常委会副主任、党组副书记倪峰，省人大代表、大丰区委区委书记薛盛堂参加视察。

17日 大丰区成为盐城市第1个“国家全域旅游示范区”。

18日 盐城召开创建全国文明城市总结表彰大会。区委书记薛盛堂在会上代表大丰作典型发言，区长李志军代表大丰领取“创建全国文明城市工作先进集体”奖牌。大丰区设分会场收听收看。

25日 大丰区召开“十四五”规划编制、2021年“两重一实”项目编排征求意见座谈会，广泛征求各方代表意见建议，科学谋划大丰区“十四五”发展美好蓝图。

28日 盐城市大丰区人民对外友好协会成立大会暨第一届理事会全体会议召开。

29日 中国共产党盐城市大丰区第十二届委员会第十一次全体会议举行。全会回顾总结“十三五”发展历程，科学谋划“十四五”发展蓝图，全面部署2021年各项工作，动员全区上下聚焦“两争一前列”（争当表率，争做示范，走在前列），乘势而上再奋斗，携手迈进社会主义现代化建设新征程。全会由区委常委会主持，区委书记薛盛堂代表区委常委会讲话。全会审议通过《中共盐城市大丰区委关于制定大丰区国民经济和社会发展第十四个五年规划和二〇三五年远景目标的建议》。

30日 盐通铁路盐城大丰站正式建成运营，大丰迈入高铁时代。

是月 草堰镇通过国家卫生镇技术评估。至此，大丰区11个镇均建成国家卫生镇，率先在盐城实现国家卫生镇、省卫生村全覆盖。

（朱晓华）

〖编辑　朱晓华〗

建置区划

【建置沿革】 大丰自唐朝始有盐场建制，属扬州海陵县。北宋起隶属泰州海陵。清乾隆三十三年（1768）属东台县管辖。1942年5月，建立台北县，隶属于苏中行署第二专员公署。1949年5月，泰州专员公署成立，台北县隶属于泰州专员公署。1950年1月，台北县改隶属于盐城专员公署。因与中国台湾地区台北市同名，1951年8月，经国家政务院批准，台北县改名为大丰县。1953年1月，大丰县隶属盐城专区，1983年隶属盐城市。1996年8月，经国务院批准，撤销大丰县，设立大丰市。2015年7月，经国务院批准，撤销县级大丰市，设立盐城市大丰区。

【行政区划】 2020年年底，大丰区辖有草堰、白驹、刘庄、西团、小海、大桥、草庙、万盈、南阳、三龙、新丰11个镇及大中街道、丰华街道两个街道，大丰经济开发区、大丰港经济开发区两个省级开发区。各镇（街道）及开发区辖208个村民委员会、57个居委会。境内有隶属于上海市的上海农场和隶属于江苏省的大中农场、方强农场、东坝头农场。

自然地理

【地理位置】 大丰区位于江苏省东部，盐城市东南的黄海之滨，北纬32°56′~33°36′、东经120°13′~120°56′，海岸线长112千米。北与盐城市亭湖区交界，南与东台市接壤，西与兴化市毗邻，东濒黄海，总面积3008平方千米。

【地形地貌】 大丰区是长江和黄河东流入海泥沙长期淤积而成的滨海平原，地形南宽北窄，呈不规则三角形，似葫芦。东西宽44千米，南北长63千米，地面高程1.8米~4.5米。除沿海滩涂外，全区地势东高（2.8米~3.5米）西低（2.4米~2.8米）、南高（3.3米~4.5米）北低（1.9米~2.2米）。中部老斗龙港两侧为槽形洼地，宽3千米~6千米，自西南向东北纵贯全区。地面高程在1.8米~2.4米之间。中南部古河、小洋河两侧也为槽形洼地，宽2千米~3千米，自东南向西北纵贯中南部，地面高程在2.2米~2.8米之间。东南部川东港以南地区为高亢地，地面高程在3.5米~4.5米之间。

【自然资源】 土地与滩涂。大丰区有耕地13.19万公顷，人均占有耕地0.19公顷。大丰沿海滩涂1000多平方千米，为全国各县（市、区）之最。另有辐射沙洲东沙岛1000多平方千米。

水资源。区内常年自然降水量约1067毫米，丰水年有2000多毫米，欠水年有500毫米左右。区境内有川东港河、疆界河、王港河、四卯西河、斗龙港河、南直河、西潮河、大丰干河等入海水道，平均地面年径流量5.1亿立方米，客水过境量约25亿立方米。地下淡水资源丰富，根据实凿眼井观察，深160米左右的可供人畜饮用淡水日涌量约200立方米，深400米左右的热淡水（水温约27℃）时涌量约60立方米。

生物资源。区内物产富有，品种繁多。大丰区是全国粮食生产先进县（区）、全国休闲农业与乡村旅游示范县（区）、国家畜牧业绿色发展示范县（区）、全国有机产品认证示范创建区、全国园艺出口示范区、全国第四批率先基本实现主要农作物生产全程机械化示范县（区）。2020年产粮食91.3万吨，水果6.5万吨，蚕茧752.49吨，生猪饲养量118.97万头，家禽饲养量3487.64万羽，水产品产量17.36万吨。其他木本、草本、地被植物500多种，药材除人工培植的80多种外，还有罗布麻、茵陈、龙胆草、益母草、墨旱莲、苍耳子、马鞭草等野生药材200多种。陆上脊椎动物100多种。2020年，大丰有世界珍稀麋鹿5681头，其中野生麋鹿1820头。区内有丹顶鹤、天鹅、白尾海雕、牙獐等40多种国家一、二级保护动物。近海资源丰富，潮间带浮游植物145种，浮游动物68种，底栖固着性藻类47种，水生动物中有各种鱼类20种，其中黄鲫、银鲳、小带鱼等优势品种10多种。贝类以青蛤、四角蛤、鲜蛏、泥螺、牡蛎等为多，年产3.89万吨左右。全区林业资源也较丰富。全区有林业用地面积4.79万公顷。森林覆盖面积5.05万公顷，其中有林地面积2.83万公顷，分别为杨树1.37万公顷、水杉0.18万公顷、其他经济树木及杂树1.28万公顷。全区有活立木蓄积总量145万立方米，其中有林地蓄积量107万立方米，分别为杨树88.8万立方米、水杉12.5万立方米、其他经济树木及杂树5.7万立方米；四旁树总株数1591万株、蓄积量38万立方米，其中杨树360万株、蓄积量19.4万立方米，水杉59万株、蓄积量13.3万立方米。纸浆和木材加工等开发前景广阔。

（刘晓生　陈萍）

港口与岸线。大丰港是国家一类对外开放口岸，开通至韩国仁川港等国际集装箱直航航线，至上海港、宁波港外贸内支线，开通上海港—大丰港—大连港的内贸滚装航线，与中国台湾基隆港实现直航。万吨级以上泊位19个，获批进口粮食指定口岸资质，B型保税物流中心、国家级进口木材除害处理中心建成运营，华丰进境活牛隔离场通过国家级验收，国际集装箱物流中心开工建设。大丰港海关、海事、边检等联检机构功能完善，实行“一站式”服务。

海洋与岛屿。大丰海域面积5000平方千米，另有辐射沙洲东沙岛1000多平方千米，发展海洋产业潜力很大。

风能和光能。大丰风电场（包括潮间带）规划总容量1000万千瓦以上，占江苏省的1/3。2020年日照时数1669.8小时，适宜发展光伏电产业。

【气候特征】 大丰属于亚热带与暖温带的过渡地带，适宜喜温作物的生长。海洋性气候表现在春温回升慢，秋温稳定且下降缓慢，初霜迟，无霜期长。季风性气候表现在冬季受大陆季风冷空气影响，多西北风，以少雨天气为主，并常出现低温和霜冻；夏季受海洋性季风影响，多东南风，降水充沛，雨热同期；春秋两季处于交替时期，形成干、湿、暖、冷多变气候。春夏季、秋冬季界限不明显。近十多年来，冬季气温偏暖，少见大雪冰冻封河现象。常年平均气温14.4℃，无霜期203.8天，常年降水量1066.7毫米，日照2214.4小时。

【主要气象要素分析】 2020年，年平均气温15.7℃，比常年偏高1.3℃，年极端最高气温36.7℃，与极端最高年份相比显著偏低1.7℃；年降水总量为1123.2毫米，比常年正常降水量略多56.5毫米；年日照时数为1669.8小时，比常年偏少544.6小时。6月9日，大丰区入梅，7月21日出梅，梅天长43天（常年24天），梅雨量460.1毫米；入梅偏早、出梅偏晚，梅期偏长，梅雨量显著偏多，降水呈现间歇性、短时雨势强，为梅雨主要特征。

【灾害性天气事件】 2020年12月29—30日，受强冷空气影响，大丰区出现大雪，最低气温-8.7℃，并伴有7~9级偏北大风。据区应急管理局统计：全区农作物受灾3.3公顷，绝收面积1.1公顷，直接经济损失14.7万元。

2020年大丰区气象资料表（一）

表1

项　目	霜	雪	积雪	结冰	最低气温≤0℃	地面最低≤0℃	草面最低≤0℃
初日	2019.11.19	2019.12.31	2020.02.15	2019.11.19	2019.11.19	2019.11.19	2020.01.01
终日	2020.03.29	2020.02.16	2020.02.16	2020.03.05	2020.03.14	2020.03.15	2020.02.18
初终间日数	132天	48天	2天	108天	117天	118天	49天

说明：统计时间节点为2019年7月1日至2020年6月30日。

2020年大丰区气象资料表（二）

表2

要素＼月份	1	2	3	4	5	6	7	8	9	10	11	12
平均气温（℃）	4.8	5.9	10.4	13.3	20.6	24.5	25.0	29.0	23.2	16.5	12.2	3.4
极端最高气温（℃）	12.4	21.9	28.2	30.7	32.0	36.3	32.9	36.7	33.2	28.3	28.2	13.4
极端最高气温出现日期	4	24	21	30	17	4	31	15	8	2	18	23
极端最低气温（℃）	-6.2	-5.8	-0.3	1.8	10.5	17.8	18.1	23.6	15.1	4.7	-0.4	-8.9
极端最低气温出现日期	1日	18日	5日	7日	12日	30日	16日	27日	27日	24日	30日	31日
降水量（毫米）	38.5	35.5	47.9	29.6	56.9	287.2	226.7	171.6	130.2	24.7	61.6	12.8
降水日数（天）	11	6	10	5	8	15	17	12	12	6	11	5
蒸发量（毫米）	28.7	40.3	78.1	95.3	110.0	83.6	72.6	112.6	94.1	83.6	80.7	37.3
日照（小时）	59.9	134.7	187.7	211.6	166.5	108.9	76.1	165.7	154.7	138.2	132.9	132.9
大风日数（日）	—	—	—	—	—	—	—	—	—	—	—	1

说明：此表统计的降水日数为日降水量大于或等于0.1毫米的天数。

（耿　健）

人口·民族·方言

【人口】 2020年,大丰区年末户籍人口70.10万人,比2019年减少5657人。在户籍人口中,男性人口35.01万人,女性人口35.09万人。全年人口出生率5.79‰,人口死亡率9.34‰,人口自然增长率-3.55‰。

【民族】 大丰区境内居民以汉族为主,少数民族人口主要由婚进少数民族妇女及其子女构成,共有33个少数民族,分别是侗族、苗族、壮族、土家族、彝族、白族、布依族、回族、瑶族、满族、蒙古族、傈僳族、水族、哈尼族、朝鲜族、纳西族、黎族、布朗族、傣族、拉祜族、景颇族、藏族、仡佬族、维吾尔族、土族、锡伯族、畲族、高山族、怒族、毛南族、基诺族、撒拉族、东乡族,约3000余人。

【方言】 大丰方言有大丰话,及客籍居民说的海门话和盐城话。大丰话分布在境内的西部和南部地区,主要集中在草堰、白驹、刘庄、小海、西团、大桥、草庙、万盈、大中等地。大丰话以大中街道为代表,属江淮官话泰如片,具有泰如片的典型特征。大丰话分布广,内部有差异。海门话分散在中东部地区,主要以南阳镇为代表。大中街道、丰华街道和新丰镇部分村组的海门人,常说海门方言。海门话属吴语方言太湖片,具有太湖片的典型特征。盐城话分布在北部地区,主要以三龙镇为代表。盐城话属江淮官话洪巢片,具有洪巢片的一般特征。境内上海市属的上海农场大多说吴语上海话;江苏省属的大中、方强、东坝头3个农场有各自不同的方言。大丰地区的方言具有多样性。

(朱晓华)

城市名片

【麋鹿故乡】 大丰是麋鹿故乡。建有麋鹿、珍禽两个国家级自然保护区,其中麋鹿保护区是世界上占地面积最大、野生麋鹿种群数量最多、麋鹿基因库最丰富的自然保护区。大丰麋鹿种群数量由1986年引进时的39头,发展到2020年的5681头,约占全球麋鹿总数的70%,是世界最大的麋鹿种群。

【黄海港城】 大丰是黄海港城。国家一类对外开放口岸——大丰港,是江苏中部重要的出海大通道,建成万吨级以上泊位19个,开通集装箱直航航线7条,30余条散杂货航线遍布各大洲。大丰港经济开发区依托大丰港设立,是中韩(盐城)产业园唯一的临港产业配套区,是中韩产业合作的海上大通道。

【上海"飞地"】 大丰是上海"飞地"。大丰与上海地域相近,人文相亲,渊源深厚。上海驻大丰农场辖区面积307平方千米,曾有10万上海知青在这里工作和生活,是上海域外面积最大的"飞地",建有上海市政府和江苏省政府主导、上海市唯一市级层面与外地合作共建的沪苏大丰产业联动集聚区。与上海光明食品集团、临港集团、上港集团、东方国际等大企业大集团深度合作,在教育、医疗、金融、交通等方面全面接轨。

【革命老区】 大丰是革命老区。大丰区有丰富的红色文化资源,具有光荣的革命传统。1940年10月新四军、八路军在白驹狮子口胜利会师,开辟了苏北根据地,开创了华中抗日斗争新局面。刘少奇、陈毅、粟裕、黄克诚、陈丕显等老一辈无产阶级革命家们曾在大丰浴血奋战。

【长寿之乡】 大丰是长寿之乡。大丰耕地、湿地、滩涂面积宽阔,人均活动范围广,自然环境舒适,敬老爱老美德传承、文化底蕴悠远深厚,是人们宜居宜养、延年益寿的福地。大丰连续4年超过"长寿之乡"百岁老人数指标要求,人口平均预期寿命超过人均预期寿命75周岁的指标,获"2016·中国长寿之乡"称号。

(杨 波)

旅游景区概览

【国家级旅游景区】 2020年,大丰区有国家A级旅游景区(点)11家,其中AAAAA级旅游景区1家——中华麋鹿园。AAAA级旅游景区6家——知青纪念馆、大丰港海洋世界、荷兰花海、梅花湾、中华水浒园、梦幻迷宫。AAA级旅游景区2家——东郊公园、大丰港动物园。AA级旅游景区2家——施耐庵公园、银杏湖公园。

【全国乡村旅游重点村】 2020年,大丰区有全国乡村旅游重点村1家——大丰区恒北村。2019年7月,恒北村被文化和旅游部、国家发改委列入"第一批全国乡村旅游重点村名单"。

【省星级乡村旅游区】 2020年,大丰区有江苏省星级乡村旅游区7家。其中省五星级乡村旅游区2家,即大丰区恒北村、丰收大地现代农业示范区。省四星级乡村旅游区4家,即多彩荷兰村、七彩花田、希望的田野农业示范园、东方桃花洲。省三星级乡村旅游区1家——大丰九州田园。

【省级工业旅游示范区】 2020年,大丰区有江苏丰海新能源淡化海水发展有限公司和江苏大丰和顺电子有限公司两个省级工业旅游示范区。

(谢 杨)

丰物特产

【白驹三腊菜】 白驹三腊菜得名于主要原料野麻菜的麻辣、芥子的辛辣和寒冬腊月天的制作,因辣与腊同音,故称三腊菜。白驹三腊菜入口味美腊香,色泽青绿,食之可开胃,具有止咳祛痰、舒心通气、养容养颜、减肥的功效。

【刘庄麻辣鸡】 刘庄麻辣鸡始创于

20世纪50年代，入口鲜、香、麻、辣。肉质细嫩，皮脆脱骨，咸淡适宜，麻辣得当。其制作过程大致为：选择优质正宗的土鸡，宰杀、清杂，漂洗后焯水，然后用卤汁（秘方）蒸煮约两小时，要求肉可脱骨，外形不变。

【小海五香茶干】 小海五香茶干由黄豆加工而成，制作过程有近20道工序。闷煮调料配方独特，一般有八角、小葵、丁香、花椒等数十种配料。茶干色泽酱红、入口清香、有韧性，参加过多届大丰麋鹿节展销。

【小海香肚】 小海香肚主料是优质猪肉，其制作过程为：将猪肉切成肉丁，然后用盐和调料腌制，与淀粉、葱、姜等配料搅拌成馅，装入预先清洗消毒去味的猪尿泡（猪膀胱）中，扎紧猪尿泡口后放入老锅汤中长时间烧煮。小海的香肚贵就贵在老汤中，一锅味道纯正的老汤需要多年的精炼。煮熟后的香肚外形球状，色泽光亮呈深赭色，色、香、味俱全。

【柏斜志香肠】 三龙镇的柏斜志香肠采用上好的猪肉，精细的工艺以及严格的制作，经祖传秘方精制而成，色泽红艳，间有白色夹花，口味咸中带甜，肉质紧凑。在大丰首届麋鹿生态旅游节大丰名优农产品展上，受到好评。

【裕华羊肉】 裕华羊肉选料为上等山羊肉，连皮带骨红烧，调料有猪油、黄酒、甜面酱、冰糖、葱、姜片、辣油、蒜段等。裕华羊肉的羊皮要烧得亮而透明，瘦肉酥而滋润，汤黏而不干，吃起来肥而不腻，甜得适当，辣得可口。

【恒北早酥梨】 恒北早酥梨果形端正，皮色光滑，肉质白细、酥脆可口，汁多、味甜，具有滋阴润肺、清热解毒等作用，适合多数人食用，是盛夏防暑养颜的保健果品。恒北早酥梨获无公害、绿色食品、有机食品认证，连续两年获"中国国际农业博览会名牌"称号。

【南阳柿子】 南阳柿子营养丰富、色泽鲜艳、香甜可口，含多种维生素，可生食，也可加工成柿饼、柿糕，并可用来酿酒、制醋等，同时具有较高的药用价值。生柿能清热解毒、降压止血，柿蒡、柿叶也有一定的药用价值。

【海丰大米】 海丰米业有限公司的原粮生产基地位于大丰区境内。海丰大米清香、软糯、口感好，富含维生素、蛋白质、磷、铁等多种有益人体健康的营养成分，味道香甜爽口。海丰大米获全国首批"放心米"称号，被评为"中国质量过得硬放心品牌""中国名牌农产品"等。

【宝龙冰镇龙虾】 宝龙龙虾产自大丰区斗龙港，壳青、肉质丰满、味道鲜美。宝龙冰镇龙虾加工技术精湛，风味独特、品质佳，多次获国际五星金奖。

【东沙紫菜】 东沙紫菜产自大丰东沙岛海域。该海域滩涂广阔，无污染，水流畅通，水质肥，养殖的条斑紫菜生长快，质地嫩。东沙紫菜干品色泽鲜亮，韧劲足，具有独特的风味，适宜各种加工与烹调。东沙紫菜是全国首个海藻类地理标志产品。

【醉蟛蜞】 醉蟛蜞壳钳酥软，鲜香，味美，营养价值高。其制作方法是，把小蟛蜞连同调味品（以酸辣粉、盐和捣碎的葱蒜为主要原料）一起放入陶制的大坛，密封后放在阴凉处，腌上一段时间，便可取食。

【黄泥螺】 大丰黄泥螺可生炝、可爆炒，肉质鲜美脆嫩，丰腴可口。泥螺可为冷菜，也可为热菜，常用于宴席。大丰盛产的黄泥螺曾获第二届食品博览会金奖及"中国国际农业博览会名牌产品"称号。

【麻虾酱】 大丰沿海盛产麻虾（糠虾），常见于每年春季到初冬的沿海河口区和半咸水的池塘。麻虾个体约1厘米长，大小匀称。麻虾酱需经过漂洗、蒸煮、配料、包装等10多道制作工序制作而成，色香味俱佳。麻虾酱有"天下第一鲜"的美称。

【大丰瓷刻】 大丰瓷刻是以瓷件为载体，钢凿和铁锤为主要工具，凿刻瓷件产生崩瓷效果，使艺术作品物象机理再现于瓷体表面的地方传统美术。大丰瓷刻技艺传承以小海镇为基地。技艺传承人在刻瓷过程中，注重基本技法的传承和工具、辅材的改良，用独特的凿刻技艺赋予瓷刻作品独特的构成形式和审美效果，被工艺美术专家、文化学者喻为"瓷器上的刺绣"。2016年1月，大丰瓷刻入选第四批省级非物质文化遗产代表性项目名录。

【麦秆画】 麦秆画利用麦秆自然的光泽和抢撕成丝的特性，经过烫色或者染色，用"撕、剪、刻、抢"等工艺，平贴或直接用麦秆逐层堆成画的一种传统美术技艺。大丰南阳镇的麦秆画在国内多次获奖，在国外也有一定的知名度。

（摘编自《大丰好玩呢》）

2020年大丰区国民经济和社会发展情况

【概况】 2020年，面对复杂严峻的宏观经济形势和新冠肺炎疫情的严重冲击，全区上下坚持以习近平新时代中国特色社会主义思想为指导，坚持稳中求进工作总基调，扎实推进"六稳"工作，全面落实"六保"任务，经济运行逐步恢复常态，高质量发展取得积极进展。

经济保持稳定增长。2020年，全区地区生产总值为686.78亿元，按可比价格计算，同比增长4.0%。其中，第一产业增加值98.64亿元，增长2.7%；第二产业增加值224.61亿元，增长3.0%；第三产业增加值363.54亿元，增长4.9%。产业结构持续优化，全区三次产业比重调整为14.4:32.7:52.9，其中第三产业比重比2019年提高0.9个百分点。

城镇就业稳定向好。2020年，全区新增城镇就业26254人，下岗失业

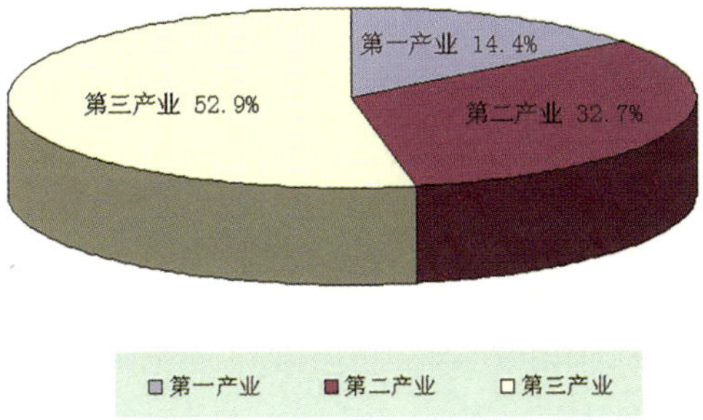

图1 2020年大丰区地区生产总值构成

人员再就业6652人。2020年年末，全区城镇登记失业人员1697人，城镇登记失业率1.77%。

物价水平基本稳定。2020年，全区居民消费价格指数同比上涨3.6%，涨幅比2019年同期回落0.3个百分点。八大类商品价格呈现"三升五降"态势：其中，食品烟酒上升13.6%，教育文化和娱乐上升3.2%，其他用品和服务上升5.7%，衣着下降4.5%，居住下降0.2%，生活用品及服务下降4.3%，交通和通信下降3.8%，医疗保健下降0.3%。

【农林牧渔业】 2020年，全区实现农林牧渔业总产值182.22亿元，增长2.7%；实现农林牧渔业增加值104.76亿元，增长2.7%。

农业生产持续稳定。全年粮食播种面积202.64万亩（13.51万公顷），同比增长1.0%；油料作物播种面积12.54万亩（8360公顷），同比增长3.1%；药材播种面积1.26万亩（840公顷），同比增长5.0%；蔬菜瓜类播种面积106.11万亩（7.07万公顷），同比下降0.4%。全年粮食总产量91.34万吨，同比增长0.4%。其中，夏粮总产量36.99万吨，同比增长1.8%；秋粮总产量54.35万吨，同比下降0.5%。油料总产量2.51万吨，同比增长3.7%。全年粮食单产6761.55千克/公顷。

林牧渔业总体平稳。2020年，全区造林面积2.16万亩（1440公顷），比2019年减少538亩（35.87公顷）。全年肉类总产量8.32万吨，比2019年下降25.5%；蛋类总产量7.34万吨，增长21.1%；牛奶总产量10.82万吨，增长10.4%。水产品总产量17.36万吨，比2019年下降0.1%，其中，淡水产品10.36万吨，增长1.4%，海水产品7.00万吨，下降2.1%。

现代农业较快发展。2020年，全区新增省级以上休闲农业品牌2个，累计30个。全区绿色优质农产品比重95.4%，比2019年提高14.8个百分点，累计建成国家绿色食品原料标准化生产基地1个，省级绿色优质农产品基地15个。累计建成市级以上现代农业园区23个，其中国家级1个、省级1个。2020年新创建区级示范家庭农场44个，累计145个；新创建市级示范家庭农场19个，累计70个；新创建省级示范家庭农场1个，累计27个。累计创成国家级农业产业化重点龙头企业2个、省级9个、市级30个。

农业机械化规模扩大。2020年，全区农机总动力90.23万千瓦，农机化作业收入4.96亿元，大中型拖拉机、联合收割机、水稻插秧机保有量分别为3488台、3095台、763台（其中乘坐式501台），秸秆机械化还田面积166.35万亩（11.09万公顷）。

【工业和建筑业】 工业生产平稳增长。2020年，全区完成全口径工业开票销售1143.42亿元，同比增长10%。其中，规模以上工业开票销售946.25亿元，同比增长10.7%。规模以上工业总产值同比增长6.9%，规模以上工业增加值同比增长6.5%。全区开票销售超1亿元企业110个，其中开票销售10亿元以上的17个。工业用电量56.80亿千瓦时，同比增长17.2%。

新兴产业增势强劲。新能源及装备制造、新能源汽车及零部件、新一代电子信息及智能终端三大战略性新兴产业实现开票销售295.1亿元，占全区规模以上工业比重31.2%，同比增长21.8%，比规模以上工业开票销售增速高11.1个百分点。

建筑业基本稳定。2020年，全区资质以上建筑企业85个，其中，总产值超1亿元的企业17个，超10亿元的企业4个。全区完成建筑业总产值99.46亿元，同比增长3.1%，其中，建筑工程产值96.52亿元，同比增长3.3%。全区建筑业企业在外省完成产值35.43亿元，同比下降3.2%；签订合同额126.4亿元，同比下降20.8%。全区建筑业企业房屋建筑施工面积680.83万平方米，同比增长11%。其中，当年新开工面积352.99万平方米，同比增长23.3%。

2020年大丰区农林牧渔业总产值和增加值构成表

表3　　单位：亿元

指　标	产值	增加值
农林牧渔业	182.22	104.76
1.农业	83.88	56.04
2.林业	4.39	2.22
3.牧业	36.83	16.50
4.渔业	45.30	23.88
5.农林牧渔服务业	11.82	6.12

【固定资产投资】 投资结构更加优化。2020年，全区固定资产投资同比增长4.2%。分产业看，第一产业投资增长131.7%；第二产业投资下降14.1%；第三产业投资增长77.7%。基础设施投资较快增长。2020年，全区完成基础设施投资148.5亿元，同比增长11.2%。其中铁路、道路和水上运输业同比大幅增长370.9%；水利、生态保护、公共设施管理业同比增长

31.4%。高技术产业投资增长迅速。2020年，全区高技术产业完成投资60.0亿元，同比增长30.7%，占全部投资的比重为15.3%，比2019年同期提升2.6个百分点。其中高技术制造业完成投资43.5亿元，同比增长15.5%，占全部制造业投资的35.8%，比2019年同期提升10.3个百分点；高技术服务业完成投资16.5亿元，同比增长100.7%，占全部服务业（不含房地产）投资的14.1%，比2019年同期提升1.6个百分点。

房地产业稳定发展。2020年，全区完成房地产开发投资54.24亿元，同比增长34.3%，其中住宅投资35.54亿元，增长14.9%。全区商品房销售面积110万平方米，同比增长24.7%，其中住宅100.26万平方米，比2019年增长38.3%；商品房销售额85.26亿元，同比增长28.6%，其中住宅销售额77.57亿元，比2019年增长43.3%。

【交通运输和旅游】 运输能力逐步增强。年末等级公路里程3616.72千米（不含地方自主实施农村公路），其中高速公路里程75.57千米。全年实现公路客运量588.27万人，公路货运量742.15万吨。年末公共汽（电）车运营车辆279辆，公共汽（电）车客运总量970.2万人次，出租汽车200辆。2020年，大丰港实现货物吞吐量5309.73万吨，同比增长0.1%；集装箱26.20万吨标箱，同比增长2.3%；外贸量1714.83万吨，同比增长6.2%。内河码头吞吐量283.7万吨，同比增长24.8%。

旅游经济风生水起。2020年，大丰景区全年接待游客752.6万人次，景区综合收入2.15亿元，景区门票收入0.77亿元，实现旅游业总收入71.5亿元。大丰创成国家全域旅游示范区。荷兰花海顺利通过国家AAAAA级旅游景区景观质量评审。2020年年底，全区有国家AAAAA级景区1个、AAAA级景区6个，全国乡村旅游重点村1个，江苏省五星级乡村旅游区2个，四星级乡村旅游区4个，工业旅游区2个，省市级旅游度假区各1个，江苏省特色景观旅游名镇、名村各2个，高等级景区数量、质量位居江苏各县区前列。

【国内贸易】 消费市场持续回暖。2020年，全区实现社会消费品零售总额205.85亿元，同比增长1.4%。限上消费品零售额37.1亿元，同比增长10.1%。分规模看，限额以上企业实现零售额34.5亿元，同比增长13.6%；限

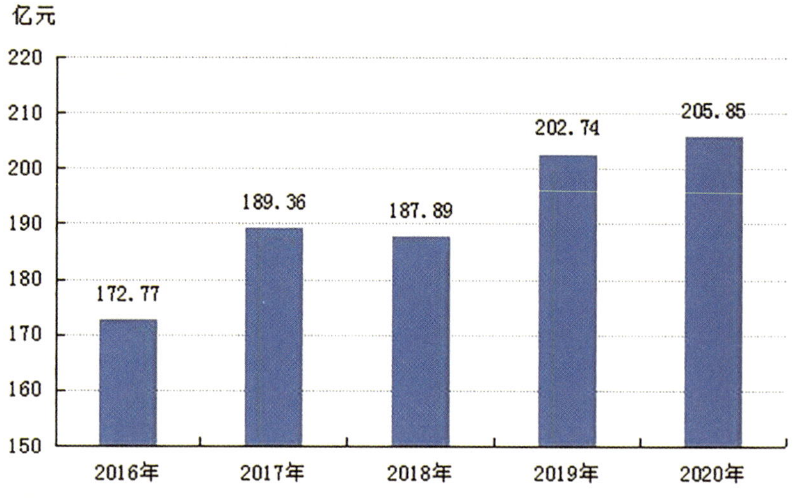

图2　2016—2020年大丰区社会消费品零售总额变化示意图

额以上个体经营户实现零售额2.6亿元，同比下降7.1%。

【对外经济】 对外经济逆势增长。2020年，全区实现进出口总额28.7亿美元，同比增长21.8%。其中，出口14.3亿美元，同比增长26.7%；进口14.4亿美元，同比增长17.3%。2020年，全区实际使用外资1.12亿美元，同比增长117.6%。全年新设外商投资企业19个，同比增长26.7%，其中总投资3000万美元以上项目5个。

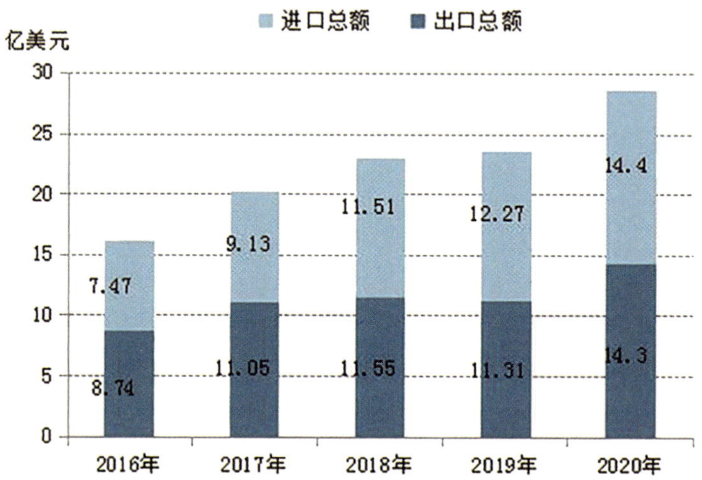

图3　2016—2020年大丰区进出口总额变化示意图

【财政金融】 财政收支总体平稳。2020年，全区实现一般公共预算收入53.57亿元，同比增长5%。其中，税收收入41.80亿元，税占比为78.0%。全区完成一般公共预算支出112.60亿元，增长17.2%。其中，民生支出稳定增长，其中社会保障和就业、文化旅游体育与传媒、住房保障、教育、卫生健康支出分别增长25.93%、14.58%、12.97%、10.68%、4.99%。

金融信贷规模扩大。2020年年末，全区实现金融机构本外币存款余

2020年大丰区财政收入分项情况表

表4 单位：万元、%

指 标	绝对数	比2019年增长
财政收入	817130	1.6
#上划中央收入	281464	-4.3
一般公共预算收入	535666	5.0
#增值税	129844	9.0
企业所得税（40%）	39995	-26.6
个人所得税（40%）	15094	25.2
改征增值税	60156	-9.3

2020年年末大丰区金融机构存贷款情况表

表5 单位：亿元

指 标	年末余额	比年初增减
金融机构存款余额	1017.99	182.83
企业存款	386.06	104.02
储蓄存款	462.74	62.17
金融机构贷款余额	856.46	146.87
短期贷款	355.11	78.65
中长期贷款	420.11	64.73
票据融资	81.24	3.49

额1017.99亿元，比年初增加182.83亿元，其中，储蓄存款462.74亿元，比年初增加62.17亿元。金融机构本外币贷款余额856.46亿元，比年初增加146.87亿元，其中，中长期贷款420.11亿元，比年初增加64.73亿元。

【科学技术和教育事业】 创新能力不断增强。2020年，全区新增高新技术企业42个，国家高新技术企业数154个，建成国家级企业技术中心4个。2020年，全区专利申请量2845件，其中发明专利申请量451件；专利授权量1689件，其中发明专利授权量115件；有效发明专利拥有量922件，万人有效发明专利拥有量13.18件，比2019年增加2.1件。

教育事业全面发展。2020年，全区有普通中学32所，其中，高中4所、少年体育学校1所，在校学生21456人，毕业学生7135人；小学32所，在校学生27814人，毕业学生4256人，入学率和巩固率均为100%；中等职业学校1所，在校学生2442人，毕业学生911人；幼儿园50所，在园幼儿13546人；特殊教育学校1所，适龄残疾儿童入学率100%。全区专任教师5692人，其中普通中学2477人、小学2013人、中等职业学校254人、幼儿园917人、特殊教育学校31人。成功创建江苏省省级社区教育示范区。

【文化、卫生和体育事业】 文化水平全面提升。区文化馆获“国家一级馆”称号，通过国家第五批文化馆评估定级复审。2020年，大丰区人均接受文化场馆服务人次为4.01，位列盐城市第一。大丰区创排的少儿舞蹈《妈妈的花摆裙》、老顽童四重唱《花海仙境》获全省第十四届“五星工程奖”金奖。大丰区六部篆刻作品入选“印记中国2020——决战脱贫奔小康大众篆刻作品展”，成为国家级展览中全国唯一的县区级参展单位。《只有爱·戏剧幻城》顺利完成全球公演，成为长三角地区独具特色的文化新地标。

卫生体系稳步发展。2020年，全区拥有卫生计生机构363个（含村卫生室216个，门诊、诊所、医务室等87个）。其中：医院、卫生院（社区卫生服务中心）40个，疾病预防控制中心1个，妇幼卫生机构1个。各类卫生机构拥有床位3893张，卫生技术人员4540人，其中执业（助理）医师1971人（含乡村全科执业助理医师），注册护士1745人。

体育赛事蓬勃发展。成功举办第三届盐城市大丰区“风中足迹”半程马拉松，绿色新能源行业、盐城当地企业，社会团体及全国各地近3000名跑友参加。组队参加江苏省青少年田径锦标赛，获得女子七项全能冠军。参加盐城市中小学生田径比赛，获得41块金牌，团体总分、金牌数和奖牌数均获第一名。参加盐城市“市长杯”小学组足球联赛、青少年乒乓球比赛、皮划艇比赛等多项体育赛事，均获得较好成绩。

【环境保护和安全生产】 生态环境持续改善。全区生态环境质量达历史最好水平，PM2.5浓度均值为30.9微克/立方米，同比下降17.4%；优良天数比率85%，同比提高5.1个百分点。国省考断面水质达标率100%，优Ⅲ类比例100%；国控入海河流断面水质达标率100%，县级以上集中式饮用水源地达标率100%。扎实推进绿化造林，林木覆盖率21%。大丰野鹿荡建成中华暗夜星空保护地，被收录至《世界暗夜保护地名录》，大丰麋鹿国家级自然保护区创成五项“世界第一”。

安全生产形势稳中向好。深入践行新发展理念，巩固拓展“一年小灶”成果，扎实开展“三年大灶”整治，持续加强源头治理，加快推动安全生产治理体系和治理能力现代化，全区安全生产形势稳中向好。2020年亿元GDP生产安全事故死亡率为0.017人/亿元。

【人口、人民生活和社会保障】 人口总量继续下降。2020年年末，全区户籍人口70.10万人，比2019年减少5657人。其中，城镇人口45.77万人，农村人口24.33万人；男性人口35.01

万人,女性人口35.09万人;0~17岁人口8.00万人,18~34岁人口12.03万人,35~59岁人口29.51万人,60岁及以上人口20.56万人。出生人口4072人,人口出生率5.79‰,死亡人口6573人,人口死亡率9.34‰,人口自然增长率-3.55‰。

生活水平不断提高。2020年,全区居民人均可支配收入34972.8元,同比增长5.1%。按常住地分,城镇常住居民人均可支配收入40975.1元,同比增长3.9%;农村常住居民人均可支配收入26754.1元,同比增长6.5%。城乡居民人均收入比值为1.53,比2019年缩小0.04。

社会保障更加完善。2020年,城乡基本养老保险参保人数54.50万人;城乡基本医疗保险参保人数48.86万人;失业保险参保人数9.98万人;工伤保险参保人数11.23万人。企业退休职工人均养老金2821.8元/月,盐城各县(市、区)最高,城乡居民养老保险基础养老金190元/月。城乡低保标准从620元/月提高到670元/月。

(夏晓霞)

〖编辑 朱晓华〗

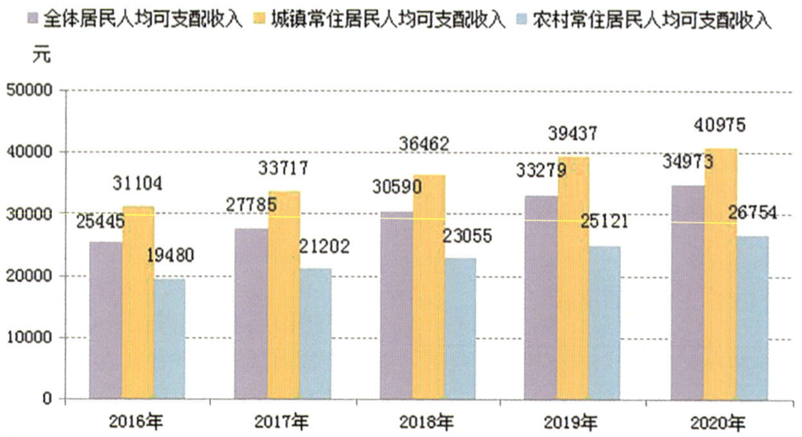

图4 2016—2020年大丰区居民收入柱状图

大丰城西湿地。 周古凯 摄

中共盐城市大丰区委员会

综　述

【概况】 2020年，面对突如其来的新冠肺炎疫情，大丰区坚持以习近平新时代中国特色社会主义思想为指导，坚决贯彻落实中央、省委、市委决策部署，把人民生命安全和身体健康放在第一位，坚持可知可控、精准防控，打了一场漂亮的疫情防控人民战争、总体战、阻击战，实现新冠患者“零病亡”、医务人员“零感染”。16名医疗队员逆行出征、驰援黄石阳新县，为全国抗疫大局作出大丰贡献。

大丰区统筹推进疫情防控和经济社会发展，扎实做好“六稳”（稳就业、稳金融、稳外贸、稳外资、稳投资、稳预期）“六保”（保居民就业、保基本民生、保市场主体、保粮食能源安全、保产业链供应链稳定、保基层运转），在盐城率先启动复工复产，各项经济指标较早实现正增长，稳住发展大局。2020年，全区实现地区生产总值687亿元左右，人均地区生产总值10.65万元；全口径工业开票销售1143亿元，其中规模以上工业开票销售946亿元；进出口总额28.7亿美元，占盐城市进出口总额的1/4；城镇和农村常住居民人均可支配收入分别为40975元、26754元；金融机构存款余额超1000亿元、贷款余额近900亿元，金融生态环境列全省第5位，连续7年建成“省金融生态优秀县”；全口径工业开票销售、规模以上工业开票销售、进出口总额、金融机构贷款余额和增量，以及上市公司总数量、累计融资额、合计市值为盐城第一；在全市2020年度综合考核中获得第一等次，成为省委、省政府表彰的全省20个推进高质量发展先进县（市、区）之一。

转型升级步伐加快。重点培植新能源及装备制造、新能源汽车及零部件、新一代电子信息及智能终端三大战略性新兴产业，海上风电和光伏两大产业蓬勃发展，海上风电全产业链生态圈已经形成，中汽研汽车试验场亚洲最大、技术全球领先，长三角智能网联汽车试验场和正泰新能源10吉瓦光伏组件项目列入省重大项目，2020年三大战略性新兴产业实现开票销售296亿元，占规模以上工业开票销售的31.3%。联鑫钢铁跻身中国民营企业制造业500强，金光集团并购博汇资产全部交割、管理全面接管，安道麦重组辉丰正式签约，金光、中化两个世界500强企业重组并购项目全面落地，大丰港石化新材料产业园入选江苏省定位化工园区。坚持以科技为核心，智慧和资本为两翼的“一核两翼”创新发展模式，国家高新技术企业总数超150个，建成国家级企业技术中心4个、占盐城一半，引进“两院”（中国科学院、中国工程院）院士5名、国家重大人才工程专家8名，本土上市企业数3个，占盐城3/5。营商环境不断改善，在盐城创新推出企业开办“全程通、零费用”模式，在全省率先探索“一照多业、一码多证”，开发“一键通”服务企业平台，市场主体活力迸发，“四上企业”（规模以上工业企业、规模以上服务业企业、限额以上批零住餐企业、资质等级建筑业企业）总数突破1000个，开票销售超1亿元工业企业110个，纳税超1亿元企业10个，市五星级企业8个、占盐城的1/4。

开放发展持续深化。坚持“四向发力”，以大丰港为门户东向出海联通日韩欧美，突出对韩合作，融入东北亚区域循环；以盐通高铁为纽带南向接轨大上海、融入长三角；以内河航道、铁路支线为跳板西向联通长江经济带和淮河生态经济带；以盐丰快速通道为链接北向大市区，建好副城、副中心。全力打造长三角北翼区域性现代物流枢纽港，大丰港10万吨级深水航道建成，大丰港铁路支线开工建设，集装箱航线实现对韩主要港口全覆盖，并完成东南亚直航首航，实现“沪丰通”通关模式，上港集团与大丰海港控股合作共建100万标箱国际集装箱智慧物流中心，B型保税物流中心封关运行，进境肉类、水果指定监管场地获批，与盐城港控股集团签订战略合作协议，大丰港入列盐城港“一港四区”（大丰港区、射阳港区、滨海港区、响水港区）一体化组团，货物吞吐量、集装箱分别占盐城港的66%、98%。深度接轨大上海，全面融入长三角，沪苏大丰产业联动集聚区被纳入国家《长江三角洲区域一体化发展规划纲要》、江苏省和上海市实施方案，与光明食品集团共建的上海优质农副产品供应加工基地列入长三角区域一体化发展年度工作计划，总投资100亿元的光明食品集团“一园一厨五基地”（光明食品产业园；中央厨房及净菜加工配送；奶牛养殖及乳制品深加工基地，进口牛羊肉及深加工基地，蛋禽养殖及深加工基地，粮食储备加工基地，水产品养殖及加工基地）正式落户。常盐、苏盐等南北合作共建园区加快建设。常盐工业园区向西新拓展5.5平方千米，连续9年被评为“江苏省共建园区先进单位”。

城乡面貌焕然一新。围绕盐丰一体化，促进以人为核心的新型城镇化，深入开展城市建设大会战，精心打造新丰古镇、新丰里、幸福大街公建提升等“一镇一里两街两商圈”，人民路海派风情街实施改造，成为大丰30多年来规模最大、颜值最高、百姓最满意的城市更新项目，吾悦广场建成营业，高铁综合枢纽、沪丰大道与盐通高铁主线同步投入使用，大丰迈入“高铁时代”。与盐城市区一同高分创成全国文明城市，大丰农商行、中国银行大丰支行获评“全国文明单位”，白驹镇狮子口村、大中街道恒北村、新丰镇全心村获评“全国文明村”，大丰区实验小学获评“全国文明校园”。以农业“123”重点工程为重点，全力推进农业农村现代化，农房改善在全省绩效评价考核中名列前茅，大丰作为典型在全省现场推进会上交流发言，创成省特色田园乡村9个，数量居苏北第一。

生态大丰充满魅力。加强生态保护修复，在盐城率先建成沿海万亩新林场，林木覆盖率近30%。农村河道长效管护连续6年列全省第一等次，被表彰为国家级节水型社会建设达标县（市、区）。成为世界自然遗产中国黄（渤）海候鸟栖息地（第一期）重要组成部分，黄海湿地大丰野鹿荡入选世界暗夜保护地名录，国家级生态镇实现全覆盖。大力发展旅游经济，创成国家全域旅游示范区，荷兰花海创建国家AAAAA级景区通过景观质量评审、全省唯一，成立斗龙港旅游、大丰文旅两大旅游集团，《只有爱·戏剧幻城》对外公演。

2020年11月，大丰区实验小学被评为第二届全国文明校园。
周古凯 摄

群众生活日益美好。深入实施教育惠民工程，签约上海联盟学校20所，与上海光华集团合作兴办大丰外国语学校，创成江苏省智慧校园25所，建成“全国中小学校责任督学挂牌督导创新县（市、区）”，成功举办全国新教育实验研讨会、华夏院士论坛等重大活动。上海中山医院大丰人民医院医疗技术协作中心运营良好，人民医院建成三级综合医院，在盐城首家实现国家卫生镇、省卫生村全覆盖。全区263个村（社区）综合文化服务中心全部按省级标准创建达标，人均拥有公共文化设施面积为盐城第一，获得盐城市文化建设高质量奖。企业退休人员人均养老金为盐城最高，城乡居民养老保险基础养老金苏北最高，所有建档立卡低收入人口全部实现脱贫，城乡居保扶贫工作成为全省唯一入选“2019年全国人社扶贫典型事例”。认真贯彻落实总体国家安全观，扎实开展安全生产专项整治行动，深入开展扫黑除恶专项斗争，社会治安防控体系通过省级验收，建成盐城唯一一个省现代化社区治理创新实验区，社会公众安全感全省领先。

党的建设全面加强。坚决贯彻全面从严治党总要求，推动党建工作与经济社会高质量发展融合并进，在全市2020年度综合考核中，大丰党建工作排名第一。坚守宣传思想文化主战场，建立意识形态工作联系点的创新做法在盐城推广，被推选为盐城唯一的全省县级网络评论战略支撑点试点单位，党员冬训工作获评省示范区。扎实推进基层党建“五聚焦五落实”（聚焦基本组织、基本队伍、基本活动、基本制度、基本保障，把党的全面领导、党的坚强力量、党的号召要求、党的纪律规矩、党的关心服务落实到基层）行动计划，打造“红色邻里”党建品牌，稳步推进村（社区）“两委”（村党支部委员会、村民自治委员会）换届，“两个确保”［确保所有村（社区）换届工作程序规范，确保所有村（社区）选举圆满成功］“三个100%”［每个社区（村）都实现“一肩挑”100%，35岁以下干部配备100%，女性成员按比例配备100%］目标全部实现。实施年轻干部培养计划，超前谋划镇领导班子换届，新提拔优秀年轻干部26名。加强民主政治建设，支持人大、政协依法履行职责，统战、人武、双拥、工会、共青团、妇联、科协、残联、老干部、党史、对台、档案、关工委等工作坚持围绕中心、服务大局，取得新的成绩。

【学习宣传贯彻中共十九届五中全会精神】 2020年，大丰区强化政治引领，深入学习宣传贯彻中共十九届五中全会精神和习近平总书记视察江苏重要讲话指示精神，推动全区党员干部树牢“四个意识”（政治意识、大局意识、核心意识、看齐意识）、坚定“四个自信”（中国特色社会主义道路自信、理论自信、制度自信、文化自信）、做到“两个维护”（坚决维护习近平总书记党中央的核心、全党的核心地位，坚决维护党中央权威和集中统一领导），对标“争当表率、争做示范、走在前列”，开展“比学赶超、进位争先”活动，干部队伍干事创业的激情充分激发。坚持区委理论中心组学习会、区委学习报告会，持续推进“学习强国”平台学习，挂牌成立区融媒体中心，深入开展正风肃纪“镇村行”“看机关”专项行动，推进全区政治生态评估工作，全区2300多个党组织、3万多名党员奋战改革发展一线，有力发挥了战斗堡垒和先锋模范作用。

（杨　波）

重要会议

【区委十二届十次全体会议】 8月3日，区委召开十二届十次全体会议。会议的主要任务是，以习近平新时代中国特色社会主义思想为指导，认真贯彻落实省委十三届八次全会、市委七届十次全会精神，总结上半年工作，部署下半年任务，动员全区上下奋力夺取疫情防控和经济社会发展“双胜利”，决战决胜高水平全面建成小康社会。区委书记薛盛堂根据常委会讨论的精神，着重强调四个方面意见：（1）坚定信心同舟共济，全区高质量发展破浪前行。（2）做好“六稳”落实“六保”，奋力夺取“双胜利”。（3）深入实施城乡协调发展战略，全面振兴镇域经济。（4）坚持党建引领，发挥战斗堡垒和先锋模范作用。

【区委十二届十一次全体会议】 12月29日，区委召开十二届十一次全体会议。这次会议的主要任务是，全面贯彻中共十九大和十九届二中、三中、四中、五中全会以及中央经济工作会议精神，深入贯彻习近平总书记视察江苏重要讲话指示精神，按照省委十三届九次全会、市委七届十一次全会部署，回顾总结“十三五”发展历程，科学谋划“十四五”发展蓝图，全面部署2021年各项工作，审议区委关于制定国民经济和社会发展第十四个五年规划和二〇三五年远景目标的《建议》，动员全区上下聚焦“争当表率、争做示范、走在前列”，乘势而上再奋斗，携手迈进社会主义现代化建设新征程，以优异成绩向中国共产党建党100周年献礼。区委书记薛盛堂根据常委会讨论的精神，着重讲了四个方面的问题：（1）回顾“十三五”，全区上下勠力同心团结奋斗，全面建成小康社会交出亮丽答卷。（2）深入学习贯彻中共十九届五中全会和习近平总书记视察江苏重要讲话指示精神，对标对表“争当表率、争做示范、走在前列”，绘就大丰未来五年发展幸福蓝图。（3）立足新阶段新理念新格局，用实干创造奋斗作答，努力实现“十四五”发展良好开局。（4）坚定不移推进全面从严治党，大力弘扬新大丰精神，为开启社会主义现代化建设新征程提供坚强保障。

（杨　波）

重要决策

【疫情防控】 1月23日，大丰区召开新型冠状病毒感染的肺炎疫情防控工作部署会议，学习贯彻习近平总书记对新型冠状病毒感染的肺炎疫情作出的重要指示和李克强总理批示精神，按照国家新型冠状病毒感染的肺炎疫情防控工作电视电话会议和省、市专项会议部署要求，迅速贯彻落实中央和省市疫情防控工作要求，做好大丰区相关防控工作。2月1日，区委书记薛盛堂采取“四不两直”（不发通知、不打招呼、不听汇报、不用陪同接待、直奔基层、直插现场）方式，深入基层实地检查疫情防控工作。他强调，要落实落细基层各项疫情防控举措，坚决筑牢织密疫情“防护网”。2月3日，区委常委会第93次会议暨区委应对新型冠状病毒感染的肺炎疫情工作领导小组全体会议召开。会议要求，全区上下切实把思想和行动统一到党中央和省市委重大决策部署上来，突出工作重点，实行群防群治，加强党的领导，紧紧依靠人民，筑牢疫情防控“铜墙铁壁”，全力以赴打赢疫情防控阻击战。2月5日，区委书记薛盛堂主持召开会议，专题会办研究应对疫情做好学校开学有关工作。他强调，全区上下要高度重视，充分认清做好相关工作的重要性，统筹协调，精心组织，完善防控方案，严格落实责任，细化各项保障措施，确保全区各级各类学校春学期平稳有序开学，保障师生员工健康与生命安全。2月6日，区委书记薛盛堂检查旅游景区疫情防控工作。他要求，深入分析研判疫情新趋势，统筹谋划做好下一步旅游发展“大文章”，坚决打好打赢疫情防控歼灭战，努力推动旅游经济循环畅通和稳定发展。2月7日，区委书记薛盛堂检查部分交通重点工程复工前疫情防控工作。他强调，要一着不让抓疫情防控、统筹做好重点项目建设。2月10日，区委书记薛盛堂检查六小行业疫情防控工作。他强调，要始终把人民群众生命安全和身体健康放在第一位，持续不懈开展抗击疫情工作，压紧压实主体责任，加强管控巡查力度，科学有序组织保供，不断增强人民群众幸福感、安全感，坚决打赢疫情防控阻击战。2月10日，区委书记薛盛堂检查农业农村疫情防控和企业生产情况。他要求，切实加强疫情防控，有序组织涉农企业复工复产。6月18日，大丰区召开疫情防控工作组会议，研究部署大丰区防控重点工作。会议要求，毫不松懈抓好常态化疫情防控，持续巩固来之不易的防控成果。

【招商引资和项目建设】 3月28日，苏州盐城沿海合作开发园区举行2020年春季项目签约暨集中开工仪式，有11个项目参加签约开工，其中开工项目8个，签约项目3个，总投资33亿元。5月18日，“深耕长三角·筑梦新盐城”线上投资环境说明会暨第十三届海盐文化节举行期间，大丰区邀请客商在盐城举行大丰分现场集中签约活动。5月18日，大丰海上风电合作签约仪式在盐城举行。大丰区与新疆金风科技股份有限公司、中国电建集团华东勘测设计研究院有限公司签订《大丰海上风电项目合作备忘录》，与华东勘测设计研究院签订《战略合作协议》。这是大丰区深化“政产学研”合作的重要成果，对推动大丰海上风电产业高质量发展具有十分重要的意义。10月29日，大丰区举行长三角（盐城）智能网联汽车半封闭测试示范运行区启动仪式，区政府与中汽试验场、大陆集团、华人运通公司签订战略合作协议，协同推进汽车科技研发，加速打造盐城汽车“大丰板块”。市长曹路宝出席并致辞。12月9日，大丰区与国网盐城供电公司签订战略合作协议，共同建设清洁能源高比例城市能源互联网示范区。12月19日，大丰区举行盐通高铁盐城大丰站现场观摩活动，展示高铁站建设成果，蓄力高质量发展后劲。区委书记薛盛堂要求，加快高铁枢纽建设，主动迎接“高铁时代”。12月30日，盐通铁路盐城大丰站正式建成运营，大丰由此迈入“高铁时代”。

【全面从严治党】 1月13日，区委召开2019年度抓基层党建、落实全面从严治党主体责任和意识形态工作责任制述职评议会。区委书记薛盛堂强调，坚决扛起管党治党政治责任，以高质量党建引领保障高质量发展。市级机关纪监工委书记韦明出席会议并点评。1月20日，全区召开领导干部党风廉政建设警示教育大会。区委书记薛盛堂出席会议并讲话，强调要深入贯彻落实中共十九大和十九届中央纪委四次全会，以及省、市、区委全会精神，切实加强党风廉政建设，坚定不移推进全面从严治党向纵深发展，增强拒腐防变的自觉性和坚定性，把党的纪律规矩作为不可触碰的底线，牢牢坚守、绝不逾越，为高水平全面建成小康社会提供坚强保障。4月26日，区委书记、区委党建工作领导小组组长薛盛堂主持召开区委党建工作领导小组会议，强调要从严从实推动管党治党任务落地见效，为夺取疫情防控和经济社会发展“双胜利”提供坚强保证。8月10日，区委书记、区委落实全面从严治党主体责任领导小组组长薛盛堂主持召开区委落实全面从严治党主体责任领导小组会议，听取区人大常委会、区政府、区政协、区法院、区检察院党组上半年落实全面从严治党主体责任情况汇报，审议《大丰区基层党委（党组）落实全面从严治党主体责任办公室履责暂行办法》。他强调，要扛起全面从严治党政治责任，确保管党治党取得过硬成果，为全区高质量发展提供坚强保障。12月30日，区委召开2020年度镇、街道、区园党（工）委书记落实全面从严治党述职会。区委书记薛盛堂强调，要驰而不息推动全面从严治党向纵深发展，为实现“两争一前列”提供坚强政治保障。

2020年1月20日，大丰区召开领导干部党风廉政建设警示教育大会。
邱鹏 摄

【旅游发展】 1月17日，第二届秦淮·大丰梅花湾新春灯会举行亮灯仪式。3月28日，2020年荷兰花海郁金香文化月开幕。省旅游协会副会长王洁平、上海市旅游协会秘书长许婷等应邀出席开幕式。3月28日，大丰区旅游发展大会在荷兰花海演艺中心召开。区委书记薛盛堂出席并讲话，要求合力推动旅游经济高质量发展。4月5日，2020年第八届恒北梨花文化节开幕。中国著名锡剧表演艺术家周东亮等应邀参加开幕式。8月7日，2020“苏韵乡情”乡村休闲旅游农业（盐城）专场推介暨大丰恒北采梨节开幕式在大中街道恒北村举行。省农业农村厅副厅长朱新华、省农业科学院副院长刘贤金等领导嘉宾到场见证。市委副书记陈红红向恒北村授予“中国美丽休闲乡村”牌匾，副市长顾云岭、大丰区委书记薛盛堂分别致辞。9月26日，荷兰花海百合花文化月开幕。市长曹路宝，《只有爱·戏剧幻城》总构想师、总编剧、总导演王潮歌，中国舞台美术学会会长曹林等领导和嘉宾应邀出席。荷兰驻上海总领事馆副领事水安如通过视频对文化月开幕表示祝贺。

【城市建设】 5月16日，区委书记薛盛堂专题开展城市建设大会战调研座谈活动。他强调，要按照中央经济工作会议强调的“城市更新”概念，全面掀起城市建设大会战热潮，提升城市品质，完善城市功能，深耕内涵发展，努力建设颜值气质兼具的现代化城市，为全区高质量发展注入源源动力。6月15日，新丰镇特色镇区发展策划及核心街区修建性详细规划评审会召开。区委书记薛盛堂强调，要以更加广阔、更加开放的视野谋划城市发展，进一步明确功能定位，突出特色内涵，结合历史、文化、经济、产业等多方因素，将新丰老镇作为荷兰花海、斗龙港旅游度假区的功能配套区进行统筹谋划，使各景点有机衔接、相得益彰、互动发展。11月6日，大丰吾悦广场城市综合体盛大开业。当天，区委书记薛盛堂到吾悦广场调研。他强调，要强化系统思维，完善配套设施，高品质打造城市综合体新地标，进一步完善城市功能、提升城市品位、塑造城市形象，全面助力城市经济高质量发展。

【两海两绿】 6月22日，大丰区接轨大上海融入长三角规划（2020—2025年）汇报暨高层专家研讨会在上海举行。上海市发改委副主任、长三角区域合作办常务副主任阮青，上海市发展研究中心副主任严军，上海市城市规划设计研究院党委书记、副院长熊健，江苏省发改委长三角处调研员罗伟光，中科院南京地理与湖泊研究所研究员陈雯等咨询专家，及大丰区委书记薛盛堂等出席。7月18日，区委、区政府举行全区接轨上海重大项目开工签约活动，光明食品集团“一园一厨五基地”、上海电气高效电池等13个重大项目集中签约，正泰新能源5吉瓦高效电池和5吉瓦高效组件项目在沪苏大丰产业联动集聚区落地开工。盐城市委书记戴源，正泰集团总裁栾广富，上海市经信委副主任吕鸣，上海市国资委副主任袁泉，江苏省发改委副主任高清，光明食品集团党委书记、董事长是明芳，临港集团总裁袁国华，光明食品集团党委副书记、总裁刘平，盐城市委常委、常务副市长羊维达出席活动。大丰区委书记薛盛堂致辞，区长李志军主持活动。9月7日，由中国海洋工程咨询协会海上风电分会和大丰区共同承办的海上风电论坛在盐城举办。盐城市委常委、常务副市长羊维达，区委书记薛盛堂等分别致辞。区长李志军作产业推介。中国海洋工程咨询协会副会长郭立峰，新疆金风科技股份有限公司总裁曹志刚等近200名新能源领域国内外权威机构及重点企业嘉宾应邀出席。11月9日，区委书记薛盛堂带队赴上海开展招商活动，深入践行“两海两绿”发展路径，精准对接金光集团、临港集团，会商洽谈项目合作相关事宜，积极拓展接轨上海开放合作新空间，为推动大丰区融入“双循环”新发展格局，实现“十四五”良好开局注入新动能。

【开放发展】 4月28日，大丰区召开开放发展大会。区委书记薛盛堂强调，要深入贯彻落实中央、省市关于开放发展的工作要求，积极抢抓长三角一体化、江苏沿海开发、长江经济带、淮河生态经济带等国家战略叠加机遇，勇立开放发展潮头，打造全面开放格局，推动大丰在高质量发展的康庄大道上行稳致远。5月18日，“深耕长三角·逐梦新盐城”线上投资环境说明会暨第十三届海盐文化节在盐城开幕。市委书记、市人大常委会主任戴源致辞，市委副书记、市长曹路宝作推介。区委书记薛盛堂出席活动并推介沪苏大丰产业联动集聚区。

【乡村振兴】 3月9日，区委书记薛盛堂专题调研农业重点工作。他强调，要高质量推进“三农”发展各项重点工作，为打好高水平全面小康收官战夯实基础。3月14日，区委书记薛盛堂到三龙、南阳、大桥、草庙、万盈等镇调研，实地察看农业农村重点工作。他强调，要在做好疫情防控的基础上，统筹做好农业农村各项重点工作，努力夺取疫情防控和农业农村发展“双胜利”。要把农房改善作为重要切入点，推动农业提质增效、农民增收致富，激发农村发展活力，奋力撬动乡村振兴。要加快实施农业“123”重点工程，全面做好镇工业园区布局优化调整和管理整合提升，加快推进农村产权制度改革，全力助推镇域经济高质量发展。4月3日，区委区政府召开全区农村工作会议，深入贯彻落实中央、省、市农村工作会议和省扶贫开发工作会议，市农民群众住房条件改善和生猪稳产工作座谈会精神，研究部署2020年“三农”工作，动员全区上下坚决打好高水平全面小康收官战，为实现农业农村现代化接续奋斗。9月16日，大丰区在南京举办“万企联万村、共走振兴路”——2020年大丰（南京）企村联建共建暨特色农产品推介会，与16个省属有关企业“牵手”合作，集中签约18个企村联建共建项目。省政府副秘书长诸纪录等出席并鉴签。

【脱贫攻坚和民生改善】 4月28日，大丰区召开改善农民群众住房条件工作领导小组会议。会议要求，切实增强落实农房改善工作的责任感使命感，按照省、市最新部署要求，坚持系统化思维，抢工会战务求实效，精心打造示范亮点，奋力推动农房改善工作走在全市前列。5月24日，大丰区召开加快改善农民群众住房条件工作推进会议。会议要求打好进城入镇“组合拳”，答好农房改善“必答题”。5月28日，区委书记薛盛堂到三龙镇调研产业发展、脱贫攻坚、农房改善等工作。他强调，要以实际成效擦亮全面小康成色，努力实现农业强、农村美、农民富。

【安全生产工作】 1月11日，全区安全生产工作会议召开，会议回顾总结2019年安全生产工作情况，全面部署2020年安全生产工作任务。4月24日，大丰区召开全区安全生产工作会议。区委书记薛盛堂出席并讲话。他强调，要认真贯彻落实习近平总书记关于安全生产的重要指示精神，全面落实全国安全生产电视电话会议、国务院江苏安全生产专项整治集中督导推进会和省、市续会精神，拧紧安全生产责任链条，全面提升本质安全水平，以更高标准、更严要求做好安全生产各项工作，持续推动全区安全生产形势稳定向好。5月6日，区委书记薛盛堂到港区石化新材料产业园，检查化工企业整治、复产准备及安全生产工作。他强调，要以化工整治为契机，推动化工企业转型升级，坚定不移走新型工业化道路，加强联动服务，引导企业延伸产业链，通过并购重组、战略合作等方式，有效整合地区资源优势，为企业健康可持续发展蓄积动能。坚守生态保护红线和安全发展底线，拧紧安全生产责任链条，确保安全生产形势持续平稳。6月10日，区委书记薛盛堂到港区调研部分化工企业建设运行情况，强调要聚焦“六稳”、聚力“六保”，坚定不移推进安全环保整治提升，全力推动化工产业安全发展、绿色发展，为实现经济社会高质量发展提供有力保障。7月15日，区委书记薛盛堂到荷兰花海，开展安全生产宣讲活动暨旅游安全生产整治专题会议。他要求，全区上下要深入学习贯彻习近平总书记关于安全生产的重要论述，进一步树牢安全发展理念，坚决守住安全红线、守住人民群众生命线，做好安全生产各项工作，落实安全生产各项措施，不断提升本质安全水平，确保全区安全生产形势持续稳定向好。9月30日，区委书记薛盛堂检查节前安全生产工作。他强调，要强化安全责任落实，筑牢安全生产防线，努力营造安定和谐稳定的节日环境。

【大丰区“十四五”规划编制】 12月10日，区委书记薛盛堂主持召开镇、街道、区园党（工）委书记座谈会。他强调，要深入学习习近平总书记视察江苏重要讲话指示精神和中共十九届五中全会精神，按照省委、市委决策部署，把“争当表率、争做示范、走在前列”作为谋划2021年和“十四五”发展的总目标、总纲领、总要求，坚定不移践行新发展理念，真抓实干，做好2021年工作，精心绘制“十四五”愿景蓝图，奋力交出高质量发展高分答卷。12月13日，大丰区举行“十四五”规划专家咨询会，邀请江苏省、上海市、盐城市的相关专家对大丰区“十四五”规划把脉问诊、建言献策。区委书记薛盛堂强调，要科学谋划“十四五”新蓝图，阔步迈向高质量发展新征程。12月25日，大丰区召开“十四五”规划编制、2021年“两重一实”项目编排征求意见座谈会，广泛征求各方代表意见建议，科学谋划大丰区“十四五”发展美好蓝图。区委书记薛盛堂强调，要深入学习领会习近平总书记视察江苏重要讲话指示精神和中共十九届五中全会精神，按照省市委决策部署，以“争当表率、争做示范、走在前列”为总目标，集思广益、凝聚共识，共同编制好“十四五”发展规划，以高水平规划引领经济社会高质量发展，为开启全面建设社会主义现代化新征程起好步、开好局。

【“不忘初心、牢记使命”主题教育】 1月14日，大丰区“不忘初心、牢记使命”主题教育总结大会举行。区委书记、区委主题教育领导小组组长薛盛堂出席会议并讲话，强调要认真学习习近平总书记在中央“不忘初心、牢记使命”主题教育总结大会上的重要讲话精神，贯彻落实全省、全市主题教育总结大会要求，更加紧密地团结在以习近平为核心的党中央周围，践行初心使命，勇担发展重任，奋力推进新时代大丰高质量发展。

（徐巳力）

信息工作

【概况】 2020年，大丰区委办信息工作坚持围绕中心、服务大局，紧扣全年工作重点和社会各界关注的热点难点，为省委、盐城市委和大丰区委提供了一批具有参考价值的信息，参谋助手作用得到进一步加强。区委办被评为2020年度全市党委信息工作先进单位。

【信息报送】 2020年，区委办强化信息上报，围绕党委工作重点、社会关注焦点、民生问题痛点等谋划选题，加强亮点成绩、基层建议、市外动态等类型信息报送。全年组织上报省委办公厅信息1850条，被采用15条，其中，《建议在我省13个世界级产业集群中建立“链长制”》获省委主要领导、省政府副省长批示，为盐城唯一获评省2020年度优秀信息；组织上报市委办公室信息2082条，被采用408条。

【服务党委】 2020年，区委办聚焦服务能力提升，做好《快报》编发，及时、全面、准确反映大丰区改革发展、项目建设、民生举措等综合动态情况、重要成绩经验等，编发《快报》15期，采用信息223条，为区领导掌握情况、部署工作提供第一手资料。强化大局意识、稳定意识，密切关注信访、安监、环保、公安、舆情等重点领域动态，编发《维稳信息日报》366期，为区领导及时处置各类突发事件、维护社会大局稳定发挥重要作用。

【区情调研】 2020年，区委办强化综合调研，重点围绕改革创新、产业发展、城市建设、民生幸福等方面深入挖掘，形成一批高质量调研信息。《大丰金融生态环境综合评估创历史新高》《大丰区率先开启全域旅游新时代》《大丰区积极拓展沿海合作新路径赋能经济高质量发展》《大丰区“六个聚力”加快实现乡村振兴步伐》《大丰区深化农业领域开放合作打响“大丰仓”品牌》等39条信息，被省市重点刊物采用，提高了上级党委对大丰发展的关注度、认可度。《对我区试点实施产业链“链长制”的建议》获区委主要领导批示采纳并在全区推行，以文辅政能力得到切实加强，为大丰区经济高质量发展贡献了智囊力量。

（胡　静）

督查工作

【概况】 2020年，区委办督查室紧扣全区中心工作和重要时间节点，突出重点、主攻难点、查深查实、推动整改，发挥督查工作的“助推器”作用，为夺取疫情防控和经济社会发展“双胜利”及收官“十三五”贡献了督查力量。

【督查推进】 2020年，区委办督查室按照“基层减负”的要求统筹谋划区级层面督查工作，制定印发《大丰区区级2020年度督查检查工作计划》并严格执行，督查工作机制不断健全完善，大督查格局进一步形成。采取专项督查、联合督查、跟踪督查、“飞行”检查等方式方法，突出统筹推进疫情防控和经济社会发展，督查区委区政府重大决策部署、区委主要领导批示交办事项、重要政策文件等贯彻落实情况，重点对疫情防控和复工复产、主要经济指标、市区两级“两重一实”（重大项目、重点工程、为民办实事工程）、城建重点工程、农房改善等重点工作开展督查，并在区四套班子月度工作例会上印发相关督查材料，全年先后组织各类重点督查10多项近20次，编发督查报告等材料近20期，督查事项比2019年有所减少，保证工作成效，减轻基层负担。

【督查考核机制】 2020年，区委办督查室坚持以考核提升督查效果，在全区年度目标任务综合考核中明确督查指标分值，将督查结果作为年度考核的重要依据，健全完善“事中督查推进、事后考核兑现”的长效机制。

【督查成效提升】 2020年，区委办督查室坚持在督查中发现问题、剖析原因，结合督查报告提出解决问题、加快推进的意见和建议，动真碰硬督促和跟踪整改，倒逼重点工作推进，确保督查工作取得扎实成效。

（丁虎翼）

组织工作

【概况】 2020年，大丰区组织工作认真贯彻落实全国、全省、全市组织部长会议精神，以推进“丰彩组工”品牌创建为主线，抗击新冠疫情，科学规范选拔任用干部，巩固提升基层组织建设，创新举措招引人才，各方面工作取得新的进展。

【新冠肺炎疫情防控】 2020年发生新冠肺炎疫情以来，大丰区委组织部坚持“组织推动、宣传发动、示范带动、保障行动”，在疫情防控中充分发挥组织部门职能作用。牵头建立区直部门挂钩包保镇（街道、园区）制度，成立15个防控工作指导组，由部门一把手带队驻镇（街道、园区）现场指导督促工作，印发《疫情防控工作指导组职能清单和责任要求》，实行“日报告”制度。建立区、镇（街道、区）、村（社区）、网格四级党组织防护网络，明确工作职责，制定防控信息报告流程图，严把每一道关口。明确村（社区）党支部落实属地管理责任、机关企事业单位党支部落实条线包保责任、“两新”（新经济和新社会）组织党支部落实引领引导责任，广泛设置党员“先锋岗”“示范岗”等，完善党员联系群众制度，及时将疫情防控各项部署传达落实到最基层。组织机关党员干部在包保社区卡口全天候轮值，协同社区共同做好进出人员登记、体温测量、执勤巡查等工作，落实严控措施。及时发现、宣传在疫情防控中涌现出的先进典型，积极向本地媒体和上级党建网络平台推送防控疫情的先进典型，起到好地示范带动作用。向上推荐4名疫情期间表现突出的共产党员，上传推送11部反映基层党员抗击疫情的党员教育电视作品。发动全区42318名党员为疫情防控捐款404.95万元，全部上缴中组部。划拨党费90万元用于支持新冠肺炎疫情防控工作，支持基层党组织购买疫情防控有关药品、物资等。划拨60万元党费，用于专项慰问战斗在防疫一线的医务工作者及其家属。划拨党员关爱金13.95万元，用于慰问援鄂抗疫医疗队成员。通过大丰区慈善总会向武汉捐款66.66万元，向盐城市首批15名和大丰区16名赴武汉医护人员每人发放慰问金2万元。

【高素质干部队伍建设】 2020年，大丰区委组织部统筹干部培养、选拔、管理、使用等4个关键环节，立足现实基础、着眼长远规划、注重整体提升，突出选优配强镇（街道）科级领导班子，带动促动全区各级干部想干事、能干事、干成事、不出事。加强对全区科级领导班子及成员综合研判，深入分析领导班子在个体素质、专业结构、整体功能等方面存在的主要矛盾和突出问题，进一步明确调顺、调优、调强领导班子的方向。5月23日，举办全区领导干部治理能力提升专题研讨班，分别邀请上海、浙江桐乡、江苏南通3地的专家教授和有经验的领导干部登台授课，就基层治理、依法行政等热点问题进行交流探讨。集中选派25名优秀年轻干部到农房改善、拆迁征地、脱贫攻坚、信访维稳、安全生产、项目服务等重难点工作一线，进行为期2~3个月的锻炼。举行青年干部“比学赶超、进位争先”专题沙龙活动，搭建年轻干部沟通交流平台。选派19名优秀年轻干部到上海、苏南地区挂职，促进年轻干部进一步解放思想、开阔眼界。注重“走出去”培训，与省内外知名高校开展合作，青年干部培训班、

2020年9月18日，大丰区党员“志愿服务十大行动”助力决战决胜全面小康暨“先锋亮丰彩·情暖夕阳红”活动集中启动仪式举行。

（单位供图）

事业单位负责人培训班等班次分别赴浙江、上海开展培训和调研。开展优秀年轻干部专题调研，从事业发展、班子需要和干部队伍实际出发，重点对副科级及以下干部进行综合研判，分层级、分类别建立完善优秀年轻干部信息库。全面实施干部人事档案专项审核全覆盖，制定《盐城市大丰区干部（职工）人事档案专项审核全覆盖工作实施方案》。按照干部管理权限，指导各管档单位根据计划统筹开展初审、复审工作，严遵政策规定和审核流程。制定印发《关于在全区开展“比学赶超、进位争先”活动的实施意见》，把“省内学溧水，沿海赶如东，全市站排头，高质量综合考核努力进入全省第一方阵”定为总体目标，明确各板块、各部门“四比四争四推动”（比学习、争先机，推动思想大解放；比实绩、争发展，推动经济大跨越；比位次、争前列，推动排名大提升；比作风、争表率，推动作风创一流）具体任务，激发党员干部提升目标定位、抬高工作标准、提振精神状态的内生动力。6月4日，组织召开全区“比学赶超、进位争先”活动动员大会，每季度对经济板块进行一次得分汇总评比，对部门承担的发展指标在盐城排名情况进行公布，排名靠前的授予“比学赶超、进位争先”流动红旗，排名靠后的给予黄牌提醒。

【人才队伍集聚效应增强】 2020年，大丰区委组织部坚持党管人才原则，实施“金丰人才工程”，发挥用人单位的主体作用，优化人才发展环境，加速集聚各类优秀人才资源。开展重点镇、街道、园区“家家到”调研，摸清科技人才需求，宣讲上级及大丰区“金丰人才”政策，调动用人主体参与招才引智的积极性。开展招才引智百日竞赛活动，组团赴深圳开展“双招双引”（招才引智、招商引资），大丰（深圳）招商服务中心及招才引智工作站成功揭牌。推行人才补贴“不见面审批”，进一步简化人才补贴申报流程，实行人才补贴线上申报、线上审批、线上发放。及时兑现大丰区“金丰人才工程”各项人才补贴，助力企业稳定人才存量，保障复工复产，全年发放各项人才补贴3231.06万元。围绕首届中国盐城创新创业大赛相关要求，组织2020年度盐城市大丰区创新创业大赛，择优一批项目参加首届中国盐城创新创业大赛，其中张世忠团队获得高层次人才团队组优秀奖。举办江苏大丰（上海）汽车及零部件产业创新发展对接洽谈会，与上海交通大学材料科学与工程学院签署产学研合作平台协议，成立大丰精密成形制造联合研究中心。拜访省生态环境厅、南京农业大学、常州大学等科技镇长团后方单位，成功组建省第十三批科技镇长团大丰团。积极组织企业申报和储备国家重大人才工程计划、省“双创”（创新创业）计划等人才项目，入选省“双创”人才项目2个，引进领军人才63名、专门人才260名、大学生3990名。认真贯彻落实盐城市名校优生“汇盐行动”，开展名校优生“集聚工程”，成立6个宣讲组赴全国20所名校，招引2021届优秀毕业生，初步签订高校毕业生就业协议书113人。

【基层党建工作水平提升】 2020年，大丰区委组织部深入推进“五聚焦五落实”三年行动计划，认真贯彻落实支部工作条例，以提升党支部影响力为发力点，充分发挥党支部战斗堡垒作用，全面提升基层党建工作水平。认真落实村（社区）“两委”换届“四个聚焦”（聚焦书记人选、聚焦退职人员、聚焦法定程序、聚焦风险防控）要求，262个村（社区）圆满完成换届工作，“两个确保”“三个100%”目标全部实现。深入推进新型农村社区“红色邻里”党建品牌建设。出台《加强新型农村社区党建工作开展“红色邻里”建设行动实施意见》，以打造“红色邻里”党建品牌为牵引，通过搭建红色阵地、编织红色网格、造浓红色氛围、凝聚红色力量，推进首批13个新型农村社区建设和基层治理共建共治共享。编织“红色网络”，统筹组建“村（居）党组织—网格党支部—党员中心户”三级联动组织架构。建立社区党员群众志愿服务体系，积极培育公益性社会组织和志愿者队伍，全力打造5分钟便民服务“红心圈”。实施村（社区）党群服务中心提档升级工程，按纯农业村（居）、集镇所在地村（居）、新型农民集中居住区、城市社区4种类型，优化党群服务中心的功能设置和服务供给，不达标村（社区）党群服务中心全部清零。围绕抓党建促联建责任清单6个方面内容，推动村企资源对接、需求对接、项目对接，联建的村企党组织纷纷组建村企联建党员先锋队、志愿服务队。制定党员发展负面清单，从政治标准、遵纪守法、履岗尽责、道德操守等5个方面列出不得发展入党27种情形。建立由组织部、统战部、信访局等12个单位组成的党员发展“联合审查团”，定期召开联席会议，从源头上保障党员发展质量。组织实施“丰彩先锋”工程，开展“先锋引领”“铸魂补钙”“固本

2020年大丰区党组织、党员基本情况表

表6

党组织	数量（个）	党　员		数量（人）	党　员		数量（人）
党　委	80	党员总数		51702	2020年发展新党员		306
党工委	11	其中	中华人民共和国成立前入党	597	其中	镇	221
党　组	26		女性	12351		女性	124
党总支	326		35岁以下	5513		35岁以下	190
党支部	2257		高中以上学历	35197		—	—

（汪　倩　陈　赟）

浚源”和“暖心关爱”4项行动，提升党员队伍管理水平。推行“先锋+”志愿服务体系建设，在全区范围内开展党员“志愿服务十大行动”（“情暖夕阳红”行动、“洁美新家园”行动、“一起搭把手”行动、“沐浴新风尚”行动、“大爱心连心”行动、“善心百分百”行动、“大手拉小手”行动、“起航再出发”行动、“科普你我他”行动、“文艺惠民路”行动），服务内容涵盖脱贫解困、敬老爱老、爱心助学、就业培训、社区科普、文化义演等多个方面。在机关党员干部中深入开展“走进农村、走进企业、走进社区”活动，有2600多名在职党员干部到社区报到，认领党员网格责任区896个，责任项目7000多个。

（丁正华　张斌）

宣传工作

【概况】 2020年，大丰区委宣传部认真贯彻落实中央和省市区委决策部署，以习近平新时代中国特色社会主义思想为根本遵循，坚守宣传思想文化主战场、打好疫情防控主动仗，着重推进“五大工程”（理论武装工程、文明实践工程、宣传引领工程、文化惠民工程、综合治网工程），为夺取疫情防控和经济社会发展双胜利、高水平全面建成小康社会提供舆论支持和精神支撑。

【意识形态工作责任制落实】 2020年，大丰区全面落实意识形态工作责任制，区委常委会多次专题研究意识形态工作，召开全区意识形态工作联席会议2次，制订出台“三张清单”（风险提示单、任务落实单、验收评估单），完善“三项制度”（签订意识形态责任状、巡察通报约谈、典型案例通报），全面搭建“三个讲台”（“第一责任人”上专题党课、重点领域负责人开展专项培训、基层工作人员进行专题宣讲）。将意识形态工作纳入党校主体班次教学、中心组学习和党员活动日学习内容，组织开展全区思想政治教师、党校教师、宣传委员、科级干部、园区干部等意识形态领域专题培训8次，分类别、分主题开展意识形态巡讲宣讲100多场次。在区委巡察中，组织对区退役军人事务局、妇联、统战部、文联等11个单位意识形态工作责任制落实开展专项巡察，通报存在问题，跟踪问题整改。采取全面自查与重点检查相结合、书面督查与现场督查相结合的方式，督查各党委（党组）开展意识形态责任制落实情况。充分发挥大中街道卯酉文化社作为盐城市意识形态工作联系点的引领作用，在全区评选产生“狮子口党性教育基地”等6个意识形态联系点。

【思想理论武装】 2020年，大丰区完善党委（党组）理论学习中心组学习制度，组织区委中心组学习会9次，围绕“党的十九届四中、五中全会精神”“知敬畏、强作风”“从根本上消除事故隐患”等专题研讨交流，形成高质量心得体会和调研报告40多篇，围绕“网络舆情热点的形成与应对”“5G新型智慧城市发展趋势及实践”等专题举办区委学习报告会3次。常态化开展“四巡”（巡听、巡查、巡讲、巡考）工作，推动提高各级理论学习中心组学习质量。成立“理论宣讲实训基地”，实施“百姓名嘴”结对示范领学、联动带学、沙龙互学“青蓝工程”，组建“践行新思想 共圆小康梦”理论宣讲团，并联动建立“一镇一品”宣讲小队，实现区级“百姓名嘴”工作室全覆盖。着力打造大桥镇“草根”宣讲小分队、小海镇“小海晨课”、白驹镇“红色”志愿宣讲团、大中街道“青年说”志愿宣讲队、三龙镇“龙吟”宣讲志愿服务队等特色宣讲品牌，利用党建活动室、道德讲堂、“百姓名嘴”工作室、新时代文明实践所（站）等平台，开展对象化、互动化、分众化宣讲，受众近2万人次。开展“比学赶超”思想解放大讨论，推动学以致用、用以促学、学用相长。推进“学习强国”学习平台学习使用工作，举办全区“学习打卡我来了”“我与‘学习强国’”系列活动，开展“学习达人”评选活动。深化推进平台建设工作，组织全区平台供稿员培训会，《江苏大丰恒北村：一枝梨铺就富民小康路》被国家平台首页推荐，微视频《江苏大丰：醉美梅花湾》被国家平台百灵栏目首页推荐，小话剧《画家王欣》被国家平台电视台栏目推荐，《盐城新丰镇荷兰花海：接叶开花玉瓣长 最是百合沁人香》入选国家平台大自然栏目，《我爱我的祖国》《餐桌上的小康》等4篇文章被国家平台强国征文栏目推荐，用稿数列盐城各县（市、区）前列。深入做好基层党员冬训冬学活动，大丰区被表彰为全省基层党员冬训工作示范区，大桥镇、大中街道被表彰为全省基层党员冬训工作示范镇（街道），《“小海晨课”积细流成江海》获得全省基层党员冬训工作创新项目奖。

【理想信念教育】 2020年，区委宣传部牵头开展爱国活动周系列活动，组织社会各界向革命烈士敬献花篮活动，开展“诵读红色经典 传承革命精神”诵读系列活动，营造良好社会氛围。组织7个烈士命名村（居）按照“四有”（有墓、有碑、有亭、有阵地）要求修缮提升纪念设施，重点打造新丰镇方强烈士纪念馆红色教育基地，发挥教育功能。举办纪念八路军新四军会师80周年系列活动，会师纪念地文化展示区正式建成并对外开放，传承弘扬会师精神。开展“传承铁军精神 建设美好家园”红色宣讲比赛，两人分别获评市红色故事宣讲大赛“金牌讲解员”和“优秀志愿讲解员”，其中“金牌讲解员”获得者代表市参加全省红色故事宣讲大赛复赛。小康故事《梨缘四十年，恒北小康梦》被评为盐城市红色故事宣讲大赛优秀红色故事。

【对外宣传】 2020年，区委宣传部紧扣区委区政府中心工作、重点工作，聚焦奋力夺取“双胜利”、扎实做好“六稳”“六保”、决胜全面小康、接轨上海、开放发展、城市建设大会战等主题，加大向上对外宣传力度。中央、省、市主流媒体多次关注大丰区。相继推出《大丰：在长三角一体化大潮中高扬开放风帆》《这里，被大丰人叫做北上海》《大丰探路农房改善“后半篇文章”“红色邻里”品牌党建引领基层治理》等一批重头报道。恒北村、全心村代表盐城成功入选全省“全面小康 追梦之路”调研成果宣传重点报道对象。全年，纳入统计的中央、省级以上主流媒体用稿1244篇（含组合报道），其中《人民日报》7篇、央视《新闻联播》4条，《新华日报》79篇、江苏电视台《江苏新时空》48条，上海主流媒体用稿45篇。被市级采用的疫情防控新闻线索和对外宣传报道总数位居各县（市、区）前列。

【区域形象塑创】 2020年，区委宣传部策应2020长三角农产品新生态高峰论坛、2020大丰（南京）企村联建共建暨特色农产品推介会、2020江苏大丰（南京）金融投资说明会、2020中国大丰（上海）城市经济投资说明会等区委、区政府重要活动，做好外宣策划和对外展示。省“聚力强富美高、决胜全面小康”主题采访、“SHOW JIANGSU”外媒摄影采风、“融入双循环 发力再开放”2020中韩主流媒体盐城行活动参与人员先后到大丰区，全区良好发展态势赢得海内外媒体记者点赞。人民网“春日云踏青”全媒体联动直播聚焦荷兰花海，在江苏频道首页和官方微博网络直播，时长75分钟，引发全网关注。《只有爱·戏剧幻城》“云”首演和全球公演在六大平台上线，单场直播在线观看人数超过610万，微博相关话题阅读量3.5亿人次。赴盐城举办“决胜全面小康”大丰专场新闻发布会，全面介绍大丰区经济发展、城市建设、民生保障、社会事业等方面成果。举办2020年第三届盐城市大丰区“风中足迹”半程马拉松赛新闻发布会，向广大跑友发出邀请。举办“十三五”成就图片展，全面总结“十三五”以来全区上下践行“两海两绿”、主攻“四大经济”取得的巨大成就，展示全区干群砥砺奋进的进取精神。

【公共文化服务】 2020年，区委宣传部牵头开展“我们的中国梦”文化进万家系列活动，送书画、送节目进农村、进社区、进企业、进农场约120场次。成功举办2020紫金文化艺术节“梦圆小康 大美共赏”群文广场演出大丰分会场活动。组织“与美好相约 向幸福出发”新年晚会。群文活动品牌“百姓星光大舞台周周演”通过省第二批群众文化“百千万”工程推选认定。在“世界读书日”启动2020年“书香大丰”全民阅读系列活动，举办“阅读，我与祖国共成长”系列读书讲座、“母仪懿德，芬芳永远”女性阅读沙龙系列活动、“读书追梦 决胜小康”征文比赛等活动。着力打造万芳阁、晓荷轩书吧、怡丰园等3个集阅读、休闲、活动于一体的阅读新空间。拍摄“全民阅读——亲子共读”公益片，发布全民阅读线上问卷调查5期，印发全民阅读纸质知识单、调查问卷各10万份，全民阅读海报2000份。

【文艺精品创作】 年内，区委宣传部围绕全面建成小康社会、建党100周年等重大主题，制定大丰区2020—2021重点创作题材规划。围绕“抗击疫情”主题，组织文化文艺工作者创作作品200多篇（件）。其中，油画《火速驰援》登上《人民日报》；快板《文明餐饮新风尚》登上“学习强国”平台；歌曲《你走来》、舞蹈《最美的温暖》在江苏省公共文化云平台发布。原创歌曲《点亮生命》被列入“中国梦”主题新创作歌曲传唱名单。歌曲《花海仙境》、少儿舞蹈《妈妈的花摆裙》获第十四届江苏省五星工程奖，吴瑛散文集《淡墨清香》获2019年盐城市政府文艺奖，另有9件作品获三等奖。锡剧《淑娘》，歌曲《金色颂歌》和广播剧《致逆行者》纳入盐城市重点文艺创作项目。

【文化产业推进】 年内，区委宣传部推荐江苏飞扬电子科技有限公司申报2020年度江苏省重点文化科技企业。江苏东方创意文化产业有限公司参加第三批重点文化科技企业复核。“大丰中影环球影城提档升级系统工程”项目获得2020年度盐城市文化产业专项扶持资金。参加南京融交会、长三角文博会，江苏东方创意文化有限公司、江苏侍郎文化艺术有限公司、荷兰花海等文化企业参展。推荐360多件作品参加省第六届、市第五届文化创意设计大赛。在市第四届文化创意设计大赛中，区委宣传部连续第四次获优秀组织奖，13件作品获奖。

【文化市场规范】 2020年，区委宣传部扎实推进“扫黄打非”，开展“正道”“新风”集中行动，组织印刷发行市场大检查10轮次，收缴非法出版物318本、办理行政案件6起、核查处置群众举报线索3条。推荐白驹镇狮子口村申报省级“扫黄打非”进基层示范点。联合消防、文化执法等部门开展印刷行业安全生产大检查，实现83个印刷企业“家家到”。开展版权登记工作，推进“剑网”专项行动，全年登记版权作品近800件、发放版权宣传资料2000多份。推荐兴隆装饰城申报创建“正版正货”示范街区，推荐江苏省东方旅游品牌研究院申报2020年江苏省优秀版权作品产业转化重点培育项目。积极推进乡镇影院建设，对接国家、省电影事业发展专项资金149万元。

【综合治网工程实施】 年内，区委网信办制定网信委2020年工作要点，草拟出台《关于建立大丰区网络综合治理体系的实施意见》《关于贯彻落实2020年网络强市建设行动计划的方案》等文件，明确责任分工和责任主体。集中处置违法违规平台账号4个，举报网上不良信息和违法行为57条。深入贯彻落实《中华人民共和国网络安全法》，压紧压实网络意识形态和网络安全工作两个责任制，完善网络安全事件通报、处置、整改制度，防范重大网络安全风险。坚持依法管网、依法办网、依法上网，开展“网安2020”专项行动，对新媒体负责人分批开展集中约谈，清理不良有害信息17条，对散布网络谣言者进行处罚。做好新闻应急协调和突发事件舆情稳控工作，及时回应社会关切和舆论关注。加强网上正面宣传，《疫情下的特殊婚礼：口罩遮不住你的美》《走向我们的小康生活》等多篇原创主题文章被广泛推广。建立覆盖全区各基层单

2020年9月19日，大丰区融媒体中心正式挂牌成立。 周古凯 摄

位、条线板块的网评员队伍，着力发展核心网评员，健全网评工作机制。《春风已暖战士归来 繁花盛开胜利将至》《聚“苏大强”之力 强数字经济之势》等10多篇网评文章被省委网信办微信公众号采用并在全省推送。

【融媒体中心建设】 年初，大丰区全面启动融媒体中心建设工作。制定出台实施意见和工作方案，解决广电网络体制改革历史遗留问题，为中心发展夯实基础。全面推进硬件设施提升改造工程，其中指挥中心建设在苏中苏北地区处于领先位置。着力融合报、台和智慧大丰APP、大丰发布微信号、大丰日报抖音号、大丰融媒头条号、FM95.1等14个新媒平台，优化推行“策、采、编、审、发、评”业务采编流程，通过“走出大丰”与“请进中心”、“内部挖潜”与“外部招引”、“文化建设”与“考核激励”相结合强化人才队伍建设，推动建立完善融合工作体系。在对原区新闻信息中心、区广播电视台进行整合重组后，9月19日，盐城市大丰区融媒体中心正式挂牌成立，为区委直属全额拨款事业单位，正科级建制，归口区委宣传部管理。11月，通过省级验收。中心先后被大丰区扫黑除恶专项斗争领导小组表彰为先进集体，被江苏省县市新闻中心工委、江苏省县市报（融媒）研究会表彰为2020年度先进单位。《战“疫”进行时》获全省县级广播电视节目共享平台年度最佳栏目奖，“逐梦斗龙港，拥抱母亲河”大型融媒体新闻行动成功入选2020江苏省广播电视媒体融合优秀案例。“大丰发布”官方微信成功入驻央视新闻移动网、我苏网、荔枝网等中央、省级主流媒体平台。

（韦 伟 郭 璐）

【抗疫舆论宣传】 2020年，抗击新冠肺炎疫情期间，《大丰日报》开设《众志成城 抗击疫情》特刊，广播电视开设“战疫情——党员在一线”“阻击疫情——我们在行动”“致敬一线防控者”等专栏，全方位展现全区抗疫中的感人事迹，《我区16名“勇士”踏上支援湖北黄石战“疫”征途》等一批报道社会反响强烈。“大丰发布”“大丰新闻”等新媒体开设“有你多美”“直通阳新”“致敬一线”“众志成城”等专栏，《终于认识你！江苏援黄石医疗队362位队员，有16张大丰笑脸》等10多条报道阅读量过万，单条最高阅读量达10万+。疫情防控形势好转，经济复苏迫在眉睫，新媒体、广播、电视、报纸迅速开设“做好‘六稳’工作，落实‘六保’任务”等栏目，全面展示全区上下各条战线深入推进“六稳”“六保”的实践。8月，报纸开设“2020半年答卷”系列报道，展示全区上下全力防控疫情，决战决胜高水平全面建成小康社会的画卷，策划的“发展防疫两手硬，奋力夺取双胜利”“掀起招商引资项目建设热潮”“向着双胜利和全面小康奋力冲刺”等专栏，宣传了大丰蓬勃发展的强大生机和活力。

【技术平台建设】 年内，大丰区融媒体中心加大资金投入，对节目采编系统和广播直播室、电视播出系统进行升级改造。购置部分摄影及4K高清摄像器材、配套的轨道和稳定器、无人机等以提升画面质量，丰富表现手法。在对原有设备进行升级的基础上增加高清和4K编辑包装站点19套，采用最新分布式技术建设5个节点的存储系统，确保高清化改造后高清节目和4K节目的制作需要。对电视播出系统2个标清频道进行高清化改造，建设主、备播出系统，提升节目播出的质量和安全性。充分运用视频、动漫、动图、H5等新技术新手段，创新新闻产品表达方式，主流媒体平台吸引力增强。各移动端平台各展所长，差异化推出，共同成长。疫情期间，“大丰发布”作为区委区政府官方微信，主要发布公告、通知、倡议书等权威信息；“大丰新闻”公众号主要发布各类动态信息；“大丰日报”公众号主打深度报道；“大丰951”公众号贴近民生，回应群众关切；抖音号则体现快捷特点，以短小、新颖的短视频吸引观众。

（丁 旺）

精神文明建设

【概况】 2020年，大丰区精神文明建设工作围绕盐城市文明委工作部署，以高质量创建全国文明城市、提升社会文明程度为主线，完善城市管理、培育文明风尚、提升民生福祉，城乡居民获得感、幸福感不断增强，为推动大丰高质量发展提供强大的思想引领和精神动力。

【文明城市创建】 2020年，盐城市以

全国第二的名次当选第六届全国文明城市，大丰区10个先进集体、86名先进个人受到盐城市委、市政府表彰。年内，大丰区文明城市创建工作主动对接大市区，创新“全域覆盖、全民参与、全程管理”机制。认真对待创建中的“细节”，针对乱丢弃“烟头”等不文明现象开展市民素质、交通秩序等12项专项整治，立起“大丰规矩”。全面落实“清单式”管理，坚持目标导向、问题导向、效果导向，保证事事有人管、件件有着落。实施功能完善、旧城改造、景观绿化等五大类、64项城建重点工程，提升城市建设品质。全年投资22.5亿元兴办民生实事，实施文化、教育、体育、卫生惠民工程，打造“15分钟便民生活圈”。深入开展镇村环境综合整治，加强乡风文明建设，推动新时代文明实践所、站试点建设，完善提升综合文化服务中心，打造环境优美、秩序井然、适宜人居的乡村环境。

2020年5月5日，大丰区召开创建文明城市决战决胜动员大会。
邱鹏　摄

【公民道德建设】 2020年，大丰区认真学习贯彻落实中共中央、国务院印发的《新时代公民道德建设实施纲要》《新时代爱国主义教育实施纲要》和“省三年行动方案”，细化任务分工和责任落实，推动全区公民道德素质和社会文明程度实现新提升。积极培育践行社会主义核心价值观，从各行业推荐申报的凡人善举中评选产生52名“大丰好人”，陈锦德等20人被表彰为抗疫工作先进典型。做好礼遇身边好人工作，发放好人礼遇金8.8万元。蓝天救援队队员许鹏当选2月份“江苏好人”，江苏“最美抗疫先锋”，并被追授第24届“中国青年五四奖章”，全国“疫情防控最美志愿者”，省电视台“江苏最美人物”栏目发布其先进事迹，省、市级主流媒体对其事迹进行报道。草堰镇双垛村村民肖长桂当选5月份“江苏好人”。白驹镇狮子口村村民袁桂发当选一季度“盐城好人”，南阳镇原信访助理肖雅涵当选第三季度“盐城好人”，大中街道大新村村民储兵、龚志石当选第四季度“盐城好人”。姚家蓓家庭当选第三届盐城市文明家庭，张银柳家庭当选第五届盐城市最美家庭标兵户。

【基层文明创建】 2020年，338个单位（村、社区、校园）当选2018—2019年度大丰区精神文明创建先进集体，县级以上文明村占65.38%。做好2019—2021年度省级精神文明创建先进集体的预申报工作，新型农村社区主体所在村全部纳入2019—2021年度江苏省文明村预申报范围。白驹镇狮子口村当选第六届全国文明村镇，大丰区实验小学当选第二届全国文明校园。

【学雷锋志愿服务】 2020年，大丰区组织开展“抗击疫情 感恩有你”系列志愿服务活动，发动62个盐城市级以上文明创建先进集体开展网络宣传、秩序维护、物资捐赠、走访排查、清洁环境、关爱帮扶、车辆驾驶、移风易俗、“不见面”便民服务、专业服务10类专项服务1200多场，有2万次人志愿者参与。组织43名志愿者为大丰区16名赴湖北一线医务人员家庭开展一对一志愿服务。供电公司“电奉善”志愿服务队李霞当选2019年度“江苏省优秀志愿者”，“红色驿站”志愿服务队陈伟当选“江苏省疫情防控优秀志愿者”，“保护湿地环境”志愿服务项目获第五届江苏志愿服务交流展示会铜奖。志愿者高汉荣、志愿项目“保护母亲河”、志愿组织“艺缘关爱”志愿服务队及东宁社区当选为2019年度盐城市学雷锋志愿服务“四个10”（十佳最美志愿者、十佳最佳志愿服务组织、十佳最佳志愿服务项目、十佳最美志愿服务社区）先进典型。

【未成年人道德建设】 2020年，大丰区深化未成年人主题教育实践活动，发挥统筹协调作用，积极会同教育、共青团、妇联、关工委等部门，以“扣好人生第一粒扣子”主题教育实践为主线，广泛开展伟大抗疫精神宣传、“向国旗敬礼”网络签名寄语、参观爱国主义教育基地、社会实践体验、庆祝新中国成立71周年等线上线下活动。深化拓展文明礼仪养成教育，认真组织“四仪”示范教育活动，推动全区“四仪”［入学仪式（7岁）、成长仪式（10岁）、青春仪式（14岁）、成人仪式（18岁）］教育常态化、制度化、规范化。推进劳动和社会实践教育“十百千”工程建设，打造示范基地，精选劳动实践教育精品课程，最大范围辐射中小学、幼儿园。承办全市未成年人思想道德建设暨“小手拉大手共建文明城”主题活动推进会。区实验小学学生郝一泽当选2019年四季度“新时代盐城好少年”，第一小学学生葛奕含、崔乐洋，新丰镇龙堤小学学生夏雨当选2020年“新时代盐城好少年”。14位少年被表彰为新时代大丰好少年。三龙镇渔业小学乡村学校少年宫获中央专项彩票公益金支持。

【诚信建设制度化】 2020年，大丰区承办盐城市诚信建设社区行暨诚信示范街区建设主题宣传活动，加快推进社会诚信、政务诚信、商务诚信、个人诚信建设，构建覆盖全社会的征信体系，健全守信联合激励和失信联合惩戒机制，定期发布"诚信红黑榜"，持续开展诚信缺失突出问题专项治理，深入开展对通讯网络诈骗、互联网信息服务领域失信等11个领域诚信缺失突出问题的专项治理集中行动。

（陈 璐）

统一战线

【概况】 2020年，大丰区统一战线认真贯彻落实中共中央、省委、市委统战工作要求，突出思想政治引领主线，着力转变思路理念、狠抓工作落实、完善体制机制、创新方式方法，推动统战工作提质增效。

【党对统一战线工作的领导】 年内，区委常委会先后两次召开会议，传达学习习近平总书记在党外人士座谈会上的重要讲话，全国、全省民营经济统战工作座谈会精神，并专题研究成立大丰区欧美同学会，筹备建立民营经济统战工作协调机制。区委重视统一战线理论政策学习，组织四套班子领导学习《江苏省宗教事务条例》，提升领导干部对宗教工作重要性的认识。区委主要负责人参加并主持统一战线工作领导小组会议，区委统一战线工作领导小组就网络人士统战工作和党外干部工作进行两次专题研究，并出台统一战线工作领导小组相关文件，明确各成员单位工作职责，努力构建大统战格局。

【加强统一战线教育引导】 2020年，大丰区将统一战线理论政策法规纳入区干部教育培训重点班次教学内容，并邀请省社院教授对全区300多名科级领导干部进行统战理论政策培训，推进统一战线理论进课堂、进头脑。围绕区委改革创新、乡村振兴等中心工作，组织40多名统战成员赴苏州新华教育集团开展专题培训，提升党外人士的履职能力。组织新阶层人士开展双月政治学习活动，通过党情国情社情教育，提高广大新阶层人士的思想认识。

【密切联系党外代表人士】 2020年，区委统战部按照"统一规划培养、统一安排使用"的原则，在年轻干部专题调研中，重点关注党外干部，建立党外后备干部人才库20人，加强跟踪培养，全年新提拔党外科级干部3名。深入开展联谊交友活动，组织统战干部与党外人士一对一结对共建，先后帮助侨眷、宗教界人士、台胞台属在劳动仲裁、土地规划、权益保障等方面协调解决问题。

【民主党派组织建设】 2020年，区委统战部落实30万元财政经费，为民主党派基层组织开展自身建设、服务社会提供坚实保障。推动民盟大丰支部、民建大丰支部、九三学社大丰支社等民主党派基层组织与大丰体校、大丰区第二人民医院、大丰特校等单位开展共建活动。指导致公党大丰支部开展廉洁从政理想信念教育活动。帮助农工党大丰支部、九三学社大丰支社赴陕西宜君开展交流协作。8月，农工党大丰支部被农工党中央授予"优秀基层组织"称号。组织民主党派成员积极为抗击疫情捐款捐物，动员9名党外医护人员奔赴湖北一线抗击新冠疫情。致公党大丰支部获得致公党江苏省委"抗击新冠肺炎疫情先进集体"表彰。

【民营经济统战工作】 2020年，区委统战部在民营经济人士中深入开展党的理论方针学习，教育引导民营经济人士用习近平新时代中国特色社会主义思想武装头脑、指导实践，牢固树立"四个意识"，坚定"四个自信"，做到"两个维护"。牵头召开民营企业家座谈会，在会上传达党中央和省委、市委、区委关于民营经济发展的方针、政策，坚定民营经济人士发展信心。统战部门、组织部门密切配合，指导民营企业开展党建、文化建设示范点创建工作，全面推动民营经济组织"两个全覆盖"（党的组织覆盖和党的工作覆盖）。依托统一战线工作领导小组，建立健全民营经济统战工作协调机制，深化涉企各部门间联系合作。积极参与"新型政商关系构建年"活动，促成"企业上门求服务"到"干部主动送服务"的转变，打造亲清政商关系示范区。号召民营企业和民营经济人士主动投身抗击新冠疫情战役，捐款捐物1500多万元，为夺取疫情防控和经济社会发展双胜利贡献统战力量。

【新阶层人士统战工作推进】 2020年，区委统战部深入贯彻落实新的社会阶层人士统战工作要求，组织新阶层人士定期开展双月理事会，与新阶层人士交流谈心、听取意见。引导新阶层人士积极履行社会责任，指导区新联会成立"同心普法宣讲团"，并启动同心普法宣讲进校园系列活动，为师生普及法律知识；指导区新联会设立100万元专项助学基金，帮助近100名困难家庭学生完成学业。提升新阶层统战工作创新实践基地品牌活动，依托创新实践基地开展"补爱行动""黄手环行动""心理档案"等活动，扩大新阶层人士服务社会的影响力。

【大丰区欧美同学会成立】 9月15日，大丰区欧美同学会（大丰区留学人员联谊会）正式成立，首届会员38名，自主创新创业的会员占比超过一半，硕士研究生及以上学历26人，占比近70%，会员中包含学术权威和各领域专家学者，以及留学归国自主创新创业的一线优秀年轻代表等，所学领域涵盖当前经济社会发展热点，其中包括在某一领域有一定的学术权威、具有较强社会影响力的代表。

【"侨法宣传月"活动开展】 2020年6月，大丰区委统战部全方面开展"侨法宣传月"活动，走访区内涉侨企业，详细了解企业生产运行情况，以展板形式宣传《江苏省实施〈中华人民共和国归侨侨眷权益保护法〉办法》《中华人民共和国归侨侨眷权益保护法》等政策法规，为区内涉侨人员提供政策解读服务。

（王 琨 尹思雨）

巡察工作

【概况】 2020年，大丰区委巡察工作坚守政治定位，坚持问题导向，注重标本兼治，对13个区直单位、34个村（社区）和2个专项资金开展巡察，发现并推动解决1000多个群众反映强烈的突出问题，移交线索32个，立案13件，充分发挥巡察利剑作用。加大巡察工作宣传力度，《参与社区防控纪检监察干部的故事》《任性报支的集体资金》《遗失的11张保洁员工资卡》《江苏盐城大丰区委开展基层巡察工作》4篇报道在中央级媒体发表，不断扩大大丰巡察工作的影响力。

【常规巡察】 2020年，大丰区委巡察机构坚持服务中心大局，有力有序推进巡察全覆盖，常规巡察持续深化，坚持进度服从质量，科学把握巡察全覆盖节奏，努力消除新冠肺炎疫情对巡察工作带来的影响，全年开展2轮常规巡察。其中，4月，开展第十一轮巡察，巡察了政协机关、党史办等9个党组织；11月，开展第十二轮巡察，巡察了区委宣传部、区委统战部2个党组织。区委前十二轮巡察，已组织对66个区委管理的党组织开展巡察，连同市委提级巡察单位，12届区委应巡单位实现"全覆盖"。

【对村（社区）巡察】 2020年，大丰区委巡察机构按照对村（社区）巡察工作规划，积极稳妥推进，突出基层特点，注重发动群众，做到巡察利剑直插基层。7月，开展第五轮对村（社区）巡察工作，对大中街道、三龙镇计34个村（社区）进行巡察。首次采用专职为主、专兼结合的模式组建巡察组，提高巡察质效。截至年底，已巡察224个村级党组织，对村（社区）巡察覆盖率84.84%。

【专项巡察、专项督查深入推进】 2020年，大丰区委巡察机构坚持多种巡察方式一体谋划、一体推进，围绕中央和省市区委重大决策部署，深入推进专项巡察、专项督查。第十一轮巡察专门安排一个巡察组对政府购买养老服务、就业补助2个民生资金开展专项巡察。聚焦高水平全面建成小康社会，深入开展脱贫攻坚专项巡察，发现6类突出问题。紧扣疫情防控和经济社会发展"双胜利"目标，先后开展落实"六保"任务、建筑施工安全等专项巡察。聚力安全生产治理体系和治理能力现代化，参与市委对东台住建局安全生产工作实施联动巡察，配合市委对区公安局党委、融媒体中心党委、项目服务中心党支部及草庙镇党委等8个党组织开展提级巡察。抽调10名巡察干部组建3个督查组，对全区各镇、街道、园区、区应急管理局等18个单位《贯彻落实中共盐城市委盐城市人民政府〈关于中央纪委国家监委纪检监察建议整改工作方案具体整改措施〉工作任务清单》具体整改任务的落实情况进行督查，使监督执纪工作取得实效，维护纪检监察建议书的严肃性和权威性。对市委第九轮巡察3个园区反馈问题和书记点人点事重点问题的整改情况进行专项督查，明确督查重点，紧扣被督查党组织落实巡察整改责任，着重检查具体问题是否整改到位。

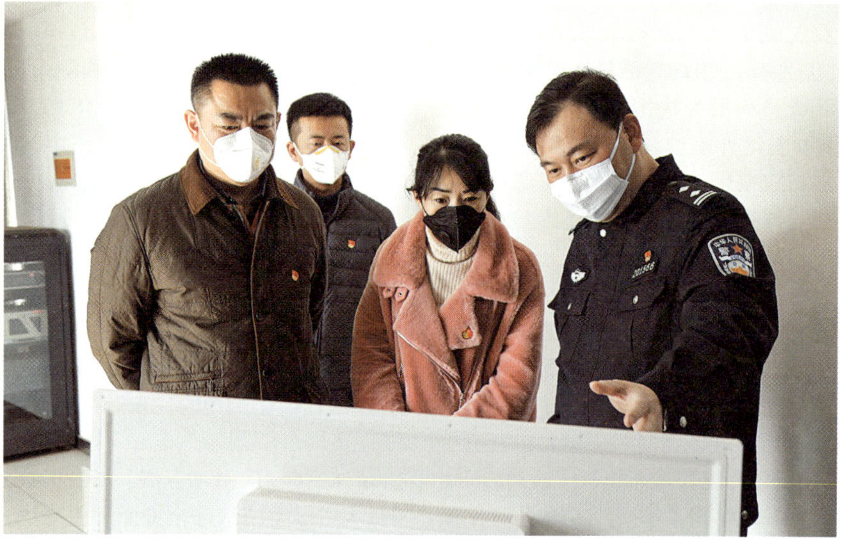

2020年，大丰区委巡察机构结合疫情防控重点工作，巡察过程中重点关注被巡察单位疫情防控政策落实情况，有力有序推进巡察工作高质量发展。图为巡察组工作人员查看疫情防控卡点部署情况 （单位供图）

【巡察信息化建设】 2020年，大丰区委巡察机构将"巡察工作数字化管理"作为巡察工作重点项目，加快推进巡察信息化建设，与软件公司、档案局等多次对接，形成对象管理、流程管理、问题整改、线索处置、数据统计、综合资料、专家人才、法规文件等8个模块，实现档案管理数字化、问题线索检索快速化、数据分析自动化、组办信息共享化，并在巡察实践中推广使用。《推行全程数字化管理 提升巡察工作质效》信息被省纪委监委网站采用。11月25日，中央巡视办在徐州召开全省信息化建设工作座谈会，大丰区委巡察办作为全省三个县级单位之一参会作经验交流。

（陆玉婷）

机构编制

【概况】 2020年，大丰区机构编制工作坚持以习近平新时代中国特色社会主义思想、中共十九大、十九届四中和五中全会及省市区委全会精神为指导，认真贯彻落实《中国共产党机构编制工作条例》,围绕区委、区政府中心工作,高质量推进基层整合审批服务执法力量改革,高站位谋划综合执法体制改革,高标准服务经济社会发展大局,高水平落实机构编制规范管理,各项工作取得新进展新成效。

【基层整合审批服务执法力量改革】 年内,区委编办按照省委、市委、区委统一部署,抬高政治站位,精心组织推进,实现改革目标任务落地见效。先后组织赴建湖县上冈镇、亭湖区盐东镇等经济发达镇改革试点地区学习考察,在充分调研论证的基础上,制定大丰区《关于推进基层整合审批服务执法力量的实施方案》。先后组织召开6次征求意见座谈会,对照省《赋权指导目录》,汇总形成《赋权事项清单》共计133项,其中行政许可及公共服务类27项,行政处罚类106项。采取竞争性磋商方式确定中国电信为全区13个镇(街道)提供一体化平台维保服务,部署各镇(街道)完成平台信息数据收集、录入工作。各镇(街道)一体化平台已经上线试运行,实现与12345热线、数字城管、全要素网格互联互通。印发《关于加强镇(街道)综合指挥中心建设的指导意见》,对场所建设、人员配备、系统整合、制度建设等提出具体标准要求。研究出台《大丰区"属地管理"主体责任和配合责任清单(第一批)》《区级部门向镇(街道)交办事项准入制度(试行)》《大丰区派驻镇(街道)机构管理办法(试行)》等文件,组织举办3批次400多人次审批服务执法及一体化平台培训班,制定完善赋权事项办事指南,明确材料目录、办理流程、办结时限,保障赋权事项有序承接平稳过渡。9月23日,省委组织部副部长、省委编办主任俞军到大丰调研指导改革工作,对改革进展成效予以充分肯定。

【综合执法体制改革】 年内,区委编办认真贯彻落实上级关于深化综合行政执法体制改革的决策部署,全面梳理城市管理、市场监管、文化旅游、交通运输、农业农村五大领域执法职能,制定《大丰区综合行政执法体制改革实施方案》,全面整合分散在多部门或部门内部的相关执法事项。区综合行政执法体制改革工作领导小组专题会办审议城管、市场监管、农业农村、交通等队伍组建、人员转隶方案及"三定"规定(对一个部门的主要职责、内设机构、人员编制及领导职数等三大内容进行确定),稳妥有序实现"一个领域一支队伍管执法"。拟订综合行政执法监管执法职责分工、加强协作配合及责任追究等各项配套机制,厘清监管执法职责边界,建立健全综合行政执法协作配合运行机制,形成资源共享、信息互通、协作畅通的工作格局。结合区情实际,广泛征求意见,研究制定《盐城市大丰区市场监管领域相对集中行政处罚权工作方案》,经区政府常务会议审议同意后,按时上报省政府审批。先后组织赴南通市、海安市、扬州市等地学习考察区级指挥平台的组织架构和先进做法,谋划相关工作方案提请区委区政府主要领导研究,推进区域治理集成指挥中心建设工作。

【机构编制管理】 年内,区委编办把机构编制工作放到全区经济社会高质量发展大局中去思考谋划、推进落实,注重将有限的机构编制资源向重点工作倾斜。根据省市委编办统一部署,认真落实区政府《关于印发盐城市大丰区紧密型县域医疗卫生共同体建设实施方案(试行)的通知》精神,按照"地理相近、区域连片、能力匹配、循序渐进"的原则,组建以大丰人民医院、大丰中医院为龙头的两个医共体,将纳入紧密型医共体的基层医疗卫生机构增挂相关牌子。按照区委、区政府关于融媒体中心建设的工作部署,整合优化涉改单位,组建成立区融媒体中心,科学核定领导职数、编制数和内设机构,制定完成"三定"规定。坚持以人民为中心的工作导向,更加聚焦民生工程、民心工程,科学调整教育系统部分中小学校(幼儿园)编制87名,核增草堰镇卫生院、万盈镇卫生院和方强镇卫生院事业编制,做到将有限的编制资源向教育卫生等重点民生领域和关键环节倾斜。按照组织部引进名校优生行动部署,排出247个事业单位岗位面向20所名校引进优秀毕业生,做好机构编制服务保障工作。

【机构编制监督与规范】 年内,区委编办树立机构编制管理"红线"意识,强化监督检查,推进机构编制管理工作走上法定化轨道。制定《关于进一步规范区级机关事业单位购买服务用工管理的实施细则》等规章制度,提升全区机构编制科学化规范化管理水平。建立完善组织、编办、人社、财政等联席会议制度,定期会办协调,加强信息沟通,发挥机构编制在管理全流程中的基础性作用。联合区委组织部印发《关于开展全区机构改革"三定"规定执行情况监督检查的通知》,通过37个党政机构对表自查和抽取自然资源和规划局、文旅局、应急局等9个部门进行实地督查,对部门"三定"规定执行情况进行一次全面检视"回头看",推进改革后机构、职能、人员的深度融合。采取随机抽查形式,对卫生、水利等所属2个事业单位法人登记管理工作进行实地核查,摸清全区事业单位的运行现状、业务开展情况,提升事业单位法人登记与监管水平。

【事业单位管理】 年内,区委编办立足于提升事业单位公益服务水平,加强改革调研,健全监管机制,促进事业单位依法合规运行,健康快速发展。及时印发《关于开展2019年度事业单位法人年度报告公示和信用等级评价工作的通知》,全区497个事业单位全部按时完成公示,年度报告公示完成率和合格率均为100%。5月,被市委编办确定为全市事业单位信用等级评价体系试点地区。加强调研谋划,重点围绕医疗卫生领域事业单位公益指标体系、信用承诺制度、信用奖惩制度等方面开展试点,制定《盐城市大丰区卫生系统事业单位信用等级评价试点工作方案》及《盐城市大丰区公立医院信用等级评价试点工作实施方案》,系统设置以公益发展为核心的评价指标体系,创新事中事后监管手段,为全市面上复制推广提供"大丰样板"。

(周　荣)

台湾事务

【概况】 2020年，大丰区认真落实中央和省市区对台工作决策部署要求，妥善应对防疫形势，统筹做好对台工作，为区经济社会与发展大局做出积极贡献。全年接待台胞台商团组到大丰参观考察8批86人次。大丰区有12个正常运行的台资企业。2020年新备案台资企业3个，新批协议台资1630万美元，实际到账台资50万美元。

【对台经贸合作】 2020年，大丰区台办立足已有台企项目，进一步发挥营商环境好、基础配套全的优势，全方位深化对台经贸合作，坚持高质服务，全力服务好台资企业，推动项目建设投产。全年新增台资项目3个，总投资2558万美元，协议台资1630万美元，到账台资50万美元。另有两家台资企业——江苏松桂科技有限公司和江苏宏尚汽车零部件公司处于生产筹建期。其中松桂公司为改建扩产的已落户项目，计划投资341万美元；宏尚汽车零部件公司为当年新投产的项目，计划投资400万美元。

【对台交流活动】 2020年，大丰区台办深化人文交流与经贸合作，接待到大丰客人8批86人。两岸企业家峰会现代服务业及文创产业合作推进小组到大丰调研会员企业和示范基地发展及经营情况。盐城电视台在大丰拍摄“台湾同胞在盐城”微视频。南京市台办台谊会、上海台办副主任李骁东一行、上海南侨集团一行等到大丰参访考察，经贸交流。

【服务台胞台企】 2020年，大丰区台办面对疫情，主动开展走访调研，了解台企各项复工准备工作，并积极与相关部门对接，帮助长展科技、洋鼎电子、法尔机械等台资企业协调解决防疫物资口罩6000多只。帮助台胞找到失散多年、家住合肥的哥哥，帮助台商与滞留在武汉的亲人取得联系并协助其返回台湾。协助疫情期间台商快速解决台胞证过期问题，积极参与涉外防控，转运境外回大丰人员送达指定隔离点。“六一”儿童节向在大丰台籍学生赠送中华经典诵读书籍40多册。利用中秋和春节，通过电话、微信、走访、座谈、联谊等方式与台胞台属加深情感沟通，帮助解决日常生活中的难题。

【涉台政策落实】 2020年，大丰区台办认真学习宣传中央和省市惠台政策措施，开展“服务进台企”活动，深入台企开展调研，宣传惠台措施，全面掌握台企安全生产、经营现状、发展规划等情况，指导耀升阀门解决疫情期间税费减免问题，指导江苏长展科技有限公司参加国台办与商务部举办的“台资企业拓内销”线上推介活动，帮助台企解决环保、用电等遇到各种困难和问题20多起。

（沈　滢）

机关党建

【概况】 2020年，区级机关工委坚持以党的政治建设为统领，落实全面从严治党主体责任，围绕服务中心、建设队伍，推动机关党建工作与业务工作融合发展，提升机关党组织的创造力、凝聚力和战斗力，不断推进全区机关党建工作高质量发展。

【深化习近平新时代中国特色社会主义思想学习教育】 2020年，区级机关工委深入学习贯彻习近平新时代中国特色社会主义思想以及十九届四中、五中全会精神，把“讲政治”作为第一位要求，不断增强机关党员干部的“四个意识”（政治意识、大局意识、核心意识、看齐意识）。教育引导党员干部读原著、学原文、悟原理，继续在学懂弄通做实上下功夫，把学习新思想与学习马克思主义基本原理结合起来，与学习党史、新中国史、改革开放史、社会主义发展史结合起来，贯通历史、联系现实，丰富参学形式、创新促学载体、落实帮学举措，以学习“原汁原味”推动科学理论的“入脑入心”。理论学习与革命传统教育和形势教育相结合，开展现场体验式学习，激发机关党员干部的前行动力。

【开展党性志愿实践活动】 2020年，区级机关工委注重机关党员干部的

2020年，大丰区级机关工委不断深化区级机关党员干部习近平新时代中国特色社会主义思想学习教育，丰富学习内容和学习形式。图为区市场监管局党总支主题党日活动——学习刘庄镇友谊村“红色邻里”基层治理工作经验
（单位供图）

党性实践教育，开展系列志愿服务活动，引导机关党员干部在实践中锤炼党性，在实践中服务人民。2月底，组织区级机关党员干部捐款活动，共捐款24万多元，支持新冠肺炎疫情防控工作。国庆前后，在区级机关开展“抒爱国爱党情怀、话大丰小康新貌”主题党日活动以及“迎祖国华诞·亮先锋丰彩”暨“志愿服务十大行动”助力决战决胜全面小康活动，内容有爱国主义教育、家乡发展成就观摩、讨论演讲和情暖夕阳红、大爱心连心、科普你我他志愿服务行动等，区级机关党员干部积极参加，取得较好的成效。

【打造机关党建示范点】 2020年，区级机关工委以扎实开展“三个表率”（在深入学习贯彻习近平总书记系列重要讲话精神上作表率，在同以习近平为总书记的党中央保持高度一致上作表率，在贯彻落实党中央各项决策部署上作表率）模范机关建设为契机，结合部门工作职责、机关品牌创建和人民群众的期待，按照“立标杆、强引领、抓两头、促中间”的思路，经过现场考察，从区级机关党组织中选出税务局机关党委、检察院机关党委、市场监管局党总支、行政审批局机关支部、城管局机关支部、档案馆党支部等6个机关党组织进行党建阵地提档升级改造，引导区级机关党组织坚持把党建工作当成主业，抓规范、树特色、创品牌。

【开展“三走进”活动】 2020年，区级机关工委高度重视党建工作与中心工作的融合发展，组织党员干部下基层、勇作为，发挥机关党组织的先锋模范作用，提升机关党员干部的为民服务意识，促进机关党建工作更好地服务全区发展大局。“走进农村”以“机关+农村”党组织结对共建为重点，组织机关党员干部到村镇农家、田间地头，与基层群众谋发展、讲政策、办实事，与联建村共同开展党员教育互动、扶贫帮困互助、干部培养互补、和谐社会共建、兴办实事工程等各项活动，帮助发展村级集体经济，增加农民收入，提升联建效果。年内，58个机关党组织对应挂钩联建村，区级机关党组织发挥部门优势，为联建村推进旧村改造、新村建设、路桥修建等民生实事提供160多万元资金支持。“走进企业”以科级干部挂钩服务企业为桥梁，组织机关党员干部到企业走访调研，了解企业疫情防控落实情况、生产经营情况、对政府服务的需求以及存在的困难、问题等；宣传解读相关帮扶政策，帮助企业协调解决困难。实行企业问题收集、汇总、交办、督办、销号“一条龙”制度，做到件件有着落、事事有反馈。全年挂钩干部深入走访企业7000多人次，为企业解决各类问题和矛盾511件（在服务企业一线协调解决问题、解难答疑、政策宣传解读300件，提请解决的矛盾问题211件），问题均已交办各相关部门并得到解决。“走进社区”以决战决胜全国文明城市创建为目标，组织机关党员干部深入包保社区，帮扶困难群众，共有2600多名在职党员干部到社区报到，认领党员网格责任区896个，责任项目7000多个。在疫情防控的关键阶段，组织机关党员干部在包保社区卡口全天候轮值，协同社区共同做好进出人员登记、体温测量、执勤巡查等工作，落实严控措施，推动文明城市创建工作和疫情防控工作落到实处，取得实效。

【发展党员工作】 2020年，区级机关工委把发展党员质量放在第一位，坚持实行发展党员公示制、预审制、票决制、责任追究等制度，严把发展党员“入口”关，从源头上有效遏制了发展党员不规范问题，确保新发展党员符合程序、符合标准、符合条件。全年区级机关工委发展新党员19名，预备党员转正18名。

（王淑君）

老干部管理

【概况】 2020年，大丰区委老干部局认真学习贯彻习近平总书记关于老干部工作重要指示精神，紧扣全区“三新”（全国飞地建设新样板、全省沿海开发新高地、全市绿色发展新标杆）目标定位，坚持和完善老干部工作机制，进一步发挥老干部工作制度优势，努力开创新时代全区老干部工作新局面。年底，全区离休干部158人，其中垂直部门16人、易地安置4人。原四套班子老领导33人。

【离退休干部党组织建设】 2020年，区委老干部局按照《中共江苏省委离退休干部工作委员会工作规则（试行）》，推动老干部党建工作责任落实。执行离退休干部党支部“六有一提升”（有党的组织、有领导班子、有工作制度、有组织活动、有作用发挥、有工作保障，提升离退休干部党组织组织力）建设标准，制定全区离退休干部党组织创建工作计划。年底，大丰区60个离退休干部党支部全部上报省离退休干部党支部“六有一提升”达标复核评审，实现全覆盖。积极申创示范党支部，大丰区白驹镇、大中街道、住建局离退休干部党支部被评为市级示范党支部，新丰镇离退休干部党支部被评为省级示范党支部。4月，在全区党建工作会议上，区委老干部局以《深入实施“六有一提升”工程 推动离退休干部党组织建设高质量发展》为主题作交流。按照“全覆盖”的要求，推动老年大学、活动中心、老干部社团、“五老”（老干部、老战士、老专家、老教师、老模范）组织等与老干部工作相关的涉老单位离退休干部党组织创建活动。通过“单位+社区+社团”“三位一体”的创建，扩大老干部党组织的覆盖面。探索完善离退休干部党建新模式。依据“一方隶属、多重管理”离退休干部党建管理模式，在不改变离退休干部党员原有的组织隶属关系、不改变以原单位为主的离退休干部服务工作体制前提下，推动离退休干部党组织建设融入城市基层党建大格局，壮大社区离退休干部党建工作力度，发挥原单位和社区党组织“两个作用”。

【离退休干部作用发挥】 2020年，区委老干部局深化"不忘初心、牢记使命"主题教育成果，策动省委、市委老干部局提出的"银发生辉"工程实施方案要求，围绕"服务发展、服务基层、服务群众"主线，紧扣"五个助力"（助力新时代党的建设、助力脱贫攻坚、助力乡村振兴、助力社会治理、助力培育时代新人）行动，谋划部署"银发生辉"工程，重点做好"五个建设"（志愿者队伍平台载体建设，党建引领志愿服务建设，志愿多元化服务建设，"1+1"志愿队伍建设，工程师队伍建设工作）。全区成立各类"银发生辉"志愿者队伍30多支。开展"感动大丰·最美老干"学习宣传活动。上半年，通过初评、复评、终评，全区遴选出"最美老党员"王兆等11人、"最美老干部"朱达丰等10人、"最美志愿者"殷凤山等11人，计32人报盐城市老干部局评比。区住建局离退休干部党支部书记王宣德，作为"最美老干部"代表参加省评比。

【离退休干部服务管理】 2020年，区委老干部局优化"三有一落实"（有一条就医绿色通道、有一名家庭签约医生、有一套自付医疗费补助办法，落实好离休干部享受医疗待遇的相关政策规定）工作各项举措，推动就医绿色通道标准向各类医疗机构延伸。完善健全家庭医生签约服务离休干部激励机制，制定服务规范化标准，做优签约服务。提升离休干部享受医疗待遇保障水平，加大对重点对象的帮扶力度。年初，会同区卫健委、财政局、人社局等单位，召开全区"三有一落实"工作推进会，就家庭医生签约服务、就医"一站式"服务、个性化服务等工作，展开讨论交流，形成共识，为离休干部做好服务保障。大丰人民医院、中医院、第三人民医院均建立离休干部看病就医绿色通道，确保离休干部看病"六个优先"（优先挂号、优先缴费、优先检查、优先治疗、优先取药、优先住院）。加大特殊困难帮扶力度。注重突出对"双高期"（高龄、高发病期）离休干部的服务要求，坚持因地制宜、因人制宜、因事制宜，制定亲情化、个性化、多样化的服务措施。重视做好信访工作，研究解决一些老干部反映突出的问题，保障他们的合法权益。扩大老年教育和文化娱乐的有效供给，破解一些老干部活动场所设施老化、人气不足及老年大学"一座难求"等问题。协同区教育局做好全区老年教育工作，落实场所日常安全管理，保障老干部学习、活动安全。组织老干部开展富有政治性、思想性、科学性、趣味性的学习活动。

2020年10月16日，大丰区文化广电和旅游局系统10多位老书画家挥毫泼墨，表达对祖国的热爱，迎接重阳节的到来。　　周古凯　摄

【老干部工作作风建设】 2020年，区委老干部局围绕"不忘初心、牢记使命"主题教育活动要求，组织老干部工作者加强政治学习。要求老干部工作者每周1次政治学习，每月1次学习交流，每季1次学习总结。通过教育培训、岗位练兵、交流轮岗等多种方式，帮助广大老干部工作者克服经验盲区、弥补知识短板、补齐能力差距。12月5日，邀请区委党校校长顾仲荣，为全区老干部党支部书记进行专业培训，并作十九届五中全会精神专题讲座，推动老干部工作队伍政治素养。开展"面对面、心连心"走访调研活动，深入老干部当中，了解老干部的所思所想，聚焦老干部反映强烈的问题，组织联合攻关，努力形成一批有价值的调研成果，并转化为具有可操作性的政策举措。

（汪　锋）

党校工作

【概况】 2020年，大丰区委党校围绕区委、区政府中心工作，立足党校姓党，坚持实事求是，注重质量立校，聚焦改革创新，全面从严治校，培训主阵地作用凸显，现场教学卓有成效，理论宣讲精益求精，科研咨政成绩斐然，各项工作均走在盐城市党校系统前列，被大丰区委区政府表彰为全区综合考核先进集体；被大丰区委宣传部表彰为2020年度全区宣传思想文化工作先进集体。

【党员干部教育培训】 2020年，区委党校围绕《中国共产党党校（行政学院）工作条例》《2018—2022年全国干部教育培训规划》的要求开展工作。全年举办全区领导干部治理能力提升专题研讨班、全区机关公务员学习十九届四中全会精神培训班、全区科级干部能力素质提升轮训班、大丰区事业单位负责人领导能力提升专题培训班、大丰区新任副科级干部及青年干部能力素质提升培训班、全区事业单位新聘人员培训班等各类主体班11

个班次，培训学员1600余人次。推出“鹿乡党课”基层理论宣讲品牌，组织18位骨干青年教师成立理论宣讲团队，积极开展“送教上门”活动，宣讲100多场次，受众5000多人。做强“红+绿+蓝+X”现场教学品牌，按照“一点多人、一人多点”标准，形成“狮子口”会师独有资源，“初心馆”鲜明主题资源，荷兰花海、恒北村及沿海湿地绿色发展资源，知青农场及施耐庵故居文化资源，大丰港及风光电战略性创新资源等系列现场教学课程，接待外地培训近40次，培训学员近2000人。

2020年7月23日，大丰区科级干部能力素质提升轮训班在丰华大厦开班。 周剑宇 摄

【科研咨政成果】 2020年，区委党校围绕区委书记薛盛堂指定的镇域经济与经济人才缺乏、基层干部知识恐慌两个年度研究方向，召开调研座谈会8次，依次走访区委组织部、区发改委、人社局、工信局和各乡镇，了解情况，发放调研问卷摸查情况，形成《关于大丰区经济人才建设问题的调查研究》《大丰区镇级经济的现状与对策调研》两篇报告，均获区委主要领导批示批转。《党内政治文化建设与人民至上的根本价值理念》论文被收入江苏省委党校第九届党的建设高层论坛论文集。在盐城市社科联与经济学会联合举办的“飞地经济与园区创新发展论坛”中，区委党校提交4篇论文，获二等奖3篇，三等奖1篇。完成江苏省委党校课题调研3项，《坚持党建引领 推动基层社会治理创新》《大丰培育新型职业农民 助推乡村振兴》两篇调研文章在《盐阜大众报》发表；完成盐城市委党校课题调研5项。区委党校教研人员全年形成各类科研成果39篇，发表在省级以上刊物及获省级表彰27篇，总量创近年新高。探索科研新方式，发挥青干班学员优势，征集调研文章46篇，编制材料汇编，为科研工作打下稳固基础。

【人才强校】 2020年，区委党校重视师资队伍建设。选派教师参加盐城市党校系统教学比赛，1人获得全市党校系统精品课程奖；1人参加盐城市“铁军号角”微党课大赛，获得大赛三等奖；2人获得大丰区理论宣讲工作先进个人。组织开展3轮集体备课和教学大练兵，围绕习近平新时代中国特色社会主义思想、中共十九届四中及五中全会精神形成教学专题近50个。选派部分骨干教师赴中央党校、江苏省委党校以及浙江、上海参加培训学习，提高站位，开阔眼界。严格按照推荐选拔股级干部流程，选拔正股级干部4名，副股级干部2名；新招录专职教师2名，其中1名硕士研究生、1名本科生。围绕科研重点订阅报刊46种，新购图书参考资料83册；定时组织教师开展“分享阅读感悟、提升文化素养”品味书香读书交流活动。

【农民培训】 2020年，大丰区农业干部学校举办新型职业农民培训班34期，完成省级农民培训任务，共培训2820人；开展新型职业农民认定工作，共认定280人，开展粮油生产、农旅融合、蔬菜产销、果蔬产销等专业培训，组织学员到东台市、泰州市、张家港市等地实地参观考察；有序推进开办涉农中专班次，涉农中专17级140名学员全部顺利毕业，新招观光农业经营新丰班学员71名；涉农中专18、19级班级开课20多次，在疫情期间采取视频教学方式，整体培训工作受到一致好评。

（周剑宇）

党史工作

【概况】 2020年，中共盐城市大丰区委党史工作办公室（简称区委党史办），扎实推进各项工作创优争先，积极履行史志部门以史鉴今、资政育人的职责，大丰区史志工作位列2020年度盐城各县（市、区）综合排名第一，区委党史办获得2020年度全区综合考核先进奖。

【《大丰接轨上海实录》编纂启动】 2020年，区委党史办主动策应接轨大上海、融入长三角的全市工作重心和重要战略，组织编纂《大丰接轨上海实录》。该书客观记载大丰区全方位、宽领域、多层次接轨上海的史实，讴歌8万知青儿女在大丰艰苦奋斗的峥嵘岁月，激发全区人民干事创业的激情和热情，动员干部群众积极投身到推动大丰高质量发展的新征程上。全书初定为3章12节，年内完成初稿。

【党史三卷本编纂】 2020年，区委党史办按照盐城党史工作部门关于县

（市）以上地方党委及时启动地方党史三卷本编写工作的部署，全面推进《大丰党史三卷本》的编纂工作。该书全面回顾大丰各级、各部门、各条线党组织全面推进改革开放和社会主义现代化建设所取得的成就，认真总结和借鉴这一时期的最新实践、新鲜经验和工作成果，以转型发展推动全区科学发展，走出一条具有时代特征、中国特色、大丰特点的改革开放之路，加快实现大丰经济高质量发展。全书分5编，年内完成第四编。

【红色文化宣传】 9月，区委党史办在《大丰日报》开设“纪念两军会师80周年”专栏，刊登《追忆峥嵘岁月 传承会师精神》系列文章，向市民宣传两军会师史实，增强大丰区红色资源的影响力和传播力。10月初，与区委宣传部共同承办八路军新四军胜利会师80周年专题纪念活动，南京军区原司令员、中国新四军研究会原会长朱文泉与区委书记薛盛堂共同为中国新四军和华中抗日根据地研究会“铁军精神教育基地”揭牌。活动中展示的珍贵的革命文物、历史照片、历史资料，再现了一段段激荡着血与火的抗战历史，生动诠释了“铁军精神”。

（谢竹青）

档案工作

【概况】 2020年，大丰区档案馆围绕区委区政府中心工作，以改革创新为动力，提升档案治理体系和治理能力水平，努力推动全区档案工作科学发展、创新发展，档案工作首次被列入区委区政府年度目标任务综合考核事项，工作机制逐步改善，工作网络逐步健全，档案环境逐步改善，社会影响不断扩大。

【创塑档案“三色”品牌】 2020年，区档案馆着力打造“三色”品牌。奏响红色品牌，深度保护和挖掘红色资源，加大红色档案征集力度，让红色档案服务大丰革命传统教育和爱国主义教育。擦亮绿色品牌，依托世界自然遗产，系统梳理生态旅游、绿色发展档案资源，完成编研成果《“湿地精灵”麋鹿的复兴之旅——江苏盐城大丰麋鹿国家级自然保护区档案工作纪实》。做特蓝色品牌，把收集和汇编《大丰港建设史》列入计划，为党委政府“两海”战略提供决策参考。9月，区档案馆作为苏北地区唯一县（市、区）级档案馆，在全省首届档案馆馆长论坛上作《强使命担当，树“三色”品牌，为江苏档案再创辉煌贡献大丰力量》发言交流。

【推进涉改机构档案处置】 2020年，区档案馆有序推进涉改单位档案规范整理进馆，扎实做好机构改革“后半篇文章”。以重新组建单位和撤销单位作为重点，主动与撤并单位对接，上门了解工作进展，逐个制定审查档案管理与处置工作方案，指导档案处置的原则、要求和标准，处置档案归属争议，明确档案处置工作的要求和时间节点。区自然资源和规划局、滩涂与海洋渔业局、农业农村局等9个涉改单位陆续完成规范整理及扫描等相关工作。

【服务乡村振兴战略】 2020年，区档案馆以助力脱贫攻坚和农房改善为切入点，服务乡村振兴，会同区住建局跟踪指导全区11个镇新型农村社区示范点农房改善试点档案规范工作。会同区农业农村局开展精准脱贫档案的试点指导工作，基层脱贫档案管理步入良性新轨道。204个村21万农户的土地确权档案全部接收进馆。按照区委区政府的部署，坚持“点对点”帮扶，深入小洋村访困问需，档案馆负责的扶贫户脱贫率为100%。

【基层档案规范化建设】 2020年，区档案馆到40多个单位现场指导，组建微信群，借助微信公众号平台开展宣传工作。认真做好国有企业退休人员社会化管理档案处置工作，多次召开国企退休人员社会化管理档案处置专题会议，截至年底，3334份国有企业退休职工档案顺利移交。开展全区27个医疗机构1985—2019年35年间新生儿出生医学证明规范指导工作，截至年底，2015年5061名新生儿出生医学证明档案完成移交进馆工作。强化基层档案室达标升级指导工作，区公安局以全市第一的高分通过“江苏省AAAAA级数字档案室”创建评估、档案工作省五星级规范测评验收；常州高新区、盐城三星供电服务公司大丰分公司通过省三星档案室评审。开展2020年档案年检工作，采取集中观摩、上门年检等方式，第一时间反馈意见、书面通报、限期整改。

2020年，大丰区档案馆纵深推进档案资源体系建设，围绕馆藏“特点”“重点”，逐步形成更加齐全完整、丰富多元的馆藏资源。 周古凯 摄

【重大项目工程档案建设】 2020年，区档案馆加强对重大建设项目档案的全程监管和服务，主动深入一线，指导江苏盐城湿地保护项目大丰林场滨海湿地保护子项目档案建设，从收集范围、整理步骤、管理要求等各个环节，精准指导，确保建设项目档案完整、准确、系统、规范。9月，江苏盐城湿地保护项目大丰林场滨海湿地保护子项目档案通过专项验收。

【档案资源体系建设】 2020年，区档案馆纵深推进档案资源体系建设，围绕馆藏“特点”“重点”，逐步形成更加齐全完整、丰富多元的馆藏资源。全年征集到疫情档案实物60多件，视频123个（275分钟），照片100余张；征集珍贵档案资料6册、照片36张；征集红色档案照片23张，视频2个；征集家庭档案实物37件，纪念册6册，记录本11本；征集工作剪报903本。馆藏涵盖民生事业、重大项目、科技进步、珍贵史料等多种类别，馆藏档案文书档案241001/250583卷/件；馆藏会计档案53980册，实物档案591份，照片档案3058张，地图档案5件，科技档案499卷，报纸1321份，图书、剪报12902册，视频档案225份，馆藏文书档案数字化扫描容量10T，数字化率100%，照片档案1G，音视频14G。

【档案安全体系建设】 2020年，区档案馆坚持以“提高全区档案工作依法管理水平，促进全区档案工作规范化建设”为目标，筑牢人防、物防、技防的“三位一体”综合防范体系。完善机房管理制度，每周进行库房安全巡查，定期开展档案安全隐患排查整治工作，每年组织消防演练两次以上。制定《大丰区档案馆消防安全应急预案》，细化落实档案安全管理责任。投入4万元，新增数据实时备份系统，最大限度避免硬件损坏对数据带来的损失。

【档案利用体系建设】 2020年，区档案馆建立完整规范的数字档案馆室系统，通过公布查档服务热线电话，发布婚姻档案等民生档案利用有关事项公告，实现档案利用“不间断”“无空白”“不等待”，在盐城首家推出“馆长接待日”活动。全年接待查档4398人次，跨馆查档38例，破产改制企业档案查档接待26批次，群众满意度显著提升。有序开展馆藏档案目录及全文数据校核工作、馆藏档案到期解密划控工作和市县级国家综合档案馆业务建设评价工作。

【提高全民档案意识】 2020年，区档案馆专门成立档案征集顾问委员会，牵头民间机构——大丰本场人博物馆共同编纂《中共台北县委县政府史料集》《大丰本场人》。开展国际档案日主题广场宣传、档案知识竞赛、档案进社区、“档案馆开放日”、家庭档案示范等系列公益性档案文化活动，加强档案宣传，举办档案捐赠仪式，增强公众档案意识，弘扬档案文化。6月9日，围绕“档案见证小康路、聚焦扶贫决胜期”主题，在荷兰花海举办“6·9”国际档案日系列档案宣传活动。

【陈向阳到大丰调研】 5月28日，江苏省档案馆馆长陈向阳到大丰调研，对区档案馆工作给予充分肯定。陈向阳认为：大丰区档案工作围绕中心服务大局，档案工作思路清晰、重点突出，软硬件建设能力强，特色鲜明，高度重视党建工作，实现党建工作与档案业务工作互促互进。

【做好新冠肺炎疫情防控期间档案工作】 2020年，新冠肺炎疫情发生后，区档案馆主动作为，成立专班到防疫指挥部驻点工作，全力保障疫情防控相关档案资料查阅利用、收集归档等工作。第一时间开通网络、电话预约等线上查档服务渠道，实行“无接触”“不间断”查档。主动征集疫情档案，在公众号发布“大丰抗疫全纪录”特刊，保存疫情防控工作的珍贵记忆，弘扬抗疫精神。

【档案人才队伍建设】 2020年，区档案馆注重档案专业人才培养，开展“青蓝结对”培养行动。组织20多名档案员参加省档案工作人员上岗培训和继续教育培训；组织13名档案业务骨干赴南京参加省档案学会的业务培训。全年撰写各类信息报道22篇，在市级平台发表14篇、省级平台发表9篇、国家级平台发表2篇；全年在微信公众号发布各类档案信息97篇，打造“大丰抗疫全记录”“张謇家书”系列专题，普及档案知识，宣传档案文化。

（张敏弛）

〖编辑　朱晓华〗

盐城市大丰区人民代表大会

综 述

【概况】 2020年，盐城市大丰区人民代表大会常务委员会（以下简称区人大常委会），以习近平新时代中国特色社会主义思想为指导，立足“坚持党的领导、牢记人民重托、服务中心大局”工作定位，按照“夯基础、创特色、争一流”总体要求，聚焦疫情防控和经济社会发展，依法履职行权，全面加强“两个机关”（全面担负起宪法法律赋予的各项职责的工作机关，成为同人民群众保持密切联系的代表机关）建设。人大工作绩效考核成绩满分，位列盐城第一。

区人大常委会把践行新发展理念作为履职重中之重，合力推进区委决策部署落实和区委、区政府重点目标任务完成。投身新冠疫情防控，第一时间发出倡议，第一时间开展《中华人民共和国传染病防治法》《中华人民共和国野生动物保护法》等法律法规和《江苏省人民代表大会常务委员会关于依法防控新型冠状病毒感染肺炎疫情 切实保障人民群众生命健康安全的决定》宣传，第一时间对《中华人民共和国传染病防治法》贯彻实施情况开展执法检查，听取疫情防控工作情况报告，为做好“六稳”“六保”、夺取大丰区疫情防控和经济社会发展“双胜利”贡献力量。积极推动经济转型发展，紧扣“四大经济”（海洋经济、飞地经济、旅游经济、城市经济）、“3+3+3”产业（新能源及装备制造、新能源汽车及零部件、新一代电子信息及智能终端三大新兴产业，纺织、化工、冶金三大传统产业，现代物流、农产品加工、健康文旅三大优势产业）、实体经济发展、招商引资项目建设、营商环境优化等开展监督，每月听取接轨上海和飞地经济工作情况汇报，合力推动“一区三基地”（北上海“飞地经济”示范区、上海科创成果转化基地、上海生态旅游康养基地和上海优质农产品供应基地）、区场一体化及“一园一厨五基地”（光明食品产业园，中央厨房及净菜加工配送项目，粮食储备加工、1000万羽蛋禽养殖及深加工、20万吨水产品生产加工、奶牛养殖及乳制品深加工、进口牛羊肉及深加工基地）等重大项目建设，听取港口集疏运体系建设、城市经济工作情况报告，就城市建设大会战土地收储作出决议，对国家全域旅游示范区、荷兰花海AAAAA级景区创建工作开展调研，省人大常委会副主任许仲梓对大丰区黄海湿地保护和利用工作专门作出批示。积极推进重点任务完成，组织省市区镇四级人大代表对“两重一实”（重大项目、重点工程、民生实事工程）、农房改善、城市大会战、人居环境整治等重点工作开展监督，围绕农房改善开展“一委员两代表”点对点跟踪和“代表月月访”，省人大常委会副主任陈震宁对大丰区农房改善监督工作给予批示肯定。积极开展预算审查监督，深入贯彻落实区委关于建立区政府向区人大常委会报告国有资产管理情况制度的意见，审议2019年度国有资产管理情况综合报告，首次听取全区行政事业性国有资产管理专项工作情况报告，支持海港控股集团改革发展；对审计查出问题整改落实情况进行监督，跟踪农房改善专项资金使用绩效。率先在全市建成预算联网监督系统，盐城市人大在大丰区召开预算联网监督工作现场观摩推进会。

区人大常委会把人民对美好生活的向往作为履职的出发点和落脚点，齐心协力创造高品质生活。密切关注小康社会建设，将“关于着力补短板强弱项、决胜高水平全面建成小康社会”列为大会1号议案，多次听取政府综合情况及各职能部门专项工作情况报告，就决战决胜高水平全面建成小康社会作出决定。密切关注乡村振兴战略，围绕打赢脱贫攻坚战，对脱贫攻坚工作开展调研，督促加强动态管理、建立长效机制。围绕镇村经济发展，对壮大镇级经济、镇工业园区发展开展调研，听取村级集体经济发展情况报告。围绕农业农村现代化，听取农业“123”重点工程（做大恒北早酥梨一大品牌，做强丰收大地、盐土大地两大载体，做特226省道名特花木、351省道绿色果蔬、228国道种养循环三大特色观光农业经济带）建设情况报告，对现代农业示范园区创建开展视察调研。密切关注实事工程建设，积极推行区镇民生实事项目人大代表票决制，出台指导意见和实施办法。对民生实事工程开展监督，对进度缓慢责任主体及重点问题和事项持续跟踪推进。密切关注社会事业发展，常态化听取生态文明年度目标任务完成情况报告，持续跟踪突出环境问题整改落实。对“教育四项惠民工程”开展调研，持续跟踪外国语学校建设，推动沪丰校际联盟。关注医疗卫生健康，就医疗保障制度、中医药事业发展、三级医院创建等开展视察调研。

区人大常委会把全面推进依法治区作为履职应尽之责，为治理体系和治理能力现代化提供法治保障。促进法律实施，带头学习《中华人民共和国宪法》（以下简称《宪法》）、宣传《宪法》、贯彻《宪法》，严格落实《宪法》宣誓制度，组织《宪法》宣誓29人次，深入贯彻习近平总书记关于实施民法典的重要讲话精神；对安全生产“一法一条例”（《中华人民共和国安全生产法》《江苏省安全生产条例》）贯彻实施情况开展执法检查，开展安全生产专题宣讲，听取安全生产工作情况报告并开展专题询问；对《中华人民共和国土壤污染防治法》贯彻实施情况开展执法检查，督促做好土壤风险管控和修复工作，推进土壤污染防治与大气、水等污染防治协同联动。促进公正司法，听取24名员额法官和12名员额检察官的履职工作情况报告，推动“两官”队伍建设；听取检察院扫黑除恶专项工作报告，要求坚持边打边治边建，推进专项斗争取得全面胜利；听取治安防控体系现代化建设情况报告，为“双胜利”创造良好社会治安环境；重点督办“设立司法救助基金”建议，推动设立专项救助资金，出台规范性实施办法。促进依法行政，对区工信局、自然资源和规划局、生态环境局、供电公司、人民银行开展专项工作评议，督促被评议部门在落实区委决策部署、完成区委区政府重点工作等方面对标找差，促进部门作风转变和工作质效提升；对区政府报送的5件规范性文件依法审查，首次实行线上报备；依法做好人民来信来访工作，全年受理来信24件，接待来访49人次。

区人大常委会把充分发挥代表主体作用作为履职的重要抓手，支持和保障代表依法履职。注重履职平台提升，在全国人大充分肯定基础上，持续巩固“家站点”平台建设成效，创设全省首个异地代表之家——“驻沪（大丰）人大代表之家”，这一做法得到省人大常委会副主任邢春宁的批示肯定，省人大《人事代表联络工作》专刊介绍经验，人民网、中国人大网、学习强国等多个国家级媒体予以报道；发挥窗口单位基层代表作用，完善“1+5+10”（1名常委会组成人员联系5名代表，1名代表联系10名选民）双联系制度，常态化开展常委会组成人员联系代表、代表联系选民活动，进一步畅通沟通渠道。注重代表活动组织，开展“五个一、五争当”“众志成城、战‘疫’有我”“接轨大上海、代表在行动”“我为‘十四五’规划献一策”等活动，组织各级人大代表搞宣讲、提建议、聚合力。注重代表履职服务，提高代表参加常委会和“一府一委两院”（人民政府、监察委员会、人民法院、人民检察院）活动频次，区委、区政府重大决策前专门邀请代表参与讨论，听取意见，组织298名人大代表向原选举单位、原选区选民述职，提前1年实现省市区镇四级人大代表述职全覆盖；出台区人大代表履职考核评价办法，开通人大代表履职和议案建议办理信息化平台，对10名模范代表、30名代表活动积极分子进行表彰，评选优秀议案建议20件；积极争取省市层面对大丰区经济社会发展的关注和支持，1件建议被列为省人大重点督办建议，市人代会确定的4件议案中大丰有2件，市人大常委会重点督办的22件建议有6件为大丰代表团提出。注重议案建议督办，修订出台代表建议、批评和意见的处理办法，深化常委会领导重点督办、区政府领导领办重点议案建议机制，严格落实议案建议办理“三见面”（在代表议案建议办理过程中实行办前座谈、办中视察、办后征询）“三公示”（到办前责任单位、责任科室和人员公示，办中代表满意度公示，办成情况人代会公示）制度，构建“多维督办、多方协作”大督办格局，118件代表议案建议全部按时办结并答复代表，一批事关发展和民生的建议得到有效落实。

【区人大自身建设】 2020年，区人大常委会始终把加强自身建设摆在突出位置，积极适应新时代新要求，改进工作作风，提升履职效能，不断夯实依法履职的根基。突出政治站位，坚持和落实重大事项请示报告制度，定期向区委报告人大工作情况，依法作出

2020年6月，大丰区人大常委会组织代表视察大丰外国语学校建设情况。
雒聪聪　摄

决议决定4项，全年依法任免国家机关工作人员63人次，补选产生市、区人大代表7名。突出上下联动，配合省市人大开展视察调研和执法检查活动，就电动自行车管理条例、饮用水安全保护条例等提出立法建议38条；强化镇级人大指导，坚持常委会领导联系、委室指导机制，每季度召开1次镇级人大工作座谈会，实行重要议题联合推进、重点调研联手开展、重大活动联动举行；完善镇级人大工作考评机制，组织镇级人大负责人赴外地考察学习。突出调研宣传，先后围绕镇村经济发展、重点工作监督、“十四五”规划纲要编制等专题开展深入调研，充分发挥一个专版、两网两刊、三好评比“123”载体作用。突出能力建设，认真做好人大机关巡察整改工作，完成党总支及下属两个支部的换届选举，严格落实意识形态工作责任制，组织部分人大代表和干部赴上海交大、浙江大学、省人大培训中心等地学习培训，邀请省人大研究室领导到大丰专题讲座，在人大微信公众号上开设《人大学习周报》专栏；注重服务效能，扎实做好招商引资、企业挂钩服务、结对帮扶等工作，圆满完成全国人大和省市人大到大丰视察调研接待任务，承办全省人大监司工作座谈会和干部培训班，做好老干部服务工作。注重对外交往，密切与上海市、区人大联系，与杨浦、普陀建立合作交流机制，开展共建活动3次。

2020年1月4—6日，大丰区第十五届人民代表大会第四次会议召开。周古凯　摄

重要会议与活动

【区第十五届人民代表大会第四次会议】 1月4—6日，大丰区第十五届人民代表大会第四次会议召开。会议应到代表270名，实到代表262名，因事因病请假8名。应邀列席会议的有：出席区十四届政协四次会议的全体委员；不是代表的区四套班子领导，区四套班子离退休人员，区人大常委会各委室副主任，区监察委员会副主任、区人民法院副院长、区人民检察院副检察长，区直党政部门党政主要负责人，垂直单位党政主要负责人，各区（园）主要负责人，驻丰农场、部队及办事机构主要负责人，镇（街道）党政主要负责人、镇人大副主席、街道人大工委副主任，开发区、港区人大工作联络处主任、副主任；驻大丰省十三届人大代表；驻大丰部分盐城市八届人大代表列席大会。

会议听取和审议区人民政府区长李志军作的《政府工作报告》；审查和批准区2019年国民经济和社会发展计划执行情况的报告与2020年国民经济和社会发展计划；审查和批准区2019年财政预算执行情况的报告和2020年财政预算；听取和审议区人大常委会主任范大玉作的《区人大常委会工作报告》、区人民法院院长朱亮作的《区人民法院工作报告》、区人民检察院检察长许正胜作的《区人民检察院工作报告》；审议区人民政府关于区十五届人民代表大会第三次会议期间代表议案及建议、批评和意见办理情况的报告；通过盐城市大丰区第十五届人民代表大会有关专门委员会主任委员、副主任委员、委员人选；进行选举事项。

【区人大常委会会议】 2020年，区人大常委会共召开6次会议。

3月20日，第27次会议召开。会议听取和审议高水平全面建成小康社会情况报告，并作出决定；听取和审议区政府关于2020年度国有土地上房屋征收计划的议案，并作出决议；对区十五届人大四次会议代表议案作出交办意见；推选2020年接受专项工作评议部门；审议《盐城市大丰区人大常委会关于区人民代表大会代表建议、批评和意见的处理办法（修订草案）》和《盐城市大丰区人大代表履职考核评价办法（草案）》；进行人事任免等事项。

5月25日，第28次会议召开。会议听取和审议相关部门接受专项工作评议情况报告；对《中华人民共和国水污染防治法》执法检查和全区旅游经济发展审议意见落实情况进行满意度测评；听取和审议区政府贯彻实施《中华人民共和国土壤污染防治法》有关情况报告；听取和审议区政府贯彻实施《中华人民共和国传染病防治法》有关情况报告；进行人事任免等事项。

7月29日，第29次会议召开。会议听取和审议区政府关于2020年上半年国民经济和社会发展计划执行情况报告；听取和审议区政府关于大丰区2019年区本级财政决算草案和2020年上半年预算执行情况的报告，审查和批准2019年区级财政决算；听取和审议区政府关于2019年区本级预算执行和其他财政收支情况的审计工作报告；听取员额制法官、检察官履职情况报告；进行人事任免等事项。

9月27日，第30次会议召开。会议听取和审议区政府关于区十五届人大四次会议代表议案办理情况报告；听取和审议区政府关于区十五届人大四次会议代表建议、批评和意见办理情况报告；听取和审议区政府关于2019年度行政事业性国有资产管理情况报告；听取和审议区政府关于农业“123”重点工程情况报告；听取和审议区政府关于挖掘和放大黄海湿地世遗优势情况报告；听取员额制法官、检察官履职情况报告；进行人事任免等事项。

11月5日，第31次会议召开。会议听取区工业和信息化局、自然资源和规划局、人民银行、供电公司、生态环境局等5个部门关于接受专项工作评议和《中华人民共和国土壤污染防治法》《中华人民共和国传染病防治法》两个执法检查审议意见落实情况报告，并进行满意度测评；听取生态文明年度目标任务完成情况报告；听取和审议区政府关于安全生产工作情况报告，并开展专题询问；听取区政府关于审计查出问题整改情况报告；驻大丰的盐城市人大代表报告履职情况；审议通过区人大代表评先表彰决定；进行人事任免等事项。

12月30日，第32次会议召开。会议听取和审议区政府关于2020年区本级财政预算调整方案（草案）的议案，审查和批准2020年区本级财政预算调整方案；听取“十四五”规划编制情况报告；补选盐城市人大代表等事项；审议通过区人大常委会代表资格审查委员会关于个别代表的代表资格的报告（草案）；审议通过召开区十五届人大五次会议有关事项。

【区人大常委会主任会议】 2020年，区人大常委会共召开22次主任会议。

1月19日，第59次主任会议召开。会议传达学习省、市人代会精神；交流月度工作安排。

2月10日，第60次主任会议召开。会议传达学习全区疫情防控工作调度电视电话会议和《江苏省人民代表大会常务委员会关于依法防控新型冠状病毒感染肺炎疫情 切实保障人民群众生命健康安全的决定》精神。

2月20日，第61次主任会议召开。会议听取区政府关于《2020年大丰区城市建设大会战实施意见》相关情况的汇报。

3月6日，第62次主任会议召开。会议传达学习区四套班子月度例会精神；听取区政府关于全区新冠肺炎疫情防控工作情况汇报；听取代表议案建议重点督办和对口督办的安排情况汇报；听取第27次常委会议题调查情况汇报，研究确定召开时间等事项；交流月度工作安排。

3月20日，第63次主任会议召开。会议听取第27次常委会有关议题情况汇报。

4月2日，第64次主任会议召开。会议传达全区重大项目观摩活动暨区四套班子月度工作例会精神；交流月度工作安排；讨论通过《2020年区人大常委会专项工作评议方案》；研究确定“两官”（员额法官、员额检察官）履职报告人选。

4月24日，第65次主任会议召开。会议听取区政府关于大丰港现代物流枢纽港建设情况汇报。

5月19日，第66次主任会议召开。会议听取第28次常委会议题调查情况汇报，研究确定召开时间等事项。

6月4日，第67次主任会议召开。会议交流月度工作安排。

6月29日，第68次主任会议召开。会议听取区政府关于为民办实事工程建设情况汇报；听取区政府关于区场一体化发展工作情况汇报；讨论通过《关于区级人大代表议案建议网上办理系统和履职服务网络平台建设工作方案（草案）》。

7月3日，第69次主任会议召开。会议交流月度工作安排。

7月27日，第70次主任会议召开。会议听取区人民检察院扫黑除恶专项斗争工作情况汇报；听取区十五届人大常委会第29次会议议题调查情况汇报，研究确定召开时间等事项。

8月4日，第71次主任会议召开。会议交流月度工作安排。

8月21日，第72次主任会议召开。会议听取区政府关于“教育四项惠民工程”建设情况汇报；听取区政府关于加快村级集体经济发展情况汇报；听取区政府关于招商引资项目建设情况汇报；听取重点督办建议办理情况汇报；听取各工委对口督办建议情况汇报；研究通过2020年9月常委会上“两官”履职报告人选。

9月4日，第73次主任会议召开。会议交流月度工作安排。

9月23日，第74次主任会议召开。听取区十五届人大常委会第30次会议议题调查情况汇报，研究确定召开时间等事项。

10月9日，第75次主任会议召开。会议交流月度工作安排。

10月27日，第76次主任会议召开。会议听取区政府关于城市经济工作情况汇报；听取区政府关于社会治安防控体系现代化建设工作情况汇报；研究人大代表优秀议案、建议评选工作。

11月3日，第77次主任会议召开。会议交流月度工作安排。

12月10日，第78次主任会议召开。会议通报人代会人大机关筹备工作分工；听取考核情况汇报；交流月度工作安排。

12月23日，第79次主任会议召开。会议听取2021年区本级财政预算初审情况汇报；听取区十五届人大常委会第32次会议议题调查情况汇报，研究确定会议召开时间；讨论通过2020年度区人大调研好成果、新闻好稿件、摄影好作品“三好评比”结果。

12月29日，第80次主任会议召开。会议研究补选盐城市人大代表有关事项。

人大专门委员会

【法制委员会】 2020年，区人大法制委员会加强规范性文件备案审查，对区政府报送的《盐城市大丰区人民政府关于农村集体资产股份量化的指导意见》等5份规范性文件进行备案，遵照全省人大备案审查工作“一张网”要求，首次开展规范性文件的线上报备、备案和审查，实现大丰区备案审查信息化建设的创新突破。做好意见征集工作，为《江苏省各级人民代表大会常务委员会规范性文件备案审查条例（草案）》《江苏省电动自行车管理条例（草案）》《江苏省人民代表大会常务委员会关于加强检察公益诉讼工作的决定（征求意见稿）》等提出立法建议22条，为《盐城市安全生产条例（草案）》等提出立法建议16条，设草庙镇人民政府作为大丰区的市人大常委会民主立法联系点。参与常委会监督工作，协助安全生产“一法一条例”、传染病防治法和土壤污染防治法贯彻实施情况的执法检查；开展专项工作评议，收集整理对中国人民银行大丰支行问题11个、各类建议29条；对法官、检察官报告履职工作开展监督，听取24名员额法官和12名员额检察官的履职情况报告；重点督办司法救助基金设立代表建议，调研区人民检察院扫黑除恶和区人民政府社会治安防控体系现代化建设工作。

【财政经济委员会】 2020年，区人大财政经济委员会加强经济工作监督，关注镇村经济发展，对11个镇及大中街道经济发展情况开展家家到调研，并赴东台、建湖等地考察学习；关注重大项目建设，组织对全区招商引资项目建设情况开展调研；关注安全生产，对安全生产“一法一条例”贯彻实施情况进行执法检查，听取全区安全生产工作情况报告，并开展专题询问；关注“十四五”规划编制，分别围绕放大世遗效应、飞地经济示范区建设、现代产业链发展、高水平交通体系建设、旅游经济高质量发展、深化基层公共服务体系建设6个专题，为规划纲要编制提供参考，为人代会审查批准规划纲要打下基础。深化预算审查监督，建成预算联网监督系统，全市预算联网监督工作推进会在大丰区召开；首次听取全区行政事业性国有资产管理的专项工作情况报告，认真做好海港控股集团改革指导服务工作；会同财政部门查阅11个镇预决算报告和草案，加强镇级人大联系指导；专题组织对大丰区农房改善资金绩效情况跟踪监督，预算审查监督重点向支出预算拓展工作稳步推进。着力提升监督工作质效，对区工信局专项工作开展评议，对“优化营商环境”建议开展重点督办，对“接轨上海”“壮大镇域经济”等20件建议开展对口督办。

【社会建设委员会】 2020年，区人大社会建设委员会围绕劳动就业、社会保障、社会事务、基层治理、特殊群体权益保护、安全生产等民生领域开展监督，推动社会治理体系和治理能力现代化建设。开展《盐城市安全生产条例》立法调研，开展安全生产监督工作专题宣讲，对《中华人民共和国安全生产法》《江苏省安全生产条例》贯彻实施情况开展执法检查，听取安全生产工作情况报告，开展安全生产工作专题询问。推进为民办实事工程建设，组织省市区镇四级人大代表对“两重一实”、农房改善、城市大会战、人居环境整治等重点工作开展“一委员两代表”点对点跟踪和“代表月月访”，听取为民办实事工程建设情况报告并进行满意度测评。认真督查代表建议办理工作，对涉及养老服务、社会救助、农村殡葬管理、医疗保障等22件建议开展对口督办。对全区社会救助体系建设情况进行专题调研，全面了解社会救助运行情况和困难群众需求。加强自身建设，召集全体委员开展活动4次、集中视察调研3次、外出调研学习1次。将原监司工委综合科更名为社会建设科，具体承担社会建设委职能，并核增行政编制1人。

人大常委会工作委员会

【人事代表联络工作委员会】 2020年，人事代表联络工作委员会高质量完成区人大常委会交办的各项工作任务。出台《关于加强和改进人大代表履职阵地建设的意见》，常态化开展代表小组活动、“定时定点定人”接待选民活动，完善“1+5+10”联系机制。修订出台《区人大代表建议、批评和意见的处理办法》，融合构建“多维督办、多方协作”大督办格局，坚持提建议代表、承办部门与常委会委室三方“面对面”商办，“背对背”征询代表满意度反馈，推动建议办理由“重答复”向“重落实”转变，坚持办前责任落

2020年8月13日，大丰区人大常委会组织常委会组成人员和部分人大代表，集中视察区十五届人大四次会议代表建议办理工作情况。
雒聪聪 摄

2020年盐城市大丰区人大常委会重点督办议案和建议一览表

表7

议案和建议内容	提案人	主办单位	牵头督办工委
着力补短板强弱项，决胜高水平全面建成小康社会（1号议案）	吴洪汛等10位代表	区统计局	教科文卫工委
将大丰区全力打造成上海优质农产品供应基地（13号建议）	黄艳等11位代表	区农业农村局	农村工委
建立司法救助基金（19号建议）	韦翔龙等11位代表	区财政局	监司工委
完善农房改善政策，助力城乡融合发展（31号建议）	金干生等11位代表	区住建局	环资工委
进一步优化营商环境（71号建议）	马绍良等11位代表	区发改委	财经工委

实、办中进展情况、办后结果通报及代表满意度“三公示”。开展“万名代表大走访”“接轨大上海、代表在行动”“众志成城、战‘疫’有我”“我为‘十四五’规划献一策”“两重一实、农民住房条件改善、城市大会战”等重点工作监督、代表委员联合调研等活动，开展代表“评先表彰”和年度优秀议案建议评选活动，认真开展“一述一评”，提前1年实现届内省、市、区、镇四级人大代表述职全覆盖。全年区人大常委会依法任免国家机关工作人员63人次，组织任前法律知识考试7人、宪法宣誓29人，接受辞职2人。创设全省县级人大首个异地代表之家——“驻沪（大丰）人大代表之家”，特色做法得到人民网、学习强国以及全国、省市人大专题报道。固化政府领导领办重点建议机制，有力推动议案建议办理取得成效。制定出台《区人大代表履职考核评价办法》，启动人大代表履职、代表议案建议办理两个网络平台建设。强化宣传报道，先后被各类杂志、网络用稿60余篇。

【监察司法工作委员会】 2020年，监察司法工作委员会推动司法公正，保障和改善民生，促进社会公平正义。3月，调研司法救助基金有关情况，就司法救助资金的拨付、发放等建立规范性的实施办法，确保司法救助资金规范使用。4—11月，以引导金融机构合理信贷投放、落实“放管服”改革要求、加强征信体系建设为重点，对人行开展专项工作评议。7月，调研区人民检察院扫黑除恶工作，建议突出深挖彻查，理顺工作机制，切实增强办案人员业务能力水平，注重检察内部联动，加强外部联系，建立健全长效工作机制，坚持边打边治边建，重视综合治理和源头治理，推进专项斗争向纵深发展。7月、9月，分别听取12名员额法官和6名员额检察官的报告履职工作情况，以文件形式向“两院”（法院、检察院）及报告履职“两官”印发履职建议并跟踪督促整改。9月，在大丰区举办全省人大监察和司法工作座谈会暨干部培训班。10月，调研社会治安防控体系建设，提出更加突出社会治理、创新推动，更加注重信息引领、科技支撑，更加注重补齐短板、夯实基础等意见建议，促推区政府及相关部门进一步提高政治站位，健全完善整体联动协作、实战指挥、形势分析研判等工作机制。2020年，对区人民政府报备的《盐城市大丰区人民政府关于农村集体资产股份量化的指导意见》和《盐城市大丰区国有土地上住宅房屋征收补偿资金结算凭证安置实施办法（试行）》等2件政府规范性文件进行审查。受理群众来信27件，接待来访46人次。

【财政经济工作委员会】 2020年，财政经济工作委员会紧扣区委决策部署，狠抓常委会重点工作落实，完成各项工作任务。3—5月，对11个镇及大中街道经济发展情况开展家家到调研，分别就壮大镇级经济、镇级工业园区发展形成调研报告，两篇调研报告均得到区委、区政府主要领导批转。4—11月，围绕产业转型升级、“三项清理”工作和园区优化整合等方面，对区工信局开展专项工作评议。5月，全市预算联网监督工作推进会在大丰区召开，现场观摩大丰区预算联网监督中心。6月，专题组织对大丰区农房改善资金绩效情况作跟踪监督，并形成专项绩效评价报告。8月，组织对全区招商引资项目建设情况开展调研，向主任会议作报告，针对重大项目偏少、项目建设速度不快等问题提出意见、建议。8月，查阅11个镇预决算报告和草案，对各镇报告和草案中存在的问题，特别是应当向代表报告的内容作进一步规范和明确。9月，调研全区行政事业性国有资产管理工作情况，并就调研发现的问题提出意见建议。11月，对大丰区安全生产“一法一条例”贯彻实施情况进行执法检查，听取全区安全生产工作情况报告，开展专题询问。12月，调研“十四五”规划编制情况，分别围绕放大世遗效应、飞地经济示范区建设、现代产业链发展、高水平交通体系建设、旅游经济高质量发展、深化基层公共服务体系建设6个专题。

【教科文卫工作委员会】 2020年，教科文卫工作委员会，推动决胜高水平全面建成小康社会，完成各项工作任务。2月，聚焦疫情防控调研，重点督查镇（区、街道）和相关部门的工作责任落实、防疫力量投入、应急预案机制等情况，提出强化学习宣传、强化防控责任、强化统筹协调，共同打赢疫情防控阻击战等建议。4月，开展《中华人民共和国传染病防治法》执法检查，指出大丰区在传染病防治工作现代化水平、资源配置、专业队伍建设方面存在的问题，提出突出人才队伍建设、完善投入保障机制、健全配套政策体系、提升医疗服务能力等一些建议和措施，推动相关部门提升医疗服务能力和水平。4—11月，围绕加强电力优质服务、保障安全高效运行，加强电网依法经营、提升科技创新水平，加强电力设施保护，依法履行管理职责，对供电公司开展专项工作评议。8月，对“教育四项惠民工程”实施情况进行调研，对社会和群众关注度高的中小学校课后服务、中小学生在校集中就餐、学校体育设施向社会开放等事项，提出要严格工作标准、不断提升完善工作措施，强化牵头组织、靠前服务、主动协调，及时研究会办和解决推进过程中遇到的矛盾问题，加强经费保障和对项目实施的督查考核，确保各项惠民措施落到实处等建议。

区十五届人大四次会议上，关于着力补短板强弱项、决胜高水平全面建成小康社会的议案被确定为“1号议案”，交区人大常委会在人代会闭会后审议督办。在督办过程中，制定《大丰区人大常委会关于做好区十五届人大四次会议第1号代表议案办理的实施方案》，注重区、镇人大联动督办，各镇人大在督办组指导下对各自镇的工作情况进行摸底；分别听取区统计局等相关责任主体关于全面建成小康社会建设工作的情况汇报，组织部分常委会组成人员、提议案代表和承办单位召开1号议案办理工作推进会，听取办理情况和代表意见。

【农村工作委员会】 2020年，农村工作委员会找准服务“三农”工作新定位，完成全年各项工作任务。4—11月，围绕优化城市发展布局、做好用地保障工作、加大耕地保护力度等方面，对区自然资源和规划局开展工作评议。6月，调研区场一体化发展情况，到上海农场察看农场粮食、禽蛋、水产品加工基地等情况，座谈听取相关部门和委员、代表们的建议，形成调研报告向主任会议汇报，并形成主任会议纪要，推动区政府及相关部门进一步提高思想认识，强化管理机制。加大政策支持，深化合作共建，合力推进“北上海”飞地经济示范区建设，打造全国飞地建设新样板。8月，调研农业“123”重点工程建设情况，针对当前恒北早酥梨品牌价值不显著、两大园区建设带动力不强、“三带”（26省道名特花木、351省道绿色果蔬、228国道种养循环三大特色观光农业经济带）特色不鲜明，主导产业不突出，农业与二、三产业融合程度低、层次浅、附加值不高等问题，提出要提高思想认识、坚持规划引领、突出项目建设、狠抓结构调整等建议，作出《关于大丰区农业“123”重点工程建设情况报告的审议意见》交区政府办理，推动大丰区农业高质量发展。9月，调研农村集体经济发展情况，通过召开镇、村两级座谈会，了解具体的情况，推动区政府及相关部门进一步完善管理机制，加大扶持力度，拓宽发展思路，加强基层建设，促进村级集体经济持续健康发展。

2020年4月28日，大丰区人大常委会开展《中华人民共和国传染病防治法》执法检查工作。　雒聪聪　摄

【环境资源城乡建设工作委员会】 2020年，环境资源城乡建设工作委员会以生态文明建设为重点，完成区人大常委会交办的各项工作。以农房改善、“两重一实”、城市建设、高质量发展指标体系完成情况等重点工作为监督内容，组织四级人大代表开展专项工作监督。3月，对大丰区城市经济发展专题调研，指出要进一步增强城市经济理念、丰富产业业态、加强基础设施建设。3月，对区政府2020年度国有土地上房屋征收计划作出决议。4月，调研大丰港现代物流枢纽港建设，提出支持港口发展的优惠政策、推进大丰港集疏运体系建设、进一步提升港口能级、加密航班航线等建议和意见。4—11月，以贯彻执行国家环保法律法规、上级党政部门环保督察巡察发现问题整改、服务地方经济社会发展和回应群众关注关切热点问题情况为重点，对自然资源和规划局进行专项评议。5月，开展《中华人民共和国土壤污染防治法》专项执法检查，通过执法检查，全面构筑大丰区防治土壤污染、保护土壤生态、提升土壤环境的法律屏障，更大力度完善突出土壤环境污染问题预防和应急机制。9月，调研挖掘放大黄海湿地申遗优势工作，提出要按照保护优先、科学规划、合理利用的原则，以构建全景化旅游交通网络为抓手，依托生态特色，统筹规划旅游公路、驿站建设、特色小镇、康养基地等建设，协调推进生态康养、乡村旅游发展等建设性意见和建议。10月，听取和审议发展城市经济的情况报告，从深化思想认识、坚持规划引领、着力补齐短板、加快项目建设4个方面提出意见和建议。

（杨雨培）

〖编辑　於晨婷〗

盐城市大丰区人民政府

综　述

【概况】 2020年，盐城市大丰区人民政府坚持以习近平新时代中国特色社会主义思想为指导，深入贯彻新发展理念，紧扣“强富美高”总目标，坚持稳中求进工作总基调，践行“两海两绿”（开放沿海、接轨上海、绿色转型、绿色跨越）新路径，主攻“四大经济”（海洋经济、飞地经济、旅游经济、城市经济），发展“3+3+3”（重点培育新能源及装备制造、新能源汽车及零部件、新一代电子信息及智能终端三大新兴产业，重点转型纺织、化工、冶金三大传统产业，重点突破现代物流、农产品加工、健康文旅三大优势产业）产业，在高质量发展进程中迈出坚实步伐。全区实现地区生产总值686.78亿元、同比增长4%，人均地区生产总值10.65万元；一般公共预算收入53.57亿元、同比增长5%，全口径工业开票销售1143.42亿元、同比增长10%，其中规模以上工业开票销售946.25亿元、同比增长10.7%；城镇和农村常住居民人均可支配收入分别为40975元、26754元，分别同比增长3.9%、6.5%；全口径工业开票销售、规模以上工业开票销售、进出口总额、金融机构贷款余额和增量，以及上市公司总数量、累计融资额、合计市值均为盐城第一，高质量发展考核在全市为第一等次，获评全省2020年度推进高质量发展先进县（市、区），金融生态环境列全省第5位，连续7年建成“省金融生态优秀县”。

全面做好“六稳”“六保”。始终把人民群众生命安全和身体健康放在第一位，坚持“外防输入、内防反弹”，仅用一个多月稳住疫情，实现新冠患者“零病亡”、医务人员“零感染”，16名医疗队员逆行出征、驰援黄石阳新县，为全国抗疫大局作出大丰贡献。在全市率先启动复工复产，出台“六保”方案、优化营商环境18条意见、促进制造业高质量发展的激励意见，减免3959个用人单位社保缴费5.57亿元，向1488个企业发放稳岗返还资金4335万元。常态化开展银企对接活动，举办南京金融投资说明会，为76个重大项目协调贷款授信245.4亿元，企业贷款利率平均下降12%；注册外资实际到账1.12亿美元，同比增长117.9%；外贸进出口总额28.7亿美元，同比增长21.8%；固定资产投资同比增长6%；新增城镇就业2.38万人，城镇登记失业率1.77%；粮食生产实现面积产量“双增”，稳定度位居盐城前列。

聚力主攻“四大经济”。海洋经济持续壮大，新开竣工临港产业项目32个，进境肉类、水果指定监管场地获批，“韩品荟”线上商城启动运营，全年完成港口货物吞吐量5310万吨、集装箱26.8万标箱，分别占盐城港66%、98%。飞地经济取得突破，与光明食品集团共建上海优质农副产品供应和加工基地列入长三角区域一体化发展年度工作计划，“一园一厨五基地”项目在长三角城市经济协调会第二十次全体会议上签约，常盐工业园开发建设实现拓展、升格。旅游经济风生水起，荷兰花海创建国家AAAAA级景区通过景观质量评审，《只有爱·戏剧幻城》对外公演，旅游公路1号线、6号线建成开放。城市经济加快发展，全面掀起城建大会战热潮，精心打造“一镇一里两街两商圈”（新丰古镇、新丰里、人民路海派风情街、幸福大街、吾悦广场商圈、中交美庐城商圈），33项重点工程投入81.5亿元，完成棚户区改造2600户，人民路海派风情街快车道通车，新丰里、幸福大街公建提升工程进场施工。

强势组织招商引资。建立产业链“链长制”，成立上海、深圳、北京招商服务中心，开展春季招商攻坚赛和秋季招商大会战，高频次组织项目集中观摩、开竣工活动，全年1亿元以上项目新签约150个、开工65个、投产35个，新增规模以上工业企业65个、规模以上服务业企业40个。探索“拿地即开工”模式，着力提高重大项目推进效率，总投资55亿元的长三角智能网联汽车试验场及悦达汽车科创园、40亿元的正泰新能源、30亿元的龙马风电装备、30亿元的弈博太智能制造、25亿元的天合光能、25亿元的中天科技海缆、22亿元的耀德电子、20亿元的博敏电子二期、12亿元的双瑞风电叶片等11个超10亿元重大项目启动建设。

着力补齐短板弱项。20项民生

实事工程完成投资22.7亿元。城乡公交一体化改造到位，四卯西闸下移工程建成发挥效益，新改建提升农贸市场10个，整治老旧小区11个，完成全民健康体检年度任务。大力实施居家养老服务提升工程，区级智慧养老服务指挥中心建成运行，为老年人提供上门服务28万人次。对标南通地区，推进教育改革，全区63所学校与南通有关学校结成教育合作联盟，常态化开展教科研交流；大丰外国语学校投入使用，卯酉教育服务中心开工建设。人民医院高分创成三级综合医院，胸痛中心、卒中中心、创伤中心获国家级授牌；妇幼保健院、三院异地新建工程开工建设，丰华社区卫生服务中心投入使用。全面实施串场河综合整治，拆除、搬迁低效污染项目216个。

坚决防范重大风险。把安全发展贯穿全区发展各领域和全过程，系统推进“27+2”个行业领域专项整治行动、企业安全生产主体责任落实“家家到”活动，充实镇（区、街道）、相关职能部门安监机构人员力量，常态化开展安全生产巡查督导，安全生产形势保持平稳。持续改善生态环境质量，关闭退出化工企业8个，完成退渔还湿和浒苔绿潮联防联控工作任务，镇（区、街道）空气质量自动监测站实现全覆盖，55个行政村生活污水治理设施建成投运，农村生活垃圾集中收运处理率100%。牢牢守住不发生区域性、系统性金融风险的底线，县域金融生态环境列全省第5位。依法及时就地化解信访矛盾纠纷，创成全省信访“三无”县（市、区）。深入开展扫黑除恶专项斗争，刑事案件、治安案件发案数双下降。

持续改进工作作风。深入开展“比学赶超、进位争先”活动，不断激发区政府系统广大党员干部干事创业的强大动力。完成基本建成法治政府目标任务，出台《重大行政决策目录管理办法》等依法行政制度，《政府合同合法性审查工作指引》获省法治建设创新奖。118件人大代表议案建议和198件政协委员提案全部办结，满意和基本满意率100%。在全市创新推出企业开办“全程通、零费用”模式，在全省率先探索“一照多业、一码多证”改革，最大程度优化政务服务。加强廉政建设，聚焦“吃喝、交往、车轮、奖金津补贴”等方面，坚决整治作风建设突出问题，始终保持清正廉洁的良好形象。

【旅游经济高质量发展】 12月17日，文旅部公布第二批97个国家全域旅游示范区名单，大丰区在盐城市率先上榜。大丰区坚持把全域旅游作为推动经济转型升级和高质量发展的重要举措，着力构建“黄海湿地、斗龙港、串场河文化、城市商贸休闲、美丽乡村”五大旅游产业集聚区，高等级景区数量质量位居全省前列，国内外游客接待量、旅游业总收入比“十二五”末分别增长25%、50%。

2020年，大丰区总投资20亿元的博敏电子二期启动建设。
周古凯　摄

重要会议

【区政府十五届五次全体（扩大）会议召开】 1月18日，区政府召开十五届五次全体（扩大）会议，深入贯彻中共十九大和十九届二中、三中、四中全会以及中央经济工作会议精神，按照省、市、区委全会和区人代会部署要求，围绕“争当信念过硬、政治过硬、责任过硬、能力过硬表率”主题，推进政府治理体系和治理能力现代化，为决胜高水平全面建成小康社会提供坚强保障。

【政府常务会议】 2020年，区政府共召开17次常务会议。

1月18日，区政府召开第40次常务会议，学习贯彻国务院《重大行政决策程序暂行条例》，以及省、市人民政府《关于加强群租房安全管理工作的意见》和《盐城市养犬管理办法》，研究《大丰区关于国务院督导组在盐城督导指出问题（第一批）的整改工作方案》《关于进一步严格落实企业主体责任的实施意见》《关于在全区开展招商引资项目建设“强化攻坚年”活动的实施意见》《全区招商引资跨区域落户项目共建共享激励政策》《盐城市大丰区农业农村污染治理攻坚战工作方案》《关于农村集体资产股份量化的指导意见》《进一步优化营商环境的三十条意见》。

2月4日，区政府召开第41次常务会议，学习贯彻国务院《关于开展新型冠状病毒感染的肺炎防控工作指导的通知》，研究全区疫情防控有关工作。

2月19日，区政府召开第42次常务会议，学习《中华人民共和国传染病防治法》《地方党政领导干部食品安全责任制规定》，听取疫情防控、脱贫攻坚、危险废物见底和水污染防治工作情况，研究应急管理工作、《盐通高铁、沪丰大道沿线环境整治工作实施方案》和《2020年大丰区城市建设大会战实施意见》。

3月7日，区政府召开第43次常务会议，学习《国务院安委会2020年工作要点》《江苏省自然灾害救助应急预案》，听取化工行业领域、文化和旅游行业安全生产专项整治工作情况，研究《关于开展“巩固脱贫成果提升脱贫质量”专项行动的工作方案》《盐城市大丰区重污染天气应急预案》《盐城市大丰区辐射事故应急预案》《盐城市大丰区闲置土地清理处置工作方案》《关于规范和加强政府专职消防队伍建设管理的工作方案》《盐城市大丰区国有土地上住宅房屋征收补偿资金结算凭证安置实施办法（试行）》《盐城市斗龙港旅游度假区集团公司组建方案》。

4月3日，区政府召开第44次常务会议，学习《江苏省重特大生产安全事故应急预案》《江苏省特种设备重特大事故应急预案》，听取2020年区“两会”议案、建议和提案交办任务安排、全区打好污染防治攻坚战工作会议筹备、204国道交通安全整治工作情况，研究安全应急管理工作、《大丰区湾（滩）长制实施方案》《脱贫攻坚“过筛式”回头看专项核查行动方案》《关于推进大丰与上海农场一体化发展的意见》《2020年大丰区接轨上海融入长三角工作要点》《全区项目建设决策审查制度》《2020年中韩（盐城）产业园临港产业配套区建设工作实施方案》。

4月27日，区政府召开第45次常务会议，传达学习国务院应对新型冠状病毒肺炎疫情联防联控机制综合组《关于开展企事业单位复工复产疫情防控措施落实情况专项检查工作的通知》精神，研究《盐城市大丰区财政支出事项议事规则》《盐城市大丰区政府投资项目审计监督办法》《盐城市大丰区镇级债务化解三年行动方案》《2020年大丰—宜君扶贫协作和经济合作重点任务清单》《大丰高新区管理体制及财税分配办法（试行）》《江苏大丰经济开发区产业发展规划》《大丰高新区产业发展规划》《盐城市大丰区融媒体中心建设工作方案》和企业国有资产监督管理系列文件，听取区交投公司、水投公司和现代林业公司整合重组，以及拟认定盈德气体为化工重点监测点核查情况。

5月13日，区政府召开第46次常务会议，学习《中华人民共和国社区矫正法》《关于全面加强危险化学品安全生产工作的意见》，听取渔业、农机、畜禽、户外广告安全生产专项整治和脱贫攻坚“过筛式”回头看专项核查自查整改工作情况，研究《关于加快2020年现代服务业高质量发展的实施意见》《关于推进城乡客运一体化改造的实施方案》《大丰区殡葬设施布局规划方案》《2020年全区推进养老服务发展行动方案》《盐城市大丰区通榆河刘庄水源地水质达标保障方案》《盐城工学院大丰新能源产业学院筹建方案》《关于合作共建盐城工学院大丰新能源产业学院协议书》《长三角（盐城）智能网联汽车试验场项目及悦达汽车（大丰）科创园项目合作意向书》《关于共建光明食品（集团）“五大生产基地”项目合作协议书》。

6月12日，区政府召开第47次常务会议，学习《江苏省重大行政决策程序实施办法》《政府投资条例》，听取违法违规“小化工”百日专项整治行动和道路交通、交通运输及港口危险化学品、水上交通运输、铁路运输安全专项整治以及脱贫攻坚工作，研究《关于进一步促进恢复生猪生产政策举措的通知》《大丰区2020年农村村庄河塘整治专项行动方案》《大丰区招商引资奖励办法》以及提高2020年城乡居民基本养老保险基础养老金、乐天化工、新元化工遗留地块工业废弃物处置事宜。

7月13日，区政府召开第48次常务会议，学习习近平总书记关于统计工作的重要讲话指示批示及相关文件精神、《最高人民法院关于行政机关负责人出庭应诉若干问题的规定》，传达江苏安全生产专项整治督导工作推进会议精神，听取火灾防控专项整治、电力安全生产专项整治、脱贫攻坚工作情况，研究全区道路交通事故压降、部分退役士兵社会保险接续工作和《大丰区困难退役军人关爱资金管理办法（试行）》《关于推进基层整合审批服务执法力量的实施方案》《大丰区2020年大气污染防治工作计划》《大丰区2019年中央财政制种大县奖励资金项目实施工作方案》以及追加财政资金事项。

7月29日，区政府召开第49次常务会议，听取2020年市政府工作报告（涉大丰项）、区政府工作报告主要目标任务上半年实施情况、全区安全生产专项整治三年行动工作方案情况、全区就业工作情况，研究《盐城市大丰区气象灾害应急预案》《大丰区“互联网+”农产品出村进城工程实施方案》《盐城市大丰区国土空间规划利用工作委员会工作规则》以及2019年度大丰区区长质量奖及提名奖获奖单位认定工作。

8月26日，区政府召开第50次常务会议，传达盐城市深化道路交通安全专项整治工作会议精神，听取养老等社会服务机构安全专项整治、全区“万企联万村、共走振兴路”工作情况，研究《盐城市大丰区综合行政执法体制改革实施方案》《关于实施产业链链长制的工作方案》《盐城市大丰区关于全面实施预算绩效管理的实施意见》《盐城市大丰区推进国有企业退休人员社会化管理工作实施方案》《盐城市大丰区区级医疗卫生机构建设三年行动计划实施方案（2019—2021）》《盐城市大丰区紧密型县域医疗卫生共同体建设实施方案（试行）》《盐城市大丰区新兴产业投资基金设立建议方案》《关于推进全区新型基础设施建设的实施意见》《盐城市大丰区生态文明建设规划（2018—2021修编）》。

9月5日，区政府召开第51次常务会议，学习习近平总书记关于安全生产的重要论述、《中华人民共和国基本医疗卫生与健康促进法》《江苏省水域保护办法》，听取全区信访稳定、校园和校车安全专项整治以及危险废物处置专项整治工作情况，研究《2020年度镇（街道）、区（园）综合考核意见》《2020年度区级机关部门（单位）

综合考核意见》《盐城市大丰区赋予乡镇（街道）经济社会管理权限指导目录（第一批）》《大丰区“十四五”农村生态河道建设规划（2021—2025）》。

10月17日，区政府召开第52次常务会议，研究应急管理工作、《盐城市大丰区扬尘污染防治专项规划》《社会投资工业建设项目“拿地即开工”审批改革创新实施方案（试行）》《盐城市大丰区残疾人联合会改革实施方案》《盐城市大丰区接轨大上海融入长三角规划（2020—2025）》，听取脱贫致富奔小康工程任务完成、节能降耗工作情况。

10月24日，区政府召开第53次常务会议，研究《关于进一步优化行政审批服务助力高质量项目加快建设的意见》《盐城市大丰区公共资源交易管理联席会议制度》《关于进一步加强公共资源交易监督管理的通知》《关于促进制造业高质量发展的政策意见》《盐城市大丰区养殖水域滩涂规划》《串场河大丰段沿线整治和环境提升工作方案》《江苏大丰仓农业集团有限公司组建工作方案》《关于斗龙港旅游度假集团公司、文旅集团公司股权设置和资产资源整合方案》《盐城市大丰区人民政府江苏盐城港控股集团有限公司战略合作框架协议》。

11月28日，区政府召开第54次常务会议，传达学习中共十九届五中全会精神、习近平总书记视察江苏重要指示和全面推动长江经济带发展座谈会重要讲话精神，以及《江苏省安全生产委员会会议纪要（2020年第7号）》《盐城市安全生产条例》，听取全区居民住宅小区消防安全专项整治、冬春火灾防控、湾（滩）长制和农村乱占耕地建房问题专项整治工作情况，研究《228国道交通安全专项整治工作实施方案》《关于进一步规范区级机关事业单位购买服务用工管理的实施细则》《大丰区建设健康促进区实施方案》《盐城市大丰区经济强村三年行动方案》。

12月14日，区政府召开第55次常务会议，听取全区疫情防控、食品安全工作和省市定经济薄弱村收入情况，研究《盐城市大丰区危险化学品使用安全专项治理行动工作方案》《盐城市大丰区重大行政决策目录管理办法》《盐城市大丰区重大行政决策公众参与工作规则》《盐城市大丰区重大行政决策咨询论证专家库管理办法》《大丰区农贸市场建设资金奖补实施细则》《关于支持大丰港经济开发区加快高质量发展的意见》。

12月27日，区政府召开第56次常务会议，听取《政府工作报告》《大丰区国民经济和社会发展第十四个五年规划纲要和二〇三五年远景目标（草案）》《2020年国民经济和社会发展计划执行情况与2021年国民经济和社会发展计划草案的报告》《大丰区2021年国民经济和社会发展主要指标预期目标表》《大丰区2021年主要经济指标任务分解表》《2021年全区重大项目和重点工程推进意见》《2021年度区政府为民办实事项目表》《2020年财政预算执行情况和2021年财政预算草案的报告》起草情况，2021年区直部门预算编制工作情况，2021年城建重点工程实施计划及房屋征收搬迁计划编排情况，以及全区2020年度打好污染防治攻坚战工作任务完成情况。

重要施政

【主攻战略性新兴产业重大项目】 年内，全区三大战略性新兴产业规模以上企业100个，实现工业开票销售300.2亿元，环比增长12.7%，同比增长22.3%，超额完成年度目标任务，占全区规模以上工业开票销售的31%。新能源及装备制造产业实现工业开票销售215.7亿元（装备制造149.9亿元、风电33.4亿元、光伏30.1亿元），环比增长13.6%，同比增长27.6%，占三大战略性新兴产业的71.9%。其中规模以上企业27个，开票销售1亿元以上企业17个，新能源光伏企业1个，新能源风力发电企业7个，新能源装备制造企业7个，新能源其他企业2个。截至年底，建成投产风电场13个，装机容量215万千瓦。新能源汽车及零部件产业规模以上企业30个，开票销售1亿元以上企业10个，实现工业开票销售45.1亿元（含中汽研汽车试验场），环比增长10.3%，同比增长3.5%，占三大战略性新兴产业15%。新一代电子信息及智能终端产业规模以上企业43个，开票销售1亿元以上企业9个，实现工业开票销售39.4亿元，环比增长10.7%，同比增长19.6%，占三大战略性新兴产业13.1%。

【推动开放发展】 2020年大丰区对外贸易显著提升，实现进出口总额28.7亿美元，增幅21.8%，占全市24.04%，总量全市排名第一。外贸主体不断壮大，有进出口实绩企业306个，比2019年增加28个。海融国际、阿特斯阳光电力、迪皮埃风电叶片、辉丰股份、博汇纸业等20个重点外贸企业进出口总额占全区进出口总量80%以上。泽城贸易、阿特斯阳光电力、海融国际、迪皮埃风电叶片、博汇纸业等5个企业位列全市外贸进出口前十强。进出口超1亿美元企业7个；5000万美元以上企业13个，比2019年增加4个。企业服务不断深化，全面走访进出口50强企业，加强监测研判，做好精准服务。组织参加各类线上、线下展会，帮助企业申请国际商事证明书、办理采购防疫物资通关手续、申报医用物资白名单，支持企业应对疫情、复工复产，帮助企业申请国家、省、市商务发展资金1157.27万元。外资利用稳步增长，全年到账外资1.12亿美元，增长117%，增幅全市排名第二。组织参加盐城市“5·18”经贸活动、第二届中韩贸易投资博览会等招商推介，强化外资招引、项目推进，全区新批外资项目20个，其中总投资3000万美元以上项目6个，协议利用外资2.7亿美元，同比增长5%。重点外资项目悦达汽车（大丰）科创园项目，与长三角（盐城）智能网联汽车试验场项目一并列入省重大项目，8个市重点外资项目当年到账外资4293万美元。科玛保健食品项目竣工投产，吾悦广场商业综合体满铺开业，中电风力发电二期、嘉博瑞电子等项目加快建设。中韩(盐城)产业园临港产业配套区建设积极推进。成立临港产业配套区建设管理办公室,建立每月例会制度,配备专业韩资招商人员,委托专职招商顾问。与中国亚洲经济发展协会、黑龙江日报社、苏州韩商会等开展战略合作,中国亚洲经济发展协会会长权顺基带领韩国LG华奥斯株式会社、韩国LS电缆株式会社、SK中国有限公司等韩资企业到港区考察,"中国亚洲经济发展协会大丰港产业合作基地"揭牌,昌美达汽车零部件等5个项目签约,东风悦达起亚整车出口从大丰港启航发运国外。"韩品荟"线上商城正式启动运营。口岸开放取得突破,进境肉类、进境水果两个指定监管场地获得海关总署批准,滚装码头正式对外开放,填补了江苏中部地区空白。大丰被列入中国(盐城)跨境电子商务综合试验区核心区。开通大丰港至韩国光阳港、越南海防港集装箱直航航线,实现对韩主要港口全覆盖和东南亚直航航线首航。开发园区提质增效,深化园区等级创建,开发区、港区创成AAAA园区,得分排名并列全市第一。开发区、港区加强改革创新,开展区域环境评估工作,完成阶段任务。开展"三项清理"(僵尸企业、低效厂房、闲置土地)工作,完成全部36家低效厂房清理任务,全市排名第四,比2019年进5位。省级以上开发区实际使用外资9766万美元,同比增长124.3%;进出口总额22亿美元,同比增长20.2%;一般公共预算收入21.5亿元,同比增长9.71%;规模以上工业开票销售775.1亿元,同比增长13.85%;税收收入37.11亿元,同比增长13.13%。

【"三农"工作】 2020年,大丰区坚持把促进农民增收作为农业农村工作重中之重,实现农村常住居民人均可支配收入26754元,"十三五"期间年均增长8.2%。全面打赢精准脱贫攻坚战,9339户16240个建档立卡低收入人口人均可支配收入全部超过6000元脱贫标准,脱贫率和脱贫巩固率均为100%。积极培育新型经营主体,先后发展农民专业合作社833家、家庭农场496家,加入合作社农户14.59万人。着力稳定农业生产,粮食种植面积13.51万公顷、产量91.3万吨,实现"十七连丰",创成省粮食生产全程机械化整体推进示范县;生猪存栏48万头、出栏65.9万头,生猪定点屠宰检疫率100%;有上海市外蔬菜主供应基地11个,数量为盐城最多。深入实施农业"123"重点工程,率先实现市级农业园区全覆盖,现代农业园区"等级创建"工作居盐城第一。培大育强农产品加工业,年销售超500万元农业龙头企业285个,其中国家级2个、省级9个,建成省级农产品加工集中区2个,规模农产品加工企业产值469亿元。实施"万企联万村、共走振兴路"行动,实现"村有项目、村企结对"两个全覆盖。全面启动经济强村三年计划,2020年新增经营收益50万元以上经济强村10个、总数57个,3个省定经济薄弱村集体经营性收入平均25万元以上、28个市定经济薄弱村18万元以上,实现无债村全覆盖。重点落实农民群众住房条件改善,全年完成农房改善7585户,其中退宅进城入镇3462户,退宅还耕1567户,进新型农村社区2556户,建成省特色田园乡村9个,被表彰为苏北农房改善工作绩效评价优秀县(市、区)。完成农村人居环境整治三年行动任务,实现国家卫生镇全覆盖,建成美丽宜居村庄235个,农村河道长效管护连续6年列为全省第一等次。稳步推进农村改革,村"两委"换届选举工作顺利完成,农村产权制度改革、农业水价改革工作通过省市验收。

【开展城市建设大会战】 2020年,大丰区聚焦盐丰一体化,按照"做实城东、做精城中、做美城西"的城市建设定位,全力开展城市建设大会战,彰显宜居宜业宜游城市特色。国土空间规划取得新进展。主城区城市设计、斗龙港旅游度假区策划及城市设计通过专家评审,大丰区发展规划战略研究形成中期成果,高标准规划高铁综合客运枢纽和高铁片区,启动国土空间总体规划大丰分区规划编制。加大项目审查力度,定期召开国土空间规划委员会会议。城市内涵品质实现新提升。组织实施城建交通重点工程33项,维也纳酒店、悦隽幼儿园竣工投入运营,益民小区等11个老旧小区完成综合整治,大丰外国语学校、锦徽大厦、朝阳路等工程年底前竣工,人民路海派风情街、"新丰里"文创园、育红路金丰路美食街、春柳南路、黄海路东延等项目加快建设。扎实推进棚户区改造,悦城华府北侧、吾悦广场南侧、第八加油站东侧等7个地块全部搬迁拆除,全年完成搬迁2600户、50万平方米,规模创历史新高。持续开展市容秩序执法,拆除违法建设589户、6.1万平方米。推进垃圾分类设施建设,建成餐厨垃圾处理中心、建筑垃圾调剂场。综合交通体系形成新格局。高铁站房、站前广场、沪丰大道确保与盐通高铁同步建成投入运营,大丰人民"高铁梦"成为现实。大丰港铁路支线有序推进,下穿盐通高铁先导段完成主体工程。226省道沪丰大道共线段、绕城段建成通车,盐丰快速通道三期启动征地拆迁,主城和副城时空距离正在缩短。整合全区城乡客运班线,完成城乡客运一体化改造。

【守住安全环保底线】 2020年,全区PM2.5浓度均值为30.9微克/立方米,同比下降17.4%,优良天数比率85%,同比提高5.1个百分点;国省考断面水质达标率100%,优Ⅲ类比例100%;国控入海河流断面水质达标率100%,县级以上集中式饮用水源地达标率100%,重点水功能区达到年度考核目标。二氧化硫、氮氧化物、挥发性有机物、化学需氧量、氨氮、总氮、总磷等主要污染物排放总量比2015年持续削减。刘庄备用水源自动监测站升级改造、挥发性有机物监测能力建设、重金属监测能力建设等环境基础设施重点工程完成。全区各镇、街道、省级开发区实现空气质量自动监测站全覆盖。国投环境3万吨/年盐类危废资源化综合利用项目建成投运,被生态环境部列为生态环境产业共性技术研发和应用示范项目。杰林环保公司5万吨/年工业渣盐

2020年年底，建设大丰外国语学校项目竣工。　　周古凯　摄

综合利用项目建成并取得危废经营许可证，大丰野鹿荡建成中华暗夜星空保护地被收录入《世界暗夜保护地名录》，大丰麋鹿国家级自然保护区创成五项“世界第一”。

【民生实事工程兴办】 年内，区政府印发《关于下达2020年区政府为民办实事项目任务的通知》，决定实施涉及教育供给、住房保障、公共交通等方面共20件为民办实事项目。其中，教育供给类：（1）建设大丰外国语学校，总投资8.53亿，设有幼儿园、小学、初中、高中，按照每个年级8轨设计，共120个班级。（2）建设卯酉教育服务中心，总投资7.5亿元，总建筑面积10.5万平方米，设有小学15轨、初中12轨，共计126个班级。（3）新建改建幼儿园，总投资6800万元，原四小改建幼儿园4轨12个班、特校老校区改建幼儿园3轨9个班、悦隽新建幼儿园3轨9个班、中昂玥府新建幼儿园3轨9个班。医疗卫生类：（4）实施全民健康体检，总投资9000万元。（5）实施区级医疗机构升等晋级，总投资2.04亿元，实施区级医疗机构服务能力提升工程、基础设施达标工程。就业富民类：（6）实施就业富民，总投资4875万元，新增就业15000人，稳岗补贴惠及10000人；技能提升8000人；社会保险补贴3200人；公益性岗位惠及100人；创业扶持400人。住房保障类：（7）改善农民群众住房条件，总投资7.59亿元，改善农房3300户。建6个新型农村社区改善1500户，退宅进城入镇购房1800户。（8）整治老旧小区，总投资4000万元，整治益民小区、国泰花园、建业小区3个老旧小区，总面积9.8万平方米。（9）建设保障性住房，总投资15.6亿元，新建新东苑北侧保障性住房9幢（棚改安置房6幢574户，公租房3幢620户），用地面积约4.9万平方米，建筑面积约13.9万平方米；新建景尚名城9幢棚改安置房867户，用地面积约5.7万平方米，建筑面积约16.3万平方米。文化体育类：（10）建设阅读新空间，总投资1500万元，建设3个阅读新空间。（11）增加体育设施，总投资1330万元，新建健身步道5千米，为安置小区、幸福小区、阜丰小区等25个老旧小区安装新的室外体育健身器材。在2个公园内嵌入体育元素。在大中街道等13个镇（街道）建设高质量笼式多功能灯光球场，完成2片足球场地及附属设施建设，其中大丰港经济开发区、草庙镇各建设1片。社会保障类：（12）提升居家养老服务，总投资2053万元，大中街道、丰华街道各建设示范型日间照料中心（面积500平方以上）1个，全区按照标准化标准改造镇（区）居家养老服务中心13个、普通型标准改造村（社区）居家养老服务站20个。招引实力雄厚、经验丰富的第三方养老服务组织，建设智慧养老服务信息平台、智慧养老指挥调度中心、对购买服务对象开展失能状况评估等。在全区统一开展居家养老上门服务和社区居家养老（日间照料）服务站点运营。（13）提升城乡居民基本养老保险待遇，总投资712.2万元，对65周岁以上的待遇人员予以适当倾斜，在当年基础养老金标准上再加发每人5元/月。（14）实施贫困人员医疗托底保障，总投资3000万元，全面资助医疗救助对象、建档立卡低收入人口参加城乡基本医疗保险，促进贫困人口应保尽保。区内定点医疗机构全面建立医疗救助对象、建档立卡低收入人口基本医疗保险、大病保险、医疗救助“一站式”费用结算平台。医疗救助对象、建档立卡低收入人口门诊慢性病、门诊特殊病针对性费用纳入医疗救助范围，按住院费用标准补助。医疗救助对象、建档立卡低收入人口住院个人自负费用超过10%的部分由财政（医疗救助）和医疗机构共同承担。公共交通类：（15）建设小农桥，总投资2720万元，建设各镇（街道、区园）内非等级公路的农用机耕桥及农民生产、生活用桥200座。市政公用类：（16）建设口袋公园，总投资250万元，实施朝阳公园绿化提升、康平游园提升。便民设施类：（17）建设农贸市场，投资5270万元，新建经济开发区农贸市场、丰华街道裕华农贸市场，改造三龙丰富农贸市场、南阳通商农贸市场、西团山海农贸市场，提升万盈集贸市场、草堰竹溪农贸市场、健康农贸市场、新丰海峡市场、金墩农贸市场。（18）增加便民服务设施，总投资1130万元，建设20座遮阳挡雨棚，新建2座、改造10座城市公厕，新建和改造83座农村公厕。公共安全类：（19）建设生命安全防护工程，总投资3000万元，建设县乡道生命安全防护工程、水上安全设施防护工程。（20）成立农村交通管理铁骑队，总投资500万元，各镇（街道、区园）成立农村道路交通管理铁骑队，按每地不低于6人配备辅警使用，配备专用摩托车，由公安部门统一管理。截至2020年年底，建设大丰外国语学校、悦隽幼儿园、中昂玥府幼儿园、全民健康体检、人民医院纳入三级综合医院管理、实施就业富民、改善农民群众住房条件、老旧小区整治、建设阅读新空间、增加体育设施、建设口袋公园、提升居家养老服务、提升城乡居民基本养老保险待遇、实施贫困人员医疗托底保障、建设农贸市场、增加便民服务设施、建设小农桥、建设生命安全防护工程、成立农村交通管理铁骑队等项目竣工，其余项目按时序推进。

（陈志伟）

行政审批

【概况】 2020年，大丰区行政审批局认真贯彻落实区委区政府的重大决策部署，坚持以“营商环境优化提升年”为重点，紧扣“六稳”“六保”工作总要求，坚持疫情防控和经济社会发展“两手抓”、力夺“双胜利”，深化改革创新、完善政务服务、优化项目服务、净化交易市场、回应民生关切、加强党的建设各项工作落地见效。12345被江苏省总工会表彰为江苏省工人先锋号和江苏省十佳五一巾帼奖；“大丰行政审批‘丰速度’、实现服务‘零距离’”获评盐城市“十佳法治惠民实事项目”；区行政审批局获盐城市行政审批服务工作综合先进奖、市政务服务单项工作奖、市12345诉求办理单项工作奖；政务服务中心被评为市“最佳政务大厅”；区行政审批局被表彰为区委、区政府综合先进单位，获区秋季招商引资项目建设大会战项目服务奖。

【政务服务环境提升】 年内，区行政审批局积极推动政务服务事项“应进必进”。督促相关部门协同推进，梳理出32个部门(单位）1276个政务服务事项，进驻1149个事项，进驻实体大厅比例91%。全面推行“前台综合受理、后台分类审批、统一窗口出件”服务模式，优化调整窗口布局，科学设置综合服务区，解决群众“多头跑”的问题。实施政务服务事项清单及办事指南标准化建设，六大类行政权力事项入库率100%。全区政务服务类事项全部在江苏政务服务网统一运行展示，动态发布“不见面”事项清单1288项。全面落实创新举措。在盐城首创推出企业开办“全程通、零费用”新模式，市行政审批局在大丰召开现场会宣传推广，新模式审核、刻章、开户、税务“四合一”，“全程零费用”。2020年新增市场主体7966户，其中企业3130户、个体工商户4755户，农民专业合作社81户，分别比2019年同期增长26.52%、27.04%、80%。推行“一件事”办理，按照集成服务理念，整合十一大项“一件事”审批业务，实现综合办件，平均时间压缩至3~7个工作日，最快仅需1个工作日便可全部完成；平均提交材料由21份减少到12份，下降42.8%。按照“一业一证”（将企业需要办理的多张许可证整合为一张行业综合许可证，实现“一证准营”）改革要求，在全省率先探索推行“一码集成”，各类行政许可证书信息以二维码方式整合，审批全流程严格遵循“证照分离”原则，进行“一次告知、一表申请、一窗受理、一照准营”。2020年办理教育、人社、民政、体育等民生服务类事项1063件，同比增长7%。持续向基层赋权。推动审批服务事项下沉，方便群众就近办理。截至12月底，将个体工商户登记下沉至14个镇(区)，共办理登记业务24719件。标准化设立司法、车辆管理、退役军人事务、劳动保障维权、农业农村服务5个分中心，统一规范挂牌，规定服务标准和规范，实施一体化管理，开展一体化服务，提升企业和群众对政务服务的获得感和满意度。

【项目服务工作推进】 年内，区行政审批局强化重大项目服务，牵头研究制定并以区委区政府名义出台《关于进一步优化行政审批服务助力高质量项目加快建设的意见》，加快实现审批权力“清单化”、审批流程“科学化”、审批标准“规范化”、帮办服务“周到化”。疫情期间，严格对照“十有”（有企业疫情防控小组和信息报告人、有企业负责人与各工作小组签订的防控责任书、有相应的防疫专业知识宣传、有必备的防控物资、有疑似病状员工处置预案、有人员详细情况登记表、有外地返厂员工处理方案、有门禁体温测量、有场所消毒方案、有食堂安全卫生措施）复工标准、防疫管理“五达标”（人员流动管理达标、人员疫情管控达标、现场卫生管理达标、员工宿舍管理达标、员工宣传教育达标）要求，班子成员牵头每天分组对港区及挂钩服务企业逐个进行现场检查，全面提升防疫水平，推动企业安全有序复工复产。5月组建投资服务专班，制定重大项目服务工作方案、操作规程，印发重大项目投资服务手册，按照不同阶段不同需求，提供招引阶段政策咨询、办理阶段帮办代办、建设阶段规范指导。分板块召开项目服务一线对接会，集中解决矛盾问题，提出优化方案措施。设立重大项目审批VIP服务工作室，编印专门服务流程、工作制度、建立企业档案，提供“五星级店小二服务”，服务青岛中海海洋集团、正泰新能源等重大项目15个。建立项目条线微信联络群，拉近与板块的距离，传递最新投资信息和产业政策，实时掌握引进项目信息、板块诉求，做到提前介入、靠前服务。强化帮办代办队伍建设，通过集中培训、测试评价多途径提升项目代理员服务意识、业务水平和协调能力。落实工程建设项目审批制度改革要求，设立工程项目建设审批“一站式”服务专区，制定《工程项目建设审批“一站式”服务流程》，积极探索“拿地即开工”、告知承诺等工作，提升建设项目审批效率和服务质量。2020年，新批项目709个，总投资778.56亿元，比2019年同期增长36.6%、42.8%。核发施工许可224件、工程总造价65.12亿元。施工许可证从申报到办结在1.5个工作日内。

【公共资源交易监管】 年内，区行政审批局建立重大项目标前专家论证机制，实现招标文件互查常态化。落实负面清单，明确禁设条款，降低准入门槛，对各类所有制企业平等对待，增强市场主体参与政府招投标活动的积极性。根据住房城乡建设部《关于修改〈房屋建筑和市政基础设施工程施工招标投标管理办法〉的决定》文件精神，从7月1日起，取消大丰区工程建设项目招标投标合同备案，取消电子化招投标项目纸质招标文件备案。加强招标代理和评标专家的管理。全面应用全省统一的代理、评委管理系统实施对招标代理、专家评委的日常管理。严厉查处违法违规行为，将不良记录记入企业信用档案。年内对3位评标专家的评标错误行为予以处罚，发现并移交串标案件10宗，涉及投标企业24个。依法依规推进招投标工作，利用互联网等现代手段，推进交易流程电子化、开标评标在线化、场地管理智能化、交易服务便捷化，实现招投标双方招标过程“零见面”“零跑腿”，不见面开标率实现100%。2020年，实施953个不见面项目，其中工程项目484个，预算金额62.17亿元，中标价52.45亿元，节约率15.63%；采购项目469个，预算金额11.86亿元，中标价10.47亿元，节约率11.72%。

【电子政务工作顺畅】 2020年，大丰区12345在线平台受理群众诉求42813件，办结率100%，群众满意率99.34%。区委区政府领导先后在《12345督查通报》、《大丰区12345情况汇报》上作出批示23次，区政府办牵头会办解决问题4个。重点解决饭店油烟污染无部门处理、道路基础设施、标志标线设置等涉及面广、资金投入大、部门职能不清等问题。建立“街道吹哨、部门报到”的工作机制，依托12345平台多途径收集群众诉求，推动民生诉求在基层解决；每月梳理分析热线办理情况，在《12345督查通报》中通报部门办理不满意工单19件，解决部门不重视、乱答复问题。完善部门联席督办、现场勘察交办、报送领导会办等督查督办制度，解决部门之间推诿扯皮、职能不清现象。12345在线平台先后召集区市场监督管理局、农业农村局、大中街道、商务局等单位科室负责人协调会办问题28次，明确诉求办理责任主体，协调处理飞达路开设道口，宠物猫消费纠纷，今日小区商铺营业执照办理等问题。加强区政府门户网站日常运维、信息发布及监管工作，推动政务新媒体平稳有序运行，信息采用得分在盐城各县（市、区）名列第二。门户网站及时发布区政务工作、民生新闻等信息1895条，发布信息公开1807条，发布解读信息436条；开展互动访谈24期，意见征集8个，网上调查6个；制作“防灾减灾”“审批服务指南”“农房改善”等多个专题，直播“中共盐城市大丰区委十二届九次、十次全会”“2020荷兰花海郁金香文化月开幕”“2020中国新能源高峰论坛大丰系列活动”等重大会议活动。将网站监管常态化，把省办公厅和市政府办对政府网站的季度检查与日常管理结合起来，开展政府网站的查遗补漏和对标整改，顺利通过政府网站季度检测并提高网站建设管理实效。向盐城市政府门户网站报送县区动态、新闻发布会、专题专栏等各类信息572条，采用196条。政务新媒体按要求完成2020两会、区委十二届十次全会、大丰（南京）金融投资说明会等政务新媒体宣传工作。累计发布微博4983条，制作短视频产品26个，开展网上直播活动7场，策划微博专题6个，回应网友各类咨询投诉1000条左右。聚力大丰微信公众号发布微信302期。在学习强国、《光明日报》《新华日报》等省级及以上媒体刊发外宣稿件5条。其中，“大丰防控在行动”微博话题发布量96条，阅读量53.5万；短视频产品《大丰站综合枢纽项目建设现场施工忙》和网上直播《荷兰花海郁金香文化月》播放量均超1万人次。强化对“比学赶超、进位争先”“文明城市创建”“高铁通车”“农房改善”“旅游宣传”等工作的网络宣传氛围营造。电子政务外网建设步入快车道，办公自动化不断得到优化。区电子政务办联合电信公司陆续对170个村（社区）的网络进行回访，对其中有问题的线路进行处理，保证村（社区）线路畅通。年内为7个需要使用电子政务外网的单位铺设光纤线路，开设VPN账号10个。及时调整电子政务外网中的安全设备，加强网络边界的防护，重新设置安全策略，保障全区网络安全。10月，大丰区政务办印发《关于加强电子政务外网规范化使用的通知》，进一步明确终端设备和信息系统使用注意事项。

（顾春艳）

2020年5月，大丰区行政审批局在盐城市首推企业开办“全程通、零费用”模式，实现半日办结常态化。（单位供图）

信访工作

【概况】 2020年，大丰区信访工作深入贯彻落实习近平总书记关于加强和改进人民信访工作的重要思想，始终坚持围绕中心、服务大局，突出问题导向，坚持改革创新，有效化解一大批事关群众切身利益、影响社会和谐稳定的信访问题，不断推动信访形势持续平稳向好，呈现出信访总量稳中有降、信访秩序明显好转、信访工作公信力不断增强的良好态势。初信初访化解率、信访业务规范率、人民群众满意率全市最高，信访工作绩效考核列盐城第一。

【信访联动格局】 年内，区委十二届九次全会、区政府2020年工作报告将开展重复信访专项整治、重点领域专项治理和“信访事项规范化办理提升年”活动纳入年度目标任务。区委常委会、区政府常务会议先后6次听取信访工作情况汇报，区委、区政府主要领导接待信访群众28批，化解率100%；其他常委、副区长接访112批次202人次，推动疑难复杂问题化解。建立完善区镇两级及跨区域联动信访联席会议工作机制，区信访联席办每周组织“周周清”，牵头过堂分析每周新发生事项，跟踪督查上周重点问题，努力让群众“最多访一次”。同时，加强与上海农场信访办、省属公司的沟通、协调，进一步实现共联、共治。充分发挥信访在改进工作、完善政策、给予处分方面的建议权作用，加强督查、约谈，对12个越级上访高发的村(居)实施重点管理。

【“一战两整治”专项行动】 2020年，大丰区根据上级部署，结合自身实际，扎实推进重点信访矛盾化解攻坚战、城乡建设领域信访问题专项整治等行动。在城乡建设、劳动保障等5个重点领域设立专项工作组，建立完善责任单位牵头推动、问题属地主导化解、领导干部包案督办机制。采取“专班+专人+专案”的工作模式，通过调解、会办、评议等方式推进疑难复杂问题化解。区信访联席办组织会办129次、听证评议27场次，对7人发放失信提醒函，较好地规范信访秩序。国家、省、市交办重点案件全部化解报结；城乡建设领域信访问题专项整治行动交办的156件中已化解135件，化解率86.5%。

【信访业务规范化建设】 2020年，大丰区信访局认真落实中央、省、市信访部门业务标准化各项要求，全面推行信访业务标准化建设。创新实施“五全工作法”（全口径受理、全流程提速、全要素规范、全覆盖包案、全方位跟进），明确规定一般性信访事项1天内告知去向、3天内决定是否受理，一般问题7天内解决、14天内给予答复，疑难信访事项答复时间不超过30天，实现信访问题快速受理、高效办理，信访事项一次性办结率和群众满意率不断提升。创新制定《来访接待工作规范》《信访事项交办规则》《越级访联动处置工作规范》等十项制度流程，形成符合大丰区实际的标准体系、工作模式和运行机制。全区信访事项按期答复率100%，网上抽查合格率100%。

【“双争”活动】 2020年，大丰区信访局持续深化“争当人民满意信访干部，争创人民满意信访部门”活动，结合“正风肃纪看机关”“四治四强”（治庸强担当、治怠强落实、治懒强服务、治贪强纪律）转作风促发展等专项行动的开展，坚持党建引领，强化纪律教育，树牢为民意识。采取分层分级和点对点现场指导相结合的方式开展信访业务培训近20场次，信访干部为民解难、为党分忧的工作质效不断提升。2020年，江苏省首届“最美信访干部”，原南阳镇信访助理肖雅涵先后被大丰区、盐城市评为“大丰好人”“盐城好人”，相关事迹在《中国妇女报》《人民信访》等媒体报道；全区1人在省信访系统“践行新思想，担当新作为”主题演讲比赛中获二等奖，1人在市级主题演讲比赛中获二等奖；8人获评市级“岗位之星”“业务能手”。

【信访基层基础建设】 2020年，区信访局持续推进“人民满意窗口”创建工作向基层延伸，实行“四有”（有专门机构和接访场所，有显著标志牌和必需的功能设施，有不低于5万元的工作经费，有至少2名专、兼职信访干部）、“八统一”（统一标识标志、统一制度流程、统一文书台账、统一服务承诺、统一宣传内容、统一功能设施、统一证件挂牌、统一组织架构）标准。扎实开展“无访村(居)”创建活动，通过给村(居)党组织书记、村主任讲授基层信访工作方法，提升基层信访工作水平；通过开展“镇村行”，推动区、镇信访干部一线会办协调信访矛盾、做好人员思想疏导、加强信访法制宣传等，推动矛盾纠纷及时就地化解，减少问题上行。2020年，大丰区新丰镇、大中街道、刘庄镇等镇(区、街道)基本达到“人民满意窗口”创建标准，73个村(居)实现无越级到区及以上访。

（陈晓睿）

外事工作

【概况】 2020年，大丰区人民政府外事办坚持以习近平新时代中国特色社会主义思想和习近平外交思想为指导，在大丰区委、区政府的坚强领导下，积极应对新冠肺炎疫情严重冲击和国际形势变化，较好地完成各项外事工作任务，为全区夺取疫情防控和经济社会发展“双胜利”作出应有贡献。

【大丰区涉外防控协调组成立】 3月7日，盐城市大丰区新型冠状病毒肺炎疫情防控工作领导小组成立涉外防控协调组，大丰区外事办牵头涉外防控协调组相关工作，制定《大丰区新型冠状病毒肺炎疫情防控工作领导小组涉外防控协调组工作方案》。建立信息共享、疫情研判、联防联控、应急联动机制。成立转运专班，24小时待命，顺利完成市涉外防控协调组安排的接转任务，共接转35批39人次。

【区委外事工作委员会第二次会议召开】 7月20日，区委书记、区委外事工作委员会主任薛盛堂主持召开区委外事工作委员会第二次全体会议，传达学习省委和市委外事工作委员会第二次会议精神，听取2019年全区外事

2020年12月28日，盐城市大丰区人民对外友好协会成立大会暨第一届理事会全体会议召开。（单位供图）

工作情况汇报，审议《2020年大丰区外事工作要点》，研究部署相关工作。

【韩国全罗北道驻中国代表处等一行到大丰参观访问】 10月14日，韩国全罗北道驻中国代表处、庆尚北道驻上海代表处、光州广域市驻上海代表处、大邱广域市驻上海代表处一行6人到大丰参观访问。代表团一行参观了荷兰花海，并表示大丰生态优美，希望以此次考察为契机，携手共谋发展。

【大丰区人民对外友好协会成立】 12月28日，盐城市大丰区人民对外友好协会成立大会暨第一届理事会全体会议召开。江苏省人民对外友好协会专门发来贺电。盐城市政协主席、市人民对外友好协会会长李驰，区委书记薛盛堂出席。会议表决通过《盐城市大丰区人民对外友好协会章程》和第一届常务理事会建议人选名单。石根美当选为第一届理事会会长。区友协的成立为大丰人民与世界各国人民沟通、了解、合作共赢架设了新桥梁，打开大丰区对外交往的新局面。

（王　宁）

地方志、年鉴编纂

【概况】 2020年，大丰区地方志办深化地方志、年鉴研究、致力打造精品良志，提升年鉴品位，统筹推进志鉴业务，地方志年鉴工作扎实推进，取得较好的成绩。9月，在全省2020年度年鉴质量评审中，《大丰年鉴（2019）》被省地方志办公室评为二等奖。认真推进镇志、部门志和村（居）志编纂工作。全区12个镇（街道）中已有8个镇（街道）的镇志出版。3月初组织召开全区村（居）志编纂工作会议和村（居）志编纂工作业务培训会议，并印发《关于做好村（居）志编修工作的意见》《大丰区村（居）志编纂业务指导手册》，帮助各镇（街道、区）理清思路、明确目标，解决好编写过程中的技术难题，力争通过三年努力实现具备条件的村（居）志编纂工作全覆盖。8月，省地方志办主任左健伟一行到大丰考察调研，对大丰区全面推动镇村志编纂工作给予较高评价。11月，在全市镇村志编纂工作现场推进会上，大丰区的镇村志编纂工作获得高度肯定。

【《大丰年鉴（2020）》出版】 12月，盐城市大丰区地方志编纂委员会办公室编纂的《大丰年鉴（2020）》由江苏人民出版社出版。该年鉴90万字，设39个类目，下设301个分目、1460个条目，收录273幅图片、68张表格。卷首专题图片，分主题教育、三大战略性新兴产业、城市建设、农房改善、河长制、湿地申遗、文旅融合等版块，共23版93张图片，主题鲜明，全面反映大丰经济社会发展所取得的成绩。特载以《十大新闻》《十大突破项目》为专题，与图版相呼应。卷末附组织机构及其领导人、重要会议报告、媒体聚焦、文件目录、统计资料5个部分，记录年度综合资料。该卷年鉴在总体结构保持相对稳定的前提下，结合省方志办的评审意见、盐城业务主管部门的建议，结合大丰机构改革实际，调优年鉴栏目设置顺序，增设《公共安全》栏目，调增《巡察工作》《机构改革》《双拥工作》《退役军人事务》《地方金融监管》《慈善事业》《住宿餐饮》《电子商务》《中介服务》等分目，调减《政策研究》《出入境检验检疫》《公共资源交易管理》《统筹城乡发展和新农村建设》《农业资源综合开发》等分目。所有《综述》均增加《概况》条目，框架结构进一步规范，更具时代特色和地方特色。

【盐城市镇村志编纂工作现场推进会在大丰区召开】 11月18日，全市镇村志编纂工作现场推进会在大丰区召开，副市长费坚出席并讲话，区委副书记陈允春致辞。费坚要求提高政治站位，充分认识镇村志编纂工作的重大意义，坚持质量第一，努力打造经得起时代和人民检验的地方志和镇村志。要强化组织保障，不折不扣完成编纂工作，为"四新盐城"建设贡献方志人的智慧和力量。陈允春表示，大丰区将进一步坚持质量意识，强化组织领导，提升业务水平，努力编纂精品良志，全力推动地方志工作再上新台阶。与会人员参观大中街道地方志和恒北村村志编纂工作现场。

【《大丰司法行政志》出版】 5月，大丰司法行政志编纂委员会编的《大丰司法行政志》由江苏人民出版社出版。该志上溯事物发端，下限至2015年底，大事记、图照及表彰延伸至2018年，全面系统记述大丰司法行政的历史与现状，重点记述大丰解放后特别是大丰县司法局成立以后司法行政工作的新面貌。该志卷首设图片、序、凡例、目录、概述、大事记；专志按事物性质分类，共设12章，章以下分设节、目、子目几个层次。全书37.7万字。

【《大丰人社志》出版】 4月，大丰人社志编纂委员会编的《大丰人社志》由江苏人民出版社出版。该志记述尽可能上溯事物的发端，下限一般断至2018年，重点记述专门的人事劳动部门建立后，特别是中共十一届三中全会后，大丰人事、劳动和社会保障事业的发展进程。该志设篇、章、节、目四个层次。全书81.6万字。

（谢竹青）

机关事务管理

【概况】 2020年，区机关事务服务中心严格对照《机关事务管理条例》《党政机关厉行节约反对浪费条例》等法规要求，始终坚持规范化方向，积极适应机构改革后的职能转变，围绕中心、服务大局，务实创新、扎实进取，各项职能工作取得一定成效。坚持疫情防控和服务保障相结合，做好办公区、食堂、会议室等重点区域防控及保障工作；基本建立办公用房"一张网"信息报告制度，启动权属登记系列工作；配合有关部门研究制定《大丰区党政机关公务用车管理办法》《大丰区党政机关租用社会车辆管理办法》《大丰区区级机关工作餐管理办法》等制度规定，规范公车管理、财务管理等行为；继续推进节能工作落地，区行政中心合同能源试点项目入选全省公共机构合同能源管理项目优秀案例。

【机关服务保障】 2020年，区机关事务服务中心统筹做好疫情防控和服务保障工作。加强对集中办公区、机关食堂、物业管理等重点领域的防疫防控，保障疫情防控期间应急用车需求，完成党代会、"两会"等大型会议活动以及100多场常规性工作会议的后勤保障工作。加强档案工作规范化建设，提升档案管理软硬件水平，以创建省三星级档案室为目标完善中心档案室建设。协调推进行政中心、丰华大厦、人武部办公区等5个单位的物业管理服务工作，对行政中心、丰华大厦物业重新招投标，努力提供更加专业化、精细化服务。机关食堂注重吸纳意见建议，合理调整菜品数量，提高餐饮品质。持续开展"光盘行动""文明就餐"等活动，坚决杜绝餐饮浪费行为。开展消费扶贫工作，为区级机关单位集中采购苹果、核桃等农产品38175箱（袋）。安置消费专柜，宣传扶贫产品，展示良好形象。

【办公用房管理】 2020年，区机关事务服务中心统筹做好全区办公用房调配工作，保障区级机关各项工作高效运转。顺利完成全区73个党政机关办公用房的信息报告更新与上报工作，全区办公用房"一张网"信息报告制度基本建立。对照"七统一"（统一规划建设、统一权属登记、统一调配使用、统一处置利用、统一维修管理、统一物业管理、统一经费管理）工作要求，牵头组织召开全区党政机关办公用房权属统一登记会议，全面启动权属登记系列工作，区法院办公楼权属完成登记。结合工作实际，牵头修订印发《大丰区党政机关办公用房管理办法》，规范区镇两级党政机关办公用房管理，推进办公用房资源合理配置和节约集约使用。周密部署公有房屋清理。配合区纪委监委在全区党政机关、事业单位开展办公用房清理整改"回头看"工作，发现违规公有房屋439处，整改到位426处，整改率97%，进一步巩固办公用房清理整改成果。

【公务用车管理】 2020年，区机关事务服务中心认真贯彻党政机关公务用车管理相关规定，严格落实公务用车编制、配备、使用和监管要求。完善制度建设，牵头制订印发《大丰区党政机关公务用车管理办法》《大丰区党政机关租用社会车辆管理办法》等规定，提升全区公务用车管理规范化水平。强化司勤人员教育管理，研究出台《机关事务服务中心公车平台劳务派遣驾驶员考核细则》，运用考核手段，严格兑现奖惩，规范公务用车使用行为。规范"三定"（定点保险、定点维修、定点加油）管理，采取公开招标的方式，择优选定全区公务用车定点保险、维修、加油单位，实现集中采购定点服务，有效节约财政资金。健全监督机制，完善公务用车常态化监督管理机制，配合区纪委监委等部门，定期不定期对各单位公务用车使用管理情况进行抽查巡查，发现问题及时提醒整改。

【公共机构节能管理】 2020年，区机关事务服务中心夯实节能基础，调整充实公共机构名录库，开展对新增能耗统计员的业务培训指导，开展节能宣传周活动，完成2019年度基础数据年报。排查全区医院、学校能耗数据，为省定额标准提供数据反馈。助推示范创建，加强对节能示范单位创建的指导协调力度，草庙镇、大桥镇分别创成2020年度省级节能示范单位和节水示范单位。有序推进生活垃圾分类，完成全区350个公共机构生活垃圾分类信息填报工作。加快合同能源项目推进。发挥示范引领作用，积极推进合同能源管理"1+2+4+N"模式（行政中心+三龙、草堰+南阳、万盈、白驹、西团+其他项目），区行政中心新能源光伏车棚项目竣工运营并实现首次效益分享，三龙、草堰试点项目竣工验收，其余项目同步规划实施。合同能源管理工作方面的成功实践得到省机关事务管理局、市机关事务管理局的一致肯定。

（陈雯婷）

〖编辑　朱晓华〗

政协盐城市大丰区委员会

综　述

【概况】 2020年，政协盐城市大丰区委员会（以下简称区政协）坚持以习近平新时代中国特色社会主义思想为指导，着力提高政治协商、民主监督、参政议政水平，落实区委决策部署和对人民政协工作要求，凝聚社会各界智慧和力量，将人民政协的制度优势转化为社会治理效能，为大丰经济社会高质量发展作出贡献。

区政协坚持共产党的领导。自觉在区委领导下开展政协工作，围绕大丰区重点工作提出年度政协重点协商、民主监督计划，经区委同意后组织实施，主动向区委请示政协工作安排，落实区委对政协的工作要求，政协党组2次向区委常委会汇报政协工作情况。区政协以机关党支部、专委会临时党支部为平台，抓好党员委员和机关党员干部的党性教育，完成机关支部换届选举工作，开展“三走进一联系”（走进企业、走进社区、走进乡村，联系群众）“正风肃纪看政协”“四治四强”（治庸强担当、治怠强落实、治懒强服务、治贪强纪律，进一步强化干部使命担当、进一步强化工作责任落实、进一步强化为企服务效能、进一步强化纪律规矩意识）转作风促发展专项行动等，不断推进党的组织对党员委员全覆盖、党的工作对政协委员全覆盖。

区政协坚持服务大局。新冠肺炎疫情发生后，区政协以情况通报会、微信公众号等方式，第一时间向委员发出倡议书；疫情稳控后，组织委员企业、挂钩企业迅速复工复产。区政协主席会议成员定期到班值守，组织慰问抗疫一线委员。助力招商引资、项目建设。十七次常委会议专题协商招商引资、项目建设工作，形成的建议案得到区委、区政府主要领导批示。献策开放沿海、接轨上海，围绕开放沿海中的港口集疏运体系建设、临港特色产业发展等课题，开展协商议政。《建设海洋强省，展现江苏担当》被选送至省政协十二届十二次常委会议大会发言，得到省相关领导专家的肯定。十九次常委会议专题协商沪丰“六对接”（推动规划、产业、高端要素、开放平台、公共服务、合作交流“六方面具体工作对接”）工作，会议形成的建议案被区委、区政府主要领导批示。组织委员对上海科创成果转化基地建设课题开展界别协商。围绕优化产业结构，就发展战略性新兴产业、传统产业升级、外向型经济发展等课题，组织委员调查研究、开展协商，多项建议被相关部门吸收转化。第36次主席会议围绕城市精明增长，委员们就做实城东、做精城中、做美城西献计献策；就创建文明城市、道路及老旧小区改造提升、吾悦广场建设、高铁站建设等工作，开展视察调研、民主监督，多条城市经济发展的思路对策被相关部门采纳。围绕乡村振兴重点工作，深入基层调查研究，邀请政协委员和基层干群代表“面对面”；就农房改善、推进全面小康等课题，分别召开第31次、第35次主席会议，提出8个方面27条建议，助力乡村振兴。二十次常委会议专题协商区“十三五”收官和“十四五”规划编制，汇总形成的建议案提出意见建议22条。

区政协坚持履职为民。第33次主席会议协商基层公共卫生体系建设。围绕社区治理、社会矛盾化解、平安大丰建设等课题，组织委员、群众代表深入社区、街道开展视察调研，部门“现场办公”、解决问题。《发挥协商民主优势，推进基层社会治理》被市政协选为优秀理论研讨文章。全区建成“有事好商量”协商议事室114家，盐城第一。开展议事活动216次，226名委员、1134名议事代表参与，提出意见建议500余条，帮助解决群众的操心事、烦心事、揪心事。“369议事法”入选市政协工作创新案例，“荷兰花海搬迁失地农户富民增收工作”协商案例入选《省政协典型案例选编》，多件协商案例、议事做法被省、市媒体选登。以民主监督、提案、社情民意等政协经常性工作为抓手，锚定民生热点，回应群众关切，反映群众心声，助推民生改善。立案的198件提案全部办结，委员满意和基本满意率100%。围绕2020年政府为民办实事工程中的新建改建幼儿园、居家养老服务、高铁站连接线和农贸市场建设等民生工程开展专项民主监督。创新开展“三联系”（主席联系常委、常委联系委员、委员联系界别群众）活动，发挥委员专业优势和桥梁纽带作用，加强与群众经常性联系，问冷暖、察喜忧。

区政协坚持凝聚共识。以政协例会为平台、调研视察为载体、界别活动为纽带、走访联谊为抓手，构建与党派团体常态化联系的格局。2020年，各党派团体提交建言材料14篇，提案7件。加强与非公有制经济组织、新阶层人士、民族宗教界人士、港澳台侨同胞的经常性联系，会同区委统战部、区工商联、区侨联开展长三角一体化发展论坛、民营企业家座谈会、“侨法宣传月”等活动。参加省市政协各类学习研讨、协商活动16次。接待省市政协到大丰调研考察21批次；接待省内外各级政协到大丰调研考察43批次；参加合肥政协举办的长三角“六市一区”政协理论研讨会暨工作座谈会；与上海普陀、黄埔、崇明等政协加强联动协作，助推协同发展。协助省、市政协筹建政协文史馆，做好串场河文史调研及史料征集工作，挖掘整理施耐庵史料，组织“决胜全面小康诗词书画摄影展”，编辑出版文史图书《施耐庵学刊—施耐庵研究史略》《2019诗画大丰年鉴》等。强化新闻宣传工作，在《人民政协报》《江苏政协》《新华日报》《盐城政协》等国家和省市级媒体刊载稿件28篇，出版《大丰政协》4期，微信公众号“大丰政协”更新98期推送211条信息。

【区政协自身建设】 2020年，区政协组织常委、委员赴浙江大学开展为期1周的履职能力培训，组织常委年度述职，对委员履职情况进行打分。结合巡察契机，从落实责任、主动作为、提高效能、严肃纪律等方面，持续优化政协机关工作作风，不断提升履职效能。注重在实践中锻炼培养干部，开展主题党日、红色教育、家乡发展成就观摩等系列活动。举办政协理论学习中心组学习会12次、委员讲堂6次、周一学习38次。

2020年1月3—5日，中国人民政治协商会议盐城市大丰区第十四届委员会第四次会议召开。　周古凯　摄

重要会议与活动

【政协盐城市大丰区第十四届委员会第四次会议】 1月3—5日，区政协召开中国人民政治协商会议盐城市大丰区第十四届委员会第四次会议，区委书记薛盛堂在会议开幕时作题为《携手共绘同心圆，合力共筑小康梦》的讲话，区政协党组书记石根美作常委会工作报告。会议期间开展协商议政活动。会议举行选举，石根美当选区十四届政协主席，张春山、汤云庆、朱梅芳当选区十四届政协副主席，顾国华当选区十四届政协秘书长。会议表彰2019年度政协工作先进集体和先进个人，听取区政协十四届四次会议期间提案审查情况的报告，通过大会决议。

【区政协常委会议】 2020年，大丰区十四届政协召开常委会6次。

1月4日，区政协召开十四届十六次常委会议，会议提出政协盐城市大丰区第十四届委员会主席、副主席、秘书长候选人建议名单；提出政协盐城市大丰区第十四届委员会常务候选人建议名单；协商讨论《选举办法（草案）》和《大会决议（草案）》，并提交政协各小组讨论。

5月26日，区政协召开十四届十七次常委会议，专题协商讨论项目建设工作。会议听取区项目服务中心关于大丰区项目招引和建设工作情况通报、区政协调研组专题调研报告，与会政协委员就项目建设工作开展协商讨论。

8月4日，区政协召开十四届十八次常委会议。区长李志军应邀出席。会上，区长李志军代表区人民政府通报全区上半年经济形势和下半年工作安排。会议听取区纪委监委、法院、检察院关于上半年工作情况和下半年工作安排的通报，并开展协商建言活动。

9月27日，区政协召开十四届十九次常委会议，专题协商深化沪丰“六对接”、建设“一区三基地”工作，会议听取区发改委关于大丰区接轨上海工作情况的汇报、区政协经济委专题调研报告，与会政协委员就协商议题开展协商讨论。

11月27日，区政协召开十四届二十次常委会议，会议听取区发改委关于大丰区“十四五”规划相关情况的汇报，并开展协商建言活动。

12月23日，区政协召开十四届二十一次常委会议。会议听取区政府办公室关于区政协十四届四次会议以来政协提案办理情况的汇报，协商决定区政协十四届委员会有关委员请辞和增补事项，讨论通过关于召开区政协十四届五次会议的《决定（草案）》《议程（草案）》《日程（草案）》和区政协十四届五次会议期间《关于提案截止时间的决定（草案）》，讨论通过《区政协十四届常委会工作报告》和《提案工作报告》，讨论通过《大会秘书处及工作组负责人名单（草案）》，书面审议各政协专委会2020年工作总结及2021年工作计划。部分政协常委就2020年履职情况进行述职发言。

【区政协主席会议】 2020年，大丰区十四届政协召开主席会议12次。

1月4日，区政协召开十四届第25次主席会议，审议通过提交给区政协十四届十六次常委会议的相关事项。

1月13日，区政协召开十四届第26次主席会议，讨论主席分工。

1月20日，区政协召开十四届第27次主席会议，传达学习省政协十二届三次会议、市政协八届四次会议精神。

2月20日，区政协召开十四届第28次主席会议。会议协商讨论大丰区城市建设大会战工作，传达学习应对新型冠状病毒感染的肺炎疫情工作的区委常委会会议精神，研究部署近期政协工作。

3月20日，区政协召开十四届第29次主席会议，就用好黄海湿地申遗成果，拓展延伸旅游产业链进行专题协商。会议听取区文旅局关于用好世遗品牌，打造旅游标杆工作情况汇报，并开展协商讨论。

4月21日，区政协召开十四届第30次主席会议，专题协商“聚焦农业123重点工程，推进现代农业发展提质增效”工作。会议听取农业农村局关于“农业123重点工程”推进工作的情况汇报，5名政协委员与主席会议成员分别进行协商建言。

6月22日，区政协召开十四届第31次主席会议，专题协商大丰区农房改善新型农村社区工作。会议听取区住建局关于大丰区农房改善新型农村社区情况汇报，与会委员进行协商建言。

8月4日，区政协召开十四届第32次主席会议。会议提请增加李晓霞为政协委员，并宣读有关任免决定。

9月10日，区政协召开十四届第33次主席会议，专题协商基层公共卫生服务体系建设工作。会议听取区卫健委关于全区基层公共卫生服务体系建设情况的汇报和区政协关于赴外地考察公共卫生服务体系建设工作的调研情况汇报，5名委员和区政协主席会议成员进行协商建言。

10月23日，区政协召开十四届第34次主席会议，通过政协联络组部分人员的任免决定。

10月27日，区政协召开十四届第35次主席会议，专题协商高水平全面建成小康社会工作。会议听取区统计局关于全区高水平全面建成小康社会情况汇报，7名政协委员与主席会议成员分别进行协商建言。

12月21日，区政协召开十四届第36次主席会议。会议第一阶段专题协商促进城市精明增长工作，会议第二阶段讨论通过关于召开区政协十四届五次会议的《决定（草案）》《议程（草案）》《日程（草案）》和五次会议期间《提案截止时间的决定（草案）》；讨论通过《区政协十四届常委会工作报告》和《提案工作报告》；讨论通过区政协十四届委员增补名单、辞职委员名单、免去委员身份名单；讨论通过《大会秘书处及工作组负责人名单》；通报有关人事任免决定。

政协专门委员会

【提案委员会】 2020年，区政协提案委员会扎实开展提案督办、对口协商、民主监督以及“有事好商量”协商议事等工作。区政协十四届四次会议以来，提交提案208件。经审查，立案198件，未予立案10件。截至2020年11月底，所有提案均已办复。已解决或基本解决的104件，列入计划逐步解决的91件，受客观条件限制近期难以解决、留作参考的3件。委员对提案办理情况满意和基本满意率100%。高质量开展提案工作，强

2020年政协盐城市大丰区委员会重点提案一览表

表8

案号	提案者	案　由	承办单位	组织实施委办
2	季晓路	聚力重大项目招引，全力推动高质量发展	主办：区项目服务中心 协办：区自然资源和规划局	区政协办公室、 区政协提案委
181	单肖娟	关于更好更快推进改善农民群众住房工作的建议	主办：区住建局 协办：区城管局、区生态环境局	区政协农业和农村委、 区政协提案委
37	张源倍	进一步推动学前教育高质量高水平发展的提案	主办：区教育局	区政协科教文卫体委
48	章　鸣	鼓励并支持大丰民营医院成立医联体	主办：区卫健委	区政协港澳台侨委
107	韦稳元	关于抓好农村镇村公交车运行效果的建议	主办：区交通运输局	区政协经济委
109	西团镇联络组	加强对电动自行车管理的建议	主办：区公安局 协办：区市场监管局、区交通运输局	区政协提案委

化引题协商、点题协商、荐题协商，进一步加强提案提出协商。重点提案重点督办、承办大户集中督办、相关提案借力督办，不断加大提案督办力度。编制印发《区政协提案办理工作指南》《区政协提案工作手册》。区委办、政府办、政协办联合印发《关于督办区政协重点提案的通知》，区政协办专题印发《关于推进2020年区政协提案重点承办单位提案办理协商的通知》，推动提案工作规范制度化开展。牵头专项监督。就新建改建幼儿园、居家养老服务、高铁站连接线、农贸市场建设等4项民生实事工程，由提案委牵头组织开展专项民主监督，7月部署实施，10月召开民主监督工作总结会。承办第31、35次主席会议，围绕"建设新型农村社区、大力改善农民群众住房条件"工作和"高水平全面建成小康社会"工作开展调研视察，组织委员开展协商建言。围绕基层群团组织建设工作开展界别协商。围绕司法行政工作开展对口协商。5月，组织党群工作组委员视察南阳镇广丰村、万盈镇益民村、白驹镇洋心村和马家村新型社区建设现场，并在白驹镇"有事好商量"协商议事室召开座谈会。7月，组织法制工作组委员赴大中农场，视察调研场地一体化建设工作。全年接待盐城市、连云港市、南京市溧水区、沛县、盐都区、太仓市等地政协到大丰考察交流"有事好商量"协商议事室建设利用工作和政协提案工作。

【科教文卫体委员会(学习文史委员会)】2020年，区政协科教文卫体委员会(学习文史委员会)承办区政协十四届第33次主席会议，专题协商"基层公共卫生服务体系建设"。组织区政协十四届二十次常委会议，专题协商"十四五"规划编制工作。组织联系区政协第一民主监督小组就全区新建改建幼儿园工程，开展专项民主监督活动，推进外国语学校幼儿园、城东实验幼儿园和新城悦隽、中昂玥府等新建幼儿园建设完善。发挥政协文史工作在服务大局中的重要作用，召开人民路海派风情街改造融入地方历史文化元素工作研讨会；开展串场河文史调研及史料征集工作，完成20余篇稿件报送。组织书画文艺界代表赴海安、东台等地交流文史和书画艺术工作，举办"弘扬老区精神，发展老区经济，决战脱贫攻坚，决胜全面小康"诗词书画摄影作品展和诗歌朗诵会，编辑出版《2019诗画大丰年鉴》和《耐庵学刊——施耐庵研究史略》。发挥专委会的桥梁纽带作用，联系科技、教育、文体、医卫等委组委员，开展各类履职活动。组织科技组委员和有关部门，围绕"加强人才队伍建设"开展对口协商活动。组织教育组委员围绕"学校开学前防疫准备和食品安全工作""幼儿园建设及学前教育"等议题，赴区外学习先进做法经验，在区内开展视察调研。组织文体组委员围绕"打造文化产业集聚区"开展对口协商活动，聚焦影视基地建设、文旅融合促进旅游经济高质量发展进行协商建言。组织医卫组委员视察大丰区医疗机构新项目建设和运营情况，围绕区医疗卫生服务能力和水平建设进行专题协商。

【经济委员会】2020年，区政协经济委员会紧扣年度重点工作安排和委室工作计划，承办9月召开的区政协十四届十九次常委会议，围绕深化沪丰"六对接"，建设"一区三基地"开展专题协商，撰写调研考察报告。承办4月召开的区政协十四届第29次主席会议，就"用好黄海湿地申遗成果，拓展延伸旅游产业链"进行专题协商。助力疫情防控，组织工业、财税金融工作组委员，到建龙机电、华虹纺织、永信服饰、盛天广告等委员企业，调研和检查指导疫情防控及复工复产、满产达效情况。4月，就乡镇工业园区发展、疫情防控和协商议事室建设等，到草堰镇、小海镇工业园区了解情况，深入恒喜油脂、梦幻迷宫、天元油品、新丝路纺织、今达纺织等企业，了解疫情防控和复工复产情况。5月，组织市、区两级部分政协委员，与市政协共同开展"三项活动""建设长三角北翼产业新高地"专题调研、"长三角区域污染防治协作机制落实情况"联动民主监督以及"推进落实化工行业安全生产工作"民主监督。8月，开展上海科创成果基地建设界别对口协商。10月，开展推进临港特色产业发展界别对口协商。在各项履职活动中，广泛邀请委员参加活动130余人次。就居家养老服务提升工程，组织第二民主监督小组开展民主监督。开展交通类重点提案督办和提案办理协商活动。参与省市政协"长三角区域污染防治""化工行业安全生产工作"三级政协联动民主监

2020年3月28日，大丰区政协部分委员在新丰中学督导开学复课和疫情防控工作。　蔡良　摄

督。协力推进协商议事室建设，服务协商议事室第四督查指导小组工作，根据安排，对大桥镇、南阳镇、丰华街道和工会界别协商议事室建设开展督查，8月底负责督导的20个协商议事室按期建设到位。9月，根据“有事好商量·民生专题协商议事月”活动安排，参加工会界别“困难职工精准帮扶工作”协商。接待河南濮阳市、射阳县、兴化市、山西晋城市城区政协以及市政协各类会议、考察等10多批次。

【港澳台侨委员会（委员联络委员会）】2020年，区政协港澳台侨委员会（委员联络委员会）立足委室职能，按照工作要求，发挥自身特点，履职尽职，加强委员联络。围绕“紧扣项目重点建设，加速集聚转型发展强劲动能”主题，4月，组织区内外调研，形成调研报告。5月26日，承办区政协十四届十七次常委会议，会后形成《关于推进大丰区项目建设工作的建议案》，得到区委、区政府主要领导批示。12月，围绕“促进城市精明增长”，承办36次主席会议，会上5名委员发言交流。11月，组织外向型经济工作组围绕外向型经济发展工作进行调研和协商交流。加快实现“有事好商量”协商议事室村（社区）全覆盖。5月18日，围绕推动大丰区“有事好商量”协商议事工作特色化、常态化，赴南通崇川区、海门区调研学习，对大中街道、华尚玻璃等协商议事室进行软硬件提升，并新建10家村（社区）协商议事室。7月，配合提案委员会，推动全区114家“有事好商量”协商议事室完成建设和升级。发挥政协联系广泛的界别优势，增强民主监督实效。7月，到区卫健委开展重点提案暨开展提案办理协商活动。8—9月，与区政协第三民主监督小组就区交通运输局负责的沪丰大道项目推进情况进行专项民主监督。3月，在29次主席会议上，通过《政协盐城市大丰区委员会2020年度委员履职量化考核评分细则》，将委员履职的各项工作进行量化分解，实行百分制考核打分，印发给全体委员执行。12月，根据考核量化评分细则，对全年委员活动进行量化打分。

2020年10月12日，大丰区政协有关领导到新丰镇太兴村调研“有事好商量”协商议事室建用情况。 蔡良 摄

【农业和农村委员会】2020年，区政协农业和农村委员会发挥专委会的基础作用和界别优势，广泛凝聚各方智慧力量，积极履职尽责。4月，牵头承办区政协第30次主席会议，专题协商“聚焦农业123重点工程，推进现代农业发展提质增效”工作。会上，听取全区农业123重点工程推进工作情况介绍，5名政协委员与主席会议成员分别进行协商建言。11月，承办区政协二十次常委会，专题协商“十四五”规划编制，形成一批研究成果供区委、区政府决策参考。聚焦百姓关切，开展协商议政。5月，开展“建设美丽乡村，推进农旅融合”对口协商活动。7月，开展脱贫攻坚对口协商活动。8月29日，区政协第四民主监督小组到新丰镇海峡农贸市场、丰华街道裕华农贸市场开展民主监督。9月4日，第四民主监督小组就全区农贸市场建设开展民主监督活动，实地察看三龙丰富农贸市场、新丰龙堤农贸市场。7月8日，到住建局，对35件提案进行督办。围绕“农村人居环境和农民群众住房条件改善工作”“现代农业发展”“城市建设项目”在区内视察调研。就“建设美丽乡村，推进农旅融合”“脱贫攻坚”“渔港小镇建设”“现代农业园区建设”“城市基础设施建设”等工作赴外地考察学习。协助推进新丰镇、三龙镇、大中镇“有事好商量”协商议事室建设，并组织开展协商议事活动，接待阜宁县等政协到大丰考察三农工作。

（张 慧）

〖编辑 於晨婷〗

中共盐城市大丰区纪律检查委员会 盐城市大丰区监察委员会

综　述

【概况】 2020年，大丰区纪委、监委以习近平新时代中国特色社会主义思想为指导，坚持稳中求进工作总基调和“严”的主基调，充分发挥监督保障执行，促进完善发展作用，持之以恒正风肃纪，旗帜鲜明惩贪治腐，标本兼治深化治理，严抓严管锤炼队伍，为全区决胜高水平全面建成小康社会提供坚强纪律保障。获得2017—2019年全省纪检监察信访举报工作目标管理考核一等奖，被市纪委、监委评为2020年度先进集体。监督保障疫情防控、开发使用“一键通”服务企业平台、群众身边微腐败案件定向通报制度、“夯基础、提能力、强素质”学习活动等7项特色亮点工作被《中国纪检监察报》和中央纪委、国家监委网站宣传报道；信访三项监察制度被省纪委专刊转发；服务中心工作“十件实事”、基层党委落实全面从严治党主体责任办公室履责办法，以及作风建设专项整治的相关做法被市纪委专刊转发。紧扣贯彻新发展理念、夺取疫情防控和经济发展“双胜利”、打好三大攻坚战等中共中央和省市区委重大决策部署，开展疫情防控、“六稳”“六保”、安全生产、精准扶贫等专项监督，做好中央纪委国家监委纪检监察建议贯彻落实，确保政治监督精准高效。深入推进“正风肃纪镇村行”专项行动，实行“微腐败”案件定向通报制度，查处群众身边不正之风和腐败问题153个，处分173人、问责35人。靶向治理“四风”（形式主义、官僚主义、享乐主义和奢靡之风）突出问题，倡导“三限两倡一带动”（限制陪餐人数、限制用餐金额、限制饭菜份量；倡导简易用餐、倡导剩菜打包行动；带动建设节约型社会），整治发文中的形式主义，查处享乐主义、奢靡之风问题46个，形式主义、官僚主义问题65个。注重防微杜渐，全年运用“四种形态”处理1759人次，第一、二种形态占比96%。发挥派驻“嵌入式”监督优势，实施“三前”（会前酝酿、事前参与、文前研讨）监督、差异化监督。用好纪检监察建议有力武器，全年发放纪检监察建议书及各类监督意见函115份。加大惩治腐败力度，全年立案433件，其中科级干部29件，办理留置案件9件，移送司法机关11件。深挖彻查涉黑涉恶腐败和“保护伞”，对15个恶势力集团或团伙案件进行“一案三查”（查办黑恶势力，追查黑恶势力背后的“关系网”和“保护伞”，倒查党委、政府的主体责任和有关部门的监管责任），党纪政务立案7人，2人被采取留置措施。强化党建引领，突出全员培训，举办传统文化周周学，在全系统营造崇德向善的文化氛围，着力打造高素质专业化队伍。

【区纪委监委自身建设】 2020年，区纪委、监委深化国家监察体制改革，强化派出监察员办公室规范化实体化运作，4个派出监察员办公室共受理处置问题线索150条，政务处分14人次。进一步巩固深化派驻改革成果，推行派驻机构集中办公，优化调整各派驻纪检监察组人员配置，增强派驻监督的针对性、实效性。发挥党建引领作用，开展“党支部规范建设年”活动，通过专题党课、身边故事分享、读书会等多种形式，打造“金丰卫士”党建品牌。组织全区纪检监察干部每季度集中培训，开设信访核处、派驻监督、巡察业务、审查调查6期专题课程，授课50余课时，提升全员业务素质和履职水平。开展传统文化周周学活动，深入推进“学恩来精神、守初心使命”专题教育，营造崇德向善、健康向上的文化氛围。持续深化“打铁必须自身硬”专项行动，严格执行“八严禁”要求，强化内部监督管理，维护纪检监察干部良好形象。

重要会议和活动

【区纪委十二届五次全会】 4月22日，中国共产党盐城市大丰区第十二届纪律检查委员会第五次全体会议召开，出席会议的区纪委委员15人，列席272人。区纪委常委会主持会议。全会审议通过须卫琴代表区纪委常委会作的《强化履职担当提升监督效能为大丰决胜高水平全面小康提供坚强保障》的工作报告。区四套班子全体领导，区法院院长、区检察院检察长，各镇（街道、区园）党委（党工委）书记、纪委（纪工委）书记、专兼职纪检监察干部，区委各部委办、区各委局办主要负责人，区各直属单位主要负责人、纪委书记、专兼职纪检监察干部，区纪委、监委机关及派驻（出）机构、区委巡察机构、作风办全体人员列席会议。

【全区领导干部党风廉政建设警示教育大会】 1月20日，区委、区政府召开领导干部党风廉政建设警示教育大会。区委书记薛盛堂出席会议并讲话，区长李志军主持会议。薛盛堂在讲话中指出，全区广大党员干部和公职人员尤其是党员领导干部，要坚守政治纪律，夯实信念之基，不断强化党性观念，始终坚持以人民为中心的发展理念，自觉正心修身。要严守纪律规矩，永葆清廉本色，切实增强纪律规矩意识，锤炼过硬作风，进一步提高主动接受监督、善于接受监督、乐于接受监督的自觉。要强化责任担当，深化正风反腐，将全面从严治党责任层层落实到位，以“零容忍”的态度严肃查办党员干部贪腐案件，推进全区政治生态持续向善向好发展。

【全区机关作风建设问题通报暨新型政商关系构建年推进会】 5月9日，区委、区政府召开全区机关作风建设问题通报暨新型政商关系构建年推进会。区委书记薛盛堂出席并讲话，区长李志军主持会议，区委常委、纪委书记、监委主任须卫琴对“新型政商关系构建年”活动实施方案进行解读。薛盛堂在讲话中指出，要扎实推进作风建设，构建新型政商关系，进一步优化营商环境，必须坚定果断亮剑、除弊兴利的决心，必须拿出重拳出击、刮骨疗毒的魄力，必须保持慎终如始、久久为功的韧劲，以作风的大转变推动效能的大提高、环境的大改善，用新作风、新作为书写新时代大丰新答卷。会上，正式开通“一键通”服务企业平台，通报和剖析违反作风建设规定的典型案例，与会人员集中观看作风建设案例通报片。

2020年2月6日，大丰区纪委监委工作人员联合市场监管部门执法人员，对超市民生物资进销存状况、价格管控等情况进行监督检查。

茆昊　摄

【服务区委区政府中心工作“十件实事”】 2020年，区纪委、监委充分发挥监督保障执行、促进完善发展作用，主动把纪检监察工作融入经济社会发展大局，制定区纪委监委服务区委区政府中心工作“十件实事”，为区委区政府决策部署顺利实施“保驾护航”。“十件实事”分别为：（1）构建服务企业闭环管理系统。（2）明确“亲”“清”政商关系负面清单。（3）整治作风建设突出问题。（4）开展安全生产专项整治综合督查。（5）实施建档立卡贫困户脱贫情况核查。（6）督办污染防治整改责任落实不到位问题。（7）查处涉黑涉恶和影响地方经济社会发展腐败问题。（8）化解基层疑难复杂信访。（9）查纠农房改善推进中群众反映强烈的问题。（10）组织民生领域重点资金专项巡察。

【扫黑除恶专项斗争】 2020年，区纪委、监委立足职能、主动作为，坚持把扫黑除恶同反腐败斗争和基层“拍蝇”结合起来，聚焦涉黑涉恶腐败、充当黑恶势力“保护伞”、工作推动不力等问题，强化监督、铁面执纪、严肃问责。对重点问题、重点线索、重点案件采取“专项核查+专班实施+专人主攻”的“三专”模式，全力打好扫黑除恶专项斗争收官之战。全年对15个恶势力集团或团伙案件进行“一案三查”，查处涉黑涉恶腐败17人，其中涉恶犯罪并采取留置措施2人，党纪政务立案7人，组织处理8人。

党风廉政

【主体责任办公室工作机制落实】 年内，区纪委协助区委在全区120个基层党委（党组）推行落实主体责任办公室工作机制，出台《大丰区基层党委（党组）落实全面从严治党主体责任办公室履责暂行办法》，明确主体责任领导小组、办公室组成人员、履责内容、监督考核等方面。汇编《基层党委（党组）落实全面从严治党主体责任办公室履责指引》，细化主体办16项47条工作内容，解决主体责任虚化空转问题。紧盯责任落实不力进行追责问责，全年严肃问责党组织5个、党员领导干部59人，查处违反政治纪律案件7个。

【形式主义、官僚主义突出问题整治】 2020年，区纪委、监委以整治发文领域形式主义为切口，从共性问题、突出问题入手，协助区委办、区政府办制定《关于进一步规范区级机关发文工作的通知》，梳理全区69个党群机关、政府部门、议事协调机构等各类工作机关，集中向基层公示295个发文主体，建立健全发文流程规定，严把格式、密级、法规、文字等程序关。汇总剖析2018年以来区级机关对下发文情况，向20个精简发文不力的区直部门发放整改函，并向8名分管区委常委、区政府副区长抄报相关情况，为基层减负松绑。

【廉政教育系列活动】 2020年，区纪委、监委年初印发《关于加强2020年度元旦、春节党风廉政警示教育工作的通知》，部署开展全区年关警示教育活动，加强纪法知识教育和案例警示教育，提高党员干部和公职人员拒腐防变能力。以"规定+创新"方式深入开展全区"510"警示教育活动，组织区四套班子领导、各镇（街道、区园）、各部门、各单位主要负责人收看收听全市"510"警示教育电视电话会议。安排各镇（街道、区园）、区有关部门和单位主要负责人赴盐城"尚德昭廉"教育馆接受警示教育开展"知敬畏、强作风"专题教育。深入推进廉政实景教育，大丰区廉政文化教育专线接待区内外260多个单位2万多人次参观学习。

作风建设

【作风突出问题专项整治】 4—11月，区纪委、监委在全区开展作风建设突出问题专项整治，整治重点吃喝上、交往上、车轮上的不良风气和奖金津补贴方面的突出问题，进一步深入贯彻习近平总书记关于推动作风建设在新时代向纵深发展的重要批示精神，巩固深化落实中央八项规定精神成果。成立6个督查组对80多个重点单位专项整治情况开展3轮专班督查，发现问题线索455条，坚决狠刹"四风"，严防反弹回潮。

【优化营商环境】 2020年，区纪委、监委深入推进"营商环境优化提升年""新型政商关系构建年"专项活动，制定印发《盐城市大丰区政商交往"不亲""不清"清单》，开展政商交往"不亲""不清"问题专项整治，先后开展专项督查4轮次，走访企业51个，发现并整改问题45条。开展服务企业"三百"（全年走访企业100个、开展明察暗访100次、抽查投诉举报100件）行动，制定涉企诉求办理效能监察十项制度，拓宽涉企诉求来源渠道，构建涉企诉求闭环管理体系。推行"审批服务镇区行"活动，分片推动召开审批服务一线恳谈会4场，参与企业70多个，倾听诉求、解决矛盾，破解项目梗阻。

监督检查

【日常监督】 2020年，区纪委、监委研究出台《实名检举控告反馈工作制度》，将"调查与沟通并重、结案与事了并重"理念贯穿信访工作全过程，对受理、承办、结果实行"三次反馈"，并将反馈范围进一步扩大至实名反映业务范围外问题的信访件，让信访工作更有"温度"。制度实行以来，实名信访举报满意率90.5%，比2019年同期提高15%。围绕信访办理质量、信访工作效能和信访生态优化三个方面，探索实行"基层信访监察三项制度"，将矛盾和问题化解在"一线"，该做法被省纪委专刊转发。发挥派驻"嵌入式"监督优势，实施"三前"监督、差异化监督，《中国纪检监察》杂志予以专题宣传。对全区63个派驻监督单位开展"三重一大"事项决策和执行情况专项督查，发现4大类11项问题，督促相关单位及时整改，推动被监督单位履责规范到位。

【安全生产专项整治综合督查】 2020年，区纪委、监委围绕区委区政府安全生产专项整治目标措施，突出对中央纪委国家监委纪检监察建议贯彻落实、各级各类安全督导巡查反馈问题隐患对照整改等重点工作的跟踪监督，坚决向落实缓慢、推诿扯皮以及工作中的形式主义、官僚主义等问题亮剑，维护经济社会发展环境安全稳定。抽调24名工作人员组成8个督查组，先后对全区各板块各部门安全生产监管履职情况开展8轮286次专项督查，发现安全生产监管责任落实问题152个，印发督查通报5期，通报问题45个。

审查调查

【案件查处】 2020年，区纪委、监委推行"1234"限期工作法，即线索处置1个月完成，初核2个月结束，信访件3个月查结，案件4个月办结，有效推动审查调查深入开展。坚持问题线索定期梳理分析，及时掌握处置进展情况，防范线索跑冒滴漏问题。实行常委委员包干制、监察员办公室片区负责制、审查调查室重点问题挂钩帮办制，不断强化督查督办，压实审查调查工作责任。积极推进"一立案五清理"，对问题线索来源、分办、处置、审核、审理等实施全程管控、动态更新，即时掌握审查调查、监督监察情况，提高督查督办效能。

【大数据查询研判中心建设】 年内，区纪委、监委建设完成大数据查询研判中心，设有专门用房50平方米；配置查询电脑8台，复印机、打印机、扫描仪、传真机各1台，并搭设视频监控和技防报警装置等设备。与区人大、区公安局、区人社局、区教育局、区审计局、区国土局、区住建局、区民政局、区财政局等25个单位建立数据采集查询绿色通道，充实完善信息数据。

（吴蒙郡）

〖编辑　朱晓华〗

大丰区总工会

【概况】 2020年，大丰区总工会认真履职尽责，发挥职能作用，加强党的建设，深入推进职工政治思想引领、产业工人队伍建设改革、职工权益维护等重点工作，较好地完成年度工作目标。开展劳模先进评选推荐活动，推荐全国先进工作者1个，当选江苏省五一劳动荣誉奖章1个、江苏省五一劳动奖状1个和江苏省工人先锋号2个，盐城市五一劳动奖章13个、盐城市五一劳动奖状4个和盐城市工人先锋号10个，大丰区五一劳动奖章30个、大丰区五一劳动奖状10个、大丰区工人先锋号20个。王宣山、朱彦等10人被评为“大丰工匠”。

【职工队伍思想政治建设】 2020年，大丰区总工会组织思想政治教师到江苏中车电机有限公司、海港控股集团有限公司、江苏今达纺织实业有限公司、江苏裕丰旅游开发有限公司等企业，给职工宣讲新思想、新理论，讲党史、工运史、革命史、改革开放史，讲优秀传统文化等。组织劳模工匠到区人民路小学、区职教中心、白驹初级中学、城东实验初中等学校宣传各行各业的劳模先进，着力营造劳动光荣、技能宝贵、创造伟大的浓烈氛围，推动习近平新时代中国特色社会主义思想在全区职工中入脑入心。

【劳模先进事迹报告会】 2020年，大丰区总工会举办全国劳模先进事迹报告会，全国劳动模范梁泽泉和全国先进工作者李晓霞分别结合自身的工作经历，讲述自己在平凡的岗位上爱岗敬业、争创一流、艰苦奋斗、勇于创新、淡泊名利、甘于奉献的先进事迹，充分展现了当代劳模的崇高品格和时代风貌。

【职工劳动技能竞赛】 2020年，大丰区总工会组织职工参与区人民政府主办的职工职业技能竞赛，全区1500名职工参加竞赛，竞赛工种22个。联合区行政审批局、区人社局、区卫健委、消防救援大队开展全区政务服务技能大赛现场竞赛、感控技能和生殖健康技术服务人员技能竞赛以及政府专职队和企业专职队的消防技能竞赛。全年发放大丰区五一劳动奖27个，发放大丰区五一创新能手证书44个，发放奖金1.3万元。

【职工科技创新成果申报】 2020年，大丰区总工会组织申报职工创新成果。江苏金风科技有限公司沈星星和江苏中车电机有限公司段灿明获得盐城市十佳科技创新成果，江苏云马农机制造有限公司孙亦嵘和江苏辉丰农化股份有限公司季红进获得盐城市十佳发明专利。斯达德民力阀门公司的具有密封防漏功能输水管道截止阀、江苏博敏电子股份有限公司的印刷线路板电路图形蚀刻参数评估方法、盐城市大丰中意机械有限公司的中频炉除烟除尘装置的研究获得盐城市“五小”（小发明、小创造、小革新、小攻关、小建议）活动创新成果奖，盐城市联鑫钢铁有限公司的热轧带肋钢筋基圆不圆度的检测方法获得市“五小”活动优秀成果奖。

【产业工人队伍建设】 2020年，大丰区总工会建立新时代大丰产业工人队伍建设改革联席会议制度，筹划推动，出台《新时代大丰产业工人队伍建设改革实施方案》，结合大丰实际，公布各责任单位的重点任务清单，明确江苏中车电机有限公司、江苏大丰海港控股集团、江苏丰山集团股份有限公司、江苏博敏电子股份有限公司4个试点企业和13个区直部门的试点工作任务及要求。

【基层工会组织建设】 2020年，大丰区总工会召开集中建会动员部署会，对机构改革后的区直部门建会情况进行全面摸底，对新组建、新重组的部门工会组建工作进行分类指导。截至2020年年底，组建完成4个区级部门工会联合会和9个工会委员会。规范推进“模范职工之家”创建工作。通过政策扶持、考核评比、资金支持等多种途径，鼓励基层工会开展“模范职工之家”创建，重点突出为职工群众办实事，依法履行维护职工合法权益的基本职责。推荐上海岩棉等10个基层工会申报盐城市“模范职工之家”评选，农商行新团支行分工会等9个基层分工会或工

2020年12月22日，大丰区总工会举办全国劳模和先进工作者事迹报告会。　　仲济慧　摄

会小组申报盐城市“模范职工小家”评选。

【工会帮扶】　2020年，大丰区总工会深入企业一线对企业疫情防控和复工进行多轮指导，全额返还小微企业工会经费685.6万元，涉及企业2196个。开展“尊法守法·携手筑梦”公益法律服务行动，编发专刊17期，发放法律宣传资料1000余份。工会各类法律援助窗口全年提供法律咨询服务37件，调处劳动争议案件20件。全区独立签订集体合同的企业841个，覆盖职工约6万人。组织夏季安康“三送”（送清凉、送安全、送法律）活动，发放慰问品2900多份。开展“稳就业、保就业”招聘活动，提供就业岗位875个，396人与用工单位达成就业意向。对困难职工较多的27个企业、19户困难职工帮扶工作开展专项帮扶督查。

（王　颖）

共青团大丰区委员会

【概况】　2020年，共青团大丰区委员会（以下简称大丰团区委）围绕省、市、区委全会的部署，树立“大抓基层”、“大抓思想引领”的鲜明导向，锐意改革强基础，从严治团再出发，引导凝聚全区青年为大丰高质量发展贡献青春力量，被大丰区委区政府表彰为2020年度综合考核先进集体。

【青少年思想引领】　2020年，大丰团区委以网上“青年大学习”为抓手，营造比学赶超良好氛围。打造全区“青年学习社”20个，在全区各级团组织、少先队、青联委员、苏北计划志愿者等群体中开展十九届五中全会精神学习活动，5000余人参加。加大榜样培树选拔力度，五四期间集中表彰季潇潇、黄波等10名“五四青年”以及“丰海新能源科技研发部”等5个“五四青年集体”，获评省“两红两优”个人和集体4个，推荐许鹏被团中央追授为“中国青年五四奖章”。开展“绽放战疫青春　坚定制度自信”入团示范仪式暨特别主题团日活动、“喜迎少代会　争做好队员”集中入队仪式，通过沉浸式教育提升新团员、队员的光荣感和使命感。围绕生态文明建设、红色教育积极打造青年学习社打卡线路，完善“双微一抖”（微信、微博、抖音）新媒体工作格局，新建“青春大丰”抖音官方账号，整体优化设计微信公众号子栏目，将“大丰共青团”微信公众号打造成“青年找团团”的可靠路径和有力帮手。

【助力高质量发展】　2020年，大丰团区委发布《汇聚青春力量　打赢疫情防控阻击战——致全区各级团组织和广大团员青年倡议书》，建立5种类型青年突击队，拨付特殊团费及社会捐赠18.48万元用于慰问不同类型的青年群体等。重点打造“青春留丰”和“新农菁英”两大品牌，常态化组织“青春留丰”研学营活动，为大丰籍大学生提供寒暑期见习岗位700余个，引导大丰籍大学生回乡就业创业。开展“暖冬行动”，帮扶困境青少年220人次，发放物资6.2万余元，服务返乡旅客1.8万人次，发放创业政策礼包、新春礼包400余份。开展慰问各类抗疫一线工作人员和受疫情影响的困难青年群体，发放慰问金和慰问物资9万元。联合青年社会组织开展“七彩假期”“童享阳光”“护苗行动”等关爱事实孤儿、特殊困境青少年活动，举办“爱我青春　共圆梦想”“大手拉小手”捐资助学活动，资助500余名优秀贫困学子，发放助学金50余万元。利用99公益日上线乡村小学“艺”计划，线上筹款近6万元。举办首届区场青年论坛，与上海农场团委签订《区场一体化团组织共建协议》，推动双方团组织共建、资源共享、阵地公用、工作联动，正式启动与临港公益基金会合作的“沪丰花开　青春远航”公益项目。

【“伙伴关系”行动】　2020年，大丰团区委持续推进“伙伴关系”行动。开展“志愿青春益路同行”活动，在对第一批8个合作项目全面总结、激励奖励的基础上，拓宽覆盖范围和项目内容，升级打造第二批12个合作项目，同时引导动员项目相关镇（街道、园区）和区直部门团组织主动融入、积极服务，共同打造“伙伴关系”2.0版本。深化省级试点项目“保护母亲河”主题活动内涵，该项目成功入选“四新盐城”五四青年创意市集展示。放大湿地申遗成功优势，推动“多彩湿地　青青课堂”项目，打造候鸟栖息地、湿地水资源保护、湿地生物多样性研究为内容的自然生态学校。为全区重大活动提供志愿者力量支持，招募500余名青

2020年，大丰团区委承办5场次“网聚青力量，助农促消费”农产品直播，助力乡村振兴。 邱鹏 摄

年志愿者保障第二届秦淮·大丰梅花湾“麋鹿故乡 画里大丰”主题新春灯会活动和第三届“风中足迹”半程马拉松赛顺利开展。开展“青春自护 平安春节”“青春自护 暑期安全”等安全自护教育活动，深化12355青少年维权平台建设。举办“共青团与人大代表、政协委员面对面”活动，探讨青年社会组织参与成效社区治理新路径，搭建与职能单位沟通对话的渠道平台。推动青少年禁毒宣传教育“双百计划”（资助青少年禁毒宣传教育项目100个左右，由100个左右的组织单位负责实施）立项项目“Ctrl 青春无毒”建设，结合“6·26”国际禁毒日重要节点，联合禁毒办等单位开展“青春不‘毒’行 健康你我他”禁毒微课堂活动，开设“法治公开课”，通过漫画、视频公开课、线下互动等形式开展全区青少年法治宣传教育，4万余人次参与。

【基层团组织建设】 2020年，大丰团区委制定《关于执行非公企业团建“一十百千”工程的方案》，持续做好新建非公团组织的盘活工作。以团省委“青马工程”大丰试点为契机推进农村及社会组织领域马克思主义青年人才培养，成功招录学员42人，年内完成第一次集中学习培训。建立“1+6+n”青年大走访工作机制，利用“团代表联络站”“联青服务站”等平台，实施月汇报、季度总结、不定期化解矛盾的方式紧密联系青年，组织全区110多个团干部走访结对团员青年1.3万多人，化解各类矛盾200余条。充分发挥好团代表及团区委委员作用，推动建立“团代表联络站”，有效实施“两联”工作。制定《建设青年身边共青团的考核指标体系》，明确基础指标和发展指标，用“飞行检查”“四不两直”的方式促进基层团组织建设工作常态化、制度化。

（张源培）

大丰区妇女联合会

【概况】 2020年，大丰区妇女联合会（以下简称区妇联），坚持围绕中心，加强妇女思想政治引领，推进家庭工作，联系服务好妇女群众，加强妇联组织建设，团结全区妇女为推进大丰高质量发展走在前列贡献巾帼力量。

【妇联组织建设】 2020年，区妇联联合组织部出台《关于进一步强化党建引领实施妇联改革活力提升计划的意见》和《大丰区女干部“赋能提优”项目实施方案》等文件。举办大丰区女干部“赋能提优”培训班、“巾帼绽芳华，榜样在身边”——巾帼典型事迹报告会和全区女干部“赋能提优”能力竞赛，深化全区女干部能力建设，提升女干部的履职能力。推进“妇女儿童之家”标准化建设，做好“妇女微家”创建，探索基层社会治理深度参与机制，将妇联阵地设置到最小网格、延伸到妇女身边，全年新建15个妇女微家。深化“两新”组织妇联“1038”工程，年内新建江苏银行大丰支行妇联、苏州银行大丰支行妇联、大丰长跑协会妇联、盐城数智科技妇联和诗安母婴会所妇联5个“四新”（新领域、新业态、新阶层、新群体）妇联。加强对女性社会组织的指导服务工作，激发女性社会组织活力。指导成立大丰区海棠旗袍艺术团。指导大丰女企业家协会完成换届，联合开展慰问援鄂医务人员活动；常态化指导参与明德书院活动；联合汇心助爱儿童协会和众心助困协会参与贫困妇女和困境儿童慰问帮扶活动。召开区妇联十四届三次执委会（扩大）会议，印发《大丰区妇联执委常委履职规则（试行）》，推动各级妇联执委履职活动常态化。加强女性进“两委”工作，坚持正面宣传，运用好官方微信、新闻报纸等各类媒体，激发基层女性参与民主自治的热情。主动对接全区村（社区）“两委”换届工作，参与《全区村（社区）“两委”换届工作方案》的起草和商讨工作，抓住源头，统筹部署。

【妇女发展】 2020年，区妇联出台支持妇女创业的“巾帼荣誉贷”特色金融服务优惠政策，为“妇”字号企业稳运行保驾护航，在破解资金难题上求突破。与大丰农商行签订《“巾帼荣誉贷”贷款业务合作协议》，为获得妇联系统表彰的优秀女企业家落实优惠贷款3000余万元，指导大丰区女企业家协会完成换届，组织女企业家参加“融上海、她绽放”——大丰女企业家赴上海交流学习活动。持续助力乡村产业振兴，以创建巾帼示范基地为突破，以培树巾帼新农人为重点，大力发展乡村旅游、休闲农业、农村电商等，打造"妇"字号富民乡村产业。推荐盐城众鑫农业服务专业合作社为江苏省巾帼示范专业合作组织，推荐盐城众鑫农业服务专业合作社理事长沈琴为江苏省巾帼三农之星。开展"万企联万村"活动，引导卯西职业培训学校分别与小海镇海西村和海团村分别签订村企联建协议，开展免费的巾帼家政职业技能培训，为海西村落实扶贫资金1万元。强化宣传示范、评选表彰等措施，放大示范户的引领带动作用，创建"美丽庭院"示范户548户，其中大中街道恒北村被评为江苏省美丽庭院示范村，新丰镇太兴村、白驹镇马家村和大中街道红花村被评为盐城市"美丽庭院"示范村，分别获得2万元的市级专项奖补资金。举办"巾帼促消费，妇联喊你来买货"直播助农活动，为全区乡镇、街道的产品带货，助力农副产品销售，直播销售农产品1135件，销售额5.1万元。常态化开展巾帼家政培训，全年开展家政、育婴等培训近20场次，培训妇女1000人次。积极组织卯西家政培训学校参加第二届巾帼家政服务职业风采大赛，申报江苏省"好苏嫂"家政服务联盟优质服务示范点，推荐647名妇女参加家政从业资格考试，其中621名妇女通过考试，持证上岗，115名巾帼家政人员实现就业。

【家庭文明建设】 2020年，区妇联与区纪委监委联合召开"我爱我家廉为伴"领导干部家属廉洁教育会议，提高领导干部家属廉洁自律意识，树立正确幸福的家庭观。举办"大美巾帼守廉有我"廉洁家风宣讲作品征集活动，评选表彰29个优秀获奖作品，进一步加强廉洁齐家的家风建设。持续强化"护苗"宣传教育工作，以书香家庭建设推动2020年"绿书签行动"。开展"亲子阅读庆六一，我与孩子共成长"系列活动，发布亲子阅读倡议书，开设专栏和全区家庭分享盐城市"百佳书香家庭"的阅读乐趣。向全区家庭征集亲子阅读优秀作品，激发全区家庭培育多读书、善读书、读好书的良好家风。加强家庭教育阵地建设，城乡社区建立家长学校比率100%。实施"父母成长计划"，联合区教育局，宣传落实《江苏省家庭教育促进条例》，在区城东实小组织家教公益巡讲活动。联合区委宣传部开展"学习强国"进家庭优秀作品征集活动，表彰20个优秀作品。在省妇联举办的寻找"最美家庭"活动中，单所平家庭被推选为江苏省"最美家庭"。

【妇儿维权】 2020年，区妇联联合区司法局举办家事调解员示范培训班，22名基层妇联主席和女性社区工作者组成的家事调解员参加培训。开展《中华人民共和国民法典》宣讲活动，组织民法典进社区活动，邀请律师崔晓华走进上海花园社区宣讲。在民德书院举办《中华人民共和国民法典》专题讲座，邀请区民政局副局长、公职律师吴汉钧主讲。年内，成立4个家事调解工作室，其中"只有爱"家事调解室被授予江苏省首批标准化家事调解社区工作室。探索婚姻家庭纠纷预防化解新途径，设立"幸福家"公证法律服务站，与区司法局公证处合作开展"建设幸福家·用法护大家"——"幸福家"婚姻家庭公证法律专题宣传活动，接待来访妇女，参与离婚纠纷、财产纠纷等家事纠纷调解。

【妇儿实事】 2020年，区妇联做好妇女儿童"十三五"终期评估工作，制定妇女儿童"十四五"规划编制方案，推动妇女儿童发展主要指标纳入大丰区"十四五"规划。落实民生实事项目，实现全区建档立卡家庭孕产妇产筛和新生儿新筛全覆盖，低收入群体家庭医生签约服务全覆盖。扎实开展"两癌"筛查救助，完成宫颈癌筛查7744人次，乳腺癌筛查7822人次。开展"关爱母亲·诚爱助医"公益项目，为44名贫困"患癌"母亲每人送去慰问金3000元；开展"明德助学·'悦'读逐梦"公益项目，为全区319名建档立卡低收入农户家庭捐赠近8万元的必读书，引导儿童热爱阅读、学以增智。

（周海宁）

大丰区科学技术协会

【概况】 2020年，大丰区科学技术协会（以下简称区科协）围绕"四服务一加强"（服务科技工作者、服务创新驱动发展战略、服务公民科学素质提高、服务党委政府科学决策、加强自身建设）工作职能定位，服务大局，较好地完成了全年各项工作目标。年内，获得第31届江苏省青少年科技创新大赛基层赛事优秀组织奖、第十九届盐城市青少年科技创新大赛优秀组织奖、江苏省科技工作者状况调查站点优秀站点。

【全民科学素质建设】 2020年，区科协采取线上与线下相结合的方法，围绕疫情防控和发展，举办网络疫情知识竞赛，3万多人次参与；与区文旅集团合作共建科普宣传活动10余次，发放科普宣传册5000余份；组织党员志愿者在建西社区开展"迎祖国华诞·亮先锋丰彩"科普志愿服务进社区活动。助力乡村（社区）建设，为朝阳社区落实省科协"2019年基层科普行动计划"专项资金15万元，同时区科协资助15.5万元，合计资金30.5万元，为朝阳社区打造具有提高居民文化素养、保健康复训练、科普教育等多功能的综合科普场馆；区科协投资10万元，在南阳镇城乡村新建宣传栏、打造电子科普书屋，提高农村党员群众科普意识和文化素养。

【青少年科技创新教育】 2020年，区科协积极搭建青少年科技实践创新平台，推动大丰区青少年科技素养和创新能力提升。逐步形成城区主推、乡镇跟进，各具特色的青少年科技教育模式。资助幸福路小学科普专项资金5万元，用于开展机器人周末培训班，城区7所小学60名学生受训，在2020年苏州市举行的"领航杯"江苏省中小学生电脑制作活动暨首届人

2020年5月30日，大丰区科学技术协会举行“科技工作者日”现场观摩活动。（单位供图）

工智能大赛上，该培训班选拔学生吴汶菁和仇贝宁获得FLL工程挑战赛一等奖，陆昱霖和张梓轩获得ITI机器人普及赛二等奖。资助实验初级中学科普专项资金8万元，打造科学教育实践基地，培养学生参加各级科技创新大赛及省科协举办的各类科技竞赛及体验活动。投资1.5万元帮助渔业小学配置科普大屏，推动乡镇学生的科技素养；积极与省科协科普服务中心对接，引进新的科普展品，投资9.7万元在区图书馆建成流动科技馆。

【优秀科技工作者表彰】 2020年，区科协推荐科技工作者姚晓丽获得“盐城市十佳科技标兵”称号，刘东俭被表彰为盐城市第十二届优秀科技工作者；区科协与区委组织部、区人社局联合评选表彰大丰区第六届优秀科技工作者10名并召开大会进行表彰。开展第二届自然科学优秀学术成果评选活动，择优评选出39篇各行业优秀学术成果，为大丰区科协工作者营造浓厚学术氛围。在“5·30”全国科技工作者日，深入一线走访慰问科技工作者代表，组织开展优秀科技工作者事迹座谈会、专家科普知识巡讲等活动。

【服务创新驱动发展】 2020年，区科协充分发挥中国科协“智慧科协”创新驱动、共建共享的作用，组织大丰区10个高新技术企业参加盐城市企业科技信息服务工作培训会。截至年底，区科协为262个企业进行专利信息平台注册和使用培训。与组织部、人社局、科技局、团委联合开展创新创业大赛。通过网络发动、积极争取省内外人才参与大丰区的创新创业大赛，为大丰区引进高技术人才做好广泛的宣传发动。同时挖掘创新性强、成长度高的企业，参加省、市科协组织的青年会员创新创业大赛，大丰区推送的江苏道融电子科技有限公司获市创新创业大赛二等奖、永瑞植物科技（盐城）有限公司获市创新创业大赛三等奖。江苏博敏电子股份有限公司孙守军获评江苏省企业“创新达人”荣誉。

（沈莉莉）

大丰区归侨侨眷联合会

【概况】 2020年，大丰区归侨侨眷联合会（以下简称区侨联）在区委服务大局，充分履行侨联工作职责，服务侨界群众、依法维护侨益、积极参政议政、助力服务经济发展，扎实推进各项工作。被中国侨联表彰为“全国侨联系统助力脱贫攻坚先进集体”，被大丰区委区政府表彰为“全区综合考核先进集体”。

【为侨服务】 2020年，区侨联扎实开展走访慰问活动，用心服务，维护侨胞权益。将开展调研与帮扶慰问侨界群众、促进工作开展相结合，春节前夕、疫情防控期间组织开展走访慰问、扶贫济困等慰问帮扶活动。开展“九九重阳节·深深敬老情”走访慰问活动，赴大中街道、新丰、小海等乡镇，上门慰问侨界空巢老人、80岁以上老侨眷。坚持问计于侨、问需于侨，帮助协调解决侨界群众生产生活中遇到的困难和问题，与留学生家长沟通联系，向省侨联报送留学生防疫需求信息，为海外留学生寄送“侨爱心防疫包”；疫情防控期间，为侨眷子女返校上课事宜与相关部门沟通了解情况，帮助孩子完善返校流程，及时复学。助力涉侨企业发展。多次到江苏久禾生物科技发展有限公司等涉侨企业车间一线实地调研疫情防控、复工复产、安全生产等情况，向企业赠送安全防护口罩，宣传援企惠企政策、安全生产方针政策，精准对接企业需求，为企业排忧解难，力促各项援企惠企政策落地落实。

【侨联阵地建设】 2020年，区侨联利用互联网和移动数字平台，通过在微信群发布观展倡议、发送观展链接等方式，组织侨联委员及侨界人士线上观看“雷锋——一个汽车兵的故事”主题展览。在图书馆“侨之家”设置侨法宣传角，图书馆“侨之家”作为盐城市的先进典型，参评全国侨联系统“侨胞之家”典型选树单位。常态化进行侨法宣传，开展侨法宣传走上街头、走进公园活动，到施耐庵公园广场开展以“汇聚侨心侨力，普及侨法知识”为主题的侨法宣传活动，发放《侨务法律法规选编》《常用侨法解读·身份篇》宣传折页、宣传环保袋等宣传资料500余套，提高广大市民对侨务法律、法规、政策的普及率和知晓率，提升依法护侨的社会认知度和影响力，为推动全区侨务工作法治化营造良好的社会氛围。建设侨胞之家，以新侨实际需求为导向，向省侨联申请获批“侨胞之家”项目专项经费（盐城市唯一获批建成项目），在大丰留学人

2020年6月1日，大丰区侨联在施耐庵公园广场开展以“汇聚侨心侨力 普及侨法知识”为主题的侨法宣传活动。（单位供图）

员创业园建立新侨创业驿站，建成集展示侨联发展历程，宣传侨务政策、联谊交流等多种功能于一体的“侨胞之家”，做实做亮“新侨驿站”服务品牌，传递新侨创业正能量，为新侨创新创业、联谊交友提供服务平台，团结凝聚更多的新侨人士，积极创新创业，为经济高质量发展贡献力量。

【参政议政】 2020年，区侨联引领和组织侨界政协委员在积极履职中作表率树榜样，积极参政议政，为大丰经济社会发展建言献策。组织侨界政协委员撰写提案，在区政协十四届四次全会期间，侨界政协常委提交的《聚力重大项目招引，全力推动高质量发展》被确定为重点提案。在区政协常委会议上，侨界政协常委围绕全区项目建设工作、产业接轨上海、“十四五”规划编制工作等课题，积极建言献策，所撰写的议政材料被选编入区政协常委会材料汇编，在大会协商交流并提交区委区政府及相关部门供决策参考。

【特色文化打造】 2020年，区侨联发挥组织桥梁纽带作用，聚焦和培育全区侨界建功立业新时代涌现出来的先进典型，引领侨群对标找差、比学赶超、岗位建功，培育推介海归新侨黄波博士成为“盐城最美侨星”。创新思维，打造提升、宣传推介特色侨文化，深入挖掘知青纪念馆、八路军新四军白驹狮子口会师纪念地等文化资源，积极申报盐城市华侨文化交流基地。截至2020年年底，报送省市侨联被采用信息稿件90余篇次，多篇被中央统战部网站、中国侨联网、中国侨网登载，宣传报道用稿情况在盐城市侨联系统处于第一位。

【联络联谊活动】 2020年，区侨联接待扬州市侨联党组书记、主席杨为民一行，镇江市侨联党组书记、主席王永新一行，盐城市侨联主席季卫军一行到大丰指导工作。学习借鉴先进地区侨联特色工作，赴扬州市邗江区、高邮市两地考察学习，为更好地打造“侨”字品牌，做好新时代侨联工作汲取经验。加强盐城市侨联系统之间相互学习、交流和合作，赴东台市、射阳县考察调研，共同探讨新时代侨联特色工作的创新和开展，为推动盐城市侨联事业发展实现优势互补、合作共赢。接待加拿大华侨陈荫庭、美国华侨薛耀民等华人华侨，介绍大丰的区情和侨情，宣传大丰建设成就、区位优势和投资环境，让更多的海外侨胞了解大丰，到大丰投资兴业。

（朱爱凤）

大丰区工商业联合会

【概况】 2020年，大丰区工商业联合会（以下简称区工商联），以“政治建会、团结立会、服务兴会、改革强会”为根本，牢牢把握“两个健康”（非公有制健康发展和非公有制经济人士健康成长），紧紧围绕抗击疫情、复工复产、“万企联万村”“五好工商联”“四好商会”建设、所属商会“两个全覆盖”等主要工作，较好地完成了全年各项工作任务，为全区民营经济高质量发展贡献应有的力量。

【企业抗疫】 新冠疫情发生以来，区工商联迅速动员部署各项防疫工作。全区民营经济及商会组织完成疫情捐款捐物1000多万元，其中丰山集团第一时间对赴湖北的盐城市人民医院、大丰区人民医院全体医护人员送上慰问金，献上援助湖北爱心款128.66万元；联鑫钢铁捐助爱心款100万元。积极开展新冠肺炎防控知识宣传，动员企业认真做好疫情防控工作，用好“苏政50条”和“惠企22条”等政策，为全面复工复产创造条件。同时，积极宣传民营企业在抗击疫情中的先进事迹，大力弘扬新时代优秀民营企业家精神。

【省工商联二级巡视员陆静林到大丰调研】 3月13日，江苏省工商联二级巡视员陆静林、联络处处长周强军走访调研大丰区工商联、商会和企业疫情防控和复工复产工作，征求商会和民营企业在复工复产过程中遇到的突出问题以及建议意见。调研组先后到丰东热技术有限公司、抛丸机商会走访调研。陆静林在调研时指出，各级工商联、商会组织在抓好当前疫情防控的同时，重点是帮助企业复工复产，注意复工复产中的安全防控；商会和企业要坚定发展理念，用好扶持政策，特别是苏政50条和惠企22条，对企业、商会当前的困难及问题会第一时间带回去及时反映；充分发挥工商联、商会的组织作用，继续做好企业的稳定和发展，确保全年各项目标任务能够圆满完成。

【省第四批民营企业文化建设示范单位核查组到大丰督查】 5月22日，省第四批民营企业文化建设示范单位核查组到大丰，核查江苏丰山集团企业文化建设相关工作，听取了丰山集团开展文化建设情况汇报，并进行实地核查，现场验收。12月，江苏丰山集团被表彰为“江苏省民营企业文化建设示范单位”。

【商会组织建设】 2020年，区工商联加强“五好工商联”建设，把创建国家级、省级“四好商会”（班子建设好、团结教育好、服务发展好、自律规范好）作为重点工作。分类指导各商会协会开展好“四好”创建达标工作，组织所属商会协会互看互学，开展座谈，交流成功经验，对符合全联、省联、市联“四好”达标要素的民企商会、浙江商会、抛丸机商会、特产商会、餐饮协会等商会协会，完善整理创建台账资料，确保迎查验收达标。区民营企业商会、区抛丸机商会、区浙江商会三家商会被认定为2019—2020年度全国“四好商会”，区民营企业商会、区抛丸机商会、区浙江商会、区特产商会、区餐饮协会五家商协会被认定为2019—2020年度江苏省“四好商会”。大丰区被评为“四好商会”的商会组织数量全市最多。11月，召开所属商协会“两个全覆盖”工作推进会暨商（协）会工作座谈会，共同学习了《关于加强新时代民营经济统战工作的意见》，制定了所属商协会“两个全覆盖”工作推进方案。着力解决所属商协会党组织覆盖水平较低、党建工作基础薄弱、党建工作水平不均衡、商会工作内生动力不足等突出问题。积极推进镇街、园区基层商会组织完善登记注册工作。

【民营企业家座谈会】 10月，区工商联与区委统战部共同组织召开了全区民营企业家座会，学习贯彻习总书记在企业家座谈会上的重要讲话精神。大丰区委书记薛盛堂主持座谈会。会议对企业家现场提出的20条意见建议问题，由发改委、工信局、开发区、港区、人社局、科技局、自然规划局、行政审批局、项目服务中心、农业农村局、生态环境局、商务局等部门单位一一认领，现场交办。薛盛堂要求全区上下抓牢政策机遇，保持战略定力，坚定不移在发展实体经济中做大做强企业，全区广大企业家要牢记总书记嘱托，弘扬企业家精神，当好大丰高质量发展的主力先锋。

【搭建服务平台】 6月，区工商联与区司法局共同组织“法律服务民营经济高质量发展推进会”，邀请河海大学法学院教授刘惠明作“企业风险防范”专题讲座，剖析企业重大风险隐患进行剖析，讲授注意事项及相关防范措施。10月，与大丰区检察院共同开展“服务‘六稳’‘六保’护航民企发展”座谈会既检察院开放日活动，签订《盐城市大丰区人民检察院与盐城市大丰区工商业联合会关于建立健全检察机关与工商联沟通联系机制的实施办法》。2020年，区工商联依托区委统战部新的社会阶层联谊会与区司法局共同成立的“同心普法宣讲团”，运用专业知识，走进企业宣讲法律知识、维护企业合法权益，开展社会服务活动。

【民营经济调研】 2020年，区工商联积极发挥大丰民营经济调查点的作用，认真开展各项民营经济调研工作。开展并完成全联2020年第一、第二、第三次民营企业运行状况调查，民营企业应对疫情防控阻击战情况调查，民营企业复工复产稳产情况调查，全国工商联民营企业社会责任调研，第十次军民两用技术及产品研发生产情况专项调查，销售5亿元以上上规模企业调查，扶贫工作民营企业、民营企业家优秀事例、民营企业人才需求与产学研需求情况了解，财政资金直接惠企情况调研，盐城市民营企业家代际传承情况调查，万家民营企业评营商环境调查，商会党组织情况统计，全国工商联第十四次抽样调查，2020年度江苏省区域民营经济营商环境评估工作调查等多项调查工作及调研活动。区工商联被全国工商联办公厅表彰为2020年度民营企业调查点工作先进示范单位。

【万企联万村】 2020年，区工商联积极开展“万企联万村、共走振兴路”活动。宣传发动大丰区民营企业广泛参与，及时梳理、发布民营企业情况指引，动员一批有经济实力的商会会长、民营企业家在智慧农业、休闲观光、乡村旅游、新型农业服务等业态寻找、考察、对接联建项目，有力地推动大丰区“万企联万村、共走振兴路”活动。大丰区民营企业创意集团在宜君投资3000万元创办宜君工艺品创意公司，2020年产值3000万元，为当地提供当地就业岗位500多个，安置贫困群众43人，助困助学捐助近10万元，免费开办留守儿童“爱心学堂——小熊成长屋”，推动宜君地方经济发展和农民致富。

（陈永斌）

大丰区文学艺术界联合会

【概况】 2020年，大丰区文联广泛组织文艺活动，扎实开展精品创作，组织各艺术门类文艺会员申报工作，吸纳发展新会员，年内有3人加入中国摄影家协会，1人加入中国美术家协会，3人加入江苏省摄影家协会，1人加入江苏省作家协会，5人加入盐城市舞蹈家协会，4人加入盐城市摄影家协会。截至2020年年底，全区国家级会员32人，省级会员126人，呈现出队伍壮大、创作繁荣、团结和谐、充满活力的良好局面。

【文艺活动】 2020年，区文联组织知名作家、摄影家、音乐家到大丰开展专题采风活动。邀请江苏省音乐家协会小提琴学会50多名音乐家，到大丰荷兰花海、上海知青纪念馆等地开展采风创作活动，提高大丰旅游文

2020年9月30日，大丰区举办"黄同诞山水画展"和"抗击疫情 共克时艰"专题摄影展，庆祝中华人民共和国成立71周年。 周古凯 摄

化影响力；市文联举办盐城籍画家到大丰开展"画说湿地"采风活动，利用盐城黄海湿地申遗成功契机，打造湿地画派；陕西省铜川市文联、江苏省徐州市文联分别到大丰文艺采风；组织本土文艺家深入荷兰花海、恒北文联、大丰港集装箱码头、企业园区采风创作。以"寻找旧时光·共建新大丰"为主题，征集新丰镇、新丰里、人民路、幸福大街、中交美庐城、吾悦广场相关的老照片、老故事，深入挖掘大丰区人文资源，追忆城乡原貌；与区交通局联合开展"我家门口那条路"主题作品征集大赛活动。在文化馆、博物馆举办杨国萍摄影作品展、黄同诞山水画、"铁笔丹心"汪铁铭师生山水画作品联展，王宽容 房新民 宗维华 曹玲玲 刘卫兵五人联展、"澡耀鸣凤"四人书画邀请展、"翰墨书香 影随心动"龚心瀚摄影书法作品展等活动，年内展出区内外各类优秀文艺作品1000多件，吸引全区数万名文艺爱好者和群众参观。组织优秀作品走出大丰，杨国美在上海举办"世遗精灵、吉祥麋鹿"个人摄影展，展出作品66幅；陆天宁美术作品入展"正道致远"中国画名家学术邀请展，并应邀参加纪念紫禁城建成60周年"从历史走向未来"大型中国画主题展；陈银付瓷刻应邀在第二届大运河文化旅游博览会分会场暨第三届中国（淮安）大运河文化带城市非遗展、江苏工艺美术精品博览会暨第十一届艺博杯工艺美术精品大奖赛、2020澳门国际文化艺术品博览交易会、首届中国江苏乡土人才"三带两助"建设成果展等展会上亮相，展示瓷刻精彩工艺。继续推进传统戏曲进校园工程，在城东实验小学举办"小海星"锡剧培训班，10月24日，承办全国新教育20周年年会少儿锡剧专场演出活动；在幸福路小学举办"戏曲进校园·童心沐经典"专场演出活动。区锡剧团完成送戏下乡43场。

疫情期间，充分发挥全区文艺界凝聚力量、鼓舞斗志的作用，组织开展向中小学生和广大文学爱好者抗击疫情主题文艺作品征集活动，征集各类文艺作品800多件；发出《书画寄情·礼赞英雄——向援鄂医疗队英雄赠送书画作品》倡议，积极发动文艺家以各种艺术表现形式讴歌抗击疫情的英雄模范故事，将征集到的16幅书法作品和16幅美术作品交予援鄂医疗队员。抗疫舞蹈《妈妈的花摆裙》获江苏省第十四届"五星工程奖"舞蹈类金奖。

【艺术成就】 2020年，杨国美摄影作品《拓展之美》获第四届华夏艺术金鸡奖年度创作成就奖、第三届金丝路国际摄影大赛银牌，《梅龙游春》获第四届华夏艺术百花奖最佳创作奖；严正东摄影作品《彩练当空》单幅、《大地乐章·湿地麋鹿》组照入选2020紫金文化艺术节"小康光景"江苏摄影大展；陈曙文的油画作品《百年记忆——白渡桥》入选"第十一届江苏省油画展"，《火速驰援》入选中国美术馆主办的脱贫攻坚美术作品艺术沙龙展，并在江苏省首届退役军人"戎耀今生"书画大展中获奖；顾晓燕书法作品入选江苏省抗疫主题美术书法精品展，并被江苏省美术馆收藏；大型古装锡剧《淑娘》入选2020年江苏省艺术基金大型舞台资助项目；小锡剧《打车》获盐城市小戏小品展演一等奖；小品剧本《特殊暗访》获中国剧协张家港（全国）小戏小品创作基地2020年度小戏小品、小剧场剧本征集活动二等奖，小品剧本《孙女不在家》获三等奖。舞蹈《百里槐花香》应邀参加舞林大会——长三角城市文化馆联盟2020首届舞蹈节，并获得二等奖；少儿舞蹈《妈妈的花摆裙》、男声四重唱《花海仙境》获第十四届江苏省"五星工程奖"。

【文联组织建设】 8月19日，区文联召开工作会议，努力打造服务型、创新型、有为型"三型"文联，通过实施精品创作、文艺惠民、市场推广、强身健体等"四大工程"，推动全区文联工作稳步提升。建立文艺家协会对外交流、学术交流活动报批制度。强化对各文艺协会的团结、引导、服务职能。督促各协会做好班子组建和完善工作，加强对会员的管理、教育工作；区锡梅协会和区书法家协会分别召开第二届会员代表大会，完成领导班子换届工作。

【文化干部能力培训班】 区文联进一步增强专业本领，深化增强"四力"教育实践工作，5—10月，承办宣传文化干部人文素养能力培训班，每月一期，邀请作家协会冯晓晴、美术家协会李生甫、书法家协会顾晓燕、摄影家协会陆军、音乐家协会葛星星、舞蹈家协会张霞，开展专题演讲，进一步提高宣传文化干部文化专业水平和综合素养。

（张素萍）

大丰区残疾人联合会

【概况】 2020年，大丰区残疾人联合会（以下简称大丰区残联）紧紧围绕省市残联下达的目标任务，真抓实干，完成基本服务、社会保障、基础管理等各项工作。被江苏省政府残工委表彰为按比例安排残疾人就业工作优秀单位，被江苏省人社厅、江苏省残疾人联合会表彰为“全省残联系统先进集体”。

【脱贫成果巩固】 5月29日，区残联组织开展“三进三查”（走进建档立卡低收入残疾人家庭，走进重度残疾人家庭，走进残疾学生家庭，核查“两项补贴”“单人保”和基本医疗、基本养老保险等政策落实情况，核查残疾学生受教育情况，核查康复、基本住房安全和无障碍环境改造等情况）活动，走访录入系统的残疾人4135个，同时做好全面分析汇总。组织镇、村两级残疾人工作者逐户走访调查残疾人家庭，排查并解决残疾人“无安全住房、患重病无人照看、无棉衣过冬、无年货过年”的“四无”问题，登门慰问困难残疾人737户发放慰问金30万元。落实苏陕工作相关要求，为40名宜君县贫困学生送上10万元的助学金，为善家河村发展建设捐资3万元，为残疾青年捐赠助残金5万元，支持宜君县残联5万元用于“残疾人之家”建设。

【残疾人就业帮扶】 区残联在进行企业用工需求、残疾人就业意愿调研的基础上，利用网络进行培训，完成实名制培训321人，实名制就业110人。6月4日，区残联与人社局联合举办农村低收入残疾人专场招聘会，100多名残疾人到场参加求职活动，17名残疾人与用工单位达成就业意向，招聘活动现场还为残疾人现场办理就业创业证10个。对228个年审企业进行现场核查，杜绝空挂享受税收优惠，入库残保金1705万元。对25个按（超）比例安置残疾人就业的企业发放补贴（奖励）资金20多万元。全区城镇青壮年残疾人就业率96.45%，农村青壮年残疾人就业率71.93%。区残联把辅助性就业作为“残疾人之家”建设的核心要求、必备条件和活力支柱，全年在机构托养的残疾人285人，其中参加辅助性就业261人。

【残疾人康复】 2020年，区残联认真落实省政府民生实事项目——残疾人社区康复示范点改造提升工作，并通过盐城市残联的检查验收。转介符合康复条件的230名残疾儿童到各定点康复机构接受康复训练，通过统计考勤天数、查阅档案资料、家长交流等方式，对儿童康复情况进行绩效考核，保证康复质量和效果。实行服药人数、服药费用“两个不封顶”，全年为1673名精神病患者实施免费服药以及集中组织免费体检。帮助160名白内障患者实施免费复明手术。帮助649名残疾人适配各类辅具，帮助119名残疾人安装助听器、假肢和矫形器。向辅具借用点发放轮椅、助行器等辅具190件。将慈善总会捐赠的118张护理床分配到各辅具借用点，方便有需求人员就近借用。

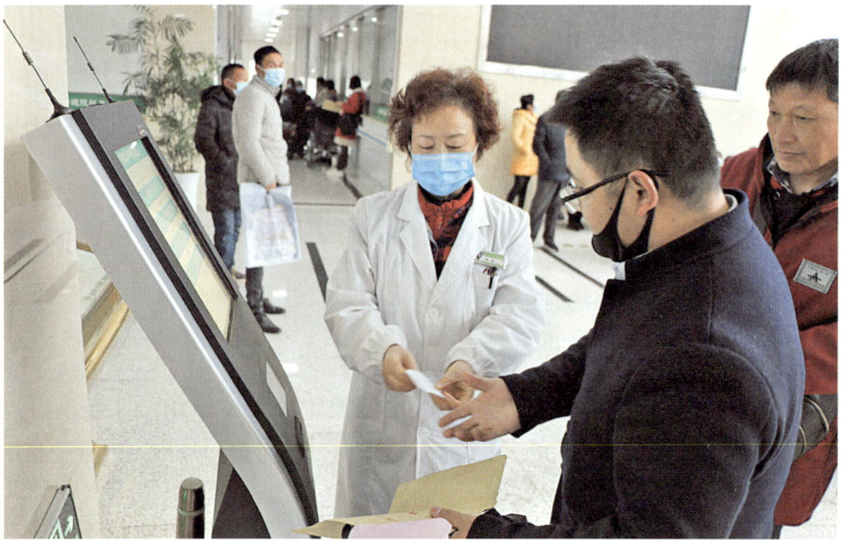

2020年11月开始，大丰区残联将残疾评定“一年双评”调整为“每月一评”。图为康复中心一楼残疾人证“每月一评”现场　　吴金楼　摄

【残疾人社会保障】 2020年，区残联实现“两项补贴”（困难残疾人生活补贴、重度残疾人护理补贴）覆盖率100%，其中9809名残疾人享受生活补贴，10000名残疾人享受护理补贴。助残日期间，向建档立卡等贫困残疾人家庭捐赠电视机、洗衣机、电饭煲等家电936件，着力改善残疾人生活条件。落实残疾学生教育补贴，为71名残疾学生发放教育补贴8.5万元。全年为105户贫困残疾人家庭开展无障碍环境改造，并通过盐城残联验收。继续落实残疾人简易综合保险政策，年内314名残疾人获得理赔99万元。组织开展“99公益日”网上募捐的“小海残疾人之家慈善捐款”项目，募集捐款28249.52元，其中爱心人士捐赠26757.37元，腾讯公益配捐1492.15元。疫情期间，开辟残疾人意外伤害保险绿色理赔通道，疫情期间共理赔46起，赔付金额20多万元。发放自主创业等停业补贴23.95万元，辅助性就业劳动补贴4.212万元，减免康复中心租金1.9万元。慰问居家隔离残疾人3人，并赠送爱心礼包。

【残疾评定】 2020年，区残联在严格遵从省规程的基础上，从11月份开始，将“一年双评”调整为“每月一评”，全年为近2000人次进行残疾评定。做好到期残疾人证核查换发和违规残疾人证清理工作，核查换发到期残疾人证11429本。通过登录《江苏省残疾人基础信息管理系统》、核查评残资料和持证情况，未发现违规持证现象。

【残疾人服务联合行动】 2020年，区残联组织开展残疾人服务联合行动，将动态更新入户调查、康复需求入户调查和残疾人证年审等基础性工作打包组织，提高工作效率，减轻基层负担，方便残疾群众，为全年各项工作开展提供了第一手信息。同时分片对村（居）以上残疾人工作者开展培训，明确任务、教授方法、提出要求，三项基础性工作圆满完成，其中动态更新质量显著提高，全区调查录入19314人，入户登记率99.08%。

【残疾人信访矛盾化解】 2020年，区残联认真做好残疾人信访工作，全年接待残疾人来电来访来信500多人次。认真做好“大丰12345政府服务热线”交办件工作，全年接受交办件28件，完结率100%。

（夏萍萍）

大丰区红十字会

【概况】 2020年，盐城市大丰区红十字会（以下简称区红十字会）弘扬“人道、博爱、奉献”的红十字精神，完成全年各项工作任务，年内获中国红十字会总会报刊宣传先进集体三等奖。

【帮扶困难群众】 1月下旬，区红十字会从博爱救助金中拿出10万余元，购置600份博爱大礼包，连同省红十字会下拨的米和油，严格按照救助物资发放要求，通过摸底、评审、公示后分配到全区各镇（区）600户贫困群众。区红十字会对75名患尿毒症、白血病、癌症及一般疾病的家庭困难群众进行人道救助，发放救助金4万余元。春节前夕，走访慰问大中镇晋北村、利民村和新丰镇三总村“结对帮扶”家庭、草庙麻风村及“三服务”挂钩企业。在开展机关党员进社区服务活动中，从博爱救助金中支出1800元，慰问浦江社区所辖特困家庭户。全年，从博爱救助金中支出近15万元，开展助困、助医、助老等活动，救助困难群众1500余人次。

【应急救护培训】 2020年，区红十字会分批派送2名红十字工作人员及志愿者参加江苏省红十字会救护师资的初训、复训班。采取“内培外请”的方式聘请师资，规范课件、明确要求，为机关、企事业单位提供优质的上门培训服务。6月，联合人武部对200余名民兵进行应急救护知识培训，讲解和示范心肺复苏、止血包扎、骨折固定等急救技能，提高其自救与互救能力，预防和减少伤亡事故的发生。10月，在梅花湾景区开展大型公益救助知识宣传活动，向全区的200余名学生志愿者讲解急救的概念、自救与互救原则、心肺复苏的操作步骤等急救知识，增强应急反应能力，进一步保障校园安全。全年完成救护员培训1083人次，普及性培训11287人次。

【募捐筹资】 2020年，区红十字会以“5·8”世界红十字日为契机，依法按章开展“博爱基金捐赠”活动。通过会议推进及媒体宣传等多措并举，启发志愿劝捐劝募，不断加大全区各镇、各部门、企事业单位和社会爱心人士向红会博爱救助金募捐筹资力度，全年，接受社会爱心人士和爱心企业捐款近100万元。协助爱心企业江苏宿迁市宏宝医疗器械有限公司向区第二人民医院定向捐资20万元继续实施“爱心光明行”项目，帮助全区100名患白内障的贫困老人实施复明手术。协助新城公司组织干部职工捐资近5万元帮助困难学生。疫情期间，区红十字会接收社会捐赠2902392元，做到及时、精准、全额发放到位。

【关爱生命工程】 2020年5月8日是第73个世界红十字日，区红十字会通过移动终端以手机短信形式发送1万条公益宣传短信，主要宣传内容为红十字运动、《中华人民共和国红十字会法》、无偿献血、捐献造血干细胞、遗体（器官）捐献等方面的知识。积极参与无偿献血动员工作，全年参与无偿献血7300人次，采集血样219万毫升；以提高造血干细胞捐献认识普及率，提升民众参与度为目标，认真做好招募志愿者采集血样入库工作，完成造血干细胞血样采集50人份，初配再动员11人，其中高分辨检测2人。

【志愿服务】 2020年，区红十字会认真贯彻落实《江苏省红十字会关于开展红十字养老照护志愿服务的通知》《盐城市红十字会开展养老服务试点工作方案》，扎实推进养老服务工作。组织红十字志愿者45名，成立三个红十字养老照护服务队（区红十字爱心车队，区义工联红十字养老照护服务队，区众心助困红十字养老照护服务队）广泛开展居家养老志愿服务，利用每周的闲暇时间为居家养老人员开展生活照料、康复保健、文体娱乐、精神慰藉等志愿服务。充实“博爱家园”建设内涵，将“博爱家园”打造成红十字养老服务工作的示范点，强化养老照护志愿服务工作管理。2020年，举办7期养老照护志愿服务培训班，培训664人次，受益居家养老家庭158户，受益304人次。高考、中考期间，区红十字会组织红十字志愿者车队按照惯例举办一年一度的“爱心送考”免费志愿服务，服务优、车况好的22辆出租车统一贴上“爱心送考”标识，以一对一、考点外定点服务等志愿服务形式，为高考学子们的交通运输保驾护航。

【特色项目建设】 2020年，区红十字会成功申报江苏省红十字会应急救护培训基地项目，通过公开招标的方式聘请项目管理承包商对项目的全过程进行集成化的建设和管理。10月，区红十字会应急救护培训基地建设工作基本完成。成功申报江苏省红十字会“博爱光明行”项目，在盐城市大丰区友义医院（原同仁医院）眼科门诊实施“大丰博爱光明行”项目，给贫困白内障患者带去光明。截至2020年年底，在街道、乡村组织活动28次，为近200名贫困患者进行复明手术。

（杨怡琴）

〖编辑　谢竹青〗

政法委与综治

【概况】 2020年，大丰区政法战线面对疫情防控和维护稳定的双重考验，全力防风险、保安全、护稳定、战疫情、扫黑恶、铸铁军、促发展，各项工作取得新突破、新成效，为夺取疫情防控和高质量发展双胜利贡献政法力量。全区群众安全感99.2%，政法队伍满意度96.3%，均位列全市第一。

【政法机关服务发展】 2020年，全区政法系统面对新冠肺炎疫情，闻令而动、科学应对，广大政法干警、基层网格员构筑“外防输入、内防扩散”的坚固屏障。聚焦“六稳”“六保”，出台为企业服务10条措施，健全检察机关与工商联沟通联系制度，建立破产专项基金，完善市场主体救治和退出机制，依法办理的案值1500万元的制售伪劣口罩案被国务院防控办评为经典案例。推动南京海事法院巡回审判基地在大丰港人民法庭挂牌成立。省检察院在大丰区召开黄（渤）海湿地公益保护检察研讨会。完善安全生产、环境保护行政执法和司法联动机制，扎实推进安全监管“六大整治仗”，先后发送司法建议7份，查处涉嫌安全生产案件6起。

【扫黑除恶专项斗争】 2020年，大丰区始终将扫黑除恶专项斗争作为一项重要政治任务认真落实。全区打击涉恶犯罪团伙16个，抓获涉黑涉恶犯罪嫌疑人471人，查扣各类涉案资产3.57亿余元；提起公诉涉黑涉恶案件11件83人；审结涉黑涉恶案件11件53人，查处“保护伞”1人，查处涉黑涉恶腐败6人，2020年盐城市公安局挂牌的3起“套路贷”专案全部告破。

【创新网格化社会治理】 2020年，大丰区坚持和完善“大数据+网格化+铁脚板”治理机制，深入推进网格“五化”（网格阵地实体化、网格队伍专职化、网格流程信息化、网格主业重点化、网格联动社会化）建设和警网融合，建成1545个红网格，推进“红色邻里”建设，基层社会治理党建引领效应全面提升；推进三级中心实体化建设，推动716名“三官一律”（法官、检察官、公安机关和律师）进网格参与社会治理，基层网格员协助法院执行工作机制做法受到省法院肯定并要求全省法院总结推广，网格化实战应用水平不断加强；健全“网格+特殊人群”工作模式，管控经验在《长安》杂志刊登，并被拍摄成短片在全省特殊人群管控工作会议上推广；开展“排风险、建清单、除隐患、保稳定”专项行动，将违法违规“小化工”、消防安全、治安隐患等巡查纳入网格员日常巡查清单，建立网格业务部门联训工作机制，网格规范达标率95.4%，位于省市前列。

【综治平安建设】 2020年，大丰区组建打击治理电信网络新型违法犯罪中心。侦破3起长达10余年的命案积案，被上级机关通报表扬；侦破2起100人以上规模电信网络诈骗案件，被央视报道；破获价税55.24亿元的“9·30”特大虚开增值税专用发票案，挽回损失2800余万元，被公安部列为典型案例。深入推进立体化、现代化社会治安防控体系建设，统筹推进感知天罗、场所慧盾等“五项计划”。指挥平台、大数据中心全部建成，高标准通过省级验收，交通安全监管绩效保持全市第一，受到国务院督导组高度评价。扎实开展交通、校园、金融等重点行业创建活动，被评为省级“平安铁路县（市、区）”“全省平安校园建设示范县（市、区）”。2020年度平安盐城建设继续保持全市第一。

【法治大丰建设】 2020年，大丰区深入开展“补短板、强弱项”专项行动，区政府重大行政决策、规范性文件、行政合同合法性审核率100%。全省司法刑罚执行一体化建设高质量发展会议在大丰区召开。深化政法领域改革，106项政务服务事项全部上线办理，窗口满意率保持全市前列。深入推进法律援助、司法救助、信访救助等工作，落实“政法强基”十件实事和“政法服务”40件实事项目，大力推动法学会建设，完成“七五”普法终期评估验收工作，组织“12·4”系列活动，被《新华日报》等媒体报道；创新法治宣传方式，制定“谁执法谁普法”履职评议报告制度，组织开展国家安全、禁毒、民法典等主题宣传活动，法治建设满意度明显上升。

【政法队伍建设】 2020年，大丰区坚持全面从严治警，不断推进政法队伍革命化、正规化、专业化、职业化建设，政法队伍形象呈现新面貌。深入开展轮值轮训、实战练兵、技能比武，全区4名干警被推选为省中级教官、6名检察官入选市专业化办案组，政法队伍履职服务本领全面提升。切实整治在“吃喝、交往、车轮、奖金津补贴”等方面的突出问题，从严落实管党治警主体责任，营造风清气正的良好政治生态，全区政法队伍建设特色亮点工作在全市政法会议上交流。

（王中杰）

法治政府建设

【概况】 2020年，大丰区深入学习贯彻习近平总书记全面依法治国新理念、新思想、新战略，认真履行推进法治政府建设领导职责和主体职责，坚持依宪施政、依法行政，持续推动法治政府建设，完成法治政府建设目标任务，为全区高质量发展提供法治保障。

【政府合同创新管理】 2020年，大丰区将组织推进行政合同管理作为区政府创建依法行政示范项目的重点工作，规范重大行政决策、推进依法行政。创新政府合同管理的“大丰标准”为全省提供标杆。《政府合同合法性审查工作指引》被省委依法治省办公室、省司法厅授予“2018—2020年度江苏省法治建设创新奖”，形成的合同管理“大丰标准” 在全省推广。

【行政决策规范化水平提升】 2020年，大丰区政府常务会认真学习《重大行政决策程序暂行条例》《江苏省重大行政决策程序实施办法》，要求政府重大行政决策严格履行征求意见、专家论证、风险评估、合法性审核、集体讨论程序。制定《盐城市大丰区文件合法性审核指导意见》，进一步规范政府规范性文件、重大行政决策文件合法性审核程序，合法性审查的范围由规范性文件延伸至全部涉法文件与决策，实行文件起草部门法治科室初审和合法性审查双覆盖，全区规范性文件合法性审查率100%，区委区政府决策和文件的合法性审查率100%。11月，大丰区司法局被省司法厅表彰为合法性审查先进集体。修订政府工作规则，出台行政决策与文件合法性审查制度，完善重大行政决策程序。制定《盐城市大丰区重大行政决策目录管理办法》《盐城市大丰区重大行政决策公众参与工作规则》《盐城市大丰区重大行政决策咨询论证专家库管理办法》等3份行政决策程序配套文件，进一步细化重大行政决策操作程序，用法治给行政决策定规矩、划界限，规范行政决策程序。

【行政执法“三项制度”全面落实】 2020年，大丰区加强行政执法规范化，推动落实以行政执法公示制度、执法全过程记录制度和重大行政执法决定法制审核制度等三项制度为主要内容的行政执法程序制度，促进和保障行政机关严格履行法定职责，确保行政执法活动合法有效。行政执法公示制度落实到位，全区行政权力清单通过江苏省政务服务等多平台进行公示。在江苏省行政执法监督平台上录入行政执法主体和行政执法人员信息1300余项。区市场监管局、应急管理局等部门行政处罚文书及时上网公开。全面推行行政执法全过程记录制度，做到执法全过程留痕和可回溯管理，全区行政执法记录实现文字记录100%全覆盖，区交通运输局、公安局、综合执法局、市场监管局、应急管理局、卫健委等执法部门一般程序案件音像记录100%全覆盖。全面推行重大执法决定法制审核制度，健全法制审核队伍，建立法制审核清单，充分发挥审核把关作用，做到凡决必审、应审尽审。出台并全面落实行政执法责任制，防止任性执法。

【行政执法监督监管】 2020年，大丰区制定出台《盐城市大丰区行政执法争议协调处理办法》，建立健全行政执法争议协调制度，全年协调行政执法争议12个。组织开展重点执法领域监督，年初制定全年行政执法监督计划，对区自然资源和规划局、生态环境局、市场监管局、应急管理局、人社局、综合执法局、住建局、交通运输局等重点执法部门开展行政执法专项检查，检查行政执法案卷300余份，发现4类问题36个，及时发放行政执法监督意见书，要求及时整改。开展行政处罚履职情况专项督查，督查情况向全区进行书面通报。

【政府信息公开全面推进】 2020年，大丰区强化信息主动公开，全年通过政府门户网站、档案查询点、电视、新媒体平台等形式主动公开政府信息9366条，积极回应群众关切，强化依申请公开办理，全年受理依申请公开政府信息185件，均及时答复，按期办结率100%，做到件件有回复，从源头上减少和避免行政诉讼败诉和行政复议纠错发生。

【行政复议与应诉】 2020年，大丰区充分发挥行政复议监督职能，依法纠正违法行政行为，维护群众合法权益。全年收到行政复议案件50件，其中受理43件，作出维持决定10件，驳回行政复议申请5件，申请人撤回复议终止25件，全年撤销、确认违法、责令履行职责3件，依法维护企业和群众合法权益，监督行政机关依法行政。大丰区政府为被告的一、二审行政诉讼案件15件，已审结案件10件，其中维持、驳回诉讼请求4件、驳回起诉4件、当事人撤诉2件。加大行政首长出庭应诉工作，全区行政机关负责人出庭率100%，“出庭、出声、出效果” 良好氛围逐渐形成。打造行政诉讼精品案例，大丰区政府海域使用许可案件入选2020年第8期最高法院公报，区政府以行政协议提升海域使用权管理效率的收益方式得到法院支持，对加强生态环境保护，推进依法行政具有积极示范效应。

【法治营商环境】 2020年，大丰区成立全区优化营商环境工作领导小组，由区政府主要负责人担任组长，区相关部门一把手任组员，强化部门联动，不断拓展营商环境优化的广度和深度。全年梳理出32个部门计1276个政务服务事项，进驻大厅比例超90%，建立政务服务“好差评”制度，施行以来，窗口评价2627件，好评率100%。以“防风险、促转型、护发展”为主题，持续开展“法企同行·风险防控”专项活动，将涉及公平竞争和企业营商环境的规范性文件作为法制审核重点，常态化开展涉企专项执法督查，坚决纠正破坏营商环境行为。

（袁康勇）

公 安

【概况】 2020年，大丰区公安局坚持以人民为中心，紧扣“一体两翼三大支撑四轮驱动”（现代社会治安防控体系，智慧平安网格、智慧平安大道，现代实战警务、智慧法治公安、现代精锐铁警，科技驱动、改革驱动、战役驱动、创建驱动）工作布局，统筹做好战疫情、保稳定、护平安、促发展、惠民生等工作，积极建设基础更牢、质态更好、满意度更高的平安新大丰，群众安全感、满意度在全市领先、全省前列。连续8年被大丰区委、区政府授予“综合先进奖”，被盐城市委、市政府表彰为创建全国文明城市工作先进集体，被盐城市公安局表彰为全市公安机关实战练兵先进集体。全年34个集体，129人次获区及区级以上表彰。

【疫情防控】 2020年，大丰区公安局成立疫情防控专班，充分发挥“大数据+网格化+铁脚板”的机制优势，累计核查管控4.95万人、1.09万条线索。33名监所民警连续7个月分班次进行封闭式管理，有效守护疫情期间的监所安全；交警部门实行“四班三运转”（执勤全天分为4个班次，由3个警组轮流，保障全天候在岗在位）模式，严守5个高速通道，先后查验27万辆车45万人。严打涉疫犯罪，办理刑事案件42起，抓获犯罪嫌疑人33人，破获案值逾1500万元的王某峰制售伪劣口罩案等。助力复工复产复学，开展上门服务，开辟绿色通道，协调解决各类问题1100余个，为夺取阶段性胜利和维护常态化平稳作出贡献。

【公安安全稳定建设】 2020年，大丰区公安局坚持系统思维，强化风险意识，超前防范、全力应对政治、经济、网络、社会等领域风险挑战。不断健全大维稳机制，推进情报“棱镜”计划，强化预知预警，全区重大涉稳事件零发生。深化智慧安保，有效应对34个敏感节点，126场次政治经济文体活动安保警卫无一差错。成立安全专项整治工作领导小组，推进安全监管“六大整治仗”（道路交通、群租房安全、危险物品安全、寄递物流安全、水域公共安全、重点目标安全专项整治仗），开展国省道穿越村庄、“冬季攻势”、小化工整治、居民住宅小区消防安全整治等专项行动，排查整治道路交通、危化品、居民住宅小区消防安全等突出安全隐患3700余处，全区道路交通事故、亡人事故以及亡人数同比下降23.7%、46.6%、47.7%。完成“智慧交通”工程，研发智慧交通管控平台，探索建设数字化交警中队，构建“1+3+N+1”的交通指挥管理体系（一个“智慧交通”管控平台，三级指挥中心、N个数字化中队、一套科学精准的交通勤务），努力打造“四控”（图控、数控、巡控、风控）大道，得到公安部调研组肯定、省公安厅简报推介，204国道事故数、亡人事故数及亡人数同比分别下降44.4%、87.5%、87.5%。

【平安大丰建设】 2020年，大丰区公安局持续深化高质量平安大丰建设。组建社会治安防控中心，强化大数据应用，围绕圈层查控、单元防控、要素管控，统筹推进感知天罗、场所慧盾等“五项计划”，以升级版技防城为支撑的数据感知网初步建成，治安防控的信息化智能化水平明显提升。全力打好为期三年的扫黑除恶斗争收官战，办结线索446条，办结率100%；侦破九类黑恶案件278起，抓获犯罪嫌疑人463人，打财断血3.4亿元，专项斗争群众满意度居全市前列。组建打击治理电信网络新型违法犯罪中心，成立六支专业尖刀队，全面掀起“六场攻势”，侦破现行案件777起，抓获刑事作案成员1444人。侦破3起长达10余年的命案积案被上级公安机关通报表扬；破获2起百人以上规模电信网络诈骗案件，被央视《今日说法》等栏目报道；破获价税55.24亿元的“9·30”特大虚开增值税专用发票案，

2020年4月，大丰区公安局组织督察工作组，深入一线单位开展督查，指导帮助基层解决实际问题，不断加强队伍作风建设。 （单位供图）

挽回损失2800余万元，被公安部列为典型案例。

【公安改革深化】 2020年，大丰区公安局坚持解放思想，开拓奋进，推动区委政法委制定下发“警格+网格”融合建设实施意见，推进“平安前哨”工程，成立警网联勤中心，优化“平安地标”警务工作站运行机制，建成智慧安防小区和智慧场所。主城区警情5分钟内到场响应率上升至94%，矛盾纠纷调处率90%以上。深入开展城区交通秩序、不文明养犬等问题专项整治，查处机动车违停14438起，发放免疫标识（犬牌）1400余枚。坚持严格规范公正文明执法，全年行政诉讼无一败诉，行政复议无一被撤销，执法质量保持全省优秀。深化公安政务“放管服”改革，购置自主服务一体机，设置交通事故快处快赔点，106项政务服务事项上线办理，行政许可窗口被表彰为盐城市优秀服务窗口。

【警务交流】 2020年，大丰区公安局加强警务合作交流，提升警务工作水平。5月26日，上海市局农场分局党委书记、局长陈昌俊一行到大丰区公安局新丰派出所开展座谈交流，继续贯彻执行长三角区域警务一体化框架协议，努力寻求更高领域、更深层次、更大范围交流合作。6月24日，大丰区公安局邀请“全国人民满意公务员”“公安楷模”宝应县公安局氾水派出所民警李树干到大丰讲授社区警务工作经验会，就“枫桥式公安派出所”创建等工作深入交流。9月27日，大丰区公安局赴山东淄博、济南交警支队考察，就相关议题深入交流。

【“五一”战时安保维稳】 5月1—5日，大丰区公安局针对“五一”小长假执行战时巡防勤务，日出动民警、辅警565人、警车73辆，加强治安巡防、重点值守、应急备勤，统筹开展“蓝剑1号”“飓风1号”等专项行动，接报刑事、治安警情同比下降43.8%、32.0%，保持社会面严查严打高压态势，风景旅游区、商贸区治安交通秩序良好；深入推进公共安全监管，紧扣消防安全、道路交通、危险物品、出租房屋等客观形势，针对性地开展隐患排查整治、安全教育宣传、开展违法查处，检查各类重点场所、单位382家，发现整改隐患27处，保障景区周边车辆通行5.5万辆次，查纠交通违法行为1826起，消除各类风险因素，实现重特大安全事故零发生。

【于海霞一行到大丰调研】 5月16日，江苏省公安厅治安总队副总队长、人口管理支队支队长于海霞带领由治安总队、法制总队、消防救援总队组成的联合调研组到大丰调研指导工作。调研组先后实地查看新丰派出所及荷兰花海警务室、金丰路警务服务站建设运转情况，听取有关工作情况介绍，并围绕“枫桥式公安派出所”创建、基层消防安全监管工作进行座谈交流。

【尚建荣一行到大丰调研】 6月11日，江苏省公安厅党委副书记、常务副厅长尚建荣到大丰区公安局新丰派出所调研指导工作。尚建荣实地观摩派出所综合指挥室、诉调中心、执法办案分中心、自由搏击馆、荣誉室、党建活动室和安保指挥部等处，听取新丰派出所创建“枫桥式公安派出所”情况汇报，对相关工作表示肯定。

【谢培江一行到大丰考察】 6月27日，公安部三局十七处处长谢培江带领北京、上海、浙江等十余个公安机关组成的公安部防控办工作专班，到大丰考察社会治安防控体系建设工作。考察团先后观摩实战指挥中心、金丰路警务服务站、新丰派出所，对相关工作成效表示肯定并提出工作指导和建议。

【石勇一行到大丰督导】 8月17日，公安部交管局副局长石勇一行到大丰督导交通安全专项整治工作。督导组一行先后到草堰交警中队、实战指挥中心，深入了解农村铁骑队建设和G204国道“智慧平安大道”创建工作情况，对强化动态监管、压降道路交通事故、提升智能化监管水平提出要求。

【民警辅警心理疏导活动】 10月28日，大丰区公安局举办民警辅警心理疏导活动，邀请国家二级心理咨询师唐慧主讲，强化落实战时“七个在一线”（领导干部、慰问激励、宣传发动、督查问责、排忧解难、后勤保障、执法服务在一线）思想政治工作，做好做细战时期间民警、辅警心理健康疏导，帮助基层民辅警在艰巨的任务下减压力、聚正能、提士气，以更加饱满的热情和昂扬的斗志投入到各项工作。

【数字化交警中队建设观摩】 11月27日，盐城市政府召开204国道交通安全文明示范路创建活动现场观摩会，采取“家家到”形式沿204国道盐城段由南向北实地观摩，观摩团先后实地察看交警草堰中队铁骑队列、图板介绍、装备陈列、装备演示4个展示区，听取大丰区智慧平安大道创建工作的相关做法和经验。

【盐城市公安系统创建省AAAAA级数字档案室评估会在大丰召开】 11月30日，盐城市公安系统创建省AAAAA级数字档案室评估会在大丰召开。评估组通过听取汇报、审查材料、实地考察、观看演示、质询讨论，对各县（区）局的“江苏省AAAAA级数字档案室”创建工作进行专业评估，评定大丰区公安局高分通过验收。

【“江苏省五星级档案室”创建工作测评】 12月21日，江苏省档案馆、江苏省公安厅专家组一行到大丰区公安局测评“江苏省五星级档案室”创建工作。评估组通过听取汇报、审查材料、实地考察、质询讨论等形式，对大丰区公安局“江苏省五星级档案室”创建工作进行专业评估并给以高分通过验收。

（金伟杰）

【边防违法犯罪打击】 2020年，大丰区边防大队各级接处警2547起，立刑事案件116起，发案率同比下降11.5%，破获各类刑事案件43起，破案率37.1%；受理行政案件482起，查结410起，查结率85.1%；打击处理各类违法犯罪分子284人，移送起诉23人，已公诉19人。开展"打击破坏野生动物资源违法犯罪专项行动"，破获非法狩猎案3起，移送起诉4人，查结非法设置电网案7起，处罚9人。9月，按照联动工作机制，边防大队与水警大队、渔政大队在海上抓获涉嫌非法捕捞犯罪嫌疑人20人。在打击"黄赌毒"系列行动中，大队先后办理2起通过网络招嫖案件，打击涉娼人员7人。

【矛盾纠纷调处】 2020年，大丰区边防大队结合争创"枫桥式公安派出所"和社区走访工作，排查化解各类治安隐患和不稳定因素，持续深化社会矛盾纠纷调处，不断加强辖区维稳管控能力。全年调解矛盾纠纷1032起，处置群体性纠纷9起，调处非正常死亡事件9起。边防大队各级团结协作，按照大丰区公安局工作部署，积极配合相关职能部门做好斗北、海北、卯龙等养殖区的退渔还湿工作和海上紫菜养殖清退工作，并做好相关的维稳管控工作。

（卢　鹏）

检　察

【概况】 2020年，盐城市大丰区人民检察院（以下简称区检察院）始终坚持以习近平新时代中国特色社会主义思想为指导，紧紧围绕"两海两绿"发展路径，聚焦服务"六稳""六保"，充分履行检察职能，做人民群众美好生活的法律守护者。

【检察助力疫情防控】 2020年，区检察院出台检察官进网格的实施意见，先后派出260人次参与社区执勤、风险排查、防控宣传等工作。加强监管场所疫情防控，4名派驻检察干警全封闭防疫作战62天。批准逮捕涉疫犯罪案件7件8人，提起公诉8件9人。依法办理涉案金额700多万元的王某某生产、销售伪劣口罩案。第一时间出台《关于依法履行检察职能助力企业复工复产的实施意见》，获区委主要领导批示肯定。

【检察护航安全生产】 2020年，区检察院制定出台《关于深化安全生产检察工作的实施细则》，创新安全生产检察方式，探索形成"事前联防、事中联治、事后联惩"的"三段式"介入监督机制，依法起诉各类安全生产犯罪15件23人。结合办案开展风险研判，起草《大丰区近五年涉危害安全生产刑事案件情况分析报告》，提出安全风险防控建议，供区四套班子主要领导决策参考。

【生态环境保护】 2020年，区检察院开展"打击破坏野生动物资源违法犯罪"专项行动，办理破坏环境资源类刑事案件12件28人。发挥"公益观察员"制度作用，健全线索举报奖励机制，调动社会力量参与环境公益保护。开展"守护黄海湿地"专项活动，筑牢湿地保护检察防线，助力擦亮世遗品牌。协助省检察院举办2020黄（渤）海湿地公益保护检察研讨会，与会领导对大丰湿地保护工作给予高度评价。

【扫黑除恶专项斗争】 2020年，区检察院批准逮捕黑恶势力犯罪4件10人，提起公诉6件31人。突出办理上级交办的宋某某等9人组成的大纵湖"蟹霸"恶势力犯罪集团寻衅滋事、敲诈勒索案，依法将黑社会性质组织改变定性为恶势力犯罪集团。全力推动"伞网清除"，与纪委监委建立"保护伞"线索查办反馈机制，移送线索4条。分管检察长顾兴俊被省检察院表彰为全省检察机关扫黑除恶专项斗争先进个人。

【刑事犯罪惩治】 2020年，区检察院批捕各类刑事犯罪155件276人，起诉435件688人。依法起诉严重侵犯公民人身权益及危害公共安全犯罪48件60人，保障人民群众生命财产安全。突出办理20年前徐某某故意杀人案，全程跟踪，引导侦查，切实保证办案质量。

【检察社会治理】 2020年，区检察院践行新时代"枫桥经验"，深化轻微刑事案件轻缓化处理工作，对社会危险性较小的，不批捕106人；对犯罪情节轻微的，不起诉68人。重视保护弱势群体权益，依法办理侵害未成年人、老年人、残疾人、农民工权益犯罪48件55人。开展根治欠薪专项监督活动，对某玩具厂负责人杨某某拒不支付劳动报酬案依法提起公诉，帮助38名农民工追回被拖欠工资10.8万元；开展保健品乱象专项整治行动，依法办理仲某某销售有毒、有害食品案，维护食品药品安全；开展整治电信诈骗专项行动，依法办理涉案金额5600

2020年3月13日，大丰区检察院检察官深入江苏森威集团有限责任公司走访调研，助力企业战"疫"复工。　　王元民　摄

余万元、被害人13000余人的吴某某等117人电信诈骗案。

【未检品牌打造】 2020年，区检察院制定印发全市首份复学复课校园疫情防控检方提示函。向相关部门发出公益诉讼诉前检察建议，推动全区开展无证幼儿园专项整治。与区义工联签订"'未'爱启航"未成年人帮扶项目协议，在全市检察机关首次通过购买社工服务的形式帮扶涉罪未成年人。深化"检校共建"，60名干警被全区各中、小学校聘为法治副校长，开展"法治进校园"活动80余场次。

【刑事诉讼监督】 2020年，区检察院推进认罪认罚从宽制度，全年适用认罪认罚687人，适用率90.6%，提出确定刑量刑建议率70.1%，采纳率98.2%。坚持以求极致标准压降刑事案件"案件比"，有效减轻当事人讼累。监督立案5件5人，监督撤案12件12人，纠正漏捕2人，纠正漏诉5人，提出抗诉5件，监督纠正侦查活动违法16件，监督纠正审判活动违法3件。深化刑事执行监督，发出各类纠违通知书32份、检察建议书5份，监督财产刑执行到位160万元。

【民事和行政诉讼监督】 2020年，区检察院办理民事、行政检察监督案件25件。完善公检法司防范和查处虚假诉讼工作机制，制定非法金融活动专项治理实施方案，打击"套路贷"、非法民间借贷等扰乱金融秩序的行为。成功联合办理涉嫌"套路贷"的徐某某等系列虚假诉讼案件。健全以精准化为导向的民事、行政监督机制，通过完善检察建议质量评议、督促回复等机制，确保检察建议刚性落地。

【公益诉讼监督】 2020年，区检察院履行公共利益代表职责，公益诉讼立案15件，发出诉前检察建议10份，依法提起刑事附带民事公益诉讼2件。探索侵权者主动修复、行政机关跟进把关、检察机关同步监督的"三位一体"生态环境快速修复机制，打通生态环境修复"最后一公里"。联合上海市四岔河农场区检察院出台《关于建立公益诉讼协作配合机制的意见》，服务保障"飞地"建设，相关做法获区委和区人大主要领导批示肯定。

（李进成）

法 院

【概况】 2020年，大丰区人民法院（以下简称大丰法院）以习近平新时代中国特色社会主义思想为统领，始终坚持服务大局、司法为民、公正司法，认真贯彻区委决策部署，用心服务高质量发展，精心打造高质量司法，各项工作取得新的业绩。全年受理各类案件13178件，审、执结11972件。年内，区法院被区委、区政府授予"综合先进奖"。

【疫情防控保障】 2020年，大丰法院依法审结韩某某利用防疫物资诈骗等案件7件，判处被告人7人，助力打赢疫情防控阻击战。落实"把防控力量向社区下沉"要求，党员干警参与卡口执勤、人员摸排、隔离管控等350人次。扎实开展"法官进网格"活动，宣传疫情防控政策法律220篇，提供法律咨询385件，开展业务指导260次，诉前化解纠纷284起，促进基层矛盾源头治理。全面推广运用"微法院""微解纷"，网上立案2673件、网上调解430件、互联网开庭130件。依法保障复工复产，研究制定为企服务10条措施，开展法官服务挂钩企业活动275次。妥善审结因疫情引发的买卖合同、承揽合同等案件168件，涉疫情劳动争议案件136件。

【法院保障经济高质量发展】 2020年，大丰法院研究制定服务优化营商环境12条措施，依法审结各类商事案件1939件。审结涉新能源装备制造、智能终端等新兴产业项目推进中的各类案件12件，保障金风科技、中汽中心等项目顺利推进。审理涉及森威精锻、博汇纸业、丰山集团等重点企业案件16件，推动存量产业技改扩能提效。依法否定职业放贷、变相高息等借款约定效力，审结民间借贷案件963件，促进实体经济恢复发展。建立建设工程专业合议庭，依法审理涉及新丰里、吾悦综合体等城市建设中的拆迁安置、工程建设、装饰装修等案件36件，助力"城市经济"发展。依法审理执行和协助处理涉及珍禽自然保护区"退渔还湿"纠纷35起，迁让鱼塘100公顷。审理涉麋鹿小镇、荷兰花海等旅游项目的土地流转、旅游服务等案件18件，促进"旅游经济"发展。服务供给侧结构性改革，建立破产专项基金，依法处理中通瑞宁、派芬自动等企业破产案件13件，释放土地资源14.23公顷，出清房产94平方千米，腾空"僵尸企业"10个。加大知识产权侵权惩处力度，审结知识产权案件93件，促进创新驱动发展。深化"南北"司法协作，11月，南京海事法院在大丰港人民法庭挂牌成立巡回审判基地，年内依法审结涉港城建设、临港产业等涉"海洋经济"案件36件。审结涉光明集团、上海农场等涉"飞地经济"案件78件，助力接轨上海。

【法院服务平安建设】 2020年，大丰法院深入开展"六清"行动，依法审结宋某某"湖霸蟹霸"犯罪集团、李某"套路贷"犯罪团伙等恶势力犯罪案件11件，判处被告人53人，判处五年以上有期徒刑12人，重刑率近25%。常态化开展"打财断血"专项执行活动，执行到位金额114.5万元。深化"套路贷"虚假诉讼专项整治，依法驳回涉嫌"套路贷"虚假诉讼案件45件，甄别、移送黑恶犯罪线索116条。针对审理中发现的社会治理薄弱环节和行业管理漏洞，向有关部门发送司法建议11份，其中3份司法建议在全市法院评比中获奖。审结贩卖毒品、容留他人吸毒等案件6件，判处被告人8人。审结危险驾驶、交通肇事、重大责任事故等案件194件，判处被告人213人。防范化解重大金融风险攻坚战，审结非法吸收公众存款、集资诈骗等涉众型经济犯罪案件4件，判处被告人5人。严惩涉税犯罪，依法审理涉案金额19亿元的孙某某等14

人虚开增值税专用发票等案件7件。始终保持反腐败高压态势，审结贪污、贿赂、渎职犯罪案件8件，判处被告人9人。严格落实宽严相济刑事政策，对525名认罪认罚的被告人依法从宽处理，对181名被告人适用缓刑，依法为被告人指定或指派辩护律师83人次。

【法院参与社会治理】 2020年，大丰法院深度融入基层治理创新，妥善化解涉及百威英博、登科地产等群体性纠纷260起。认真落实"谁执法谁普法"责任制，开展法官进校园、进社区、进园区活动21次，精心选择典型案件巡回审判45次，举办世界知识产权日、国际禁毒日、国家宪法日等主题法治宣传活动16次，相关做法被《江苏法制报》头版报道。组织召开禁毒反毒、知识产权保护等专题新闻发布会4次，向社会发布典型案件12件，保障公众知情权。深入开展"努力为打造一流营商环境提供优质司法服务保障"专题调研，司法调研工作被市中院表彰。

【司法为民】 2020年，大丰法院全面推进一站式多元解纷和诉讼服务体系建设，努力实现诉讼服务"一次办好"，全年为群众提供诉讼服务35000余件次。建立24小时自助诉讼服务中心，推进立案、保全、鉴定、缴费等诉讼事务全业务网上办理，为群众提供高效优质诉讼服务。充分发挥"省AAAAA级数字档案室"作用，为群众提供电子阅卷和查档服务3000余件次。完善婚姻、物业、劳动争议、消费维权等类型化纠纷诉调对接机制，全年诉前分流纠纷4710起，民事案件调撤率59.3%，位列全市法院第一。依法审结涉民生案件3199件，努力解决好人民群众最关心最直接最现实的利益问题。积极参与"净网"专项行动，依法审理涉案金额5600余万元的吴某某等60人电信诈骗等案件4件，守护人民群众"钱袋子的安全"。畅通欠薪纠纷绿色通道，审结追索劳动报酬案件306件，帮助350名劳动者追讨报酬713万元。积极服务脱贫攻坚，审结农村土地承包经营权确认、转包、转让等案件26件。

【执行工作】 2020年，大丰法院执结案件4636件，执行到位金额4.8亿元。提请区委全面依法治区委员会研究出台《关于加强综合治理从源头切实解决执行难问题的实施意见》，健全执行联动机制，"执行+网格化"做法受到省法院充分肯定和总结推广。推进执行指挥中心迭代升级，设立执行事务中心，实施"中间库+无纸化"工程，执行工作信息化水平不断提升。

2020年9月1日，大丰区人民法院走进刘庄镇良好村，巡回审理一起房屋买卖合同纠纷，30余名村民参与旁听，达到"审理一案 教育一片"的社会效果。
（单位供图）

加大失信惩戒力度，推送失信被执行人"黑名单"1025人，迫使300余名被执行人履行义务。积极开展信用修复，对299名主动履行的被执行人撤销信用惩戒，助推社会诚信体系建设。加大执行攻坚力度，组织开展涉金融、涉民生、涉民营企业等专项集中执行活动16次，实施强制搜查103次，冻结存款3.6亿元，查控房产1083处、车辆1049辆，网上司法拍卖拍品330件，拍卖成交金额1.7亿元。加大对拒执行为的制裁力度，司法拘传、拘留220人，移送刑事侦查5件5人。

【司法改革】 2020年，大丰法院研究出台《审判委员会工作规则（试行）》，加强对"六类案件"监管，保障审判权依法规范行使。推进院庭长办案常态化，院庭长带头办结各类案件8207件，占全院结案总数的68.6%。深化"分调裁审"（科学分案、高效调解、速裁解纷、快速审判）机制改革，建立案件繁简智能识别系统，一审案件简易程序适用率达68.4%。加强"智慧法院"建设，建立集约送达系统，有效提升司法效率，电子送达率45%。

【司法公开】 2020年，大丰法院深化司法公开，网络发布裁判文书9294份，庭审直播4473次，公开审判执行信息28000余条。做好代表、委员联络工作，邀请代表委员视察法院、旁听庭审、观摩执行52人次。主动接受人大监督，24名员额法官接受区人大常委会履职评议。积极配合检察机关履行法律监督职能，邀请检察长列席审判委员会3次。加强人民陪审工作，人民陪审员陪审率96.4%。

（毕少东）

司法行政

【概况】 2020年，大丰区司法局紧扣法治建设和司法行政高质量发展决策部署，在全系统持续深入开展"比学赶超、进位争先"活动，取得明显成效。创新刑罚执行一体化工作获得省司法厅主要领导批示肯定，多个案例入选司法部案例库，一起应诉案例入选最高人民法院公报，法治建设项目入选省优秀项目。法治建设和司法行政工作考核排名全省进位46名，位列全省第五、全市第一。

【公共法律服务体系建设】 2020年，大丰区、镇两级公共法律服务中心和村（社区）司法行政工作站建成率100%；按照省厅每名村（社区）法律顾问挂钩服务村（社区）不超过3个的标准，重新选聘25名律师、65名基层法律工作者担任全区263个村（社区）的法律顾问，村（社区）法律顾问覆盖率100%；法律援助中心受理法律援助案件954件，超过每万人获得法律援助率为万分之十的标准。深入开展“疫情防控·法治同行”专项行动，及时转发通报疫情防控权威信息，引导企业和广大职工增强法治意识；编印发放《企业法律风险提示书》帮助企业梳理涉法风险，组织法律服务队深入企业帮助排查涉法风险，印发企业法律风险提示书、板块提示函4200余份；开展“公证惠企”专项行动，积极助力农房改善，办理公证1000余件，惠及群众2000余人；“法律援助负面清单”工作入选全省试点，为低收入人群提供法律援助1069件，满意率100%。《企业用工诚信机制的法律服务》项目获“省企业全生命周期公共法律服务优秀奖”。

【基层建设工作】 2020年，大丰区司法局认真学习浙江安吉经验，持续开展“矛盾不上交”三年行动，积极发挥区级非诉讼服务平台中心作用，形成人民调解、行政调解、司法调解相互联动的多元化解机制。4月，全区挂牌成立4个家事调解工作室，其中“只有爱”标准化家事调解社区工作室获全省命名。在全区开展矛盾纠纷排查化解“百日会战”专项活动，集中时间、集中力量全面排查调处社会矛盾纠纷。组织全区人民调解员集中大练兵。10月16日，结合《中华人民共和国民法典》的学习，组织举办全区人民调解员培训班，全区所有村（居、社区）、企事业单位和专、行业调解组织380名人民调解员参加，印发“法治满意度”“群众安全感”测评调查宣传材料6.6万份。

2020年10月14日，江苏省“互帮共建”监狱戒毒民警刑罚执行一体化（后续照管）业务培训班在大丰区举办。 （单位供图）

【“七五”普法】 2020年，大丰区司法局开展疫情防控专项法治宣传，深入开展“疫情防控·法治同行”专项行动，重点宣传普法典型案例、支持中小企业抗疫的法规政策；开展“法润大丰　春风行动”系列活动，提高公共法律服务的知晓度；组织成立广场法治宣传队，现场宣传重组后司法行政职能任务、司法行政惠民实事内容及服务途径，以及法律援助、人民调解、社区矫正等相关法律法规，发放法律宣传资料2000余份，解答群众咨询100余人次；做好“七五”普法终期评估验收工作，印发《盐城市大丰区“七五”普法规划实施情况终期评估验收方案》，完善区级“七五”普法台账，顺利通过市局验收，大丰区司法局被省法宣办表彰为“七五”普法中期先进集体；建立并全面开展“谁执法谁普法”履职评议报告制度，制定《国家机关“谁执法谁普法”履职评议报告制度实施方案》，部署全区国家机关“谁执法谁普法”履职评议工作；组织开展法律“七进”系列活动近180场次，发放宣传资料7万余份；扎实做好法治宣传工作，在省级以上媒体发布新闻宣传稿件50余篇，被省司法厅表彰为新闻宣传工作先进集体。

【司法社会治理】 2020年，大丰区社区矫正新中心正式运行。5月15日，省司法厅副厅长刘保民一行到大丰区社区矫正新中心建设现场考察，社区矫正新中心的规划、建设工作得到肯定。10月14日，省“互帮共建”监狱戒毒民警刑罚执行一体化（后续照管）业务培训班在大丰区举办，省司法厅党委委员、政治部主任赵庭朴出席。11月3日，盐城市大丰区司法局与盐城监狱签署监地共建协议，建立“3321”联动机制[完善三项机制（联席会议机制、疑难问题处置机制、绿色通道机制）、共建三个项目（社区矫正项目、监狱文化改造项目、出监教育项目）、成立两个机构（公共法律服务中心、非诉讼服务分中心）、架设一条专线]。11月18日，全省司法行政刑罚执行一体化高质量发展会议在大丰召开，全省司法行政系统140人参加会议。省司法厅党委委员、副厅长、厅刑罚执行一体化领导小组副组长、办公室主任刘保民出席会议并讲话。全年全区社矫、安帮、后续照管人员2025名，无脱管漏管对象，无重新犯罪案件。

（袁康勇）

〖编辑　於晨婷〗

军 事

人民武装

【概况】 2020年，中国人民解放军江苏省盐城市大丰区人民武装部（简称大丰人武部）坚定不移贯彻政治建军原则，从思想上、政治上建设掌握部队。围绕实现党在新形势下的强军目标，坚持铸军魂、抓备战、强基层、改作风，全面建设稳步提升。

【国防教育】 2020年，大丰人武部充分利用八路军和新四军会师地等红色资源，会同区委宣传部专门建立会师纪念地文化展示区，打造传承和弘扬“铁军精神”的爱国主义教育和国防教育基地。10月9日，举办纪念八路军新四军会师80周年纪念活动，区委书记、人武部党委第一书记薛盛堂与南京军区原司令员、中国新四军研究会原会长朱文泉共同为中国新四军和华中抗日根据地研究会“铁军精神教育基地”揭牌。

【双拥共建】 2020年，大丰人武部创新开展双拥工作。协调解决新组建的海警工作站营房、饮水等问题。2020年春节起，区财政列支70万元专项资金，组织慰问大丰籍现役军人家庭，受到部队官兵和家庭一致好评。

【军事斗争准备】 2020年，大丰人武部突出问题导向，强化使命担当，持续推进军事斗争准备纵深进击。加强战备建设，严密组织作战值班业务培训和资格认证考核，严格落实战备值班各项规定。扎实开展战备综合整治，规范应急指挥流程，定期组织民兵值班分队拉动点验，战备建设能力得到强化。构建海陆情报信息报知体系，赴启东人武部参观连兴港海防哨所，对大丰港海防民兵一类哨所提档升级。成立海上民事力量随遇报情领导小组，建立海上精确点位勘测联络机制，听令参加上级海上民兵侦察行动，在全省首家实现公务执法船报情，在军分区党委扩大会上被点名表扬。扎实做好首长机关指挥谋略训练，在全市率先打响年度民兵训练第一枪、率先完成年度民兵训练任务。利用金风科技海上搜救培训中心优势条件，组织海上民兵分队进行海上救生训练，203人通过考核并取得救护员证书。

【后备力量建设】 2020年，大丰人武部深化融合，后备力量建设稳步发展。加强区国动委机构建设，打通指挥链路。按照“成功成熟、能用管用、量化细化”的标准，修订国防动员预案计划。充分发挥职能作用，结合保障部队勘察地形和过境，组织民兵完成保障任务，战时国防动员能力得到检验。深化民兵调整改革，成立区民兵工作领导小组，坚持力量下沉挂钩指导，逐镇（区、街道）检查验收，列出问题清单，限期组织整改。科学评估平战需求，适应产业结构、城乡特点和就业方式新变化，建实应急力量，建好专业力量，建精特殊力量，在全市率先成立农业农村局人武部。扎实做好征兵工作，以提高兵员质量为核心，深入宣传发动，严格执行政策规定，定期分析形势、解决问题，全过程落实好廉洁征兵，18周岁适龄青年兵役登记率在全市率先达到100%，大学生比例远高于全市平均水平，超额完成大学毕业生征集任务。

【军事安全管理】 2020年，大丰人武部始终坚持依法从严治部。开展“条令法规学习月”活动，定期组织条令法规学习、考核、军容风纪检查和作风纪律教育整顿。逐条对照军委国防动员部“四个秩序”（战备秩序、训练秩序、工作秩序、生活秩序）建设标准，推动软硬件各方面问题整改，不断提高部队正规化建设水平。学习贯彻军委国防动员部6个规范性文件，紧盯“人车枪弹密、水火电气油、酒钱黄赌毒、涉外涉地方”等重点要素，突出落实好敏感时期、大项活动、季节转换和“八小时以外”安全管理，打好安全工作主动仗。加强督导抓整改，严格落实形势分析、风险评估、责任追究、军地联防等督查监管机制，定期组织安全隐患排查整治，对军分区检查指出的问题定人定责、逐条整改，确保人人担责任、件件有落实。在新冠肺炎疫情常态化防控形势下，坚决执行军分区党委决策部署，在确保自身有效防护、单位安全稳定的同时，发动全区民兵2728人次参与抗“疫”战斗。

【综合保障能力提升】 2020年，大丰人武部大力加强保障能力建设，充分发挥好服务打仗作用。坚持党委集体理财，严格预算管理，集中财力保障作战准备和重大军事活动，接待费和行政消耗性开支连年大幅下降。严格落实物资集中采购制度，协调区政府投入182万元，新建传达室、改造食堂、封闭营院，提供门岗、保洁、餐饮服务和营产营具、水电维修。开展装备和弹药清查，严格落实武器弹药动态管控，加大人防技防力度，民兵武器装备连续42年安全无事故。

（陈晓波）

武　警

【概况】 2020年，武警大丰中队围绕“凝心聚力提精气，固强补弱促规范，稳中求进谋发展，再创先进争标兵”的工作思路，按照年度按纲建队规划开展工作，坚持把着力点放在干部队伍建设上，重视部队日常管理关键环节，部队建设呈现基础夯实、稳步提升的良好发展势头，完成以执勤处突为中心的各项工作任务。

【武警执勤】 2020年，武警大丰中队以执勤为中心，科技强勤，完成“智慧磐石”建设。采取边训练边执勤、边查勤边教的方法，学习事故案例和专题研讨相结合等形式，对战士进行执勤战备教育，增强官兵对执勤工作重要性的认识，牢固树立居安思危意识。中队严格落实《执勤规定》《执勤设施建设标准》和《中华人民共和国人民武装警察法》，坚持以从严执勤为切入点，落实执勤工作。全年，中队配合公安机关和有关部门完成武装押解、节日、武装巡逻等临时勤务30余次，有力维护大丰区社会治安的稳定。

【武警军事训练】 2020年，武警大丰中队紧贴任务实际，以军事技能为训练重点，把军事训练作为经常性主要工作的中心，开展实战化军事训练。以新修订的《军事训练大纲》为标准，坚持按纲施训、依法治训、科学组训。通过每周会操，每月考核分析，建立完善训练档案，提升中队军事训练水平，保证训练质量和效果。推动军事训练“八落实”[人员、内容、时间、质量、弹药、摩托（飞行）小时、教练员、场地落实]，开展军事应急科目训练，有针对性地加强应急班装备操作使用、人装结合和分队战术训练，提高部队军事训练质量及快速反应处置能力。开展实战化、对抗化训练，突出官兵体能、技能潜力开发。

【武警后勤服务】 2020年，武警大丰中队严格落实后勤建设管理的各项制度，全面提高后勤保障能力。注重后勤人员的培养，把踏实肯干、官兵放心的人充实到后勤岗位上；在自我保障的基础上，和地方协同建设，将后勤队伍建强，炊事员、理发员、驯犬员、广播宣传员、“四小工”成梯次培养，努力塑造人才强队。

（陈　杭）

2020年10月12日，武警大丰中队组织战士进行射击训练。 陈杭　摄

人民防空

【概况】 2020年，大丰区人民防空办公室履行“战时防空、平时服务、应急支援”职能使命，推进人民防空建设与经济社会建设融合发展。全区各人民防空指挥部成员单位、人防专业队组建单位、人防工作站利用人防训练基地常态化开展专业训练，打造一支拉得出、打得响、打得赢的人防专业队伍。按照应建必建的要求，加强工程报监、分部分项质监、主体验收、综合备案交付等全程跟踪监督。平战转换所需的主要设备、构件和材料按规定购置到位，在工程竣工时同步接受验收，确保人防工程平战转换各项保障设施落到实处。加强人防工程防护功能安全检查，人防工程年受检率100%。完成防空袭方案、警报建设规划、人防综合信息平台测试与信息录入、重要经济目标防护、专业队整组以及联防联调、警报器安装等工作，对人防专业队进行整组。大丰区人民防空办公室被省人民防空办公室表彰为2020年度省人防工作先进单位。

【人防组织体系建设】 2020年，大丰区人民防空办公室聚焦构筑备战打仗核心能力建设，强化人防组织体系建设，推进全区人防事业高质量发展。完成区人防指挥部成员单位和组成人员调整工作，明确岗位职责。

【人防专业队专业建设】 2020年，大丰区整组人防专业队，并按要求完成人员信息采集、上报及点验工作。5月13日上午10时，接到盐城市人民防空办公室通知后，大丰区人民防空办公室发挥准军事化机关职能作用，第一时间研究制定迎接点验方案，迅速分工落实。5月14日上午，紧急拉动人防专业队，在大丰区人武部广场集结，盐城市人防办领导通过呼点，队员一呼就应。整个点验过程组织严密、秩序井然，参点队员着装严整、士气高昂、列队整齐，体现人防专业队员良好的整体素质和精神风貌。

【人防工程管理】 2020年，大丰区人民防空办公室强化人防工程管理，严格执行制度规定，落实配建要求，杜绝不按规定建设人防工程或违规减免缓人防易地建设费的违法现象。做好与行政审批、自然资源和规划等部门工作对接，建立协同把关机制，实现审批信息共享。全年人防工程竣工面积、新增停车位、防空地下室新增立项面积，分别占全年的153%、156%、157%。贯彻落实《江苏省人民防空工程质量监督管理办法》，加强人防质监队伍建设，按照要求配齐专业人员和设备，组织开展业务培训。严格按照人防质量监督管理办法规定的程序和要求，加强人防工程实体质量和各方责任主体行为的监督。加大检查抽查力度，实现全过程全方位监督。

【防空警报试鸣和疏散演练】 2020年，大丰区人民防空办公室加强警报器的维护与保养工作，每季度对全区警报器进行巡查测试，确保警报器处于良好状态。4月4日上午10时，大丰区城区、港区、白驹镇上空，防空警报准时拉响解除空袭警报长鸣3分钟，哀悼在抗击新冠肺炎疫情斗争中牺牲的烈士和逝世同胞，全区警报器鸣响率100%，完成全国性哀悼活动防空警报试鸣任务。全省“9·18”防空警报试鸣期间，举行防空防灾警报试鸣系列活动，联合飞达路初级中学、城东实验小学和新德社区、高新社区开展防空防灾疏散演练活动，3000名师生和200名社区群众参加疏散演练。

【庆祝人民防空创立70周年宣传活动】 10月31日，大丰区住房和城乡建设局组织开展庆祝人民防空创立70周年宣传活动。通过布设宣传栏、悬挂宣传标语、发放宣传手册以及现场解答的方式，向市民普及人防法律法规、宣传防空防灾、自救互救以及日常应急避险等基本知识。现场发放人民防空知识读本、防空防灾知识手册、人民防空基础知识等宣传资料1800多份。

（葛顺明）

2020年9月，大丰区住房和城乡建设局在街头开展人防宣传活动。
解楼霞 摄

双拥工作

【概况】 2020年，大丰区开展军地互办实事工作，安排区直部门与驻大丰部队“多点对一”结对共建，发挥社会拥军队伍作用，与驻大丰部队“多层对一”结对共建。办理40余件实事，投入资金近50万元，解决部队训练生活中的困难。区退役军人事务局被市委、市政府、军分区联合表彰为全市双拥工作先进单位，铁军国防教育基地获全省2019—2020年度国防教育工作创新项目一等奖。

【双拥宣传教育】 2020年，大丰区退役军人事务局在《大丰日报》、大丰电视台开辟双拥专栏，组织中国人民志愿军抗美援朝出国作战70周年纪念活动，连载宣传4名抗美援朝老兵先进事迹。在主城区、主干道设立大型户外双拥固定宣传牌，在公共服务场所设立“军车免费”“军人免费”“军人优先”标志，在公证处开辟“军人军属办理公证绿色通道”，办理发放公交双拥卡289张。通过公众号、今日头条、《双拥杂志》等媒体推送报道，在全社会掀起学典型、爱国防的热潮，年度编写《双拥简报》6期，在大丰区退役军人事务局公众号发稿20余篇，今日头条发稿5篇，《双拥杂志》发稿2篇。

【双拥走访慰问活动】 2020年，大丰区走访退役军人和优抚对象1万余人次，发放慰问金671万元；慰问立功受奖现役军人，发放慰问金22.76万元；慰问驻大丰部队32万元，对全区107名参加抗美援朝的在乡复员军人和残疾军人、抗美援朝牺牲烈士遗属每人发放慰问金1000元，计10.7万元。对196名符合条件的抗美援朝老兵，由各级领导登门发放“中国人民志愿军抗美援朝出国征战70周年”纪念章。

【优抚褒扬工作】 2020年，大丰区建立抚恤补助自然增长机制，发放抚恤补助和价格临时补贴，向下岗志愿兵发放生活补助和退休困难补助，给予困难退役军人临时救助和帮扶援助。按计划推进8个烈士命名村居的提升建设，开展区烈士陵园、沈灶烈士陵园提升修缮工作。制作烈士云纪念馆，开展网上祭扫。严格执行义务兵家庭优待金的"三统一"（城乡标准统一，资金保障方式统一，发放时间统一）政策，及时发放入伍奖励金和立功奖励金，全年发放义务兵家庭优待金605万元、入伍奖励金204万元，发放义务兵一次性入伍奖励金和义务兵优秀士兵奖励金是大丰区的特色工作。

（杨燕倩）

退役军人事务

【概况】 2020年，盐城市大丰区退役军人事务局聚焦主责主业，强化使命担当，统筹推进退役军人事务工作，着力打基础，抓规范，优服务，保稳定，树形象，退役军人工作取得明显成效。区退役军人事务局被市委、市政府和盐城军分区表彰为全市双拥工作先进单位，被盐城市退役军人事务局表彰为全市退役军人事务工作先进单位。

【优待抚恤】 2020年，区退役军人事务局开展优待抚恤工作。开展部分退役士兵社会保险接续工作，排查符合条件退役士兵，区财政预拨资金2200万元，完成养老保险个人缴纳，医保待退休时再补缴。建立抚恤补助自然增长机制，2020年先后发放抚恤补助5388万元、价格临时补贴677万元，向下岗志愿兵发放生活补助、退休困难补助，给予困难退役军人临时救助和帮扶援助。

【移交安置和就业创业】 2020年，区退役军人事务局做好移交安置和就业创业工作。转业军官和政府安排工作退役士兵全部安置到位。加大"兵支书"培养力度，选举退役军人任村（社区）书记，占比26%。新创市退役士兵就业创业示范基地2个、区退役军人就业创业孵化基地1个，举办退役军人招聘会5场。自主就业退役军人全部就业创业，推荐下岗失业志愿兵到公益性岗位再就业，全市退役军人就业创业现场会在大丰区召开。

【退役军人权益维护】 2020年，区退役军人事务局建立困难退役军人救急济难工作机制，按照区300万元、镇30万元标准设立关爱资金，关爱援助困难退役军人900人次，发放关爱资金120多万元。完善日专报、周会办、半月回头看、一月一通报的退役军人来访处理督办机制，探索退役军人权益维护"接、查、商、交、化、答、访、结"八字闭环工作法，先后成立老班长工作室29个，积极解决信访事项，维护退役军人合法权益。

【退役军人思想政治建设】 2020年，开展退役军人党员"微党课"竞赛活动，培养退役军人思想政治骨干，组织巡回授课。拍摄《传承红色基因、建设绿色村庄》、《铁军号手——李增援》宣传片，参加退役军人事务部组织的短视频征集展示活动。创新党建工作新模式，以"红色堡垒""红色阵地""红色基因""红色力量""红色服务"为主题，打造"红旗高扬·崇军先锋"党建品牌，被《中国社会报》、学习强国等媒体报道。推进退役军人"戎耀之家"建设，创成市级"戎耀之家"4个、区级"戎耀之家"8个，宏鑫三元旅游服务公司被推荐为省级"戎耀之家"，1名退役军人被表彰为省模范退役军人，1名退役军人作品获得首届江苏省退役军人书画大赛二等奖。

【退役军人服务体系建设】 2020年，全面落实中央"五有"（有机构、有编制、有人员、有经费、有保障）建设要求，区、镇、村三级退役军人服务中心（站）实现全覆盖。实施基层退役军人服务中心（站）星级创建行动计划，区退役军人服务中心、15个镇级退役军人服务站全面创成全国示范型服务中心（站）。

（杨　松）

〖编辑　於晨婷〗

沿海开发

综 述

【概况】 2020年，大丰港经济开发区全年完成一般公共预算收入8.9亿元；全口径工业开票销售470亿元；规模以上工业开票销售405亿元；规模以上服务业营业收入20.6亿元；进出口总额12.3亿美元；注册外资实际到账4474万美元；培植规模以上工业定报企业10个，规模以上服务业定报企业4个；全社会固定资产投资101.9亿元。园区规模以上工业开票销售超1亿元企业29个，纳税超1000万元10个，其中联鑫钢铁集团开票销售突破150亿元，博汇集团突破100亿元。石化新材料产业园完成省级化工园区认定，园区21个化工企业中，有12个通过盐城市复产复核，11个已投料生产，4个企业关闭退出。推进企业挂大靠强、转型升级，完成金光与博汇、中化安道麦与辉丰股份重组。中汽试验场、物流中心被认定为省级生产性服务业示范区。企业智能化普及率不断提高，联鑫钢铁集团投资1200万元新上大数据管控系统。加快推进《大丰港循环化改造实施方案》的实施，不断提升园区循环经济建设水平。

【临港产业】 2020年，大丰港经济开发区全年签约域潇锆钛矿、中天科技海缆等1亿元以上项目19个，新开工天合光能10吉瓦光伏组件、悦达汽车（大丰）科创园、金风科技16兆瓦六自由度试验台、中汽汽车测试服务中心、昆仑绿建木结构、海力风电设备等1亿元以上项目20个，国投工业盐处理、诚康固体片剂、环球木结构、兴农大宗农产品一期等12个1亿元以上项目竣工。长三角（盐城）智能网联汽车试验场项目被列为省重点项目，世界500强企业金光集团、中化集团分别与辖区博汇集团、辉丰农化达成战略重组。

【港口功能增强】 2020年，大丰港深水航道一期工程正式开通使用。盐城最大的保税冷链食品库投入使用，进境肉类、进境水果指定监管场地获海关总署批复，成为全国首个集约化综合指定监管场地示范项目。国际集装箱物流中心、兴农农产品仓储物流、木材熏蒸中心二期等一批重点项目加快推进。与上港集团、以色列以星航运公司分别达成战略合作，开通大丰港至越南海防港集装箱直航航线、至河南周口港内河集装箱航线，上半年上海港所有对外合作港口中大丰港集装箱数量增幅第一。全年货物吞吐量5309.7万吨，集装箱26.2万标箱。

【港城形象提升】 2020年，港城实施南港大道东延段提升改造，日月湖北大道、职工活动中心体育场提升改造，港区供水主管道改造等一批重点工程。半岛酒店二期竣工即将试营业。莎士比亚小镇韩品荟项目正式上线运营，筹备与韩国投资方、江苏卫视合作打造网红选秀综艺节目，扩大港区知名度和影响力。

【对外开放】 2020年，大丰港经济开发区着力提升开放合作载体层次，积极参与“一带一路”建设。中韩（盐城）产业园唯一临港产业配套区落户大丰港经济开发区。与上海港实现“沪丰通”新模式，实现对韩主要港口全覆盖和东南亚直航航线首航。开通大丰港至韩国釜山港、群山港国际集装箱直航航线，签订韩国城、首尔大学生命科学院透明质酸等项目合作协议，大丰港“韩品荟”商城正式运营。

（李亚庆）

港城建设

【概况】 2020年，大丰港城管理办公室坚持以习近平新时代中国特色社会主义思想为指导，全面贯彻党的十九大及十九届四中、五中全会精神，牢固树立新发展理念，践行“两海两绿”发展新路径，以建设美丽新港城为目标，全力稳步推进基础设施建设和产城融合发展。全年完成一般公共预算收入8133万元，规模以上服务业营业收入3.8亿元，固定资产投资2亿元，注册外资到账2000万美元。

【港城疫情防控】 2020年，大丰港城管理办公室扎实做好疫情防控工作。

第一时间对港区3个交通卡点进行执勤、检查、巡查，做好进出卡口人员的信息登记、体温测量以及解释劝导工作；对17个小区住户信息进行摸底排查，进行网格化管理；对港城酒店宾馆、超市、菜市场及周边、道路、店面等进行每日巡查；对港区隔离点及公共部位进行每日消杀消毒；严格按照区疫情防控指挥部的要求，按照标准，对辖区企业、建筑工地、酒店、宾馆、"六小"行业有序进行复工复产，同时做好疫情重点地区返丰人员的管理。

【港城配套】 2020年，大丰港城管理办公室稳步推进重点工程，不断完善基础设施配套。完善港区基础设施项目建设管理办法，制定大丰港招标代理名录库，由港区基础设施建设局对工程领域统一招标管理。加快推进重点工程建设，风电产业集中区基础设施配套工程、南纬三路（九龙路）、北纬三路（松花江路）竣工，南港大道东延段提升改造工程、工业二路提升改造工程正在加快施工建设，日月湖北大道工程正在进行桥梁装饰。民生工程有序开展，职工活动中心体育场提升改造工程、港区供水主管道改造工程、道路指示牌工程竣工。项目配套建设快速推进，总投资7000万元的半岛酒店二期工程竣工；蓝恩酒店、蓝恩汽车检测项目竣工；投资5亿元的悦达（汽车）科创园主楼四栋房屋全部封顶，相关市政配套同步进行；中汽试验场倒班宿舍及综合馆，开始进行室内装修工程，交变耐久路路面建设完成，9月投入测试。

【港城安全环保】 2020年，大丰港城管理办公室强化安全意识，突出重点环节，扎实开展安全环保工作。开展建筑施工、城镇燃气、地下管网、文化旅游安全专项治理，落实企业安全生产主体责任；开展两轮"家家到"督查工作；开展堆场（建筑工地）机械车辆作业安全检查；开展货物装载超限超载专项整治工作、港区预拌混凝土搅拌车超载运输整治工作；推进博汇生活区搬迁工作，14幢宿舍楼全部封闭，督促博汇完成宿舍楼改善工作。加大水环境整治力度，强化河长制管理，确保河道整洁；督促施工单位做好扬尘管控，建立扬尘控制的教育和技术交底制度，基本实现施工围挡率、进出道路硬化率、裸土覆盖率、出入车辆清洗率100%。

【港城社区服务】 2020年，大丰港城管理办公室全面提升社会民生服务，开展社区党建为民服务系列项目，鼓励居民共同参与社区管理，深化提升居民自治能力。开展全国第七次人口普查，对辖区内17个居住小区完善普查的各项工作；开展党员进社区、志愿者服务日等系列活动，对无人管理的公共区域进行垃圾清理4次，完成对卫生死角的全方面清理，切实改善小区居住环境；督促新的专业物业管理公司加强对人才公寓的管理，升级各小区的监控设施，完善消防设备，设立电动车充电桩2处，提高物防和技防水平。

【港城旅游发展】 2020年，大丰港常态化举办海洋世界儿童戏剧糖果节、海洋文化节等系列活动，实现活动的常态化和品牌化；实施旅游市场化合作经营模式，大丰区动物园租赁给上海巨乾文旅公司经营管理，"震生""云儿"两只国宝大熊猫入驻动物园，正式对外展出，逐步修建大象馆、长颈鹿馆、灵长类馆等，陆续引进大象、金丝猴、长颈鹿、山魈、黑猩猩、长臂猿、北极熊等野生动物，编排动物小剧场等活动，实现精品活动多元化。

（任婷婷）

大丰港

【概况】 2020年，盐城市大丰区港口口岸发展中心深入践行"两海两绿"战略路径，抢抓长三角一体化、中韩盐城产业园等国家战略叠加机遇，围绕建成长三角北翼现代物流枢纽港和中韩贸易干线港的目标定位，推动沿海高质量发展迈出新步伐。大丰港正式入列盐城港"一港四区"（盐城港、大丰港区、射阳港区、滨海港区、响水港区）组团发展，港口全年完成货物吞吐量5309万吨，集装箱26.2万标箱，分别占盐城港的66%、98%。

【大丰港整车出口】 2020年，东风悦达起亚分3批次从大丰港出口整车5514辆，销往菲律宾、阿联酋、厄瓜多尔等10个国家。整车从大丰港出口，既降低悦达起亚及周边车企运输成本，又进一步提升大丰港国家一类对外开放口岸功能，为大丰港打造华东地区最大的汽车集散地打下坚实基础。

【盐城最大保税冷链食品库投入运营】 2020年5月，可容纳5000吨货物的大丰港保税物流中心（B型）冷链食品

2020年5月，可容纳5000吨货物的大丰港保税物流中心（B型）冷链食品库正式投入运营，是盐城地区最大的保税冷链食品库。

周古凯　摄

库正式投入运营，是盐城地区最大的保税冷链食品库。由进口冷链食品查验区、储存冷库、装卸平台三部分组成，采用多项高精尖技术，硬件设施水平居全国前列。

【大丰港开通至周口港内河集装箱航线】 8月5日，大丰港—周口港集装箱航线合作签约仪式在大丰举行。9月25日，该航线正式开通。该航线是盐城港集团自2020年6月正式整合以来增开的第一条集装箱班轮航线。按照协议约定，每月开行周口港—上海港、周口港—盐城港集装箱航线不低于8个航班，单程运输时间从14天缩短至7天以内。两港成功开航，开创长三角城市圈与淮河经济带携手发展的新局面，标志着盐城港打造淮河生态经济带出海门户港迈出坚实一步。

【大丰港进口木材熏蒸处理二期项目开工建设】 9月23日，大丰港进口木材检验检疫除害处理堆场熏蒸仓二期项目开工建设，该项目占地8.67公顷，建设12个熏蒸库和设备间、投药间、中控室、配电房等，配套改进设计的全套熏蒸系统设备，实现年新增100万立方米进口原木的溴甲烷检疫熏蒸处理能力。

【大丰港进境肉类、水果指定监管场地获批】 10月14日，海关总署发布《关于同意在江苏盐城港大丰港区保税物流中心（B型）设立进境肉类、水果指定监管场地的批复》，大丰港进境肉类、水果综合型指定监管场地正式获批。该项目是海关总署自212号令新规发布后，打造的全国首个集约化综合指定监管场地示范项目。该项目的落地填补了江苏中部地区的空白，对打造沿海地区进口肉类及水果冷链集散基地具有十分积极的意义。

【大丰港公用型保税仓库通过验收】 10月21日，盐城港大丰港区大宗农产品仓储物流项目公用型保税仓库通过由南京海关委托盐城海关进行的现场验收。进口货物进仓可延缓缴纳进口税款，有效降低企业运营成本。该项目建成使用对进一步提升大丰港区对外粮食仓储、贸易竞争力发挥积极作用。

【大丰港试点“散改集”海铁联运模式】 12月2日，2万吨进口散装大豆在大丰港区，通过筒仓直接经“散改集”装卸系统进入集装箱，然后吊装上船发往上海港，再通过海船中转运输到岳阳后，经铁路运抵贵阳，顺利进行首次粮食“散改集”水运，开通了大丰港至长江流域、西南地区“散改集”新路径，大幅缩短物流周期和降低物流费用。

【大丰港严防疫情境外输入】 2020年，大丰港口岸始终把严防境外疫情输入作为重要政治任务，对每一艘外籍船舶都按照最高防护标准做好引航、码头装卸、登轮作业等全流程环节。做好中国籍船员换班服务保障，全年完成中国籍船员换班58批897人，其中上船449人，下船448人；完成人道主义紧急救治10次，成功处置“普拉通”轮新冠阳性船员入境紧急救治。

（吴　荣）

海监与海洋综合管理

【概况】 2020年，大丰区贯彻落实中央深改领导小组印发的《围填海管控办法》《海岸线保护与利用办法》《海域、无居民海岛有偿使用的意见》和国务院印发的《关于加强滨海湿地保护　严格管控围填海的通知》等重大决策部署，依照《中华人民共和国海域使用管理法》《海域使用管理条例》，坚持规划引领、保护生态的原则，积极履职、认真工作，助推大丰海洋经济高质量发展。

【海域海岛综合管理】 2020年，大丰区跟踪《大丰区围填海历史遗留问题处理方案》备案情况，加快推进围填海历史遗留问题处理。做好海洋督察整改工作。全面落实海洋督察整改要求，按照《盐城市贯彻落实国家海洋督察反馈意见整改方案》，完成13类、93个问题的整改工作，对未达到整改销号条件的7个反馈问题按照整改方案在规定时间内加紧推进，确保整改到位。强化海域使用动态监管工作。做好浒苔绿潮联防联控工作，按照《江苏省2020—2021年度浒苔绿潮联防联控工作方案》清退压减紫菜养殖活动5259.93公顷，完成第一阶段工作。加强海域动态巡查，加强重点在建用海项目及典型岸段专项监测，组织动态监测20次，推进海域使用规范化建设。开展海岸线修测工作，完成海岸线整治修复任务。完成83本海域证的海域金征收，征收海域使用金1305万元。

【海洋监测】 2020年，大丰区海洋预警监测工作围绕保障有力的总要求，狠抓海洋观测、预报、减灾、生态灾害监测工作，重点开展汛期海洋灾害预警报工作，较好地保障沿海区域经济社会发展和人民群众生命财产安全。通过区预警信息发布平台，多次向海上风电企业和王竹养殖区发布汛期台风预警，认真落实各项防御措施，做好台风汛期的防御工作，通知相关单位和个人在台风来临前，停止海上作业，做好避险措施。

（陈　萍）

海事管理

【概况】 2020年，盐城大丰海事处（以下简称海事处）坚持以习近平新时代中国特色社会主义思想为指导，紧扣海事工作重点，围绕水上安全监管中心工作，服务港口经济发展和国家海上风电建设，完成各项年度目标任务。全年，海事处办理船舶进出港报告手续5674艘次，其中：进出港报告4972艘次、进出口岸检查702艘次；征收港建费923.66万元，免征3296.96万元。

【口岸船舶疫情防控工作】 2020年，海事处落实涉外疫情防控工作各项要求，全力做好港口口岸涉外疫情常态化防控工作。制定《关于进一步加

2020年8月19日，大丰海事工作人员对进港货轮进行检查。
（单位供图）

强进口岸国际航行船舶疫情防控工作的通知》，提醒辖区各相关单位严格执行，确保疫情防控措施全覆盖、无死角。部分业务受理实行"不见面"方式，开辟绿色通道、一网通关服务，利用海事业务协同平台"单一窗口"模块，远程指导船方提交进口岸相关资料，全程在线办理，实现不见面、零等待审批，将船舶进出口通关时间压缩至最短最快。通过灵活采取现场视频连线船员等方式核查信息，"不见面"办理船员任、解职。了解并推动解决辖区船员换班问题，建立国际航行船舶预抵港码头健康信息和抵港船员换班情况预先报送机制，保障到港船舶到港"四类人员"（确诊患者、疑似患者、不能排除感染可能的发热患者和确诊患者的密切接触者）伤病就医需求和信息全面、及时、准确掌握，确保船员换班申请"一窗受理、一网通办、一步到位"。落实船员救助换班个案的协调处置，督促指导各船舶代理企业为船员提供疫情防护用品、膳食以及生活必需品，最大限度关爱船员身心健康。疫情期间办理国际航行船舶换班56艘次，上下船员757人。

【水上安全生产整治】 2020年，海事处全面排查辖区水上交通安全突出问题，依法严肃查处各类水上交通违法违规行为。深入推进船载危化品安全监管，结合辖区海事监管实际，严格组织落实船载危险化学品安全整治工作，按照规定办理船载危险货物申报审批，进一步规范船舶载运危险货物申报人员和船舶载运危险货物集装箱装箱现场检查人员从业行为。加强现场监管，重点检查载运易燃、易爆、有毒物质船舶的船舶结构、助航设备、消防设施等安全技术状况。推动高质量选船，推动码头经营单位、货主对载运危险货物船舶的选择标准，不断提高选船检查标准，淘汰低标准船舶，对40余艘次散装液体危险货物运输船舶进行选船评估。对大丰港石化码头防治船舶污染应急防备和处置能力开展监督检查，发现船舶污染应急预案更新不及时等问题，并向码头经营单位发出《安全管理建议书》，指导码头开展货油泄漏应急演习，切实推动危险品码头防污应急能力不断提升。

【企业复工复产】 2020年，海事处在防疫情、保安全的前提下，结合辖区实际制定预案，畅通远程办理渠道，落实安全监管要求，助力企业复工复产。海事处提前介入了解船舶信息、航次计划、近期气象海况等，通过视频会议等方式协同引航、码头调度、船舶代理等多部门共同制定通航保障方案，密切跟踪船舶动向，确保监管全方位无死角，以保障船舶进出港航行安全；提前与口岸联合制定应急预案，确保一旦有发烧疑似人员，第一时间妥善隔离、科学应对，同时通过电话、网络等方式向船代及码头工作单位发送气象信息和疫情安全提醒，待船舶靠泊后向船方发放《疫情防控手册》，要求船舶代理提前准备好口罩、手套、消毒水等防疫物资，及时了解船员身体状况。在做好疫情防控的前提下，海事处开辟绿色通道、一网通关服务，将船舶进出口通关时间压缩至最短最快，确保船舶到港即可作业。

【海上风电安全管理】 2020年，海事处加大宣传落实主体责任。组织"春风行动""百团进百万企业""家家到安全检查"等主题活动，深入辖区风电企业检查，解读《企业落实安全生产主体责任重点事项清单》五个方面20项重点内容；组织风电业主单位、运维船舶公司等企业签订安全管理责任书，落实主体责任。发布《大丰海事处关于规范交通运维船安全管理的通知》。开展海上风电场交通运维船舶进场教育和交通运维船专题安全生产培训，提升运维管理人员和船员整体水平。通过海上巡航与驻点检查方式，对交通运维船舶开展巡查检查，查处违法行为并通报风电场建设施工单位。会同区发改委、交通局和农业农村局等部门开展联合检查，重点检查海上升压站日常维护管理和制度落实情况、消防配套设施建设及消防安全管理情况、海上升压站供用电设施设备安全情况、突发情况应急处置等情况、救生设施、防碰撞、应急通信等配套设施建设情况。全年海上风电交通运维船舶2536艘次，船员8960人次，运维人员17040人次，未发生一起安全事故及人员伤亡事件。

（顾　丽）

〖编辑　於晨婷〗

开放型经济

综 述

【概况】 2020年，大丰区积极应对新冠疫情给商务经济造成的冲击，千方百计稳外资、稳外贸、促消费，全区对外贸易稳中有进，外资项目取得突破，经贸合作持续深化，载体平台不断提升，商务经济各项工作难中守稳、稳中有进、进中提质。全年到账外资1.12亿美元，同比增长117%，全市排名第二，比2019年进9位；全年实现外贸进出口总额28.7亿美元，同比增长21.8%，盐城市排名第一。全年有进出口实绩企业306个，同比增加28个；5个企业位列全市外贸进出口前10强；进出口超1亿美元企业9个，同比增加1个；5000万美元以上企业13个，同比增加4个。

【第二届中韩贸易投资博览会大丰专场】 10月30日，在第二届中韩贸易投资博览会在盐城举办之际，大丰区举行外资项目签约及科玛美保一期、维盛新材料项目投产大丰专场活动。韩国科玛二期、韩国昌美达电机、韩国汽车注塑等6个外资项目集中签约，总投资2.2亿美元，涵盖汽车及零部件、健康食品、金融服务等多个领域。

对外贸易

【概况】 2020年，大丰区着力稳外贸、提质效，创新贸易方式，重抓规模企业，培育新业态，拓展新兴市场，挖掘新增长点，全面扩大进出口规模，全年实现外贸进出口总额28.7亿美

2020年大丰区进出口超3000万美元企业名单

表9 单位：万美元、%

序号	企业名称	进出口额	同比增长率
1	盐城市大丰区泽城贸易发展有限公司	35603.6	64.6
2	盐城大丰阿特斯阳光电力科技有限公司	34803.2	30.8
3	大丰海融国际贸易有限公司	32204.2	56.5
4	迪皮埃风电叶片大丰有限公司	23605.5	20.7
5	江苏博汇纸业有限公司	17984.4	20.7
6	江苏北大荒油脂有限公司	15576.1	20.7
7	江苏辉丰农化股份有限公司	10244	166.6
8	江苏国林林产品有限公司	9480.7	-18.9
9	大丰海聆梦家纺有限公司	8896.9	58.2
10	江苏丰山集团股份有限公司	5895.2	160.5
11	晨泰物流大丰有限公司	4830.2	66.1
12	大丰英茂糖业有限公司	4818.9	566.5
13	江苏悦达港口物流发展有限公司	3924.6	-0.7
14	盐城大丰和顺晟达国际贸易有限公司	3843.7	-77.5
15	盐城粤翔辉贸易有限公司	3703	—
16	江苏君霖纺织科技有限公司	3113.8	339

元，占全市总量的24.04%，在盐城县（市、区）排名第一，比2019年增长21.8%。全年出口14.3亿美元、同比增长26.7%，进口14.4亿美元、同比增长17.3%。有进出口实绩企业306个，进出口1亿美元以上企业9个、3000万美元以上企业16个、1000万美元以上企业31个。

【国际市场开拓】 2020年，大丰区组织企业参加线上广交会、华交会、江苏优品·畅行全球、中国进口博览会、厦洽会等各类展会，开拓国际市场。组织参加第三届中国国际进口博览会，全区有35个企事业单位参会，其中内外贸企业26个，有150多名专业人员到会场参加观摩与采购，会上达成4700多万美元的意向协议。大丰区组织企业申报市级商务发展资金，帮助2个企业申报国家进口贴息资金、3个企业申报2020—2022年度江苏省重点培育和发展的国际知名品牌、3个企业申报2020年疫情期间开拓国际市场资金；帮助企业申报2020年市级商务发展专项资金，涉及41个境内外展会项目、21个自主品牌建设项目、1个外包服务项目、2个外资项目、1个境外投资项目。累计发放国家、省、市商务部门下拨的商务发展资金1157.27万元。

【服务外贸企业】 2020年，大丰区全力保障外贸企业正常运行，组织企业复工复产，研判外贸进出口形势，做好精准服务。帮助阿特斯光电、明进机械等企业向省贸促会申请国际商事证明书，以维护企业权益、减少损失、稳定贸易。积极联系省市有关部门，为企业采购防疫物资通关办理手续。组织区内企业申报医用物资白名单，迈硕医疗、海聆梦家纺等企业进入白名单。

2020年，大丰区实现进出口总额28.7亿美元，同比增长21.8%。其中迪皮埃风电叶片大丰有限公司进出口额2.36亿美元，同比增长20.7%。
周古凯 摄

利用外资及港澳台资

【概况】 2020年，大丰区前移招引外资阵地，强化境外招商，创新利用外资及港澳台资方式，委托国际咨询机构、上海外商投资企业协会等招商，挖掘外商投资信息，成功招引项目落户。全年新批外商投资项目20个，实际利用外资1.12亿美元。

【外资项目】 2020年，大丰区新备案外资项目20个，投资总额6亿美元；协议外资2.7亿美元，实际到账外资1.12亿美元。新引进总投资2亿美元，利用外资3000万美元的正泰新能源；总投资4500万美元的域潇锆钛矿加快建设。

表10 2020年大丰区实际到账外资及港澳台资情况表

单位：万美元、%

国家或地区	实际到账外资及港澳台资	占实际到账外资及港澳台资总额百分比
中国香港地区	9927	88.79
中国台湾地区	100	0.89
英属维尔京	300	2.68
日本	100	0.89
新加坡	30	0.27
英国	15	0.14
韩国	10	0.09
其他国家和地区	701	6.27

对外经济技术合作

【概况】 2020年，受新冠疫情影响，大丰企业对外投资的步伐放缓，全年全区对外直接投资375万美元，新备案境外投资企业1个。江苏爵格工业设备有限公司在新加坡设立爵格安全新加坡有限公司，中方协议额15万美元。

【爵格安全新加坡有限公司设立】 2020年，江苏爵格工业设备有限公司在新加坡设立全资子公司——爵格安全新加坡有限公司，注册资本5000万元，主要经营建筑抗爆类产品、粉尘防爆类产品。年内，该公司完成办公室租赁和部分办公用品的购置。

（李林珅）

招商引资和项目建设

【概况】 2020年，大丰区坚持"项目为王"，深入践行"两海两绿"新路径，强力主攻"四大经济"（飞地经济、海洋经济、旅游经济、城市经济），重点突破新能源及装备制造、新能源汽车及零部件、新一代电子信息及智能终端三大战略性新兴产业，高端导向，精准招商，成功招引龙马、中天等一批20亿元以上高质量重大项目。在2020年盐城市招商引资考核中，核定大丰区新开工1亿元以上项目42个，竣工投产1亿元以上项目28个。大丰区招商引资项目建设工作列盐城市第二名。年底，30亿元龙马风电、12亿元双瑞风电、25亿元中天海缆、25亿元天合光能、40亿元正泰新能源、22亿元耀德电子、20亿元博敏电子、55亿元智能网联汽车试验场及悦达汽车大丰科创园、5亿元美高半导体、15亿元沿海冷链物流10个项目被评为"大丰年度重大突破项目"。

【领导带头招商】 2020年，大丰区委、区政府主要领导密集带队赴上海、北京、深圳、杭州、常州等地，拜访知名企业，引进实施长三角智能网联汽车试验场、悦达汽车科创园、天合光能、中天海缆、耀德电子等一大批重大项目。挂钩重大项目的区四套班子领导，主动服务，推动关键环节攻坚突破。各板块、各部门主要负责人集中精力谋划项目、洽谈项目，形成聚力抓项目的良好氛围。全年大丰签约1亿元以上项目168个，其中10亿元以上项目15个，50亿元以上项目2个[55亿元长三角智能网联汽车试验场及悦达汽车（大丰）科创园、100亿元光明"一园一厨五基地"]。

【招商活动】 2020年，大丰组织招商动员会、招商出征会、春季招商攻坚赛、比学赶超进位争先、秋季招商大会战、大干四季度冲刺夺全年等专题会议6次，开展"5·18"接轨大上海深耕长三角、6月上海招商周、"7·18"接轨上海开工签约、"8·13"深圳活动、"9·7"盐城新能源峰会、"9·16"南京特色农产品推介、"10·23"南京金融投资说明会、"10·28"上海城市经济投资说明会、"10·30"中韩贸易投资博览会、11月上海北京招商拜访等招商活动30多次。组织春季招商攻坚赛，认定新签约项目62个，新开工项目31个。攻坚赛中，开发区、港区、沪苏集聚区、大中、白驹、西团、小海、草堰8个经济主体获招商引资奖，常高区、大中、开发区、西团、草堰、小海、南阳7个经济主体获项目推进奖，发改委、财政局、供电公司、农业农村局、交通局、住建局6个部门获项目服务奖。组织秋季招商大会战活动，认定新开工项目57个，竣工投产项目36个。大会战中，开发区、沪苏集聚区、大中、西团、白驹、小海、草庙7个经济主体和发改委（项目服务中心）、工信局、财政局、生态环境局、金融监管局、科技局、农业农村局8个部门分别被评为招商引资先进集体，交通局、文旅局、行政审批局、住建局、税务局、自然资源和规划局6个部门获项目服务奖。开发区、港区、常高区、大中、西团、白驹、小海、草庙8个经济主体被评为招商引资项目建设先进集体。

【招商引资机制】 年初，大丰区出台《关于进一步强化招商引资项目建设工作的实施意见》，科学指导、推进招商引资和项目建设；9月，出台《关于实施产业链链长制的工作方案》，围绕新能源及装备制造、新能源汽车及零部件、新一代电子信息及智能终端、纺织、化工、冶金、农产品加工七大产业，建立相关区领导任链长，相关部门具体落实，按照"六个一"（一条产业链、一位区领导、一个牵头部门、一套工作班子、一个工作方案、一个招商队伍）推进产业链发展的工作机制。在上海、深圳、北京及韩国挂牌成立招商服务中心，加强一线服务调度，发挥区域招商桥梁纽带作用。年内，大丰区出台《关于促进制造业高质量发展的激励意见》等招商选资扶持政策指导意见，全年组织重大项目决策审查8次，原则通过49个，调整3个，否决4个。

【新兴产业建设】 2020年，新能源及装备制产业加速建设，40亿元正泰新能源、30亿元龙马风电、25亿元中天海、25亿元天合光能、5亿元海力海上风电管桩等项目开工建设。16亿元国家电网海上风电检测中心等项目跟踪洽谈。15亿元阿特斯太阳能光伏组件一期年开票销售超30亿元，12亿元阿特斯太阳能二期光伏组件加

2020年，15亿元阿特斯太阳能光伏组件一期年开票销售超30亿元，12亿元阿特斯太阳能二期光伏组件加速推进。 周古凯 摄

速推进。龙源、国能、三峡等4个海上风电项目年度计划投资从12亿元提升至63亿元。新能源产业学院实现开班教学，每年为大丰区培养新能源专业技术人员500人。

新能源汽车及零部件产业。智能网联汽车试验场、悦达汽车(大丰)科创园开工。

新一代电子信息及智能终端产业。5亿元杰源智能智造、5亿元伟途智能智造竣工投产。22亿元耀德电子、20亿元博敏电子二期、5亿元郎克斯电子科技、5亿元苏大维格微纳光学新材料、5亿元银泰福锂电池及智能终端等项目开工建设。欣强电子、天佑半导体、航泰光电等高精尖电子科技项目跟踪洽谈。开发区电子信息产业园、国新深通智能科技产业园、高新区启航未来智能终端产业园、沪苏智造园、新丰创客园加速堆满做实。

【项目推进机制】 2020年，镇(街道)1亿元以上项目、市级园区5亿元以上项目全部搭建工作专班，明确责任和时序要求。行政审批部门根据《社会投资工业项目"拿地即开工"审批改革创新实施办法》，简化流程，压缩前期手续办理时间；相关部门加强要素保障，经济主体全面兜底，在全区汇聚起服务项目、提高效能的合力。区主要领导、分管领导定期召开会办会、协调会、推进会，交办事项挂牌落实、闭环管理，及时解决问题、化解瓶颈。年内有效解决备用水源地核销、城市建设配套费减免等问题。组织开展南京金融投资说明会、政银企对接等活动，为76个重大项目协调贷款授信245.4亿元，企业贷款利率下降12%。全区组织9次集中开竣工活动、5次集中观摩；开竣工后，推进开工项目抢工会战、竣工项目达产达效。在3月31日盐城"家家到"高质量发展重大项目观摩大丰现场活动中，郎克斯智能制造、杰源智能制造、大丰外国语学校、苏大维格微纳防伪新材料、维旺科技微纳光学导光板、科玛保健食品、郁金香种球研培中心、80公顷产学研院校地基地、《只有爱》戏剧幻城、全季酒店等10个项目接受观摩检阅，受到与会人员好评。

【重大产业项目建设】 2020年，55亿元智能网联汽车试验场及悦达(大丰)科创园、40亿元正泰新能源、30亿元龙马风电、30亿元弈博太电子、25亿元中天海缆、25亿元天合光能、22亿元耀德电子、20亿元博敏电子二期、15亿元沿海冷链物流智慧城、14亿元昆仑绿建、12亿元阿特斯二期、12亿元双瑞风电叶片、11.5亿元天沐温泉度假中心、5.8亿元奥为智能门窗、5亿元谦禾工业智能、5亿元郎克斯科技、5亿元宇豪新材料等项目开工建设。全年大丰新开工1亿元以上项目66个，其中10亿元以上项目11个，开工项目计划总投资397.6亿元。全年竣工投产1亿元以上项目44个，其中15亿元阿特斯太阳能一期、15亿元吾悦广场、5亿元苏大维格微纳防伪新材料、5亿元弘正扬瑞无纺新材料、5亿元银泰福锂电池、5亿元伟途科技、5亿元国投废盐处置等项目全面投产达产。另有80多个1亿元以上项目在建。

(顾鹏责)

区域经济及接轨上海

【概况】 2020年，大丰区抢抓战略机遇，主动融入南北合作共建、淮河生态经济带和长三角一体化建设，积蓄区域发展新动能。常州高新区大丰工业园区在2019年度全省南北共建园区考评中排名第二，被表彰为2020年全国脱贫攻坚工作先进集体；苏州盐城合作开发园区一批重大项目落地建设。

充分发挥"飞地"优势，深度接轨上海、高质量建设"北上海"，打造全国飞地经济示范区。出台《盐城市大丰区接轨大上海融入长三角规划(2020—2025年)》，沪苏大丰产业联动集聚区被纳入国家《长江三角洲区域一体化发展规划纲要》，"一区三基地"(北上海"飞地经济"示范区、上海科创成果转化基地、上海优质农产品供应基地、上海生态旅游康养基地)建设加快推进。

【南北合作共建】 2020年，常州高新区大丰工业园区实现一般公共预算收入3.08亿元，同比增长4.6%；规模以上工业企业开票销售39.31亿元，同比增长23.97%；固定资产投资3.49亿元，同比增长15.18%。有规模以上工业企业26个、国家高新技术企业13个，全年新签约1亿元以上项目6个，总投资近12亿元，在2019年度全省南北共建园区考评中排名第二位。沪苏大丰产业联动集聚区2020年实现重大项目、利用外资重大突破，其中实际到账外资1735万美元，新培植规模以上企业3个。苏州盐城合作开发园区紧扣高质量发展主题，以推进产业转移和项目建设为重点，全年完成工业企业开票销售1.8亿元，实现一般公共预算收入800万元，同比增长9.4%；近5年投入9亿元，用于基础设施建设，研发中心、标准厂房、创业大厦、商业广场建成使用；投资5亿元的苏盐创新园加快推进，承载能力不断增强。

【接轨上海】 2020年，沪苏大丰产业联动集聚区正泰新能源项目开工建设，与光明食品集团共建上海优质农副产品供应和加工基地列入长三角区域一体化发展年度工作计划，"一园一厨五基地"项目在长三角一体化第二十次城市经济协调会上签约。全区新签约上海重大项目27个，协议总投资287.7亿元，其中，10亿元以上项目9个。2020年接轨上海74个重大项目稳步推进，阿特斯6吉瓦光伏组件一期、维旺科技光学导光板等10个项目竣工或试生产；红星美凯龙大丰国际家居生活广场、泰和年产30万吨粮食仓储加工等9个项目在建；正泰新能源一期等15个项目开工建设；医疗康复设备制造等23个项目开展前期工作。

加快推进"三基地"建设。科创成果转化基地：大丰企业与上海交通大学、同济大学等6所大学合作，上海交通大学在大丰建设了技术转移中心；同济大学技术转移中心建设工作在推进中。全年全区搭建创新载体4个，与上海高校院所校企建立联盟1个，实施产学研合作项目15个。生态旅游康养基地：荷兰花海旅游康养基地《只有爱》戏剧幻城建成公演，阿姆斯特丹酒店、戏剧幻城“月下爱河”旅游综合体项目基础工程加快建设；东方桃花洲旅游康养基地试营业，恒北原乡生态旅游康养基地土地指标协调完成；推进斗龙港旅游度假区集团公司与上海光华教育集团合作共建营学基地。优质农产品供应基地：推进区场一体化联动发展，共创“大丰仓”品牌，共制标准，增加大丰农产品在上海销售额。2020年，全区新增上海市外农产品主供应基地面积1867公顷，累计7000公顷，新建或改造盐城农产品上海直销窗口3个，累计28个，新招引投资额5000万元以上农产品加工项目2个。

【淮河生态经济带】 2020年，大丰全面贯彻落实淮河生态经济带发展规划任务，建立健全湿地保护管理体系，完成重点湿地名录和一般湿地名录的认定发布，建立湿地保护管理信息系统。强化环境污染综合治理，全区PM2.5浓度均值28.5微克/立方米，空气质量优良天数比率86.3%，实现国家级生态镇全覆盖。盐通高铁建成通车。大丰港入列盐城港“一港四区”组团，与上海港开展战略合作，实现对韩主要港口集装箱航线全覆盖和东南亚直航航线首航。

（李亚庆）

海关监管

【概况】 2020年，盐城海关驻大丰港办事处（以下简称办事处）监管进出境货物956.43万吨，同比下降6.3%；监管集装箱3.87万标箱，同比增长13.2%；开征税款17.04亿元，同比增长27.2%；接受报关单申报5809票，同比增长3.1%，其中查验694票、同比增长53.3%；签发检验检疫证书1292份；监管进出境船舶1038航次、

2020年12月，盐城海关驻大丰港办事处关员向企业进行口岸防疫宣传。
（单位供图）

入出入境船员9902人次，管理换班船员1009人次。

【新冠肺炎疫情境外输入防控】 年内，办事处按照海关总署技术方案、操作指南及相关文件要求，严格开展对高风险航次的卫生检疫，规范卫生检疫操作流程，规范落实健康申明卡、流行病学调查、体温监测、核酸检测等流程；严格按要求做好关员个人防护，杜绝职业暴露和感染。全年办事处检疫国际航行船舶427航次，检疫出入境船员8229人次；核酸采样867人次，检测出阳性病例8人。妥善处置外籍船员体温异常、船员因急性阑尾炎急需入境就医等突发情况：联合地方疾控部门，做好盐城海关首例阳性病例（“普拉通”轮疫情）的采样、隔离、移交等，并及时处置所载货物。制定并完善进口冷链食品抽样检测技术规范和风险监测计划，严格开展核酸检测、现场采样等，做好相关证据链的固定，全年办事处监管进口冷冻肠衣等冷链食品19848吨。对28批冷冻肠衣全面预防性消杀实施监管；向地方主管部门通报进口冷链食品相关信息27次；抽取4个集装箱76个样品送连云港海关保健中心实施检测，检测结果均为阴性。

【国门生物安全】 2020年，办事处加强植物疫情检出、监测和安全风险监控，对进口粮食和进口肠衣分别实施安全风险监测18批次和46批次。在进境植物类产品中，截获检疫性有害生物215种/4709种次，对83批经查验发现检疫性有害生物或来自特定国家带皮未处理的进境原木实施检疫处理；在进境活牛中，检疫出二类动物疫病阳性种牛15头，全部实施扑杀处理。严格落实总署和总关加强对澳洲进境原木的查验指令，在相关专业技术人员和专家的指导和协助下，在进境原木中检出两种检疫性有害生物活体幼虫，并对相关批次原木实施退运处理，有效防范动植物疫情传入。严格做好非洲猪瘟防控，对154艘次来自或经停非洲猪瘟疫区船舶，封存猪肉2990千克；对在非洲猪瘟疫区供应猪肉的船舶实施采样、送检32批次，未检出非洲猪瘟核酸阳性猪肉。

【商品检验监管】 2020年，办事处严格做好法检商品检验，全年完成矿石、化工品、机电产品等商品检验371批次，总受检货值4.55亿美元，其中检验不合格批次65批、不合格率18.9%。突出大宗资源类商品重点项目检验，加强放射性、固体废物属性、环保指标、有毒有害元素含量等重点项目检测，严防不合格固体废物、矿产品等商品入境。认真开展重量鉴定，

实施重量鉴定111批次，涉及506万吨，检验出超3‰短重的商品9批次，占总鉴定批次的8.1%，涉及金额48.17万美元。

【口岸营商环境优化】 2020年，办事处助推地区新能源产业发展，全年监管出口风电叶片2316片，同比增长58%；出口太阳能电池215.4万片，货值2亿美元，同比增长152.6倍。完成多批次进口种牛的监管和隔离检疫，支持地方农业发展和扶贫开发。提供边卸边检、多元化担保、免税退税、动态监管等多种方法，服务江苏北大荒油脂有限公司等企业进口粮食，全年监管进口大豆、大麦等大宗粮食156.6万吨。落实"免除查验无问题吊装等费用"政策，全年查验无问题免除吊装费用321票，涉及1476标箱，免除费用51.5万元，惠及企业53个。稳步推进"沪丰通"物流模式，汇同地方政府和港务部门，主动对接上海港和上海海关，实现"沪丰通"货物舱位优先、直接改配干线船舶等优惠，"沪丰通"货物平均在途时间缩短近两天。简化转关监管手续，将"两步申报"（先概要申报后完整申报）适用范围扩大至"沪丰通"模式转关运输货物，进一步解决进口转关运输货物整体通关时间较长的问题，降低企业物流成本。全年监管"沪丰通"航班228航次，进出口集装箱量38731标箱，同比增加13.2%。推广"船边直提"作业模式，全年对水泥熟料、纸浆、液氨、轻循环油等20票货物"船边直提"，为企业每船节约物流成本约30万元；在大丰港保税物流中心推广"区港联动"和"整报分送"申报监管模式，允许运输大宗散货进出保税区车辆随到随卸随出，提高卸船效率50%，每船节约疏港费用约30万元。

【口岸开放载体建设】 2020年，办事处按总署进境动物隔离检疫场要求，指导企业建设和申报验收，助力盐城华丰进境活牛隔离场使用申请顺利获批。主动向上对接，助推大丰港进境木材检疫处理区二期顺利开工建设。指导江苏盐城港大丰港区保税物流中心（B型）进境肉类、水果指定监管场地的规划和建设，10月，海关总署批复同意该企业设立进境肉类、水果指定监管场地。

（高建星）

口岸管理

【概况】 2020年，江苏盐城港大丰港区保税物流中心（B型）进境肉类、进境水果两个指定监管场地获海关总署批准。滚装码头通过市级验收。大丰被列入中国（盐城）跨境电子商务综合试验区核心区。2020年，大丰水运口岸全年完成货物吞吐量5309.73万吨，同比增长0.1%，其中外贸货运量956.43万吨，同比下降6.31%；集装箱吞吐量26.2万标箱，同比增长2.3%，其中外贸集装箱运量3.9万标箱，同比增长29.14%。

【口岸开放】 2020年，大丰区着力口岸扩大开放，推进大丰港滚装码头正式对外开放验收，市级联检单位验收通过。进境水果、肉类指定口岸申报材料通过海关验收。盐城跨境电子商务综合试验区"1+4+N"（1个核心区、4个特色产业园区、多个产业园）整体布局中，大丰港保税物流中心（B型）被列为跨境电商综试区核心区；大丰跨境电商产业孵化中心被列为4个特色产业园（燕舞航空产业园、顺丰盐城智慧电商物流园、大丰跨境电商产业孵化中心、盐城邮政跨境电商产业园）。

【中韩经贸】 2020年，大丰区加快推进中韩（盐城）产业园临港产业配套区建设，成立临港产业配套区建设管理办公室，配备专业韩资招商人员，委托专职招商顾问，签约昌美达汽车零部件等5个项目。东风悦达起亚整车出口从大丰港启航发运韩国。"中国亚洲经济发展协会大丰港产业合作基地"揭牌。"韩品荟"线上商城正式启动运营。

（李林珅）

2020年，东风悦达起亚整车出口从大丰港启航发运韩国、菲律宾等国家。
宋凯华　摄

〖编辑　刘洪芳〗

区园建设

江苏大丰经济开发区

【概况】 2020年，江苏大丰经济开发区完成一般公共预算收入10.85亿元、增值税8.6亿元。新签约亿元以上项目23个，新开工亿元以上项目20个，投产亿元以上项目12个；规模以上工业开票销售308.54亿元，规模以上工业总产值285.5亿元，固定资产投资25.19亿元，新培植规模以上企业16个；规模以上服务业营业收入4亿元，限额以上批零住餐（批发和零售业、住宿和餐饮业）销售额14.66亿元；实现外贸进出口6.95亿美元，完成外资到账4596万美元。

【招商引资】 2020年，江苏大丰经济开发区坚持三大主导产业定位，全面融入长三角，梳理长三角地区产业转移信息，立足区位优势，积极推进工业、科技、金融等方面与上海接轨。成功签约总投资30亿元的龙马风电装备制造项目、30亿元的弈博太新一代电子信息生产制造、22亿元的耀德柔性电路板及电子结构件、20亿元的博敏电子线路板二期、12亿元的双瑞叶片项目、10亿元的阿特斯光伏组件二期等一批10亿元以上重大项目，投资总额148.2亿元。上下合力推进要素协调，强化项目服务，推动龙马、耀德、弈博太、双瑞等6个10亿元以上重大项目早开工、快建设、早投产。大力实施“筑巢引凤”工程，建设国新深通产业园高标准厂房，银泰福、香港志阳、丰迪科技等项目实现当年投产。

【企业运行】 2020年，江苏大丰经济开发区开票销售取得重大突破。全年开票销售308.54亿元，同比增长19.35%，首次突破300亿元大关，其中中车电机、金风科技、阿特斯开票销售分别接近70亿元、40亿元、30亿元，开发区经济体量持续走高。规模以上企业税收贡献率超40%。其中正大丰海、金风科技纳税超亿元，正大丰海连续8年、金风科技连续6年保持税收过亿元的成绩；杰思比纳税超6000万元，首次成为盐城市四星级企业。另有21个企业纳税超1000万元。

【企业科技创新】 2020年，江苏大丰经济开发区“国家火炬盐城大丰海上风电装备特色产业基地”通过国家复核，成为国内唯一一家海上风电装备国家火炬特色产业基地。开发区科技孵化园被授予苏北首家“华侨华人创新创业服务中心”的称号，成为全市唯一获得优秀等次的孵化园。企业创新主体地位凸显。江苏省海上风电设计制造与优化并网工程研究中心在金风科技挂牌；正大丰海、中车电机分获省、市质量奖，中车电机大型低速永磁电机荣获“江苏精品”认证。开发区引进博士6名，硕士33名，本科71名。创一精锻的李浩杰顺利通过“省双创”人才认定。金丰科技与盐城工学院共同成立新能源学院，开发区与上海交通大学签订协议，共建上海交大材料科学与工程学院—大丰精密成型制造联合研究中心，提供稳定的人才来源。

【企业深化改革】 2020年，江苏大丰经济开发区下属企业恒瑞公司改革步伐加快。与中核华兴签订合作框架协议，成立盐城晶瑞开发建设有限公司，承接双瑞叶片、苏大维格厂房EPC总承包；与悦达地产合作推动新民中心河西侧地块开发，做成产城融合示范区，“香溪水岸”项目二期销售已接近收尾；通过金牛基金投资江苏中信博新能源科技公司、江苏理研科技公司等企业提高平台公司经济收益。“三项清理”（闲置土地、低效厂房和“僵尸”企业）成效初显。出清劲力化肥、汇坚不锈钢、实泰阀门、培耘电子、菲凡科技等闲置土地，完成华天能源装备、巴伦电子2个僵尸企业以及利众动力机械、富双元科技、盛安汽配、海锋科技等7个低效厂房处置。

【开发区基础设施建设】 2020年，江苏大丰经济开发区新建完成北区西环路、科玛美保项目10千伏用电线路、汇坚工业园污水提升站50千伏安正式用电线路、永圣路自来水管网等一批基础工程，提升改造110千伏裕民线、裕化线架空线路等一批基础工程。开展黑臭水体全覆盖治理，完成建设中心河、龙福二十六总河等10条村级黑臭河道整治工作；原飞轮厂

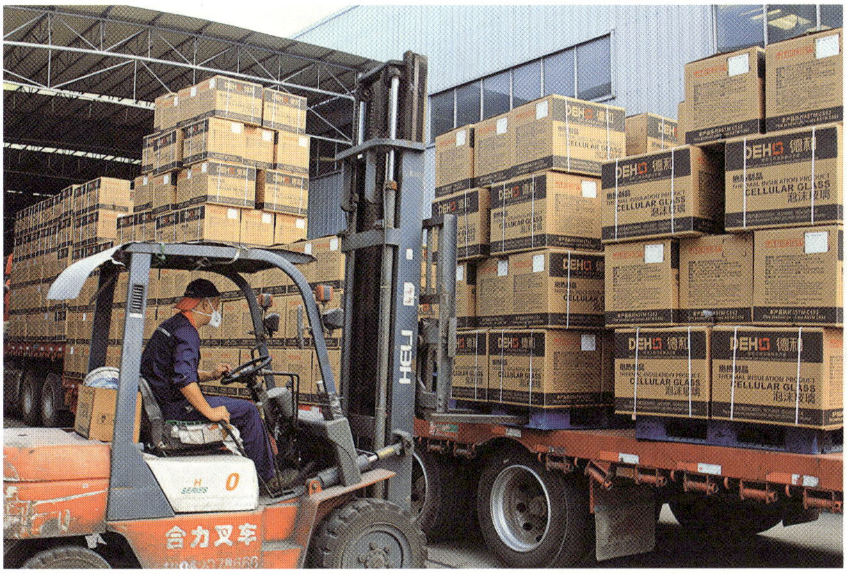

2020年12月，江苏德和绝热科技有限公司工人装载绝热产品泡沫玻璃运销用户。　周古凯　摄

近5万平方米厂房按照搬迁协议有序搬迁；三院新址8个企业全部搬迁拆除；沪丰大道环境整治同圣村116户居民基本搬迁拆除。

【开发区社会事业建设】 2020年，江苏大丰经济开发区按照“内防输出，外防输入”的要求，宣传新型冠状病毒感染的肺炎预防知识，强化重点场所卫生消毒工作，严格管控外来车辆、人员，核实外来返丰人员5000余人。采用“基地+农户+公司”的经营捆绑模式、党员干部入户走访等方式夯实扶贫力度，“过筛式”核查贫困户脱贫情况，确保开发区441户贫困户高质量脱贫。紧扣农房改善2.0升级版要求，制定一户一策，沪丰大道两侧环境整治涉及农房改造52户、斗龙港沿线环境整治涉及农房改造81户以及D级危房15户全部改造到位，完成退宅进城购房农户86户。

【开发区党风廉政建设】 2020年，江苏大丰经济开发区巩固深化“不忘初心、牢记使命”主题教育成果，开展“正风肃纪看机关”等活动，执行党风廉政建设全程纪实制度，把从严治党、改进作风各项任务落到实处。坚持问题导向，针对市委第四巡察组的巡察反馈的14类52项问题，制定整改落实措施155条，形成《大丰经济开发区党工委关于市委巡察反馈意见整改工作方案》《大丰经济开发区党工委关于市委巡察反馈意见整改工作清单》，反馈问题整改到位49项，剩余3项按照整改方案有序推进。制定村（社区）书记“一肩挑”方案，推进村（社区）书记“一肩挑”工作；制定《大丰经济开发区村（社区）后备干部培养方案》，后备干部13人考核入编。

（尤　勇）

江苏大丰港经济开发区

【概况】 2020年，大丰港经济开发区（以下简称港区）完成一般公共预算收入11.1亿元；全口径工业开票销售470亿元；规模以上工业开票销售404亿元；规模以上服务业营业收入20亿元；进出口总额16.3亿美元；注册外资实际到账5567万美元；培植规模以上工业定报企业8个，规模以上服务业定报企业4个；全社会固定资产投资95亿元。

【临港产业发展】 2020年，港区临港产业加快转型，签约域潇锆钛矿、中天科技海缆等亿元以上项目19个，新开工天合光能10GW光伏组件、悦达汽车（大丰）科创园、金风科技16MW六自由度试验台、中汽汽车测试服务中心、昆仑绿建木结构、海力风电设备等亿元以上项目20个，竣工国投工业盐处理、诚康固体片剂、环球木结构、兴农大宗农产品一期等亿元以上项目12个。长三角（盐城）智能网联汽车试验场项目被列为江苏省重点项目，世界500强企业金光集团、中化集团分别与辖区内博汇集团、辉丰农化达成战略重组。

【港口建设】 2020年，大丰港港口能级稳步提升，港口规划调整已报至盐城市政府。深水航道一期工程正式开通使用。盐城最大的保税冷链食品库投入使用，进境肉类、进境水果指定监管场地获海关总署批复，成为全国首个集约化综合指定监管场地示范项目。国际集装箱物流中心、兴农农产品仓储物流、木材熏蒸中心二期等一批重点项目加快推进。盐城市级层面成立盐城港控股集团，完成全市港口资源整合。与上港集团、以色列以星航运公司分别达成战略合作，开通大丰港至越南海防港集装箱直航航线、至河南周口港内河集装箱航线，上半年上海港所有对外合作港口中大丰港集装箱量增幅第一。全年货物吞吐量5310万吨，集装箱26.2万标箱。

【港城建设】 2020年，港区实施南港大道东延段提升改造、日月湖北大道、职工活动中心体育场提升改造、港区供水主管道改造等一批重点工程，半岛酒店二期竣工试营业。莎士比亚小镇韩品荟项目正式上线运营，筹备与韩国投资方、江苏卫视合作打造网红选秀综艺节目。

【港区科技创新】 2020年，港区开展产学研合作，大力引进高层次科技人才团队，推进科研创新平台建设。依托海洋产业研究院，建设孵化平台场所1万平方米。组建盐城市大丰区海创科技发展有限公司，加快科技孵化，与2名创业导师（兼职）签订聘任协议。招引入孵科技企业20个；完成新安德矿业、佰健环保科技、中汽

2020年10月，大丰港进境肉类、水果指定监管场地获得海关总署批复。
宋凯华 摄

试验场、和顺电子、鑫源达化工5个企业盐城市级工程技术研究中心申报，组织企业申报科技成果转化项目1个、苏北专项4个、其余科技类专项项目5个，获批江苏省农业重点项目1项。天生联合药业博士陈刚、丰山集团博士徐耀勤申报加入江苏省“双创”人才计划。

【港区社会事业建设】 2020年，港区129户237人建档立卡低收入农户全部实现脱贫。南新村、王港居委会分别与江苏大丰海港控股集团、大丰悦丰实业公司签订企村联建协议，签约项目已录入江苏省平台并通过省级考核，联建覆盖率100%，开工率100%。开展村庄清洁行动，农村人居环境整治工作成效显著。全员参与疫情防控，辖区疫情形势稳定可控。巩固低保救助体系，核查比对完善平台数据，建立三级公示制度，切实保障弱势群体基本生活。建成港区儿童“关爱之家”，联合杨超越星光公益站，共同开展“爱心捐资，助学圆梦”活动，资助19名困难学生。开展退役军人事务系统“基层基础基本建设年”活动，落实“五有”（有机构、有编制、有人员、有经费、有保障）标准，大丰海港港口有限责任公司“退役军人之家”，成为盐城市首批授牌的“优秀退役军人之家”。

【安全生产】 2020年，港区开展了危化品、冶金工贸等24个行业领域拉网式安全生产隐患排查整治活动，组织2轮次安全生产主体责任“家家到”工作，排查安全生产责任主体200余个，组织各类安全培训9次1600余人，累计排查治理各类安全隐患10053条，完成整改8881条。推进化工园区及化工企业专项整治提升工作，建设智慧平台三期等配套工程，辖区污水处理厂全部达到一级A排放标准，石化新材料产业园通过全省首批化工园区验收认定。

【党建工作】 2020年，港区深入学习宣传贯彻习近平新时代中国特色社会主义思想，“不忘初心，牢记使命”主题教育深入推进。全面接受盐城市委政治巡察，严格督查，立足长效，巡察整改工作成绩显著。树立大抓基层的鲜明导向，推进村居两委换届选举工作。严格监督执纪，深入推进“正风肃纪镇村行”、“正风肃纪看机关”专项行动，营造良好的营商环境。

（孙　勇）

大丰高新区

【概况】 2020年，大丰高新区深入践行“两海两绿”发展新路径，围绕“四大经济”和“3+3+3”产业体系，产业定位合理、发展路径清晰、特色产业集聚。大丰高新区有工业企业366个，其中规模以上企业89个，国家高新技术企业40个。全年规模以上工业开票销售70.94亿元，工业税收9.4亿元。

【园区整合】 2020年，大丰高新区紧密结合高新技术区、大中街道工业园区和西团镇工业园区资源条件和产业基础，编制园区控制性详规，创新探索实体化转型路径，园区水、电、气等基础设施日趋完善，“四纵四横”道路框架全面拉开，配套设施不断健全，形成以启航智能终端产业园和丰联创智产业园为代表的智能终端产业链，以海聆梦家居股份、舒润家纺、海悦家纺等为代表的家纺产业链，以及依托西团工业园区的金属表面处理装备制造和运输配件加工产业链，特色主导产业加速集聚。

【招商引资】 2020年，大丰高新区新签约宇豪新材料、美高半导体、摩羯星游戏等1亿元以上企业12个，开工郎克斯、昊芯等亿元项目10个，投产杰源智造、伟途力丰、锦和大厦等1亿元以上项目9个。吉凯同科技、昊芯芯片、正德源智造等一批“高精新”智能终端项目竣工投产，郎克斯、杰源智造等项目代表大丰参加盐城市项目观摩活动。

【创新驱动】 2020年，大丰高新区坚持“自主创新、重点跨越、支撑发展、引领未来”工作方针，全年新申报拟认定高新技术企业14个，新申报专精特产品3个，累计完成授权专利125个。丰华互联网创新创业园创成盐城市AAA级服务业集聚区，大丰智能硬件众创社区获评全区首家省级众创社区。大数据产业园、希望小镇、东方1号创意园集聚各类创新创业企业100多个、人才2000多名。丰华生物制药入选潜在独角兽企业培育库，6个企业获批国家高新技术企业，4个企业成功申报省级科技副总，多家企

2020年，大丰高新区郎克斯、杰源智造等项目代表大丰参加盐城市项目观摩活动。 胡金波 摄

业在各级创新创业大赛获得多个奖项，其中晶亚汇电子获首届中国电子信息创新创业大赛优胜奖，隔空系统开发项目参加第二届创投峰会开幕路演。

【区城融合】 2020年，大丰外国语学校建成并投入使用，城东片区教育质量得到社会充分认可。文化会展中心承办全国新教育年会，成为全区各类重大活动指定承办地点，会展中心大楼成为全区重要标志性建筑。城东农贸市场、裕华农贸市场、丰华卫生服务中心等民生工程集中投入使用，高新城市综合体、街道日间照料中心、文化产业集聚区、便民服务中心等正积极推进，悦隽幼儿园交付装修，人民医院获批三级综合医院。大中路、公园东路、北兴路二期等竣工通车。建成区绿化覆盖率34%，精致、便捷、生态的城市品牌效应更加凸显。

（张 燕）

常州高新区大丰工业园

【概况】 常州高新区大丰工业园（以下简称园区）是按照江苏省委、省政府关于南北挂钩、合作共建苏北开发区的统一部署，于2006年11月批准挂牌，由常州国家高新区与大丰区共建的合作园区。园区建成区面积3.8平方公里，紧邻沿海高速大丰出入口，以建设南北共建示范区和苏北一流、宜居宜业的现代精品园区为目标，产业定位为机械、电子和新材料，重点发展高端装备制造、新能源新材料、电子信息产业，是大丰区"双核一带"产业空间布局的起点。2020年，园区牢牢把握"稳中求进、改革创新"的总基调，坚持疫情防控和经济发展两手抓、两手硬，一方面扎实落实各项防疫措施，主动靠前服务、想方设法帮助企业复工复产，另一方面适应疫情带来的对工作各方面产生的不利影响，积极主动改变工作方式，招引力度不减、项目服务不停，全力推进招商引资和项目建设，各项工作有序开展。全年实现一般公共预算收入3.08亿元，同比增长4.6%；规模以上工业企业开票销售39.31亿元，同比增长23.97%；固定资产投资3.49亿元，同比增长15.18%。2020年，园区综合实力继续在全省南北合作共建园区中处于第一方阵，获得"全国脱贫攻坚先进集体"称号，被区委、区政府授予"综合先进奖""生态环境高质量发展奖"等多个奖项。

【基础设施建设】 2020年，园区投入250万元左右提升园区硬件设施，其中，设有198个监控点位的智慧产业园区视频监控系统已经投入使用，实现园区治安防控体系立体化；清理、疏浚、维修雨水管道破损点位59处；建设7个大气自动监测点，实现了对园区大气的实时监测。

【项目建设】 2020年，园区充分发挥网格化管理服务企业制度作用，加强项目推进工作沟通联系、督察督办、跟踪问效，及时解决项目报批、环评等问题，保障各类生产要素集聚，完成新开工亿元项目6个，投产亿元项目3个。总投资3亿元的鼎立绿建项目和总投资4亿元的谷登技改扩能项目的土地利用规划调整手续已到位。

【招商引资】 2020年，在新冠肺炎疫情和工业用地指标不足的影响下，园区充分利用低效用地、闲置厂房等存量资源，围绕产业发展定位，编制产业链项目招商清单，瞄准长三角、接轨大上海，推进招商引资，已完成签约项目6个（含5亿元以上项目1个），总投资近12亿元。

【安全生产】 2020年，园区认真抓好安全生产工作，以安全生产专项整治为重点，开展企业主体责任落实"家家到"检查、安全工作巡查等专项活动，检查613个次，发现隐患问题1512条，整改隐患问题1481条，整改率98%。开展委托执法11次，提请上级应急管理局、环保局、住建局处罚企业11个，处罚金额15.27万元，安全生产整体形势有序可控。

【园区环境保护】 2020年，园区通过邀请上级主管部门、环保专家等讲解分析园区环保重点工作和法律法规、积极参与各类环保宣传活动和专业培训，有效增强企业以及专业工作人员的环保素养和意识。大力推进各项环保手续的健全完善，深入落实专项整治行动，企业危废专项整治问题清单销号率、排污许可证固定污染源登记率、发证类网上备案率均为100%；全区34个企业与有资质单位签订了生活垃圾处置合同；实施大气减排重点提升工程，迪皮埃RCO炉和谷登环保设施改建投入910万元左右，在达标排放的基础上进一步减排。

【企业科技创新】 2020年，园区大力引导企业以市场需求为导向，加大新技术运用、新设备投入以及高层次人才引进。利丰机电等5个企业获批国家高新技术企业，科锐达等3个企业创建省高新技术企业已培育入库。驷博、杰工等6个企业与常州大学签订产学研合作协议，建设综合金融服务平台14个。组织企业申请实用新型专利申请数64个，授权37个；组织发明专利申请数4件，商标注册数5件。新招引海内外双创人才（博士）6名，大学生95人，其中本科学历以上41人。申报获批江苏省科技副总项目3人、盐城市科技副总项目4人、金丰领军人才3名。申报获批省、市级工程技术研究中心各1个，市级企业技术中心1个。全年技术改造投入超3000万元。

【重大项目实施】 2020年，江苏谷登非开挖配套设备及桩工机械制造项目实施，总投资6亿元，注册资本6000万元。该项目占地6.13公顷，计划建设配套生产厂房约6万平方米，主要用于建设完整的非开挖设备、桩工机械生产结构及办公配套设施，预计投入研发设备、生产设备、检测设备约200台（套），新上生产线6条。项目预计三年建设完成，全部投产后可实现年产非开挖设备1200台（套）、桩工机械600台（套），实现年销售5亿元，利税1亿元。

（英　俐）

苏州盐城沿海合作开发园区

【概况】 苏州盐城沿海合作开发园区（以下简称园区）是苏州盐城两市市委、市政府主动响应与贯彻落实国家和省委、省政府推进沿海开发战略而联合成立的南北共建园区。2020年以来，园区工委、管委会按照中央和省市区委关于统筹做好疫情防控和经济社会发展工作的部署要求，认真贯彻落实中共十九大和十九届二中、三中、四中、五中全会精神，紧扣高质量发展主题，以推进产业转移和项目建设为抓手，不断完善基础配套设施，全面加强对接协调，推动各项工作取得新进展。2020年，园区全年完成工业开票销售2亿元，实现税收收入1088万元，签约注册亿元以上项目11个。

2020年，常州高新区大丰工业园总投资3亿元的鼎立绿建项目和总投资4亿元的谷登技改扩能项目的土地利用规划调整手续已到位。图为谷登技改生产园区　　周古凯　摄

【项目建设】 3月28日，为推动企业复工复产，园区举行春季11个亿元项目集中签约开工仪式，计划总投资33亿元。年内，11个项目前期各项审批手续有序推进，其中，康贝新材料、隆昱得机电2个项目通过采取租赁厂房方式组织订单生产，分别完成销售1亿元、1500万元；隆昱得机电等2个项目施工队进场；其余项目计划在2021年开工。

【基础设施】 2020年，园区完成污水并网处理及蒸汽供应。全面提升硬件环境，加强道路、河道、管网、绿化的后续维护管理，进一步强化工程项目安全质量，确保平稳推进。由苏盐开发公司投资建设的阳山工业园二期（苏盐创新园项目）加紧推进，该项目为推行节约化用地、促进项目快速落户和培育上市龙头企业提供载体和配套服务。

【苏盐对接】 2020年，园区抓住长三角一体化国家战略的深入实施、省委出台的《关于推动南北共建园区高质量发展实施意见》等契机，主动与江苏省发改委以及市、区有关部门对接，加大争取力度，争创省南北共建高质量发展特色园区。同时，抓住两市（苏州市、盐城市）十年合作到期时间节点，积极主动与两市两区党委、政府汇报，做好后续两地合作共建的各项准备工作。认真谋划园区“十四五”发展规划，努力培植深化南北合作新优势。

（高　宇）

沪苏大丰产业联动集聚区

【概况】 沪苏大丰产业联动集聚区（以下简称集聚区）是上海市人民政府和江苏省人民政府主导建设的产

业开发区，总规划面积33平方千米，一期规划12平方千米，其中已批控规面积7.7平方千米。2020年，完成全口径工业开票销售28.5亿元，同比增长12%，规模以上工业开票销售3.3亿元，同比增长76.1%；完成固定资产投资5.44亿元，同比增长676%；实现一般公共预算收入2700万元，同比增长16%；实际到账外资1735万美元，新培植规模以上企业3个。2020年，被中国国际投资促进会、长三角开发区协同发展联盟授予"长三角共建省际产业合作示范园"，被大丰区委、区政府表彰为综合先进单位。

2020年，沪苏大丰产业联动集聚区智造园一期工程竣工交付使用。
周古凯 摄

【招商引资】 2020年，新开工1亿元以上项目5个，其中5亿元以上项目2个。总投资40亿元的正泰光伏新能源项目落户园区，实现重大项目零的突破。其中，一期3吉瓦高效电池和3吉瓦高效组件项目实现了当年签约、当年开工、当年竣工投产；总投资5.8亿元的新时代建筑节能科技项目开工建设；智造园一期标房建成；"三项清理"（闲置土地、低效厂房和"僵尸"企业）取得实质性成效，聚腾新能源汽车电机电控项目入驻华翼标房并部分投产，江苏人酒业顺利重组恢复生产；EVA胶膜、鸿桦新能源汽车等5个亿元以上项目签约；爱谱华顿基于5G技术的智慧传输数字工厂项目以及上海通用富士等重特大项目洽谈取得进展。

【基础设施建设】 2020年，通汇路、临港路及桥涵、贤丰路及桥涵、江都路桥、共青路、V02河驳岸等工程竣工交付，通汇路二期、共青路大桥工程等即将竣工，集聚区一期以道路、桥涵为主的基础设施框架初步成型，绿化、美化、亮化配套到位。污水处理厂主体工程竣工，设备和管网抓紧安装建设。邻里中心和产业服务中心加快推进。按照市场化办法着手启动建设工业自来水厂。

【金融创新】 2020年，集聚区组织召开银企融资创新座谈会，20个金融机构参加会议，出台《沪苏集聚区中小微企业信贷风险补偿资金管理办法》，由苏州大丰银行、盐城中小企业担保公司和集聚区三家共担风险，帮助中小微企业解决融资难问题。明丰公司出资2500万元参与组建大丰区新兴产业投资基金，创新了"基金+招商"新路径。同时，主动对接大丰农商行和城投集团，争取直融和间接融资，不断增加资金链，推动集聚区高质量发展。

【接轨上海】 2020年，为细化落实长三角一体化国家战略举措，上海市经信委梳理了请求江苏予以支持的6个方面事项，江苏省发改委会同省相关部门和盐城市发改委进行了充分酝酿，形成了具体意见和建议。在长三角区域合作办公室的高位协调下，集聚区的正泰新能源项目被列入江苏省2020年度重点项目，并由江苏省安排用地指标。临港集团将以临港新片区为原点，辐射导入适合集聚区发展的优势政策和产业资源，实现两地更高质量一体化发展。

（杨进东）

〖编辑 董 艺〗

经济管理与监督

发展和改革

【概况】 2020年，大丰区紧扣经济发展高质量要求，强化经济运行预警、预测、调控工作。全年实现地区生产总值686.78亿元、同比增长4%，人均地区生产总值近10万元；一般公共预算收入53.57亿元、同比增长5%；全口径工业开票销售1143.42亿元、同比增长10%；固定资产投资392亿元、同比增长4.2%；注册外资实际到账1.12亿美元、同比增长117.6%；外贸进出口总额28.7亿美元、同比增长21.8%；城镇和农村常住居民人均可支配收入分别为40975元、26754元，同比增长3.9%、6.5%。区发改委获得盐城市发展改革系统综合先进奖第一名，并获得重大项目、综合改革、落实国家重大战略、社会民生发展、对口帮扶支援合作、价格监测6个单项先进奖；被省发改委表彰为全省发展改革系统综合先进单位。

【经济发展的调控与保障】 2020年，大丰区制定《大丰区在疫情防控常态化下重要医疗物资保供工作实施方案》，建立区级公共卫生应急物资储备库，按照1~3个月的疫情防控需求进行应急物资集中存储。出台《盐城市大丰区“六保”总体方案》，具体落实好保基本民生、保粮食安全、保能源安全等工作，顺利完成减煤和价格调控年度任务，加大电煤调度力度，打造稳定的大丰电网。2020年疫情期间，海聆梦智能科技等5个企业进入国家防疫物资重点企业名单目录，其中迈硕医疗等3个企业通过发改委推荐，获省应急通道医疗卫生许可注册；协助阿特斯、正大丰海等7个重点项目、4个重要平台获得市级专项资金423万元。

【发展规划编制】 2020年，大丰区按照“争当表率、争做示范、走在前列”要求，突出体现“国内大循环、国内国际双循环”新发展格局，科学编制《盐城市大丰区国民经济和社会发展第十四个五年规划和二〇三五年远景目标纲要》，提出“十四五”时期实施创新驱动、“两海”引领、绿色赋能、融合共享“四大战略”，打造苏北高质量发展排头兵、沿海绿色产业新高地、长三角飞地经济示范区。

【经济发展措施】 2020年，大丰区深入衔接市发改委等部门，推动市委、市政府出台《关于支持大丰区加快高质量发展的意见》，实施六大类、16条政策措施支持大丰，推动大丰“十四五”高质量发展。获批地方政府专项债券项目7个、计15亿元，获批2020年抗疫特别国债项目5个、计3.5亿元。联鑫钢铁获批省级工程研究中心，苏大维格等6个企业获批市级工程研究中心。大丰港现代物流中心、国际汽车试验服务中心被认定省级生产性服务业集聚示范区，江苏丰东热处理技术有限公司等3个企业被认定省级生产性服务业领军企业。

【区域合作深化】 2020年，大丰区编制接轨大上海融入长三角规划，以上海为“支点”撬动大丰融入长三角、走向国际化。沪苏大丰产业联动集聚区获省发改委支持，打造长三角地区产业合作共建的“新标杆”纳入省“十四五”发展规划；常盐工业园开发建设实现拓展、升格，全省南北共建园区名列第二。光明集团“一园一厨五基地”项目在长三角城市经济协调会第20次会议上成功签约，并列入长三角年度计划推进。推进区场一体化联动发展，共创“大丰仓”品牌。完成对口支援工作，落实2020年产业扶贫项目4个，安排宜君县结对援助财政帮扶资金370万元。

【项目建设】 2020年，大丰区发改委自主招引总投资25亿元的天合光能、总投资25亿元的中天海缆、总投资5亿元的海鑫海上风电装备落户港区。做好重大项目建设决策审查工作，2020年区领导召开决策审查会9次。落实“两重一实”，区“两重”100个项目年度计划投资270亿元，当年完成投资264.7亿元，有力支撑固定资产投资。20项民生实事工程顺利实施，完成投资22.7亿元。落实协调服务，正泰新能源、长三角智能网联汽车试验场列入省重大项目，联鑫钢铁列入省钢铁项目库，省发改委专函支持大丰高铁站建设。

【三大新兴产业】 2020年，大丰区新能源及装备制造产业，规模以上企业27个，工业开票销售215.7亿元、同比增长27.6%；11个重点项目完成投资78.95亿元，其中，国能H5#、三峡大丰H8-2#、龙源H4#、龙源H6#等4个海上风电项目完成投资63亿元。新能源汽车及零部件产业，规模以上企业30个，工业开票销售45.1亿元、同比增长3.5%；5个重点项目完成投资9.89亿元。新一代电子信息及智能终端产业，规模以上企业43个，工业开票销售39.4亿元、同比增长19.6%；11个重点项目完成投资17.48亿元。

【一流营商环境】 2020年，大丰区贯彻落实国家、省、市关于优化营商环境的工作部署，制定《关于进一步优化营商环境十八条意见》，做好减税降费、政策扶持、优化服务等重点工作。注重问题导向、标杆引领，协调推进制定开办企业、办理工程建设项目审批等营商环境9个领域评价指标。完善信用体系建设，归集社会信用信息，报送信用信息数据3550万条，列全市前列；出台《大丰区落实企业安全生产主体责任守信激励与失信惩戒实施办法（试行）》等文件，在落实上级资金、政府采购、表彰奖励中出具信用报告485份。

【安全稳定】 2020年，大丰区深刻吸取江苏响水“3·21”特别重大爆炸事故等教训，按照“三管三必须”（管行业必须管安全、管业务必须管安全、管生产经营必须管安全）要求，压紧压实部门监管责任、属地管理责任和企业主体责任，对居民小区电线私拉乱接、天然气输送管道以及电力企业安全管理、海上风电安全施工等开展专项检查和整治，守住安全稳定底线。做好重点信访人员慰问和稳控工作，配合城市大会战协调森威集团、丝绸总厂等企业搬迁工作。

（宋　鹏）

财　政

【概况】 2020年，大丰区财政局落实“六保”任务，做好“六稳”工作、加强收入组织，强化预算执行，深化财政改革，全力支持保障疫情防控和经济社会发展夺取“双胜利”，为大丰经济社会事业高质量发展提供了强有力的财政支撑。2020年，大丰区财政局被盐城市财政局表彰为盐城市财政总决算优秀单位、盐城市财政部门决算优秀单位，被江苏省财政厅表彰为2016—2020年全省财政系统先进集体。

【收支预算执行情况】 一般公共预算：2020年，大丰区十五届人大四次会议审议通过的大丰区2020年一般公共收入预算53.56亿元，实际完成一般公共预算收入53.57亿元，完成调整预算的100.01%，其中区本级完成一般公共预算收入42.99亿元。区十五届人大四次会议审议通过的大丰区2020年一般公共支出预算90.03亿元，预算执行中，调整增加支出6.55亿元，上级追加补助16.63亿元，2019年结转支出8.21亿元，一般公共支出预算最终为121.42亿元，实际完成一般公共预算支出112.6亿元，比2019年实绩增加16.5亿元，增长17.2%，其中区本级完成一般公共预算支出100.5亿元。全年一般公共预算收入加上2019年结余、上级补助、预算稳定调节基金和调入资金等，形成地方留成财力121.42亿元，实际支出112.6亿元，结转下年支出8.82亿元。大丰区实现财政收支平衡。

政府性基金预算：2020年，大丰区完成政府性基金收入401608万元，其中：国有土地使用权出让收入391136万元，城市基础设施配套费收入8609万元，港口建设费收入163万元，污水处理费收入1700万元。大丰区实现政府性基金支出231832万元（含2019年结转、上级追加支出），其中：文化旅游体育与传媒支出50万元，社会保障和就业支出213万元，城乡社区支出54565万元，农林水支出855万元，债务付息及发行费支出15228万元，其他支出125921万元，抗疫特别国债35000万元。

社保基金预算：2020年，大丰区完成社会保险基金收入116322万元。主要收入项目：机关事业单位基本养老保险收入70427万元；城乡居民基本养老保险收入39967万元；失业保险收入5928万元。大丰区实现社会保险基金支出110472万元。主要支出项目：机关事业单位基本养老保险支出70427万元；城乡居民基本养老保险支出34232万元；失业保险支出5813万元。

国有资本经营预算：2020年，大丰区完成国有资本经营收入3000万元，完成年初预算的100%。大丰区实现国有资本经营支出3003万元，完成年初预算的100%。

地方政府债务情况：截至2020年年末，大丰区地方政府债务限额103.55亿元，其中：一般债务限额49.95亿元、专项债务限额53.6亿元。大丰区地方政府债务余额96.66亿元，其中：一般债务余额45.69亿元、专项债务余额50.97亿元。

2020年大丰区一般公共预算收支执行情况表

表11　　单位：万元

预算科目	决算数	预算科目	决算数
一、税收收入	418010	一、一般公共服务支出	145156
增值税	190000	二、外交支出	—
企业所得税	39995	三、国防支出	794
个人所得税	15094	四、公共安全支出	47859

续表11

预算科目	决算数	预算科目	决算数
资源税	11	五、教育支出	148097
城市维护建设税	22622	六、科学技术支出	42703
房产税	28363	七、文化旅游体育与传媒支出	28553
印花税	7166	八、社会保障和就业支出	168732
城镇土地使用税	30084	九、卫生健康支出	89004
土地增值税	24387	十、节能环保支出	24915
车船税	3577	十一、城乡社区支出	130874
耕地占用税	24094	十二、农林水支出	131265
契税	30195	十三、交通运输支出	46890
烟叶税	0	十四、资源勘探工业信息等支出	15578
环境保护税	2327	十五、商业服务业等支出	9920
其他税收收入	95	十六、金融支出	1000
二、非税收入	117656	十七、援助其他地区支出	1313
专项收入	20037	十八、自然资源海洋气象等支出	15204
行政事业性收费收入	21411	十九、住房保障支出	21420
罚没收入	13518	二十、粮油物资储备支出	4225
国有资本经营收入	0	二十一、灾害防治及应急管理支出	3364
国有资源（资产）有偿使用收入	62302	二十二、其他支出	33738
其他收入	388	二十三、债务付息支出	15368
		其中：地方政府一般债券付息支出	15368
		二十四、债务发行费用支出	58
收入合计	535666	支出合计	1126030

【疫情防控财政保障】 2020年，大丰区财政局认真落实中央和省市疫情防控、助企纾困等系列扶持政策，坚持“急事急办、特事特办”，全力做好疫情防控财政保障工作，做到预算安排到位、资金拨付到位、政策落实到位、监督管理到位。开通绿色通道，积极拨付物资采购、设备购置、防控人员补助等资金5021.57万元，支持大丰区疫情防控。积极筹措资金，配合卫生部门推进PCR实验室建设，添加核酸检测设备，提升新冠病毒核酸检测能力，疾控中心和第三人民医院核酸检测实验室投入使用。开展全民健康体检，预算安排9000万元，为大丰区66.78万名常住居民提供免费体检，全年有38.8万名居民接受免费体检服务。加大卫生事业投入，累计投入5000多万元支持实施大丰区医疗卫生服务能力提升三年行动，拨付3840万元支持二院精神病综合服务大楼建设，安排400万元资助困难群众签约家庭医生，拨付400万元购置全民健康体检业务管理系统和设备。推进卫生体制改革，安排基层医疗卫生体制改革经费11529万元，基本公共卫生服务经费年人均补助标准提高到80元。执行社会救助和保障标准与物价上涨挂钩联动机制，发放低保、“三无”、“五保”、孤儿、重点优抚对象等价格临时补贴1500余万元，保障困难群众基本生活。落实社保费减免及稳岗政策，退还260多个企业职工养老保险、工伤保险、失业保险费346万元，拨付企业稳岗补贴返还资金3343万元，帮助企业减轻负担、稳定就业，助推企业复工复产。

【财政调控】 2020年，大丰区财政局积极应对疫情对财政经济的影响和经济持续下行的压力，强化财政政策引导，整合财政专项资金，发挥财政资金杠杆作用，提高经济发展质量和效益。严格执行国家减税降费政策措施，全年落实各类税费优惠政策23.68亿元。加大财政金融支持力度，增加金茂担保等公司注册资金4000万元，压降担保费率，降低中小企业融资综合成本，提供融资担保和过桥资金12.43亿元，发放“苏微贷”“小微创业贷”3.4亿元，有效缓解中小微企业融资难、融资贵问题。拨付财政普惠金融资金1434万元，鼓励设立各类新型金融产品，促进普惠金融发展、支持金融创新。加大财政资金投入，发挥财政资金杠杆作用，安排各类转型升级奖补资金8219万元、商务发展专项资金2721万元、服务业专项资金2139万元等，支持企业高质量发展。鼓励创业就业，扩大富民创业贷的支持范围，发放创业贷款贴息资金5635万元。加大镇级经济发展扶持力度，提高镇级财政体制分成比例，将镇级新增财力分成比例从70%提高到95%，安排镇级招商选资等奖补资金8055万元，支持镇域经济振兴发展。加强收入组织力度，深入排查税源，强化税收收入征管，深化社会综合治税，财政收入实现均衡有序入库，全面完成2020年财政收入目标任务。主体税种和规模企业税收支撑能力增强，国内增值税比2019年增长9%，个人所得税比2019年增长25.1%，全年纳税超1亿元企业10个，其中工业企业6个。

【民生保障】 2020年，大丰区财政局坚持在发展中保障和改善民生，统筹安排好财政资金，压缩非急需、非刚性支出，集中财力保障区委区政府“两重一实”项目实施，确保民生领域各项政策标准落实到位。全年筹集资金12.3亿元支持高铁综合枢纽等交通重点工程建设，筹集资金14.55亿元支持城市建设大会战，安排资金1.44亿元支持苏北农民住房条件改善，筹集资金2.8亿元支持实施妇幼保健院、三院异地新建等医疗卫生实事工程。逐步提高社保待遇水平，城乡居民基础养老金每人每月发放标准提高到190元，为苏北地区最高。加大城乡居民基本医疗保险补助力度，城乡居民基本医疗保险财政补助每人每年从550元提高到680元，保障城乡居民基本医疗保险基金正常运行。各类民政、养老、医疗、救助资金全部按标准执行到位。发放城乡低保、“三无”、“五保”、孤儿、困境儿童、低保边缘户等困难群众补助资金6000万元，无固定收入重残人员发放“两项补贴”（困难残疾人生活补贴和重度残疾人护理补贴）生活补助5914万元。全力保障社会救助资金，安排医疗救助资金4000万元、重大疾病救助资金500万元、低保边缘户救助资金600万元、民生三项保险专项资金423万元、老年人意外伤害保险救助162.4万元。加强残疾人事业发展，资助0~14岁残疾儿童康复训练。推进养老服务建设，对60周岁以上低保、低保边缘户中的失能老人实施养老服务补贴制度，对各镇居家养老服务运营情况实施“以奖代补”。

【社会事业保障】 2020年，大丰区财政局加大财力向教育、人才、科技创新、公共文化等社会事业领域倾斜力度，提高人均公共服务支出水平，全年社会事业投入28.3亿元。支持教育高质量均衡发展，认真落实义务教育公用经费保障政策，薄弱学校保底公用经费每学年提高到30万元，不断提高非义务教育公用经费标准。积极改善办学条件，安排义务教育校舍维修经费2700万元，安排教育现代化建设经费1000万元。支持教育人才队伍建设，加大教育培训经费投入力度，发放盐城市高层次教育人才考核奖励资金98.93万元。推进扶贫助学工作，发放扶贫助学资金1021万元，对高中建档立卡学生、低保学生、残疾学生、农村特困救助学生减免学费，对残疾幼儿免收保育费，对中职和高中残疾寄宿生免收住宿费。配合教育部门推进四项教育惠民工程，安排专项资金3900万元用于发放课后服务补助、中小学教室空调装配、食堂维修改造、体育设施向社会开放改造。安排专项资金2200万元，保障全国新教育实验第二十届年会在大丰顺利召开。支持实施金丰人才工程，集聚“高层次、创业型、紧缺类”人才，为大丰区战略性新兴产业发展提供智力支撑，全年兑现双创等人才资金5112万元。加大科技创新投入，拨付推进聚力创新10条政策奖励资金1392.34万元，惠及73个企业单位。支持科技型创业企业孵育计划和高新技术企业培育，拨付高新技术企业培育资金1277万元。支持实施知识产权战略，加大专利申请扶持力度，安排专利发展费400万元，重点支持企业专利申请、知识产权战略推进、专利宣传培训、管理认证达标奖励等。设立文化建设专项资金1000万元，支持农村电影放映设备更新、“送电影、送戏”下乡、举办各类公益文化活动，推动公共文化服务高质量发展走在前列。支持开展惠民阅读活动，拨付“阅读新空间”和“阅读便民设施”建设资金，加快推动书香城市建设步伐。

【镇级财政建设】 2020年，大丰区财政局狠抓镇级收入组织，加强镇级财政管理，不断提升镇级财政管理水平。加强镇级财政收入征收管理，按时间节点对各镇收入完成情况进行督查，保持镇级财政平稳运行。全年镇级财政总收入33.57亿元，占调整预算的94.1%，其中镇级财政一般公共预算收入21.07亿元，占年度预算的92.66%，一般公共预算收入超1亿元镇5个。积极支持镇村经济和社会事业发展。2020年，按村均22万元标

2020年11月16日，大丰区财政局工作人员在大丰港大宗农产品仓储物流二期工程现场，检查粮食安全保障调控和应急设施项目建设情况。
（单位供图）

准，安排村级三项资金4796万元，安排农村公共服务运行维护示范奖补资金1744万元。根据村组干部报酬激励增长制度，调整增加村组干部报酬，全年村组干部报酬总额7865.94万元，比2019年增加348.06万元，增长4.6%。积极落实省市资金，落实省级扶持村集体经济发展补助资金630万元、市领导挂钩经济薄弱村发展集体经济扶持项目奖补资金350万元、市级经济薄弱村补助720万元，支持村级扶持项目建设。全年农桥建设项目区财政投入2733.6万元，完成新建、改建农桥201座，不断完善农村基础设施建设。全年村级公益事业一事一议财政奖补项目投资820.64万元，其中：省奖补资金592万元、一事一议筹资筹劳94.71万元，实施农村水泥路一事一议财政奖补项目27个。落实各项惠农富农政策，全年通过"一折通"发放农业支持保护补贴、农村低保补贴等各类涉农补贴6.59亿元。开展镇级财务检查，规范镇级财政收支行为。根据省市关于加强基层财政建设的新要求，结合区开展的作风建设专项整治行动，联系基层财政工作实际，区财政局制定出台《关于进一步严肃财经纪律严格执行财务管理规定的通知》，进一步严肃财经纪律，规范财务收支管理行为，加强镇级财政内部管理，提升基层财政公共服务水平，推进基层财政法治化、标准化、科学化与精细化管理，提高财政资金使用效益，促进区镇级财政管理工作的有序开展。

【财政支农】 2020年，大丰区财政局坚持将农林水支出作为公共财政支出的优先保障领域，落实高质量发展要求，加大财政对"三农"投入力度，全面实施乡村振兴战略，精准实施脱贫攻坚工程，加快农业农村现代化建设，确保实现全年财政支农投入稳定增长的目标。2020年，大丰区农林水投入13.13亿元，比2019年增长8.77%。农业基础设施不断夯实，投入资金1.15亿元，四卯酉闸下移工程发挥效益，主体工程通过完工验收；西潮河整治工程基本完成；农村河道生态治理工程和农村村庄河塘整治专项行动全面完工，疏浚整治县乡河道138条，完成土方313万立方米，建成龙须河、增产河、友谊八排河等生态示范河道12条；整治村庄河塘448条，疏浚土方270万立方米，建成村级生态示范河道15条。稳步推进现代农业生产发展，安排资金5000万元支持"三大特色产业带"（226省道花卉苗木特色产业带、双草线现代园艺特色产业带、228国道高效养殖特色产业带）建设，加速推进设施农业规模扩张，大丰区新增特经蔬菜7266.67公顷，其中设施农业1866.67公顷。实施农机购置补贴政策，安排资金3440.17万元，新增大中型拖拉机、联合收割机、插秧机、烘干机等2144台。安排资金633.76万元，推进粮食生产全程机械化整体推进示范县（区）创建，大丰区农作物综合机械化率89%。实施品牌强农工程，安排资金471万元支持农产品质量示范县创建，新增绿色食品24个，农产品地理标志1个，省级绿色优质（水稻）基地7个。安排资金3526.23万元，支持农作物秸秆综合利用，大丰区秸秆综合利用率98%。加大农田建设力度，累计落实高标准农田项目资金13750万元，建成草庙镇北灶片、南阳镇城乡片、大中街道双喜片、大中街道恒南片、丰华街道天祥片、刘庄镇友谊片、小海镇温泉片、三龙镇龙西片、大桥镇川南片、白驹镇汤舍片、王竹垦区华丰片11个高标准农田规模项目区。

【财政管理改革】 2020年，大丰区财政局持续深化预算管理改革，加强预算编制管理，细化完善预算编制定额和标准，全口径预算编制水平不断提高。根据中央和省市"六保"工作要求，积极履行财政职责，制定出台大丰区保基层运转工作方案。严格财政支出管理，坚持厉行勤俭节约，从严控制政府开支，研究制定财政支出事项议事规则，规范财政资金使用审批程序。调整和优化支出结构，压缩非急需、非刚性支出，全年压降一般性支出3.37亿元。加大财政资金盘活和统筹使用力度，大丰区保基层运转各项支出得到保障。严格执行政府债务管理各项政策要求，从严从紧控制政府投资项目建设，严控新增政府隐性债务。开展镇级债务化解三年行动，多渠道筹集资金化解存量债务，超额完成全年隐性债务化解目标任务，政府债务率有效压降。充分落实国家和省隐性债务平滑周转政策，压缩高成本债务规模，压降融资成本，债务结构不断优化。完善债务月报制度，突出强化对重点区域、重点项目、重点时点债务情况的动态监控，债务风险得到有效防范。推进公务卡制度改革，印发《镇（区、街道）公务卡结算推行实施方案》，推行镇（区、街道）公务卡结算改革，实现公务卡改革全覆盖。完善国库集中支付电子化管理改革，规范区级国库集中支付电子化管理，并积极研究开发、完善后续功能，确保资金安全。

【非税收入征管】 2020年，大丰区财政局深化非税收入改革，加强非税收入征收管理，全年完成行政事业性收费收入、罚没收入以及政府性基金收入等各类非税收入51.93亿元，其中：行政事业性收费2.14亿元。严格落实中央和省部署的各项降费措施，降低企业运行成本，减轻企业负担，激发市场活力，确保各项降费政策落地生根。强化财政收费票据源头监督功能，做好非税收入票据缴验工作，强化以票管收、源头控收作用，及时关闭财政非税收入一体化系统停征的相关收费科目，从根源上杜绝乱收费现象，遏制乱收费等违规行为的发生。加快非税收入收缴电子化和医疗收费电子票据改革进度，加快推进与省财政公共支付平台对接。推广使用医疗收费电子票据，缓解医疗窗口排队压力，缓解医患矛盾，提高医疗收费票据信息化管理水平。完善收费项目信息公开制度，及时公开全区最新的行政事业性收费和政府性基金项目"两个目录"清单，并实时更新政策调整情况，主动接受社会监督，确保收费实行目录清单管理，清单之外无收费。支持城镇保障性安居工程建设，积极筹集资金，2020年落实中央财政城镇保障性安居工程专项资金680.4万元、省级财政城镇保障性安居工程专项资金122.03万元及市级廉租住房建设补充资金428万元，及时足额拨付给项目单位，保障区安居工程工作有序推进。积极做好体育彩票、福利彩票等资金的收支管理工作，筹集体育彩票公益金365万元，福彩公益金380万元。

【政府采购管理】 2020年，大丰区财政局继续全面落实政府采购政策，坚持“优化营商环境为本，规范政府采购流程，诚信守法文明服务”工作理念，拓宽采购渠道，规范采购行为，提高采购质量和服务水平。加强政府采购预算管理，做好政府采购信息公开。规范采购单位的部门预算管理工作，做好采购备案计划的填报、资金来源和支出计划的审核，依法组织政府采购和招投标活动。严格政府采购资金国库支付及会计集中核算管理，规范财务报账结报手续。区财政局出台《关于印发〈盐城市大丰区2020—2022年预算金额200万元限额标准以下物业管理服务协议服务单位〉的通知》，提高物业服务项目政府采购效率，降低行政成本，推动政府购买服务。为优化营商环境，降低新冠肺炎疫情对企业的不利影响，认真落实政府采购便利化采购措施，构建采购人、采购代理机构、评审专家、供应商“四位一体”诚信体系建设。实现“不见面开标”系统的开发和应用，积极推进政府采购电子招投标工作，通过加强采购需求管理、落实价格评审优惠、优先采购小微企业产品等措施，有效促进中小企业复产复工。做好全国贫困地区农副产品网络销售平台（832平台）建设工作，2020年实现网上购买贫困地区农副产品273.54万元。积极与省财政政府采购对接，配合单位公务卡发放使用，做好政府采购“网上商城”推进工作。全年政府采购预算85963.74万元，实际完成437批次，采购76505.52万元，比预算节约资金9458.22万元，综合节约率11%，其中：按招标方式分，公开招标75086.44万元、邀请招标714.48万元、竞争性谈判54万元、单一来源采购623.4万元、询价27.2万元；按性质划分，采购国内产品76372.42万元、进口产品133.1万元；按规模划分，大型企业982.8万元、中型企业10576.52万元、小微企业64946.2万元。从项目类型划分，货物类采购预算16643.1万元，实际采购14896.64万元，节约资金1746.46万元，节约率10.49%；工程类采购预算50317.18万元，实际采购44643.24万元，节约资金5673.94万元，节约率11.28%；服务类采购预算19003.46万元，实际采购16965.64万元，节约资金2037.82万元，节约率10.72%。

【会计管理与服务】 2020年，大丰区财政局加强全区会计管理工作，强化会计代账公司监管，规范会计秩序，积极发挥会计在支持经济和社会事业发展中的促进作用。组织会计法规制度专题培训，先后会同高新区（丰华街道）、草堰镇、西团镇、三龙镇、大中镇等，联合举办新《中华人民共和国会计法》《会计基础工作规范》等会计法律法规培训会，对镇（街道）、村干部进行培训，规范会计行为，增强防范财务风险意识。做好会计专业技术资格报名考试相关工作。2020年大丰区初、中级资格报名2550人，审核通过2473人，通过考试取得证书581人，其中：初级409人、中级172人。申报高级会计师评审8人，通过评审取得证书7人。做好会计继续教育培训工作，采用线上学习为主、单位自行培训为辅的形式，全年培训合格5000多人。加强会计代理记账机构管理，对大丰2019年底备案登记的代理记账机构进行备案核查和公示，同时协助区行政审批局批准成立2家代理记账机构——盐城市大丰区炫坷会计咨询有限公司和盐城市大丰区鼎丰会计咨询有限公司。组织大丰区做好2019年内部控制报告编制工作，组织召开内控培训专题会议，全面落实内控编制工作，强化编制过程指导，规范各行政事业单位经济行为。做好“双随机、一公开”（随机抽取检查对象，随机选派执法检查人员，抽查情况及查处结果及时向社会公开）专项检查工作，按照抽查事项清单，研究确定财政局2020年“双随机、一公开”监管工作检查事项，规范行政行为，营造公平竞争的发展环境。做好社会信用体系建设工作，分解细化工作任务，做好信用信息归集整理工作，做好“双公示”（行政许可、行政处罚等信用信息作出决定后上网公示）情况汇总及信息上传工作。注重信用工作创新，与区信用办联合在区级财政专项资金管理领域，建立和运用“信易贴”应用场景。

【预算绩效管理】 2020年，大丰区财政局切实履行预算绩效管理和政府投资财政评审职能。完善预算绩效管理机制，将绩效理念融入预算管理全过程，逐步建立和完善“预算决策有评估、预算编制有目标、预算执行有监控、预算完成有评价、评价结果有反馈、反馈结果有应用”的预算绩效管理机制。印发《关于全面实施预算绩效管理的实施意见》，制定大丰区全面实施预算绩效管理三年行动计划清单，提出到2022年大丰区基本建成预算绩效管理新体系，打造全过程预算绩效管理链条，抓预算源头，试点开展事前绩效评估工作。完成江苏正大丰海制药有限公司年产500万瓶（袋）特殊医学用途配方食品重大产业化项目事前评估项目，拨付上级财政转移补助资金300万元。紧抓目标源头，深化绩效目标管理，要求大丰区各预算部门（单位）在编制预算时，必须全面设置整体绩效目标、200万元以上项目绩效目标。抓实施效果源头，提质扩围绩效评价。2020年大丰区排出45个项目，涉及24家部门（单位），由各部门（单位）开展绩效自评价，在自评基础上，选取3个比较典型的专项项目，实施财政重点评价，重点评价由第三方机构完成，评价结果向党委、政府及人大报告。加强政府投资项目管理，规范节约使用财政性资金，提高财政性资金使用效益，严格贯彻执行《关于加强财政投资评审管理工作的通知》。2020年，受理财政评审项目234项，报审项目预算31.7亿元，完成财政评审230项，核定投资30.69亿元，净核减（核减–核增）6202万元，核减率1.98%。其中：完成本级财政资金安排的行政事业单位及镇（街道）财政评审项目19项，核定投资3996万元，净核减198万元，核减率4.72%；完成上级扶持补助的项目资金财政评审35项，核定投资2.36亿元，净核减23万元，核减率0.097%；完成国有企业财政评审176项，核定投资27.93亿元，净核减5773万元，核减率2.03%。

【财政监督检查】 2020年，大丰区财政局根据上级部署要求，结合大丰实际，以健全财政监督法制机制、服务中心工作为目标，发挥财政监督职责，严肃财经纪律，保障财政资金安全、完整、规范运行。配合区纪委开展作风建设突出问题专项整治，将单位“三公”经费、会议费、培训费支出纳入2020年财政监督检查重点内容，查处机关事业单位违规兴建（装修）楼堂馆所、公款购置赠送礼品、公款旅游、乱发津贴补贴，查究虚报冒领、截留私分、挥霍浪费、贪污挪用扶贫资金以及套取财政资金、私设“小金库”等严重违纪违规行为，调查债务化解、民生保障、预决算公开和政府会计制度执行等情况，开展13个行政、事业单位以及各镇财政所的财务综合检查，15项专项资金重点检查。按照执法执勤用车更新的要求和标准，对大丰区执法执勤用车的使用、更新情况进行管理，保证执法执勤用车使用规范，利用执法执勤用车平台全程监控执法执勤用车的调度和使用。加强建立与纪检、监察、审计等部门的工作的联动机制，保障财政资金安全、规范、合理地使用。

【财政信息化建设】 2020年，大丰区财政局坚持以适应改革、服务业务、提升效率为目标，不断加强财政信息化建设。加强预算单位云平台和财政专网运维，搭建财政光纤300多条，发放云终端400多台，全面提升财政专网的运行效率和质量。推进财政改革，建成预算绩效管理系统，实现预算编制、预算执行、结果反馈等财政全业务、全过程绩效管理系统，提升财政科学决策和精细管理的水平。加快推进非税收缴电子化改革，积极对接省厅实现非税微信扫码收缴功能，完成手工票据转换的机打系统功能，全面停用手工票据的使用，全面实现非税收缴的电子化，全年开票5.36万张，开票金额96.17亿元。优化国库集中支付电子化操作流程和不见面业务办理，加大财政一体化平台整合力度，完善基础信息共享功能，实现各模块公共参数传递和系统无缝对接，全面支持远程支付申请、非税开票、财务记账等各项工作，全年实现电子支付15万笔155.82亿元。全面完成公务卡的推广和应用，发放个人公务卡5000多张，区直单位实现业务贯通和公务卡实施全覆盖。加强信息安全建设，建立对外信息发布审核制度、核心设备的日常巡查机制、重要数据备份和应急恢复方案等，保证财政各项业务安全无故障运行。

（韦礼和　王明娟）

税　务

【概况】 2020年，盐城市大丰区税务局统筹做好征税收费和减税降费工作。全年组织入库各项收入96.88亿元，其中：税收收入71.4亿元；社保费收入23.23亿元；基金（费）收入2.25亿元。税收收入中，一般公共预算收入41.8亿元，圆满完成各项税收工作任务。2020年，大丰区税务局在区委区政府综合目标考核中获得综合先进单位，区局第一税务分局团支部获得“江苏省五四红旗团支部”。

【减税降费】 2020年，盐城市大丰区税务局建立健全疫情防控和服务经济社会发展税费优惠政策落实工作机制，组织开展5轮税费优惠专题宣传辅导，网络直播培训6次，纳税人实体培训31场，上门辅导53次，发放宣传折页4.1万份，税费减免10.6亿元，助推企业复工复产。减税降费题材微电影《美好时光里的我们》获“遇见美好生活”长三角原创短视频大赛三等奖。

【征管改革】 2020年，盐城市大丰区税务局稳步实施新征管体系示范点建设，有序推进机关实体化，成立风险应对管理中心，组建深度分析、风险应对、政策支持3个团队，推行跨区域交叉应对模式，成功承办全市税务系统新征管体系建设现场推进会。机关实体化促进发票协查提质增效的专题简报获得省局领导肯定批示。圆满完成“线上办税一揽子提升”项目（第一批）试点运行和江苏税务

2020年，大丰区局全面落实“减税降费”宣传月活动主题，多形式、多角度、多方位开展“便民办税春风行动”。图为税务工作人员走进旅游景点为游人开展税收宣传活动

（单位供图）

APP试点扩面工作。各项税费改革任务顺利推进，个税汇算的总人数、补税入库率、退税成功率、汇算工作完成率4项指标居全市之首；构建社保费网格化征管体系，协同推进扩面征缴，分不同类型妥善处理历史欠费，全年协调化解社保欠费3094万元。国际税收应对成效明显，入库国际税收1318.51万元。创新大企业派驻联络官制度，落实发票增版增量快速服务、一户式数据归集、纳税义务提醒等税收个性化服务十项举措。

【依法治税】 2020年，盐城市大丰区税务局以点带面树标杆，将小海分局打造成“三项制度”标准化分局；点面结合促落实，实现9个分局（组）和三项制度的“双全面推进”，并成功承办全市税务系统现场推进会。对虚开增值税发票、超范围核定企业（个人）所得税、土地增值税清算、存量房交易等重点领域，以及税费优惠政策落实等重大风险事项进行重点检查，健全风险分析、识别、应对机制。严格发票代开管理，严防虚开骗税风险。全年风险应对入库税款3.01亿元，完成总成效3.95亿元，在全市各县市区中处于领先位置。查结房地产企业15个，补缴税款4300万元；民营加油站查补并入库税款79.3万元，为全市首次。稽查立案46件，查补并入库3650万元。1人被评为全省“七五”普法中期先进个人。

【纳税服务】 2020年，盐城市大丰区税务局积极打造税收营商环境最佳体验区，推行“全程通、零费用”企业开办新模式，实现“一窗受理、一套材料、一次办结”，办结时间缩短为7小时内。不动产登记实现“一窗受理、集成服务”。推广微信实名认证、网上解锁税控设备，全年“非接触式”办税超百万户次，占比92%，车购税线上办理率超98%。扩大发票领用、发票代开“网上申请、邮寄配送”范围，覆盖至C级纳税人。全年特服号接受涉税涉费咨询11807次，接通率98.75%，答复准确率99.2%。深化“银税互动”，依法提供相关税收数据，协助金融机构精准放贷，106个企业通过建设银行云税贷和农业银行税E贷，获得贷款7615万元。

【税务人才建设】 2020年，盐城市大丰区税务局开展“五星”劳动竞赛，推荐优秀干部上挂历练，组织拓展训练、职工运动会、党性教育等群团活动，实施干部职工医疗救助办法，激发干部争优争先。区局的多个集体和个人先后获得“江苏省五四红旗团支部”“盐城市工人先锋号”“创建全国文明城市工作先进个人”“盐城市五一创新能手”“盐城市五一劳动奖章”“盐城市三八红旗手”“盐城市第二届百家书香家庭”等荣誉。创新点餐式“小班制”培训，相关专报得到总局领导肯定批示。业务大比武有7人获得骨干称号，20人获得能手称号，在总局稽查系列比赛中，6人进入全省前100名，1人在全省信息技术比赛中进入前15名。

（陆仁德）

土地资源管理

【概况】 2020年，盐城市大丰区自然资源和规划局按照统筹疫情防控和经济社会发展要求，牢固树立“一盘棋”理念，坚定肩负“两统一”（统一行使全民所有自然资源资产所有者职责，统一行使所有国土空间用途管理制和生态保护修复职责）职责，以“优空间、护资源、促集约”为主线，主动作为、真抓实干，圆满完成年度各项工作目标。

【用地保障】 2020年，大丰区自然资源和规划局主动融入盐丰一体化和大丰高质量发展大局，强化要素保障功能，全年落实用地计划430公顷、规划空间901公顷，盘活建设用地复垦指标31公顷。开辟重大项目专人跟踪落实，下半年增列智能网联、正泰两个省重大项目，在用地计划紧缺的情况下，协调落实用地计划135公顷，保障“两重一实”（重大产业项目、重点工程，为民办实事）项目建设。积极协调规划空间和用地计划，落实用地122公顷，全力保障全区康居工程集中居住点项目。强化土地节约集约利用，提请区政府研究制定《盐城市大丰区闲置土地清理处置工作方案》，处置闲置土地12宗65公顷。积极探索集体建设用地入市，开展试点租赁工作，万盈、白驹等镇完成挂牌租赁工作并签订土地租赁合同。

【土地储备及征地补偿】 2020年，大丰区自然资源和规划局稳步推进土地收储工作，全力盘活土地资产，收回国有土地使用权14宗，面积92公顷。积极履职尽责，多方收集招商信息，全力跟踪对接洽谈，2020年10月大丰区在上海成功举行城市经济投资说明会，活动成功签约项目8个，战略合作协议3个，为经济社会高质量发展注入强劲动能。加强征地管理工作，认真履行征地程序，严格按政策、法规规定对被征地农民进行补偿安置，新征项目34个，征地178公顷，涉及补偿户514户，落实征地补偿费用和社会保障资金13019.77万元，确保被征地农民原有生活水平不降低，长远生计有保障。

【耕地保护】 2020年，大丰区自然资源和规划局明确耕地保护责任主体，把耕地保护的共同责任机制落到实处，坚守11.67万公顷基本农田保护“红线”和12.86万公顷耕地“底线”不突破。强化耕地保护工作考核机制，纳入各责任主体年终绩效考核，考核结果为领导提拔任用的重要内容，同时列入领导离任审计并实行一票否决，明确耕地保护责任主体，调动各责任主体耕地保护的积极性，按照大丰区2018年《关于印发〈盐城市大丰区耕地保护考核激励暂行办法〉的通知》文件要求，顺利完成2019年耕地保护考核工作，草庙镇受到省级耕地保护奖励。

【土地综合整治】 2020年，大丰区充分挖掘耕地后备资源，对每宗可利用实施的后备资源进行分类筛选、实地核实，并按照新增耕地来源地类区别

2020年，大丰区自然资源和规划局坚守11.67万公顷基本农田保护“红线”和12.86万公顷耕地“底线”不突破。 周古凯 摄

及具体情况，坚持效益最大化原则，分别整合列入耕地占补平衡、城乡建设用地增减挂钩、工矿废弃地复垦等不同类型项目。实施占补平衡项目155个，总规模4068公顷，新增耕地270公顷。实施工矿废弃地复垦项目4个，总规模32公顷，新增耕地31公顷。主动发挥资源优势，积极开展耕地占补平衡新增耕地指标异地交易，与南通市通州区完成指标交易，交易到账资金2.74亿元。

【土地执法监管】 2020年，大丰区严格执法监管，完善区、镇、村“三级巡查”网络，层层签订执法动态巡查责任书，落实自然资源执法共同监管责任，严格查处违法违规用地用海行为。全年执法巡查410轮900余人次，查处违法用地194.21公顷，依法收缴罚没款48.47万元。开展2019年耕地保护督察发现问题整改工作、违法用地综合整治三年行动发现问题整改工作、2019年土地例行督查与整改工作，强化督查督导、压实属地责任，确保各类图斑、违法用地及时整改到位。推进农村乱占耕地建房问题整治，对部、厅下达的31415个疑似图斑，按时完成摸排、分析及上报，确保底数清、情况明。

【地籍与测绘管理】 2020年，大丰区政府研究印发《集中开展企事业单位不动产补充办证工作实施细则》《房地一体农村不动产登记颁证实施方案》《解决农村不动产登记历史遗留问题处理方法》等一揽子政策文件，集中攻坚产权登记遗留问题，农村权籍调查、房地一体农村不动产登记完成既定目标任务。拟定农村承包经营权纳入不动产统一登记的实施方案，将农村承包经营权补充进入不动产统一登记系统平台建设。加快推进1:1000大比例尺地形图测绘项目，确保通过盐城市自然资源和规划局验收。整合审批职能、再造审批流程，推进“多证合一、多审合一”改革，推动用地、用海、用林并联审批，实现“两重一实”项目“一站式”全程跟踪服务；深化“五心登记”服务模式，加快“交房（地）即发证”便民登记步伐，全年办理不动产登记业务4.45万件，发放证书、证明3.73万份。

（陈　萍）

国有资产管理

【概况】 2020年，盐城市大丰区人民政府国有资产监督管理办公室（简称“大丰区国资办”）立足经济发展实际，依法履行出资人职责，严格落实国有资产“放管服”改革要求，以管资本为主线，积极推进职能转变，不断完善国有资产管理体系，规范国有资产监督管理，有效推动资产资源优化整合，确保国有资产保值增值。

【国企监管体系健全】 2020年，大丰区国资办继续推进监管体系建设，从劳动用工、薪酬管理、绩效考核、决策机制、内控制度、资金存放等多个方面规范、约束区属国有企业，制定《盐城市大丰区区属国有企业投资监督管理办法》《关于规范区属国有企业人事管理工作的通知》《关于严格落实区属国有企业“三重一大”决策制度的意见》《盐城市大丰区区属国有企业经营管理“十条红线”》《盐城市大丰区区属国有企业负责人履职待遇、业务支出管理暂行办法》《关于加强区属国有企业董事会建设的实施意见》《盐城市大丰区区属国有企业董事会议事规则指引》《盐城市大丰区国资服务企业清单》等8项管理制度文件，做到国资国企规范化、制度化运作有章可循。9月27日，专题举办全区国资监管系列制度培训班，组织全区各级国资工作分管负责人、区属国有企业和相关单位负责人开展针对性辅导，加强国资监管系列制度的学习和宣传，努力把制度优势转化为治理效能。

【国有资产基础管理】 2020年，大丰区国资办根据行政事业单位国有资产管理的新要求，狠抓节点，夯实国有资产管理基础。对全区部分行政事业单位国有资产进行清产核资，并安排技术人员通过微信公众号对各行政事业单位的财务人员进行专题业务培训。与区直相关单位配合，5月全面完成资产云卡片上报工作，摸清全区行政事业单位国有资产家底，确保各行政事业单位的国有资产账实相符、账账相符，国有资产管理水平显著提高，为后续资产云系统上线打下良好基础。全力做好资产年报编审工作，加强人员培训，按时完成全区行政事业单位资产年报和国有企业年报。截至2019年年底，全区国有资产2010.65亿元，负债1540.26亿元，净资产470.39亿元，资产负债率76.61%。全面规范资产处置流程，严把“审批关”，强化资产处置的审核和检查，全年处置各类资产173笔，合计40098.67万元，其中：行政事业单位债权债务核销742.82万元、机构合并资产划拨34116.21万元，有效根治各行政事业单位长期挂账的“后遗症”。

【中小企业发展保障】 2020年，大丰区国资办贯彻落实减免服务业小微企业及个体户房租相关政策，根据市、区统一部署，第一时间出台《关于落实盐城市政府有关应对疫情减免中小企业房租政策意见的通知》和《关于积极应对疫情影响进一步减免租金政策意见的通知》；建立周报机制，加强沟通反馈，实时掌握工作进度，落实工作成效；设置咨询热线、借助网络平台开展线上线下互动；安排专业人员，针对房屋减免政策落实过程中出现的问题答疑解惑；与工信局、发改委等多部门协调联动，多措并举，做好政策宣传、问题解答、进度推进、信息共享，加快推进减免工作进度。2020年疫情期间，减免1383户小微企业及个体承租户租金663.36万元，涉及餐饮、住宿、旅游、美容美发、仓储、装潢、维修、培训等行业，其中2月第一次减免548户，涉及租金240.32万元；3月、4月第二次减免549户，涉及租金262.28万元；第三次减免286户，涉及租金160.76万元，帮助和支持企业树立信心、共渡难关，保障企业顺利复工复产。

【国有资本布局优化】 2020年，大丰区国资办以“突出主业、市场导向、资源整合、提升效益”为总体原则，明确企业定位，推动国有资产布局优化。以股权增资扩股形式参与组建盐城港控股集团，配合做好大丰港集团清产核资等工作。做好斗龙港旅游度假集团股权和资产资源整合，推动荷兰花海、水韵龙湾项目和梅花湾项目实现统一经营。区金茂公司、城建集团、白驹镇共同参股，吸收合并知青农场景区公司，全面完成区文旅集团组建工作。开展全区农业资产资源调查，不断优化大丰仓农业集团组建整合方案。将林场职工安置小区和原幸福公社规划展示中心、人社大厦等部分行政事业单位的闲置资产，通过公共交易资源中心公开拍卖给区属国有企业。推进全区污水管网设施资产资源整合，实行统一经营、统一管理，有效提高国有资产资源利用率，有力推动区属国有企业高质量发展。

【国企退休人员社会化管理】 2020年，大丰区国资办根据中央、省、市关于推进国有企业退休人员社会化管理工作文件精神，结合驻大丰的央企、省属及市属国有企业退休人员社会化管理工作实情，制定《盐城市大丰区推进国有企业退休人员社会化管理工作实施方案》，定期召开工作推进会，及时掌握工作进度，统筹协调移交过程中的问题，确保国有企业退休人员管理服务有序移交、平稳过渡。涉及大丰区域范围内大中农场、方强农场、东坝头农场、农商行、供电公司、邮储银行、邮政集团公司、移动公司等8个驻大丰的央企、省属及市属国有企业退休人员4342人，全部实行社会化管理。

（韦礼和　王明娟）

审　计

【概况】 2020年，大丰区审计局工作聚焦重大政策落实、疫情影响下经济社会平稳发展政策落实、打好三大攻坚战、经济高质量发展、民生改善和资金绩效、规范权力运行等方面工作，依法全面履行审计监督职责，不断拓展审计监督的广度和深度，审计工作质量和水平提升。全年实施审计项目28个，审计查出问题金额323.57亿元，促进增收节支11.64亿元；发现非金额计量问题246个；审计移送案件线索12条；被采纳审计建议93条；被批示、采用审计报告和专项审计调查报告27篇次；宣传信息被相关媒体用稿263篇次。在盐城市审计机关组织的县（市、区）审计局2020年综合考核中获得综合先进表彰。

“一条鞭”审计。根据统一安排，精心组织实施上级审计机关“一条鞭”项目。在企业职工基本养老保险基金审计中，查出管理不规范和违规金额2857.63万元，提出审计建议2条；在公立医院综合改革政策落实情况专项审计调查中，查出管理不规范和违规金额3565.99万元，提出审计建议6条；在农民群众住房条件改善项目实施情况审计中，提出资金使用管理、农村社区治理、财务管理等方面整改建议，督促相关部门印发《关于规范改善农民群众住房条件专项资金财务核算的通知》；在应对新冠肺炎疫情防控资金和捐赠款物专项审计中，发挥事中审计的快速反应机制，及时推动并监督相关部门迅速、准确地将资金、物资用到位；在清理拖欠民营企业中小企业账款跟踪审计中，发现未上报拖欠民营企业中小企业账款293.99万元，督促全区清理归还2019年104个民营企业中小企业账款135笔、26438.40万元；在2019年稳就业政策落实情况专项审计调查，指出稳岗返还补贴企业受益比例偏低、未将个体工商户纳入稳岗返还补贴范围等6方面问题，督促整改问题金额141.15万元，惠及群众1032人。

区本级财政预算执行审计。在区财政局具体组织2019年区本级预算执行审计中，重点关注政府性债务管理情况，防范金融风险；关注预算执行和绩效情况，促进节约规范，压缩财政使用一般性支出，规范及时落实民生保障、环境保护等专项资金；关注预算绩效管理机制执行情况，审查绩效目标编制、绩效运行监控情况、绩效目标调整规范性和绩效评价情况；关注公务卡使用管理情况，审查预算单位公务卡的办理覆盖面、使用范围和规范监督情况。

领导干部经济责任审计。实施经济责任审计，促进领导干部依法履职。重点关注领导干部贯彻执行党和国家经济方针政策、决策部署情况，遵守有关法律法规和财经纪律情况，本地区本部门本单位发展规划和政策措施制定、执行情况，重大决策和内部控制制度的执行情况，领导干部遵守党风廉政建设有关情况。全年组织实施区住房和城乡建设局、区发展和改革委员会、区司法局、新丰镇、区城市管理局领导干部经济责任审计项目5个。

民生专项资金审计。加强民生资金的审计，揭示反映挤占挪用、损失浪费、管理不善、效益不佳等问题，促进找准民生改善与经济发展的结合点，精准发力脱贫攻坚战。在养老服务体系建设专项资金审计调查中，关注养老服务政策的贯彻落实情况，督促区民政局追回多支付、被套取的专项资金，规范落实服务内容，加强对养老服务资金使用监管，同时敦促相关部门开展老年人能力等级评估工作，恢复居家养老服务，最终将新增的2458名失能老人纳入政府居家养老服务体系。

政府投资项目审计。根据《江苏省审计厅关于进一步完善和规范投资审计工作的实施意见》要求，促进投资审计工作的转型升级。明确重点项目，实现数量规模到质量效益的转变；紧扣重点环节，深化政府投资审计内容，加大投资绩效审查；坚持以制度规范审计行为。全年实施完成竣工决算审计项目5个，审计揭示未公开招标、未履行基本建设程序等各项建设管理类问题11个，提出建立健全内控管理制度、加强财政财务管理职能等审计建议9条。

党委、政府交办工作。审计监督作为党和国家监督体系的组成部分，肩负着推进全面从严治党的重要职责。大丰区审计局认真履行党章赋予的政治责任，知责明责，主动对接巡察，全力做好配合工作。全年有1人参加区正风肃纪镇村行专项检查，1人参加盐城市委安全生产专项巡察工作，2人参加区委巡察组完成2017—2019年就业补助资金专项巡察工作，5人参加全区作风建设突出问题专项检查。另根据政府交办，完成对江苏大吉环保能源大丰有限公司损益情况审计调查、基层医疗卫生机构运营情况审计调查，开展并完成海港集团资产评估结果的相关事项复核工作。

【投资审计转型发展】 2020年，大丰区坚持审计法治化原则，区政府出台《盐城市大丰区政府投资项目审计监督办法》，从制度层面规范地方行政行为。退出过去以结算审计为主的工作模式。用新理念指导投资审计工作，坚持投资审计工作转型升级现代化、绩效化原则，在原有审计模式的基础上突出对投资决策、工程管理、生态保护、投资绩效等方面的审计评价，保障重大工程审计的力度和质量。

【内部审计工作推进】 2020年，大丰区委办、政府办出台《大丰区关于全面加强内部审计工作的意见》，召开全区内部审计工作推进会议，逐步在区国有企业，各镇、街道、园区设立内审机构，配足内审人员，让内审部门和审计人员充分发挥内部管控、决策的助手作用。2020年，全区内审工作机制初步建立。

【招商引资审定】 2020年，大丰区审计局围绕全区经济社会发展决策部署和工作中心，充分发挥审计职能作用，促进全区经济和社会事业持续健康发展。在全区2020年招商引资项目推进情况考核中，各经济主体申报开工项目154个，审核认定1亿元以上开工项目54个；申报完成投资额110.17亿元，审核认定投资额34.17亿元。

（朱梅影）

2020年6月，大丰区审计局深入老旧小区综合整治工程建设现场，对建设监管履职情况进行监督检查。（单位供图）

统　计

【概况】 2020年，大丰区加强统计法治建设，推进统计改革创新，有序规范统计业务工作，贯彻落实《关于深化统计管理体制改革提高统计数据真实性的意见》《统计违纪违法责任人处分处理建议办法》《防范和惩治统计造假、弄虚作假督察工作规定》和《统计法实施条例》等统计法律法规文件精神，常态化开展统计法制宣传，提高防范和惩治统计造假、弄虚作假的行为。严格按照国家、省、市第七次人口普查方案规定的步骤、程序和要求，全力做好重大国情国力调查，有序推进和完成人口普查各项工作。按照国家、省、市国内生产总值指标统一核算改革的部署和要求，高质量完成国内生产总值指标统一核算改革工作。加强监测预警，准确高效开展统计服务，为夺取疫情防控和经济社会发展“双胜利”提供坚实统计保障，较好地完成统计改革、监测和服务等各项工作。

【国家第6统计督察组反馈意见整改】 2020年5月8日，国家统计局第6督察组向江苏省反馈统计督察意见，省、市相继出台《贯彻落实国家统计局第6统计督察组督察反馈意见整改方案》和《关于贯彻落实〈江苏省党政领导干部防范和惩治统计造假、弄虚作假责任制规定〉的通知》，大丰区统计局结合省、市要求和大丰实际，迅速制定整改落实，并全面整改落实到位。

【统计服务】 2020年，大丰区统计服务工作持续推进，按照盐城市局的部署，加强统计基层基础工作，推进企业统计基础建设，提高源头数据质量，在全区范围内开展"三送一解"（送法律、送业务、送温暖、解难题）统计服务进千企活动。全面提升统计服务宏观经济决策和企业生产经营的能力和水平，促进实体经济平稳健康发展。

【疫情统计监测】 2020年新春伊始，大丰统计人员受命迅速集结，开展新冠肺炎疫情统计，不分星期天、不管节假日，疫情随访日报表做到每天准时上报，查询随查随复。

【第七次全国人口普查工作】 2020年，大丰统计工作持续推进，将第七次全国人口普查（简称"七人普"）纳入年度重点工作，认真贯彻国家、省、市、区人口普查相关文件精神，有序推进"七人普"工作，完成"七人普"领导小组及办公室组件、办公室工作规则及领导小组成员单位职责分工等文件的印发，同时开展"七人普"专题业务调研，积极筹措人口普查经费，为后续各项人口普查工作开展提供有力的经费保障。强化宣传发动。细化"七人普"宣传方案，编印普查宣传资料，通过手机视频彩铃、标语横幅、移动广播宣传车等行之有效的宣传手段，分阶段，有重点地将宣传发动工作贯穿于普查工作的始终，调动全社会的力量关心、支持、参与普查，为全区第七次人口普查的顺利开展营造浓烈的社会氛围。强化"两员"（普查指导员、普查员）选调。6月22日，区政府办印发《关于认真做好全区第七次全国人口普查"两员"选调工作的通知》，7月10日前全部完成普查指导员和普查员选调工作，选调"两员"3377名，其中普查指导员889名，普查员2488名。平均年龄38.8岁，高中及以上学历占90.3%。认真组织培训。普查人员的业务熟练程度和责任心是保障普查有效推进的根本保证。9月1—20日，大丰区严格按照第七次全国人口普查培训工作的统一部署和安排，在精心筛选"两员"的基础上，对全区3377名"两员"进行综合业务培训，培训坚持以现场和个别辅导相结合，培训内容坚持理论与实践相结合，业务知识和法律知识相结合，入户登记技巧和普查业务技能相结合，加强普查方案与手持电子终端使用技能培训，同时，实行严格的培训考试上岗制度，确保普查员能够熟练掌握普查方案，保证普查数据采集及时、质量可靠。全面完成区域划分和建筑物标绘工作。区域划分和建筑物标绘工作是人口普查的一项基础性工作，是明确普查摸底、登记工作范围，保障普查完整覆盖、不重不漏的关键环节。通过全区350多绘图人员一个多月的辛勤劳动，截至8月31日，全面完成此项工作。全区划分为272个普查区、2621个普查小区，标绘建筑物227970个。落实经费保障。"两员"报酬296万元，征用个人电子设备补助101万元，"两员"意外伤害险30.40万元，为正式登记做好了充分准备。

2020年7月，大丰区第七次全国人口普查区域划分和绘图工作培训会在全季酒店举行。（单位供图）

【考核指标统计】 2020年，大丰区在全区上下营造"比学赶超、进位争先"的浓厚氛围，区统计部门作为"比位次，争前列，推动排名大提升"牵头部门，以重抓过程落实、重抓月度季度指标进位为目标，注重目标任务完成的序时进度、质量成效，加强过程监控和平时考核，做好监测性数据、评估性数据的收集和提醒工作，倒逼各板块、各部门进位争先。对各经济板块，收集整理"一般公共预算收入完成率""固定资产投资增幅"等年初下达目标任务和统计联网直报的13个共性指标及"实际利用外资时序进度""农民群众住房条件改善"等重点个性指标数据，每月进行评价，季度进行考核；对高质量发展指标推进部门，收集整理"地区生产总值增速""规上工业增加值增速"等39个季度性指标数据，季度进行考核；对重点金融机构，收集整理"人民币贷款余额增速""保费收入增速"等3个指标数据，季度进行考核。通过"比学赶超、进位争先"活动的开展，各主体、部门提升目标定位、抬高工作标准，在对比学习中发现不足，在加快赶超中开辟新篇，全面展现"开放、创新、实干、担当"

的新大丰精神。

【高质量发展监测指标体系】 2020年，大丰区统计局作为高质量发展共性指标牵头部门，认真研究，积极作为，全力做好各项工作，为推动高质量发展做出统计贡献。配合召开联席会议。与区考核办配合，多次召开高质量发展监测考核联席会议，及时了解掌握全区高质量发展指标完成情况，查找短板弱项，研究对策措施，确保各项指标高质量完成目标任务。组织业务培训。多次在部门联席会议上解读高质量发展监测指标体系，为部门吃透搞准指标内涵外延、口径范围、数据来源，切实弄懂弄清每个指标的考核要点、计分方法提供详细的讲解。通报监测结果。每月形成高质量监测月报，在区四套班子月度工作例会上进行通报，让各部门及时了解高质量发展相关指标的实绩情况、存在问题等，为领导决策提供第一手资料。

（杨利平）

市场监督管理

【概况】 2020年，盐城市大丰区市场监督管理局（以下简称大丰区市场监管局）全力以赴战疫情、保安全、强监管、优服务、守红线、促发展，各项工作积极有序推进、取得显著成效。该局被省人社厅和省市场监管局联合表彰为全省市场监管系统先进集体，被市委、市政府表彰为全市抗击新冠肺炎疫情先进集体，获得创建全国文明城市工作“集体嘉奖”，被市总工会授予2020年盐城市五一劳动奖状。

【市场疫情防控】 2020年，大丰区市场监管局开展农贸市场检查4936次，全区农贸市场活禽交易场所全部停止经营，无非法野生动物交易行为。检查各类食品生产经营单位5600余家次，劝停餐饮单位群体性聚餐11706桌，取消农村家宴2138场12442桌。在全市率先实行药店退热止咳药品实名销售登记制度，为精准摸排疑似病例工作提供数据支撑。加强防疫物资质量和价格监管，受理处置疫情类投诉举报咨询257件，立案查处价格违法案件6件，假冒伪劣口罩案件10件。检查冷藏冷冻食品生产经营单位3106家次，限期整改55家。牵头设立全市首家进口冷链食品集中监管仓并投入运行，坚决防范疫情输入风险。

【特种设备安全监管】 2020年，大丰区市场监管局开展特种设备安全专项整治，检查各类特种设备使用单位1322家次，检查各类特种设备3946台（套），整改闭环隐患3053条，发放监察指令书277份，立案查处21件，罚没入库174.5万元，检查覆盖面、隐患销号量、设备定检率、案件数以及罚没款数额均列盐城市各县（市）区首位。大丰区特种设备定检率持续保持在99.8%以上。制定《特种设备现场安全监察要点》，被盐城市市场监管局作为盐城市化工复工复产验收标准，供其他各县（市）区局学习借鉴、参照执行。紧抓气瓶规范充装，检验钢瓶36043个，处置报废钢瓶3273个，形成充装记录40.5万瓶次。强化电梯安全管理，大丰区3219台乘客电梯全部实行无纸化维保，并划入96333应急救援平台，开展应急救援72次，平均救援时间9.7分钟，远低于30分钟的国家标准要求。

【食品安全监管】 2020年，大丰区市场监管局组织开展食安利剑攻坚等各类专项整治行动26次，检查食品生产经营单位1.39万家次，督促整改隐患113条，完成食品抽检2819批次，合格率98.9%，查处食品违法案件55件。推进小作坊整治提优工程，登记食品小作坊305家。检查网络订餐经营单位665家次，责令下线违规餐饮单位14家。开展餐饮示范创建，新创成10家省级餐饮质量安全示范店。巩固提升食品安全示范城市创建成果，大丰区食品安全指数在2019年度动态跟踪评价排名全省第二。

【药品安全监管】 2020年，大丰区市场监管局开展中药饮片、疫苗流通和使用环节质量安全、无菌和植入性医疗器械等专项治理12次，检查药械经营使用单位3518家次，检查疫苗接种单位1043家次，责令限期整改103家，完成药品抽检78批次，合格率100%。加强药品储存规范化建设，28家医疗机构完成阴凉药房设置。开展不良反应（事件）监测，监测报告数量和质量居盐城市前列。

【质量品牌培育】 2020年，大丰区深入实施质量强区战略，获评2019年江苏省推进质量工作真抓实干成效明显地方，系盐城市唯一获此荣誉县区，省政府给予配套激励支持。江苏中车

2020年3月，大丰区市场监管局执法人员在大润发超市开展猪肉及其制品质量安全检查。
方振宇 摄

电机有限公司的“大型低速永磁风力发电机”产品获评全省首批“江苏精品”，该企业还获2019年市长质量奖，大丰区获市长质量奖企业数列盐城市首位。丰山集团等4个企业主导制定的8项国家及行业标准发布实施。江苏正大丰海制药有限公司申报的2个特医食品通过国家市场监管总局审评检查，实现盐城市特医食品生产企业“零突破”。江苏丰东热处理及表面改性工程技术研究有限公司主导制定的《热处理件硬度检验通则》《中碳钢与中碳合金结构钢淬火金相组织检验》两项国家标准发布实施。积极开展放心消费创建活动，荷兰花海景区创成2020年度全省放心消费创建先进区域。积极应对疫情影响促进消费扩容提质，神王黄泥螺、恒喜菜籽油、顾佳虾皮香菇酱入选2020年盐城伴手礼名录。

【服务企业复工复产】 2020年，大丰区市场监管局主动服务企业复工复产，在全市市场监管系统及区级机关部门中率先制定出台关于支持企业复工复产和生产经营的20条措施，有效减轻企业负担。主动为企业转产防疫物资开通绿色服务通道，缩短审评审批时间，3个企业顺利取得医用口罩生产批件。驻厂服务23个企业满负荷转产民用防护口罩，平均日产能20万只，有效缓解口罩紧缺局面。运用动产抵押、知识产权质押等方式帮助企业融资39.7亿元。区综合检验检测中心对企业委托检验实行减半收费，为全区920个企业检定校准各类计量器具3.3万余台(件)，减免检测费用61.2万元。深入推进区场一体化，与上海农场开展“一厨三基地”质量管理配套服务共建，签订“区场一体化建设”技术服务框架协议，成立检测中心上海农场分中心，助力区场共融共建、共享共赢。

【市场执法】 2020年，大丰区市场监管局开展市场监管领域专项执法行动，立案查处各类案件280件，罚没入库1413.4万元。其中，查处的王某峰等人制售假冒伪劣口罩案成功入选国家市场监管总局“联合双打行动”典型案例，并在国务院联防联控机制新闻发布会上进行通报，在社会上引起强烈反响；某单位使用未经检验的特种设备案入选江苏省质量安全十大典型案件，并被省市场监管局推荐上报国家市场监管总局执法案卷评查优秀案例；某医药公司销售假冒专利医疗器械案入选全省2020年知识产权保护“十大典型案例”。

【信用监管和消费者权益保护】 2020年，大丰区市场监管局建立“双随机、一公开”监管联席会议制度，对全区歌舞娱乐、校外培训机构等14个领域开展跨部门联合双随机检查，参与检查部门18个，联合检查结果全部录入省市场监管信息平台向社会公示，真正做到“一次检查、全面体检”，对守法者“无事不扰”。规范实施信用约束，列入经营异常名录企业1609个，吊销长期不经营企业173个。加强消费者权益保护，受理处置消费者各类咨询投诉举报3152件，为消费者挽回经济损失157万元，消费者满意率99.5%。

【法治建设】 2020年，大丰区市场监管局认真学习贯彻《中华人民共和国民法典》，把法治建设贯穿市场监管工作全过程，严格落实行政执法公示、执法全过程记录、重大执法决定法制审核制度，组织局公职律师参与案件听证2场，开展行政处罚案卷互审1次，依法处置行政复议、诉讼等行政争议19件，举行听证会5次，会办案件26件。在全市市场监管系统率先挂牌成立市场监管综合行政执法大队，初步构建权责统一、监管到位、权威高效的市场监管领域行政执法体制。

（方振宇）

知识产权保护

【知识产权创造】 2020年，大丰区知识产权局深入实施知识产权强区战略，全区新增专利申请2845件，其中发明专利451件、实用新型专利2325件、外观设计69件。新增专利授权1689件，其中发明专利115件、实用新型专利1485件、外观设计授权89件。全区有效发明专利拥有量累计922件，其中高维持发明专利129件，万人有效发明专利拥有量13.18件。商标国内注册申请2570件，国内注册186件。商标国际注册认定3件。大丰蟛蜞、大丰梭子蟹获批国家地理标志证明商标，全区地理标志证明商标和产品总数13件，列盐城市首位。全区规模以上及高新企业注册商标覆盖率100%。

【知识产权运用和服务】 2020年，大丰区知识产权局指导上海沪菲电缆等21个企业通过知识产权“贯标”验收。江苏谷登工程机械装备有限公司通过省知识产权战略推进计划一般项目验收。江苏正大丰海制药有限公司、江苏博敏电子有限公司获2019年盐城市政府专利金奖，江苏中车电机有限公司、江苏丰东热处理及表面改性工程技术研究有限公司获2019年盐城市政府专利银奖。运用知识产权质押方式帮助企业融资1190万元。新成立2家知识产权代理事务所，填补全区专利代理机构空白。

【知识产权保护】 2020年，大丰区知识产权局查处知识产权案件68件，罚没入库67万元，其中假冒专利16件、专利标识标注不规范22件、商标侵权30件，查处的某医药有限公司销售假冒专利的医疗器械案入选2020年江苏省知识产权十大典型案例。

（方振宇）

价格管理

【概况】 2020年，大丰区价格管理工作按照国家部署，坚持“稳增长、调结构、惠民生、防风险”的工作总基调，围绕年初制定的价格调控目标，不断完善价格管理体系，推进价格改革，落实清费减负政策，开展价格信息服务，为社会经济发展营造良好的价费环境。

【价格调控】 2020年，大丰区制定全年价格预期调控目标为全社会居民消费价格指数涨幅控制在3%左右，并完成调控任务。区发改委、区财政局、民政局、退役军人事务局、人力资源和社会保障局于1—9月启动联动机制，先后向六类困难群众发放价格临时补贴2077万元。建立猪肉储备制度，完成85吨冻猪肉储备任务并由盐城市统一集中代储，区财政支付代储费用23.8万元；春节前动用政府储备肉25吨，以低于市场价格10%以上的幅度投放市场，确保2020年春节前的市场供应。完善猪肉、蔬菜等"菜篮子"商品应急处置预案，结合疫情防控实际，研究制定疫情出现恶化、供应出现紧张、市民出现抢购、市场出现断供等特殊情况的应急处置方案，及时防范和应对突发事件。疫情防控期间，区发改委牵头成立医疗物资保障组，参与生活物资保障组，梳理排查，全面了解全区粮食、肉类、食用油、蛋类、蔬菜、牛奶、瓶装水、方便食品、口罩、消毒用品等供给能力、消费需求、外采外调能力和本地储备规模，各部门协调配合解决生产、流通、供应等环节的实际问题，及时做好市场余缺调剂，统筹好牛羊肉、禽蛋及水产品的供应。多次组织对海聆梦、杉童公司口罩生产成本进行测算，区政府依据测算的成本情况制定口罩供应价格。江苏海聆梦智能科技有限公司等5个企业进入国家防疫物资重点企业名单目录，江苏正大丰海制药有限公司进入省防疫物资重点企业名单目录，江苏迈硕医疗科技有限公司进入商务部防疫物资出口"白名单"。按照《关于启动突发公共卫生时间应急价格监测的紧急通知》要求，认真落实价格应急监测制度，严格采报价程序，确保价格监测数据真实、准确，市场价格要情不迟报、不漏报。1月26日成立疫情期间价格监测专组，从2月2日开始，价格监测由5日报制变更为日报制，组织力量加强市场监测巡查，对全区范围内的米面油、肉蛋禽、各种蔬菜等45个品种生活必需品的市场价格进行跟踪监测。从2月24日开始，增加疫情防控物资84消毒水、洗手液等防疫物资价格监测日报工作。

【价格改革】 2020年，大丰区完善天然气价格机制，完成天然气配气成本监审，实施天然气配气价格管理，按照配气价格制定天然气终端销售价格；推进农业水价改革，制定出台《盐城市大丰区农业用水价格核定管理试行办法》《关于建立健全非居民用水超定额超计划累进加价制度的通知》等文件，农业水价改革顺利通过区级、市级和省级验收。推进居民用气工程安装收费改革，将收费标准由每户2900元降低至2200元。

【清费减负】 2020年，大丰区动态调整收费目录清单。包括行政事业性收费目录清单、经营服务性收费目录清单、涉房收费目录清单、进出口口岸收费(基金)目录清单。落实国家降低一般工商业电价要求，2019年以来一般工商业电价累计降低20%，同时在2020年按照95%结算电费，多次会同市场监管、供电部门开展专项督查，确保转供电政策落实到位。落实各项减税降费措施。2次降低非居民用气价格，降低企业用气成本，支持企业复工复产。从2月21日起，减免医院和疫情防控相关产品生产企业的电梯、锅炉、压力容器定期检验和监督检验收费，减半收取餐饮住宿业的电梯、锅炉、压力容器定期检验和监督检验收费；疫情防控期间，采取支持性两部制电价政策，降低企业用电成本。

（顾龙海）

2020年居民消费、商品零售和农业生产资料价格指数一览表

表12

项目名称	2019年同期=100	项目名称	2019年同期=100
居民消费价格总指数	103.6	商品零售价格总指数	101.5
一、食品烟酒	113.6	一、食品	113.9
粮食	99.7	二、饮料、烟酒	100.8
鲜菜	109.8	三、服装、鞋帽	94.3
畜肉	145.4	四、纺织品	90.4
水产品	105.8	五、家用电器及音像器材	93.8
蛋	84.0	六、文化办公用品	103.6
鲜果	92.6	七、日用品	98.4
二、衣着	95.5	八、体育娱乐用品	100.9
三、居住	99.8	九、交通、通信用品	98.2
四、生活用品及服务	95.7	十、家具	96.5
五、交通和通信	96.2	十一、化妆品	102.0
六、教育文化和娱乐	103.2	十二、金银珠宝	117.8
七、医疗保健	99.7	十三、中西药品及医疗保健用品	96.4
八、其他用品和服务	105.7	十四、书报杂志及电子出版物	99.4
		十五、燃料	91.9
农业生产资料价格指数	107.0	十六、建筑材料及五金电料	101.7

说明：2019年同期价格=100的指数是2020年各月累计平均比2019年同期的价格指数。

（秦红卫）

〖编辑　丁彩前〗

农业

综 述

【概况】 2020年，大丰区委、区政府坚持以习近平新时代中国特色社会主义思想为指导，对标高水平全面建成小康社会，以实施乡村振兴战略为重点，以农业农村优先发展为方针，以深化农业供给侧结构性改革为主线，践行“两海两绿”（开放沿海、接轨上海；绿色转型、绿色跨越），主攻“四大经济”（飞地经济、海洋经济、旅游经济、城市经济），实施农业“123”（恒北早酥梨一个品牌，丰收大地、盐土大地两大载体，226省道名特花木、351省道绿色果蔬、228国道循环种养三大特色观光农业经济带）重点工程，聚力推进农业农村高质量发展，统筹做好农村疫情防控和“三农”重点工作。2020年，全区推进乡村振兴战略实绩工作，列全省县级综合排名第一等次，脱贫攻坚全部达标，农村人居环境整治三年行动“四治理、四提升”（治理农村生活垃圾、治理厕所粪污、治理农村生活污水、治理农业废弃物，提升村容村貌、提升村庄规划设计水平、提升传统村落保护水平、提升建设和管护水平）计划全面完成。全区实现农林牧渔业总产值182.22亿元、农林牧渔业增加值104.76亿元，同比增长2.7%、2.7%。

【农民收入持续增长】 2020年，全区贯彻实施省、市、区三级富民政策，始终坚持以农民增收为目标，巩固工资性收入渠道，扩大经营性收入来源，拓展财产性收入和转移性收入空间，构建促进农民增收长效机制。2020年全区实现农村居民人均可支配收入26754元，同比增长6.5%。

种植业

【概况】 2020年，全区实施农业“123”重点工程，做大恒北优质梨品牌，建成大中街道新团村、草庙镇圩东村早酥梨种植基地2个；推进盐城国家科技园规划编制，加大主导特色产业培植，突出现代种业、精品园艺和优质稻米；“三带”沿线围绕主导特色产业，落户项目53个，完成投资25亿元，累计建成面积6000公顷。2020年粮食种植面积13.5万公顷，产量91.3万吨，实现面积、产量双增长；2020年蔬菜播种面积7.07万公顷，绿色蔬菜面积3.33万公顷。大中街道恒北村“苏翠1号”和“翠冠”早酥梨获江苏省第二届优质早熟梨评鉴活动银奖；大中街道恒北村“大秋”和“大方”柿获江苏省首届甜柿优质果评比活动银奖。

【农业园区提档升级】 引进各类农业项目102个，园区总面积1.2万公顷，示范推广新品种188个，新技术98项。建成丰收大地精品园艺、荷兰花海花卉苗木、绿野新中绿色果蔬、万丰绿茵特色果品等一批特色农业园区，在盐城市率先实现市级以上农业园区全覆盖；组织丰收大地、万丰绿茵、绿野新中、锦绣大地农业园区参加市级农业园区“等级创建”，4家参评园区全部上榜，综合考核位列盐城市第一，分别获评AAAAA、AAAA、AAA、AAA级园区。

（刘晓生）

林 业

【概况】 2020年，大丰区贯彻落实全省林业工作会议和全市造林绿化推进会议精神，牢固树立、践行“绿水青山就是金山银山”理念，按照“发展现代林业、建设生态文明、推动科学发展”的总体思路，开展大规模国土绿化行动，全面实施沿海防护林工程，不断提升森林资源总量、优化森林资源质量、完善森林生态功能，林业高质量发展取得显著成效，为全区社会经济发展提供了坚实的生态保障。

【果树】 2020年，大丰区农业农村局结合当地产业基础优势和整体布局，引导和鼓励种植大户、家庭农场、农民合作社等新型经营主体，发展适度规模经营，形成荷兰花海200公顷郁金香花卉、万丰绿茵133.33公顷特色果品、恒北生态梨园400公顷早酥梨等一批具备地方区域特点的大型种植

2020年，大丰区开展果树新品种的挖掘、引种、试种、培育和推广，恒北生态梨园66.67公顷梨园综合示范园引进10余种果树新品种。

周古凯　摄

园、产业园，全年新增果品、花卉种植基地面积333公顷。加强科技支撑，与南京农业大学、南京林业大学、省农科院等开展产学研合作，开展果树新品种的挖掘、引种、试种、培育和推广，恒北生态梨园66.67公顷梨综合示范园引进10余种果树新品种，康庄樱桃园采用以色列滴灌技术和高标准大棚设施栽植1.7万株大樱桃。2020年，全区有果园4666.67公顷，年产各类果品6.5万吨。

【国土绿化行动】 2020年，大丰区着力巩固"国家森林城市"创建成果，有序推进造林绿化复工复产，全面完成年度各项目标任务。完成新造林1680公顷，其中新增成片林1440公顷，列全省第七位、盐城第二位，实施森林抚育2040公顷，四旁植树80.9万株，农田林网4133公顷，省林业局抽查核实率99.2%、合格率98.2%，在盐城被抽查单位中名列第一。持续推进海堤等级公路和沿海新林场建设，加快完善修复已退化的海堤防护林，拓展沿海林场范围，打造沿海生态安全屏障，新增沿海成片林193公顷；围绕交通要道、骨干河道等沿线区域，建成盐通高铁、226省道、351省道、通榆河、南直河、增产河等生态防护景观通道；结合农民住房条件改善，统筹推进农村绿化美化，创建盐城市级森林村庄22个，栽植各类苗木23.6万株，建成省级绿美村庄8个。恒北村、天池村、文达村、新圩村、沙港村获评国家森林乡村。

【森林资源管理保护】 2020年，大丰区严格森林资源保护管理，全年受理各类森林资源举报40件，林业行政处罚立案10件，处理涉案人员10人，处罚款44314元。向公安机关移送涉嫌犯罪案件3件，其中盗伐林木2件、非法经营1件。救助国家保护野生动物东方白鹳、红隼、翠鸟、灰头麦鸡、鹰等11只，查获并放生蟾蜍67只。加强野生动物保护宣传，组织宣传活动7次，设立宣传横幅70余条，提升全社会野生动物保护意识。

【湿地资源保护修复】 2020年，大丰区编制了《大丰东沙市级湿地公园总体规划（2019—2023）》，经市政府批准，建设了大丰东沙市级湿地公园，新增自然湿地保护面积69406.52公顷，自然湿地保护率67.3%。结合冬春水利沟塘整治工程实施小微湿地等保护修复工程。利用创新性的湿地生态修复技术，结合斗龙港生态组团水系综合规划，对老斗龙港进行生态环境修复，建成"江苏水韵龙湾森林公园"，占地面积约28公顷，进一步提升了老斗龙港两岸景观形象。

（陈　萍　刘晓生）

畜牧业

【概况】 2020年，大丰区以绿色高质量发展为导向，按照生产技术先进、经营规模适度、设施装备精良、市场竞争力强、生态环境可持续的要求，以畜牧业标准化生产、畜产品质量安全和环境保护协调发展为目标，以发展方式转变为主线，以废弃物减量化产生、无害化处理、资源化利用为重点，建立绿色发展机制，优化区域布局，推进标准化规模养殖，促进种养循环，建立病死畜禽无害化处理长效机制，做大做强废弃物综合利用产业，示范带动全区畜牧业可持续发展。2020年饲养生猪106.20万头，其中出栏58.02万头；饲养家禽3286万羽，其中出栏2224万羽；饲养羊21.10万只，其中出栏10.64万只；饲养兔333.36万只，其中出栏264.07万只。

【保证生猪供给】 2020年，全区紧盯规模养殖场和种猪场，关注出栏生猪和能繁母猪，推进生猪生产恢复发展工作。全区年末生猪存栏53.07万头，全年出栏65.9万头，均全面超额完成盐城市下达任务指标，绝对数均列盐城市各县（市、区）第2。全区母猪存栏3.94万头，其中持证的种猪场存栏母猪3.1万头。强化组织领导。区政府建立生猪稳产保供联席会议制度，制定完善生猪稳产保供政策体系，全区多次召开生猪稳产保供专题会议，明确目标，落实责任，夯实措施，加快推进生猪恢复生产。强化政策推动。2020年大丰区制定出台《关于进一步加快促进恢复生猪生产政策举措的通知》，在抓好省市恢复生猪生产政策措施落地见效的基础上，区财政再安排资金376.5万元，对出栏肥猪1000~4999头的养殖场的能繁母猪保险保费、重点企业育肥猪政策性保险保费等给予补助。强化示范引导。

发挥盐城温氏、江苏天邦汉世伟、盐城双胞胎、上海沁侬大丰牧业、新希望如皋新好、新希望徐州六合等10家合作养殖公司主力军作用，推动生猪规模化、标准化养殖。2020年合作养殖公司出栏肥猪49万头，占全区肥猪出栏总量的75%以上。强化督查指导。全区每半月开展一次调度，每月开展生猪规模场生产情况监测。建立挂钩服务联系制度，区政府分管领导、区农业农村局班子成员、镇（区、街道）主要负责人挂钩服务全区32家万头以上规模猪场，区兽医站业务骨干挂钩34家5000头以上规模猪场，5000头以下猪场由镇（区、街道）相关人员挂钩。全区现场指导服务猪场1360场次、非现场指导服务猪场2980场次。

【养殖区域布局优化】 2020年，全区按照畜牧业区域布局调整优化方案的要求，统筹考虑种养规模和环境消纳能力，实行以地定畜，严控单位面积土地畜禽承载量。落实各镇（区、街道）对畜地严重不匹配的养殖场实行重点监控，督促无明显整改效果的或无法整改的，采取控发免疫标识、控制检疫出证数量等手段，控减畜禽养殖总量。

【标准化养殖水平提升】 2020年，全区加快推广干湿分离、雨污分流、清（水）污分流等技术，推广使用生猪饮水集水槽、蛋鸡减压水箱或带托盘的乳头式饮水器，控减污水产生量；率先推广肉（蛋）鸡全自动化封闭式层叠笼养技术，建成示范养殖场60户，年养殖规模超过1000万羽，采取半干鸡粪输送带清运收集集中处理，基本实现鸡粪零污水排放。深入开展示范创建活动，全区创成省级畜牧示范养殖场7家，全区生态健康养殖比重98.18%。

【养殖污染治理改造】 2020年，全区继续抓好非禁养区养殖场治理。建立健全全区所有养殖场的畜禽粪污治理及综合利用动态台账，实行动态管理，全面推进粪污规范整治。推进畜禽养殖场治污设施的改造提升，对整治不到位的养殖场督促其增加治污设施设备投入，确保设施正常运行。查处治污设施不匹配、假配套、不运行等现象，采取控减养殖规模的方法，确保粪污治理工作有效推进。推进养殖场污染治理认定工作。督促各镇（区、街道）开展小型规模养殖场治理，小型规模以上的畜禽养殖场治理率100%。

【畜禽粪污资源化利用】 2020年，大丰区以实施畜禽粪污资源化利用整县推进项目为重点，全面推广畜禽粪污资源化利用。对温氏、天邦等大型龙头企业的合作养殖户着重推广异位发酵床处理、槽式发酵、罐式发酵等模式，实现污水零排放。对有一定消纳土地的家庭农场式养殖场重点推广生态循环农牧结合模式，实现种养协调发展。对其他没有消纳土地的养殖场推广收集集中处置模式，实现粪污集中处置综合利用。苏港和顺、丰大肥业、江苏道远、江苏沼禾等集中处置点建成运行，生产生物天然气和有机肥，年消耗粪污110万吨。全区畜禽养殖污染综合利用率99.27%，规模养殖场（小区）粪污处理设施装备配套率100%。

【重大动物疫病防控】 2020年8月，大丰区建成非洲猪瘟PCR实验室。全区在养殖环节采集并检测124个规模养猪场（场次）2274份样品，在屠宰环节采集并检测4个屠宰场（场次）88份样品，在无害化处理环节按“周周检”要求（每周2个批次）累计采集并检测48批次。规模养猪企业采样检测生猪94996头，生猪屠宰企业检测生猪117129头，未有检出非洲猪瘟核酸阳性的报告。建成畜禽运输车辆洗消体系。2020年在全省率先建成畜禽运输车辆洗消点洗消体系和生猪规模养殖场人员专用消毒通道，建成生猪运输车辆洗消中心23个，做到车辆消毒全面覆盖，实现从饲料出入场、生猪出入场到生猪屠宰或无害化处理的流程中关键环节消毒全覆盖。强化网格化监管。实行区、镇、村三级非洲猪瘟等重大动物疫病防控网格化监管，配备区级网格监管员1名、镇级网格长15名、村级网格员190名、网格协管员201名，全区现有生猪养殖场户全部纳入网格管理，做到监管区域无盲区，监管对象无遗漏。建立“三清单一台账”（网格管理人员清单、监管人员工作职责清单、监管服务对象清单和日常监管巡查工作记录台账），实行每周全覆盖监管巡查，及时掌握养殖户生猪调进、存栏、死亡、出栏等变动情况。规范病死动物无害化处理。建成区级病死动物无害化处理中心和12个镇级收集点，病死动物全部实行集中无害化处理。采取线上线下，远程视频及数据信息监管模式以规模养殖场和无害化处理企业为重点，完善畜禽死亡报告、定点收集、核实登记等制度。2020年全年处理病猪6.9万头，其他畜禽500吨。

蚕桑业

【概 况】 2020年，大丰区有桑园462.18公顷，蚕农1246户，其中0.33公顷以上的蚕桑大户492户。全年饲养蚕种1.67万张，年产茧量752.49吨，蚕茧总收入2499.59万元，平均亩桑饲养蚕种3.03张，亩桑蚕茧收入4546元。平均张种产茧45千克，张茧产值1498元。蚕种生产方面，调整生产布局，全年饲养三季。春季、一秋为制种，分别有华康3号、苏豪（抗）、钟晔（抗）、菁松、皓月等品种，饲养原蚕2335克，生产种茧14363千克，蚕种53832张。二秋饲养丝茧45张。2020年，销售桑叶粉30吨，桑叶茶1500千克。

【蚕桑技术指导】 2020年，大丰区发放技术明白纸1200份，发放技术书籍345本，进村入户举办培训、观摩活动17次，培训技术人员52人次，蚕农497人次。全区做好蚕种催青、桑病虫测报、蚕桑技术指导工作，全年催青孵化率96%，发放桑病虫情报8期。开展桑瘿蚊预测预报专项行动，7月10日开始每日由专人田间采样调查，密切关注桑瘿蚊发育状态，判断用药时间，掌握大丰片区桑瘿蚊状态，控制桑瘿蚊危害。

【开展绿色防控试验】 2020年，在中国蚕业研究所教授吴福安的指导下，大丰选取大桥镇川南村13.33公顷连片桑园6组试剂进行菌核病绿色防控试验。试验结果显示，生物制剂木霉发酵液对果桑菌核病有一定的防效，如何使生物试剂的防治达到最佳防效还需要进一步验证。开展果桑病虫害绿色防控示范，万盈镇益民村千亩桑园示范区内生物物理等非化学农药绿色防控技术覆盖率50%，病虫害综合防治效果85%。

【实施蚕桑科技入户】 大丰区连续11年实施蚕桑科技入户项目，2020年培养蚕桑科技示范户186户，推广桑树新品种育71-1，蚕品种为抗病品种华康3号、苏豪×钟晔，主推技术五项即小蚕自动化加温补湿、省力化大棚养蚕、方格蔟自动上蔟、桑树病虫害综合防治、桑园复合套种技术。发展原蚕点生产，全区新丰、三龙、刘庄3个原蚕点，生产蚕种8050张，合格率100%。完善蚕桑生产基础设备，新增催青室3间，每间可催青杂交种4000张。购置大疆T20无人机1台，实施无人机治虫4次。2020年，申报蚕种出口许可证，获得桑蚕一代杂交种的出口动物及非食用性动物产品生产、加工、存放企业注册证。

渔　业

【概况】 大丰区水产养殖主要品种有异育银鲫、斑点叉尾鮰、脊尾白虾、梭子蟹、河蟹、四角蛤、泥螺等10多个。2020年实现水产品总产量17.36万吨，渔业经济总产值87.62亿元；新增高效设施渔业面积133公顷，完成池塘生态化改造面积4820公顷，特色水产养殖面积占比84.7%，生态健康养殖面积占比81.25%。

【推进现代渔业建设】 2020年，大丰区发布《盐城市大丰区养殖水域滩涂规划》，科学划定“三区”（禁养区、限养区、养殖区），实现渔业养殖产业绿色发展。编制《盐城市大丰区养殖池塘生态化改造实施方案》，加快推进池塘生态化改造，加强水产养殖污染防治，2020年实施池塘生态化改造4820公顷。划定紫菜养殖海域，退出养殖海域5260公顷。

【斗龙国家一级渔港项目提升】 2020年，大丰区启动实施渔港项目服务中心建设，新建港区道路、绿化、篮球场、停车场等配套设施；开工建设渔港涉渔补给（制冰、加水、仓储）功能区项目。实施码头前沿清淤、渔港小镇“6+1”重点项目，建成特色海鲜烧烤、渔村民宿、小镇客厅、花园酒店、渔港小镇标志性入口。

【养殖品种结构改良】 2020年，大丰区依托区位、资源优势，因地制宜优化养殖品种，养殖品种的区域特色日益凸现，渔业生产“专业化”“规模化”“产业化”的格局初步形成。全区特色水产养殖面积占比84.7%，脊尾白虾、梭子蟹综合养殖面积5333公顷，青蟹养殖面积267公顷。

【水产养殖方式转变】 2020年，全区全面推广池塘生态化养殖改造技术，开展南美白对虾养殖污染专项整治行动，三龙镇斗龙港村、西团镇建成水产养殖尾水治理示范点，组织实施渔业科技及水产养殖污染防治技术推广服务，举办各类渔业技术培训班15期，直接培训渔民1000人次。2020年，实现海洋捕捞9950吨，紫菜养殖一次加工10万箱，产值1.7亿元。

高标准农田建设

【概况】 2020年，大丰区建设完成2019年度高标准农田建设项目10个，共5200公顷，其中高效节水灌溉1800公顷，总投资14325万元，涉及草堰、白驹、小海、草庙、南阳、三龙、大中7个镇（街道）。其中投资9143.75万元建设财政补助高标准农田项目7个，共3333公顷，投资5181.25万元建设中央预算内高标准农田项目3个共1867公顷。项目于2019年11月开工，2020年5月完成全部建设任务。项目区新建设泵站82座、渠道39.56千米、节制闸14座、农桥116座、渡槽28座、水泥路111.69千米、小沟级涵洞1096个。通过高标准农田建设，新增灌溉面积2027公顷、改善灌溉面积1180公顷、改善除涝面积853公顷、新增节水灌溉面积1787公顷。

【项目建设高标准】 项目建设坚持“集中连片、整体推进、分期建设”的原则，突出抓好耕地保护、地力提升和高效节水灌溉，项目于2019年11月开工，2020年5月完成全部建设任务。项目规划时，结合全区农业农村发展需求，优先在高铁、国道、省市区级公路及海堤沿线规划布局项目，优先在粮食主产区组织实施项目。项目设计时，将不同设计单位的工程概算进行比对，与往年概算进行比对，保证底数清晰、编制准确。对初步文本、设计图纸和工程概算组织专家评审，确保项目计划可行、设计图纸达标。项目招标时，以项目镇（街道）为主体推行法人制，农业农村局制定施工招投标指导意见，明确标段划分、合同工期、投标人资质等级及工程业绩、评标办法、付款方式等条款，指导各项目镇（街道）择优选定施工单位。项目实施时，建立完善管理体系，明确各参建方责任，共同抓好廉政安全和质量管理。按监理单位分片区每月召开2次工地例会，及时协调解决工程建设中出现的矛盾问题。项目验收时，农业农村局牵头负责项目审计和组织区级验收，并申请市级验收。各项目镇（街道）在单项工程完成后及时组织四方验收，农业农村局加强督促指导，组织好工程质量检测。

农业机械化

【概况】 2020年，大丰区农机总动力90.23万千瓦，主要农作物综合机械化水平90%。全年新增大中型拖拉机、联合收割机、插秧机等各类农机具3000台套。新增大中型拖拉机配套秸秆还田机205台套，主要农作物秸秆机械化还田率82.27%，主要农作物秸秆综合利用率98.46%；新增农机合作社19个。12月，大丰通过省级粮食生产全程机械化整体推进示范县考评验收。大丰区创成全国第四批率先基本实现主要农作物生产全程机械化示范县。

【农机购置补贴】 2020年，全区落实中央及省级财政农机购置补贴专项资金3440.17万元，带动农民投入资金1.24亿元，全区有934个农户（单位）受益，累计补贴各类农业机械装备2144台（套）。

【秸秆机械化还田和综合利用】 2020年5月27日、10月14日，区政府分别召开全区夏季、秋季秸秆综合利用和双禁工作会议，对秸秆机械化还田和综合利用工作进行专题布置，层层签订责任状。成立区秸秆综合利用和禁烧禁抛工作领导小组，区政府出台《2020年秸秆综合利用工作意见》，区农业农村局、区财政局出台《2020年秸秆机械化还田实施办法》。印发秸秆机械化还田宣传资料9万份。区财政在省补助的基础上，继续对秸秆机械化还田作业、收储点收储量等给予补助。全区组织调度配套秸秆切碎装置的联合收割机2500台，投入大中型拖拉机配套秸秆还田机2600台套进行秸秆机械化还田作业，组织大中型秸秆打捆机50台进行秸秆打捆。二麦、水稻、玉米、油菜等主要农作物秸秆还田面积3.7万公顷，集中收贮面积1.16万公顷（含青贮），覆盖还田面积5900公顷。

【省级粮食生产全程机械化整体推进示范县创成】 2020年，全区印制粮食生产全程机械化示范建设宣传手册4000本，向广大农户宣传奖补政策及创建重点技术、机具。到2020年年底，基本实现粮食生产全程机械化，其中耕整地机械化水平99.75%，实现粮食生产耕整地环节机械化；水稻机种水平97.6%（机插率57.2%），小麦种植机械化水平98.01%，宜机玉米机种水平89.68%，实现粮食生产种植环节机械化；植保机械化能力水平100%（高效植保机械化能力97.1%），实现粮食生产植保环节机械化；稻麦收获机械化水平99.79%，宜机玉米收获机械化水平92.63%；烘干机械化能力100%，实现粮食生产烘干环节机械化；秸秆处理机械化水平96.64%，实现粮食生产秸秆处理环节机械化。白驹、草堰、西团、小海4个镇建成粮食生产全程机械化整体推进示范镇，全区整体推进的示范镇个数12个。

2020年，大丰区创成全国第四批率先基本实现主要农作物生产全程机械化示范县（市、区）。图为家庭农场机械化收割夏粮　何绍丰　摄

【农机社会化服务】 2020年，全区举办各类农机人员培训班15期，培训各类农机从业人员800人，其中农机职业技能培训45人，实现农机跨区作业收入6000万元。组织技术人员深入到农机合作社、农机大户、家庭农场进行技术、安全措施指导，确保农机正常维修维护及安全生产状态。同时，在信息方面给予新型农机服务组织以支持，及时提供包括政策、技术、经营等方面的信息，强化技术培训。

【农机安全生产管理】 2020年，全区层层签订农机安全生产责任状1.2万份。区政府分管领导6次带队督查检查农机安全生产工作，多次召开会议、印发文件对农机安全生产各项工作进行部署落实。全年开展驾驶人安全培训班、安全日学习、农机安全进校园等活动50场次，发放各类宣传资料、手册1.4万份，开展电视宣传2期，悬挂标语横幅350条，发送安全提醒短信40条。规范开展拖拉机和联合收割机及其驾驶人业务登记工作，规范开展检验检测、驾驶人考试、农机报废更新等业务，严把机具“入口关”，坚持检机见机。全年注册登记拖拉机和联合收割机339台，年检3557台。8月底，全区变型拖拉机提前实现“清零”。开展安全检查和隐患排查整治，排查未年检或未上牌拖拉机和联合收割机及其他危及人身财产安全农业机械5316台，排查在运作农机合作社61个，家庭农场42个，烘干点62个，在用烘干机544台，拖拉机联合收割机772台。深入各乡村场院、田间地头和农机服务组织，全面排查整治农机安全隐患，建立隐患清单和整改清单，明确整改到位的要求和时间。

【特色农业机械化发展】 2020年，大丰以畜牧业、渔业、设施农业为重点目标，农机、农艺融合，强化行政推动，加强技术宣传培训，培育典型示范基地，推进特色农业机械化发展。新增设施农业机械200台，高效渔业机械1200台，畜禽粪便处理加工机械80台，环控设备500台。特色农业机械化水平51.2%。

【农业机械保有量】 大中型拖拉机、联合收割机保有量分别为3488台和3095台，小型拖拉机保有量6050台，大中拖配套秸秆还田机保有量2695台，各类播种机保有量6705台，机动（电动）喷雾（粉）机保有量58210台，插秧机保有量763台（其中乘坐式水稻插秧机501台），粮食烘干机702台。

【农机化作业水平】 全区完成机耕面积20.36万公顷，主要农作物机耕率99.35%；机播面积13.62公顷，主要农作物机种率93.23%；机收面积12.92万公顷，主要农作物机收率91.88%，主要农作物的秸秆机械还田面积11.09万公顷。

2020年，大丰区农业农村局开展“规范化调查、标准化预测”，发布病虫情报31期，预报准确率95%以上。 周古凯 摄

农业科技

【概况】 2020年，大丰区以农作物绿色高质高效创建工作为重点，推广粮油新技术。春夏播阶段，在刘庄镇、华丰农场、草堰镇等地实施3个333.3公顷，5个66.7公顷规模的水稻绿色高质高效示范片，经省农业农村局专家组测产验收，全部达到创建目标。在配套技术上，开展“水稻规模化集中育秧”“水稻农机农艺融合全程生产技术”“水稻绿色高质高效生产技术”“小麦节肥高产优质抗逆栽培技术”“农药化肥减量使用与农产品提质增效技术”“玉米板茬直播与机械全程培管技术”“稻油轮作技术”等新技术的研究与推广。承担国家产业技术体系项目中玉米、小麦、大麦等作物的基地县任务。区农业技术推广中心作为牵头单位，完成的特色园艺作物种苗技术创新与链式开发模式集成应用，被省政府表彰为第九届江苏省农业技术推广奖。

【粮食种子繁育】 大丰区是省主要的农作物种子生产基地，是国家级杂交水稻种子生产基地之一。2020年，全国有31个企业在大丰开展杂交水稻制种。品种组合54个，制种面积2215公顷，制种量3280吨，合格率90%以上，所产种子可满足22万公顷用种量，产值6000万元。全年常规小麦繁种面积9600公顷，繁种量70080吨，合格率95%以上，所产种子可满足45万公顷用种量；常规稻繁种面积4460公顷，繁种量38140吨，合格率95%以上，所产种子可满足50万公顷用种量。2020年，大丰本地企业自主选育品种7个，其中4个通过国家审定、3个通过省级审定，4个种苗企业认定为江苏特色优势种苗中心（企业）。

【重大病虫防控】 2020年，区农业农村局开展“规范化调查、标准化预测”，发布病虫情报31期，预报准确率95%以上。通过制定科学防治预案、落实防控责任、规范补贴物资发放、加大组织宣传力度、加强督促检查指导等行动，全面开展小麦赤霉病、水稻穗期病虫、草地贪夜蛾总体防治战役，适时组织其他病虫防治，病虫危害损失控制在5%以下。

【绿色防控技术推广】 2020年，大丰区在大中街道光明村、新团村、恒北村，大桥镇川南村，万盈镇益民村建设省级水稻、葡萄、梨树、大葱、果桑病虫绿色防控示范区5个，其中大中街道葡萄绿色防控示范区被评为A级示范区，在大丰经济开发区同圣村建立市级玉米重大病虫绿色防控示范片1个，在丰华街道海防村建立县级大蒜病虫绿色防控示范方1个，推广绿色防控新模式，全区病虫害绿色防控产品使用面积占比85.24%。

脱贫攻坚

【概况】 2020年全区围绕中央、省、市扶贫开发战略部署，坚持“精准扶贫、精准脱贫”基本方略，以提升脱贫质量为导向，推进全区脱贫攻坚工作，完成“十三五”脱贫攻坚目标任务。截至2020年年底，全区有建档立卡农户9310户16196人（剔除脱贫不享受政策、近期死亡绝户和自然减少人口），人均纯收入都稳定达到6000元以上，实现“两不愁三保障”（不愁吃、不愁穿，义务教育有保障、基本医疗有保障、住房安全有保障），脱贫率100%。全区3个省定经济薄弱村（新丰镇金西村、小海镇小海居委会、三龙镇久丰村）全面达标，达标率100%。市定经济薄弱村28个，2020年年底全部脱贫。义务教育上，全区无因贫失学辍学现象。基本医疗方面，全区有建档立卡低收入人口16196人，参加城乡居民基本医疗保险、大病保险16196人，参保率为100%。所有低收入人口纳入医疗救助，在县内定点医院“先诊疗后付费”，基本医疗保险、大病保险、医疗救助实行一站式结算，报销比例90%以上。住房安全上，全区9384户建档立卡农户房屋无C、D级危房。

【脱贫攻坚机制】 2020年，区委、区政府重视脱贫攻坚工作，成立由区委主要领导任组长，区政府主要领导任第一副组长的扶贫工作领导小组，加强对脱贫攻坚工作的组织领导；多次召开区委常委会、区政府常务会，专题研究脱贫攻坚重大问题、重要事项，会办落实扶贫政策。完善制订政策。大丰区制定出台《大丰区脱贫攻坚三年行动计划》《2020年扶贫工作意见》等文件，指导开展全区扶贫开发工作，进一步细化分解任务、压紧压实责任。强化合力推进。加大第一书记驻点、后方单位挂钩、民营企业结对“三位一体”推进力度，合力帮扶经济薄弱村。区四套班子领导带头牵手低收入农户一对一开展精准帮扶，7500多名党员干部与所有建档立卡低收入农户结对帮扶，全区上下形成以上率下、整体联动、齐抓共管的脱贫攻坚良好局面。

【扶贫方式多样】 2020年，全区加大产业扶贫力度。落实产业扶贫机制，发展特色产业，推行“基地+农户”“合作社+农户”“龙头企业+基地+农户”捆绑帮扶模式，带动低收入农户增收脱贫，全区通过产业扶贫，累计脱贫6231人。拓宽就业扶贫渠道。加大低收入农户技能培训力度，定期举办劳务用工对接活动，帮助低收入人口就业创业。结合农村环境综合整治、绿色生态建设和乡村标准化治理，加大保洁、保绿、保安等岗位的安置力度，全年安排近200个岗位，促进低收入人口增收脱贫。加强兜底扶贫保障。完善低保对象认定办法，将所有符合低保条件的建档立卡低收入农户按程序全部纳入低保范围，进一步提高低保标准和实际补差水平，低保标准提高至670元/人·月，最低补差不低于380元，实现政策性保障与扶贫开发有效衔接。促进经济薄弱村增收。对经济薄弱村和债务大村落实区四套班子领导、区直部门、镇（区、街道）班子成员、国有平台公司、规模骨干企业挂钩帮扶，鼓励支持村（居）盘活有效资产、资源，发展“六型”（资源开发型、资产经营型、合作共享型、为农服务型、入股分红型、休闲观光型）经济，助推经济薄弱村增收化债。

【扶贫运作规范】 完善扶贫项目库。2020年，按照精准扶持、公开透明、突出重点、真实申报的要求和让低收入农户直接受益的原则，大丰区出台年度财政精准扶贫奖补资金项目实施方案，建立扶贫资金项目库，确保财政扶贫奖补资金靶向准确、运行规范、效应彰显。规范资金使用。出台《盐城市大丰区扶贫资金管理办法》，通过完善管理制度，明确资金使用范围，严格实行使用清单，规范扶贫资金使用，全力支持低收入农户产业发展和经济薄弱村达标建设。区、镇、村扶贫资金实行专户管理、封闭运行，坚持做到专款专用。加强资金监管。强化资金管理，将精准帮扶资金按照确定的项目申报指南进行细化分解，落实到村到户，并完善相关手续，履行报批程序，强化信息公示，项目全部录入阳光扶贫系统，建立健全多元化的监督检查体系和公告公示制度，全面打造“阳光扶贫”，提高资金使用透明度，确保资金安全有效使用。

农村经营管理

【概况】 2020年，全区农村经营管理坚持以促进农民持续增收、加快农村土地流转、落实农村政策为重点，开展农村经营管理工作，为农业农村高质量发展发挥作用。

【农村土地流转】 2020年，全区新增农村土地流转面积5333公顷，发展农业适度规模经营面积6667公顷，兑现2019年度农村土地连片规模流转奖补资金526万元。鼓励和引导各类种养大户创办家庭农场，全年全区新办家庭农场56家，总计498家，集中经营面积1.23万公顷。新创建省级示范家庭农场1家、盐城市级示范家庭农场19家，兑现2019年度省市级家庭农场奖补资金135万元和2019年度省以上现代农业发展项目资金78万元，有效改善了家庭农场水利、交通、供电等基础设施条件。

【农村政策落实】 2020年，全区剔除一事一议筹资筹劳减免对象，农民负担总额1396.97万元，较2019年下降412.26万元，其中有49个村实现农民种田零负担。村级一事一议财政奖补项目涉及10个镇、2个街道、1个区，24个村列入省级财政奖补范围，议定兴办村级公益事业建设项目26个，预算总额848.08万元，其中市下达奖补资金592万元、各镇村筹资筹劳资金94.71万元、镇级财政资金66.67万元、村集体资金94.7万元。建设26条村级水泥路，总长19.94千米。政策性农业保险推进，2020年，全区实现政策性农业保险保费总收入10714.93万元，其中高效设施农业保险保费收入6695.21万元，占总保费的62.5%。农业保险深度、密度、三大主粮作物农业保险覆盖率分别为1.39%、1399元/人、84.88%。支付各类理赔资金6289.99万元，赔付率58.7%。

【村干部工资报酬提高】 2020年，全区1340个村民小组1844名村组干部，分配工资报酬总额7865.94万元，比2019年增加348.06万元，增长4.6%，其中村党组织书记人均工资报酬68310元，比2019年增长6.69%。

【农村宅基地管理推进】 2020年，大丰区先后印发《关于转发中共江苏省委农村工作领导小组办公室等部门〈关于加强和规范农村宅基地管理工作的通知〉的通知》《关于进一步做好农村宅基地审批工作的通知》等文件，规范全区农村宅基地管理工作，做好宅基地户内更名工作和退宅农户资格审核工作。

【农业产业化经营水平提升】 2020年，全区依托现有规模农业龙头企业，开展培植提升行动。农产品加工企业销售稳中有升，年销售额500万元以上的农产品加工企业285个，其中国家级农业龙头企业2个、省级9个（新增禾丰粮油1个）、盐城市级30个（监测18个，新增12个）。2020年实现销售469亿元，带动农户29.21万户。金色农业、华丰种业新三板成功挂牌，北大荒油脂等15个企业进入省股权交易中心（新增亿兴粮贸、高昌蓝翔木业、珍珂粮贸、丰美羽绒、丰海新能源）。根据省、市部署，创成农业产业化联合体2家，其中江苏禾丰油菜产业化联合体成功申报省级农业产业化联合体，累计创成农业产业化联合体8家。

【农民专业合作社稳步发展】 2020年，全区登记注册的农民专业合作社833家（2020年新增58家），涉及蔬菜、中药材、苗木花卉、牛羊猪养殖等多个农业产业，其中国家级示范社5家、省级示范社17家（2020年新增3家）、市级示范社47家（2020年新增14家）。2020年全区有654家合作社开展了2019年年报告，年报告率87.2%。

【休闲农业持续推进】 2020年8月，大丰区举办2020“苏韵乡情”乡村休闲旅游农业（盐城）专场推介暨大丰恒北采梨节活动，建成全省乡村休闲旅游农业精品线路2条。草庙镇川鹿现代农业园成功申报江苏省主题创意农园，万盈镇万丰绿茵成功申报全国休闲农业与乡村旅游五星级企业（园区）考评。2020年全区休闲农业与乡村旅游综合收入实现38.9亿元，全区休闲农业与乡村旅游接待人数778万人次。

【实现企村联建共赢】 2020年，全区218个涉农村居全部与企业达成意向性联建协议，所有联建项目录入省万企联万村共走振兴路服务平台，经审定通过的启动项目225个，涉及各类企业132个，联建覆盖率100%。采取走出去、请进来相结合的方式，举办专场签约活动，与南京、常州、无锡等地开展多次合作。9月3日，举办大丰农副产品进苏果暨全区村企项目集中签约活动，集中签约企村联建项目15个，苏果超市有限公司向丰收大地农业园区授予苏果超市生鲜供应基地牌匾。9月16日，在南京举办“万企联万村、共走振兴路”——2020大丰（南京）企村联建共建暨特色农产品推介会，与16家省属有关企业“牵手”合作，集中签约企村联建共建项目18个。

【农业重点项目大力推进】 2020年，全区组织开展多形式的招商引资活动，发挥企业、园区、基地招商主力军作用，采取专业招商、以商招商等方式，招引落户建设了一批规模农产品加工项目。2020年新办千万元以上农产品加工项目12个，其中亿元项目5个，完成投资11.99亿元，9个项目建成投产。2020年投入17.37亿元，建设苏合禽产品加工、沿海冷链物流智慧城、光明食品产业园等农业重点项目32个。3月，大丰区总投资15亿元的沿海冷链物流智慧城项目，代表盐城参加全省农业农村重大项目集中开工。

【农业接轨上海】 2020年全区接轨上海工作深入推进，新建（改建）上海农产品直销窗口30个，农产品上海销售额40.7亿元。按照“资源共享、优势互补、协同发展”的一体化发展理念，重点推进基地共建、项目共招、品牌共创、渠道共拓和农旅共融，全方位加强与上海农场合作，与上海农场一体化发展深入推进，共同举办“2020长三角农产品新生态高峰论坛”活动，共同做大做强做优上海域外最大的农副产品生产加工和产能合作基地，投资100亿元建设“一园一厨五基地”，中央厨房项目建成试投产供应18所学校3万多师生；粮食仓储加工项目海丰米业新上日加工300吨生产线已投产，泰和30万吨仓储项目平房仓已完成；水产品生产加工项目完成鮰鱼养殖667公顷；蛋禽养殖加工基地完成选址，开展订单基地合作。

【农业质量品牌优势不断显现】 9月，区场共建“大丰仓”品牌成功在南京发布，“恒北早酥梨”“恒喜食用油”“黄海东沙”3个品牌入选《2020江苏省农产品品牌目录》，“恒喜食用油”获评“首届江苏省农业企业知名品牌30强”。种植业绿色优质农产品比重92.59%，盐城第一，有绿色食品101个，有机食品21个，省级绿优基地15个。

【农业信息化全面升级】 2020年，全区农业农村信息服务保持全覆盖，全区农业信息化覆盖率78%；全年依托2018家益农信息社12316语音咨询累计3.92万人次、发送短彩信141.8万条，依托信息社平台累计便民服务37.6万人次。全区围绕丰收大地、草堰梦幻迷宫·田阿姨、三龙电商中心等镇村电商平台网点，推进农村站点建设、物流体系、网络平台等软硬件的共建共享，2020年农产品电子商务交易额23亿元；成功申报草庙川鹿现代农业有限公司为省级数字农业农村基地，在全市首届农业农村信息化职业技能竞赛中荣获“团体第三”、农业农村信息化技术推广先进个人，获第九届江苏省农业技术推广二等奖。

【农村集体产权制度改革】 2020年，全区按照归属明晰、权能完整、流转顺畅、保护严格的产权制度改革要求，完成农村集体产权制度改革工作。大中街道作为盐城市试点单位整体推进改革试点，确认成员18065户、51866人。大中街道20个村中，13个村有经营性资产，定人员、定份额及量化股份，折股量化资产总额为7663.76万元；其余7个村没有经营性资产，只锁定人员、锁定份额。面上14个镇（区、街道）全面完成成员身份界定工作，全区最终确认成员（不含大中街道）173327户、491926人。全区15个镇（区、街道）218个村（居）全部完成集体资产股份量化，其中：152个村（居）有经营性资产，折股量化资产总额为40993.8万元；66个村（居）没有经营性资产，只锁定人员、锁定份额。全区218个村（居）已全部完成股份经济合作社成立、赋码登记工作，并将证书发放到户。

【农村“三资”规范管理】 2020年，全区推动全区村级集体财务预决算管理、集体用工管理、财务票据管理、“村务卡”使用及非现金结算、集体产权交易、村级债务管理、财务公开和民主理财、集体财务审计监督等制度执行到位。规范农村产权交易行为，推行农村产权全部进场交易，实现镇村两级交易全覆盖。2020年农村产权交易成交标段数635个，成交总金额3.31亿元。加强“三资”平台应用，及时在农村集体“三资”门户网站推送区镇村三级工作动态、村级四务公开等信息，主动接受群众和社会监督，2020年推送各类公开信息1.5万条，处置预警信息6699条。开展农村集体“三资”三大排查，推行村务卡使用和村级资金管理非现金结算，从源头上有效遏制群众身边不正之风和微腐败现象的发生。2020年，全区20个债务村围绕村级集体经济发展增收路径，努力发展村级集体经济，全力化解村级债务。截至8月底，20个村债务全部化清，全区218个村（居）全部实现无村级债务。2020年，全区常态化推进村务公开工作，所有村级“四务”公开信息定期在村务公开栏公开，重大事项随时公开，公开信息全部上传到农村集体“三资”信息监管平台（门户网站），实行线上线下同步公开，公开内容、公开时间统一，农民群众通过网络可以查看到本村的“三资”“四务”公开等信息。

【农业社会化服务推进】 3月，全区建立农业社会化服务名录库，有193家农民合作社、专业服务公司、家庭农场、农机大户进入名录库。在建立全区社会化服务名录库的基础上，经过农业社会化服务主体申报、作业所在地村（居）委会签字确认、镇级汇总、分村公示、区级核查等程序，确认农业社会化服务水稻机插秧作业补助面积80.7公顷。按照水稻机插秧社会化服务补助金额每亩15元（服务主体补助70%，被服务对象补助30%），共补助资金18172.35元。

农村人居环境整治

【概况】 2020年，大丰区继续开展以“四治理、四提升”为重点的农村人居环境整治，农村人居环境整治三年行动省市区下达的目标任务全部完成。白驹镇狮子口村创成全国文明村，新创成省级特色田园乡村9个、部级化肥减量增效示范区1个，农村河道长效管护连续6年被评为全省第一等次。7月24日，恒北村农村人居环境整治现场视频，作为江苏省整治成果，在全国全面建成小康社会补短板暨农村人居环境整治工作推进现场会上展示。农村生活垃圾集中收运处理率100%，建有生活污水处理设施的行政村占比68.3%，小型及以上畜禽规模养殖场治理率100%，建成旅游公路136.7千米，成功申报1个国家级传统村落（草堰镇草堰村）、2个省级传统村落（草堰镇丁溪村、大中街道恒北村），全区218个村（居）农村保洁队伍实现村组全覆盖，落实长效管护人员2460人，对农村人居环境实行“田水路林村”综合长效管护，农村河道长效管护再次被评为全省第一等次。

【农村人居环境整治工作推进】 2020年，大丰区印发《2020年大丰区农村人居环境“四治理、四提升”工作任务分工方案》，制定《2020年全区农村人居环境整治重点工作目标任务分解表》，每年安排1000万元资金用于农村人居环境整治综合考核奖补，每年安排500万元专项资金用于农村环境综合长效管护奖补，每年每村安排8万元公共服务设施运行维护经费。充分发挥大丰电视台、《大丰日报》、大丰区政府门户网站、大丰农业结构调整微信公众号等本地主流媒体的作用，借助宣传车、宣传栏、宣传标语、报刊、网络等多种媒体，多方式、多渠道、全覆盖宣传农村人居环境整治的举措和成效。全年召开书记专题会议、区领导调研会办会议、全区农村人居环境整治工作推进会、农村人居环境整治联席会议、农业农村重点工作推进会和农业农村重点工作月度例会22次，按照“四治理、四提升”要求，明确整治标准，加强技术指导，合理安排时序进度，集中力量解决突出问题，坚决打赢农村人居环境整治硬仗。

【环境整治出成果】 2020年，全区高质量推进14个省级、14个市级、1个区级农村人居环境整治示范村巩固提升，打造49个农村人居环境示范自然庄点，创建11个省市级特色田园乡村和85个美丽宜居村庄。做美道路沿线。突出204国道、盐通高铁、陈李线、大刘路等重要交通沿线环境整治，深入开展以街道风貌、品质绿化、黑色道路、规范秩序、环境保洁和乱搭乱建、乱堆乱放、破旧危房、零星散坟、乱接杆线为重点的整治提升，仅盐通高铁沿线就完成整治任务6582个，沿线环境面貌明显提升。做实全域整治。对照农村人居环境整治三年行动方案和“四治理、四提升”工作职责、任务分工方案，加快推进各项工作任务。对40项目标任务，明确时间节点，挂图作战，逐项销号。开展村庄清洁行动，宣传发动村庄清洁行动1.4万场次，动员参与村庄清洁行动25.2万人次，清理农村生活垃圾、建筑垃圾、生产垃圾、河岸垃圾27.3万立方米，清理村内河塘沟渠、排水沟1.6万处。

【强化督查】 2020年，发挥农村人居环境整治工作联席会议制度作用，实行一月一调度、一月一通报、一季一考核。联席会议办公室定期组织农村人居环境“四治理、四提升”相关部门到镇（区、街道）进行现场联合督查和考核，重点查看台账资料、项目建设现场，及时掌握推进落实进度，对推进不力的或在进展过程中发现的问题，限期整改。全年开展调度15次、通报15次、季度考核4次。坚持目标导向、问题导向、结果导向，农村人居环境“四治理、四提升”各牵头单位每旬组织相关责任部门业务骨干，对各自职能内的重点任务完成情况进行专项督查，全年开展专项督查400多次。区联席会议办公室牵头组织明察暗访小组，对全区农村人居环境整治及长效管理工作进行随机抽查，全年随机抽查35次。

（刘晓生）

〖编辑 陈一青〗

综 述

【概况】 2020年，大丰区工业经济工作深入贯彻落实区委十二届九次全会精神，围绕“三新”（全国飞地建设新样板、全省沿海开发新高地、全市绿色发展新标杆）定位，主攻“四大经济”（海洋经济、飞地经济、旅游经济、城市经济），加快动能转换，大力发展先进制造业，加强技术创新，强化企业创新主体作用，加大技改投入，强化运行组织、提升服务能力、优化发展环境，努力推动全区工业经济高质量发展。年内，全区工业条线强化运行协调，突出新增长点培育，全口径工业开票销售突破1100亿元，同比增长10%。全区开票销售超1亿元企业110个。纳税超1亿元工业企业6个，纳税1亿元以上工业企业数量（五星级企业）全市第一。全年新增规模以上工业企业83个。盐城市联鑫钢铁有限公司列入中华全国工商业联合会发布的中国民营企业制造业500强第343位。

【产业结构优化】 2020年，全区有新能源及装备制造、新能源汽车及零部件、电子信息等战略性新兴产业规模以上工业企业99个，实现开票销售296亿元，同比增长20.4%，占全区规模以上工业比重31.4%。风电产业形成从研发、生产、配套、组装到安装、运维、控制的风电全产业链，补链强链持续推进。全年实施1000万元以上技改项目21个。海聆梦家居股份有限公司列入国家重点跟踪培育纺织服装品牌企业（终端消费品类）名单，盐城市联鑫钢铁有限公司、江苏大丰新安德矿业有限公司、江苏今达纺织实业有限公司3个企业建成省级企业技术中心。

【创新融合不断突破】 2020年，全区实施1000万元以上技改升级项目63个，年计划投资22.29亿元，截至年底，年度投资任务全部完成。江苏博敏电子有限公司列入省重点技术创新项目导向计划（2020年）。新建成4个省级企业技术中心，截至年底，全区有省级以上企业技术中心19个，其中国家级企业技术中心4个（江苏丰东热技术股份有限公司技术中心、江苏辉丰农化股份有限公司技术中心、江苏中车电机有限公司技术中心、江苏森威精锻有限公司技术中心），占全市总数的一半，数量和等级均居全市前列。江苏谷登工程机械装备有限公司建成国家专精特新“小巨人”企业。区政府制定出台《大丰区5G建设联席会议制度》，协调推动全区5G建设，全年新建5G基站348个。江苏博敏电子有限公司获评省工业互联网标杆工厂，全年新增省级上云企业22个，其中省五星级上云企业1个——江苏博敏电子有限公司，为全区首个，四星级上云企业11个、三星级上云企业10个。盐城市恒丰海绵有限公司、盐城吉凯同科技有限公司、江苏道融电子科技有限公司、江苏中车电机有限公司、盐城市大丰燃气设备有限责任公司5个企业获评两化融合贯标评定企业。中汽中心5G智能网联项目、荷兰花海智慧文旅项目入选省5G典型应用场景及优秀案例名单。

【化工园区整治】 2020年，对照2018年沿海化工园区综合整治方案和2019年安全环保整治提升“一园一策”整治方案，石化新材料产业园全部整改到位或完成阶段性目标任务。石化新材料产业园被认定为省级化工园区。化工园区智慧管理平台通过市级验收。按照市、区流程有序推进企业复产，通过市级复核企业12个，上报复核企业1个、通过区级验收企业4个。年内关闭退出化工生产企业8个，分别是盐城金穗科技有限公司、江苏碧海石油化工有限公司、大丰新明精细化工有限公司、盐城明进纳米材料科技有限公司、江苏劲力化肥有限责任公司、盐城大丰景升肥料厂、江苏康民涂料有限公司、盐城市中实特种涂料有限公司。

【园区整合稳步推进】 2020年，区委、区政府制订出台《大丰高新区管理体制及财税分配办法（试行）》，明确各方工作职责、统一园区投入、明晰收益分配，充分保障各方利益，调动工作的积极性，初步建立园区共建共享运营管理体制。新整合园区产业发展规划和空间规划经区政府批准实施。

【工业绿色发展】 2020年，根据市“三项清理”［“僵尸企业（含楼宇）”、闲置土地、低效厂房］工作任务清单，大丰区有85个项目列入市全面清单（含市重点项目30个），涉及土地495公顷，厂房70.6万平方米。截至年底，完成处置项目78个（含市重点项目24个），涉及土地423公顷，厂房67.7万平方米。2020年，处置项目累计实现开票销售42.8亿元，其中，开票销售超1000万元项目30个、超1亿元9个。制定工业节能考核办法，细化分解节能目标任务，压紧压实各板块责任。强化节能调控，围绕全年目标任务，重点对联鑫、博汇等用能大户实施精准调控。服务大丰经济开发区申报绿色园区，配合市节能监测站对区3个企业开展节能监察。

【发展环境优化】 2020年，大丰区开展企业“评星定级”活动，53个企业被区委、区政府表彰为2019年度“星级企业”，10位企业负责人被授予“杰出企业家”称号。在盐城市企业“争星创优”活动中，大丰区有21个企业获得“盐城市星级企业”称号，其中五星企业6个（工业5个），分别为江苏金风科技有限公司、江苏正大丰海制药有限公司、江苏中车电机有限公司、迪皮埃风电叶片大丰有限公司、盐城市联鑫钢铁有限公司、江苏大丰农村商业银行股份有限公司。四星企业3个（工业3个），三星企业12个（工业10个）。深入开展为企服务，2月中旬，区委、区政府印发《关于应对新型冠状病毒肺炎疫情扎实开展挂钩服务企业工作的通知》，全区科级挂钩干部深入走访企业1.5万多人次，为企业解决各类问题和矛盾200多件，印发各类宣传材料3万多份。召开全区清欠工作“回头看”会议，印发最新清欠相关政策汇编，布置对工程、采购项目和财政进行系统梳理，做到应付即付、应付尽付。区政府出台《关于实施产业链链长制的工作方案》，建立“六个一”（一条产业链、一位区领导、一个牵头部门、一个工作专班、一个工作方案、一个招商队伍）工作机制，促进产业前延后伸，加快形成全产业链。区政府制订出台《关于促进制造业高质量发展的激励意见》，降低补助门槛、扩大补助范围，提高政策激励效应。将国家和省、市、区出台的惠企政策汇编成册，印发给全区工业企业，加大政策宣传解读力度，全力惠企暖企。加快各类奖补政策兑现进度，推动资金快拨快投，助推企业稳定运行。区工信局联合区财政局兑现区级工业转型升级资金5059万元、镇工业园区专项资金718万元，16个项目获得市工业转型升级专项资金1608万元。

纺织行业

【概况】 2020年，大丰区纺织行业有规模以上企业106个，实现开票销售74亿元，同比下降15.1%，占全区规模以上工业开票销售额的7.9%，年开票销售1亿元以上企业有15个，其中超10亿元的1个（海聆梦家居）。行业重点企业有海聆梦家居股份有限公司、江苏君霖纺织科技有限公司、大丰万达纺织有限公司、盐城市大丰创意工艺品有限公司。

【海聆梦家居股份有限公司】 海聆梦家居股份有限公司成立于2004年，专注家纺研发、制造、销售，是国内较早投资全自动化设备的家纺企业之一，也是在大力投入柔性生产和智能制造的家纺代表企业，年产1550万套家纺产品，主要包括床单4件套、被子多件套、毯子、抱枕等产品。2016年，海聆梦投资兴建自主研发的窗帘个性规模定制生产线，每天可以满足线下几千家门店的客户窗帘定制需求。海聆梦与国内上市公司全屋定制领先品牌索菲亚战略合作，配合索菲亚完成全屋定制布艺板块。2019年年初，在德国采购全球领先的家纺全自动化设备3台，加快推进智能家纺转型发展。2020年开票销售11.11亿元。

化工行业

【概况】 2020年，大丰区化工企业有规模以上企业24个，实现开票销售57亿元，同比下降26.1%，占全区规模以上工业开票销售额的6%，年开票销售1亿元以上企业11个。行业重点企业有江苏海兴化工有限公司、江苏海力化工有限公司、江苏丰山集团股份有限公司、江苏正大丰海制药有限公司、大丰海嘉诺药业有限公司。

2020年，海聆梦家居股份有限公司开票销售超10亿元。
周古凯 摄

【江苏海力化工有限公司】 江苏海力化工有限公司成立于2011年1月，位于大丰港经济区石化产业园区，经营范围：己二酸及其副产品精苯、硝酸、环己烷、甲苯、二甲苯制造；己内酰胺及其副产品硫酸铵制造，化工产品批发（除危险化学品外）；自营和代理各类商品及技术的进出口业务（国家限定企业经营或禁止进出口的商品及技术除外）。

冶金行业

【概况】 2020年，大丰区冶金行业有规模以上工业企业2个，实现开票销售161亿元，同比增长0.5%，占全区规模以上工业开票销售额的16.9%。盐城市联鑫钢铁有限公司开票销售150.27亿元，江苏大丰新安德矿业有限公司开票销售10.77亿元。

【盐城市联鑫钢铁有限公司】 盐城市联鑫钢铁有限公司成立于2000年6月，是专业从事建筑钢材、特种钢材生产的民营企业。注册资金4.8亿元，在职员工4600余人。公司先后通过ISO 9001质量管理体系、ISO 14001环境管理体系、OHSAS1 8001职业健康安全管理体系、ISO 50001能源管理体系、ISO 10012测量管理体系的认证。公司理化检测设备配备齐全，质量管理运作规范。自2002年以来，国家、省、市产品质监抽查合格率均为100%。"黄海"牌系列钢筋产品通过MC产品认证、取得冶金实物金杯奖，获得"江苏省名牌产品"的称号，被评为"白玉兰"杯最受欢迎的优质用钢品牌、中国民营钢厂优质建筑用钢品牌，产品品牌效应不断提升。

新能源及装备制造产业

【概况】 2020年，大丰区新能源及装备制造产业有规模以上工业企业27个，实现开票销售215亿元，同比增长26.2%，占全区规模以上工业开票销售额的22.8%，年开票销售1亿元以上企业17个，其中江苏中车电机有限公司开票销售超过60亿元，为69.18亿元。行业重点企业有江苏金风科技有限公司、江苏中车电机有限公司、迪皮埃风电叶片大丰有限公司。

【江苏中车电机有限公司】 江苏中车电机有限公司是中国中车下属中车株洲电机有限公司的全资子公司，中国中车二级重点子公司，专业从事陆地、海洋用大功率风力发电机的科研、生产、销售、技术服务及咨询。江苏中车电机有限公司是国内首台1.2兆瓦、1.5兆瓦、2.0兆瓦、2.5兆瓦、3.0兆瓦、6.0兆瓦直驱永磁同步风力发电机研制企业，也是中国最大的风力发电机生产企业之一。

新能源汽车及零部件产业

【概况】 2020年，大丰区新能源汽车及零部件产业有规模以上工业企业28个，实现开票销售41亿元，同比增长2%，占全区规模以上工业开票销售额的4.4%，年开票销售1亿元以上企业有9个。行业重点企业有江苏理研科技股份有限公司、江苏森威精锻有限公司、江苏大洋精锻有限公司、江苏创一精锻有限公司。

【江苏森威精锻有限公司】 江苏森威精锻有限公司成立于2006年4月，公司专业从事各类冷温热精密锻件的生产与销售，主要产品有汽车等速万向节系列精锻件、汽车变速箱轴类冷锻件、汽车变速箱齿轮类冷精锻件、工程机械精密锻件等。公司成立后，先后通过高新技术企业和国家火炬高新技术企业的认定，被评为江苏省管理创新优秀企业，建立江苏省级博士后创新实践基地，先后通过江苏省科技小巨人企业，江苏省和国家两化融合贯标试点企业的认定。

新一代电子信息及智能终端产业

【概况】 2020年，大丰区新一代电子信息及智能终端有规模以上企业44个，实现开票销售40亿元，同比增长16.3%，占全区规模以上工业开票销售额的4.2%，年开票销售1亿元以上企业有9个，其中江苏博敏电子有限公司超过5亿元。行业重点企业有江苏博敏电子有限公司、江苏苏视光电有限公司等。

【江苏博敏电子有限公司】 江苏博敏电子有限公司于2011年成立，注册资金1.2亿元，有员工600多人，是一个集印制线路板研发、制造、销售于一体的高新技术企业，主要生产高多层PCB板、HDI板等高端消费型电子元件产品，广泛应用于计算机网络、数字通信、汽车电子、医疗器械等领域。公司先后被认定为"国家高新技术企业""江苏省优秀示范智能车间""江苏省两化深度融合创新试点企业""江苏省两化融合管理体系贯标试点企业"等荣誉，并先后建立"江苏省研究生工作站""盐城市高密度互联印制电路板工程中心"等。有14项发明授权和25项实用新型授权，另拥有软件著作权1项。

规模企业

【概况】 2020年，大丰区规模以上工业企业458个，实现规模以上工业开票销售942亿元，比2019年增长9.5%。全区开票销售超1亿元企业110个，其中超100亿元的企业有1个，50亿~100亿元企业2个，20亿~50亿元企业4个，10亿~20亿元企业10个。

【重点企业】 年内，全区开票销售超100亿元企业1个，为盐城市联鑫钢铁有限公司。50亿元以上企业2个，江苏博汇纸业有限公司83.92亿元、江苏中车电机有限公司69.18亿元。10亿元以上企业14个，分别为江苏金风科技有限公司47.6亿元、江苏北大荒油脂有限公司45.16亿元、盐城大丰阿特斯阳光电力科技有限公司28.66亿元、江苏佳丰粮油工业有限公司21.14亿元、迪皮埃风电叶片大丰有限公司18.31亿元、中再生盐城资源开发有限公司13.89亿元、江苏丰山集团股份有限公司12.88亿元、江苏海力化工有限公司12.76亿元、江苏正大丰海制药有限公司12.58亿元、江苏禾丰粮油工业有限公司12.22亿元、盐城温氏畜牧有限公司12.2亿元、江苏辉丰生物农业股份有限公司12.02亿元，海聆梦家居股份有限公司11.11亿元、江苏大丰新安德矿业有限公司10.77亿元。

（吴 洋）

2020年大丰区“中国驰名商标”一览表

表13

序号	企业名称	商标	注册证号	商品类别	核定使用商品或服务	备注
1	江苏丰山集团股份有限公司	丰山	667271	5	农药	行政认定
2	江苏辉丰农化股份有限公司	辉丰	708820	5	杀虫剂	行政认定
3	江苏佳丰粮油工业有限责任公司	恒喜	1942432	29	食用油	行政认定
4	江苏大丰海港控股集团有限公司	大丰港及图	4388983	39	卸货、货物传送等	行政认定
5	江苏腾龙生物药业有限公司	腾龙及图	1552408	5	农药	行政认定
6	江苏丰收大地投资发展有限公司	丰收大地	7672936	31	新鲜蔬菜；鲜水果；鲜食用菌	行政认定
7	江苏谷登工程机械装备有限公司	Goodeng	7738210	7	打桩机、夯锤	行政认定
8	江苏超力机械有限公司	大力	342475	7	空压机	司法认定
9	江苏光普太阳能工业有限公司	光普	3623844	11	热水器	司法认定
10	江苏丰东热技术股份有限公司	丰东	1137581	11	污水处理设备	司法认定

2020年大丰区“省市区质量奖企业”一览表

表14

序号	企业名称	获奖名称	获奖时间
1	江苏正大丰海制药有限公司	2018年度江苏省质量奖	2019年12月10日
2	江苏正大丰海制药有限公司	2014年度盐城市市长质量奖	2015年3月9日
3	江苏丰山集团股份有限公司	2015年度盐城市市长质量奖	2016年3月31日
4	江苏辉丰农化股份有限公司	2016年度盐城市市长质量奖	2017年5月12日
5	大丰海港港口有限责任公司	2018年度盐城市市长质量奖	2020年3月4日
6	江苏中车电机有限公司	2019年度盐城市市长质量奖	2020年12月10日
7	江苏正大丰海制药有限公司	2017年度大丰区区长质量奖	2018年9月13日
8	江苏丰山集团股份有限公司	2017年度大丰区区长质量奖	2018年9月13日
9	大丰万达纺织有限公司	2017年度大丰区区长质量奖提名奖	2018年9月13日
10	江苏佳丰粮油工业有限公司	2017年度大丰区区长质量奖提名奖	2018年9月13日
11	上海海丰米业有限公司	2018年度大丰区区长质量奖	2019年10月18日
12	大丰海港港口有限责任公司	2018年度大丰区区长质量奖	2019年10月18日
13	江苏博敏电子有限公司	2018年度大丰区区长质量奖提名奖	2019年10月18日
14	大丰万达纺织有限公司	2018年度大丰区区长质量奖提名奖	2019年10月18日
15	江苏大丰农村商业银行股份有限公司	2019年度大丰区区长质量奖	2020年8月11日
16	江苏中车电机有限公司	2019年度大丰区区长质量奖	2020年8月11日
17	江苏博敏电子有限公司	2019年度大丰区区长质量奖提名奖	2020年8月11日
18	上海新型建材岩棉大丰有限公司	2019年度大丰区区长质量奖提名奖	2020年8月11日

2020年大丰区“江苏省质量信用AAA、AA级企业”一览表

表15

序号	企业名称	获奖名称	获奖时间
1	江苏丰山集团股份有限公司	2015年度江苏省质量信用AAA级企业	2016年1月26日
2	江苏正大丰海制药有限公司	2016年度江苏省质量信用AAA级企业	2017年1月22日
3	江苏辉丰农化股份有限公司	2017年度江苏省质量信用AA级企业	2018年1月15日
4	大丰万达纺织有限公司	2018年度江苏省质量信用AA级企业	2018年12月21日
5	江苏博敏电子有限公司	2019年度江苏省质量信用AA级企业	2020年2月17日
6	江苏中车电机有限公司	2019年度江苏省质量信用AA级企业	2020年2月17日
7	江苏谷登工程机械装备有限公司	2019年度江苏省质量信用AA级企业	2020年2月17日

（盐城市大丰区市场监督管理局）

〖编辑 朱晓华〗

商贸服务业

综　述

【概况】2020年，大丰区实现社会消费品零售总额205.9亿元，同比增长1.4%；新培植限额以上批零住餐企业51个，完成限额以上批零住餐企业零售总额34.4亿元。实现服务业增加值363.54亿元，同比增长4.9%，服务业增加值占地区生产总值的52.9%。新培植规模以上服务业企业40个、总数达182个，规模以上服务业企业实现营业收入103.53亿元，同比增长4.7%；新培植限额以上批零住餐企业51个、总数达225个，限额以上批零住餐企业实现零售额34.4亿元，同比增长13.6%。江苏金风科技有限公司、江苏丰东热技术有限公司、中汽研汽车试验场股份有限公司获评省级生产性服务业领军企业，总数列盐城市第一。获评市级服务业星级企业4个，其中江苏大丰农村商业银行股份有限公司连续4年获评五星企业、中汽研汽车试验场股份有限公司首次获评五星企业。总投资55亿元的长三角智能网联汽车试验场及悦达汽车科创园启动建设，沿海冷链物流智慧城、金风科技16兆瓦传动实验室等项目加快推进，泰和30万吨储备粮食库、大宗农产品仓储物流一期、吾悦广场城市综合体等项目竣工运营。5个市级以上服务业集聚区完成投资24.01亿元，实现营业收入174.07亿元、税收4.68亿元。

【促进消费】2020年，大丰区举办消费促进月及“6·18”等促进活动，鼓励餐饮、商超等商贸流通企业线上线下融合发展，促进消费增长。落实盐城商务、工信等部门印发《关于印发盐城市汽车消费补助政策实施细则的通知》，拉动汽车消费，补助6257辆发放1521.48万元。

【农贸市场建设工程】2020年，大丰区加快农贸市场工程建设，家家悦、裕华、幸福、大中健康、新丰海峡、龙堤、万盈、西团山海、南阳通商、三龙丰富等10个农贸市场建设工程全面竣工，通过验收并投入运营。

【市场监管】2020年，大丰区不断优化行政服务，贯彻落实“放管服”相关改革要求，推进开发区区域环境评估、中韩（盐城）产业园临港产业配套区创新等工作。加强商务执法工作，围绕保障消费安全，加大查处力度，调查处理12345政府服务热线（12312商务举报投诉）反映问题191个，切实维护消费者利益。

（李林珅　顾晨溦）

住宿与餐饮

【概况】2020年，因新冠疫情影响，大丰区限额以上住宿业营业额1.06亿元，同比下降12.7%；餐饮业营业额2.65亿元，同比下降4.7%。全区限额以上住宿业法人企业7家，餐饮业22家。

（唐佳莉）

【组织参加餐饮培训和美食大赛】2020年，大丰区餐饮行业协会和大丰区市场监督管理局联合组织全区重点餐饮服务单位安全员培训，共有135个单位和个人取得省餐饮行业协会发放的安全员资格证书。组织参加在滨海职业技术学校举行的技师晋级实操及理论考试，大丰区绿岛生态园的冯明建、严家大院的严华清、市社大酒店的陈贵高、花都宴会餐饮中心的蒋其林、建丰金悦海鲜大酒店的张海平等9人，成功晋升为中式烹饪技师。“市社麻虾狮子头”被评为江苏省地标名菜，胡一刀（胡存忠）获“2020年江苏省餐饮行业工匠”和“江苏省烹饪大师”称号，大丰花都宴会餐饮中心被盐城市总工会授予五一劳动奖状。

（单　振）

电子商务

【概况】2020年，大丰区推进电子商务示范创建，大丰电商快递产业园开工建设，组织参加“2020长三角农产品新生态高峰论坛”、省商务厅举办的网上电子商务技能培训、亚马逊大丰对接会等活动。农产品网络销售额25.4亿元，同比增长10.43%。

【组织参加培训】 2020年，大丰区组织参加2020年长三角农产品新生态高峰论坛、省商务厅举办的网上电子商务技能培训、亚马逊大丰对接会等活动。疫情期间，利用新媒体积极组织全区电子商务从业者140人参加省商务厅组织的线上电子商务培训。组织全区电商带头人参加盐城市直播电商及社群电商专题培训班。

【新零售模式创新】 2020年，大丰区积极应对疫情冲击，加快创新电商新零售模式，促进零售市场向社区下沉，满足居民日常生活需求。大润发盐城大丰店全年线上零售额2.28亿元，销售产品1306万件。苏港和顺生物坚持打造蛋鸡循环经济产业链，已搭建起和顺商城、和顺宝京东旗舰店、和顺宝天猫旗舰店等线上销售渠道。晓成家庭农场探索互联网+农业，采用线上、线下销售结合的模式销售农场的龙虾、螃蟹、大米等特色产品。晓成家庭农场的膏吻牌花雕蟹、香辣蟹、香辣虾尾参加江苏省广播电视局、江苏省扶贫办联合主办的2020“主播进百村，带你购好物”大型直播活动。

【物流发展】 2020年，大丰区发展电商物流，加快建设大丰区电商快递产业园，引领电商行业向前发展。加快推进现代物流配送体系建设，促进传统农产品流通模式的转变，优化流通机制和资源配置，降低流通成本和农产品损耗，提高农产品的经营效益。大力拓展农村快递物流业务，完善农村电商服务站点、邮政快递网点等物流节点建设，推动“邮快合作”“快快合作”，降低运输成本，解决农村物流“最后一公里”问题。

（李林珅）

物　流

【大丰港物流】 2020年，大丰区规模以上服务业企业实现营业收入25.15亿元。大丰港全年完成货物吞吐量5310万吨、集装箱26.8万标箱，分别占盐城港的66%、98%。大丰港现代物流中心创成省级生产性服务业集聚示范区，连续3年获评市级开发园区等级创建AAAAA级服务业集聚区，全年完成投资7.7亿元、营业收入150亿元、税收2.85亿元。

（顾晨溦）

【道路物流】 2020年，全区有道路物流业户3577个，其中，有限公司、集体全资、股份公司559个。全区有道路物流车辆7742辆，其中危险物品运输车辆174辆。全区道路货物运输量742万吨，货物运输周转量15.61亿吨公里。

2020年，大丰港全年完成货物吞吐量5310万吨、集装箱26.8万标箱，分别占盐城港的66%、98%。　周古凯　摄

【水路物流】 2020年，全区有水路物流业户9个，其中海运企业4个。全区有水路运输船舶114艘。全区水路货物运输量296万吨，货物运输周转量9.54亿吨公里。

【邮政寄递业】 2020年，全区有快递企业12个，分别是：中国邮政速递物流股份有限公司盐城分公司大丰营业部（ENS速递）；大丰区申通快递有限公司（申通快递）；大丰区顺心供应链有限公司（圆通速递）；大丰区中豪物流有限公司（速尔快递、优速）；南京德邦物流有限公司大丰区黄海分公司（德邦）；大丰区龙顺物流运输有限公司（天天快递）；大丰区同乐速递有限公司（韵达）；大丰区丰城运输有限公司（中通）；大丰区尚腾贸易有限公司（百世快递）；盐城顺丰速运有限公司大丰分公司大丰分部（顺丰速运）；常熟德邦物流有限公司；南京德物流有限公司大龙公司。直营网点3个，分别是：江苏京迅递供应链管理有限公司2个网点（京东物流）；江苏慧达供应链管理有限公司1个网点（极免速递）。拥有快递品牌14个，其中：直营经营模式5个，加盟经营模式法人企业7个。全区从事快递人员780余人。全区12个快递企业完成进港件2815.49万件，出港件1338.8万件。

（陈征涛）

供销合作

【概况】 2020年，盐城市大丰区供销合作总社围绕乡村振兴目标，持续深化综合改革，不断完善组织体系和经营服务体系，为农服务能力与水平不断增强，各项工作取得显著成效。5月15日，中华全国供销合作总社网站公布“2019年度全国百强县级供销社”名单，大丰区供销合作总社获全国百强县级社第46位，连续4年迈入全国百强县级社行列，大丰区丰桥农业服务专业合作联社、大丰区富鑫孔雀繁育专业合作社获2019年“全国供销合作系统农民专业合作社示范社”称号。2020年，大丰区供销合作总社蝉联盐城市供销合作总社系统综合先进单位，被表彰为综合业绩考核先进集体。同时，大丰区名特优农产品展示展销中心、裕华供销社与“丰收大地”联合开展农产品流通项目获盐城市社改革创新奖，万盈、通商供销社被评为农服务先进单位，徐金宏、季明春等6人被评为先进个人。

【大丰区政府与苏合集团签订战略合作框架协议】 9月17日，大丰区政府与苏合集团达成合作共识，在南京签订战略合作框架协议。苏合集团是省供销合作总社全资企业，落户白驹镇畜禽产业园项目为省级农副产品深加工示范项目。省供销合作总社党组书记、理事会主任陶长生，大丰区委书记薛盛堂，大丰区委副书记陈允春等出席，大丰区政府副区长韦国参加活动。

【白驹商业公司老字号茶食店重建营业】 9月10日，白驹商业公司挂“快活林客栈”招牌。因故停业10余年老字号茶食店重新开张，市民们品尝到传统的茶食糕点、香油酥饼、白糖果子、特色月饼等美食。

【长三角名优农产品展销会成果丰硕】 12月12—14日，2020长三角供销合作社名优农产品展销会在南京开幕。大丰区供销合作总社组织“大丰供销网城”电商公司、大丰福到乐海产品专业合作社的三大类80多种名特优农产品参展，销售额20多万元。

【大桥、新丰供销社先后召开第九次社员代表大会】 11月2日，大丰区大桥供销社在大桥镇政府举行第九次社员代表大会。12月3日，大丰区新丰供销社在新丰镇人民政府举行第九次社员代表大会。会议回顾供销社“第八次代表会”以来取得的成绩，明确“第九次代表会”目标任务，审议通过供销社第九次社员代表大会工作报告和修改大桥供销社章程决议，选举产生了新一届理事会、监事会。选举顾军为大桥供销社理事会主任，曹进鹏为监事会主任。选举王玉生为新丰供销社理事会主任，岳银华为监事会主任。

【盐城市社重点工作项目“家家到”观摩团到大丰】 12月25日，盐城市供销合作总社系统重点工作项目“家家到”现场观摩活动到大丰区观摩。大丰区裕华供销社“一站式”为农服务平台项目、万盈供销社的镇区服务综合体项目等现场，给观摩团成员留下深刻印象。盐城市供销合作总社党委书记、理事会主任朱雯，大丰区政府副区长韦国参加观摩活动。

2020年4月10日，大丰区供销合作总社浩伦农资公司将一批生态农药送到大中街道恒北村早酥梨合作社果园。 蔡根青 摄

【农药“零差率”配供全市第一】 2020年，大丰区供销合作总社按照“四统一”（统一价格、统一配供、统一标识、统一补贴）的标准，向全区502个家庭农场、种田大户配供农药“零差率”品种90个共306吨，销售额2506万元，配供品种与数量位列盐城市第一。

【信息报送获省领导批示】 9月8日，省供销合作总社《简报》第16期刊登《大丰区社打造基层社为农服务骨干力量》信息。9月14日，省供销社党组书记、理事会主任陶长生作出批示：“大丰区供销社因地制宜开展工作，闯出了一条县级社改革发展新路径，值得各地学习。希望进一步提升社会化服务能力，强基固本，跑出深化改革加速度，努力成为地方党委政府抓得住、用得上的为农服务骨干力量。”大丰区供销合作总社获“省二十强县级供销社”第15位，继续保持奋发向上态势。2020年，大丰区供销合作总社被全国供销合作总社表彰为信息报送工作先进单位，徐金宏被全国供销合作总社表彰为信息报送工作先进个人。

（蔡根青）

粮食储备与管理

【概况】 2020年，全区粮食和物资储备工作在区委、区政府的正确领导下，以粮食安全责任制为主线，按照“六稳”“六保”要求，突出抓好粮食收购、粮仓建设、储备轮换、政策监管和物资储备等工作重点，紧扣年度目标，周密部署，精心实施，实现粮食产业高质量发展，扛稳粮食安全重任。2020年，实现粮食产业工业总产值96.4亿元，主营业务收入实现112.6亿元，粮食安全责任制考核连续多年被盐城市评为优秀。

【夯实粮食安全基础】 2020年，大丰区严守基本农田11.71万公顷保护红线，确保永久基本农田面积不减、质量提升、布局稳定。强化粮食安全行政首长责任制，完成全年13.43万公顷粮

2020年，大丰区全社会累计收购小麦30.92万吨，其中国家最低价收购小麦16.11万吨；全社会累计收购稻谷12.85万吨，其中国有企业收购7万吨。 周古凯 摄

食播种面积、89.5万吨粮食产量的底线目标，夏粮面积6.43万公顷，其中小麦5.67万公顷；夏粮总产36.99万吨，其中小麦33.02万吨。秋粮面积7.11万公顷，其中水稻4.13万公顷；秋粮总产54.3万吨，其中水稻38.01万吨，保障全区粮食安全和重要农产品供给。

【实现粮食颗粒归仓】 2020年，大丰区为应对粮食收购工作中可能出现的问题，全面做好粮食收购工作，召开夏粮收购工作会议，部署2020年夏粮收购工作任务，出台《盐城市大丰区粮食应急收购工作方案》，确保农民种粮卖得出，防范因粮价下行、仓容紧张、收购主体减少等导致的售粮农民反应强烈、可能引发大面积“卖粮难”等现象，通过开展库点布设、资金筹措、秩序维护等工作，保障收购工作开展，坚决守住农民“种粮卖得出”的底线。上半年，全区全社会累计收购小麦30.92万吨，其中国家最低价收购小麦16.11万吨；下半年，全区全社会累计收购稻谷12.85万吨，其中国有企业收购7万吨；完成粮食优质优价收购13.3万吨，其中小麦7万吨、稻谷6.3万吨。

【提升粮食仓储能力】 2020年，大丰区加快建设30万吨泰和储备粮库、大丰港大宗农产品仓储物流、粮食产后服务中心等粮食仓储项目，30万吨泰和储备粮库、15万吨高大平房仓已建成储粮，15万吨立筒仓将投入使用；大丰港大宗农产品仓储物流20万吨钢板板和22.5万吨立筒仓已建成，25.78万吨高大平房仓即将建成；13个粮食产后服务中心项目即将建成，全区粮食仓储能力将达219万吨。

【规范粮食储备轮换】 2020年，大丰区严格按照《地方储备粮管理办法》的要求，加强地方储备粮承储库点管理考核，做到监管到位、风险可控、确保安全，按照储备粮推陈储新的工作要求，对区地方储备粮按照规定进行有计划的轮换，地方储备计划小麦、稻谷已在粮食收购中轮换入库；成品大米储备安全在库，能够完全满足全区人民生活需求，确保老百姓“米袋子”数量足、质量优、价格稳。

【粮食监督管理】 2020年，大丰区出台《关于做好全区2020年度粮食流通和物资储备“双随机一公开”抽查工作的通知》，做到有仓必到、有粮必查、有账必核、查必彻底，不留“死角”，确保在库粮食数量真实、质量安全、轮换合规。圆满完成省地方储备粮库存大检查，加强政策性粮食定向销售监管，确保政策性粮出库不流入口粮市场，坚决不回流政策性库存。全年共开展监督检查94余次，其中地储粮随机抽查19次；监管政策性定向销售出库粮食7.21万吨，其中小麦1.19万吨、稻谷6.01万吨；监管定向销售到区饲料加工企业稻麦混合物1万吨。

【做好救灾物资储备】 2020年，大丰区建立全区统一的应急救援物资储备和调用机制，做到有备无患，目前区级应急救缓物资储备库储备单帐篷、棉被、棉衣裤、睡袋、应急包、折叠床、救生衣、移动厕所等，协议储备生活日用品、方便食品，雨衣雨裤、高筒雨靴、防潮垫、贮水罐、场地照明灯、吊挂式照明灯、强光高亮手电、警戒带、反光背心、反光贴条、铁锹、镐、锤等物资入库储备。

【加强疫情防控物资保供】 2020年，为认真做好新冠肺炎疫情常态化防控工作，出台了《关于印发大丰区在疫情防控常态化下重要医疗物资保供工作实施方案的通知》。加强医疗应急物资采购，建立区级公共卫生应急物资储备库，委托大丰人民医院集中存储医疗应急物资，物资保障组按照储备标准采购储备了一批医用防护口罩、防护服、隔离衣、防护面罩及眼镜、测温仪、消毒液、医用酒精、检测试剂等区级公共卫生应急物资。摸清医疗物资生产能力，江苏海聆梦、江苏迈硕医疗科技、江苏正德源智能等企业具备生产医用一次口罩能力，和合家纺具备生产一次性防护服能力，盐城康宝消毒剂有限公司生产消毒泡腾片，江苏迈硕医疗科技有限公司生产隔离衣。据初步统计，全区现有企业具有医用一次性口罩日生产能力60万只、隔离衣日生产能力5万件、消毒泡腾片日生产能力2吨，一次性防护服5000件。

（陈　刚）

盐业专营

【概况】 2020年，大丰食盐市场基本稳定，无外地盐业分公司或者配送商，食盐市场大丰公司淮盐占90%以上,外地淮盐和外地盐占比不超过10%。全年累计销售盐产品9106.75吨,同比减少1257.25吨,下降12.13%。大丰盐业市场供应安全稳定。

【盐业服务】 2020年,全区围绕全年各项指标,以小包装食盐销售指标和品种盐结构比为重点。推进直配直送,安排一线人员配送,覆盖城乡全部商店网点,确保1400多户终端商店服务到位。安排专人每天两班次维护好2个KA商超,确保大丰苏果超市淮盐销售占比在90%以上,大润发超市淮盐销售占比在98%以上。大丰所有学校食堂的食盐由大丰盐业公司以每吨精制盐2400元的单价(500克包装)直接供应。大丰小包装食盐市场一直处于满负荷运转,大包装食盐和工业盐管控严格,大丰盐业公司在大丰盐业市场处于主导地位。

【盐业营销】 2020年,加强与重点腌制大户、渔用盐、工业用盐、饲料用盐企业联系与沟通,了解重点企业的动态,发挥国企品牌、质量、服务等方面的优势,积极参与市场竞争,全力抓好营销工作,工业盐销售实行"一企一价",确保市场少丢失。扎实开展安全生产,推动办公大楼和仓库的招租工作。在防范风险的前提下开展大宗贸易业务,在做好传统商品味精、鸡精、洗衣粉的基础上,积极开拓分金亭白酒销售业务,绩效工资挂钩员工的非盐利润和高端盐礼盒任务完成情况,每月严格考核兑现。

【盐品购销】 2019年,全年实现营业收入991.94万元,完成年计划的68.41%,同比减少188.97万元,下降16%。小包装食盐销量2119.73吨,完成年计划的89.82%,同比增加43.65吨,下降2.1%;小包装食盐销售收入470.78万元。大包装食盐销量4244.45吨,同比减少288.91吨,下降6.37%。农贸渔盐833.65吨,同比减少846.35吨,下降50%。小工业盐销量2735.7吨,同比减少1012.9吨,下降27.02%。

(吴 洋)

烟草专卖

【概况】 2020年,大丰区烟草专卖局(分公司)坚决贯彻省、市局党组和区委、区政府要求,紧紧围绕省局"1345"发展战略(确立一个战略目标、克服"三种传统观念、明确"四个更优"评价标准、落实"五个促进"重点措施)和盐城烟草"321"工作思路(以推动江苏烟草"1345"发展战略卓有成效的落实落细为统揽,坚持党建引领,着力打好"强质效、精管理、控风险"三大攻坚战,强化队伍建设与文化建设两项建设,一以贯之地坚持解放思想,改革创新,实现高质量发展走在全省前列的目标任务),全力以赴战疫情、稳运行、强监管、抓整改、防风险、正风气,经济运行保持平稳增长,政治生态持续向好。参加全市系统"优化法治环境 建设法治盐烟"知识竞赛,获团体三等奖;专卖科获区"工人先锋号"称号。

【卷烟销售】 2020年,区烟草专卖局承办全市系统"千人万户增收富民"工程现场会,坚持稳中求进工作总基调,推动高质量发展。坚持分类施策,持续精准发力,扎实做好"条包一价、示范一条街和示范小组及市场净化率"三项攻坚,打造32条示范街、64个标杆小组,开展以打造"最美终端"为主题的"晒筛赛"3S评选活动,落实"零售户开口营销""小组长联席会议""互助小组善文化""规范化互助小组"四个项目化,做好"推烟器"发放和许可证制度牌张贴工作,扎实推进金丝利"通·家·号"在零售终端和消费者群体中的广泛应用,"金丝利·家"注册使用率100%。深入推进文明吸烟环境建设,建成3个吸烟亭,开展了"烟头不落地 大丰更美丽"志愿活动,对城区吸烟柱进行清理维护。

【专卖管理】 2020年,区烟草专卖局始终保持高压态势,与公安边防、海警、渔政、闸管所建立协作关系,构建了"点线面网"的立体防控机制,开展了"陆上+海上"的宣传和巡查,防范打击海上涉烟走私违法犯罪活动。深化与公检法、邮政、交通部门协作机制,加大对互联网领域、物流寄递领域涉烟违法犯罪活动的打击力度。成立飞行监管队,积极与区市场监督管理局协调,加大对学校周围卷烟零售户清理力度。落实"放管服"改革要求,采取"送证上门+邮寄送达"方式,推动"数据多跑路、群众少跑腿、办证无接触"。推进"七五"普法收官工作,开展送法入户、送法进基层等活动,为"法治丰烟"高质量发展增效赋能。

【企业管理】 2020年,区烟草专卖局强化目标管理,制定区局(分公司)重点工作、重点任务、重点工程任务清单,建立"目标+项目+绩效+奖惩"运行新思维,通过目标引领、项目驱动、绩效支撑、奖惩跟进,推进各项工作闭环运行。开展"基层创新提质年"活动,上报基层创新课题6个。依法依规做好人民北路老烟草楼拆迁工作,确保国有资产保值增值。贯彻落实习近平总书记关于制止餐饮浪费的重要指示精神,牢固树立过紧日子的思想,从节约一滴水、一度电、一张纸、一升油4个方面,建立长效考核机制。积极创建安全标准化一级企业,开展"安全生产月"活动,参与"安康杯"竞赛,定期组织安全教育培训,做好安全大排查大整治、安全演练、安全隐患随手拍等活动,提升全员安全防范意识、危险源识别、隐患排查和应急处置的实操能力,全年实现安全无事故。

(郑 杏)

石油经营

【概况】 2020年,中国石化销售股份有限公司江苏盐城大丰石油分公司(以下简称石油公司),紧扣大丰公司全年工作任务,内抓基础管理提服务,外拓市场保供促增量,全年实现轻油

2020年6月，大丰区市场监管局执法人员在大桥镇加油站开展安全生产宣传。 方振宇 摄

销售超11万吨，非油品销售超2500万元的“双超”佳绩，公司全年安全环保和数质量管理无事故，企业和谐稳定发展。

【经营持续发展】 2020年，石油公司开展客户大走访活动。落实一户一策、一站一策，油站优化服务、延时服务、上门服务，加大发卡绑卡、网约卡、专用卡的推介力度，加强农业用油和工程用油销售灌桶，增加网点。2020年，轻油销售超11万吨，同比增长超10%，其中柴油同比增长21.9%，非油品经营全年完成销售2567多万元，同比增长近8%，非油品利润率名列前茅。

【安全平稳运行】 2020年，石油公司以习近平生态文明思想和安全生产重要论述为指导，强化红线意识，责任意识，担当意识，全面贯彻“组织引领，全员尽责，管控风险，夯实基础”以及“安全第一，环保优先，身心健康，严细实恒”的安全环保方针和理念，全力以赴防疫情，一着不让抓安全环保和绿企创建，全年实现“零违章，零伤害，零污染，零事故”的四个为零目标，企业安全平稳运行。做好疫情防控和公共安全管理，完善油站人防技防物防措施，严格重点要害部位巡检，规范散装汽油销售管理。按照“谁主管谁负责”，“谁在岗谁负责”原则，层层签订了安全管理目标责任书，全员签订了安全承诺书。推进油站安全环保体系创建，完善修订各类作业指导书，操作规程和应急预案，提升员工“知风险，会操作，能处置”能力。开展日常安全警示教育，安全检查，安全隐患整改，组织全员开展“安全生产月”和“11·9”消防日的灭火演练，安全主题演讲比赛，环保知识能力测试等系列活动，强化风险管控和隐患治理，确保油站安全运行。

【基础管理提升】 2020年，石油公司把推进加油站安全环保体系建设，现场“三讳，低老坏”（讳章指挥、讳章操作、违反劳动纪律；低标准、老毛病、坏习惯）的整治，绿色油站创建，油站规范化管理等作为各项管理工作的重点。开展优质服务月活动，通过员工规范化服务大比武，争做“最美员工”，树立服务标兵。通过争创销售冠军，营造“比学赶帮超”氛围，激励员工立足岗位争做贡献。通过“最美星期三”活动，提升油站现场7S（整理、整顿、清扫、清洁、素养、安全、节约）管理，提升窗口服务形象，为客户提供更加舒适温馨的消费环境。严控油品数质量风险，践行“每一滴油都是承诺”。严格执行国家计量法规，定期开展加油机精度检测和油品质量抽检，确保油品数质量风险运营可控。

【网络发展加快】 2020年，石油公司的三圩、万盈加油站停业改造，大丰二站汽油无法经营，经过完善，这3个站先后复营。年内，大丰宏大加油站和通商加油站两座轻资产站开业，进一步强化大丰东南区域的市场控制力，优化网络布局。大丰西康路站新增一处洗车汽服点。

（蔡卫平）

中介服务

【人力资源服务】 2020年，大丰区人社局加快人力资源中介机构监管体系建设，加强与市场监管部门协调沟通，根据大丰区市监局反馈未领证人力资源中介机构信息，开展人力资源市场秩序的清理整顿，及时查处违法违规行为。以开展诚信人力资源服务机构创建活动为切入点，广泛推行服务公示、服务承诺、服务反馈、信用管理等制度，推进市场诚信体系建设。落实省人社厅《关于做好2019年度人力资源市场统计年报工作的通知》精神，完成全区47家人力资源中介机构信息统计年报公示工作，进一步核准人力资源中介机构类型、性质、主要业务范围、业务开展情况等，统筹规划人力资源市场建设。

（刘 波）

【房地产中介】 2020年，区住房和城乡建设局依据《房地产经纪管理办法》，加强从业人员管理，将具有足够数量的房地产经纪人员或房地产经纪人协理人员作为房地产经纪机构登记的必要条件。不符合条件的经纪机构不予登记，提高房地产经纪机构从业人员的整体素质。加强房地产中介市场管理，对全区房地产中介机构开展了登记行为检查，开展群租房专项整治、房屋租赁专项治理等活动，对城区范围内的房地产中介机构检查2次，抽查3次，对检查过程中发现的问题要求房地产中介机构限期整改。

（葛顺明）

【保安服务】 2020年，大丰区保安服务公司配合公安机关维护社会稳定工作及创建文明城市7次，派出保安力量661人次，参与其他临时安保活动28次，派出保安力量4249人次，10—11月，每个月都有5次以上的大型安保活动；负责全区332个入网用户的联网报警系统的运作、全区205处交通信号灯维修保养工作。2020年4月，开始创建保安员培训考试中心，截至12月底，共组织16期培训，先后安排考试44场，参考人数达845人次。

（黄　宙）

商品交易市场

【概况】 2020年年底，大丰区有各类商品交易市场38个，市场建筑面积379719平方米，经营面积314643平方米，市场建设总投资额87419万元，设有门店2448个，摊位1986个，实际入市经营2128户，其中门店经营1026户，摊位经营1102户，市场管理人员162人，市场总成交额30.9亿元。按市场类型分，有农副产品综合市场35个，工业消费品综合市场3个；按交易方式分，有零售为主的市场36个，批发为主的市场2个；从建筑类型分，棚顶市场24个，室内市场14个；按地域分，大中街道办范围内11个，丰华街道办3个，草堰镇1个，白驹镇1个，刘庄镇2个，小海镇1个，西团镇1个，大桥镇1个，草庙镇1个，万盈镇2个，南阳镇2个，三龙镇3个，新丰镇4个，港区2个，大中农场1个，方强农场1个，上海农场1个。

【排污整治推进】 2020年，大丰区市场监督管理局（以下简称大丰区市场监管局）根据盐城市《市区水污染"六小行业"整治攻坚行动工作方案》要求，通过联合排摸管网、加强沟通协调、保期保质推进改造工程等方式，对标对表、全面排查，联合区住建局市政所对城区6家农贸市场进行现场勘察，制定《大丰区农贸市场排污整治改造工程方案》，快速推动改造工程落地落实。改造方案确定后，积极向区政府领导汇报，协调配套整改资金；在改造工程中，多次联合住建部门联合检查，查漏补缺；在改造工程尾期，积极与住建部门协调，组织联合预验收，为快速顺利办证打好基础。截至2020年年底，城区6家农贸市场已全部完成排污整治改造工作，全部取得城镇污水排入排水管网许可证。

【猪肉市场稳价保供】 2020年，大丰区市场监管局持续加强猪肉质量、价格和市场秩序监管，着力营造安全稳定的猪肉消费市场环境，确保肉食品市场供应和价格稳定，让广大消费者买得放心、吃得放心。全年检查生猪屠宰场8个次、商贸超市138个次、农贸市场286个次。强化宣传教育，全年向经营者发放书面提醒函1368份，提醒告诫生猪产品经营者诚信经营、价格自律。积极组织开展计量专项监督检查工作，对35家农贸市场、12家商场超市的1119户次猪肉经营户2028台电子秤、台秤、案秤等计量器具进行检定。建立年度"文明诚信经营红黑榜"，指导督促各农贸市场猪肉经营户加强环境卫生管理、日常秩序管理，切实维护猪肉市场经营秩序。

【农贸市场新冠肺炎疫情防控】 2020年，大丰区市场监管局严格落实农贸市场疫情防控措施，第一时间向辖区农贸市场经营者传达落实常态化疫情防控措施要求，督促其落实主体责任，严格按照要求做好从业人员、消费者进场前的测量体温、查验"苏康码"、戴口罩，经营场所的通风消毒以及经营产品的进货查验、溯源管理等防控措施。督促指导全区34家农贸市场中66户活禽交易经营场所停止经营，向34户农贸市场主办方送达疫情防控工作《告知书》，向840户市场内经营户送达《给广大农贸市场经营户的一封信》。在农贸市场张贴"新型冠状病毒感染的肺炎健康科普小知识"系列宣传画、公告横幅等1000余份。

【农贸市场文明城市创建】 2020年，大丰区市场监管局持续组织开展"三整治、一提升"工程，针对农贸市场文明创建存在的难点问题，全面开展拉网式、地毯式检查，不断巩固创文成果。抓好市场秩序管理，集中整治市场内环境卫生，开展台面、桌面、墙面、地面等"四清"行动，集中整治出店占道、乱堆乱放、车辆自由进出和"场外场、摊外摊"等问题。强化消防安全整治和经营户证照管理，市场消防设施配置齐全、消防通道畅通有序，经营户全部持照亮证经营。提升市场文明管理，参创的农贸市场全部设置"经营户文明诚信经营红黑榜"和共产党员经营户标识，场内营业人员诚信经营、用语文明、服务规范。全年投入30万元对市场进行改造，彻底消除市场内部地面积水、黝黑，市场外部墙面"牛皮癣"、私拉乱建乱搭等突出现象，全区农贸市场整体环境显著提升。对照农贸市场创建氛围营造标准扎实开展"增、补、换"行动，增设"文明健康有你有我"等新公益宣传内容，根据"公益宣传100米看到5处（间隔10米距离为1处）"要求，对照"图说核心价值观、诚信（三种形式）、勤劳节俭、中国梦、文明礼仪、自行设计公益宣传大于20%"等公益宣传内容进行补齐补足，农贸市场破损、陈旧的公益宣传全部更换出新到位。利用LED电子显示屏、横幅、宣传手册、场内有线广播等形式宣传"社会主义核心价值观""诚信文明经营""文明餐桌行动""节俭养德"等内容，造浓创建氛围。

（方振宇）

〖编辑　董　艺〗

建筑业·房地产业

建筑市场

【概况】 2020年，大丰区建筑行业贯彻落实《国务院办公厅关于促进建筑业持续健康发展的意见》和《江苏省政府关于深化建筑业改革发展的意见》精神，以建筑业高质量发展为主线，以转型升级为抓手，促进产业结构调整，提高企业核心竞争力，壮大行业发展规模，优化建筑业发展环境。大力实施外向开拓、规模经营战略，从严执行工程建设强制性标准，严格履行法定程序，强化市场准入管理，规范招投标、施工许可、质量安全监督、竣工验收备案等制度，严厉查处违规发包、恶意拖欠等行为，构建健康开放、竞争有序的市场秩序，建筑业发展各项工作取得新成效。引导全区建筑企业把握发展机遇，推进生产经营方式转变，加大科技创新投入，提升企业核心竞争力。建筑企业在巩固河北、辽宁、苏州、南京等传统市场的同时，新开拓上海、贵州、内蒙古、青海、安徽等市场。全区完成建筑业总产值150亿元，其中市内产值61.9亿元，外施产值88.1亿元，实现增加值22.5亿元。培植江苏恒生建设集团有限公司、江苏国安建筑安装工程有限公司等产值超20亿元的总承包企业2个，江苏丰泽建设集团有限公司、江苏东远建筑有限公司等产值超10亿元总承包企业2个。江苏大通建设工程有限公司晋升钢结构专业承包一级资质企业。大丰区全年创建盐城市级标准化示范工地16个，盐城市级优质工程4个，江苏省级标准化示范工地2个。

【外埠建筑市场】 2020年，大丰区主动适应国家建筑经济的发展趋势，创新发展思路，夯实发展根基，凝聚发展动力，扎实工作，引导建筑企业实施“走出去”战略，开拓外埠建筑市场，刷新建筑施工市场版图。截至2020年年底，全行业外出施工人数2.3万人，完成外出施工总产值88.1亿元，巩固河北、辽宁、苏州、南京等传统市场，在河北形成10亿元的规模市场，加快辐射周边地区，拓展市场份额。新开拓上海、贵州、内蒙、青海、安徽等市场，2020年大丰区在上海建筑施工实现产值4.1亿元。江苏国安建筑安装工程有限公司积极扩张外埠市场，在陕西、广东、四川、大庆等市场均设立办事处，专门对接“高精尖”项目和央企国企，年内在盐城市区域外市场签订5亿元合同，发展海外市场，在阿尔及利亚首都阿尔及尔承建700套保障性住房项目。江苏丰泽建设集团在南京、镇江等建筑市场上在建工程面积15万平方米，在太原承接5.6亿元的杏花岭高新村工程二期项目。江苏恒生建设集团有限公司在南京、苏州均有在建项目，施工面积约20万平方米。江苏阳达建筑劳务有限公司在北京劳务从业人数1000多人，在手劳务合同额8500万元，在站稳北京劳务分包市场同时，积极与区内重点龙头企业合作，在工程承接的形式上取得新的突破。

【建筑产业转型升级】 2020年，大丰区按照“施工总承包企业做强，专业承包企业做精，劳务分包企业做专”的原则，鼓励和引导施工总承包企业通过兼并、重组、改制等方式，形成一批资产规模大、技术力量雄厚、管理先进、跨行业经营、具有核心竞争力的大型、领头羊式的企业集团。指导专业承包企业和劳务分包企业结合自身优势，加快经营结构调整，拓宽服务领域，坚持做精做专，突出主业，形成特色。构建以总承包企业为龙头、专业承包企业为骨干、劳务分包企业为基础的企业集群，构筑起分工明确、配套协作、整体优势明显的队伍结构。截至2020年年底，全区有施工资质企业151个，其中一级总承包资质企业4个，二级总承包资质企业25个，三级总承包资质企业70个，专业承包一级企业4个，专业承包二级企业15个，专业承包三级企业27个，劳务分包企业6个。全区有监理企业6个、勘察企业2个、设计企业6个。区住房和城乡建设局引导建筑企业坚持“一业为主，多种经营”的发展方针，突破工程施工的单一模式，不断延伸产业链，鼓励和支持企业由传统的房屋建筑为主向路桥、水电等专业建筑业拓展，由建筑业一业为主向房地产、新型建材、制造业延伸，由传统的工民建向钢结构、市政工程、建筑装修装饰工程、道路工程、桥梁工程、水电

2020年，大丰区竣工民用建筑95.35万平方米，均为绿色建筑。吾悦广场、悦隽名邸等5个房地产项目取得江苏省绿色建筑二星设计标识。
周古凯 摄

设备安装工程、环境工程和智能建筑等领域进军，拓展全区建筑企业的经营服务领域，有效保证建筑业稳定、持续、快速发展。引导江苏恒生建设集团发展成集房屋建筑工程施工总承包一级，市政公用工程施工总承包二级，地基与基础、建筑装饰装修、钢结构、防腐保温、消防设施专业等5个专业承包二级的建设集团公司。

【保障农民工工资支付】 2020年，大丰区住房和城乡建设局开展建筑领域农民工工资清欠排查行动，维护农民工的合法权益。宣传《保障农民工工资支付条例》，深入建筑施工企业、工地开展宣传活动，提升企业依法支付农民工工资和农民工依法维权意识，规范农民工工资支付行为，保障农民工合法权益。建立全区在建项目农民工花名册，实施农民工实名制管理、农民工工资专用账户、银行代发工资等制度，严格农民工工资支付管理，确保农民工工资按月足额发放。截至2020年年底，全区在建建筑工程79个，农民工工资保证金、实名制考勤、农民工工资专用账户覆盖率均为100%，银行代发项目78个，覆盖率98.7%，实名制系统成功代发工资4.2万人次、2.1亿元。在全区范围内开展建设工程项目摸底大检查，对工程款支付不到位的企业进行重点排查，建立房地产企业和施工企业信用档案，加强建设工程承发包管理，规范建筑业企业农民工用工，实行农民工保证金制度，落实专款专账户、专款专用，定期或不定期对各房地产开发企业和建筑企业进行检查，将结果作为评定其市场信用度的主要依据，对发现的问题，立即下发整改通知，限期整改，对拒不解决的房地产开发企业和建筑企业依照法律法规给予从严处理。完善工作机制，畅通投诉渠道，认真受理农民工来信来访，引导农民工通过合法渠道反映诉求，做到“有诉必接，接诉必查”，从源头上解决拖欠工程款和农民工工资问题，全年接待协调投诉纠纷270起、650人次、涉及工资5600万元。

【建筑市场秩序整顿】 2020年，大丰区建设主管部门组织开展建设领域综合大检查，加强行业行政监督管理，打击建筑施工非法违法行为，整顿规范建筑市场秩序。对全区所有在建项目和施工企业进行拉网式检查，重点检查各方主体资质资格合规情况，依法应进行招标的工程项目招投标情况，以及出卖、转让、伪造资质证书和非法挂靠、非法承包、转包等违法违规行为情况等，对在检查中发现的违法违规行为一律下达责令限期改正违法行为通知书。严格实施隐患倒查追责、事故即行问责、查处挂牌督办、信用联合惩戒等制度，凡发生安全事故的企业，责令停工整改，从速上报省住建部门复核企业安全生产条件，落实暂扣企业安全生产许可证和人员资质资格、暂停招投标等管理措施，严格实施“黑名单”管理、吊销资质、停止执业等处罚措施，全年查处建筑工程类案件26起，责令整改到位。利用会议、讲座、综合大检查等形式，宣传贯彻建设领域的法律法规，建立健全建筑市场信用体系，区建设主管部门与招投标办公室、法院等部门建立建筑工程实行施工现场与招投标有形市场“两场联动”机制，将建筑市场失信者列入“黑名单”，实行联动惩戒，树立建筑市场诚信激励和失信惩戒的信用意识，形成“一处失信，处处受限”的信用氛围。对全区建筑施工企业开展年度资质动态核查工作。严格执行施工许可、工程竣工备案和勘察设计合同备案管理制度。注重发挥协会作用，督促企业认真履行建筑企业自律公约，规范企业生产经营行为。

【建筑产业现代化发展】 2020年，大丰区认真贯彻执行《盐城市人民政府关于加快推进装配式建筑发展的实施意见》，通过政策扶持、项目带动、技术引导、基地保障、市场激活等方式，推动装配式建筑发展，促进建筑产业现代化。区住建主管部门推动以建筑产业现代化为引领的创新驱动发展战略，培育新时代建筑产业化工人队伍，打造门类齐全、产能合理、布局科学、技术含量高、辐射效应广的装配式建筑产业链，推动建筑业融合信息业向先进的智能制造业转型升级，实现建筑业的绿色环保、可持续发展的实施路径。指导装配式建筑企业围绕装配式建筑的先进实用技术，实施创新驱动发展战略，在建筑产业化导向下聚合各方资源，打造具有协同创新、合作共赢的新型建筑产业链模式，实现设计标准化、制造工厂化、施工装配化、装修一体化、管理信息化、应用智能化，提高建筑技术水平和工程质量，促进建筑业优化和升级和产业现代化水平。2020年，全区完成装配式建筑面积16.5万平方米，江苏中柢建设工程有限公司2条装配式构件生产线投入生产。

【建筑节能与绿色建筑】 2020年，大丰区建设主管部门认真贯彻执行国务院《民用建筑节能条例》和《江苏省绿色建筑发展条例》等法律、法规及规范标准，紧紧围绕建设资源节约型社会，推进绿色建筑及建筑节能工作。全年竣工民用建筑95.35万平方米，均为绿色建筑，城镇绿色建筑占新建建筑比例为100%。吾悦广场、悦隽名邸等5个房地产项目取得江苏省绿色建筑二星设计标识。全区通过建筑节能施工图审查的新开工项目已全面执行65%节能标准。东方润园、新城悦隽、天居上尚城、荣润晨熙府等房地产开发项目取得省民用建筑能效测评标识。

【预拌混凝土市场专项整治】 2020年，大丰区扎实开展预拌混凝土市场专项整治，坚持源头治理，规范行业发展，为建设工程质量安全和生态环境保护提供有力支撑。大丰区建立专项整治联席会议制度，联席会议办公室制定出台《关于在全区持续深入开展预拌混凝土生产企业专项整治工作的实施方案》。区住建、发改、生态环境、市场监管等部门联合开展执法检查，形成部门监管、属地巡查的齐抓共管格局。规范预拌混凝土企业生产行为，对存在扬尘整治方案制定不到位、措施落实不力的部分有资质生产企业，依法采取停产整顿，并实行整改验收复工制度。对无资质的企业按照“依法关停一批、动员转行一批、整顿规范一批”的整治要求，进行规范整顿，坚决取缔非法“小黑站”。加强对各类工程使用预拌混凝土监督管理，坚决打击使用不符合质量要求预拌混凝土的违法行为，禁止房屋建筑和市政工程使用“小黑站”生产的预拌混凝土，从源头上保障建设工程质量安全。加强常态化日常巡查，确保已取缔拆除的无资质预拌混凝土“小黑站”不反复、无新增。开展全区预拌混凝土企业拉网式排查，对相关企业存在的违法用地、无资质经营、环保不达标等问题，依法从严从速查处。建立预拌混凝土市场专项整治定期“回头看”制度，确保有资质企业合法生产，无资质企业不再新增，严防“小黑站”死灰复燃。经排查，全区有预拌混凝土生产企业47个，其中有资质的19个，无资质的28个。截至2020年年底，28个无资质预拌混凝土“小黑站”已全部取缔拆除。

（葛顺明）

工程建设管理

【概况】 2020年，大丰区住房和城乡建设局不断加强安全生产监督，健全安监体制机制，扎实开展安全生产专项整治行动，安全监管能力大幅提升，全区建设工程安全生产总体形势持续稳定好转。坚持把安全工作摆在“第一要务”的位置上，自觉贯彻执行安全生产方面的法律法规和决策部署，认真开展安全生产责任制的考核和检查工作。注重抓好施工企业的责任落实，组织人员对施工企业开展检查，将这项工作作为企业资质年检申报的条件之一，开展安全生产考核。强化施工现场的安全生产管理，确保受监工程安全生产制度、管理组织、相关人员配备都能按照要求落实到位。严格施工图审查，强化质量安全技术关，严格按照国家和省工程建设强制性标准要求，审核工程地质详细勘察报告和施工图设计，排除质量安全隐患。强化工程现场监理，强化监理单位职责意识，对受监工程项目实体质量进行巡检抽查，加大违法违规行为查处力度，定期开展巡查活动。严格工程质量检测，禁止使用不合格材料，落实建筑材料见证取样制度，确保检测数据真实、准确。制订建设领域安全生产三级巡查制度实施办法，定期对建设工程进行安全生产巡查。扩大建设职工教育培训力度。年内，组织全区施工企业“三类人员”（建筑施工企业主要负责人、项目负责人、专职安全生产管理人员）836人参加南京云宝科技有限公司组织的网络培训。开展送安全教育到工地活动10次，在工地现场组织农民工进行法规及施工安全知识学习，免费向农民工放《江苏省安全生产条例》《建筑工地消防安全常识》等安全生产资料4300多份。

2020年，大丰区工程监督覆盖率、工程质量合格率100%。图为11月27日，建筑工程现场的工人上班前，班长进行安全讲评　葛顺明　摄

【建设工程质量管理】 2020年，大丰区住房和城乡建设局创新工程质量监管方式，提升监管水平。严格按照国家标准、规范、规程组织监督，开展质量巡查和抽查监督。实行抽查与巡查相结合，行为与实物监督相同步，加强建筑节能、村镇建设、商品混凝土生产企业的质量控制工作。采取“差别化”管理模式，对质量信誉差的企业实行重点监督。完善行为监督方式，在办理质量受监手续时，对各责任主体、项目班子责任人及从业人员的资质资格以及施工图纸与图审报告把关。监督方案中对各责任主体的质量行为、责任、工程信息传递、监督检查方式以书面形式作详细交底。施工过程中对责任主体履行质量职责的情况进行跟踪督查，保证质量行为符合法律、法规要求。开展住宅工程质量通病专项治理活动，加大日常巡查力度，建立健全整治住宅工程质量通病制度，促进全区住宅工程质量整体水平进一步提高。严把房屋建筑工程材料的质量管理，规范各方使用行为。组织人员对全区19个有资质的预拌混凝土生产企业进行拉网式的检查，抽样所检参数包括级配（集料各级粒径颗粒的分配情况）、含泥量、泥块含量、氯离子含量、贝壳含量及石粉含量等，部分抽样样品由大丰区建设工程质量检测中心有限公司和盐城市国建建设工程质量检测有限公司进行比对试验，检测结果误差满足相关规范要求。坚持钢结构工程、幕墙工程等专项验收制度，加强对装修工程的质量管理，采用徐州市建筑工程研究所开发的JCQ基桩测试远程监管系统，对全区4个检测机构的桩基静载检测实行远程监管。2020年，全区建设工程监督覆盖率100%，工程质量合格率100%，无重大质量安全事故。

【建设工程安全管理】 2020年，大丰区住房和城乡建设局以落实企业安全生产主体责任为重点，大力推进安全标准化、监督工作规范化和监管信息化工作，深入开展安全生产专项整治行动，全区建设领域安全生产形势稳定。全区新报监项目172个，建筑面积约279.7万平方米。出具监督报告84份，竣工面积112万平方米。工程监督覆盖率、工程质量合格率均100%。对在建项目组织综合大检查4次及第三方安全专家检查4次，不定期检查18次，检查项目360个，发出限期整改通知书282份，停工通知单33份，整改率100%。督促各责任单位落实法人责任制，促使其健全安全生产管理机构、加强施工现场从业人员岗前培训教育，保证安全管理人员和特种作业人员持证上岗。强化对工程建设各方责任主体落实安全责任的监督检查，督促企业把安全责任和各项措施落到实处。事故频率控制在指标范围内。对建设工程安全隐患进行全面排查，重点整治建筑施工起重机械安全管理不落实，脚手架及临边洞口防护设施差，管理人员不到位、不履职，安全教育流于形式等问题。以安全生产强制性标准作为工期、造价等管理的底线，确保强制性标准在安全生产过程的全面落实。规范建筑施工安全生产监督行为，重点监控建筑安全生产各方主体职责的履行情况，促进建筑施工企业、项目部安全生产管理工作科学化、规范化、长效化。严格安全文明施工措施费考评，加强施工单位日常安全投入监管。全年核查考评项目317个，出具考评测定表198份，涉及工程造价15.93亿元。加强施工现场安全文明施工措施费投入的动态监管，督促施工单位加大安全投入，确保施工安全。

【城建档案管理】 2020年，大丰区住房和城乡建设局推进工程声像档案及地下管线建设档案工作，落实各项规章制度，改善建设档案工作环境和保管条件，认真做好城建档案的提供利用工作，努力提升档案管理水平和档案利用服务水平。全年审核接收工程档案资料273个，组织整理编制工程档案2551卷，接待查档913次，提供利用档案3031卷，拍摄工程照片503张，录像87分钟，数字化扫描文件20644份、图纸18649张。为城市建设、房屋改扩建、产权证办理、旧城改造、工程评优、企业资质评定、司法鉴定等提供有价值的凭证，取得良好的社会效益。

【建设工程造价管理】 2020年，大丰区住房和城乡建设局对172个工程进行审核、抽查，工程总造价约9.3亿元，提出审核、抽查整改单67份。深入一线调研材料价格，建立健全主要建材价格测报点，对94个测报点的建材价格进行测算调研，确保发布材料信息的准确性。全年发布12期指导价，每期涉及55种主要建筑材料，为全区工程招投标和竣工结算提供参考依据。强化建设工程造价咨询企业管理，全年对16起造价争议进行调解，接受电话咨询163次。

【“安全生产月”活动】 6月，大丰区住房和城乡建设局以“消除事故隐患，筑牢安全防线”主题，推进“安全生产月”活动。通过召开会议、强化安全生产事故警示教育、举办安全教育培训、组织安全知识测试等形式，开展安全生产宣传，充分调动全区建筑施工、燃气、物业企业从业人员参与活动的积极性，推进安全生产专项整治行动。以高支模、深基坑、建筑起重机械等危险性较大的分部分项工程、施工消防安全为重点，结合夏季安全检查，强化企业预防措施，加强安全风险管控，切实防范建筑施工生产安全事故的发生。加强物业小区安全检查，打通生命通道。督促建筑工地、燃气经营企业等人员密集场所，悬挂宣传横幅，播放宣传字幕，设置安全宣传栏、宣传橱窗、宣传画廊，营造安全氛围。压紧压实安全生产责任，组织安全生产宣传教育进企业、进社区、进农村、进学校、进家庭等活动。组织开展安全进工地活动，发放安全宣传材料4300多份，在建筑工地施工现场悬挂、张贴安全生产宣传横幅、标语1500多条，积极营造安全生产的舆论氛围。活动期间，大丰区住房和城乡建设局检查146个工程项目，查出隐患625条，全部落实整改到位。

【建筑工地扬尘治理】 2020年，大丰区住房和城乡建设局开展建筑施工扬尘污染专项整治。与各施工单位签订《盐城市大丰区“蓝天”工程建筑工地扬尘控制目标责任书》，制定《2020年全区建筑施工工地扬尘专项治理工作方案》《大丰区秋冬季扬尘污染专项方案》，全面实现“六个百分百”，即工地100%封闭围挡、裸露地面及土方100%覆盖、施工道路100%硬化、渣土车辆100%密闭运输、出入车辆100%冲洗清洁、建筑物拆除100%湿法作业。重点加强施工现场管理，要求施工企业设置美观整洁、高度不低于2米的硬质围挡，工地出入口配置车辆冲洗设施，对裸露地面采取硬化、临时绿化、防尘网覆盖等防扬尘措施。按照建筑施工扬尘整治“六个百分百”要求，加大建筑工地检查力度，对所有在建工程施工工地扬尘整治突出抓好整改、检查、验收、复工等关键环节。针对发现的问题，对责任单位及时发放整改通知书，进一步明确扬尘整治的目标、标准、时限和责任。及时约谈扬尘治理工作不力的责任主体，对建设单位、施工单位、监理单位等逐个指出问题，提出整改要求。全年出动155余人次，检查城区建筑工地37个，发放限期整改或停工通知书50份。城区建筑工地新设置高标准围挡1.8万米，车辆冲洗设施53套，硬化道路5.3万平方米，采用密目网覆盖土方、砂石等1.3万多平方米，新建高标准移动式喷淋设施10个。坚持在扬尘管控范围内推进智慧工地建设，施工现场出入口、主作业区等处安装远程视频监控系统，对施工扬尘实时监控，在5000平方米以上建筑工地设立视频监控、监测系统18个。

（葛顺明）

房地产管理

【概况】 2020年，大丰区住房和城乡建设局坚持“房住不炒”定位，保持房地产政策的稳定性、延续性，促进房地产市场平稳健康有序发展。全面摸清房地产行业基本情况、房地产市场需求等信息，做好科学研判，有效防范化解各类风险。优化房地产行业行政审批流程，加强房地产行业规范管理，为房地产企业提供优质服务。引导房地产企业调整品种结构，提升产品素质，优化小区规划设计，推出一批规划理念科学、生态景观优美、房型设计合理、配套设施完善的优质楼盘。按照“做实城东、做精城中、做美城西”的要求，进一步完善城市基础设施，加大棚户区改造力度，提升城市品质，调动农民进城入镇购房的积极性，推动房地产市场的销售，各板块住宅商品房销售都呈现出良好的势头。规范商品房预售许可和预售资金监管，对申报项目的工程形象进度、资金投入比例、商品房预售方案等情况进行核查，对房地产企业申报的材料严格按照法定条件和程序进行核验。按照相关规定要求，优化监管程序，明确监管责任，改进监管措施，将预售资金全额纳入监管账户，做到专款专用，确保预售资金用于商品住房项目建设，保障买受人的合法权益。通过掌握已监管项目的账户资金支取、使用情况，确保资金安全，保证项目竣工交付。健全房地产信息公开机制，充分发挥网上楼市平台作用，建立健全房地产市场信息公开机制，将批准的预售信息、可售楼盘及二手房源信息、房地产企业、从业人员信用状况、违法违规行为查处情况等向社会公开。建立房地产企业信用管理体系。研究建立房地产企业和房屋中介机构信用管理系统，积极拓展信用管理系统的功能和覆盖面，充分发挥信用管理系统作用，及时记录、公布和处理房地产企业和房屋中介机构的违法违规行为，将企业信用档案作为考核企业资质的依据。加强房地产市场监督检查，建立健全商品房预（销）售动态监管机制，进一步畅通投诉举报渠道，加大房地产企业和房屋中介机构违法违规行为的曝光和处罚力度，房地产市场监管水平不断提升。大丰银鼎房地产开发有限公司获一级房地产开发资质。

2020年，大丰区完成房地产投资54.24亿元，比2019年同期增长34.3%。　周古凯　摄

【房地产业发展】 2020年，区住房和城乡建设局以“稳地价、稳房价、稳预期”为主线，规范房地产开发行为，房地产市场平稳有序发展。将区域土地出让的规模和节奏同当前房地产市场的土地存量、销售进度、库存等指标相挂钩，对土地存量较多、库存较大的板块和区域限制或停止供地，对土地存量较小、销售量较大的城区板块加大供地规模。完善房屋搬迁补偿安置方式，鼓励市民群众自主到市场上选择合适的商品房。2020年，全区完成房地产投资54.24亿元，

比2019年同期增长34.3%。新开工面积206.2万平方米，上市面积98.7万平方米，销售面积122.4万平方米。全年平均单价7385元/平方米，比2019年同期增长0.22%，其中住宅平均单价7620元/平方米，比2019年同期增长2.04%。截至2020年年底，全区库存面积113.39万平方米，比2019年同期下降15.24%；其中住宅库存面积53.03万平方米，比2019年同期下降16.42%，住宅去化周期为6.2个月，比2019年同期缩短3.5个月。

【房地产市场管理】 2020年，大丰区住房和城乡建设局加大房地产市场管理力度，规范商品房预售许可和预售资金监管，对申报项目的工程形象进度、资金投入比例、商品房预售方案等情况进行核查，对房地产企业申报的材料严格按照法定条件和程序进行核验。按照相关规定要求，优化监管程序，明确监管责任，改进监管措施，将预售资金全额纳入监管账户，做到专款专用，确保预售资金用于商品住房项目建设，保障买受人的合法权益。健全房地产信息公开机制，充分发挥网上楼市平台作用，建立健全房地产市场信息公开机制，将批准的预售信息、可售楼盘及二手房源信息、房地产企业、从业人员信用状况、违法违规行为查处情况等向社会公开，引导理性消费，促进房地产市场健康发展。创新管理模式，实现房地产市场监管的科技化、信息化、网络化，完善网上楼市，确保相关信息准确、真实。指导企业做好房地产资质新申报及年检工作。严格执行商品房预售申报制度，力争推进新建商品房的有序均衡供应，将住宅库存去化时间逐步提高至合理范围。加强商品住房开盘管理，确保销售行为合法合规。建立住建、发改、自然资源、市场监管等多部门联动工作机制，重点查处开发企业未批先售、捂盘惜售、虚假信息、不执行明码标价，整顿和规范房地产市场秩序。主动向社会公开投诉举报的渠道，增强社会各界参与的积极性和主动性。加大市场的巡查和监管力度，充分运用网络信息技术和“大数据”对市场加强研判和分析，强化监管，维护房地产市场健康稳定有序发展。依据《住房和城乡建设部关于进一步规范和加强房屋网签备案工作的指导意见》等相关文件精神，加快推进新建商品房网上备案暨资金监管系统、存量房网上备案暨资金监管系统、物业管理信息平台等系统的建设，实现房屋网签工作全覆盖。依托大丰网上楼市公示新建商品房相关数据，完善商品房买卖合同自助查验功能，为居民买房提供翔实资料。指导企业做好房地产资质新申报及年检工作。新申报房地产开发企业资质8个，完成53个房地产开发公司资质年检工作，鼓励优势房地产企业做大做强。

【房地产中介市场管理】 2020年，大丰区住房和城乡建设局依据《房地产经纪管理办法》加强从业人员管理，将具有足够数量的房地产经纪人员或房地产经纪人协理人员作为房地产经纪机构登记的必要条件，提高房地产经纪机构从业人员的整体素质。加强房地产中介市场管理，对全区房地产中介机构开展登记行为检查，开展群租房专项整治、房屋租赁专项治理等活动，对城区范围内的房地产中介机构进行检查2次、抽查3次，对检查过程中发现的问题要求房地产中介机构限期整改。

【直管公房管理】 2020年，大丰区住房和城乡建设局切实加强直管公房安全管理，实行安全管理责任制，工作人员分片包干、任务明确、落实责任，做好安全防范和维修工作，有效防范和控制各类事故的发生。坚持巡查制度，从房屋安全、用电安全、用气安全以及排水设施等方面，排查房屋使用过程中的安全隐患，有计划地制定整修措施。全面清理转租、转借的公房，重新签订租赁合同，确立租赁关系。对所辖直管公房进行排查，重点检查墙体、屋面、承重结构、下水管道、供电线路等，根据巡查情况对存在安全隐患的直管公房及时修缮整复，完成修缮房屋320户，修缮房屋面积9310平方米。对陈欠租金进行全面的清理和整顿，确保年度房租收缴率100%。

【白蚁防治监管】 2020年，大丰区住房和城乡建设部门坚持坚持预防为主、防治结合、综合治理的原则，严格执行国家住房和城乡建设部《城市房屋白蚁防治管理规定》，开展房屋白蚁预防工作。加强本地区蚁情监测，推广符合生态要求的白蚁防治新技术、新设备、新产品，提高防治技术水平，促进白蚁防治工作与经济社会建设和生态环境建设协调发展。加强白蚁防治从业人员管理，统一施工器械，规范标准化施工和档案管理，强化工程质量检测，建立工程质量考评制度，建立白蚁防治管理网络系统，大力开展白蚁防治工作。宣传白蚁防治科普知识，拓展新开发住宅小区、工业厂房、新建房屋、园林建筑和老旧房屋等领域的白蚁预防与综合治理工作。从药物的储存、进出库、药物运输、工程施药等每一个环节入手，强化安全责任，落实防控措施，遏制白蚁危害及蔓延，确保房屋居住安全。2020年白蚁预防施工总面积212.6万平方米，签订公共服务受理单158份，受理面积约95万平方米，签发白蚁防治合格证明105份，回访面积50万平方米，新建预防面积86.3万平方米，蚁害检查面积1100平方米。

【房屋安全鉴定服务】 2020年，大丰区房屋安全鉴定办公室严格按照国家和行业相关技术标准、规程规范开展鉴定、编制报告。完成城镇既有房屋排查工作，排查各类房屋1108幢，涉及21637户，排查面积164.3万平方米，其中疑似危房115幢，359户，建筑面积4.14万平方米。通知涉及的镇、街道、区园和相关单位对疑似C级、D级危房落实解危措施，明确专人监管，确保使用安全。2020年受理城区危房鉴定28宗，鉴定面积8250平方米。

（葛顺明）

物业管理

【概况】 2020年，大丰区物业管理行业认真贯彻《江苏省物业管理条例》，规范物业管理市场，理顺物业管理体制，营造良好的生活和工作环境，切实提高居民满意度。大丰区住房和城乡建设部门积极推进小区物业提标提质工程，明确相关部门单位和街道的职能职责，规范物业服务企业的服务行为，逐步推进街道社区、业主委员会、物业公司形成“三位一体”的管理模式，统一规范物业管理招投标工作流程，健全完善企业信用评级管理、物业投诉受理、物业服务企业选聘、物业法律法规宣传等相关机制，规范物业服务市场秩序，提高物业服务水平。组织对物业企业、物业服务项目等进行日常考核、安全检查，推动物业管理走上规范化、法治化的轨道。截至2020年年底，全区有物业服务企业59个，其中本地企业38个，外地企业21个。服务住宅项目83个，服务面积1021万平方米，其中物业服务小区78个，业主自治小区5个。

【物业行业管理】 2020年，大丰区住房和城乡建设局全力推进全区物业行业规范化管理。建立物业企业信用档案，明确物业企业在完成营业登记后必须到物业管理主管部门进行企业信用档案录入。规范物业企业收费服务行为，依据物业服务合同现场检查物业服务项目，对于达不到合同约定标准要求的现场下发整改通知，督促物业企业按合同约定服务。对整改不到位的物业企业，采取约谈、通报、曝光等方式，督促整改落实。联合市场监管、发改部门对经调查或群众举报的超标准、超范围收费进行查处，除按价格主管部门规定进行处罚外，将其行为作为不良信息计入企业信用档案，情节严重、群众反映强烈的，直接列入信用黑名单。建立物业服务信访投诉定期通报制度，对各物业企业、项目所发生的信访投诉情况进行行业内定期通报。组织物业管理项目“月月家家到”观摩活动，观摩活动由物业企业项目经理介绍概况、参观现场、相互交流。对全区住宅物业项目逐一进行规范化考核，并对小区的业主满意度进行抽样调查打分。强化对基础服务、设施设备维护、公共秩序维护、保洁服务、绿化养护、配合社区建设等方面的考核，提高业主满意度。严格规范物业用房的移交，对物业管理用房的面积、位置、功能是否符合标准进行审核，全年办理8起物业管理用房确认。

2020年，大丰区采取“党建+物业”的方式，用红色物业情暖民心，不断提升居民群众的幸福感、获得感。图为香堤雅郡小区红色物业

葛顺明 摄

【前期物业招投标】 2020年，大丰区住房和城乡建设部门按照《中华人民共和国招投标法》《物业管理条例》《前期物业招投标管理暂行办法》等法律法规的要求，要求所有的住宅项目必须通过招投标方式选聘物业服务企业。规范全区前期物业管理招投标活动，保护招投标当事人的合法权益，促进物业服务市场的公平竞争。完善前期物业招投标，对开发单位的招标行为规范指导，凡建筑面积在10万平方米以上的住宅物业必须进行公开招投标，10万平方米以下、3万平方米以上的住宅物业原则上要求公开招投标。从招标文件、招标公告、招投标程序、前期物业合同签订等程序入手，对前期物业招投标全过程严格进行监管，保证招投标过程公正、公平、公开。年内全区完成湖畔玲珑、人才公寓、雍景府、翰林商品府等4个小区的前期物业招投标工作。

【住宅专项维修资金归集】 2020年，大丰区住房和城乡建设部门进一步扩大住宅专项维修资金归集的覆盖面，完善住宅专项维修资金自动化管理系统，畅通住宅专项维修资金的使用渠道，使住宅专项维修资金的缴存、管理、使用、核算等各个环节更加系统化、规范化、合理化，维护好业主的合法权益。物业主管部门对新建备案小区楼盘就维修资金业主交存方式、标准及流程等政策对开发企业进行宣传和指导。及时完善更新小区基础数据信息和备案材料，严格审核开发企业批量交存和业主交存明细，明确专项维修基金收缴工作。2020年收缴维修基金总额6181万元，房屋维修基金归集率100%。受理小区居民公共部位维修动用房屋维修基金的申请138起，涉及金额500万元。

【住宅小区文明创建】 2020年，大丰区住房和城乡建设局加大创建宣传，组织对物业小区、自治小区的环境卫生、创文氛围、公共秩序等进行全面检查整治、改造和提升。在小区围栏、主出入口、主干道旁、楼栋两侧设置文明创建公益宣传牌1.1万余块。规范小区停车秩序，对小区交通标线及停车位停车线重新施划，增补1.2万米。维修小区道路广场9000多平方米，制作安装小区公厕扶手15处，配备灭火器530个，在小区出入口、每个单元制作张贴消防示意图2800块，新增垃圾桶420个，安装智能充电装置450套。完善环卫设施，督促物业企业增设垃圾桶，完善垃圾分类工作。规范物业行业的管理，建立长效机制推动全区物业行业文明创建常态化，规范物业从业人员服务行为，统一服装，持证上岗，挂牌服务。组织物业公司整治环境秩序，全面清理小广告、小种植，规范车辆停放，完善公共设施，做到路道平整，绿化美化，环境整洁。

【红色物业创建】 2020年，大丰区适应新型城市化的快速发展的需要，采取“党建+物业”的方式，积极探索推进“红色物业”面上覆盖、活动共融的方法路径，不断提升居民群众的幸福感、获得感。大丰区成立物业服务行业党委，以组建为抓手，做到量上扩张、面上覆盖，有序推进“红色物业”工作的开展。制定物业党建工作标准，出台《关于强化党建引领打造“红色物业”全面提升物业管理服务水平的实施方案》，物业行业党委接受区住房和城乡建设局党委领导和管理，做到党建工作与业务工作同谋划、同部署、同推进。制定《大丰区“红色物业”标准化建设二十条》，从组织设置、队伍建设、活动开展、制度执行、保障落实5个方面，对物业行业党建工作提出具体标准。加强业主委员会党建工作。进一步加强业委会自身建设，推荐符合条件的社区“两委”成员和网格党支部书记、党小组长通过法定程序进入业委会，将党组织设立情况纳入业主委员会备案要求。督促街道指导社区党组织抓好业委会党组织组建工作，对有3名以上正式党员且党组织关系在社区的业主委员会，及时成立党支部。建立健全物业服务企业党组织属地为主、行业为辅的双重管理机制。全区60余个单位，2600余人参加社区志愿服务活动，认领党员责任区896个，责任项目7000多个。25个城市社区成立15类68支以机关党员干部为主体的“爱心服务队”，常年为社区居民提供环境整治、法律咨询、业务代办、法制宣传等志愿服务。

【住宅小区消防安全专项整治】 2020年，大丰区住房和城乡建设局扎实开展住宅小区消防安全专项整治，推进打通“生命通道”、机动车集中整治、商业广场消防隐患整改等专项行动，提升住宅小区消防安全管理水平。利用广播、电视、报纸等媒体和小区内电子屏、公示栏等载体，加大消防知识宣传力度，张贴和发放消防宣传资料2500多份。组织对物业住宅小区消防安全工作进行摸底排查，排查物业小区76个，小区出入口141个，消防通道65个，完成对名都广场和永泰广场两处消防管网进行集中改造。全年全区物业小区施划消防通道5.3万米，设置路面警示标志300多个。组织物业服务企业全天候开展住宅小区电动自行车消防安全治理，重点对电动车私拉乱接，飞线充电，违规停放在楼梯间、公用走道等室内公共区域的问题进行集中整治，纠正不安全行为。开展住宅小区消防安全专项检查，严查占用消防通道等违法违规行为。对排查出的问题，督促相关物业服务企业限期整改，消除安全隐患，保障居民群众生命财产安全。

【物业小区消防安全培训】 9月27日，大丰区住房和城乡建设局组织开展全区物业小区消防安全培训，进一步提升物业小区消防安全管理能力。全区物业服务企业负责人、项目经理、业委会成员120多人参加培训。大丰区住房和城乡建设局、大丰区消防救援大队、大丰区市场监管局有关专家解读了小区消防安全专项整治、小区特种设备使用维护保养等方面工作要求，详细讲解灭火器的使用及维修保养、疏散逃生的动作要领及注意事项、火警警情处置等消防安全常识。通过培训，推进住宅小区消防安全专项整治，确保物业小区消防安全形势平稳。

（葛顺明）

住房制度改革

【概况】 2020年，大丰区住房和城乡建设局完善住房保障体系，深化城镇住房制度改革，稳步推进住房商品化、社会化，加快建设经济适用住房、公共租赁住房、限价商品住房、棚户区危旧房改造安置住房，建立健全“多种保障模式、多类实施主体、多类保障群体”的城市住房保障体系。加强保障性安居工程项目的督促检查，保障项目建设按进度和质量要求有序推进。建立保障性住房年审、清退、租金收缴、住房维护、物业管理、定期回访、帮扶服务等管理办法，规范准入、审核、轮候、分配、退出等操作程序，组织保障对象开展资产定期申报，实施动态核查，联合多部门建立保障性住房清退管理机制，逐步形成保障性住房可持续发展的长效机制。

【住房保障】 2020年，大丰区加大政策支持力度、资金支持力度和融资平台支持力度等举措，严格按照国家法律、法规和强制性规范实施保障性住房工程建设。全区保障性安居工程质量合格率100%，全年未发生一起安全事故，全年完成各类保障性住房建设1008套。严格执行《大丰区经济适用住房分配销售管理办法》《大丰区公共租赁住房建设管理实施办法》，结合实际进一步完善管理制度、细化操作流程、严格审批权限、规范审批流程，加强工作纪律教育，实施有效的监督手段，会同区民政、人社、公安、交通等多个部门对保障对象的资格认定开展联合审查，切实做到“公正、公平、公开”，严把准入关、审核关、配租配售关。加大住房保障信息公开力度，扩大住房保障信息公布范围，实现住房保障政策、保障房源、保障对象、审批流程和分配结果“五公开”。对入住户进行详细告知，建立细致的入住档案，配套实施物业管理，使入住户住得放心、舒心。年内受理征迁范围内经济适用住房申请家庭12户，公共租赁住房家庭40户，发放低收入住房保障庭租赁补贴68户，接待住房保障业务咨询人员280多人次。

【房改工作】 2020年，大丰区住房和城乡建设局认真执行住房货币化分配政策，做好老职工住房补贴的审核审批工作。年内审批一次性住房补贴23人，核定补贴面积1609平方米，核准发放补贴额39.35万元。继续做好1999年12月31日前分配租住公房的出售工作，维护房改政策的延续性，对符合条件的租住公房，鼓励出售。办理公房出售3套230平方米，出具房改相关证明307份，接待来访人员179人次，解除购房职工的后顾之忧。

【保障性住房小区消防演练】 10月10日，大丰区住房和城乡建设局会同区消防救援大队、城建集团、丰华街道新东苑社区等相关单位在大丰区在新东苑小区开展保障性住房小区消防演练活动。物业服务企业和社区居民150多人参加演练。活动项目包括灭火器扑火、消火栓及水带使用收放、楼道火场疏散逃生等。演练过程模拟保障性住房小区突发火灾后物业公司、社区启动应急预案，有序组织员工和业主安全疏散撤离、消防人员有序灭火的场景。区消防救援大队工作人员对灭火器、消防水带使用和火场疏散逃生等知识进行详细讲解，引导物业公司人员以及小区居民学习消防知识，正确使用消防器材。通过开展消防应急救援演练，加强安全生产宣传，提升物业服务企业安保人员应急实战能力，提高社区居民自身应对突发事件的能力。

【景尚名城保障性住房】 景尚名城保障性住房项目位于大丰区人民法院北侧，总投资额约7.6亿元，占地面积约5.7万平方米，总建筑面积约16万平方米，其中建设住宅9幢、867套，建筑面积约10万平方米，容积率1.988，绿地率35.28%。商业用房3幢，建筑面积约6740平方米，社区等配套用房建筑面积约7125平方米，车库为地下二层，建筑面积约4.8万平方米。截至2020年年底，主体结构封顶。

（葛顺明）

住房公积金管理

【概况】 2020年，盐城市住房公积金大丰管理部（以下简称大丰住房公积金管理部）把保障和改善住房民生放在突出位置，稳步推进住房公积金各项工作。全区住房公积金运行良好，超额完成各项目标任务。疫情期间，大丰住房公积金管理部服务“六稳”“六保”，落实住房公积金阶段性支持政策，助推企业复工复产，为25个企业办理缓缴手续，阶段性减轻企业负担402万元。被区委、区政府评为2018—2019年度大丰区文明创建先进集体，2019年度金融工作先进集体。

【住房公积金归集扩面】 2020年，大丰住房公积金管理部归集住房公积金8.9亿元，同比增长11.37%，完成目标任务的120.57%，正常缴存人数65562人，实缴率92.89%。促进非公有制企业建制，全年寄送开户通知书7份，催建通知书5份，通过宣传执法，江苏大洋精锻有限公司等3个企业相继建制，开户缴存人数514人。全年新增开户单位160个，新增缴存人数8044人，其中扩面新增人数1492人，完成目标任务的298.4%，被盐城市住房公积金管理中心评为2020年度归集工作先进集体。

【住房公积金基础数据完善】 2020年，大丰住房公积金管理部深化“放管服”改革要求，重点落实完善基础信息、清理封存账户工作。在传统纸质媒介和受众面较广的自媒体上发布宣传信息；连续举办三期基础信息完善、封存账户清理动员会，向企业解释完善基础信息的重要意义，把封存人员名单交到各单位经办人员手中；对淮南纱厂等改制、破产企业，由专人负责对接通知；充分调动朋友圈、微信群进行广泛宣传。通过发函、上门、查阅档案等形式，完善企业“一户一档”，修改缴存单位和职工基础信息10670条，正常缴存单位基础数据完备率98%，清理封存账户10854个，合并账户1511个。

【住房公积金“一张网”建设】 10月，盐城市住房公积金管理中心“一张网”项目一期工程上线，大丰住房公积金管理部帮助企业开通网厅、维护单位付款账户信息、加大系统测试力度，全方位做好新系统上线保障工作。推进政务服务事项“不见面”审批，引导缴存单位和职工通过“盐城公积金”微信公众号、网上营业厅等办理公积金业务。举办网厅培训会4次，对新版网厅操作方法进行详细演示，1157个缴存单位参加培训。在窗口设置服务台，张贴微信公众号二维码，指导职工网上办理支取、还贷等业务。全年开通单位网厅1261个，网厅签约率97.75%，网厅自助汇缴金额占总汇缴金额98%以上。全年职工利用网厅、微信公众号等线上渠道办理业务37122笔；各渠道提取公积金7.6亿元，归集提取率85.93%；发放住房贷款1.59亿元，完成目标任务的186.96%；贷款逾期率保持为零。

【住房公积金队伍建设】 2020年，大丰住房公积金管理部深刻剖析审计查出的问题，认真研究，逐条对照整改，对暂时不能整改到位的，明确整改责任，制定整改计划。加强窗口工作人员对缴存、提取、贷款细则和操作流程的再学习。严格落实政务服务“好差评”制度，严格执行服务承诺、限时办结、AB岗等制度。细化窗口人员考核措施，要求统一着装、发饰，不断优化服务模式，提高服务效能。开展“每月之星”评选，树立先进典型。全面梳理岗位权限，严格执行“一人一号”，保障系统数据安全。

（何　颖）

〖编辑　谢竹青〗

综　述

【概况】 2020年，大丰区金融部门全面助力疫情防控和复工复产，充分发挥金融服务支持保障作用，维护区域金融稳定，推动经济社会平稳健康发展。年末本外币贷款余额856.46亿元，比年初增加146.87亿元，总量、增量位居全市第一；国内生产总值指标考核中的存贷款1866.224亿元，均位居苏北第一。

2020年11月12日，平安银行盐城大丰支行正式开业，为盐城分行下辖第一家县区支行。有员工12人，现金业务窗口两个，自助设备两台，智能业务办理区、金融消费者教育专区、财富管理区等一应俱全。

【助力企业复工复产】 2020年，中国人民银行大丰支行出台《关于强化金融服务保障 配合做好新型冠状病毒感染肺炎疫情防控工作的通知》，督促引导辖区内各银行机构加大金融支持力度，支持企业抗疫纾困，为企业复工复产"增氧输血"。为了让企业更快了解疫情防控期间人民银行出台的金融服务政策、支持抗疫的指导意见以及辖区内各银行机构推出的金融服务政策、专属创新金融产品，大丰区在盐城首家推出《同舟共济 抗疫纾困——金融政策汇编》，向地方党政领导、镇（街道、园区）政府、经济主管部门以及企业分发；率先制作微信版《同舟共济 抗疫纾困——银行特色服务篇》《复工复产 时不我"贷"——银行创新产品篇》，通过官方微信公众号"大丰发布"推送，发动辖区内银行机构客户经理在朋友圈广泛转发，让企业最短时间内了解辖区内银行各自硬核政策及战"疫"专属产品，在盐城中支行系统起到良好的示范效应。组织开展"抗疫纾困专场银企对接会"，借助"云屋视频会议"系统，将线下转为线上，银企对接隔空不隔断，举办"抗疫纾困专场银企对接会"，满足生产、运输和销售应对疫情使用的医用防护服、口罩、护目镜和相关药品等重要医用或生活物资的骨干企业迫切资金需求，加大对受疫情影响暂遇困难的企业，特别是小微企业的即时金融支持力度。与财税部门紧密配合，开通资金拨付绿色通道，拨付防疫资金1500多万元，办理企业退税83户5100多万元，助推企业复工复产。

【提升金融生态环境】 2020年，人民银行大丰支行打好防范化解重大风险攻坚战，严格落实区政府攻坚战实施方案，密切关注辖区金融运行和风险情况，不断探索完善市场化、法治化金融风险处置机制，压实各方责任，提高信贷资产质量，大丰区不良贷款不良率为盐城7县（市、区）最低。打好精准脱贫攻坚战，继续开展"大丰宜君金融结对帮扶"扶贫活动，资助宜君县贫困学生3人1.5万元。发展绿色金融，绿色生态金字招牌越擦越亮。

2020年11月12日，平安银行盐城大丰支行正式开业。

周古凯　摄

2020年县域金融生态环境列全省第5位，比2019年攀升9个位次，高居苏北第一。10月23日上午，组织举办“绿色金融赋能绿色发展”2020年江苏大丰（南京）金融投资说明会，活动现场，金融机构与企业签约项目20个，授信93.95亿元，会议期间签约项目76个、授信245.4亿元，为大丰经济社会发展注入强劲动能。

【普惠金融】 2020年，大丰区着眼于与民生相关的银行现金服务，将农贸市场作为关注重点，提出在农贸市场设立银行便民现金服务点创新构想，多层面宣讲便民现金服务点作用意义，以及运行模式、服务流程和安全保障等方面制度设计安排，凝聚商业银行共识，画出为民服务最大同心圆。7月首选幸福菜场开展建点试行。以少投入、便操作、有保障为原则，结合划定驻点场地实情，因势利导，添置现金服务台，统一服务标识和服务规范，落实就近的商业银行网点参与轮值服务。幸福农贸市场服务点运行方式为“现金服务台+流动服务+预约服务”模式，固定每周二上午开展活动。便民现金服务点模式一经推出，很快受到农贸市场商户和往来群众的肯定。在试点经验基础上，进行模式复制，9月和11月相继在健康和城中农贸市场增设便民现金服务点，动员更多商业银行参与服务点建设管理。“小平台、零距离、微服务”便民现金服务模式，为群众送去贴心、暖心、省心的现金服务，成为大丰区深受群众欢迎的民心工程。截至年底，3个便民现金服务点为群众办理残损币兑换628笔9.32万元，小面额调剂92笔3.84万元，兑换硬币90587枚4.68万元。

（程玉杰）

银 行

【中国人民银行大丰支行】 2020年，中国人民银行大丰支行践行中心支行“1+4”（民生为先的共同愿景，实干立行，管理治行，文化兴行，调研强行）治行方略，模范机关创建，落实落细疫情防控和复工复产各项举措，锚定“三创双争”（创建盐城市级文明单位，创建五星级党支部，创建“让党中央放心，让人民群众满意”的模范机关；地方综合考核争先进，盐城中支系统综合考核争A档）目标，为民服务解难题，坚守金融为民初心，深化党业融合，主动作为、精准履职，有效地推动大丰区金融运行持续向好和经济稳定健康发展。

2020年9月3日，中国人民银行大丰支行召开大丰金融支持“六稳六保”暨两项直达政策工具推进会，继续加大金融对实体经济的支持力度，增强中小微企业的获得感。 程玉杰 摄

金融支撑力度增强。金融对经济的导向作用进一步发挥。截至2020年年底，大丰金融机构存款余额超1000亿元，贷款余额近900亿元，存贷款总额1866.22亿元。金融支持实体经济的力度进一步加大。推动两项工具落地见效，2家地方法人银行机构对575户、796笔、7.12亿元的普惠小微企业贷款实施延期还本付息，获得激励资金712.3万元；大丰农商行累计发放普惠小微企业信用贷款361户、690笔、9427.55万元，获得信用贷款支持计划2498万元。融资成本显著降低。各项贷款余额856.46亿元，比年初增加146.87亿元，总量、增量位居全市第一。新发放贷款平均利率4.93%，比年初下降48个基点，降低融资成本约1.47亿元。

金融生态环境持续向好。金融生态环境评估再创佳绩。2020年县域金融生态环境列全省第5位，比2019年攀升9个位次，高居苏北第一，连续7年获得省“金融生态优秀县”称号。常态化开展银企对接活动。组织举办2020年江苏大丰（南京）金融投资说明会，会议期间签约项目76个、授信245.4亿元，企业贷款利率平均下降12%，为大丰经济社会发展注入强劲动能。打好防范化解重大风险攻坚战。与区金融办联合开展常态化打击和防范非法集资系列活动，指导督促辖区内银行业金融机构严格执行重大事项报告制度，提高信贷资产质量，不良贷款不良率为盐城7县（市、区）最低。

金融服务水平提升。移动支付更加便捷。推广云闪付APP，拓宽移动支付渠道，完成云闪付APP新用户22326户，超额完成任务的48%。普惠金融服务点建设实现全覆盖。完成354个农村金融服务站站点的升级工作，升级完成率100%，覆盖全区行政村218个，惠及农村33.13万人。现金服务更加便民。牵头在城区三家农贸市场创新设立便民现金服务点。为群众办理残损币、小面额调剂、硬币兑换提供便捷通道。外贸外资服务更加便利。先后走访20多个涉外企业，主动为企业办实事、解难题，为企业办理外债签约450万美元，内保外债签约6095万美元，信贷资金支持2000多万元，支持外贸企业复工复产。

（程玉杰）

【中国工商银行股份有限公司盐城大丰支行】 2020年，中国工商银行股份有限公司盐城大丰支行贯彻落实“以进促稳、以变求胜”的经营理念，开展“强作风、硬学风、创一流”主题教育活动，按照补短板、强基础要求，重点做好市场竞争力提升、网点改革达标见效和乡镇市场拓展，各项经营指标实现持续稳定健康发展。

经营效益持续提升。贯彻盐城分行强基达标年活动及网点竞争力提升改革相关要求，统筹实施网点改革，推动网点经营模式和发展方式转型。年末，实现拨备前利润13663万元，比2019年增加3093万元，增幅29.26%；净利润10451万元，比2019年同期增加2514万元，增幅31.67%；中间业务收入4459万元，比2019年同期增加1914万元，增幅75.2%。各项效益类指标持续健康发展。

各项存款保持良好增势。围绕“第一个人金融银行”战略要求，坚定市场竞争力提升信心，突出存款市场占比提升，拓展批量化、综合化服务。年末，全部存款余额38.81亿元，比年初增加5.82亿元，增幅17.64%。其中，储蓄存款较年初新增3.04亿元，增幅18.66%，保持较大幅度增长。

信贷业务市场份额提升。以盐通高铁建设开通，大丰港铁路支线开工，大丰港列入盐城港“一港四团”组团及对韩国主要港口集装箱全覆盖，实现“沪丰通”通关模式，沪苏产业联动集聚区被纳入国家《长江三角洲一体化发展规划纲要》等重大利好为契机，持续跟踪对接服务政府平台的重大项目和重点工程。年末，各项贷款余额37.5亿元，比年初增加6.56亿元，增幅21.2%。年内，重大项目贷款取得实质性进展，过预审会平台类项目5个，金额6.3亿元，过贷审会项目2个，金额1.6亿元。

强化内控案防管理。按照“谁管理、谁负责”的要求，严格落实案防主体责任，做到“四个主动”（重要工作主动部署、重大问题主动过问、重点环节主动协调、重要案件和风险事件主动督办），把案防责任扛在肩上、见在实处。落实各层级人员的内控履职，开展合规文化和风险警示教育，增强员工安全意识。建立内外部检查整改台账，强化整改落实，消除潜在隐患，确保经营成果不流失。落实安全生产责任，开展安全隐患排查，及时消除各类安全隐患，实现全年安全生产稳定运行。

（陆建丰）

【中国农业银行股份有限公司盐城大丰支行】 2020年，中国农业银行股份有限公司盐城大丰支行（简称大丰农行），围绕省分行“九九新理念”（九个并重，九个更加重视）和市分行“五项重点工作”（网点转型、客户建设、互联网金融、内部管理和风险防控、党建和队伍建设）要求，坚持疫情防控与经营发展两手抓，各项工作取得新业绩。

业绩指标再创历史。存款增长创历史最好水平。到2020年年末，全行本外币存款99.59亿元，较2019年年末增加17.59亿元。其中个人存款和对公存款年末余额为69.98亿元、29.06亿元，分别比2019年增加9.58亿元、8.01亿元。经营效益指标全面完成。全年实现拨备后利润17394.6万元，中间业务收入7125.9万元，较2019年增加2339.1万元，增幅49%。全年清收处置不良贷款3325万元，风控各类指标位居盐城市农行系统前列。

服务发展再立新功。信贷投放持续增长。年末全行各项贷款余额61.39亿元，比年初增加9.85亿元。其中个人类贷款比年初增加3.17亿元，法人类贷款比年初增加6.68亿元。年末农户贷款余额7.36亿元，比年初增加2.03亿元，总量及增量继续保持盐城市农行系统前列。服务地方实体经济成绩优良。紧跟大丰主流经济发展，以金农贷、苏微贷、苏科贷、简式贷、微捷贷、在线贴现等优势产品，积极服务于园区建设、旅游、风电等重大项目、服务于规模以上企业、中小微等实体经济，被大丰区委、区政府授予“综合先进奖”，被盐城分行评为“普惠贷款优胜支行”。服务城乡能力提升。在全区建有惠农服务点234个，其中人行示范服务点5个，综合服务站32个，配备惠农机具234台，识假机具及点钞机各5台，建成覆盖全区农村村镇的惠农服务网络。

（施　勇）

【中国银行股份有限公司大丰支行】 2020年，中国银行股份有限公司大丰支行（简称大丰中行）始终坚持以发展为第一要务，贯彻“建设新时代全球一流银行”发展战略，立足高质量发展工作定位，激发活力、重点突破，各项工作得到稳步发展。实现营业收入30902万元，拨备前利润27021万元。本外币存款余额67.12亿元，较年初新增9.1亿元。本外币贷款余额69.5亿元，其中公司贷款余额49.75亿元、个人贷款余额19.75亿元。大丰中行被中央精神文明建设指导委员会继续认定为“全国文明单位”，被省行评为“疫情防控工作先进单位”。

做优做强公司业务，围绕全区“两重一实”（重大项目，重点工程，为民办实事）项目、园区招商引资项目、区内重大基础设施项目，做实“决战园区”；积极对接政府、平台企业和龙头企业，跟进项目储备转化落地，安排好储备和投放进度。在疫情与复工复产的双重压力下，部分重点化工企业贷款周转面临严峻考验，大丰中行与上级行进行沟通，帮助企业顺利周转贷款，解决燃眉之急。

聚焦普惠金融，从人员、机制、资源上重点倾斜，强化普惠金融项目化推进，搭场景，找客源，赴市场，对中小企业经营贷进行资金支持，以烟商贷、商圈贷、税易贷等促普惠户数，早启动、早行动、一着不让清单式推进，抓实抓牢普惠业务。普惠贷款余额、新增和户数在同业和市辖均保持领先。

固化销售服务流程，重视销售服务流程2.0项目导入，落实好大堂经理、理财经理、消贷经理三支队伍建设，全力推进“行外吸金”“赢在厅堂”网点通关，使全行员工在工作推动模式、过程管理能力、网点营销能力、员工营销方法、支行业绩等5个方面得到明显改变。支行理财、财富客户户数、新增金融资产均居市辖前列，四项重点投资产品的覆盖率位列市辖第二。

对照“金融要把为实体经济服务作为出发点和落脚点”的要求，贯彻落实中共中央、国务院“六稳”“六保”决策部署，落实落细金融支持复工复产的各项政策举措，持续推动两项政策落地。截至12月末，在延期还款付息方面，累计实施中小微企业贷款延期还款付息27个35笔，合计16840万元。在信用贷款支持方面，为32个企业投放5832万元信用贷款。

（钱　澍）

【中国建设银行股份有限公司盐城大丰支行】 2020年，中国建设银行股份有限公司盐城大丰支行（简称大丰建行）贯彻落实省市分行党委各项决策部署，加强“三个能力”（服务国家建设能力，防范金融风险能力，参与国际竞争能力）建设，践行新金融行动，推进“三大战略”（住房租赁、金融科技、普惠金融），深化数字化经营。截至2020年年末，实现经营利润1.11亿元，净利润8222万元，中间业务收入3795万元。一般性存款余额33.35亿元，其中储蓄存款16.05亿元，对公存款17.3亿元。各项贷款余额30.71亿元，新增5.63亿元，其中公司贷款21.04亿元，新增3.67亿元；个人贷款9.67亿元，普惠金融贷款新增7171万。同时，严格把控资产质量关，全年贷款不良率仅为0.4%。

服务和支持地方重大项目，支持优质企业和优质项目的发展。加强城投合作，夯实实体经济的服务，新拓展公司流贷等贷款的审批和发放。全力发展个贷业务。积极营销一手房按揭贷款，开展以快贷、优享贷为主体的个人消费贷款拓展，积极向代发工资单位和行政事业单位进行宣传。全年个贷新增四行第一位。国际业务取得较大突破。多项指标持续分行系统领先，日均和时点存款新增均列四行第一。

面对突如其来的新冠疫情，大丰建行统筹做好业务发展和疫情防控，支持“六稳”“六保”，坚决贯彻落实总行党委和盐城市委市政府20条新政要求，为助小微企业渡难关，第一时间推出纯信用贷款，线上“惠懂你”APP一站式融资等各项服务。截至2020年6月，为近50个企业在申请贷款近2.3亿元，

（卢　笙）

2020年3月23日，人民银行大丰支行和大丰建行到江苏旺星纺织等企业调研，助力企业复工复产。　　程玉杰　摄

【交通银行股份有限公司盐城大丰支行】 2020年，交通银行股份有限公司盐城大丰支行（简称交通银行盐城大丰支行）以“稳存量、夯基础、强管理、促转型，调整结构保发展”为全年工作思路，坚持稳中求进的工作总基调，克难奋进，积极作为，对内夯实管理基础，对外树立品牌形象，提升全行服务实体经济能力，理思路、谋对策、抓落实。2020年，存款总额12.64亿元，其中：对公存款9.27亿元，储蓄存款3.37亿元。贷款总余额15.78亿元，其中：对公实质性贷款13.04亿元，小企业实质性贷款1.96亿元。

交通银行盐城大丰支行紧盯盐城市大丰区重大基础设施项目，完善项目推进机制，推行重大项目“一项一策”精准服务。聚焦普惠金融，积极对接有融资需求的小微企业；对接江苏省综合金融服务平台，打通批量获客渠道；结合数字平台对接攻坚活动，整合政府类数据信息，完善小微企业客户视图和信用评价体系，开展精准营销。线上线下整合，以产品抓客群。2020年，企业受疫情影响较大，交通银行盐城大丰支行专门提高线上产品对客户发展的支撑力度，加快小额、线上、信用类产品的运用，满足客户需求。疫情期间为9个企业复工复产提供保障，为6个企业提供信用贷款，为各企业发展注入强心剂。

交通银行盐城大丰支行牢固树立风险意识，坚决贯彻“稳健、平衡、合规、创新”的风险文化，按月召开落实案防分析例会制度，及时发现问题，防控风险。加强风险管控，持续开展各项案防行动以及员工失范行为排查工作，推进案件防控常态化，增强员工依法合规经营意识。提高员工的安全防范意识和处置突发事件的能力，树立“安全无小事”的意识，使安全保卫工作责任层层落实。加强对安全保卫工作的检查力度，重要节日前进行安全保卫工作检查，做好各项突发事件应急预案的演练，明确各岗位员工处置突发事件的分工与职责，确保安全保卫工作不走过场，增强员工的安全防范意识，做到警钟长鸣。

（陈　晨）

【中国邮政储蓄银行股份有限公司盐城市大丰支行】 2020年，中国邮政储蓄银行股份有限公司盐城市大丰支行（简称邮储银行大丰支行）始终坚持"普之城乡，惠之于民"的经营理念，坚持服务小微，服务三农的战略定位。在提供普惠金融服务、发展绿色金融、支持精准扶贫等方面，积极履行社会责任。

邮储银行大丰支行下辖5个网点。截至12月底，支行总存款余额21.31亿元，其中对私存款13.27亿元，对公存款8.04亿元；总贷款余额23.64亿元，其中个人经营性贷款5.69亿元，小微企业贷款2.85亿元，普惠型金融领域贷款结余8.6亿元，占全行贷款余额的36.6%。不良贷款余额1440万元。2020年实现营业利润5489万元，纳税393万元。

疫情防控工作。邮储银行大丰支行始终把公众和员工的平安健康放在首要位置，统筹落实疫情防控和金融服务工作。疫情期间，支行持续对营业网点进行多层次巡查，确保基层网点疫情防控措施落实到位，督导各营业网点和集中办公区域每日加强防疫消毒，对进出人员进行体温测量和有关登记；加大频率对自助机具、金融机具消毒，温馨提醒客户加强个人科学防护。2020年，辖内5个自营网点均正常营业，员工复工率100%。

转型发展。邮储银行大丰支行重视综合营销工作的开展，从经营理念、产品组合、优质服务，团队协作等多方面充分发挥自身优势，变营销业务为营销客户，积极开展存贷款客户的综合营销工作。开展资负联动、公私联动、零售板块内部联动，各专业协同作战。充分利用信贷资源的天然牵引作用，尤其是房贷客户资源，拓宽与个人类客户合作的广度与深度，推动存款、保险、理财、基金、结算、代收付等基础性、源头性业务的全面发展。充分发挥公司信贷业务"敲门砖"作用，通过资产端业务带动负债端业务的可持续增长，抓住核心企业不放松，以上下游为纽带，以拓客开户活动为契机，加大存量公司、小企业、零售经营贷客户落地开户，增加资金体内循环，带动代发工资、信用卡、消费贷等零售业务的发展。

风险防控。邮储银行大丰支行始终把防控风险摆在突出位置，加强全面风险管理，加大风险合规类指标考核权重，强化监督检查和违规问责。

（朱　峰）

【中国农业发展银行盐城市大丰区支行】 2020年，中国农业发展银行盐城市大丰区支行（简称大丰农发行）积极围绕"执行国家意志、服务三农需求、遵循银行规律"的办行理念，党建与业务融合发展，全年发放贷款13.11亿元，开出信用证1.25亿美元，年末贷款总额14.96亿元，较年初净增6.79亿元，实现账面利润1939.76万元。2020年获得"盐城市分行先进基层党组织"称号。

服务国家粮食安全，坚持政策性收购与市场化收购并重的原则，全力做好夏秋两季粮食收购资金投放，全年发放储备贷款1.33亿元，收购入库储备粮3.21万吨；发放市场化购销贷款2.33亿元，支持企业收购粮食7.99万吨。

围绕区委、区政府的重点项目攻坚克难，2020年围绕改善农村人居环境，总获批贷款13.5亿元，发放贷款8.5亿元，其中2.5亿元用于支持大丰经济开发区城乡建设用地增减挂钩复垦项目建设，6亿元用于大丰区改善群众住房条件土地复垦项目建设。

做好稳供保供工作，开通复工复产应急贷款和小微企业信贷服务渠道，主动对接企业，了解企业疫情防控期间资金需求，主动减费让利，全年完成2个小微企业和1个生猪全产业链企业贷款投放任务，投放贷款6600万元。

持续推进信用证业务发展，全年开具出口信用证6笔、合计1.25亿美元，支持企业进口大豆34.13万吨，国际贸易融资业务量牢牢占据江苏省农发行系统内首位。

高质量服务客户。2020年，在总行持续推进网银、电子对账单、无纸化系统等一系列系统上线，大丰农发行秉承着"新核心上线"精神，依托不断完备系统，为41个企业开通网银，电子支付替代率98.77%，电子对账单收回率100%，服务高效便捷，客户足不出户就能办理业务。

（刘亚琴　郁筱瑶）

【上海浦东发展银行股份有限公司盐城大丰支行】 2020年，上海浦东发展银行股份有限公司盐城大丰支行（简称浦发银行盐城大丰支行）按照总分行的工作部署，统筹做好疫情防控与业务经营，认真贯彻落实分行高质量发展总策略，坚持以客户为中心，主动融入地方经济发展大局，加大对实体企业信贷支持力度，推进零售信贷业务发展，为地方企业、个人客户提供优质高效的金融产品和服务，实现经营指标稳健增长。在浦发银行南京分行县域行年终综合考评中，连续7年被表彰为优胜基层网点；连续7年被浦发银行盐城分行表彰为先进集体。

截至2020年12月月末，浦发银行盐城大丰支行存款总额42.34亿元（行内口径），比年初新增10.02亿元；日均39.2亿元，比年初新增7.15亿元；其中公司存款余额38.54亿元，比年初新增9.82亿元，日均35.67亿元，比年初新增6.95亿元。储蓄存款余额3.8亿元，比年初新增0.2亿元；日均3.6亿元，比年初新增0.3亿元。贷款总额64.4亿元，比年初新增8.5亿元，其中：公司贷款余额54.6亿元，比年初新增5.9亿元；零售贷款余额9.8亿元，比年初新增2.6亿元，"三非"（非按揭、非信用卡、非联合贷款）贷款余额4400万元，比年初新增1948万元，贷款五级分类无不良，贷款余额和新增额均列盐城分行系统内第一。年末公司存量贷款授信客户80户，比年初新增24户；全年净增公司有价值客户63户；新增零售客户5931户，其中中高端客户33户，500万元以上客户新增4户。2020年年末，在全区银行业金融机构中支行存款市场份额占比4.08%，排名第六，与2019年持平；贷款市场份额占比7.2%，排名第三，比2019年上升2位。全年实现营业收入1.6亿元，净利润1.54亿元，中间业务收入4191万元，纳税1618万元。

秉承“新思维、心服务”的服务理念，2020年在实体企业生产经营受疫情、国际环境、政策、监管等不利因素影响下，浦发银行盐城大丰支行坚持“回归本源、突出主业、做精专业、协调发展”的经营理念，支持地方经济发展，加大“两重一实”项目的营销，聚焦重点领域，支持重点项目、重点领域和重点客户建设，推动与地方经济深度融合。全年走访对接实体企业106个，达成授信合作意向客户25个，表内外授信余额25.4亿元，对辖区内中车、中汽等央企以及丰山、苏大维格等上市企业实现全覆盖。以银团、项目贷款、资管等为重点，通过大项目的落地带来各项业务的全面增长；对电子信息、新能源、汽车等主导产业头部实体企业进行摸排营销，特别对健康医疗弱周期企业、拥有专利技术的科技型企业主动营销；充分发挥长三角主场优势，加强与总分行联动营销，跟踪做好产业转移项目金融服务；持续做好投行业务，加强PPP、并购、股权、债券等业务营销力度，利用好自营投债，以投带承，抢占市场份额；提高政治站位，聚焦普惠金融，严格落实延期还本付息和信用贷款“两项政策”，确保“两增”目标完成。零售业务领域统筹按揭投放，推动存量和新开楼盘准入；拓展“三非”贷款，促进线上公积金点贷等消费信贷业务稳定增长。

在拓展各项业务的同时，浦发银行盐城大丰支行牢固树立风险意识，坚守合规底线，加强风险防范，严控资产质量，严防信贷资产风险。注重业务产品事前、事中、事后的风险预警，加强贷后管理工作。加强授信基础管理，定期检查通报，并通过合规约谈、问责处理等方式予以纠正，坚决刹住有令不行、有禁不止的现象。持续开展警示教育，将合规理念与要求融于业务经营全过程；做实南京分行合规网格化管理要求，加大检查力度，发挥好管理职能，通过检查、巡查和督导等方式，规范业务操作，及时发现、处置违规违纪苗头，防范风险隐患。加强员工动态管理，经常性开展员工行为专项排查，以合规经营为前提，严格落实案件防控措施，推动制度落地见效，提升合规管理成效。

（沈金高）

【江苏大丰农村商业银行股份有限公司】 2020年，江苏大丰农村商业银行股份有限公司（简称大丰农商银行）牢固树立“稳字当头，夯实基础”的经营理念，聚焦主责主业，加大转型发展，多措并举，为地方经济发展提供有效金融支撑。年末，全行资产总额529.29亿元，比2019年增加25.55亿元；各项存款413.36亿元，比2019年增加39.95亿元，增幅10.70%；各项贷款320.29亿元，比2019年增加37.65亿元，增幅13.32%；国际业务结算量3.16亿美元，连续三年获评外汇业务合规与审慎经营“A类行”；实现账面利润7.04亿元，同比增加4915万元，在全省农商行系统排名第十；缴纳各类税收2.51亿元，居盐城市银行业机构第一名。“全国文明单位”通过复审验收，继续保持荣誉称号；获得盐城市创建全国文明城市工作先进集体、连续4年获盐城市争星创优“五星企业”，连续9年获大丰区“综合先进奖”。

坚持市场导向，提升服务质效水平。坚持服务广大农户、民营小微企业及新型经营主体，涉农及小微贷款增速在20%以上。申请支农、支小再贷款，全部投向普惠小微领域，运用两项政策工具，办理延期还本付息45.46亿元，提升小微服务质效。开展“百万进万企”升级扩面、“推进三访三增、助力六稳六保”、“万企联万村、共走振兴路”等行动，精准营销客户，提供系列服务。出台抗疫助企惠民“十条措施”，主动走访、单列计划、延长期限、周转办贷，提供“绿色通道”服务，支持超千个企业复工复产，从防疫抗疫到稳产保供，将纾困解难各项措施落实到实处。

坚持创新导向，加快数字转型步伐。专项推进营销平台建设、大数据及智能化运用、互联网金融升级、离柜率提升等重点工作。开立企事业对公账户，社保医保总体签约率90%，互金平台新增有效商户1.14万户，个人线上贷款净增1.05万户，用信16.49亿元。加快“四大金融”（品牌金融、社区金融、养老金融、亲子金融）推广，品牌金融建设初见成效，入驻品牌经销商63户、二级进销商9066户，交易1732笔、741万元。上线柜面无纸化系统，推广使用STM等自助设备，离柜率（不含第三方支付）92.5%，逐步实现“九五工作制”，34家支行周末双休。社保卡特色便民服务得到省政协、省人社厅领导肯定。

坚持社会责任，续写感恩回馈篇章。秉承“源于社会，回报社会”的社会责任理念，将理念延伸至文创、消保、民生、教育、环保、公共卫生等众多领域。蝉联江苏省级、盐城市级、大丰区级文明单位称号。投入700多万元回报社会，举办助学、助教、助医、助困活动，弘扬社会正能量。开展普及金融知识活动120次，惠及客户12万人次，发放宣传资料4万余份。组织员工参加无偿献血120人次，献血3.21万毫升。

（周　斌）

【江苏银行股份有限公司盐城大丰支行】 2020年，江苏银行股份有限公司盐城大丰支行（以下简称江苏银行盐城大丰支行）以业务发展为中心，坚持稳中求进的工作总基调，围绕“走稳、提质、调优、赋能”工作主线，推进稳增长、优结构、控风险、强创新、促改革，业务经营得到持续稳定健康发展，连续7年被评为全区综合先进。截至2020年12月31日，各项存款45.08亿元，各项贷款42.31亿元，拨备前利润1.72亿元，净利润1.28亿元，中间业务收入5727万元，纳税1273万元。

江苏银行盐城大丰支行大力服务支持实体经济发展。通过表内信贷、结构化融资、债权融资计划等产品，加大对大丰区农业基础设施、交通工程、绿化和水利工程等重点领域的支持，先后落地沿海现代农业基础设施、保障房等一批重点项目。通过绿

2020年7月10日，人民银行大丰支行和江苏银行盐城大丰支行在大丰区幸福菜场开展金融宣传和便民现金服务。 程玉杰 摄

色产业基金、绿色信贷等专属化绿色金融产品，支持荷兰花海特色风情小镇等地方特色旅游项目建设，为旅游产业提供绿色表内外融资超10亿元，推动旅游经济高质量发展；通过绿色信贷、票据池等产品组合，支持江苏博汇纸业有限公司二期75万吨高档包装纸项目建设，提升企业节能和环保水平，推动企业绿色低碳发展；发挥固废贷、环保贷等绿色金融产品优势，助力打好污染防治攻坚战。

支行坚持服务小微企业的市场定位不动摇，深耕市场，聚焦三农、服务乡村振兴，持续开展“百行进万企”、“走百村、进千企”等银企对接活动。全年走访100余个小微企业、调查30余户家庭农场、对接200余个白名单客户。加强与省农业信贷担保有限公司的合作力度，充分利用分险贷、新农贷、惠捷贷产品，打响“融旺乡村”品牌。截至2020年12月31日，涉农贷款余额8.89亿元。

（杜 鹃 余飞飞）

【苏州银行股份有限公司盐城大丰支行】 2020年，苏州银行股份有限公司盐城大丰支行围绕分行党委确定的全年发展工作主线，突出市场营销、队伍建设、内控合规三项重点，坚持“业绩”文化和“合规”文化的和谐统一。截至2020年12月末，苏州银行盐城大丰支行授信客户22户、2.36亿元，存款总额28.76亿元，较2019年增加11.43亿元，其中公司存款余额27.04亿元，个人存款时点余额1.72亿元；贷款余额31.25亿元，较年初增加16.72亿元，其中公司贷款27.97亿元，个人贷款3.29亿元。

创新服务手段。针对产品特色，通过每周“走出去”方案走入各个小区、社区、商区、工厂等活动实现实质性的宣传效果，扩大苏州银行的知名度。通过走出去活动接触客户信息、拓展新客户、他行客户。通过适时的“请进来”方案组织各种亲子活动、联谊活动、抽奖活动等将部分拟营销的存量客户以及新增客户请进来，加深与客户的感情度，组合、搭配产品包进行营销。借助参与机关、商场、购物中心、企业等部门组织的宣传方面的活动，实现联合营销，互惠互赢，防范经营风险。继续实施合规经营，推进全面风险管理，避免可能遭受法律制裁、监管处罚、重大财务损失和声誉损失的风险，遵守所用的法律、行政法规、部门规章及其他规范性文件、经营规则、自律性组织的行业准则、行为准则和职业操守，保持稳健经营和可持续发展。加强员工学习锻炼，强化风险防范和内控管理，全面提升优质服务技能。

（张 庆）

【江苏大丰江南村镇银行股份有限公司】 2020年，江苏大丰江南村镇银行股份有限公司（简称大丰江南村镇银行）践行支农支小（小微企业）使命，防范金融风险，以支持实体经济发展为定位，不断提升服务实体经济的能力，各项业务保持健康、稳定发展。2020年，大丰江南村镇银行实现拨备前利润1683万元，净利润146.66万元。年末，各项存款余额14.43亿元，比2019年增加1.29亿元，增幅9.82%；各项贷款余额11.83亿元，比2019年增加1.48亿元，增幅14.3%；贷款总户数2745户，比2019年增加158户。

营销力度加大。2020年，大丰江南村镇银行通过银企对接、主动上门、园区走访等方式帮扶一批信誉好、经营好、效益好、前景好的优质企业，全年向773户中小企业投放贷款7.31亿元。疫情过后，各行各业复工复产，大丰江南村镇银行主动出击，争揽一批优质实体企业客户，充分发挥地方法人金融机构决策速度快的优势，全年实体贷款较年初增加14744.79万元，增幅14.24%。

创新特色产品。2020年，大丰江南村镇银行注重业务推广和产品创新。8月线上贷“江南一起富”成功上线，为广大客户的融资提供便利渠道，年末通过线上贷向98户发放经营性贷款706.97万元。

争做有“温度”的银行。全年投入9万多元举办爱心助学、助医、助困等活动近10次，携手团区委开展“新春送温暖”“小麋鹿户外拓展”“童享阳光”等公益活动，充分践行地方法人金融机构的社会责任与担当。

（高 峰）

【江苏太仓农村商业银行股份有限公司大丰支行】 2020年，江苏太仓农村商业银行股份有限公司大丰支行各类存款绝对额3.79亿元，较年初期增加3691万元，增幅10.78%。各项贷款余额6.74亿元，较年初增加2.05亿元，增幅43.63%。净利润1043.04万元。全年新增企业贷款客户27户、1.45亿元，新增手机银行1306户，新增借记卡2039张，新增各类账户42户，各项业务取得良好发展。

（陈鹤飞）

证券·保险

【华泰证券股份有限公司盐城大丰人民南路证券营业部】 2020年，华泰证券大丰营业部进一步提高服务意识，逐步向精品营业部模式发展。积极引进人才，完善前台营销队伍，拓展营销渠道，有效提高客户覆盖率。年内，为金财互联提供股权质押、为丰山集团提供大宗交易平台等创新业务。2020年实现净利润1500万元。

机构服务。2020年，华泰证券总部与大丰区人民政府签订战略合作协议，区政府为限售股提供减持优惠政策，吸引外地上市公司限售股股东到大丰减持，累计减持金额超5亿元，限售股缴税超8500万元。

产品定制。2020年大丰营业部为丰海新能源定制本金保障型收益凭证1.3亿元，为丰山集团定制本金保障型收益凭证2亿元。有效应对市场大跌，为企业提供更多的现金投资种类。2020年累计产品销售15亿元，实现重大突破。

特色创新。2020年大丰营业部继续积极响应总公司“集团获客”营销活动，为大丰移动等企业员工定制高收益保本保息的收益凭证。

（陈　浩）

【中国人民财产保险股份有限公司盐城市大丰支公司】 2020年，中国人民财产保险股份有限公司盐城市大丰支公司实现利润2354万元，保费收入2.71亿元，同比增长21.32%，全险种市场份额48.29%。公司在快速发展过程中，积极履行优秀企业公民责任，充分发挥保险的“助推器”和“稳定器”作用。

公司始终将服务放在第一位，推出快捷理赔、异地理赔、夜间理赔、微信理赔等便民措施；做好65.3万人次的城镇职工和城乡居民大病保险项目服务工作，全年大病保险支付赔款3536万元；为全区1.19万的投保主体提供总保额160亿元的小额意外伤害保险，其中为涵盖7个镇、102个投保主体，提供总保额14.8亿元的农村小额意外伤害保障；持续做好民生政策性农村住房保险服务工作，提供每户15万元的保障且保费仅需1元；同时由民政局牵头，为全区的“三无”“五保”人员提供团体护理失能保障。在区政府的支持下，公司为1.2万人提供每人150万元的含住院、门诊慢性病、门诊特殊病补充型健康险保障（盐城市民保）。开办安康系列产品，为2000多客户提供全年400万元的医疗补充保障，弥补大丰区中高端医疗补充保险的不足。2020年高效设施农业险种由于经营模式改变，种植业理赔款直接支付给农户，赔款及时迅速，提高了农户参保的积极性，获广泛好评。

2020年，中国人民财产保险股份有限公司盐城市大丰支公司实现利润2354万元，保费收入2.71亿元。　周古凯　摄

人保公司是大丰财产险行业规模最大的保险主体，拥有遍布城乡的机构网络，下辖营业网点9个，打造出“一刻钟三农保险服务圈”。公司始终坚持以服务地方经济为己任，积极融入新大丰建设进程，全力参与社会风险管理和社会保障体系建设，助力三大攻坚战，在服务地方社会经济发展的过程中实现跨越式发展。

（顾　清）

【中国人寿保险股份有限公司大丰支公司】 2020年，中国人寿保险股份有限公司大丰支公司（简称中国人寿大丰支公司）实现总保费1.00亿元，同比增长16.76%，其中10年期及以上保费6856.22万元，同比增长3.00%，短期险保费2713.71万元，同比增长24.39%，市场占有率30.34%；公司获得“省分公司先进集体”“全国实力百强”称号，全年绩效考核AAA级。

中国人寿大丰支公司积极参与政府民生服务工程，为大丰区人民建立多层次风险保障。其中老年人意外伤害保险保费455.2万元，赔付288.21万元，赔付率63.3%；城乡基本医疗保险小额补充健康保险保费537.9万元，赔付371.63万元，赔付率69%；育龄妇女疾病保险保费117万元，赔付62万元，赔付率53%。

中国人寿大丰支公司始终坚持以人民为中心的发展思想，坚持就业优先战略，充分发挥“国寿”品牌效应，积极在全区开展政保网格服务专员招募活动。前期组织阶段积极策划与布局，学习外地公司的先进运作经验。中期运作阶段深入市场一线陪同拜访，面试选拔，择优录用。后期培育阶段上下联动，以“政保业务服务+惠民保险”为切入点，召开推介会，建立区域个人品牌。全年招募网格服务专员216人，充实到全区各服务网点，增强国寿保险服务的人员力量，提升广大群众的安全感和幸福感。

（杨小杰）

【中国太平洋财产保险股份有限公司大丰支公司】 2020年，中国太平洋财产保险股份有限公司大丰支公司（简称大丰太平洋产险公司）完成保费收入5225万元，同比2019年增长17%。其中车险3221万元，同比增长13.49%，非车险1445万元，同比增长38.68%，占市场份额的9.48%，理赔及各类给付保费收入比率为97%。

2020年，太平洋产险始终把突破农险工作为切入点，一直在寻求机遇中前进，累积了一定的资源。经过一轮招投标工作，太平洋产险员工上下团结协作，全力完成各项经营指标，综合成本保持在可控范围。

（管慧静）

【中国太平洋人寿保险股份有限公司大丰支公司】 中国太平洋人寿保险股份有限公司大丰支公司于2002年12月进驻大丰，位于大丰上海花园东门北侧9号102、103，大丰区范围内有营销服务网点1家（城区）。2020年完成保费收入2203.83万元，赔付金额602.62万元，惠及人数120多人。

2020年，该公司打造“责任、智慧、温度”的太保服务，以客户为中心，提升服务效能，营造服务文化，坚持稳健经营，优化业务结构，创新产品服务，公司规模、价值、效能持续提升，综合实力不断增强，同步推进客户服务线下和线上化进程，新技术应用在承保、保全和理赔等环节全面上线，在太平洋保险APP、公众号和小程序等移动端为客户提供热门服务，有“太保蓝本”医疗专家预约服务、微直播、益智游戏等全维度体验活动。

（张莉霞）

【中华联合财产保险股份有限公司大丰支公司】 2020年，中华联合财产保险股份有限公司大丰支公司（简称中华财险大丰支公司）秉承“鼓励竞争、以人为本、追求卓越、持续发展、团队合作、依法合规、开拓创新、优质服务、诚实守信、勇担责任”的全新十大企业文化理念，始终恪守“服务至上、信守承诺、回报社会”的宗旨，根据总公司“2020发展纲要”发展战略开展工作，公司整体经济效益、社会效益和企业形象日益改善，客户满意度和公司美誉度不断提升。全年实现保费收入2446万元，年度保费完成率103.6%，增速26.8%，成本率88.45%，实现利润282万元。支付各类赔款1700多万元。年内，被盐城中心支公司评为先进经营单位。

主要险种。“财产保险+农业保险”模式。财产险业务以车险业务为龙头，财产险、责任险和意健险（人身意外伤害险和健康险）齐头并进。财产险以企业财产保险、家庭财产保险、光伏保险、工程险和各种责任险为主。意健险以团体人身意外伤害、个人人身意外伤害、学平险和短期借款人人身意外伤害保险为主。农业保险合规经营，平稳发展。2020年12月，中华财险大丰支公司创新开办“保险+期货”新险种，为盐城地区同业公司首单。

理赔服务。中华财险大丰支公司始终践行“服务至上、信守承诺、回报社会”的服务宗旨，遵循“稳健、创新、持续、高效”的经营理念，勇于承担社会责任，不断规范理赔服务流程，提升理赔查勘人员的整体素质和服务理念，配合上级公司较好地开展“理赔服务创优年”等各项活动，全年未发生因理赔服务差而引起的客户投诉上访事件。中华财险盐城中支服务等级被保险监管部门评为AA级。

（黄素华）

资本市场

【概况】 2020年，大丰区围绕“打造资本市场大丰板块”的目标定位，强化协调服务，精心组织推进。3月，组织企业参加上交所发行上市、公司监管、债券业务网络课程培训，为企业普及业务知识、提升业务水平。4月9日，成功举办加快资本市场大丰板块建设座谈会，邀请华泰证券、南京证券、天元律师事务所、毕马威会计师事务所，围绕财务规范、上市融资等深入辅导，提高企业上市融资业务水平。4月10日，调整区企业上市工作领导小组，针对中汽研汽车试验场股

截至2020年年底，大丰区4个上市公司、6个新三板挂牌公司累计直接融资72.95亿元，全市第一。图为新三板挂牌的江苏大丰华丰种业股份有限公司杂交水稻制种田　　周古凯　摄

份有限公司、江苏理研科技股份有限公司等重点后备企业，设立协调服务专班，实行联席会议制度，对企业上市过程中遇到的问题和困难，提前沟通对接、及时组织会办、逐项过堂研究、迅速解决到位。成功组建总规模20亿元、首期注册5亿元的盐城大丰区丰泰新兴产业投资基金，截至2020年年末，首笔5000万元对外投资资金到位。筛选培育8个市级“金种子”企业、优选30个区级“金种子”企业，集中资源，倾斜要素，重点培育。积极做好各级政策解读及申报服务，确保及时足额兑现到位，全年组织挂牌企业申报各级财政奖励资金近600万元。

【企业上市及挂牌】 2020年，大丰农商行预披露更新、在排队待审银行中位居前列；中汽研汽车试验场6月30日完成股改，7月13日进入上市辅导，12月17日通过辅导验收，12月30日上市申请被深交所受理；海聆梦家居12月1日进入上市辅导；理研科技辅导稳步推进；谷登重型业务重组加速推进。全区新增江苏股权交易中心挂牌企业49个（江苏志得管业有限公司、江苏欧曼压缩机有限公司、盐城市丰特铸造机械有限公司、盐城大丰中信机械制造有限公司、盐城大丰荣盛除锈设备有限公司、盐城市大丰区翔源贸易有限公司、大丰海融国际贸易有限公司、江苏丰海新能源淡化海水发展有限公司、盐城市大丰区华虹纺织有限公司、盐城大丰恒盛商品混凝土有限公司、盐城市大丰燃气设备有限公司、江苏邦力金属制品有限公司、江苏义禾农业发展有限公司、江苏亿兴粮贸发展有限公司、盐城市大丰区农心科技开发有限公司、盐城怡童家纺有限公司、江苏汇宝不锈钢有限公司、盐城市大丰高昌蓝翔木业有限公司、江苏九德科技有限责任公司、江苏宏泰织造有限公司、盐城市大丰珍珂粮食贸易有限公司、江苏珍鹿纺织有限公司、上海特瑞机械设备盐城大丰有限公司、盐城建恒商贸有限公司、盐城市大丰区信同建材有限公司、江苏苏视光电有限公司、江苏省丰乐铸造有限公司、盐城大丰威远车辆配件有限公司、盐城市大丰捷威精锻有限公司、盐城市大丰华瑞精工机械有限公司、盐城大丰骏荣娱乐用品有限公司、盐城丰美羽绒制品有限公司、盐城市大丰区岷琪针织品有限公司、江苏瑞彩塑料制品有限公司、盐城金山物流有限公司、盐城市联明机械有限公司、大丰市强丰纺织有限公司、盐城市大丰区水泥制造有限公司、盐城市大丰区新东方纺织有限公司、大丰恒丰家纺有限公司、江苏正德源智能制造有限公司、盐城市大丰区创维纺织有限公司、盐城市大丰区强丰建材有限公司、大丰富恒建材有限公司、盐城市大丰环宇彩印包装有限公司、盐城市大丰中联包装有限公司、盐城澄铭特钢有限公司、江苏龙胜不锈钢有限公司、盐城市大丰区长荣建材有限公司），新增挂牌企业数超历年之和，累计挂牌企业数创历史新高。截至2020年年末，全区拥有上市公司4个（江苏辉丰生物农业股份有限公司、金财互联控股股份有限公司、大丰港和顺科技股份有限公司、江苏丰山集团股份有限公司）、新三板挂牌公司6个（江苏焕鑫新材料股份有限公司、盐城中德精锻股份有限公司、江苏凯嘉橡胶科技股份有限公司、江苏金色工业炉股份有限公司、江苏金色农业股份有限公司、江苏大丰华丰种业股份有限公司）、江苏股权交易中心挂牌企业97个。上市和新三板挂牌企业累计直接融资72.95亿元，全市第一。

（夏　伟）

地方金融监管

【概况】 2020年，大丰区金融系统认真贯彻落实区委全会精神，在常态化做好疫情防控工作中，紧扣“六稳”“六保”，突出抓好金融服务实体经济、打造资本市场“大丰板块”、打好防范化解重大金融风险攻坚战等重点任务，推动全区金融工作持续健康发展。

【金融风险管控】 2020年，炎煌融资租赁（大丰）有限公司被注销，大丰区实有地方金融机构9个（江苏金茂融资担保有限公司、盐城市顺达典当有限责任公司、盐城市大丰区华忱电放有限公司、盐城市大丰华瑞泰典当有限公司、草堰农民资金互助合作社、白驹农民资金互助合作社、西团农民资金互助合作社、裕华农民资金互助合作社、丰富农民资金互助合作社），运用现场检查及非现场监管手段穿透式监管地方金融机构。3月，出台《2020年大丰区农民资金互助合作社监管工作要点》，从完善非现场检查工作机制、加大现场检查工作力度、压实属地监管处置责任、建立监管评级及分类监管制度等6个方面加强监管工作，规范农民资金互助合作社运行。对注销的11家农民资金互助社开展“回头看”现场检查，拆除一批违规店招。7—10月，陆续开展农民资金互助合作社专项检查（审计）、融资担保公司年检评级和典当行年审评级等检查，各参检机构均顺利通过第三方审计。9月30日，金茂融资担保公司被公布为江苏省首批政府性融资担保机构，2020年公司新增担保增速、在保余额增速、在保余额放大倍数均列全市第一位。

（夏　伟）

〖编辑　丁彩前〗

城镇建设

综述

【概况】 2020年，大丰区紧扣盐城大市区副中心定位，按照“做实城东、做精城中、做美城西”的思路，推进城市建设大会战，聚力主攻城市经济，同步提升城市形态、业态、质态，取得显著成效，城镇化率64%，与盐城大市区一同创成全国文明城市。全年组织实施重点工程33项，完成投资81.5亿元。盐通高铁建成通车，高铁综合枢纽、沪丰大道同步投入使用，正式迈入“高铁时代”。盐丰快速通道三期启动征地拆迁，226省道绕城段竣工通车，城乡公交一体化改造完成。打造“一镇一里两街两商圈”（新丰镇、新丰里、人民路、幸福大街、中交美庐城、吾悦广场），完成棚户区改造2600户、50万平方米，人民路海派风情街道路通车，吾悦广场、维也纳酒店对外营业，大丰外国语学校、悦隽幼儿园交付办学，益民小区等11个老旧小区完成综合整治，黄海路东延、春柳南路等工程进场施工。建成省级特色田园乡村9个（大桥镇大桥村、草庙镇东灶村、小海镇海团村、三龙镇龙东村、白驹镇马家村、万盈镇益民村、刘庄镇友谊村、西团镇众心村新型农村社区、大中街道恒北村2号村庄），数量为苏北第一。按照“鼓励进城入镇、引导集中居住、尊重留乡意愿”的原则，大力改善农民群众住房条件，全区完成农房改善6500户。建成14个新型农村社区，单体建筑全部竣工、基础设施和公共服务设施全面配套到位。

【城市防汛】 2020年，大丰区住房和城乡建设局坚持“安全第一、防治并举、常抓不懈、以防为主”的原则，夯实城市防汛工作责任，强化各项措施，修订完善《大丰城区防洪预案》，积极储备常备防汛物资。以市政维修人员为主体，组织一支100多人的抢险突击队伍，定期疏浚、维护城区85千米的排水管网、9000多个窨井，确保设施完好，排水排涝通畅。对全区各建筑工地进行防汛物资、安全隐患等方面的全面排查，重点检查在建工地的深基坑、边坡以及塔吊和脚手架等重点部位的防汛措施落实情况。加强对施工作业人员安全管理，严格执行相关操作规程，防范安全事故。对燃气场站、储罐区进行拉网式安全检查，落实防汛措施，备足抢险物资，做好汛期气源供应保障工作，全力防范触电、雷击、坍塌、火灾等安全生产事故发生。对公共租赁住房和直管公房进行全覆盖的安全检查，实施益民小区、建业小区、安置小区等老旧小区截污控源改造，有效解决低洼片区的积水内涝问题。指导物业服务企业制订防汛工作方案，加强物资贮备、队伍建设、防范宣传等工作，落实防汛抢险队伍，提高实战能力。重点做好小区地下车库、人防设施、地下配电房等地下空间的防汛工作，落实抢排设备，保持运转正常，防止积水。加强防汛值班值守工作，在遇台风、暴雨等恶劣天气情况时，保证24小时内有专人值班，及时、准确地上报汛情、雨情和灾情，保持信息畅通。

（葛顺明）

城市、村镇规划

【概况】 2020年，大丰区高度重视规划工作，在规划编制、审批、实施、验收等环节，全力提升规划管理和服务水平。以“高起点规划，高标准定位”为原则，突出规划的引领调控作用，科学拓展城乡发展空间。开展《盐城市大丰区发展规划战略研究及城市设计》《盐城市大丰区主城区城市设计》《盐城市大丰区城市停车设施专项规划》《盐城市大丰区接轨上海及大丰—上海农场一体化专项规划》等相关规划和城市设计。对城市的路、河、广场、公园等城建重点工程项目进行全过程跟踪式规划服务，确保各项城建重点工程项目顺利实施。完成镇村布局规划优化工作，组织开展盐城市大丰区老斗龙港策划及概念规划和盐城市大丰区城镇发展（定位）规划编制工作，完成15个新型农村社区规划设计方案的评审工作。

【专项规划编制】 2020年，大丰区自然资源和规划局高起点、高质量开展相关规划编制工作。开展《盐城市国土空间总体规划大丰区分区规划》编制工作，统筹协调各类空间性规划，强化土地利用规划和城市总体规划衔接，解决规划落地问题，探索推进"多规合一"。建立健全大丰区国土空间规划体系，推动各版块产业布局、生态环境、基础设施、公共服务、公共空间等融入国土空间规划体系之中，实现各项规划在国土空间规划框架下的内容统一、管理协调，形成生产空间集约高效、生活空间宜居适度、生态空间山清水秀，安全和谐、富有竞争力和可持续发展的国土空间格局。组织完成《盐城市大丰区发展规划战略研究及城市设计》《盐城市大丰区主城区城市设计》专家评审；启动《大丰吾悦、中交两商圈更新规划》编制工作。重点对吾悦、中交两个商圈的目标定位、空间布局、交通组织、开敞空间、建筑群体、景观环境、实施措施等内容进一步展开详细的系统研究，针对存量空间和增量空间的不同特征和发展需求，提出有针对性的控制和引导要求，指导两个商圈的城市更新、旧城改造和项目开发。以融入大市区为出发点，立足向西向北的主攻方向，开展《大丰区西河口片区城市设计》，从生产空间集约高效、生活空间宜居适度、生态空间山清水秀的角度，进行功能布局和空间引导，系统分析组团交通系统、开敞空间、总体风貌，提出总体控制和详细规划引导要求，进一步明确片区定位，制定开发策略，细化时序要求，打造组团开发的特色亮点，形成科学合理的空间布局，着力塑造良好的城市形象。

【城市规划管理】 2020年，大丰区自然资源和规划局围绕完善城市功能，提升居民生活环境，大力推进城市开发建设。坚持市场导向，遵循市场经济规律，科学安排城市综合体等重大项目的用地出让计划，合理调控大型商贸综合体项目建设。做好重大项目前期阶段的服务对接和洽谈工作。2020年，雍景府、玖玺、吾悦华府、桃李风华府、公路站东侧地块、悦城华府北侧地块、北职中地块、荣润晨熙府、只有爱、中昂玥府、新城悦隽名邸、凤凰城、新丰里（飞轮厂地块改造、扩建）、酒厂地块等重大项目开工建设；美桥国际社区（温德姆酒店）签订投资协议；希尔顿逸林酒店、天沐温泉酒店完成规划审核；配合做好2021年城建土地招商地块设计条件及红线图编制工作。2020年办理选址意见书66份，用地规划许可证88份，工程规划许可证642份，乡村建设规划许可证31份，小型工程18份，规划核实手续398份。规划展览馆接待各类团队4批，接待参观52人次。

【村镇规划】 2020年，大丰区自然资源和规划局完成镇村布局规划优化工作，组织开展盐城市大丰区老斗龙港策划及概念规划和盐城市大丰区城镇发展（定位）规划编制工作，完成对15个新型农村社区规划设计方案的评审工作。扎实推进村庄设计工作，在中心村、美丽宜居示范村、传统村落等重要村庄和建设项目较多的村庄同步村庄规划编制和村庄设计。加强传统村落保护，编制传统村落保护发展规划。注重保护村庄完整的传统风貌格局、历史环境要素、自然景观等，引导村民慎砍树、不占河湖水域、不拆有保护价值的房屋。保护好具有传统风貌和历史文化价值的保护性建筑，坚决制止保护性建筑的拆除行为，实现保护性建筑的合理利用。

（陈　萍）

城市建设

【概况】 2020年，大丰区抢抓"建好盐城大市区副中心"的城市建设机遇，树立经营城市的理念，全力打好城市建设攻坚战。精心打造新丰镇、城区新丰里、人民路海派风情街、幸福大街、中交美庐城商圈、吾悦广场商圈"一镇一里两街两商圈"，进一步优化功能布局，塑造城市风貌，释放城市活力，不断提升城市首位度、集聚度和辐射带动能力。2020年，大丰区组织实施33项城建重点工程完成投资81.5亿元。城建重点工程开工率98%，竣工率95%，招投标率、工程质量一次性验收合格率均为100%。

【城市经济发展】 2020年，大丰区立足盐丰一体化、接轨大上海、融入长三角，完善城市发展战略研究及城市设计，围绕人民路、通港大道、幸福大街"三条轴线"和斗龙港生态组团布局城市建设重点项目，科学规划，合理布局，形成区域空间功能优化。完成《人民路海派风情街规划设计》《沪丰大道景观规划设计》《盐城市大丰区发展规划战略研究》，形成中期成果，《大丰土地利用总体规划》开展局部修编，为城市经济发展提供强有力的规划支撑。按照"做实城东重抓产城融合、做精城中重抓商城融合、做美城西重抓旅城融合"的思路，发展城市产业，增强城市经济厚度。吾悦广场城市综合体项目由新城控股集团投资建设，总投资16亿元，总建筑面积19.72万平方米，11月6日正式对外营业。大丰吾悦广场集精品超市、潮流服饰、亲子乐园、互动体验、特色餐饮、巨幕影城多种业态于一体，超过120个品牌首次入驻大丰，同时打造吾悦珠宝城、特色主题街区，为消费者带来独特的购物体验。锦徽大厦、蜀丰大厦完成主体工程，同步招引数据软件、文化创意、现代金融等新经济、新业态入驻。高新区城市综合体成立大丰项目公司并到账外资1000万美元。《只有爱·戏剧幻城》全球公演。2020年，城区挂牌上市6宗经营性土地，总面积0.29平方千米，成交价总额24.86亿元，总溢价率89%。

【城建重点工程建设】 2020年，大丰区组织实施33项城建重点工程，完成投资81.5亿元。城东板块：维也纳酒店装修完成；大丰外国语学校主体工程竣工；春柳南路（黄海路至南翔大道）路基灰土施工完成80%；黄海路东延（东宁路至五一大道）斗私河东侧完成路基施工70%。城中板块：人民路海派风情街工程道路工程、建筑立面改造、楼宇亮化、景观绿化、智慧城市项目同时施工，雨污分流管网全部铺设结束，快车道建成通车；幸福大街公建提升工程进场施工；景尚名城保障性住房工程主体结构封顶，康馨雅苑保障性住房工程进入土建施工阶段；建设路（新村路至北兴路）、朝阳路（新村路至北兴路）竣工通车；益民小区、国泰花园、建业小区、育红小区、亚丰小区、淮二新村综合、安置小区、金丰小区、今日小区、鸿基新村、沿滨苑等11个老旧小区综合整治工程竣工。城西板块：新丰镇镇区古街修缮保护、环境提升工程完成拆迁，沿河步道等深化设计；《只有爱》戏剧幻城项目“月下爱河”旅游综合体进入土建施工阶段；天沐温泉酒店、阿姆斯特丹酒店加快土建工程施工；大丰高铁站综合枢纽高铁站房、站前广场、沪丰大道竣工。

【路桥工程】 2020年，大丰区人民路海派风情街道路工程快车道通车，朝阳路、建设路竣工通车，春柳南路、黄海路东延、北兴路进入路基施工阶段，育红路、金丰路美食街工程进场施工。对城区主次干道和背街小巷路面破损、雨水箅破损、道路护栏受损、公交站台破损等进行实时维修，完成沥青路面修补4000平方米，混凝土路面改造6200平方米，人行道改造铺设9000平方米、改造盲道板约300米，安装石材路牙2000米，安装隔离桩、柱、球等安全防护设施140只（根），主次干道管道疏通约8万米、小区管道疏通约8000米，清掏大小窨井4600座，清掏雨水痹8800只，完成窨井提升80座，修复窨井损坏180余处，维修道路栏杆320余处，修复桥梁损坏部位180余处，修复道路坑洞1800个。

【城市房屋征收搬迁】 2020年，大丰区完成房屋征收搬迁2600户，拆除房屋建筑面积50万平方米。依据《盐城市大丰区城区棚户区治理三年行动方案》，加大征收搬迁力度，推进棚户区改造。重点实施原缫丝厂南北侧地块、黄海路东延、润富花园东南侧地块、大新1–7村地块等22个项目，为城市重点工程和项目建设腾出了用地空间。城区房屋征收搬迁成立35个工作组，400多人次参与，形成征迁工作合力，房屋征收搬迁完成总量创历史新高。

【城建融资】 2020年，大丰区城市建设集团有限公司在金融政策趋紧的形势下，重点突破融资困境，拓展融资渠道，压降融资成本。全年通过银行贷款、信托、融资租赁、商业保理、资管计划等渠道融资到账约63亿元，其中银行贷款约35亿元、信托约14亿元、融资租赁约7亿元、商业保理4亿元、资管计划3亿元，融资年化综合成本约7.9%。扎实推进城市建设集团有限公司AA+评级工作，提升市场地位、增强融资能力，降低融资成本，为高质量发展注入更加强劲的动力。

【房屋征收人员培训】 4月9日，大丰区举办2020年房屋征收业务培训班。大中街道、丰华街道、区重点部门、征收实施单位、评估机构从事房屋征收一线人员参加培训。培训班上，大丰区征收管理办公室负责人围绕房屋征收法律法规及相关政策、房屋征收补偿工作现场行为规范、征收工作流程、操作规范和《盐城市大丰区国有土地上房屋征收补偿资金结算凭证安置实施办法》等内容进行授课。通过此次培训，进一步规范全区国有土地上房屋征收补偿工作程序，提高房屋征收行业从业人员业务素质，依法推进房屋征收工作，为城建重点工程项目建设提供保障。

【原缫丝厂南北地块一期及周边零星地块动迁】 4月24日，大丰区召开原缫丝厂南北地块一期及周边零星地块房屋搬迁动员会，该地块正式实施搬迁。此次房屋搬迁涉及4个地块，被搬迁对象226户，面积49521平方米。其中原缫丝厂南北地块一期东至大四河、南至新村路、西至金丰路、北至通港大道，涉及被搬迁对象142户，面积31465平方米；悦城华府北侧地块东至教师公寓、南至悦城华府北侧、西至金丰路、北至新村路，涉及被搬迁对象52户，面积约11046平方米；吾悦广场南侧地块东至同惠花园西侧、南至同德七排南沟、西至同德东沟、北至新村路，涉及被搬迁对象26户，面积约6380平方米；大新农民公寓东侧地块东至金丰路、南至北兴路、西至大新农民公寓东侧、北至通港大道，涉及被搬迁对象6户，面积约630平方米。会议对房屋搬迁补偿与安置、搬迁评估、补偿协议等方面内容进行了明确，私有合法住宅房屋的补偿方式为货币补偿和房屋产权调换两种，由房屋所有权人选择。选择货币补偿方式的房屋所有权人可选择资金结算凭证补偿方式。会议要求坚持以法保障、以利惠民，推进搬迁

截至2020年年底，人民路海派风情街快车道通车，建筑立面改造、楼宇亮化、景观绿化、智慧城市完成60%的工程量。 周古凯 摄

工作。规范搬迁程序，对搬迁的政策依据、补偿标准、办事程序、安置方案实行张榜公布，体现公正、公开、公平、透明，按期完成搬迁任务。

【城区三个地块搬迁启动】 6月4日，大丰区召开黄海路东延、春柳路南延及润富花园南侧地块房屋搬迁动员会，正式启动三个地块的搬迁工作。黄海路东延、春柳路南延、润富花园南侧地块共涉及被搬迁对象349户，面积约91015.57平方米。其中黄海路东延地块搬迁东宁路至五一大道红线范围内的房屋，涉及被搬迁对象118户，面积44346.51平方米；春柳路南延地块搬迁二卯酉河至南翔路红线范围内的房屋，涉及被搬迁对象37户，面积8454.99平方米；润富花园南侧地块搬迁东至恒泰河、南至益民路、西至康平路、北至育红路红线范围内的房屋，涉及被搬迁对象194户，面积38214.07平方米。私有合法住宅房屋的补偿方式为货币补偿和房屋产权调换两种，由房屋所有权人选择。

【人民路海派风情街工程】 人民路海派风情街是大丰区城市建设大会战的重点项目，实施育红路至北兴路段，全长2.7千米，计划总投资4亿元。该项目由上海同济大学设计团队设计，对街区进行提升改造，打造集休闲、购物、娱乐、饮食、观光于一体的海派风情商业示范街区。该工程主要实施道路提升、沿街立面整治、里弄街区建设、智慧城市建设、业态调整优化，打造文脉核心区、商业核心区、金融核心区、文创核心区。截至2020年年底，人民路海派风情街快车道通车，建筑立面改造、楼宇亮化、景观绿化、智慧城市完成60%的工程量。

【金丰小区提升改造工程】 金丰小区提升工程是大丰区2020年城建重点工程之一，项目总投资2059万元，小区31幢楼，建筑面积90000平方米，居民744户。改造工程的主要内容包括：外墙面出新改造（真石漆）；坡屋面换瓦增做防水；平屋面重新做防水层增设保温隔热层；天沟防水；改造新建门房；更换楼梯间照明；适老改造（增设小区平面图及无障碍标识牌、小区单元出入口无障碍化改造、增设适应老年人需求的休闲服务设施）；弱电管线入槽下地；增设安防技防；屋面太阳能热水器有序安放、回水统一收集有序排放；空调外机有序安放、回水进入统一管道排放；整理小区杂物。通过改造达到外墙出新、环境整洁、顶楼屋面隔热断漏，彻底改善居民的居住环境。金丰小区提升改造工程于年底竣工。

（葛顺明）

村镇建设

【概况】 2020年，大丰区各镇实施城镇建设重点工程项目75项，完成总投资10.3亿元。坚持以人为本、尊重自然、传承历史、绿色低碳的城乡规划理念，合理确定城镇村规模、开发边界、开发强度和保护性空间，推动增量扩张性规划向存量调整性规划转变。增强规划对城市、城镇、农村新型社区的空间发展和布局的引导，落实城乡统筹相关规划，推进城乡规划一体化发展。着力发展新丰、刘庄、南阳3个重点中心镇，差异化推动三龙、西团、白驹、草堰、小海、万盈、草庙、大桥8个一般镇特色化发展。实施城乡联动改革，推进农民持土地股份进城镇、持社会保障进城镇、持房进城镇，推动农业转移人口市民化。以“美丽乡村”建设为重点，实现居家养老、便民服务、医疗保障全覆盖，一产三产融合发展，旅游、电商等新型产业快速发展的城乡一体化发展机制。完成218个行政村主干道路灯建设，55个行政村生活污水治理设施建成投运，农村生活垃圾集中收运处理率100%。

【改善农民群众住房条件】 2020年，大丰区全年完成农房改善6500户，其中退宅进城入镇2138户，退宅还耕1670户，进新型农村社区2692户。建成14个新型农村社区，被表彰为苏北农房改善工作绩效评价优秀县（市、区）。全面掀起城建大会战热潮，城市经济加快发展，吸引农民进城购房。建好房产超市，引导房地产开发企业让利于民，方便群众一站式选房、购房。截至2020年年底，全区进驻房产企业32个，中介机构12个，发布商品住宅信息5000多套，二手房源信息2000多套，成交3426套。制定进城入镇农户与城镇居民享有同等待遇的10条保障措施，在就业、教育、医疗、社保等方面给予政策优惠，引导农民群众进城入镇购房。维护农民合法权益，保障进城入镇农民在农村应享有的土地承包、宅基地使用和集体收益分配等权益不受损。按照特色田园乡村标准，提升新型农村社区景观设计方案，在建筑风格、村口标识、节点小品等设计中，植入麋鹿、湿地、古盐、红色文化等元素，体现地方特色。建立建设主管部门、第三方专业机构和群众代表参与的“三方监管”机制，从源头上把控新型农村社区建设的质量安全。注重新型农村社区公共服务设施功能叠加，突出新老村庄融合，同步规划基础设施和公共服务配套。结合“万企联万村、共走振兴路”行动，加快新型农村社区周边土地成片流转，布局万亩芦笋基地、水蛭养殖加工等规模种养、农产品深加工项目，兴办家庭农场、农民合作社等新型经营主体，引导农民土地流转收租金、务工挣薪金、合作赚现金、分红享股金。积极推进新型农村社区自治、法治、德治“三治融合”，大力推进“大数据+网格化+铁脚板”运行机制，优先将新型农村社区纳入基层社会治理示范点培植。出台《盐城市大丰区新型农村社区物业管理考核办法》，落实长效管护机制。将党建工作与新型农村社区建设有机融合，探索建设“红色邻里”，全力打造5分钟便民服务“红心圈”。

【盐城市脱贫攻坚和村镇建设工作会议在大丰召开】 3月5日，盐城市脱贫攻坚和村镇建设工作会议在大丰区召开，总结2019年全市村镇建设工作情况，部署下一阶段脱贫攻坚和村镇建设工作任务。会议要求，全市要按照《苏北地区农民群众住房条件改善工作绩效评价办法》要求，做好农房改善绩效评价的验收自评工作，开展好农村"四类重点对象"（建档立卡低收入农户、低保户、农村分散供养特困人员和贫困残疾人家庭）住房安全工作"回头看"，加快打造新型农村社区，加大森林小镇创建力度，打造美丽宜居乡村。

【房产超市】 6月5日，大丰区农民进城入镇房产超市正式对外开放，一批批村民到房产超市看房选房。该市场位于大丰区丰华街道希望小镇7号楼的，建筑面积500多平方米，一楼为房产超市服务区及楼盘展示区，二楼为二手房信息展示区，同时开设了四条免费看房专线，专人专车服务看房群众。线上，建立农民退宅进城入镇购房服务平台，一站式发布农房改善政策、办理流程、房源信息；线下，入驻房产超市的所有楼盘，安排专人全程陪同看房农户，对确定购房群众提供水、电、气、网、不动产证办理等一站式"帮办"服务。大丰区通过区房产超市统一运作、多家房企联动，建立涵盖城区和集镇的房源库，为进城入镇农民提供优质房源和看房选房便利。

【省特色田园乡村创建】 2020年，大丰区积极推动农房改善项目按照特色田园乡村标准建设，立足于一步建成特色田园乡村，成为推进农房改善的工作"标杆"。委托高资质的规划设计单位对新型农村社区编制景观提升方案，突出乡土风貌塑造，植入麋鹿、湿地、古盐等元素，突出村口等重要节点营造，努力让新型农村社区富有传统气息、蕴藏乡愁印记、呈现田园风光。把自然肌理、人文景观、特色产业、历史文化和自然资源整合起来，高质量推进特色田园乡村建设。年内，大丰区大桥镇大桥新型农村社区、草庙镇东灶新型农村社区、小海镇海团新型农村社区、三龙镇龙东新型农村社区、白驹镇马家新型农村社区、万盈镇益民新型农村社区、刘庄镇友谊新型农村社区、西团镇众心新型农村社区、大中街道恒北村2号村庄被命名为省特色田园乡村。

【农村四类重点对象危房改造】 2020年，大丰区住房和城乡建设局切实履行部门职责，加大与扶贫、财政、民政等部门信息互联和共享力度。及时组织技术人员和委托专业机构对农村危房进行鉴定，将符合改造条件的对象全部纳入改造计划。坚持"户申请、村评议、镇审核、区审批"的工作程序，规范危房改造对象的审核审批，实行留痕管理，强化责任落实。加强危房改造质量安全巡查，确保规范施工和房屋质量安全。通过原址新建、翻建、修缮加固、新型农村社区安置、进城入镇购房、建设农村集体公租房、利用闲置农房和集体公房置换、托底安置等方式，确保全区农村四类重点对象住房有保障。截至2020年年底，大丰区完成建档立卡低收入农户、低保户、农村分散供养特困人员和贫困残疾人家庭等农村四类重点对象危房改造2561户，其中D级危房961户、C级危房1600户，实现全区农村四类重点对象存量危房全部清零。

2020年6月5日，大丰区农民进城入镇房产超市正式对外开放，村民分批到房产超市看房选房。 周古凯 摄

【草堰镇丁溪村获评省传统村落】 10月8日，大丰区草堰镇丁溪村被江苏省住建厅、文旅厅、财政厅、自然资源厅、农业农村厅认定为江苏省传统村落。丁溪村位于大丰区西南部，地处大丰、东台、兴化三地交汇点。丁溪村传统村落形成于北宋，古盐运文化历史悠久，丁溪古街道、古庆丰桥、双凤井、丁溪石闸、丁溪古民居等历史遗存得到有效保护，拥有丰富的文化与自然资源，具有一定历史、文化、科学、艺术、经济、社会价值。丁溪村坚持完善传统村落档案，落实保护对象及其保护措施，保护和延续村落的传统格局与历史风貌，保留乡土特色、留住乡愁记忆。

【55个行政村生活污水处理设施竣工】 2020年，大丰区投资1.1亿元，新建55个行政村生活污水处理设施及配套管网建设。区城建集团按照东南片区、西南片区及中北片区3个标段，分别委托了中机国际工程设计研究院、悉地（苏州）勘察设计顾问有限公司、上海千年城市规划工程设计股份有限公司3家设计单位同时进行设计。通过招投标确定了3家监理单位、3家跟踪审计单位和19家施工单位。55个村庄点每天确保施工人员600名以上，施工机械100台套以上，保证施工安全、质量和进度。55个行政村的生活污水处理设施年内投入试运行，委托第三方专业机构运行维护，专业人员每天对运行情况进行巡查、检测和维护，确保生活污水处理

设施出水水质符合排放要求，稳定运行。截至11月底，大丰区年内实施的55个行政村生活污水处理设施及配套管网建设竣工，大丰区行政村生活污水处理设施覆盖率68.3%。

（葛顺明）

城市管理

【概况】 2020年，大丰区城市管理局坚持以“绣花”功夫和盐城市城市建设管理“十没有”“二十有”标准不断提升城市精细化管理水平，加强市容市貌、环境卫生、园林绿化、景观亮化管理力度，加快环卫基础设施配套工程建设步伐，扎实推进城市治理体系和治理能力现代化，2020年被大丰区委区政府表彰为综合先进单位。

【城市管理精细化】 2020年，大丰区城市管理局规范整治市容秩序，拆除城乡各类违法建设900多户，面积20万平方米，施划停车线1万余平方米，查扣违停非机动车2600余辆，清理乱堆乱放800余处、乱张贴1400余处、破损广告240余处。设置、更换各类公益广告宣传画面5400余块、灯杆道旗3000余杆。春节、国庆期间在城区节点部位设置大型花灯花坛5座，灯杆国旗620杆。对国省道、串场河和城市出入口沿线进行专项环境整治，拆除违法搭建物100余处，面积1万平方米。数字化城管系统高效运行，受理办结案件14433件。环境卫生更加整洁，定期擦洗垃圾容器，更换破损垃圾桶950余只，清运城区生活垃圾约7.4万吨，生活垃圾无害化处理率100%。加强园林绿化管养，补植城区绿化11083平方米，更换时令花草48812平方米。强化城市照明维护，对城区范围内所有照明设施进行拉网式巡查检修，修复亮化设施9000余盏。

【城市重点工程建设】 2020年，大丰区城市管理局为所有环卫作业车辆安装智能视频监控报警系统，新增8辆环卫作业车，城区道路机械化清扫率90.9%，督促渣土运营公司更换68辆新型环保渣土车。负责建设的餐厨垃圾处理中心、建筑垃圾调剂场竣工，垃圾分类处置中心土建主体完工。新建、改造城市公厕12座，指导农村新建、改建公厕86座，改善城乡居民如厕环境。在城区5个交通道口建设遮阳挡雨棚20座，为群众出行提供便利。完成朝阳公园、康平游园、张謇文化广场、慈善文化园等公园绿化改造提升工程，改善市民休憩锻炼环境。完成西康路和幸福西路景观灯维护工程、益民西路西延段路灯安装工程、新时代大道景观亮化提升工程与慈善文化园景观亮化提升工程。完成智慧照明物联网建设项目立项、专家评审、招投标等工作并进场施工，启动城市夜游经济配套工程。

【城区垃圾分类工作】 2020年，大丰区城市管理局与城区381个餐饮企业签订餐厨垃圾收运协议，投放餐厨垃圾桶700余只，收运、处置餐厨垃圾7200余吨，建成垃圾分类小区82个、垃圾分类单位184家，公共区域分类投放设施1777只，完成江苏省住房和城乡建设厅布置的9个省级达标小区任务，建成区生活垃圾分类投放设施覆盖率95%，城区垃圾分类集中处理率87%，城市餐厨废弃物处理率和城市建筑垃圾资源化利用率均为100%，年终考核位于盐城市第一档次。

【疫情防控防线筑牢】 2月，大丰区城市管理局派出124名城管执法人员“三班倒”坚守交通出入口管控一线，30名网格员深入社区做好疫情防控宣传、人员排查工作，在城区大街小巷出新防疫公益宣传画面数千份。每天对农贸市场、商业场所、公园、环卫设施、公厕等公共区域进行高频消杀，设置废弃口罩收集容器100只，做好大丰区设置的2个隔离点污水抽吸工作。开展卫生死角专项整治行动，安排2辆雾炮车为企业消杀，助力企业复工复产。21名工作人员受到盐城市委、市政府的表彰、表扬。

【农村人居环境整治】 2020年，大丰区城市管理局督查、指导农村生活垃圾治理和农村公厕建设工作，提升农村生活垃圾治理能力，完成98个行政村的垃圾整治工作，农村新增保洁员266名，取缔破旧垃圾池8000座，新增分类收集桶约12000只，新增环卫作业车辆20台。农村生活垃圾分类试点工作全面铺开，新增4个镇（区、街道）开展镇村全域生活垃圾分类，新建农村有机易腐设施4座，新建（改造）垃圾中转站2座，新建、改造农村公厕86座。

2020年2月，大丰区拉网式进行建筑工地疫情防控检查。

葛顺明　摄

【城市管理依法行政】 2020年，大丰区城市管理局加大对建工和燃气等安全隐患较大事项的稽查处罚力度，全年立案查处各类建设工程案件52起，查扣处理液化气钢瓶429个，罚没金额600多万元。认真践行“721”工作法（70%的问题用服务手段解决、20%的问题用管理手段解决、10%的问题用执法手段解决），2020年度城管执法队伍“强基础、转作风、树形象”专项行动被江苏省住房和城乡建设厅表彰为突出单位。开展“比学赶超、进位争先”活动，组织人员赴上海、浙江学习城市管理先进经验。创新执法方式，引入第三方鉴定制度，全面推进非接触式执法案件办理，以执法手段促进市容管理常态化。

（顾　蓉）

公共设施建设

【概况】 2020年，大丰区加快推进城市公共基础设施建设，巩固提升全国文明城市创建成果，不断改善人居环境。实施城市黑臭河整治和水环境治理，老旧小区、低洼片区截污控源及道路整修等工程竣工，城市水绿特色日益彰显。城区范围垃圾日产日清，生活垃圾无害化处理率100%。加强渣土运输管理，实行市区主要干道渣土运输车辆限时通行。加快天然气工程建设步伐，为市民提供清洁、安全、优质的天然气。规范地下管线工程建设，城市形象进一步提升。

【市政设施管养】 2020年，大丰区住房和城乡建设局建立市政设施巡查制度，对巡查发现的问题和各方反映的事项，根据责任分工要求，及时落实到相关责任单位，切实加强整改落实，做到件件有落实、事事有回音，实现处置及时率和满意率100%，保证行人与车辆的出行安全。实施市政道路、老旧小区等基础设施维修工作，新摊铺道路沥青路面2.7万平方米。

【燃气供气工程】 大丰区进一步优化燃气产业结构，在稳定液化石油气供给的基础上，大力发展管道天然气。2020年全区新增天然气管道61.88千米，实现全区建设燃气管网长度约958.72千米；新增天然气工商业用户98个，全区天然气工商业用户914个；新增居民通气用户5737户，全区居民通气用户81018户。全年天然气供应总量9104.66万立方米，液化气供应总量8500吨。

【燃气安全管理】 2020年，大丰区住房和城乡建设局对全区天然气管输企业、天然气经营企、瓶装燃气经营企业、加气站开展燃气安全检查，对全区天然气门站、天然气储配站、车用加气站、液化天然气场站、液化石油气储配站、液化石油气供应站等设施开展检查。全年检查出城镇燃气场站安全隐患217个，全部整改到位。督促燃气经营企业加大安全资金投入，更新燃气设备设施，加强场站设施的检测和维护保养，确保站内设备、仪器仪表、燃气检测报警系统完好有效。完成4个企业的5个燃气储罐升级改造工作，有效消除燃气场站设备设施老旧、安全间距不足等问题。委托第三方安全机构开展专项检查，重点检查企业安全生产制度建设、管道工艺、人员持证等内容，针对查出的隐患和实际生产中易滋生的问题，实行限期整改到位。加大对燃气储罐、管道设施和消防安全设施的检查，落实城镇燃气企业加强巡查，确保储罐、管道、安全阀、液位计等正常运行，保证喷淋系统、消防器材、防雷、防静电、可燃气体浓度报警装置配置齐全、安全有效。强化瓶装液化气的治理，制定《盐城市大丰区瓶装液化石油气安全专项治理工作方案》，落实瓶装液化气经营单位安全生产主体责任，排查和治理瓶装液化气的问题和安全隐患。强化气瓶的安全管理，落实瓶装燃气企业严格遵守气瓶充装管理规定，从源头把住气瓶充装安全控制关，杜绝不安全实气瓶流入社会。要求城镇燃气企业建立健全用户服务信息系统，实行用户档案管理，推行实名制销售。严控“黑气”市场源头，严禁瓶装液化气企业充装报废、不合格钢瓶。全年取缔无证经营点3个，查扣液化气钢瓶329个。

【拧紧汛期燃气安全阀】 6月，大丰区住房和城乡建设局开展汛期燃气安全检查，通过拉网式检查，排查安全隐患，落实整改措施，拧紧汛期燃气安全阀，确保不留死角，管控到位。为切实做好汛期燃气行业安全生产监管工作，全面排查治理安全隐患，区住房和城乡建设局组织对全区燃气经营企业、燃气经营网点进行安全大检查。检查组通过查阅台账、实地查看等方式，重点检查企业的安全生产主体责任落实、管道巡线、燃气供应储备、消防设施配备、防汛措施落实及入户安检等工作开展情况。局检查组针对存在问题，下发隐患整改通知书，督促有关企业限期整改。同时，聘请第三方机构，参与燃气安全检查，强化技术支撑，实行安全隐患整改闭环销号管理。通过检查，进一步规范了汛期燃气企业生产经营行为，推动了企业安全生产主体责任落实，为全区燃气行业安全生产形势稳定提供有力保障。

（葛顺明）

〖编辑　谢竹青〗

综 述

【概况】 2020年，大丰区水利局坚持“节水优先、空间均衡、系统治理、两手发力”的新时期治水方针，加快推动全区水利改革发展，为大丰全面建成小康社会、“十三五”规划完成提供水利支撑。针对恶劣天气，超前谋划、科学调度，及时排查整改度汛隐患，安全渡过超长梅雨期暴雨、台风“黑格比”“威巴”及4月份干旱等灾害，全区人员无伤亡、工程无失事。加强重点工程建设，四卯酉闸下移工程新闸建成通水，西潮河整治工程基本完工，农村河道生态治理工程和农村村庄河塘整治专项行动超额完成盐城市下达任务，串场河环境整治防洪排涝工程全面开工。提升考核断面水质，印发《全区2020年河长制工作任务》，各级河长主动履职尽责，牵头巡河治河管河，组织打捞骨干河道水面漂浮物，排查整改河道“两违”（违法圈圩、违法建设）问题，全区所有国省考断面水质全部达标。加强城乡供水，完成清水互通工程、226省道大丰南段供水管道迁改工程，委托第三方检测单位定期对全区供水水质进行取样检测，全区城乡居民饮用水安全优质。强化行业监管，严格执行最严格水资源管理制度，强化水利工程运行管理，全面完成农业综合水价改革任务，狠抓全区水利行业安全生产监督管理。

【水利工作成绩突出】 2020年，大丰区获“国家级县域节水型社会达标县（市、区）”称号，农村河道长效管护工作连续6年列省级考评第一等次，小型农田水利工程管理连续2年获省级考评优秀等级。大丰区水利局连续2年获全区综合考核先进单位。

河长制工作

【概况】 2020年，大丰区认真贯彻落实上级关于河道管理及河长制工作的各项要求，以涉河“两违”专项治理和河道水质提升为重点，靶向发力、精准治水，全面推动各项工作有序开展，河道水环境水生态稳中向好，6个国、省考和入海河流断面水质全部达标，河长制工作取得明显成效。水利局撰写的河长制工作文章《守护碧水清波，推动“河长制”高质量发展》在“学习强国”平台刊发。

【巡河治河】 2020年，区、镇、村三级河长认真履职，主动开展巡河治河工作，累计巡河3.6万余次，其中区级河长66次，召开区级专题会议11次。开展“水韵大丰全民随手拍”活动，利用“大丰河长”微信公众号发布河长制工作信息527条，收集交办涉河问题313件，办结292件。

【河道专项整治】 2020年，大丰区按照“河长牵头、属地负责、河长办协调、相关部门配合”工作思路，组织开展涉河“两违”问题整改专项行动，水利部淮河水利委员会暗访交办6个问题、市河长办交办38个“两违”问题、区级自排28个“两违”问题全部整改到位。组织开展河道漂浮物打捞“突击月”行动，以通榆河、串场河等市级以上河道、水源地及国、省考周边河道为重点，封闭拦截通榆河、串场河两岸敞口101个，设置拦截打捞点8个，先后投入打捞船只182条，打捞漂浮物125万立方米。

【水域环境治理】 2020年，大丰区实施农村河道生态治理工程，疏浚县乡河道138条，疏浚土方313万立方米，建设生态示范河道12条，其中高标准生态河道6条。开展农村村庄河塘整治突击活动，整治村庄河塘448条，疏浚土方270万立方米，建设村级生态示范河道15条。各镇（区、街道）根据自身特点成立相应的保洁队伍对境内河道进行日常保洁，农村河道长效管护连续6年被评为全省第一等次。完善污水管网体系，55个行政村生活污水处理设施建成运行，建有生活污水处理设施的行政村占比68.3%，城市、镇区污水处理率分别为91%、78%。抓好养殖污染治理，小型及以上畜禽规模养殖场治理率100%，畜禽粪污综合利用率99.77%。

【河长制考核】 2020年，大丰区严格执行河长制考核办法和河长考核细则，采取日常督查、季度考核、专项督查相结合，明察与暗访相结合的方式，全面掌握各地河长制工作开展及任务完成情况，并通过发放交办单、提示函、督办单等形式，列出问题清单，限定整改时间，跟踪督查问效。加大督查考核结果运用，将考核结果作为各地年终考核的重要内容。

水利建设

【农村水利建设】 2020年，大丰区投资4200万元，实施农村河道生态治理工程和农村村庄河塘整治专项行动，疏浚整治县乡河道138条，疏浚土方313万立方米，建成龙须河、增产河、友谊八排河等生态示范河道12条；整治村庄河塘451条，疏浚土方278万立方米，建成村级生态示范河道15条。投资80万元，综合治理南阳镇城乡小流域1平方千米，疏浚十七排河1.23千米、土方0.304万立方米，修整两岸河坡13751.8平方米，新建木桩生态护岸2.46千米。

【四卯酉闸下移工程】 2020年，大丰区水利局加快推进四卯酉闸下移工程扫尾施工，累计完成混凝土浇筑3.79万立方米，钢筋制作安装1956吨，完成河道开挖、堤防填筑、港道除险、闸室基坑开挖回填等土方354.4万立方米，石笼及连锁块护坡10.68万平方米。5月16日，工程通过省市组织的通水验收，10月31日新闸完工验收。

【西潮河整治工程大丰区境内工程】 2020年，大丰区水利局继续对大丰区三龙镇、江苏省方强农场境内长11.5千米的西潮河进行整治，投资2800万元，疏浚土方75万立方米，完成驳岸300米。通过综合治理，有效解除西潮河下游地区洪水威胁，提高了行洪和排涝能力。

【水土保持工作】 2020年，大丰区水利局对大丰区24个项目进行水土保持监督检查，下达监督检查意见27份，其中：限期补办通知13份，催缴水土保持补偿费通知3份，责令完善监测验收手续9份，责令停工通知2份。大丰区审批通过20个开发建设项目水土保持方案，其中2个项目为承诺制，应缴纳水土保持补偿费156.4万元，实际征收156.4万元，征收率100%。2020年，大丰区将20个审批的生产建设项目水土保持方案相关信息录入全国水土保持监督管理系统，按时完成国家及全省图斑核查填报系统，做到应录尽录。

2020年，大丰区实施农村河道生态治理工程，疏浚县乡河道138条，农村河道长效管护工作连续6年被评为全省第一等次。 周古凯 摄

【农业水价改革】 2020年，大丰区持续深化农业水价综合改革工作，完成年度改革任务319.33平方千米，累计完成改革面积975.67平方千米，1086座灌溉站全部实行计量；成立农民用水户协会14个，颁发农业取水许可证14份，节水减排成效显著。全区以农业水价综合改革为重点，通过建立健全工程长效管护机制，全面落实小型水利工程管护责任，有效改善小型水利农田水利设施形象面貌，工程完好率93%以上，确保工程效益的最大发挥。

水利工程管理

【水利工程维修养护】 2020年，大丰区获两批次省级水利工程维修经费175.1万元，先后对竹港新闸传感器、启闭机制动轮和减速箱进行更换和维修，对王港新闸通航孔防撞橡胶柱、翼墙进行更换和维修，对川东闸通航孔防撞设施进行更新，对通榆河东岸社中河南北段迎水坡进行维修。获两批次省级水利工程养护经费103万元，对通榆河、一线海堤、川东港闸、大丰闸、竹港闸、竹港新闸、三里闸、四卯酉闸、王港闸等水利工程开展专业养护。

【涉河建设项目审查】 2020年，大丰区水利局根据水利部《水行政许可实施办法》和《盐城市水利局水行政许可实施办法》，参与大丰区35个涉水项目前期审查，针对项目实际，采取提前介入、主动告知、上门服务等方式，做好项目前期咨询、书面函复、参与审查等服务，为涉河项目的规范化建设管理提供专业技术支撑。

【水利工程质监工作】 2020年，大丰区对2019年度城市河道整治及防洪排涝工程，四卯酉闸下移工程，川东港影响处理完善工程大丰区境内工程——潘大中心河北站、西潮河整治工程大丰区境内工程等水利工程项目开展质量和安全监督工作，组织各类质量安全监督检查活动13次，发送检查整改通知单8份，排查各类质量和安全问题隐患76起，督促参建单位落实整改，保障水利工程的质量和安全。

【水利安全管理工作】 2020年，根据大丰区委编办《关于进一步落实安全生产监管职责强化机构编制保障的通知》要求，大丰区水利局单独设立安全生产监督管理科，明确3名专职人员，全面加强水利行业安全生产管理工作。开展安全生产月、全国水利安全生产知识网络竞赛、安全生产宣传咨询日等活动，制作安全生产月宣传展板4块，印发宣传单500张，张贴标语和悬挂横幅72条，张贴《落实安全生产主体责任重点事项清单》海报27张。根据《江苏省水利工程管理考核办法》，大丰区水利局与基层水利工程管理单位签订2020年度安全生产目标责任状42份，严格按规定周期对工程及设施进行日常检查，认真开展汛前、汛后专项检查，排查整改各类事故隐患318个。

水资源管理

【水资源管理制度】 2020年，大丰区严格执行建设项目水资源论证和取水许可制度，规范水资源论证，按照审批权限和规定程序，区级完成3个项目水资源论证，配合省市完成3个项目水资源论证。通过严格取水许可审批管理，促进计划用水和产业结构优化升级，保障经济社会的合理用水需求。

【节水型社会建设】 2020年，大丰区完成节水型载体创建14个，其中省级5个、市级4个、区级5个。11月，水利部公告大丰区为国家级县域节水型社会达标县，大丰区水利局水利行业节水机关建设通过省市验收。

【地下水资源管理】 2020年，大丰区实施严格水资源管理制度，涵养地下水源，削减开采量，实现地下水采补平衡。按照《江苏省地下水压采方案（2014—2020年）》所提出的深井填埋、保留和封存等措施，对区域内的深井进行合理处置。按照封井技术要求对深井实施封填，防止地下水污染，封填深井38眼，全面完成省政府下达的地下水压采任务。坚持地下水水位定期监测制度，通过招投标程序委托第三方专业单位每月2次对地下水观测井进行监测，实时掌握地下水水位变化动态。

【饮用水源保护】 2020年，大丰区新水源原水供应4303万立方米，全年实现安全优质供水。完成通榆河取水口南移工程，新建取水口将大刘公路桥从水源地一级保护区调整到二级保护区范围内，实现水源地一级保护区范围内无与供水设施和保护水源无关的其他建设项目。

水政执法

【概况】 2020年，大丰区水政执法紧紧围绕全区水利中心工作，坚持科学引领、努力塑造特色，提升服务意识、加强效能建设，内抓管理、外树形象，扎实推进水政监察各项工作，营造良好水事环境，全力服务经济社会发展。

【水法宣传】 2020年，大丰区“世界水日”“中国水周”宣传采用线上宣传结合日常工作宣传为主，围绕“Water and climate change”（水与气候变化）“坚持节水优先，建设幸福河湖”两个主题，通过《大丰日报》、政府网站、“大丰河长”微信公众号向群众宣传水资源管理和节约保护水资源的意义。将突击宣传与常态化宣传紧密结合，在行政执法和监督检查中宣传水法律法规，营造良好的水法治环境。

【水行政执法】 2020年，大丰区水利局印发《行政执法全过程记录制度》，购置4部新型行政执法记录仪，记录执法程序、调查取证、审查决定、送达执行、归档管理等整个执法过程，做到每件行政执法案件有记录、有案卷。成立行政执法案审委员会，出台《重大执法决定法制审核制度》，全年审理重大行政执法案件2起。大丰区水政监察大队全年出动执法车、船25次，水政监察人员60人次，对全区23条骨干河道进行全面巡查，及时发现并制止水事违法行为16起，有效维护全区水事环境。成立专班，抽调专人，全力清理整治大四河、老斗龙港杂船。通过调查摸底、宣传教育、资产评估、上门动员、逐户签订征收协议等方式，清理船户28户、船只47条。

城乡水务一体化

【供水配套设施建设】 2020年，大丰区10万吨/日通榆河水厂续建工程投入试运行，清水互通全线贯通，实现“双水源、双水厂、清水互通、城乡一体化”的新供水安全格局。高铁供水工程顺利通水。对育红小区、国泰花园等老旧小区供水设施实施改造，更新管道10.2千米，改造水表1837只。沟通新北路万裕小区断面DN300管道，更新裕华居委会柿子林向北DN600管道，提高裕华居委会供水保障能力。配合区重点工程人民路海派风情街建设，突击整合安装力量，完成人民路供水管网改造。增设城区、相关镇区消火栓237组，同步做好已建消火栓定期巡查、分批维护，切实保障市政消防供水。

【城乡供水安全优质】 2020年，大丰区城乡供水高标准通过盐城市住建局组织的省供水考核，排名全市第一。大丰区二水厂完成次氯酸钠消毒投加系统建设，规范危化品管理，运行效果良好。江苏森森检测科技有限公司顺利通过CMA评审取证，进一步提升供水体系建设和检测能力。全面深化推进智慧水务，城区677.3千米供水管道、131个小区、11.6万只水表接入智慧水务GIS平台。全区新建管网测压点7处、水质监测点10处、12组智能消火栓，改造老旧测压点10处，数据全部上线运行，12个二次供水泵房实现远程实时联网。全年接待用户咨询、求助、投诉等5400余次，用户满意率99%。

（黄启明　刘新奇）

〖编辑　於晨婷〗

旅游·麋鹿保护

综　述

【概况】 2020年，大丰区文旅局围绕旅游经济高质量发展，锐意进取，求实创新。全区景区接待游客752.6万人次，实现旅游业总收入71.5亿元。

重大项目建设有力度。2020年，全区19个重点旅游项目在新冠疫情影响下，停工近3个月时间，但相关板块和建设单位克服重重困难，累计完成8个，达序时的17个，实际投资15.2亿元。总投资7.6亿元的《只有爱·戏剧幻城》6月19日正式对外公演，成为长三角地区独具特色的文旅产业新地标。中交美庐城和吾悦广场"两商圈"基本建成，吾悦广场对外开放，成为市民游客购物、娱乐的新去处。麋鹿小镇、黄海湿地公园、郁金香种球花卉产学研基地、新丰古街提升工程、"月下爱河"综合体、郁金香健康养生文化中心、阿姆斯特丹酒店等重点项目加紧推进。串场河文化旅游带已编制规划，明确发展目标，刘庄、白驹、草堰等沿线镇年内开展拆迁、水环境治理等前期工作。

文旅品牌创建有突破。举全区之力争创国家级全域旅游示范区，动员全区各相关部门和单位，加强人员协调，组织会办30余次，系统培训10余次，扩大创建知晓率。11月24日，大丰被正式认定为国家全域旅游示范区。荷兰花海创建国家AAAAA级景区，是全省唯一通过景观质量评审的景区。同时，荷兰花海创建省级特色小镇完成相关工作，准备接受验收。野鹿荡创建AAA级景区，菌钥生命科技创建省工业旅游区，麋鹿旅游度假区等级园区创建等，相关主体正根据标准完善配套，进一步充实验收台账。荷兰花海、大丰港海洋世界接受AAAA级景区评定性复核并通过，大丰区景区的高品质管理得到专家的一致肯定。

品牌宣传营销有创新。旅游发展大会后，大丰区旅游经济的复苏势头强劲，月接待游客人次同比由3月的20%，恢复到5月的55%、7月的80%，9月以后接待实现正增长。6月15日，举办《只有爱·戏剧幻城》云上首演直播，610万人同时在线观看。在《只有爱·戏剧幻城》的带动下，到大丰旅游人次不断攀升，演出场次持续增加。郁金香文化月、恒北梨花文化节、百合花文化月等吸引大批游客。国庆黄金周迎来2020年接待游客量的高峰。筹划学习强国拍客、短视频征集等系列活动，新华社多次聚焦大丰旅游，两次阅读量突破100万+；大丰旅游经济发展受到广泛关注，先后50多次上榜学习强国、《人民日报》人民号、《新华日报》、江苏微旅游、《旅游时报》等省内外重点媒体纷纷报道。梦幻迷宫田阿姨微店、恒北翠冠梨抖音直播、花艺产品直销等多种创新营销形式多样，多渠道拓展了产品销路。

【大丰区创成首批国家级全域旅游示范区】 2020年，大丰旅游业全面贯彻落实全区旅游发展大会精神，旅游经济高质量发展。3月28日下午，大丰区旅游发展大会在荷兰花海演艺中心召开，会议提出构建旅游"五大片区"（斗龙港旅游度假集聚区、黄海湿地旅游度假集聚区、串场河文化旅游集聚区、城市商贸休闲旅游集聚区、美丽乡村休闲旅游集聚区），坚持"面块线点"统筹，推进旅游经济高质量发展。继续提高全域旅游发展水平，区政府组建文旅集团和斗龙港旅游集团公司，盘活旅游存量资产，吸引更多优质资本参与旅游经济发展。

旅游景点

【概况】 2020年，大丰区有AAAAA级景区1家，AAAA级景区6家，AAA级景区2家，AA级景区2家。11月24日，大丰正式成为国家首批全域旅游示范区，有全国乡村旅游重点村1个，江苏省五星级乡村旅游区2个。新丰镇、草堰镇三元村在建成江苏省特色景观旅游名镇、名村的基础上更上一层楼。

【中华麋鹿园】 中华麋鹿园为国家AAAAA级旅游景区，依托于江苏大丰麋鹿国家级自然保护区，占地2667公顷，植被覆盖率70%，空气质量达到国家一级标准，水资源达到国家二级饮用水标准。中华麋鹿园是全球唯一以“湿地生态、麋鹿文化”为主题的旅游景区，围绕麋鹿、湿地的生态主题，将麋鹿元素用于景观营造、产品设计和纪念品开发等多个方面，实现景区的主题化。先后获得“中国十佳湿地旅游目的地”“中国生态旅游15个精选项目”之一、“世博之旅”推荐路线、首批“江苏自驾游基地试点单位”、五星级“江苏最美的地方”和首批“中国低碳旅游景区”等称号。

【荷兰花海】 荷兰花海位于新丰镇，是国家AAAA级旅游景区、省引进国外智力示范基地，是国内郁金香种植面积最大、种类最多、形态最美、业态最全的中国郁金香第一花海。重点发展花卉园艺、婚庆摄影、健康养生等度假旅游产业，培植“地上长花、湖中生花、树上开花”的特色花海，建成长三角地区最大的婚旅拍摄基地。荷兰花海瞄准国家AAAAA级景区的创建目标，与著名导演王潮歌合作打造《只有爱》戏剧幻城”，6月正式对外公演，该项目可同时容纳2400名观众，成为江苏省首个沉浸式演艺项目，致力打造江苏文旅品牌的代表作品。阿姆斯特丹酒店、郁金香健康养生文化中心等产业项目同步推进，荷兰花海朝着宜居、宜游、宜业的旅游目的地目标发展。

【梦幻迷宫】 梦幻迷宫位于草堰镇，是国家AAAA级旅游景区、江苏省四星级乡村旅游区。景区创造性地提出“迷宫·乐园·花园”三位一体的美丽中国休闲旅游新概念，是一座集亲子体验、休闲益智、竞技娱乐、研学教育于一体的综合性迷宫乐园。景区占地66.67公顷，投资5亿元，主要划分为植物迷宫区、餐饮住宿区、休闲运动区、观光购物区四大主题区域，获“世界最大的永久性树篱迷宫”和“最大的永久性树篱迷宫路径网”两项吉尼斯世界纪录。梦幻迷宫是江苏省首批体育服务综合体、铁军国防教育基地、江苏省国防教育示范基地、江苏省人民防空训练基地；梦幻迷宫坚持融旅游、文化、商贸等多种服务功能于一体，设有乒乓球馆、酷玩梦工厂、幻影卡丁车、七彩旱雪、足球、电子竞技、越野车等体育娱乐项目，不定期组织各式各样的体育赛事，彰显体育服务的宗旨。

【大丰港海洋世界】 大丰港海洋世界是国内首个集科普、体验、互动、探秘、观光于一体，以海洋为主题的情景剧式互动体验馆。景区投资3亿元，占地面积23.33公顷，由海洋科技馆、水族馆、热带植物馆、海洋剧场、海洋乐园、游客中心等部分组成。大丰港海洋世界获国家AAAA级旅游景区、全国休闲农业与乡村旅游五星级示范企业、全国科普教育基地、全国休闲渔业示范基地、江苏省价格诚信区域、江苏省智慧旅游示范企业、省文化和旅游厅优秀产品奖等诸多荣誉。

【知青农场】 知青农场是国家AAAA级旅游景区，位于大丰区上海农场境内，该景区基于知青文化底蕴，植根于大丰红色与滩涂文化的沃土之上，以20世纪六七十年代8万多上海知识青年奋战在大丰东部荒原的历程为主题而创设。大丰境内的上海农场，虽是上海的“飞地”，但原来都是盐碱滩涂，荒地无垠，经过上海知青们的奋斗，发扬战天斗地的勇气和吃苦耐劳的精神，使贫瘠的土地成为万亩良田。知青农场作为曾经在此奋斗的知识青年寻古怀旧的精神家园，纪念他们为这片土地所做出的贡献，经过沪丰两地的共同努力，在沪丰两地领导关怀、知青支持和自身努力下，知青农场不断扩大影响，先后建成“江苏省未成年人社会实践(盐城·大丰)基地”“江苏省科普教育基地”“省级影视拍摄基地”“省级研学旅游示范基地”“盐城市委党校现场教学基地”“盐城市中小学特色文化体验基地”。近10年来，建设包含知青纪念馆、海丰少年馆、北上海历史展陈馆、中国知青主题馆、中国知青图书文献馆5个特色馆区的展馆群落，涵盖教育、影视、拓展的系列基地，酒店、小厨、民宿、街区产业配套陆续建成运营并不断完善。

【梅花湾】 梅花湾是国家AAAA级旅游景区，占地约200公顷，主要以梅花、仿古建筑、水系和夜景为四大特色。种植梅树近2万株，200多个品种，并有500年的梅王、梅后，800多年的宋梅，是赏梅的好去处。景区内有梅苑、梅文化馆、三十二舫、咏梅阁、颂梅阁、儿童乐园、假日酒店、露天营地等，体现了人与自然的融合。生态游、文化游、科普游、亲子游贯穿整个景区。

【施耐庵故里】 施耐庵故里是国家AAAA级旅游景区，位于大丰区白驹镇北街区。清流环抱，渔舟缓唱，有着浓厚的水浒气息。施耐庵故里以“一代宗师居胜境、二部奇书出耐庵”的传奇和108将“掀翻天地重扶起，戳破苍穹再补充”的冲天豪气为主题，建有花家垛施耐庵文化核心区、施家垛水浒文化体验区及白驹古镇民俗文化体验区，占地14公顷。其中位于花家垛岛上的施耐庵文化景区，占地2.33公顷，包括施氏宗祠、施耐庵书院、施耐庵碑廊三大主要场馆。施氏宗祠，最早为乾隆年间施耐庵的后裔第十二、第十三世孙发起修建的祠堂。祠堂由施耐庵古宅改建，以供奉始祖施耐庵公。1938年被日军焚毁。20世纪80年代末由文化部确认并拨专款修复。内部展陈着《水浒传》研究成果、施耐庵家谱、出土文物和数百种《水浒传》版本等重要史料、资料。施耐庵书院主要介绍施耐庵于古书院讲学、会友、祭祀、藏书等轨迹，突出“投师罗贯中、会友刘伯温、兵起张士诚”等内容。施耐庵碑廊由108米碑廊和远观榭、长啸亭、莲池等景观组成，游览性强，为全区主要文化旅游景点。

【东郊公园】 东郊公园(又名大丰区东方湿地公园)是国家AAA级景区，地处城东新区西北侧，占地面积60万平方米，分南园和北园两个园区，总投资约2.5亿元。作为城东新区次干道的东方路贯穿于南北公园。公园以湖、果林和绿化为主要特色，同时具备建筑、假山和水幕电影，是一个综合性公园。东郊公园以“泽都水韵”为主题，按照“现代、活力、开放、自然”的原则，采用“挖掘城市资源禀赋、优先培育生态环境、环境休闲和谐相融”的理念设计建设而成。东郊公园给市民提供了一个领略湿地野趣、感悟城市文化、体验生态活力的场所，充分体现了人与自然的和谐共处，好似一幅独具匠心、活泼灵动的巨幅山水画。公园内的东方1号创意产业园是江苏首个旅游商品研发基地，是大丰确立的首个创意产业项目，也是苏北地区首个文化创意产业园。楼内一层是创意设计展示中心，建有蓝馆、红馆和综合展览馆。红馆为创意生活馆，蓝馆为工业设计馆，主要展示国内外创意设计的最新成果和世界工业、生活领域的高端前沿产品。2楼和3楼是创新产品生产区，吸引了包括上海木马、苏州斑马等中国顶尖创意团队入驻。

【大丰港动物园】 盐城大丰港动物园位于盐城市大丰港核心区域，青岛港路东侧风景秀丽的日月湖西畔，规划面积33.3万平方米，占地面积33.33公顷，为国家AAA级旅游景区。上海巨乾文旅公司与原大丰港动物园实施战略合作，全面对动物园实施了转型升级改造，全面丰富了场馆内容设施配置，充分展现出浸入式、通透式开放活动空间的视觉感；扩大野生动物种类和数量。2021年又新改扩建了猛兽类，灵长类，亚洲象三大动物展区，在原有动物种类43种277头（只）基础上，增加到70余种1000多头（只）；全面实现动物萌宠化，打造动物园十大动物明星品牌，全面提升人与动物的互动性、参与性、体验性、趣味性、科普性；营造动物园新业态、新项目、新亮点，实现园区整体品质提升。2020年7月重装开园迎客。经过改造后的盐城大丰港动物园重点突出了为游客创造快乐、制造趣味、科普科教的规划理念。

【恒北村】 恒北村地处大丰城区南侧，距离城区4.5千米。恒北村将生态农业与乡村旅游有机结合，围绕新农村建设、城乡统筹、公共服务、产业发展，推动实施恒北村8.8平方千米村庄建设，围绕“梨园风光、生态宜居、乡村旅游”定位，发展独具特色的以早酥梨品牌为主要产业的现代休闲观光农业。大力发展生态旅游，建有温泉度假、农耕体验、休闲观光、农家乐、民宿、文创街等旅游配套设施。恒北原乡温泉旅游度假村项目，包括温泉度假酒店、温泉民宿、星星乐园、原乡研学旅游基地、耕读体验园五大板块，培育“春赏花、夏有荫、秋摘果、冬泡泉”的乡村旅游特色。恒北村先后获得全国乡村旅游重点村、国家级生态村、全国文明村、全国乡村旅游重点村、全国一村一品示范村、全国十佳小康村、中国慢生活休闲体验村、全国生态文化村、全国交通文明示范村、全国休闲农业与乡村旅游示范点、江苏省最美乡村、江苏省乡村旅游标准化示范基地、江苏省最具魅力休闲乡村、江苏省五星级乡村旅游区等称号。

【丰收大地】 丰收大地现代农业示范区是盐城市AAAAA级现代农业园区，总体规划3.47万公顷，核心区1500公顷。作为中国驰名商标，丰收大地是江苏省政府首批认定的省现代农业产业园区。园区把发展农业现代服务业作为核心目标，以科技创新和高端技术人才为支撑，建设现代农业示范区、农产品加工集中区和农业现代服务业集聚区三大载体，全面推进种苗产业、农副产品深加工业、创意产业、旅游产业快速发展。先后被评为江苏省现代农业科技园、江苏省现代农业示范区、江苏省农业机械化示范园区、江苏省设计农业研究中心、国家技术转移示范机构、全国青少年农业科普示范基地、江苏省五星级乡村旅游区、江苏省农产品加工集中区、中国特色农庄、全国五星级休闲农业与乡村旅游景区等，通过国家农业综合标准化项目验收、获得科技部首批星创天地认证，“丰收大地”被认定为江苏省著名商标。

【东方桃花洲】 东方桃花洲位于大桥镇，为江苏省四星级乡村旅游区，立足镇域特色发展乡村旅游，重点打造具有农家特色、乡土气息，能让游客充分体验农业、品味农乐、感受农味的农家本色景点。规划建设有小南湖公园、千亩桃园、“桃花源”农家大院、“百桃园”露天桃园、“虾岛渔庄”垂钓中心、“桃香流韵”音乐喷泉广场、“桃花洲”温泉度假酒店等，东方桃花洲创成全国四星级休闲农业与乡村旅游示范点，并获“江苏最具特色乡村生态园区”称号。

【希望的田野】 希望的田野位于草庙新镇区西侧，是江苏省四星级乡村旅游区。园区采取客商投资、能人入股、农户参与的总体运营模式，并以优惠政策鼓励本地农户创业，是一个集农业观光、垂钓休闲、珍禽养殖、乡村农家乐于一体的新型生态农业示范基地。园区包含庄稼乐园、垂钓中心、无土养殖示范区、孔雀观赏园、果品采摘园、草庙红名贵植物园和现代农业展示馆等十大功能区。各功能区别具特色，各有亮点，在功能区之间有休闲观光小径贯穿相通，连成一幅“树在园中、园在绿中、姹紫嫣红、交相辉映”的乡间美景。

【施耐庵公园】 施耐庵公园位于大丰城区，为国家AA级旅游景区，建有纪念褒扬区、中心大道主景区、滨水区、水浒文化区、体育活动区、宣传演艺区、运动草坪区、绿色丛林区、老年活动区、儿童游乐区以及革命烈士纪念馆。园内山、水、湖、树木花草、音乐喷泉等，形成红色氛围与绿色生态一体、革命历史与人文活动交融的特色景观。

【银杏湖公园】 银杏湖公园位于大丰城区，为国家AA级旅游景区，该园以20世纪50年代形成的长约1.5千米的银杏林带为依托向东拓展而建，整个公园占地约19公顷，由两个部分组成：跃进河东侧是占地面积约14万平方米的公园主体；跃进河西侧是占地面积约5万平方米的银杏

银杏湖公园。　　　　周古凯　摄

林带。公园配以广场、桥梁、钢膜结构、灯光等公园景观元素,实现自然景观与都市氛围的有机结合,是集观赏性、功能性、游览性于一体的开放式公园。

【江苏丰海新能源淡化海水发展有限公司】 江苏丰海新能源淡化海水发展有限公司位于大丰区临港大道东侧、盐丰河畔,为江苏省工业旅游示范区,是世界上首个1万吨智能微电网风电海水淡化产业化示范基地,是具有全国示范推广海水淡化集成技术的专业公司。企业配备多名专业讲解人员负责介绍企业状况,有专门的游客咨询服务中心、中英文等多种语言的标识牌,中控室可播放汇报片、工艺流程等视频,详细具体介绍项目情况,让参观人员更直观、具体地了解海水淡化相关情况。

【江苏大丰和顺电子有限公司】 江苏大丰和顺电子有限公司是江苏省工业旅游示范区,位于大丰区大丰港经济区出口加工区,东濒黄海,西临盐通高铁、沿海高速公路,交通优势十分明显。企业拥有独立的示范基地管理机构——和顺电子旅游接待服务中心,2人有导游资格证,另从工厂的专业管理团队中抽调专门人员,组成产品互动展示小组,负责与旅游参观人员之间的互动。

旅游设施建设

【麋鹿生态小镇】 2020年,麋鹿生态小镇在2019年的10亿元投资基础上继续扩大投资,领域涉及厕所新建、停车场扩建、景点改造等诸多方面。主要景点有麋鹿客栈、情景餐厅,民宿村附属工程二期北侧(合计约10公顷)土地方案得到省文旅厅的认可与批准。此外,酒店和别墅地块等后期指标相继得到落实和完善。该项目以G228临海公路为界,紧邻AAAAA级景区中华麋鹿园,用地364.67公顷,总投资30亿元,成功打造集生态旅游、健康养生、休闲度假、体育竞技、文化传承、动物研究和科普教育于一体的森林湿地特色风情小镇。

【新丰镇老街改造】 2020年,新丰镇老街改造总投资7亿元,该项目总用地面积约21公顷。主要改造对象为老街客厅、新丰剧院改造、居民改造示范户、剧院广场、入口牌楼、雕塑、亲水平台、人行景观桥、道路、亮化、绿化、河道治理、拱桥、房屋立面改造、杆线下地等。新丰镇在完善基础设施的同时,更注重老街"质"的提升,充分发展旅游经济,实现老街历史性、功能性、娱乐性的融合,全面满足游客吃、住、行、游、购、娱的需求。

旅游管理

【恒北村·国家乡村旅游重点村】 盐城市大丰区大中街道恒北村地处大丰城区南侧,距离城区4.5千米。全村总耕地面积530多公顷,其中林果面积480多公顷。胡锦涛、张德江等国家领导人先后到恒北视察工作,对恒北村新农村建设和城乡统筹工作给予肯定,并作出重要指示,要求恒北村依托生态果园,做美环境,发展乡村旅游,带动农民致富增收。恒北村将生态农业与乡村旅游有机结合,围绕新农村建设、城乡统筹、公共服务、产业发展,推动实施恒北村8.8平方千米村庄建设,围绕"梨园风光、生态宜居、乡村旅游"定位,全力打造"一心、两轴、三片区"(恒北新村一核心恒北大道、中心路两主轴,东部生态果林区、中部人居生活区、西部休闲旅游区三片区)的总体空间布局,发展独具特色的以早酥梨品牌为主要产业支撑的现代休闲观光农业。

【专家肯定荷兰花海旅游风情小镇建设】 国际休闲产业协会旅游专业委员会副主任、无锡市旅游业协会会长王洁平认为,旅游风情小镇的建设,应该具备"非常3+1"的特征,即有故事、有产业、有生活,加上自己鲜明的个性和特色。荷兰花海风情小镇的建设发展实践是这一观点的最佳佐证。

旅游推介

【2020年第八届恒北梨花文化节】 4月5日,2020年第八届恒北梨花文化节正式拉开帷幕。中国著名锡剧表演艺术家周东亮等应邀参加开幕式。开幕式上,恒北旅游通过"名村、名品、名人"形式进行了品牌推介,大丰区文化创作基地正式揭牌。恒北·蓝城原乡度假生活小镇、恒北非遗文化园、恒

北本场人茶馆、恒北梨文创产品、恒北乡村旅游卡、荷兰花海恒北景区两日游精品线路等多个项目集中发布。长期以来，恒北村以花为媒、以果富农、以旅兴业，走出了一条一二三产业融合发展之路。此届文化节，恒北村将戏曲文化、非遗文化、民俗文化、美食文化、农耕文化充分融合，展现出精彩纷呈的乡村旅游业态。活动期间，在梨园大舞台上举办戏曲、器乐、民俗等展演，在文化一条街举办"非遗"文创产品展示销售，在恒北精品民宿烹制大丰地方老字号美食，还有丰富多彩、经典流行的网红乡村民谣互动演出，恒北原乡温泉、原乡星星乐园也推出了很多优惠活动，吸引了来自全国各地的游客。

【2020年中国·大丰荷兰花海郁金香文化月】 3月28日，荷兰花海郁金香文化月正式开幕，荷兰驻华大使贺伟民、荷兰南荷兰省副省长安德瑞·本·拉姆塞等荷兰友人，通过视频深情寄语荷兰花海。上海、苏州市民自驾游荷兰花海产品正式签约，沪通卡用户高速通行消费后，可享受荷兰花海首道门票免费的优惠政策。苏州惠民休闲年卡用户，全年免费多次畅游花海，这是花海积极融入长三角一体化发展的又一重要举措。活动中，高4.8米的巨型花车首次亮相，花车以红色郁金香造型为主。名为"怒放的生命"，由各种鲜花装饰而成，是花艺师们致敬"抗疫"英雄的全新作品。

【2020年荷兰花海百合花文化月】 9月26日，2020荷兰花海百合花文化月正式开幕，通过文化旅游搭台，广邀四海宾朋，结交天下客商，让更多游客欣赏荷兰花海的怡人美景，体验大丰独特的生态、旅游和城市环境，以花为媒，推动对外交流与合作。开幕式上，常州龙城生态建设集团有限公司与斗龙港生态旅游度假集团有限公司签订产业发展战略合作协议。荷兰花海分别被中国舞台美术学会、中国园艺协会授予"中国文化旅游创作基地""国际花卉与旅游产学研基地"称号。《只有爱·戏剧幻城》被评为"2020年度消费者最青睐的文旅融合标杆项目"。王潮歌被盐城市政府授予"盐城荣誉市民"称号，她表示盐城让她有了"家"的感觉，非常珍惜"盐城市荣誉市民"这项殊荣，今后将更加关注盐城发展，尽己所能为这个新"家乡"再做努力、多做贡献，让鲜花永远在这片土地上盛开。

【2020年第二届秦淮河·大丰梅花湾新春灯会】 1月17日，第二届秦淮·大丰梅花湾新春灯会亮灯，来自盐城市、南京市秦淮区和大丰区的领导，文化行业、摄影行业和旅游行业的嘉宾，各级媒体记者，大丰各旅游企业负责人，以及全国各地的游客，共同见证这一精彩时刻。第二届秦淮·大丰梅花湾新春灯会与第34届中国·秦淮灯会一同亮灯，56个灯组同时亮起，为市民和游客营造热烈、喜庆、祥和的年节氛围，本届灯会2月29日结束。

旅游饭店

【半岛温泉酒店】 盐城大丰半岛温泉酒店建成于2010年2月22日，注册资本3.1亿元，经营范围包括住宿服务、餐饮服务、酒店管理等；占地面积10.8万平方米，建筑面积50639平方米，拥有客房203间，豪华套房22间，其中三间套6间、六间套1间、高级湖景房85间、高级园景房96间。拥有会议中心、中餐厅、韩餐厅、咖啡厅、红酒吧、大堂吧及10余间豪华包厢。酒店于2013年12月24日取得国家五星级饭店证书。2020年，酒店扩建客房217间，配备260人的早餐——与半岛国际会议中心配套使用，大大提升酒店综合实力，有利于开发盐城周边及长三角三小时内经济圈的会议市场。旗下半岛神鹿家园酒店成立于2013年1月18日，酒店于2019年10月整建制划转给半岛温泉酒店，业务领域涵盖住宿、餐饮会议等领域，注册资本1000万元，位于国家级麋鹿自然保护区（核心区）内，与麋鹿栖息区、观光塔等自然景观景点相依相衬。酒店拥有五幢别具特色的独栋小楼，每栋两层，其中客房60间。餐厅包厢7间，大厅一间，可容纳200余人同时就餐。从私人晚宴到大型聚会，能够满足宾客举办不同商务会议活动的需求。旗下半岛品鲜汇海鲜大酒店成立于2017年，酒店于2020年4月整建制划转至半岛温泉酒店，经营范围包括餐饮服务、食品经营、餐饮管理等，注册资本50万元。位于大丰港威尼斯人海鲜美食街，酒店紧邻莎士比亚小镇，与大丰港海洋世界和动物园相距不超过4千米，外地的游客到大

盐城大丰半岛温泉酒店旗下半岛神鹿家园酒店。 周古凯 摄

丰港下高速5分钟就可以到店。拥有各式餐饮包厢9个，可容纳200人同时就餐的大厅1个，零点大厅1个（即一楼设有休闲雅坐，二楼是宴会大厅，三楼是接待型包厢）。

【新词大酒店】　大丰新词大酒店是一家集客房、餐饮、休闲、娱乐于一体的综合性四星级酒店，坐落于中国麋鹿故乡——江苏省盐城市大丰区城区，毗邻盐通高铁、沈海高速、盐洛高速与新长铁路，距盐城市区及机场仅30分钟车程，交通十分便捷。酒店周边有中华麋鹿园、荷兰花海、黄海湿地公园、新四军纪念馆等旅游景区。酒店主体12层，建筑面积3.7万平方米，设有豪华总统套房、豪华行政套房、高级商务房、高级行政房和标准房共207间；三楼设有接见厅、洽谈室和多功能会议室9个，可同时容纳1000人会议；二、三楼设有西餐厅、宴会厅及风格迥异的大小包间23间，可同时容纳1800人用餐；一楼设有KTV、大堂吧、商场等多项设施，是商务、旅游、度假、会议的理想场所。

东方湿地

【概况】　大丰拥有亚洲东方最大的一块湿地，面积7.8万公顷。湿地由林地、芦荡、草滩、沼泽、盐裸地组成，孕育着种类繁多的珍稀动植物。栖息着鸟类315种、兽类12种、两栖爬行类27种、鱼类150种、昆虫599种、植物499种。其中，丹顶鹤、黑嘴鸥、天鹅、白尾海雕、牙獐等国家一、二级保护动物30多种，列入《中日候鸟保护协定》的鸟类93种。2002年，联合国开发计划署的“中国湿地生物多样性保护与可持续利用”项目在大丰实施。在大丰人的保护下，湿地的生态系统日趋完善，生物圈逐年扩大，生物数量不断增加，丹顶鹤、黑嘴鸥、震旦鸦雀等珍稀鸟类栖息数量增长近10倍。1999年，大丰被国家湿地项目办确定为中国四大湿地项目示范保护区之一。2002年，大丰又被联合国湿地保护组织列入《国际重要湿地名录》，成为永久性保护地。2019年，中国黄（渤）海候鸟栖息地（第一期）列入《世界遗产名录》，成为中国第54处世界遗产、江苏首项世界自然遗产，填补了中国滨海湿地类型遗产空白，成为全球第二块潮间带湿地遗产。中国黄（渤）海候鸟栖息地第一期范围包括盐城湿地大丰麋鹿国家级自然保护区全境、珍禽国家级自然保护区部分区域、盐城条子泥市级湿地公园、东台市条子泥湿地保护小区和东台市高泥淤泥质海滩湿地保护小区。近年来，大丰依托“世界遗产”金字招牌，坚持“点、线、块、面”统筹推进，高质量发展旅游经济。整合麋鹿、森林、滩涂资源，打造生态观光核：结合麋鹿自然保护区范围及功能分区优化调整，重点推进“一路、一景、一馆、一园、一岛”，即：黄海海堤路、野鹿荡景区、自然遗产博物馆、世界自然遗产大丰黄（渤）海湿地公园、东沙岛的建设。加快麋鹿小镇建设，完善小镇吃、住配套，打造以小镇为世界自然遗产大丰黄（渤）海湿地公园的“主入口”，整合林场、中华麋鹿园等资源，整体打造世界自然遗产黄（渤）海候鸟栖息地的大丰重要节点。

【东沙岛】　有天然海上博物馆之称的东沙岛位于大丰海岸线外侧，距大丰陆地海岸最近距离12千米，称其为岛，但实际上只能算是沙洲，涨潮是海，落潮为滩，这一奇观就是东沙的最大特色。东沙历史上是由长江和黄河从南北两个方向夹带泥沙汇聚沉积而成，东沙海图零米以上面积7万公顷，最高海拔5.8米。四周散布着亮月沙、毛竹沙、外毛竹沙、竹根沙、牛角沙、河豚沙、太阳沙等多个沙洲。东沙岛的特殊成因构成丰富的海洋生物链，是鱼类、贝类等海洋生物繁衍生长的场所。据勘察统计，这里沿海浮游动物有桡足类、水母类、栉水母类、樱虾类、糖虾类、毛鄂类等98种。沿海底栖动物183种，其中腔肠动物4种，环节动物31种，软体动物78种，腕足动物2种，甲壳动物62种，棘皮动物6种。沿海的泥螺、香螺、螃蟹、条虾、文蛤、青蛤、四角蛤、蛏蛏、牡蛎等，是人们常吃的美味。

（谢　杨）

麋鹿保护

【概况】　江苏大丰麋鹿国家级自然保护区位于黄海之滨，地处北纬32°59′～33°03′，东经120°47′～120°53′，占地面积2666.67公顷。1986年成立，保护区承担着保护麋鹿、丹顶鹤及其湿地生态系统，恢复野生麋鹿种群的重要任务。2020年，麋鹿数量由1986年建区时的39头发展到5681头。繁殖率、存活率、年递增率均居世界之首，野生麋鹿数量1820头，驯养小麋鹿78头，各项生理生化指标和体况良好，建成世界上最大的人工驯养种群，为麋鹿的饲养管理、人工驯养繁殖提供一个科学依据。由于有效保护，这片湿地的生态系统已日趋完整，保护区的生物圈在逐年扩大，生物量在不断上升，兽类12种、两栖爬行类27种、鱼类156种、昆虫599种、植物499种，其中国家一、二级保护动物有41种。鸟类的种类和数量不断增多，如丹顶鹤、东方白鹳、彩鹮、黑脸琵鹭、环颈鸻、灰鹤等。麋鹿保护区在发展生态旅游过程中，强力打造“湿地生态、麋鹿文化”品牌，提升景区服务质量，开展景区“三化”（绿化、美化、优化）提升和旅游推介工作，导游持证上岗率100%。保护区派人赴广州、西安、敦煌、佛山、周边沪皖浙鲁豫及省内苏州、无锡、常州等地开展旅游推介活动。全年游客量突破110万人次。

【彩鹮现身保护区】　5月3日，3只彩鹮出现在江苏省大丰麋鹿国家级自然保护区内。彩鹮在分类学上属于鹳形目鹮科，主要分布于非洲、欧洲南部等地，在中国的分布范围十分狭窄、零散，且数量稀少。此前因连续多年未在中国境内观测到彩鹮踪迹，《中国濒危动物红皮书·鸟类》一度宣布彩鹮在中国绝迹。江苏省境内在历史记录中有该物种的分布，但20年来没有明确的观测记录，一度判断为绝迹。彩鹮在麋鹿保护区境内被发现，体现麋鹿保护区湿地生态保护的成效。

【麋鹿种群异地保护】 2020年，麋鹿保护区向福建省永泰县输出麋鹿40余头，实行异地保护政策。前期麋鹿保护区科研团队对输出地环境、气候、水文等条件实地考察，并培训其饲养人员，双方建立多渠道沟通平台，确保输出麋鹿在当地可以很好地繁衍生息。

【麋鹿种群管理网格化】 2020年，保护区根据野生麋鹿活动范围和特点，科学划定了3个区域，每个区域明确专人负责开展监测、巡护工作，按照每月5日、15日、25日开展麋鹿数量统计，调查轨迹里程超过12000千米，累积200多个标注点，基本覆盖野生麋鹿活动区域。

【受困麋鹿救助】 随着野生麋鹿数量增多，受困事件也频繁发生。野生麋鹿多受困于养殖鱼塘、硬质化水渠，渔网及地笼缠绕事件。2020年发生麋鹿受困事件130次，受困野生麋鹿141头，出动救助人员480人次，救助120头，野外救援成功率进一步提升。

【普法教育活动】 2020年，保护区定期到新曹农场、川东闸等周边社区开展普法宣传活动，开展普法宣传20次，制作宣传画册、购物袋和宣讲音频材料，合计发放宣传资料5000份，接受公众咨询558人次。每月开展普法宣传活动对周边社区居民起到较好的警示效果，提升公众的保护意识。

【科研成果实现新突破】 2020年，保护区科研人员先后在国内外学术刊物上发表第一作者科研论文14篇，其中SCI1篇、中文核心5篇。

【2020“鹿王争霸”现场直播】 6月21日，保护区与盐城广播电视总台合作举办“鹿王争霸 谁与争锋”2020“鹿王争霸”大型融媒体直播活动。邀请盐城市黄海湿地申报世界自然遗产工作领导小组办公室主任吴其江和南京林业大学教授、博士生导师鲁长虎现场解说。直播活动以“世界自然遗产黄海湿地与麋鹿”为主题，在麋鹿保护区的麋鹿野放区进行直播，同时在中华麋鹿园世界自然遗产展示中心设立演播室，首次开通双通道直播，即抖音与传统直播相结合，并与中央电视台、新华日报社、新华网、人民网、中国新闻社、东方卫视多家媒体合作直播，全景式地向观众展示野生麋鹿的生存状态和黄海滩涂湿地之美。

【第八次野生麋鹿放归活动】 11月6日，第八次麋鹿放归自然活动在江苏大丰麋鹿国家级自然保护区举办。本次放归自然25只成年麋鹿，通过采取放归麋鹿佩戴GPS项圈的方式，实时监测该种群在野外的活动轨迹等信息，从而实现网格化管理。此次放归活动由熊猫频道全程双语直播，向全世界展示麋鹿保护区的生态之美及保护成果。

（薛丹丹）

〖编辑　陈一青〗

2020年11月6日，大丰国家级麋鹿自然保护区在黄海湿地世界自然遗产地进行第八次麋鹿放归活动。

薛丹丹　摄

交通·邮电·供电

交通综述

【概况】 2020年，在区委、区政府正确领导和上级主管部门的关心支持下，大丰区交通运输局紧紧围绕全年目标任务，优化工作，科学施策，实现盐通高铁盐城大丰站房、站前广场与盐通高铁同步建成投入使用；继续完善城乡公交一体化建设，进一步提高了公交运输能级；持续开展安全生产活动，保持交通运输稳定健康发展。

【交通工程建设】 12月30日，盐通高铁盐城大丰站房、站前广场与盐通高铁同步建成投入使用，盐城大丰站是全国第二个采用“地级市名+区名”命名的站名，完成投资2.37亿元，单列投资3.5亿元按时足额解缴到位。11月15日，区政府召开大丰港铁路支线征地拆迁动员会，全面启动项目征地拆迁工作，完成投资5.2亿元。年内，盐通铁路大丰港铁路支线完成下穿盐通高铁先导段建设。12月26日，沪丰大道通过交工验收并通车，比常规工期提前1年完成，获评盐城市级品质创建“示范工程”，完成投资5.8亿元。省道226大丰南段绕城段竣工通车，其余段面路基工程完成80%，完成投资5亿元。完成旅游公路1号线96.5千米及新建项目20.2千米建设任务，提前完成旅游6号线59.7千米的建设任务，完成投资1.5亿元。农村路桥建设完成提档升级农村公路30千米、改造危窄桥梁15座，完成投资3000万元。生命安全防护工程完成国省道、县乡道安全隐患整治和水上安全设施防护3个项目，完成投资4000万元。

【交通疫情防控】 2020年，大丰区交通运输局全面加强交通疫情防控工作。自1月28日12时起，全面暂停省际、市际、县内客运以及公交班线运营，临时关闭区内所有客运站和交通便民服务亭。按照区交通管控组工作方案，在区内设立8个陆上交通卡口、1个水上交通卡口和G15东和西2个服务区检测点。全区交通管控各卡口累计检查车船20万余辆(艘)次，人员40万余人次。在客运站场、公交站点等公共场所悬挂防疫标语，张贴政府通告及防疫知识，引导群众有序出行。督促运输、装卸企业落实各项防控措施，配合防疫部门做好场站、码头和交通工具的消毒、防范工作。对运输防控物资的车辆，实行“不见面”网上办理行政许可服务，采取申请人自行上网申报并上传相关材料，由交通部门后台审核后直接发放“通行证”，累计办理通行证件434张。在办理货运车辆营运证件时，推广货车安装“运政苏通卡”，享受8.5折优惠的措施。对区内复工复产企业的生产原料运输车辆、重点农业龙头企业运输车辆、春耕备耕物资运输车辆、大型商超货运以及各类快递运输车辆(重点疫区除外)，在履行必要程序后快速放行。对复工企业的外来车辆及人员，经所在镇(区)消毒、检测，报区交通管控组备案后直接放行，全区共有备案企业48个、人员428人。对区内从事冷链运输物流的企业及从业人员进行安全约谈，督促其做好防控工作，并建立防疫台账。与此同时，做好重点交通工程的复工准备工作。对实施的高铁站前广场、沪丰大道、大丰港铁路支线、226省道等项目，分别函询各施工单位，调查了解拟进场人员家庭住址和健康状况以及是否去过疫区或与疫区人员接触等情况，确保用工安全。落实施工单位管控责任，尽量使用本地务工人员，疫区务工人员一律不得接收，非疫区务工人员加强排查和监测，并严格隔离措施。2月中旬，高铁站房工程有14名施工人员进场围挡作业；2月15日，沪丰大道、站前广场工程复工；2月25日，大丰港铁路支线工程复工。

【交通安全生产】 2020年，大丰区交通运输局积极做好交通安全生产工作。年内，根据领导班子成员变动情况及时调整安委会成员和专业委员会分工，逐层逐级签订安全生产责任书，层层级级压实安全生产管理责任，形成横向到边、纵向到底的安全监督格局。利用党委中心组、星期六党校、安全生产月度例会组织学习习近平总书记关于安全生产的重要论述和重要讲话精神，集中观看“3·21”警示教育片和8个“警示教育视频”。聘请第三方安全专业机构对全系统企事业单位安全管理人员400余人进行安全培训。开展“落实企业安全生产主体责任”“我为安全生产献一策”征文活动，组织参加盐城市交通运输局举办的“消除事故隐患，筑牢安全防线”主题演讲比赛。通过教育培训、广泛宣传，进一步筑牢安全生产防线，提高各级安全管理人员思想认识和业务技能。以“平安交通”三年行动计划和安全生产专项整治行动为抓手，进一步提升行业监管能力，推动企业安全生产主体责任落实。扎实开展交通运输及港口危险化学品、水上交通运输安全、铁路运输安全3个专项整治，重点突出“两客一危”（客运车辆、客运站场、危化品运输）、港口危化品仓储、在建交通工程、货运源头、铁路安全隐患排查和整改。4月2日，联合公安交警部门对全区120个道路运输企业进行集中安全约谈。重点检查企业是否依法经营，安全责任是否到位、安全投入是否到位、安全教育培训是否到位、安全管理是否到位、应急救援是否到位。全年共检查企业45次，检查出安全隐患28个，下发安全隐患整改通知书22份，经复查全部整改到位。组织修订《大丰区内河搜救应急预案》《大丰区港口危险化学品应急预案》《大丰区处置铁路突发事件应急预案》，重新修订《大丰区公路水路交通运输突发事件总体应急预案》，全系统组织各类应急演练15场次。

2020年，大丰区境内的省道226大丰南段绕城段竣工通车。
周古凯　摄

交通建设

【概况】 2020年，大丰区完成交通工程投资26.4亿元。盐通高铁盐城大丰站房、站前广场与盐通高铁同步建成投入使用。大丰港铁路支线完成下穿盐通铁路先导段建设。11月15日，区政府召开大丰港铁路支线征地拆迁动员会，全面启动项目征地拆迁工作。沪丰大道提前一年完成交工验收并通车。省道226大丰南段绕城段竣工通车。旅游公路1号线建设如期完成；旅游6号线建设提前完成。农村路桥完成提档升级农村公路30千米、改造危窄桥梁15座。完成国省道安全隐患整治工程、水上安全设施防护工程和县乡道安全生命防护工程。大丰高铁站配套工程获得可研批复、初步设计批复、林地审核同意书，征地补偿款、耕地开垦费及社会保障金全部缴纳到位，项目用地报批组卷资料全部齐全，积极争取项目用地指标，办理用地批复。4月，省政府向自然资源部出具《关于大丰港铁路支线项目不可避让穿越生态红线的商请函》，解决项目穿越生态红线问题，10月下旬，取得省自然资源厅用地预审意见。范公路南延项目完成省发改委工可审查和永久基本农田补划，积极推进土地预审、环评、稳评、航评、水保等前期工作。拆迁工作全面启动，完成现场拆迁调查，开展拆迁户数和面积核对。10月21日，省政府审定同意大丰通用机场选址方案；11月27日，华东民航局原则同意选址方案；12月23日，东部战区空军到大丰现场勘察并组织召开开发区拟选场址军民协调会，进一步开展选址报告修编。

【薛盛堂检查交通重点工程防疫复工情况】 2月7日，大丰区委书记薛盛堂检查部分交通重点工程防疫复工情况。薛盛堂察看开发区、大中街道、西团镇，走访沪丰大道G15特大桥、通用机场预选主场址、盐通高铁马道、高铁站前广场、高铁站综合枢纽工程总承包项目部等现场，了解项目推进、复工准备、防控措施落实等情况。薛盛堂在察看通用机场预选主场址、盐通高铁马道现场时，强调要进一步加强对接，深度研究和科学评估通用机场选址，体现科学性和可行性统一，为大丰未来发展拓展空间。要加强高铁等交通重点工程沿线布局规划，统筹做好周边农房改善、沿线绿化造林、农业结构调整等工作。薛盛堂指出，推进高铁枢纽、沪丰大道、大丰港铁路支线、通用机场“3+1”交通重点工程，对大丰未来发展和构建现代化大交通体系意义重大。当前，全区上下要坚定有力、一着不让做好疫情防控各项工作，坚决打赢疫情防控阻击战。在疫情防控稳定有序的前提下，统筹协调，精心组织，加快交通重点工程推进步伐，确保完成全年建设目标任务，更好地满足大丰经济社会发展需要。

【李志军调研交通重点工程】 1月7日，大丰区区长李志军调研交通重点工程，先后察看了沪丰大道、盐通高铁大丰段沿线环境整治、通用机场拟选场址现场。李志军在调研中强调，全面推进“3+1”交通重点工程，统筹布局公共交通、公路网络和高铁枢纽等交通设施，加快构建完善现代综合交通体系，进一步提高通达效率和便捷程度。坚持问题导向，迎难而上，攻坚克难，倒排工期，挂图作战，坚持建设、管理、养护并重，加强道路沿线环境整治和绿化、美化，有效改善道路交通环境。强化督查考核，层层压实责任，狠抓安全生产，严把工程质量，严防发生各类安全生产事故。

【翻身河桥预制空心板梁顺利安装】5月14日，盐通铁路大丰综合枢纽项目1标工程翻身河桥预制空心板梁顺利安装。翻身河桥总长30米，分为3跨，每跨有10米预制空心板梁30片，合计90片。由于预制梁场地距离安装现场较远，板梁运输及运输中的安全成为一大难点。项目部采取开工前安全生产条件核查、加大运力（六辆运梁车，每车可装5片梁）、与运输车辆签订安全生产责任书等形式，及时安全地将板梁运至施工现场安装，现场技术人员和安全管理人员全程指导和旁站安装。翻身河桥处于L型的沪丰大道直角拐点处，是整个工程的重要节点工程，可为整个工程的水稳、沥青摊铺和跨G343大桥的预制箱梁架设，乃至整个工程计划工期的如期完成打好坚实基础。

【航道疏浚及护岸工程】8月10日至11月10日，完成刘大线航道木材园区及老S226段疏浚工程，疏浚土方5.3万立方米，投资86万元，工程由大丰区航道管理站组织实施，江苏蛟龙打捞航务工程有限公司施工。9月1日至11月15日，完成刘大线航道服务业集聚区段护岸工程，建成木桩护岸1500米，投资270万元，工程由大丰航道管理站组织实施，淮安航道工程有限公司施工。10月4日至12月3日，完成兴东线与串场河交汇处护岸工程，建成重力式护岸137.5米，投资80万元，工程由大丰航道管理站组织实施，淮安航道工程有限公司施工。

【沪丰大道获盐城市"品质工程"第一名】盐通铁路大丰综合枢纽项目1标工程（沪丰大道）在盐城市交通运输局组织的2020年度市级"品质工程"创建考核中获第一名。自2019年6月开工建设以来，该工程运用"四新技术"（新材料、新工艺、新技术、新设备），实行施工班组网格化管理，建立施工工序"三检制"（自检、抽检、专检），安装扬尘噪音监测系统，在施工工程序标准化、安全管理标准化、质量管控标准化、环境落实标准化等方面都取得新的突破，工程整体安全管理水平和现场标准化建设水平稳步提升。

盐通铁路大丰综合枢纽项目1标工程（沪丰大道）在2020年度市级"品质工程"创建考核中获第一名。图为1月4日，1标空心板梁首件顺利浇筑　（单位供图）

交通运输

【概况】2020年，大丰区交通运输局完成考生、新兵等重点运输任务，持续开展公路治超（公路上管理超载、超高等现象），探索邮政与快递公司合作模式，大力推进"快递进村"，强化航道管理和维护，推动全区交通运输工作再上新台阶。

【春运及其他重要运输】2020年年初，春运共投入客运车辆199辆7968座、加班包车50辆2000座、出租车200辆1000座、货运车辆2400辆。班车正班正点率达99.5%。小高考、高考、中考期间，共投入运输车辆627辆，执法保障运输人员32人次，合计运送考试学生9731人次。新兵运输期间，出动执法保障车辆，安全启运全部新兵。配合其他部门完成"大丰荷兰花海旅游节，马拉松、公路自行车比赛"等重大运输服务保障工作。

【提升城乡公交一体化能级】年内，新增人民医院、同仁医院、高铁专线等城市公交班线4条，开通新丰荷兰花海、水韵龙湾、梅花湾景区旅游公交专线，城市万人公共交通达10标台。8月，盐丰快速班车上线运营。年底，开通大市区至三龙镇、新丰镇2条市郊公交。提请区政府出台《盐城市大丰区城乡客运一体改造实施方案》，对全区18条农共班线，138辆客运班车进行收购，统筹城市公交、镇村公交、区镇公交一体发展，成立区公共交通有限公司，实行国有化、公司化、公交化经营，更新更型客运车辆，调整优化公交线路，降低城乡客运票价，为群众出行提供经济、高效、舒适的公共交通服务，全区城乡交通运输一体化指数达AAAA级。

【快递进村建设】 2020年，区交通运输局着力提升快递企业乡镇网点服务质量，整合邮购加盟店资源，加快代投代收步伐。顺丰快递与海丰农场合作，探索快递进村新空间。大丰区草堰镇梦幻迷宫培训农村电商，努力打通“快递进村”最后一公里。江苏海博智能仓储物流中心项目对外公开招标，“四通一达”（中通、申通、圆通、白世汇通、韵达）五个加盟品牌快递企业入驻经营，降低了物流成本，提升了配送效率。

【江苏省邮政管理局副局长陈京生到大丰调研快递运营发展情况】 3月26日下午，江苏省邮政管理局副局长陈京生一行到大丰调研邮政管理运行和快递行业发展情况。调研组到大丰经济开发区的江苏海博智能仓储物流中心，详细了解了海博智能仓储物流项目的设计和规划情况，考察了“四通一达”（中通、申通、圆通、白世汇通、韵达）分拣中心工作现场。调研组对于海博智能仓储物流项目给予高度评价，对“四通一达”5个快递企业集中业务运营的模式表示肯定。陈京生在调研座谈会上指出，大丰邮管局要突出工作重点，立足“小快件”服务“大民生”，积极探索邮政与快递公司合作模式，大力推进“快递进村”，并结合实际，补齐短板，开拓创新，为促进盐城市邮政快递行业高质量发展作出贡献。

【快递行业举办技能大赛】 6月24日，大丰邮政局联合团区委、人社局举办了2020年大丰区邮政快递行业技能大赛。全区14个快递企业组成11支代表队，33名选手同台竞技。该大赛由理论知识和实际操作两部分组成，特别加入疫情防控的元素。本着公开公平公正的原则，组委会成员严格按照程序步骤，保证环节严谨科学。在实际操作比赛中，选手们通过在规定时间内迅速、准确地完成识别禁限寄物品、易碎品包装等模块的测试，展示了选手熟练的操作技巧和高超的业务水平。大赛共设团体奖和个人奖各六名。其中，邮政代表队获团体奖第一名，顺丰和申通代表队获团体奖第二名，速尔、韵达、极兔三个企业代表队获团体第三名。

交通管理

【概况】 2020年，大丰区交通运输局着力提升企业现代化建设水平，强化交通行业监督管理，加大公路超限超载力度，全力推进交通运输各项工作持续健康发展。

【企业现代化建设】 年内，区交通运输局推进维修企业电子档案与跟踪服务系统建设，实现及时上传机动车维修的电子数据至国家汽车电子健康档案系统，方便广大维修消费者通过“帮您车”APP车主平台查询维修档案等信息。至年底，辖区一、二类维修企业已基本完成档案系统对接及数据采集传输工作；有序推动驾驶员培训机构资质达标工作，根据省、市、区《关于进一步加强机动车驾驶员培训机构规范管理工作的通知》《关于进一步加强驾培机构规范管理工作的通知》等通知要求，对全区13个驾驶员培训机构进行全面的资质核查，其中4个三级驾校符合三级国标，1个一级驾校和8个二级驾校未能通过经营所设定的国标，区运输管理处依照国家相关法律法规，分别于2020年8月20日和2020年10月20日下达了《责令限期整改通知书》，2020年11月13日对复查后仍未达国标的驾校下达了《驾培机构资质检查决定书》，暂停其部分经营业务（停止373期培训班A1、A2、A3、B2科目的报班），待整改达标后恢复经营。

【邮政市场监管】 2020年，区交通运输局从严执行寄递安全“三项制度”（收寄验视、实名登记、过机安检），推进末端网点备案核查。在全国“两会”、国庆、上海“进博会”、“双十一”等重要时段，结合普服（普遍服务）工作重点，突出对全区普服服务达标、寄递安全、建制村通邮、机要通信安全、特种邮票发行以及邮政行业“扫黄打非”工作的监督检查，全年检查邮政支局25个，发现问题20个，全部整改到位。

【公路超限超载治理】 2020年，区交通运输局多次联合公安交警等部门利用凌晨、午间、夜间不同时段开展超限超载突击流动联合执法。采取布控、蹲守、追踪等方式，在G228线、G343线、G204线、S226线等咽喉要道进行拉网式巡查，重点查处“百吨王”（超载达百吨的货车）及超限率30%以上的严重超限超载货车，确保道路桥梁的安全畅通。运用科技治超的“双效模式”（固定检测+移动检测），对公路上运行的货运车辆进行快速检测，基本实现全天候、全区域的超限检测，有效扩展了公路超限监管的时间和空间范围。全年，区治超站出动公路治超人员2556人次、公安出动交警2117人次，累计检测车辆7万余辆，处理超限货车544辆，交警处罚367200元，扣分2376分，卸、驳货物6420.71吨。其中处理“百吨王”12个，扣分72分，处罚24000元，卸、驳货物887.74吨。全年治超执法无一例行政诉讼和行政复议案件，无事故伤亡事件。

【航道管理】 2020年，区交通运输局实行审批事项动态管理机制，完善许可事项事前、事中和事后监督制度。采取艇巡、车巡、夜巡等方式，组织航道巡查98航次，巡航里程14000余千米，全年查处涉航案件3件，收取航道赔（补）偿费80余万元。对辖区15座发光航标实行定时遥测，按计划进行维护，保证航标正常率99%以上。对辖区等级航道使用多波束和侧扫声呐技术进行扫床，扫床里程518.95千米，发现刘大线航道海堤公路桥西侧有碍航物，及时组织专业人员打捞清障，共清除混凝土结构物3块50立方米，重量近百吨。投资20余万元对刘大线航道上的7座桥梁增设桥涵标，确保航道安全畅通。

【公路管理】 2020年，区交通运输局

共查处各类违法案件605件，其中路政处理61件，受理路政行政许可12份、收取各类路产赔（补）费70余万元，拆除违法广告设施47块、各类违法非交通标牌635块，清除公路用地堆积物54立方米、摊点121处。全年修复水毁土方98.7立方米，路肩边坡及平台整治202883.4平方米、清理大边沟49.34千米、清扫车清扫道路41732.7千米，冬季除雪204707.97平方米、撒布防滑砂233.37吨、融雪剂26吨，洒水车清洗路面2746台班，冷补料维修路面12.59立方米，维修沥青路面32055.49平方米，处理路面网裂972.67平方米、沥青路面维修（苏博特）4818.75平方米、路面灌缝1573.7米，台背桥面铺装维修16座，更换防眩板723块，桥头跳车专项维修9座，维修桥梁护坡6座、填补土方85.41立方米，中侧分带花池维修33.16立方米，更换边沟盖板588块，更换百米桩134根、数字标贴1925张、浇筑百米桩基础12处，绿化修剪337千米、清理枯死树木56棵。年底，自查国省干线优良路率为100%。

地方海事

【概况】2020年，大丰区地方海事处检查船舶387艘次，处理违法危化品运输船舶7艘次，涉案船舶均整改到位，实行闭环。严格危化品运输船舶报告、申报制度，船舶进出港报告25956艘次，危化品运输船舶管控报告登记389艘次。强化娱乐场所水上安全管理，开展船舶污染防治工作。全年共完成一般程序行政处罚案件43件，罚款8.19万元。处理12345政府热线工单19起。全年未发生水上亡人责任事故，未发生干线航道8小时堵塞事件，未发生水上风景旅游经营项目安全事故，未发生船舶污染水体事件。

【海事执法队伍建设】2020年，大丰区地方海事处开展“规范执法行为，推进廉洁执法”专项行动，着力抓好海事执法规范化建设，重点整治执法不公正、不规范、不廉洁、不作为、不文明问题，强化督查，狠抓整改，全力推进海事执法规范化。开展普法宣传培训，营造良好的法治氛围。组织学习省交通运输厅新颁布的行政许可、行政处罚和行政强制案卷评查标准，学习《盐城市安全生产条例》，开展行政案件案卷“回头看”，全体执法人员参加“我执法、我廉洁”的集体承诺活动，执法人员全部签订了廉政执法责任书；强化执法基础工作，推进执法规范化。坚决禁止辅助执法人员独立从事执法活动，禁止不经现场检查直接进行处罚活动，禁止无明显违法行为拦截检查活动，树立执法人员正确的执法理念，弘扬为民服务的执法宗旨；狠抓执法督查，落实执法廉政制度。通过规范执法行为专项行动，提高行政执法工作水平，增强规范执法的理念。

【危化品水路运输管控】2020年，大丰区地方海事处按照法律法规，严把船载危险货物进出港申报审批关，及时将申报信息录入船舶动态监控与海事在线服务系统。在刘大线及大丰港设立危化品运输船舶报告管控点，认真落实船舶进出港申报制，做到“先报港、后进港，先申报、后装卸”，按照“谁申报、谁负责，谁报告、谁负责”的原则，危险化学品运输船舶进出港报告率和申报率都达100%。贯彻落实《防范船舶污染通榆河水环境风险实施意见》《盐城市内河危险化学品运输安全综合治理实施方案》，依靠盐城市地方海事局设置的通榆河东台服务区、泰东河东台城区、通榆河响水船闸、盐都龙冈海事所、建湖黄土沟海事所、阜宁船闸等6处危化品运输船舶管控点，实施危化品运输船舶进入盐城辖区报告管控，目的港现场检查等联动措施，禁止船舶载运列入《内河禁运危险化学品名录》的危险化学品，禁止未持有有效登记和船检证书以及未安装或未正常使用VITS、AIS等船舶自动识别系统的危险货物运输船舶进入辖区内河水域。建立完善管控登记台账，加强到港危化品运输船舶安全检查，从严打击未按规定实施进出港申报等违法违规行为，依法实施行政处罚。加强辖区通榆河等干线航道危化品运输船舶管控，禁止600总吨及以下载运危险化学品船在辖区内河水域夜航（夜间22时至次日凌晨5时）。禁止违章或存在安全隐患的外来危险货物运输船舶进入辖区内河水域，并依法进行查处，督促整改。禁止存在重大安全隐患的区内危险品运输船舶通航，并责令其驶往指定地点停泊，待整改复查合格后方可恢复通航。

【查处“三无”船舶及无证船员】年内，大丰区地方海事处联合乡镇人民政府，在辖区开展“三无”船舶专项整治（无船名船号、无船舶证书、无船籍港）。对辖区内和外来内河船舶进行检查，发现“三无”船舶擅自航行、作业的，责令其停止航行或作业。情节严重的，移送司法机关依法采取行政强制措施。专项整治中共查出3艘未按照规定配备船员的船舶，均依法实施了行政处罚，处罚金额9000元，并责令船舶离港前配齐合格船员。

【整治船舶超载超航区及脱管】2020年，大丰区地方海事处成立船舶超载超航区及脱管专项整治领导小组，向船民宣传禁止船舶超载运输，要求辖区货运码头不得给船舶超载装货。在刘庄趸船设立船舶超载检查站，联合船闸对过往船舶开展超载检查，在刘大线海堤复河十字河口盛小军码头设立超载船舶卸载点和违法船舶保存点。在排查辖区长期脱管船舶情况的同时，动员社区、街道、村组、航运企业、码头经营者举报长期脱管船舶，结合现场巡航未发现脱管船舶，完成市地方海事局下达的脱管船舶整改任务。

【水上安全知识进校园】6月19日，大丰区地方海事处在区创新英达学校开展水上安全知识讲座，活动通过视频动画、现场演示、互动问答等方式，向广大师生讲授乘船注意事项、水上逃生技能、溺水急救知识、救生用具使用等水上交通安全知识。活动每年举行一次，已在城区5所学校施行。

【开展船舶污染防治】 2020年，大丰区地方海事处实施辖区内100总吨~400总吨船舶基本生活污水处理装置免费安装工程，将全区码头全部接入船舶污染物信息化平台，实行船舶污染物送交上岸电子信息化管理。经过宣传教育，安装防污设备及跟踪检查，广大船民能做到不向内河水域排放含油污水、生活污水、船舶污染物，自觉遵守船舶污染物排放操作规程，主动记录处置过程，以备海事部门检查。通过港口码头环保专项整治，全区45个企业完成现场确认，确认率100%。大丰港8个企业申请关停，丰山集团、金羚纤维等5个取得港口环保手续。

（陈征涛）

信息化建设

【概况】 2020年，全区电子信息产业实现开票销售56.91亿元，同比增长20%。全区电子信息产业全年开票销售超1亿元企业8个，分别是利电电子、谷登工程机械、博敏电子、阿特斯阳光电力、吉凯同科技、道融电子、苏视光电和和顺电子。大丰区积极策应市电子信息产业专班工作，成立区电子信息产业专班，聚焦园区培育、企业服务、科技创新、产业链整合、项目攻坚等方面，全力推动电子信息产业抢抓机遇、集聚发展、特色发展。认真组织落实市电子信息产业发展大会主会场参会及大丰专场集中开工活动。组织博敏电子、明微电子、苏视光电、吉凯同科技、道融电子、驷博电气6个企业加入市电子信息产业联盟，促进企业交流合作。

【信息基础建设】 2020年，全区持续推进农村“光网乡村”工程建设，开展老旧小区光改及扩容，农村康居工程光网覆盖，实施农村光纤补覆盖、主干光缆优化扩容、中继光缆扩容等光网建设项目，实现大丰城乡光纤全覆盖。落实乡村振兴战略，根据《江苏省推进乡村振兴战略实绩考核暂行办法》，实现农村地区固定宽带接入速率122.3Mbps。按照“城市精细化管理”要求，开展“无架空管线”整治，落实三年行动计划目标。

【信息化专业培训】 2020年，全区先后组织10多个企业参加电子信息产业发展基金业务知识培训讲座、工控系统安全、工业互联网标识解析体系建设等专题业务培训会。与常州信息职业技术学院合作，开展“江苏省农民用网推广活动”，建立培训基地，组织近70人参加本地集中培训，选派10名优秀学员赴常州进行“农民进课程”深度培训。开展全省信息化专家智库增补工作，组织财政局的黄九兵、王建明，行政审批局的陈明、严顺斌申报信息化专家委员会专家。建立大丰区引偏诱爆人防专业队，成立了以博汇、丰山、辉丰和联鑫企业人员为主的一支21人专业队伍，定期参加综合性演练。

（胡 榕）

邮 政

【概况】 2020年，大丰区邮政分公司落实集团、省、市公司，区委、区政府部署，统筹推进疫情防控和改革发展，全力推进各项工作任务。春耕以来，积极转变思路和获客途径，将农资销售从线下转线上，转批销为直营销售，缩短中间渠道，真正让利给农户，将“服务三农”下沉到春耕一线，实现单日线上渠道销售农资600余吨。全年大丰区邮政分公司实现收入1.23亿元，完成年度计划的85.57%。

【邮政业务】 2020年，大丰区邮政分公司实现金融收入8271.75万元，同比增长1.52%，储蓄余额规模突破55.5亿元，借力“支付宝拉新”、“手机银行登录有礼”、“邮储食堂”会员吸粉等线上场景营销活动，全年新增发卡1.8万张、手机银行1.7万户、快捷支付绑卡2.2万户、服务“微邮付”商户8000多户。开展“感恩‘邮’你”金融客户服务节活动，全面推进“走千访万”大走访，实现种养殖、商贸、代发、自邮一族、协同类客群全覆盖，建档客户信息11.37万户，打造标杆村社118个。全年实现寄递业务收入1896.57万元，其中快递包裹收入1647.29万元，国内标快收入393.04万元，国际业务收入69.74万元，物流业务收入16.52万元。法院集中送达项目年收入82.31万元，生鲜寄递业务收入规模约6万元。快包强化全成本损益核算，毛利率达20%。全年农村电商实现销售额838.98万元(税后)，差价收入141.65万元，累计建成加盟店553个，实现批销销售额948万元(税前)，批销覆盖率达80%以上，年内平台上线的合作商家4个，产品销售额24万元。转变思路及获客途径，将农资销售从线下转线上，创造单日线上渠道销售农资603吨。集邮与文化传媒全年实现业务收入1067.7万元，其中报刊收入597.15万元，函件收入213.12万元，集邮收入257.43万元。全年开发新媒体客户26户，建设主题邮局1个。通过对市场的研判、客户需求的分析、产业发展的深度需求入手，以区域旅游延展项目、服务政务市场、本地特色活动等作为切入点，助推大丰分公司文化传媒从传统单一的邮政文传向渠道型、信息化的新兴专业转变，全年承办各类线下政务宣传活动8场。与人民法院、人民医院、人保、电力、中石油、电信、邮储银行等大丰分公司签署战略合作协议；设立港区营投部，整合大丰港区域营揽投力量；建成税邮合作服务点1个、警邮便民服务点6个。

【邮政企业管理】 2020年，大丰区邮政分公司继续深化改革。金融准事业部制、营投部销售化转型、大丰港园区、寄递事业部机构改革等改革措施相继落地，全面深化改革驶向“深水区”，推动经营主体向市场要效益。坚持对标提升导向，坚定不移地推进寄递改革、揽投网改革，通过邮件处理流程优化、区内邮路优化调整、前端集包有序推进、自提点建设和自提费用压降等措施，推动寄递业务效益型发展。强化财务精细化管理，深化出口邮件处理、营投部、合同物流等重点项目损益核算，严控资金、欠费。强化成本、资金管控，实现利润1164.87万元。强化欠费管控，深化内控管理，全年各类违规问题个数同比下降15.9%，非现场预警量同比下降18.6%。安全生产全年投入190.97万元，实现生产经营场所高清监控全覆盖；组织"安全生产月"、交通安全警示教育等活动，开展邮件处理场地、金融网点、综合楼等应急处置演练。选拔17名青年纳入英才体系培养，人力资源持续优化，健全人才成长配套机制。2020年，大丰区邮政分公司全体职工中，大专及以上学历占比72.78%，同比增长5.13个百分点；本科及以上学历占比44.47%，同比增长3.5个百分点。

【通信建设】 2020年，大丰区邮政分公司新增爬坡机1台，5米平行皮带机1台，扫码一体机1台，提高生产处理效率。新增ITM5台，更新CRS10台，加快厅堂营销转型。改造金融网点1处、营投部1处，提升对外服务能力。

【邮政文明创建】 2020年，大丰邮政分公司积极参与文明单位评审复审、文明城市创建，创成盐城市文明单位，保持江苏省、大丰区文明单位称号。建成"邮爱驿站" 13个。大丰邮政分公司获评"盐城市五一劳动奖状"、"绿衣使者" 志愿服务队、"十佳志愿服务组织"，投递员张银柳被表彰为"盐城市十佳文明职工"，卢逢海被表彰为"大丰好人"。

【承办国际减灾日主题宣传活动】 10月13日是国际减轻自然灾害日(简称国际减灾日)。大丰区邮政分公司对接区政府相关牵头部门，围绕"提高灾害风险治理能力" 的主题开展策划，承办大丰区2020年国际减灾日主题宣传活动。活动中，大丰区分公司协同各参展部门发放交通安全、健康防疫、家庭火灾急救、防灾减灾等各类应急宣传资料，吸引大批市民前来咨询参与。

【设计开发专题邮册】 2020年，大丰区邮政分公司借助自身文创产品优势，积极宣传大丰本地特色文化产业，通过挖掘地方文化，设计开发《印象大丰》《白驹水浒》等专题邮册，宣传推广大丰特色文化和产业经济，并利用微信朋友圈开展线上推广。

（范　燕）

电　信

【概况】 2020年，大丰电信公司本着"以市场为导向，以客户为中心，以效益为目标" 的指导思想，积极拓展业务，不断创新管理，努力提升服务，探索品牌建设和企业文化发展的新途径，各项工作取得新的成效。2020年，大丰电信公司累计完成业务收入2.15亿元，同比增长4.16%。

【全业务发展】 2020年，天翼手机用户新增4.17万部，净增0.96万部，到达数22.3万部，天翼有效率23%；宽带新增1.94万部，净增0.69万部，到达数14.8万部，宽带有效率36%；天翼高清新增1.45万部，净增0.54万部，到达数15.8万部，天翼高清有效率38%。

【服务网点拓展】 2020年，全年新建及盘活11个门店。截至2020年年底，大丰门店总数126个，其中城区店39个，农村合作店77个，核心商圈10个。

【网络覆盖提升】 2020年，建设开通5G基站111个，累计开通120个，其中，华为SA基站112个、中兴NSA基站9个。实现华为SA独立组网5G主城区全覆盖。建设开通高铁沿线45个基站，实现盐通高铁网络无缝对接。

【通信质量提升】 2020年，大丰电信公司通过强化装维服务质量管控，做好派单整治闭环管理，做好装维服务质量日通报、周分析和月总结，优化了问题工单的处理流程，提高问题工单的处理效率。配合流量经营，不断深度优化无线网络建设，弥补网络覆盖空洞，提高深度覆盖水平。在网络安全方面，积极开展基站安全达标整治工作。对政企支撑组织架构进行了优化调整，设置专门的产品支撑工程师岗位，承接标准化产品的支撑服务工

截至2020年年底，大丰电信公司大丰门店总数126个，其中城区店39个，农村合作店77个，核心商圈10个。　周古凯　摄

作。组织产品支撑人员参加省市公司春季大练兵、重点行业产品专项培训等活动，后端技术人员的支撑能力、协作服务意识得到提升。

【安全生产管理】 2020年，大丰电信公司全年检查通信机房、油机房272个次、检查营业厅106个次、检查安防系统206个次、检查出租房屋21次、检查办公人员晚上下班是否关闭办公电脑等设施256处、检查外包施工单位12次，通过安监系统和纸质派发安全隐患整改单1693张，现已整改安全隐患1683个，整改完成率达99.4%（其他暂时无法整改的安全隐患，已采取相应安全防护措施，制定了整改计划）。全年共举办各类安全培训班12次，培训人员306人次，培训合格率100%，特种作业人员持证上岗率100%。

【电信服务管控】 2020年，大丰电信公司成立了防范打击通讯信息诈骗和“断卡”专项行动工作领导小组和工作小组；明确业务受理第一界面的要求，确保电话用户实名入网、人证一致、实人激活。通过人防加技防的方式开展常态化检查加强代理渠道的监督和管理。集中稽核了上半年以来办理的一证多卡用户清单，研判呼叫行为是否涉诈，对于符合涉诈特征的及时联系公安封停。

（姜晓东）

联　通

【概况】 2020年，中国联通大丰分公司（以下简称大丰联通）认真贯彻“江苏联通”精神，坚持以效益为导向，立足本职，积极开展各项工作，推动大丰地区社会信息化进程。截至2020年年底，中国联通大丰分公司实现收入近6000万元，5G基站建设113个。

【大丰广电、大丰联通合作】 2020年，大丰联通积极与大丰有线合作，发挥优势，相互促进。通过多模式多途径的融合，加快乡镇的固网业务发展，有效解决了资源缺失的问题。截至2020年年底，新增广电合家欢用户近1000户，广联合作初显成效。

【服务地方经济社会发展】 2020年，大丰联通参与大丰区应急指挥中心“设备采购安装及伴随服务一期——危险化学品风险监测预警系统建设”项目，在江苏省应急管理厅配发的传输软件上，改、扩建园企信息管理、日常管理、重大危险源监测、风险趋势分析、风险动态预警及处置、综合统计分析、危化品监测预警一张图等功能，并新建相关模块，如数据分析基础平台、数据初始化模块、数据可视化模块等，该项目的建设全面提升了大丰区应急管理信息化水平。

【降本增效】 2020年，大丰联通秉承降本增效原则，做好老旧设备退网工作，退网9套华为metro1000，1套中兴6150，退网2台C220，老2.5G，5台160A，合并4框CC08等；全年通过电费核算对账，去除退租、拆除，核算计费周期，进行铁塔电费核减；完成金属材料公司、华丰农场自有站点直供电改造，每年可节约用电成本约2万余元；全年完成铁塔12处站点转改直，30处转供电站点电费压降；全年直供电开户28处站点，配套费用约11万元。

（孙晓晨）

移动通信

【概况】 2020年，中国移动通信集团江苏有限公司大丰分公司（以下简称大丰移动公司）坚持以党建为引领，以增收为主旋律，全力推进降本增效，锻造“网络、营销、管理”三大能力，各项工作取得新成效。2020年，大丰移动公司全年运营收入3.6亿元，5G用户超过4.8万，全量用户户均流量达12.5G，其中5G用户户均流量达26.3G。公司在岗职工146名。

【移动客户服务】 2020年，大丰移动公司提升为民服务水平。净化网络环境，推进“断卡”行动，遏制电信网络诈骗犯罪态势；进一步优化资费服务，提高客户资费满意度；持续推行透明消费，让客户明明白白消费；不断提升网络服务质量，打造“百分百畅通网络”；不断提升窗口服务质量，打造便捷、高效服务；妥善处理客户投诉和消费纠纷，切实维护客户权益。

【移动网络建设】 2020年，大丰移动公司建成5G宏站176个、室分14处、NB（物联网）站点301个，建设量排名全区第一；网络道路综合覆盖率

2020年，大丰移动公司建成5G宏站176个，建设量排名全区第一。图为5G建设施工

（单位供图）

99.36%，平均下载速率48.53M。建成5G SA核心SPN组网15个点，确保5G覆盖效果最优。高铁沿线网络覆盖进一步扩大，高铁沿线4G、2G站点合计开通150处，高铁站5G信号全域覆盖；互联网专线业务实现工信部备案率100%。完成荷兰花海旅游月、"只有爱"全球直播、白驹会师纪念活动、吾悦广场开业、雍璟府开盘千人摇号活动、黄海湿地公路自行车赛、风中足迹马拉松赛、城东文化馆演出等活动的通信保障10余次。

【大丰移动项目创新】 2020年，大丰移动公司承办大丰区"企业上云"培训会，为区政府推动"智慧城市""新基建"等方面的工作提供技术和服务支撑；实施的大丰荷兰花海智慧文旅项目、中汽中心5G智能网联等项目被江苏省工信厅、省发改委和省通信管理局联合评选为第二批江苏省5G典型应用场景及优秀案例；利用"红外热成像测温"等物联网产品，协助大丰区30多个企、事业单位常态化做好疫情防控。

【志愿者服务与文明创建】 2020年，大丰移动公司员工注册大丰区志愿者140余人，先后组织"'红马甲'走进社区助防疫、战'疫'同心义务植树、复工复产企业服务站、贫困学子爱心捐款、困难群众节日慰问、爱心献血、关爱留守老人"等志愿者活动60余场。同时积极响应政府号召，做好文明创建各项工作。

（吴海燕）

供 电

【概况】 2020年，国网江苏省电力有限公司盐城市大丰区供电分公司（以下简称大丰区供电公司）圆满完成全年各项工作任务。公司被大丰区政府表彰为2020年综合先进集体；获"大丰区五星级（服务业）企业"称号；获"大丰区五一劳动奖状"和"大丰区2020年春季招商攻坚赛项目服务奖"。

【经济指标情况】 2020年，大丰区全社会用电量70.52亿千瓦时，同比增长13.68%。其中工业用电56.80亿千瓦时，同比增长17.23%；城乡居民生活用电6亿千瓦时，同比增长5.84%。电网最高负荷115.37万千瓦，比2019年最高负荷增长25.37%。

【安全管控】 2020年，大丰区供电公司安全生产局面稳定。推进安全生产专项整治三年行动。建成"远程+现场"全覆盖安全督查体系。深化"平安电力"建设，召开全区电力工作会议。有序有效应对超长梅雨季、夏季连续高温、冬季寒流等极端恶劣天气下的电力供应保障工作。完成荷兰花海《只有爱·戏剧幻城》全球盛大公演，高考、中考等重要活动保电工作68次。截至2020年12月31日，公司实现安全生产8985天。

【电网建设】 2020年，大丰区供电公司电网建设有力推进。扎实开展"十四五"电网规划。启动500千伏丰海输变电工程。推进220千伏民丰变等21项重点工程，投运110千伏盐港变、110千伏西康变等8项基建工程。110千伏恒泰变工程获国网江苏省电力有限公司"输变电优质工程银奖"、大中同德村二组新增配变工程获国网江苏省电力有限公司"2020年度配电网优质工程"称号。推进庆生渡、西团储能电站建设。完成889个配农网项目，农网架空线路绝缘化率提升至78.18%。

【供电服务】 2020年，大丰区供电公司电网营销服务优质高效。积极推广报装接电"特快电力服务"，高、低压平均接电时长压降至21.5和3.1个工作日内。落实阶段性降本政策，全年降低工商业客户电费支出1.25亿元，惠及客户5.96万户。配合政府开展转供电加价清理，减少客户电费支出20万元。通过人大电力专项测评，成为全区唯一获得"项目服务奖"的企业。

【企业管理】 2020年，大丰区供电公司企业管理进持续提高。开展线路跳闸压降专项行动，配电线路故障跳闸率同比下降29.30%。加强窃电、违约用电治理，挽回营收207.24万元。积极开展带电作业，累计多供电量115.28万千瓦时。挖掘电能替代深度，实现电能替代2.8亿千瓦时。与移动、广电签订协议，提升杆塔等基础资源运营效率。高效完成4个"临代正"（临时用电代供居民正式用电）小区治理。推进农电精益化管理，供电所优化整合至11个。全省首家通过农电档案管理"三星级测评"。出台《全面创新管理办法》，重塑创新工作流程。1项"遥信信号频繁抖动智能抑制装置的研制"的QC成果获国际质量管理小组会议最高奖。不断加强党建和精神文明建设，参与和开展各项活动。大丰区供电公司在全市带电检修工与农网配电营业工（台区经理）两项技能竞赛中双获佳绩。电力调度控制分中心党支部被表彰为盐城市"先进基层党组织"，配电运检班组获评国网江苏省电力有限公司"工人先锋号"，员工陈建军获评"盐电好人"，"电奉善"志愿服务项目获"江苏省青年志愿服务项目大赛三等奖"。

（王云霄）

〖编辑 董艺〗

生态环境

综 述

【概况】 2020年，盐城大丰生态环境局认真贯彻落实国家、省、市、区生态环境保护工作会议精神，围绕生态环境保护的各项目标任务，开展生态保护和生态文明建设工作，打好污染防治攻坚战，服务大丰经济高质量发展。全年全区环境质量总体保持稳定，局部区域环境质量有所改善。全区水环境得到有效保护，环境空气质量明显好转，区域环境噪声质量有所好转。

【大丰生态环境局服务企业】 2020年，区生态环境局严把项目准入关，在引进项目前，审查项目生产工艺、污染治理、废气排放达标等，对敏感项目、群众反映强烈的项目，从严审批。在项目审批过程中，按照节能减排、清洁生产、总量控制的原则，对不符合产业政策、没有可靠污染治理设施以及布局不合理的项目，不予审批。在新冠肺炎疫情防控期间，对疫情防控急需的医疗卫生、物资生产、研究试验等项目实施环评应急服务保障措施，第一时间为江苏焕鑫新材料股份有限公司固废仓库改造项目办理环评手续，为企业复产提供保障；为中汽、悦达等重大项目落户成立工作专班，做到提前介入、全程指导、跟踪服务。全年为畜禽养殖、粮食加工、纺织品制造、设备制造等行业的29个项目实行“告知承诺制”审批，均当天办结。全年审批建设项目227个，其中编制报告书项目20个、报告表项目207个；登记表备案项目1255个，预审上报省、市级生态环境部门审批报告书（表）项目12个。做好排污许可清理整顿和辐射安全管理，年内完成第一阶段33个行业1619家单位的清理整顿任务和第二阶段91个行业1404家单位的清理整顿任务，完成数量为盐城市最多。全年发放排污许可证重点管理企业16个、简化管理企业143个，其中重点管理由盐城市生态环境局发证；办理辐射安全许可证重新申领5个、变更6个、注销2个。

【生态环境保护宣传】 2020年，区生态环境局以“6·5”国际环境日为契机，以“美丽中国、我是行动者”和“打好污染防治攻坚战、推动高质量发展”为主题，开展生态环境保护知识进社区、进企业、进学校、进机关、进农村活动，发放宣传资料3000余份；利用小区电子显示屏，播放生态环保短片，营造环保氛围。开展“保护水源、造福人民”“秸秆双禁”“绿色、低碳生活方式”等宣传，增强生态环境保护影响力。

环境质量

【环境空气质量】 2020年，大丰区环境空气质量仍未能达到国家空气质量二级标准，全区环境空气质量总体

2020年7月2日，大丰生态环境局开展节能宣传活动。图为节能宣传现场　　张平　摄

状况保持稳定，大部分指标有所好转。按AQI指数评价，全年有114天空气质量为优，197天空气质量为良；轻度污染的天数有47天，中度污染的天数有5天，重度污染的天数有3天。全年空气质量为优良的天数有311天，占全年有效监测天数的85.0%，重污染天数比率为0.8%。空气质量优良天数比率上升5.1个百分点。

大丰区环境空气二氧化硫年平均浓度6微克/立方米，二氧化氮年平均浓度18微克/立方米，可吸入颗粒物年平均浓度54微克/立方米，细颗粒物年平均浓度31微克/立方米，一氧化碳日均值第95百分位浓度平均为0.8毫克/立方米，臭氧日最大8小时均值第90百分位浓度平均为154微克/立方米，均达到《环境空气质量标准》（GB3095-2012）二级标准。

全年降尘年平均值2.2吨/平方千米·月，满足省参照标准，未出现酸雨。

【地表水环境质量】 2020年，大丰区水环境质量总体状况有所改善，地表水大部分监测断面能达到划定的水域功能类别，饮用水源水质保持稳定达标，上游入境水质明显好转，城区部分河流污染严重。

饮用水源水质。大丰区饮用水主水源为宝应县里运河氾水水源地，备用水源为通榆河刘庄水源地，水质继续保持稳定。根据省环境监测中心公布监测结果，宝应县里运河氾水水源地全年水质均未超出Ⅲ类，水质达标。通榆河刘庄水源地除个别时段溶解氧外，其余指标均未超出Ⅲ类标准，80项特定项目均达标，检出率12.5%，检出浓度低于标准限值。影响大丰区饮用水源水质污染指标主要为溶解氧、总磷和高锰酸盐指数。

地表水水质状况。全区河流监测断面水质好于Ⅲ类水比例为53.3%，劣Ⅴ类水比例为20%，国控、省控断面水质好于Ⅲ类水比例为100%（目标40%），省级水功能区达标率100%，入海河流水质均不超过Ⅳ类。整体水质状况为轻度污染，水体主要污染指标为总磷、氨氮和化学需氧量。全区11条主要河流中，通榆河、斗龙港、新团河、串场河、兴盐界河和川东港水质状况为良好；城区大四河、二卯西河水质状况为重度污染，其余河流水质状况为轻度污染。与2019年相比，好于Ⅲ类水比例基本持平，劣Ⅴ类水比例有所上升。

【地下水环境质量】 2020年，大丰区地下水水质与2019年相比没有变差，监测指标大部分达到地下水Ⅲ类水质标准，水质类别为较差。影响大丰区地下水水质的主要污染因子是氨氮、亚硝酸盐氮和氯化物，此为大丰区地下水水质的地质特征，同时也表明大丰区地下水水质主要受到地表生活污水的影响。

【声环境】 2020年，大丰区声环境状况总体上持平，功能区噪声达标率85.7%，与2019年度相比下降7.1个百分点，城区区域环境噪声污染水平减轻，道路交通噪声污染水平加重。

区域环境噪声。城区昼间区域环境噪声等效声级平均值47.5分贝，总体水平等级为一级，质量等级属于好，与2019年相比下降1.6分贝，污染程度减轻，测量值范围在40.6分贝~58.0分贝。根据对噪声源进行分析，影响范围最广的是社会生活噪声源，在声源构成比中占84.8%，其次是交通噪声，在声源构成比中占12.9%。

道路交通噪声。城区昼间交通干线噪声测量值范围在54.0分贝~72.4分贝，超标的监测路段长为2.4千米，占监测路段长的5.5%；等效声级平均值为63.1分贝，总体水平等级为一级，质量等级属于好，比2019年上升1.9分贝，污染程度加重。

功能区噪声。城区功能区噪声达标率85.7%，比2019年下降7.1个百分点。噪声功能区中4类区和2类区环境噪声达标率最高为100%，1类区环境噪声达标率最低为81.3%。春季功能区噪声达标率为100%，夏冬季功能区噪声达标率为96.4%，秋季功能区噪声达标率为71.4%。

生态保护

【生物多样性本底调查完成】 2018年，根据上级生态环境部门要求，区生态环境局对境内生物多样性进行补充调查，2020年完成生物多样性本底调查并形成《大丰区生物多样性本底调查与编目技术报告》。《报告》中对大丰区内506种陆生维管植物、7种两栖动物、12种爬行动物、194种鸟类、13种哺乳动物、23种蝴蝶、208种其他

2020年12月，大丰区丰华街道建成江苏省级生态文明示范镇（街道）。
周古凯 摄

昆虫、69种水生维管植物、45种鱼类、33种大型底栖无脊椎动物、122种浮游植物、74种浮游动物等，进行物种编目分类。2019年12月调查成果通过江苏省生态环境厅组织的评审验收。《报告》为大丰对生物多样性的保护、管理和决策提供了科学依据。

【大丰林场滨海湿地修复项目完成】 2020年，大丰区完成亚行贷款的盐城湿地保护项目中大丰林场滨海湿地项目修复。利用亚行贷款390万美元，修复滨海湿地生态林、建设防火通道、疏浚水系及建设相关配套工程等。

【生态文明示范创建】 2020年，大丰区完善生态文明建设制度，修编《盐城市大丰区生态文明建设规划（2018—2021）》，为大丰区生态文明示范创建提供制度指导。组织开展生态文明建设示范区创建。丰华街道建成江苏省级生态文明示范镇（街道），草堰镇三元村、大中街道新团村建成江苏省级生态文明建设示范村。

（张　平）

节能减排

【工业节能】 2020年，大丰区结合省、市节能工作目标，出台《2020年工业节能考核办法》，细化分解节能目标任务，压紧压实各镇（区、园、街道）责任。强化节能调控，围绕全年目标任务，重点对盐城市联鑫钢铁有限公司、江苏博汇纸业有限公司等用能大户实施精准调控。服务开发区申报绿色园区，配合市节能监测站对大丰区3个企业开展节能监察。

（吴　洋）

【减煤工作】 2020年，大丰区耗煤规模以上非电企业原煤消耗量为62.44万吨，比2019年同期减少13.46万吨，减少率为17.7%，完成盐城市下达的减煤目标任务。2020年全区非电行业用煤企业有3个，比2016年的42个减少了92.8%。其中联鑫钢铁1—12月耗煤量58.03万吨、金羚纤维素3.43万吨，均完成盐城市下达的重点企业减煤目标任务。

（吴中锋）

污染防治

【大气污染防治】 2020年，区生态环境局开展工业窑炉整治，制定《盐城市大丰区工业炉窑大气污染综合治理方案》，完成21个工业炉窑整治项目；推进钢铁行业深度治理，督促联鑫钢铁高标准开展全流程超低排放改造，完成有组织排放二次评估监测验收。制定VOCs（挥发性有机物）专项治理方案，完成VOCs治理项目24个；开展VOCs企业环保执法检查，全年出动检查人员136人，检查企业68个。加大扬尘、餐饮油烟污染治理，开展建筑、拆迁施工扬尘污染防治，编制《大丰区扬尘污染防治专项规划》，完成全区施工工地扬尘治理20项、码头堆场扬尘治理12项、工业堆场扬尘治理13项；强化餐饮油烟治理，完成餐饮油烟整治7项。积极应对重污染天气，发布应对大气污染的通知36次，督促各板块采取应对措施；编制重污染天气应急减排措施清单，提交豁免企业申请7个，纳入大丰区应急减排措施清单企业129个；开展重污染天气应急管控清单编制企业评级审核，督促企业制作秋冬季管控“一厂一策”公示牌，全力护航秋冬季管控。加强空气监测能力，大丰港港口和港区建成3套环境空气VOCs自动监测站，配备便携式VOCs快速检测仪、手持式VOCs泄漏检测仪等现场监测设备。开展夏季VOCs走航监测服务和加密监测等，科学高效监测空气质量。

【水污染防治】 2020年，区生态环境局认真落实江苏省、盐城市“水十条”工作方案，制定2020年水环境水生态高质量发展行动计划，全力保障断面水质达标；编制大丰区国考、省考、入海河流断面达标保障总体方案，成立国考、省考断面攻坚小组，制定各断面达标保障措施，定期督查和通报相关整治提升工作。牵头实施大丰区“湾（滩）长制”，制定“湾（滩）长制”实施方案，构建“湾（滩）长制”工作管理体系，完善“湾（滩）长制”配套制度。开展324个入海排污口监测溯源，交办江苏省、盐城市下发的督查通报问题并督促问题整改到位。加强饮用水水源保护，在饮用水源取水口安装红外监控，升级改造饮用水源自动监测站，优化饮用水水源监测项目，加密饮用水水源监测频次；开展饮用水源应急演练，保障饮用水源安

2020年11月26日，大丰生态环境局开展企业环保法律法规培训，增强企业守法意识。　张平　摄

全。做好入河排污口论证工作，严格审批入河排污口，提高尾水排放标准，完成上海农场生活服务有限公司净菜加工、大丰丰宇屠宰场基础设施建设、盐城汇坚工业水处理有限公司废水深度处理、大丰高铁站污水处理等项目入河排污口审批工作。督促城镇污水处理厂建设，召开镇（区）工业污水处理厂建设推进会，现场查看三龙镇、南阳镇、草庙镇和沪苏产业园污水处理厂建设情况，督促责任主体加快项目建设。加强督查，成立由区纪委、生态环境局、水利局、农业农村局等部门组成的联合督查组，对所有镇（区）、街道断面水质提升工作进行督查，每日形成督查专报，并下发交办单，定期汇总整改情况；与水利部门共同巡察通榆河、串场河、斗龙港、王港河和川东港等主要河道沿线情况，发现问题，交办属地及相关部门整治。

【土壤污染防治】 2020年，区生态环境局加快危险废物处置基础设施建设，盐城国投公司3万吨/年废盐综合利用项目、杰林环保公司5万吨/年工业渣盐综合利用项目和伟杰公司年清洗加工200升标准铁质废包装桶35万只/年、200升非标废包装桶3万只/年、200升以下废包装桶12万只/年项目均已建成，并领取危险废物经营许可证；好山水2.3万吨/年无害化处理废线路板及覆铜板边角料综合利用项目和华丰环保年清洗利用废旧化工包装桶36万只、油漆桶20万只、吨桶9000只项目危险废物经营许可证换领工作已完成。强化隐患源头防控，完成丰山集团、辉丰农化、新宇辉丰、联鑫钢铁、大吉发电、和丰制铁6个重点企业年度厂区土壤和地下水的自行监测和风险隐患排查，上传完成13个历史遗留场地土壤的采样检测及数据。加强重金属行业污染防控，开展重金属重点防控区专项整治，切断重金属进入农田的途径。完成大丰区农村污水治理年度目标任务，全区农村生活污水治理年度任务及美丽宜居村庄建设任务55个点位全部到位。

环境监管

【生态环境执法监管】 2020年，区生态环境局加大生态环境行政执法，全面实施“双随机一公开”（随机抽取检查对象、随机选派执法检查人员，抽查情况及查处结果及时向社会公开）制度，全年实施现场监察5437人次，检查企业2487个次；行政处罚案件98件，处罚737万元。全面排查涉及危险化学品生产、使用和储存单位的废弃危险化学品处置情况，发现并整改11个隐患；全面排查全区49个加油站，未发现问题隐患；检查多家汽车维修单位，排查出隐患28个，整改完成27个；排查27所学校、2家科研单位的实验室和2家检测机构，发现5个问题，整改完成4个；开展辐射安全检查53次，排查问题隐患4个，全部完成整改。认真调处环境信访，全年接到环境信访1392件，同比减少28.06%，查处率100%。利用“蓝天卫士”监控系统，加强夏季、秋季秸秆禁烧禁抛巡查，全区实现“零火点”；利用污染源在线监控平台，实时监控企业有无超标排放等违法问题，监控89个排污企业的188个监控点，巡查57个企业的650多个监控摄像头视频和录像，形成巡查记录单200余份。全年受理环境问题线索3867件，办结3772件，办结率97.5%。多次与公安、交通、城管、住建、市场监管等部门就扬尘管控、餐饮油烟治理等工作开展联合执法，建立健全“联防、联控、联治”长效机制，形成高压和无缝对接的联合执法态势。

【生态环境屏障构建】 2020年，区生态环境局以化工园区为重点，组织开展对环保设施安全专项排查以及环境安全隐患排查。与应急管理部门开展5个涉危涉化项目审批的联合会审、3次联合执法，共同加强对涉化涉危企业的监管，督促企业从严从快整改问题；与公安、检察等部门对企业在危险废物处置过程中存在的违法行为进行联合执法，立案处罚10起，处罚金额82万元，其中移送公安机关1起。

（张　平）

〖编辑　刘洪芳〗

科学技术

综　述

【概况】 2020年，大丰区按照国家、省、市科技工作会议和区科技人才大会的部署与要求，坚持问题导向，克服新冠疫情带来的不利影响，紧紧围绕年度目标任务，全力推进科技项目申报、高企培育、接轨上海、科技研发投入、科技创新载体平台建设推动、产学研协同创新、技术合同登记等科技创新重点工程，进一步提升科技服务经济的能力和水平，科技在全区经济转型发展和社会文明进步中的引领、支撑和促进作用日益明显。大丰区科技局被表彰为大丰区2020年绩效考核综合先进集体。

【科技创新成果】 截至2020年年底，大丰拥有国家级高新技术企业154个；拥有省级以上创新型试点企业6个、省民营科技企业437个。2020年高新技术产业产值275亿元，占规模以上工业总产值比重31.6%。全年组织申报省科技进步奖5项，江苏正大丰海制药有限公司获评2020年度省企业技术创新奖，实现盐城市省企业技术创新奖零的突破；江苏丰东热技术有限公司的“多功能性导电耐蚀涂层的设计与关键制备技术与应用”获江苏省科技进步奖三等奖；中汽中心盐城汽车试验场获评江苏省最具成长性高科技企业；江苏菌钥生命科技发展有限公司、盐城恒兴饲料有限公司被认定为2020年度江苏省农业科技型企业。

科技计划实施

【科技计划项目组织成果丰硕】 2020年，大丰区科技局组织申报省级以上各类科技计划项目28项，获立项11个，落实省级以上项目资金支持2000万元以上，其中江苏正大丰海制药有限公司的抗肿瘤一类新药第三代EGFR抑制剂FHND9041的研发获省重点研发计划（社会发展类）项目立项，江苏颖泰精智农业有限公司的基于地聚合物技术的秸秆基保温墙体材料研发获省重点研发计划（农业类）项目立项。获省企业科技副总项目立项10个，获省市资金支持奖励90万元。大丰区科技局为盐城芯丰微电子有限公司、盐城市大丰中意机械有限公司、德亚炉业科技江苏有限公司、江苏华硅新材料科技有限公司、盐城远大金属科技有限公司、江苏真鹿科技有限公司、江苏弘烨精密铸造有限公司8个企业落实“苏科贷”资金2610万元。

【科技政策落实】 2020年，大丰区科技局积极推进国家、省、市、区相关科技政策的贯彻落实，积极推动为科技型企业减免税收。登记确认审核高新技术企业所得税优惠减免9562.55万元，企业研发投入加计扣除减免所得税14796.47万元，对江苏省高新技术企业培育库入库企业奖励735万元。推进创新型企业、创新型园区、创新型城市建设，为78个单位119个项目申报落实2019年度推进聚力创新十条政策奖励资金1115.35万元。在区政府政风热线，就聚力创新促发展系列问题作最新科技政策解读。

高新技术产业

【62个企业被认定为国家高新技术企业】 2020年，大丰区62个企业被认定为国家高新技术企业，分别是：江苏聚润硅谷新材料科技有限公司、盐城芯丰微电子有限公司、江苏伟鑫热处理设备有限公司、盐城市联明机械有限公司、江苏今达纺织实业有限公司、大丰园丁纺织有限公司、江苏恒业纺织有限公司、江苏鑫德龙环保科技有限公司、江苏省成越科技有限公司、江苏重林除锈设备科技有限公司、江苏乾晋岩棉科技有限公司、江苏兴达净化科技发展有限公司、大丰万达纺织有限公司、江苏众鑫磁电有限公司、盐城宝德冶金设备有限公司、盐城市大丰区中大机械有限公司、江苏瑞鑫集成电路设备有限公司、盐城海博精密机械有限公司、江苏创一精锻有限公司、江苏锐达科技有限公司、江苏正大丰海制药有限公司、盐城海纳汽车零部件有限公司、大丰锦辉风电设备有

限公司、江苏昇奕精工科技有限公司、江苏宝诚重工科技有限公司、江苏丰东热处理及表面改性工程技术研究有限公司、江苏江大金属表面处理技术研究院有限公司、江苏森威精锻有限公司、江苏特思克阀门制造有限公司、江苏云马农机制造有限公司、江苏志得管业有限公司、江苏昊扬微电子有限公司、上海新型建材岩棉大丰有限公司、盐城乐砂抛丸设备有限公司、大丰力大气动设备有限公司、盐城杰富茂博石化机械制造有限公司、江苏速霸机械有限公司、江苏丰海新能源淡化海水发展有限公司、江苏工联电力科技有限公司、江苏冠云软件科技有限公司、江苏鑫源昌科技有限公司、江苏道融电子科技有限公司、江苏丰盈科技有限公司、江苏晶亚汇电子科技有限公司、江苏久禾生物科技发展有限公司、德亚炉业科技江苏有限公司、盐城市大丰捷威精锻有限公司、大丰市明月轴瓦有限公司、江苏德航工程机械装备有限公司、盐城市丰实金属磨料有限公司、盐城思达德民力阀门有限公司、江苏隆兵电气有限公司、江苏美谷塑胶工业有限公司、江苏谷登重型机械装备科技有限公司、江苏利丰机电有限公司、江苏浔丰轨道交通科技有限公司、江苏缪斯环保科技有限公司、上海沪菲电缆盐城有限公司、盐城市金鼎金属制品有限公司、江苏丰山集团股份有限公司、盐城市贝迪塑业有限公司、盐城市大丰区辉洋农业机械制造有限公司。

【62个企业被认定为省高新技术企业培育库入库企业】 2020年，大丰区62个企业被认定为省高新技术企业培育库入库企业，分别是：盐城宝风机械科技有限公司、江苏工联电力科技有限公司、江苏昇奕精工科技有限公司、江苏速霸机械有限公司、盐城大丰科锐达机床设备有限公司、盐城市联明机械有限公司、盐城万达杰富锻造有限公司、江苏鑫德龙环保科技有限公司、大丰市富华铸造机械有限公司、江苏博实电线电缆有限公司、德尔迈自动化科技大丰有限公司、盐城市大丰区中大机械有限公司、盐城市龙万机械有限公司、江苏邦力金属制品有限公司、大丰丰佰电气有限公司、盐城大丰中信机械制造有限公司、江苏众鑫磁电有限公司、江苏重林除锈设备科技有限公司、大丰力大气动设备有限公司、江苏亿达铸造机械有限公司、江苏隆兵电气有限公司、江苏珍鹿纺织有限公司、盐城杰富茂博石化机械制造有限公司、江苏宝诚重工科技有限公司、盐城乐砂抛丸设备有限公司、江苏谷登重型机械装备科技有限公司、江苏伯冠电气有限公司、江苏瑞鑫集成电路设备有限公司、江苏全成奥马热工科技有限公司、上海特瑞机械设备盐城大丰有限公司、江苏利丰机电有限公司、盐城思隆机电有限公司、江苏凯铂成机械有限公司、江苏伟鑫热处理设备有限公司、江苏鼎立钢结构工程有限公司、盐城市大丰区比齐密封系统有限公司、盐城市金鼎金属制品有限公司、江苏恒业纺织有限公司、江苏维迅纺织实业有限公司、盐城大丰骏荣娱乐用品有限公司、上海沪菲电缆盐城有限公司、盐城市大丰强海纺织有限公司、江苏佰健环保科技有限公司、盐城通遂医药包装材料有限责任公司、江苏乾晋岩棉科技有限公司、江苏逸洁包装科技有限公司、江苏志得管业有限公司、江苏弘正扬瑞新材料有限公司、上海电力大丰海上风电有限公司、盐城富邦包装有限公司、江苏兴达净化科技发展有限公司、江苏大丰新安德矿业有限公司、江苏迈硕医疗科技有限公司、中科鑫洋（江苏）生物技术有限公司、江苏丰收大地种业发展有限公司、江苏大丰华丰种业股份有限公司、中泓鑫海盐城生物技术有限公司、江苏昊扬微电子有限公司、江苏聚润硅谷新材料科技有限公司、盐城吉凯同科技有限公司、江苏冠云软件科技有限公司、盐城芯丰微电子有限公司。

2020年，大丰区有江苏丰东热处理及表面改性工程技术研究有限公司、江苏丰山集团股份有限公司等62个企业被认定为国家高新技术企业。
周古凯 摄

科技成果

【政产学研合作深化】 2020年，大丰区聚焦创新资源协同，深入推进接轨上海工作。通过与上海科技交流中心的深入沟通，将沪丰科技合作列入上海长三角专项工作计划。与中国科学院上海生命科学研究院神经科学研究所、上海科技交流中心、同济大学、东华大学、上海理工大学、上海大学等上海地区高校院所开展产学研对接活动8次，新建创新载体5个，签订人才引进、平台建设、成果转化协议和技术开发合同22份。注重高层次科技创新人才的引育，帮助企业申报国家高端外国专家项目2个，获认定1个。全年征集企业重大技术需求29

2020年6月29日，大丰区创新创业大赛开幕。　（单位供图）

项，签订各类政产学研合作协议127份。依托深圳国际人才交流大会、上海大院大所恳谈会，加大高层次科技创新人才的引育力度。注重聚焦高端创新成果供给，布局建设高端创新平台。按照省科技厅创新能力建设项目申报指南，组织江苏丰东热技术股份有限公司与上海交通大学合作共建江苏省智能热处理装备与工艺创新重点实验室，组织金风科技江苏省16兆瓦风电机组整机传动链测试重点实验室申报省重点实验室。年内，金风海上风电整机实验室被列入省重大创新载体，长三角智能网联汽车试验场被列入省重大项目，智能硬件众创社区创成大丰区首家省级众创社区，江苏鸿基金属制品有限公司的江苏省汽车金属冲压件精密成形数字化模拟工程技术研究中心获认定为省级工程技术研究中心。在盐城市2019年科技企业孵化器绩效评价结果中，大丰区6个省级以上孵化器全部获得合格以上，大丰科技创业园获评盐城唯一优秀科技企业孵化器。年内，新申报外国专家“千人计划”1名，新获认定盐城市工程技术研究中心21个，新获批省“双创人才”4人、省科技副总10人、盐城市科技副总11人。

【科技创新生态环境】 2020年，大丰区在严密做好疫情防控工作的同时，扎实做好“六稳”“六保”工作，实现抗击疫情、企业复产、科技支撑“三不误”。引导落实减免中小微企业房租65.27万元。在落实江苏省委省政府出台的《关于深化科技体制机制改革推动高质量发展若干政策》、盐城市政府出台的《关于推进聚力创新的十条政策意见》等文件精神的基础上，发挥大丰区科级干部挂钩服务企业的政策优势，宣传研发费用奖励、加计扣除和高新技术企业所得税相关优惠政策，提高企业研发投入的积极性和信心，推动区域创新能力提升。重点加大大丰区聚力创新十二条、金丰人才工程、研发费用加计扣除、“苏科贷”等政策的宣传力度，成功举办2020年大丰区创新创业大赛。推荐服务的苏科材料团队参加第八届“创业江苏”科技创业大赛暨第九届中国创新创业大赛，获江苏赛区总决赛二等奖，区科技局获首届中国·盐城创新创业大赛优秀组织奖。

国家可持续发展先进示范区建设

【概况】 2020年，大丰区组织参加中国可持续发展研究会“2020年加强会员管理与服务工作座谈会及推进国家可持续发展实验区建设专题研讨会”，就大丰的可持续发展建设进展、存在问题及下一步工作打算做汇报，大丰实验区取得成绩受到中国21世纪议程管理中心领导的肯定。根据中国可持续发展研究会要求，编写大丰海上风电、沿海滩涂湿地生态资源保护等清洁能源、生态修复、生态农业、绿色制造、食品安全5个方面的技术需求材料。根据科技部“关于开展国家可持续发展实验区创新能力监测数据调查工作的通知”要求，通过与20多个实验区组成单位的密切配合，完成大丰区创新驱动、经济发展、民生改善等40项指标调查整理工作。

【项目申报与服务】 2020年，大丰区组织9个项目申报“2020年省重点研发计划(社会发展)项目”。完成对盐城市可持续发展实验区示范基地和区可持续发展示范工程项目跟踪督查服务工作。

（潘　丰）

气象事业

【概况】 2020年，大丰区气象局以提高预报预测准确率、提升服务质量为核心，强化气象防灾减灾和防雷安全监管工作，做好预测预警服务，高质量完成各项工作。实现县级《基层气象灾害预警传播功能配置标准实施办法》全覆盖，乡镇(街道)、行政村(社区)“四有”(有职责、有设施、有制度、有名库)，标准建成率95%以上。全力配合江苏省气象局党组巡察组对区气象局的巡察工作，做好反馈问题的整改和建章立制，确保巡察工作发挥实效。在盐城市2020年度县级综合气象业务职业技能竞赛中，区气象局代表队的顾淏清、郁晓春分别获三等奖。

【公众服务】 2020年，大丰区气象台加强监测和服务，发布(含变更，不含解除)各类预警信号84次，启动6次

2020年11月21日，大丰区气象局在单位举办“小小气象员”亲子活动。（单位供图）

内部应急响应。进一步创新服务方式，全年制作疫情防控气象专题服务12期、梅雨专题40期、春耕春播专题气象服务6期、夏收夏种气象服务9期、秋收秋种12期、三农旬报33期、三农月报11期、短期气候预测6期。充分发挥“互联网+气象”效能，畅通直通式气象服务。成立新媒体气象服务团队，年内上线并全面推广“大丰气象”微信服务号，增加部门动态、实况查询、预报预警服务等功能，提高服务针对性。

【防雷安全监管】 2020年，大丰区气象局贯彻落实江苏省政府办公厅《关于进一步做好防雷安全工作的通知》和区安委会办公室印发《关于进一步做好防雷安全工作的通知》两个文件精神。大丰区气象局按要求对危险化学品企业、易燃易爆场所、加油加气站、旅游景点等137个防雷安全重点单位进行全覆盖防雷安全检查、隐患整改督查。全年发放10份防雷装置整改意见书，检查防雷安全隐患32处，全部实行整改闭环。对全区5个防雷检测机构从防雷检测资质、人员管理、岗位设置、专业结构等方面进行检查，指出存在的问题，督促其及时整改到位。加强对新建、改建、扩建建设工程防雷装置的设计审核和竣工验收，有效地防范重大防雷安全隐患事故发生。2020年受理防雷图纸审核8件，总面积20220.9平方米，防雷竣工验收4件，总面积5977.35平方米。

【气球施放安全监管】 2020年，在元旦、春节、五一、中秋、国庆以及“两会”等重大节日和活动期间，组织对全区气球施放单位是否依法执行施放气球活动审批和现场施放安全操作规程进行现场检查，对违规施放气球行为要求现场整改。

【气象防灾减灾宣传】 2020年，大丰区气象局组织开展“3·23”世界气象日、“5·12”科普宣传日活动，通过气象展板、发放世界气象日宣传专刊及传单等形式向社区居民宣传气象日主题及气象防灾减灾知识，详细解答群众提出的问题，帮助群众了解更多气象知识，提高防灾减灾意识。在大丰电视台、《大丰日报》传统宣传的基础上，利用微博、微信等新媒体，广泛宣传气象知识。

【地面气象观测自动化改革】 2020年，大丰区气象局完善地面观测监测体系。完成X波段天气雷达建设。4月，完成雷达建设安装工作，组织保障人员进行雷达操作、使用和维护的培训。5月，雷达投入试运行，运行良好，所有观测数据已同步传送到省气象局。完成智能台站建设。先后开展地面气象观测自动化改革新业务制度培训、调整人员安排、修订、观测业务流程及制度，安装智能电源箱，完成地面气象观测自动化业务运行切换，运行以来总体较稳定可行。根据省气象局统一部署，推进气溶胶观测站建设、交通生态站建设，完成风廓线雷达运行监控智能化改造。

（耿　健）

〖编辑　谢竹青〗

综 述

2020年，大丰区教育局全面贯彻“教育公平”“教育强区”战略，聚焦“高质量发展”主题，突出提升综合质量核心，加快教育改革转型，实施民生工程，强化师资队伍建设，全面提高常态化管理水平，各项工作都取得新的突破与成效。在2020年度综合考核中，区教育局获盐城市2020年度综合先进一等奖，同时获得学前教育、小学教育、初中教育、普通高中教育、中等职业技术教育计5个单项先进奖。2020年，大丰区有各类幼儿园50所，其中由区教育行政部门主办的幼儿园6所，由各镇（街道）主办的幼儿园24所，由社会团体或者个人创办的幼儿园20所；全区各类幼儿园有396个班级，在园幼儿13546人。全区有小学32所，781个班级，在校学生27814人，入学率和巩固率均为100%。全区特殊教育学校1所，有14个班级，在校学生342人（其中在普通中小学随班或送教就读的148人）。全区初级中学28所（其中九年一贯制学校3所），共有348个班级，在校学生13030人，入学率100%，升学率99.74%。全区普通高级中学4所（其中完全中学1所），有195个班级，在校学生8426人。全区中等职业技术教育中心1所，在校学生2442人。全区学前教育教职员工1511人，其中专任教师917人；小学教职员工2042人，其中专任教师2013人，具备中级职称的1025人，具备高级职称的321人；特殊教育学校教职员工31人，其中专任教师31人，具备中级职称的21人，具备高级职称的6人；初级中学教职员工1826人，其中专任教师1705人，具备中级职称的803人，具备高级职称的634人；普通高中教职员工934人，其中专任教师772人，具备中级职称的295人，具备高级职称的347人；中等职业技术教育中心教职员工285人，其中专任教师254人，具备中级职称的79人，具备高级职称的118人。全区各级各类骨干教师1820人，其中江苏省特级教师11人；盐城市名教师3人，盐城市学科带头人103人，盐城市教学能手207人；大丰区学科带头人489人，大丰区教学能手945人，盐城市教坛新秀62人。

【教育经费投入】 2020年，大丰区义务教育保障水平较2019年有所提高。区教育局按每生每年小学700元、初中1000元的标准全年落实生均公用经费3762.51万元；对生源较少的实施义务教育的学校按最低标准30万元落实公用经费；小学、初中均按每名住宿生200元的标准全年补助公用经费141.38万元；按每生每年小学6000元、初中8000元的标准对随班就读残疾学生全年落实公用经费66.07万元；另外，全年落实684万元用于义务教育校舍维修；落实1000万元用于义务教育学校装备购置；全年落实744.13万元用于义务教育校车运营。非义务教育保障机制逐步完善。全区非义务教育实行财政综合预算，在保证学校正常运转的前提下，按计划落实必要的校舍维修和设备更新经费。全年落实250万元用于普通高中和职教中心宿舍管理费用等；落实206.17万元用于普通高中校舍维修；公办幼儿园按每生每年700元、生源较少的按最低标准20万元落实公用经费，同时，落实300万元用于学前教育奖补经费。

【扶贫助学】 2020年，区教育局和区财政局联合印发《盐城市大丰区家庭经济困难学生资助专项经费管理办法》《盐城市大丰区家庭经济困难学生认定办法（试行）》等文件，为不断完善精准扶贫助学提供政策依据。区教育局加大资助政策宣传力度并主动与区扶贫办、民政局、残联等部门对接，通过学籍簿册、建档立卡贫困户档案等信息进行大数据比对，筛选出各学校（园）建档立卡学生、低保学生、残疾学生、困境儿童、孤儿等困难学生名单，由各学校通知困难学生家长申请教育资助，确保做到“精准扶贫，一个不落”。2020年，全区发放各类助学金1061.60万元，其中为688名特困幼儿发放政府资助金70.75万元，为3265名义务教育家庭困难学生发放生活补贴788.96万元，对一般性困难、比较困难、特别困难按照江苏省规定标准的100%、150%、400%实施补助；按每生每年1600元标准对160

名高中建档立卡困难家庭学生减免学费25.6万元；对557名普通高中困难家庭学生发放助学金115.13万元；对296名中等职业学校家庭困难学生发放助学金55.68万元；在全面落实残疾学生全过程免除学费教育的前提下，对全区8名残疾幼儿减免保育与教育费2.09万元；对16名中职和普通高中残疾学生免去住宿费1.01万元；对12名贫困家庭大学新生发放一次性生活补助费2.4万元。

【学校财物管理】 2020年，全区各学校继续推行财务公开制度，学校各类收费上墙公示，公示内容主要包括学校日常公用经费收支、预算外收入、基建项目流程、伙食费收支、学校内外债务5个方面，构建起制度完备、管理民主、透明公开、监督有力的财务管理机制。学校资产管理加强。年初，区教育局印发《关于开展2020年度资产清查工作的通知》，各学校根据通知做好资产自查工作，以“账账相符，账物相符”为标准，区教育局组织人员不定期分批到每一所学校进行核查。全面实施资产条码化管理。全区各学校统一升级资产管理软件，统一购置条码打印机，按要求张贴资产条码，提高资产管理的科学化、信息化水平。监督检查力度逐步强化。2020年上半年，对各学校2019年度的行政和伙食账进行集中检查。通过梳理归类查出来的问题，立即组织各学校财务人员进行分析研究，总结经验教训，针对存在问题，提出整改措施，限期整改到位，并且将检查情况纳入学校全年考核结果。同时，举办财务人员专题培训班，聘请专业人员专题辅导。

【教育装备配置规范管理】 2020年，区教育局对学校教育装备采购工作开展常态化监管，下发《大丰区教育系统教育装备采购管理办法》，加强较大规模装备采购项目的业务指导和程序监管力度，指导学校制订教育装备年度采购计划，并逐校审核备案，同时对2018年、2019年两年的集中采购项目使用情况回头看，督促学校完善采购、验收等资料的收集整理，根据资产管理要求进行登记造册，入库记账。2020年，全区教育系统完成401套电子黑板，345台电脑，3套创客教室，2套录播教室，2万册图书和25台电子图书阅读终端设备6个项目公开招标工作。对教育局机关大楼电路改造、电子黑板和电脑云桌面、教室照明增亮等工程的招标采购；开展学校图书馆图书审查清理专项活动，对全区66所学校图书进行拉网式审查清理整治，审查图书近200万册，清理图书4.7万册，规范图书采购和管理；协调全区公办中小学校教室装配空调工程、电力增容与线路改造，制订电力增容与线路改造项目工作督查和验收方案，深入学校协调解决项目建设中的问题，邀请电力专业人员和高级电工，分两个小组开展四个轮次的电力增容与线路改造项目建设学校现场验收，出台《关于加强全区中小学教室空调使用管理工作的通知》，明确消毒、清洗等工作标准，规范教室空调的使用管理。

【学校危化品和网络安全监管】 2020年，区教育局开展学校危化品安全管理和危险废物处置两项整治活动，成立学校危化品安全管理和危险废物处置工作小组，制订出台《大丰区学校危化品安全整治行动实施方案》和《大丰区学校危险废物处置专项整治行动计划》，常态化开展学校危化品安全管理月查月报，危险废物处置周查周报，并及时汇总报告，定期召开危化品安全管理督查工作例会。2020年，组织3次危化品管理“家家到”现场检查，健全全区学校危化品分布示意图和危化品风险分布档案，统一制订危险化学品领用申请单，集中开展学校实验室危化品废弃物专项整治行动，主动对接公安、环保部门和有关企业，完善危险废物报批手续，处置危险废物3000多件、1100多千克，接收省市学校危化品工作督查。全面加强网络安全监管，开展网络等级保护，建设学校网站集群，常态化开展网络安全检查，制订《大丰区教育系统网安“2020”行动计划方案》，召开网络信息安全暨网站管理员培训会，开展学校网站等网络信息化应用系统的安全运行和备案检查工作，正常进度月度检查更新，加强特殊活动期间的网络安全值班，及时处置6起网站暗链事件。5月，组织初三物理实验、化学实验中考考查，6月，组织初二生物实验、信息技术操作中考考查，制订大丰区2020年初中理化生实验和信息技术操作考查工作方案，同时以实验考查为契机，组织初中实验教学“校校到”工作检查，汇总分析检查报表，通报初中实验教学现状。

【教育信息化建设】 2020年，区教育局推进“省名师空中课堂”注册应用，在全区小学和初中广大师生中推广使用“省名师空中课堂”，师生注册开通率100%，“省名师空中课堂”注册开通覆盖全部学段，推广应用水平列盐城市前列，为疫情期间学生的在线学习提供有力保障，为线上教学和线上会议提供便利。疫情期间，利用自建的录播系统视频会议平台，服务线上会议11次，线上业务辅导3次，线上教学应用技术交流1次。延迟开学期间，每天及时转发省市“空中课堂”和网络课堂学习课表，出台线上教育教学考核指导意见和规范线上教学服务工作人员的通知，纠正不规范的线上教学行为，坚持每天收集汇总线上教学考核统计报表，为上级部门的科学决策提供数据支持和技术支撑，为学校线上教学提供有力的技术指导和考核服务。组织盐城市教育装备中心和现代教育技术等部门组织的各类竞赛和研讨活动，参加教育信息化应用案例评选。

学前教育

【概况】 2020年，全区学前教育遵循《幼儿教育指导纲要》和《幼儿园工作规程》等法规，按照“办好学前教育、实现幼有所育”的要求，一手抓硬件建设，一手抓保教质量，把《幼儿教育

2020年秋学期，大丰丰外幼儿园、迈格幼儿园经验收合格投入使用。周古凯　摄

指导纲要》《幼儿园工作规程》的精神实质落实到日常教育、保育过程之中，让孩子们学会生活、学会学习、学会关心。

【优质园建设】 2020年，大丰区学前教育继续做好新建幼儿园建设的督查指导工作，区教育局学前办公室定期会同局基建办、计财科督查指导新建幼儿园建设工作，通过实地考察，对新建公办幼儿园方案进行反复论证，提出修改建议或意见，深入实地检查，督促工程进度，把住质量关口。秋学期，丰外幼儿园、迈格幼儿园验收合格投入使用。做好江苏省优质园复审和盐城市优质园创建工作验收，小海镇南团幼儿园、大中街道中心幼儿园阳光分园通过江苏省优质幼儿园复审验收。公开择优招录学前教育公办教师，年内新招录公办幼儿教师38人，充实幼师队伍。常态化开展普惠性民办幼儿园认定工作，通过宣传、布置，资料展示、现场审核，最终增加认定草堰镇第二中心幼儿园、西团镇大龙幼儿园、草庙镇中心幼儿园、新丰镇龙堤幼儿园、新丰镇方强幼儿园、新丰镇新双丰幼儿园、三龙镇渔业幼儿园、大丰港区王港幼儿园8所幼儿园为大丰区普惠性民办幼儿园。

【学前教育安全管理】 2020年，区教育局成立专项督查小组，对全区52所幼儿园规范办园行为实行专项轮番督查，督查内容重点围绕“安全管理、教职工管理、环境创设、纠正小学化教学现象、信息上报”5个方面进行，采取幼儿园自查、镇（区、街道）社事办（局）核查、共同体牵头园对成员园检查、教育局组织“家家到”督查等形式，全区各幼儿园领会学前教育有关法律、法规、方针、政策和上级有关规定，加强幼儿园内部管理，不断优化保教行为，确立正确的办园方向，提升办学质量。

【学前教育课程游戏化建设】 2020年，区教育局全面推进江苏省区域课程游戏化县（市、区）项目建设，全力打造苏北学前教育品牌，截至2020年年底，全区有省级课程游戏化项目园3所，区级课程游戏化项目40所，全区全年围绕提升课程游戏化建设水平开展各项活动，组织幼儿园课程游戏化建设专题培训，邀请省、市专家到大丰来作专题讲座和现场指导，帮助园长、教师认识课程游戏化的本质和内涵；组织申报、审核确认10所区级第三批课程游戏化建设项目园，并对该批项目园户外场地改造方案进行集中审议，指导相关园按课程游戏化建设要求改造户外游戏场地；组织对第三批区级项目园进行“家家到”视导，重点督查资源室建设、户外场地改造、弹性作息安排、种植、饲养活动等；召开区域推进课程游戏化建设工作会议，安排共同体牵头园和省级项目园就课程游戏化建设工作进行交流并对全区开放，提升了园长和教师实施课程游戏化建设的能力和水平。

【学前教育宣传】 2020年，区教育局利用《江苏教育报》、《大丰日报》、大丰广播电视台等媒体以及大丰教育发布等网络平台，做好学前教育宣传工作，疫情期间，开展以“特殊的时光，不一样的陪伴”为主题的学前教育宣传活动，宣传大丰区各幼儿园针对幼儿居家学习、开园复课等具体情况，宣传全区幼儿教师爱岗敬业的风采，幼儿园在醒目位置悬挂、张贴宣传标语、宣传海报，通过走向街头印发宣传册、宣传单、现场解答市民问题等方式宣传国家、省、市学前教育政策，宣传全区幼儿园组织教师加强师德师风建设，多视角、多形式宣传呈现幼儿园教师工作、学习的真实场景，通过宣传活动，引导家长和老师开展各种形式的主题教育活动，让孩子们收获不一样的陪伴，帮助社会和家长认识幼儿园保育教育活动的特点，理解幼儿园教师职业的专业性，了解幼儿园教师专业成长历程，塑造新时代幼儿园教师爱岗敬业、积极向上的良好形象，营造重视关心幼儿园教师成长、支持推动学前教育发展的良好氛围。

【幼教教学教研】 2020年，区教育局全面贯彻落实《江苏省教育厅关于加强与改进中小学幼儿园家庭教育指导工作的意见》（以下简称《意见》），组织全区幼教工作者学习上级有关工作要求，深刻领会学前教育教研工作的基本原则、主要内容、实施策略，明确教研方向，制定教研工作的长期规划和近期目标，改进教研制度和教研方式，提升幼儿园课程实施水平。充实教研队伍，完善教研体系，明确专兼职教研员岗位职责和工作要求，正常组织开展专兼职教研员教研工作经验交流研讨活动，要求各幼儿园努力探索灵活有效的教研工作模式。在区教师发展中心的引领下，各幼儿园均建立专家指导团队，建立各自的专家库。共同体牵头园、课程游戏化项目园邀请知名专家担任顾问，指导教研活动。重视师资队伍建设，组织共同体成员园园长、教师分期分批到牵头园跟岗培训。新冠肺炎防疫期间，线上跟岗、线上学习、线上交流研讨成为特殊时期的特殊教研形式。支持、安排园长、骨干教师参加省、市各级各类培训学习。2020年，全区组织幼儿教师参加各类省级培训的190多人次，参加各类市级培训的800多人次，有效提升教师的专业素质。在教研工作中不断创新教研形式。建立幼儿园开放交流制度，加强园际间开放观摩、研讨学习，培养具备自我反思、自我学习、自我成长能力的教师和幼儿园群体，重点帮助教研能力、课程实施能力较弱的幼儿园，有针对性地开展教研活动，帮助他们解决课程实施中的具体问题，提升保教水平，全面促进教育均衡，每学期举行一次"教研活动周"活动，推动教研活动深入开展。强化教研过程管理，建立教研工作责任区制度，全区16名兼职教研员分工负责各乡镇、街道幼儿园教研工作，集体审议区级教研计划、共同体教研方案、中心教研组教研方案，督查各成员幼儿园、各教研组织计划落实情况，召开专兼职教研员、共同体牵头园会议，交流推广教研成果，支持幼儿园课题申报、实验项目申报，教研成果推广，将培训学习纳入个人专业成长考核内容，教研工作纳入学前教育共同体和各幼儿园年终考核范围。发挥专家引领作用，为提升教师专业能力，全区建立了课程游戏化建设指导专家库，各幼儿园都分别建立了自身的专家库，专家通过多种方式对幼儿园课程建设给予具体指导和培训，2020年暑期，组织全区教师线上培训，聆听多名知名专家的讲座，完成高质量的书面和口头作业，全区还推荐部分园长、骨干教师参加省、市各类培训学习、交流活动，专业素养和能力得到明显提升。组织园长、教师参加省、市各级评比活动，组织参加江苏省教育学会论文评选，大丰港实验幼儿园的《大美湿地共生共长》在《早期教育》课程游戏化环境创设专刊发表。

基础教育

【概况】 2020年，大丰区基础教育围绕年初工作目标，以发展为主题，全面推进素质教育，实施课后延时服务，加强课程基地建设和教育内涵建设，做好新优质初中创建工作，在区政府的支持下，区教育局科学规划义务教育架构，合理调整城区义务教育布局，全力推进卯酉教育服务中心的建设工作。2020年，全区创成省级课程基地2个，分别是大丰区实验小学小学课程基地《新时代规则素养课程的创建与实践》和大丰区实验初级中学初中课程基地《"多维融通：初中语文创意读写"学科示范中心》，有效提升大丰区中小学的课程建设水平，对申报的4所盐城市小学内涵建设学校、4所新优质初中项目进行跟踪，并召开大丰区新优质初中现场交流推进会。以提高教育教学质量为中心，优质发展普通高中教育，优化高中师生的学习、工作环境，改善全区高中教育的办学条件，为大丰高中教育优质发展提供坚实的物质基础。科学规划义务教育发展架构，合理调整城区义务教育学校布局。随着城镇人口快速增长，大丰城区学校布局已经不能满足人民群众的教育需求，年内，重新调整城区教育布局，启动卯酉教育服务中心一期、二期工程，项目占地16公顷，总建筑面积约8万平方米，其中小学占地8.2公顷，建筑面积4.2万平方米；初中占地7.8公顷，建筑面积3.8万平方米，预计总投入6.5亿元。小学规模为15轨90班3600人，初中规模为12轨36班1800人。

【基础教育管理】 2020年，区教育局严格学籍管理，组织全区中小学学籍会审，完善学生转学、借读、休学、复学资料台账。巩固保学控辍成果。年内，全区义务教育阶段适龄儿童均已注册学籍，无辍学现象，义务教育入学率、巩固率100%。对义务教育学校的常规管理工作督查指导，促进学校教育教学工作管理常态化。强化高中教育课程管理，有序推进普通高中学生综合素质评价工作，各高中学校按要求开足了国家规定的各门必修课程，包括艺术、体育、综合实践、通用技术等课程，引导学生开展丰富多彩的活动，培养学生的综合素养，学校从思想品德、学业水平、身心健康、艺术素养及社会实践5个方面来客观记录学生的各项活动，为学生全面发展健康成长、为高考多元录取提供重要参考。狠抓疫情防控工作，规范实施江苏省中小学疫情防控延期开学期间线上教育教学措施，对照《盐城市中小学开学准备工作检查清单》，组织各学校修订完善疫情防控工作方案、应急处置预案和"十项制度"，专门制作了师生健康卡，建立了钉钉信息反馈系统，并将《开学工作流程图》和《防控责任分布图》张贴在校园醒目位置，保证疫情防控各项工作有人抓、有人担、有人领，最大限度减少新冠肺炎疫情对中小学教育教学的影响，努力实现"停课不停教，停课不停学"的要求，促进中小学生健康成长和全面发展。加强财务管理。完成工程类审计99项，送审金额2613.17万元，核减145.63万元，完成专项资金项目审计9项，送审金额196.8万元，核减33.87万元，完成校长离任审计13项，提出审计建议12条。加强教学过程监管。全学段常态化开展常规视导和飞行视导，深入学校，深入课堂一线，每次活动每位教研员听课2节以上，并在第一时间开展听课评课交流活动，及时提出有建设性的提升整改建议。通过"不打招呼、不发通知"方式，抽查备、听、改、考、辅、研等过程性资料，促进各学校教育教学秩序规范化、精细化。加强后勤保障能力建设，投入775.48万元，新建食堂7个，改扩建食堂14个；投入45.55万元，为22所学校采购食堂设备；发放食堂工人劳务工资581.1万元，发放教师陪餐补助379.5万元；落实“阳光食堂信息化监管服务平台”数据的上传工作，做到上线率100%、上传率100%和纠正率100%；与上海农场签订协议，实现校园食堂食材集中采购。

【居家线上学习】 2020年春学期，因新冠肺炎疫情防控需要，全区中小学延期开学，全区中小学计49547名在籍学生不能在正常开学时间到校学习。为做好延期开学期间“停课不停学”工作，全区中小学利用智能手机、电脑、有线电视等现代技术终端组织学生居家线上学习。同时，对全区中小学不具备线上学习条件的学生进行逐一调查摸底，经统计，对全区内不具备线上学习条件的学生，通过“借送设备、电话助学、挂靠学习、送教上门、依托村居、兜底帮扶”等手段，落实专人进行一对一跟踪教学。

【课后服务】 2020年，全区义务教育阶段公办学校贯彻落实相关工作要求，以自愿、安全、规范为原则，全面启动课后服务工作，并定期组织人员到学校进行课后服务工作飞行检查。各学校均能合理利用课后时间，发挥学校师资和校舍资源优势，拓展课后服务内容，帮助有需求的学生培养兴趣、发展特长，促进学生全面而富有个性的发展。2020年，每天参加延时服务的学生33315人，教师1079人，全年发放延时服务经费632.38万元。

【融合教育资源中心项目建设】 2020年度，总投资225万元，在全区建成融合教育资源中心38个，实现全区小学、初中、高中阶段融合教育资源中心建设全覆盖，13个镇、街道均已配有融合教育资源中心。

【中小学德育工作】 2020年，区教育局在强调安全防护、严禁集体行动的前提下组织开展各类主题教育活动，组织中小学生开展“学雷锋”、“致敬·2020清明祭英烈”网上祭扫、“学宪法讲宪法”知识竞赛和演讲比赛、向国旗宣誓等活动。做好省市区三级三好学生、优秀学生干部的推荐表彰工作，全区表彰省三好学生8名，省优秀学生干部2名；盐城市三好学生48名，盐城市优秀学生干部21名，盐城市先进班集体8个；大丰区中小学三好学生202名，优秀学生干部108名，学生先进集体48个。按季度向区文明办选送新时代大丰好少年优秀学生事迹，并由区文明办报送参加盐城市级好少年评选。2020年评选新时代大丰好少年2名，盐城市好少年1名。

【学生体育】 2020年，全区教育系统深入开展阳光体育活动，实施《学生体质健康标准》，加强体教融合，疫情期间，各学校通过网络、微信等平台，科学指导学生居家锻炼，复课后科学上好体育课，在注重学生身心情况的前提下，逐步恢复学生体能。疫情缓解后，深入开展阳光体育活动，确保中小学生每天活动1小时。7—8月，举办大丰区2020年中小学生体育夏令营活动，深入全区各小学选拔出在田径、足球、游泳、篮球、网球、羽毛球、举重等方面有潜力的体育特长生304名，引导他们参与体育夏令营。10月，举行大丰区第十一届校园阳光体育节，涉及田径、足球、乒乓球、篮球、排球、羽毛球、游泳、广播操、象棋、围棋等多个项目，推动了学校体育工作和健身运动的蓬勃发展。举办2020年大丰区校园足球教练员、裁判员培训班，邀请亚洲高级教练员张志跃和盐城足球协会的孙飞授课，来自全区30余所学校40余名体育教师参加培训。举办2020年盐城大丰“足尖上的精灵”全国青少年足球邀请赛，来自上海、泰州盐城等地16支球队参赛，区城东小学男足队获U10组季军，少体校男足队获U8组季军。在省、市组织的各年龄组的青少年田径竞标赛、标枪全能、网球、皮划艇、乒乓球等各项赛事中，大丰区运动员分别取得冠军、亚军、季军的成绩。

【群众体育】 2020年，大丰区建成两片社会足球场，其中大丰港改建一片11人制足球场，草庙镇新建了一片7人制足球场。5.4千米健身步道建设完成，升级改造25个老旧小区公共体育设施，新安装25套全民健身路径，朝阳公园、吾悦广场南侧游园内嵌入体育元素，安装了2套二代智能化全民健身路径，完善、维护全区13个镇（街道）笼式多功能灯光球场，对全区室外公共体育健身场地设施专项督查和调查。8月，举办江苏省2020年“全民健身日”大丰分会场活动启动仪式

2020年，大丰区各学校合理利用课后时间，拓展课后服务内容，帮助有需求的学生培养兴趣，促进学生全面而富有个性的发展。图为区城东实验小学课后服务——国画社团 （单位供图）

暨大丰区“沪丰一体，健康同行”健康跑活动。11月29日举办第三届盐城市大丰区“风中足迹”半程马拉松赛；组织200余名长跑爱好者参加2020年“奔跑吧·盐城”为主题的迎新年长跑活动；组织参加盐城市第三届龙舟赛活动，获得3金3银1铜的成绩；承办中国盐城黄海湿地公路自行车邀请赛大丰段94千米的赛事任务。

【艺术科技教育】 2020年，区教育局组织大丰高级中学、区实验小学、区实验初中、区城东实验小学和城东实验初中5所学校申报2020年江苏省高雅艺术进校园拓展项目。规范组织2020年普通高中艺术社团招生工作，大丰高级中学9名学生艺术生专项测试合格，新丰中学1名艺术生专项测试合格。完成2020年大丰区初中毕业生艺术素质终期测评工作，全区42.3%的初中毕业生艺考成绩达A等。组织中小学生参加“三独”（独唱、独舞、独奏）比赛，选出21名优胜选手参加了盐城市“三独”比赛。举办2020年大丰区中小学生艺术节活动，开展了书画、摄影、艺术制作、朗诵、校园集体舞、器乐合奏等系列比赛。创新中小学生科技教育工作，组织全区中小学开展珍爱世界遗产保护黄渤海湿地主题活动。邀请大丰区麋鹿国家级自然保护区原主任丁玉华向区幸福路小学全校师生作《湿地与麋鹿》报告。利用每周六，在幸福路小学举办小学生机器人竞赛培训活动。

职业教育

【概况】 2020年，大丰区改善职业教育办学条件，教育质量明显提升，平安校园持续巩固，教学资源优化配置，专业建设稳步推进，中、高职衔接牢固，校企合作紧密，集团化办学成熟，社会化培训精准，学校知名度得以提升。2020年，全区职业教育专任课教师247人，其中高级职称教师104人，中级职称教师90人，初级职称教师53人，教师培训率100%。区职业技术教育中心中职部毕业生技能考试合格率95.6%，综合高中部13级学生中级工考试过关率100%。

【职教师资建设】 2020年，区职业技术教育中心坚持把教师队伍建设作为强基固本的系统性工程，全面提升职业教育教师队伍整体素质和专业化水平。通过校园招聘和社会招聘，区职业技术教育中心引进5名硕士研究生和7名本科毕业生充实到教师队伍，对没有教师资格证书、不适合职教工作的人员进行劝退，形成“合理流动，适当储备，优胜劣汰”的人才引进格局。强化师德师风建设，民主制定师德师风建设方案，建立健全师德师风建设规章制度。学校排练诗朗诵《廉的信仰》节目，参加区教育系统《廉洁守初心、师德担使命》文艺会演，获得最高投票。深化理想信念教育。学校通过观看《战“疫”一线党旗红》和江苏援湖北抗疫纪实片《逆行者》，激发党员干部干事创业、担当作为的责任感和使命。职校为广大教师搭建终身学习、不断提升和施展才华的各种平台。

2020年，大丰区职教中心在江苏省技能大赛中，朱红梅获土木水利类建筑CAD项目教师组一等奖，郑香春获车身涂装（涂漆）项目教师组三等奖。图为朱红梅在指导学生设计图纸 杨坤 摄

【就业培训】 2020年，区职教中心申报并获批运动训练、新能源汽车维修、西餐烹饪3个新专业，与常州机电职业技术学院就数控技术应用专业、电子商务专业、汽车运用与维修3个专业和江苏信息职业技术学院计算机应用专业以及无锡科技职业学院机电技术应用专业进行“3+3”现代职教体系签订项目合作协议。大丰区职教中心与半岛温泉酒店、大丰区餐饮协会签订现代服务业专业群现代学徒制合作协议，共同制定人才培养方案，加强双师建设，推动现代学徒项目落地生根、开花结果。区职教中心完成“第三期盐城市职业教育教学改革研究课题”结题工作，共结题8个，“第四期盐城市职业教育教学改革研究课题”立项6个。4月，在区职教中心建成江苏省职业学校现代信息技术现代化实训基地。11月，全区申报国家提质培优行动计划子项目17个。

【教育教学质量提升】 2020年，职业教育实施教师素质提升三年行动计划，加强师德师风建设，推进教师专业成长，培育跨专业、跨领域的科研与教学相结合的教师教学创新团队。大丰区职教中心全年招收全日制学生880人、成人本专科招生582人，各级各类非学历培训4479人（1月至10月底），五年制高职“专转本”考试，80人参加考试，48人被本科院校录取，综合高中12人达本科线，居全市同类学校前列。在2020年江苏省技能大赛中，朱红梅获土木水利类建筑CAD项目教师组一等奖，郑香春获车身涂装（涂漆）项目教师组三等奖。在2020年江苏省创新创业大赛中，获二等奖1个。在2020年盐城市课堂教学大赛中，获一等奖4个，二等奖2个，三等奖8个。2020年，区职业技术教育中心有30多篇教师指导的学生作品在江苏省第八届“文明风采”大赛中获奖。区职业技术教育中心组织学生参加财政局的珠算定级考试，通过率85%以上，组织学生参加区劳动部门组织的技能考核，有28人获得高级工，867人获中级工。下半年组织261名学生参加技能考核，在盐城市职业教育与社会教育论文中，区职业技术教育中心获2个一等奖、5个二等奖、8个三等奖。申报成功“盐城市张春平珠算名师工作室”。申报1项国家技术专利、申报成功8个盐城市职业教育改革研究课题，出版教材1部、参编教材4部。在省级以上刊物上发表论文41篇，结题课题研究5项（其中，市级课题4项，区级课题1项）。综合高中举办盐城市对口单招机电、财会、化工三个专业的“让学引思，有效教学”研讨活动和有效教学现场观摩活动。

【实训基地建设】 2020年，大丰区在2个省级高水平示范性实训基地和2个现代化实训基地的基础上，加强实训资源的优化组合，实施信息化建设提升工程，加大综合实训平台建设，初步形成与地方产业相匹配的现代制造技术、现代信息技术、现代服务业、汽车技术服务、建筑工程、财经商贸六大实训基地。加强培训基地建设，6月30日，大丰中专成为大丰区企业新型学徒制项目定点培训基地，与森威精锻、大洋精锻、鼎立集团、半岛温泉酒店签约，使培养的人才更加符合企业岗位需求，提升学校服务企业、服务社会的能力。2020年，该学校被评为省城职院就业创业工作先进集体。学校培训部门整合资源，助力劳动者素质技能提升，全区各级各类非学历培训和职业技能鉴定计4479人次。

【学校管理】 2020年，全区职业教育执行国家有关制度和江苏省德育工作标准，实现了学校管理的规范化、制度化和科学化。全力推进学校规范化运行，对基建维修、财务管理、后勤管理、物资采购和资产管理等关键领域进行有效监管，规范公务用车、公务接待、经费报销和设备招投标管理。2020年，大丰区职业技术教育中心着力抓好班主任队伍和学生自主管理队伍建设，涌现出一大批事业心重、管理能力强的先进个人。从落实安全防范规章制度入手，建立健全各项安全制度，严格落实安全责任制和“一岗双职”制，确保学校各项安全管理工作有章可循，促使校园安全状况常态化发展。

特殊教育

【概况】 大丰区特殊教育坚持“以人为本，以发展为本”的教育理念，坚持实施素质教育，遵循特殊教育的办学规律，推进特殊教育新课程改革，不断巩固教育现代化创建成果。大丰区特殊教育学校总占地面积14015平方米。学校班级数14个，学生总数194人，其中送教上门81人。学校教职工总数为31人，专任教师31人，本科达标率100%，其中副高级教师6人，中级教师21人，助理3人，未定级教师1人。

【康复中心升级改造】 2020年，大丰区特殊教育学校康复中心大楼内部设施不断充实，力求满足全区残疾儿童学前教育的康复需求。区政府全年投资145万元，用于隐患整改，补足硬件设施“短板”。中央奖补资金6万，用于改善办学条件。启动“医教结合”项目，在获得30万元的项目研究经费的基础上，特殊教育学校制定实施方案，采取专款专用、公开招投标的方式，采购围绕“医教结合”项目必备的康复训练器材，确保“医教结合”项目正常运转。

【服务重残疾学生】 2020年，区特殊教育学校主动配合区残联做好“送教上门”服务对象调查、比对工作，在此基础上全区最终确认81名重残少年儿童为“送教上门”服务对象。帮助这些重残少年儿童在江苏省中小学生学籍信息库内注册学籍，与重残少年儿童家人约定，定期、定时、定师资、定教材“送教上门”。年末，这些重残少年儿童与在籍贫困学生享受同等补助待遇。稳步扩大办学规模，确保残疾学生进得来、留得住、学得好。

【注重教学研究】 2020年，区特殊教育学校注重教学研究，深入推进新课程改革，积极推进校本课程的开发，使广大教师自觉运用新课改理念武装头脑，并以新课改理念指导教学实践，通过教学研究出思想、出经验、创特色、出成果。学校教务处定期组织教师业务学习，教研组定期组织教师开展形式多样的教研活动，从教与学两方面研究如何确定教学目标，把握和处理教材，突出重点，解决难点，精讲多练，改革教法，不断提高课堂教学工作的实效。强化质量意识，不断提升办学品位。区特殊教育学校教师坚持在整个教学过程中始终体现因材施教原则，设计和实施个性化教学方案，特别注重补差补缺工作，做到课前个别引导，课中个别指导，课后个别辅导，每位教师都能按照教学“五认真”的具体要求，吃透教学大纲，刻苦钻研教材，制定详细的教学工作计划，并在付诸实施过程中，不断加以完善，教导处定期检查教师的备、教、改工作，发现问题，及时纠正，并评选出优秀备课笔记，保证教育教学秩序良好规范地运行，教学质量稳步提升。区特殊教育学校在抓好自身教学研究、提高教学质量的基础上，定期委派骨干教师深入到残疾学生“随班就读”的学校，与相关教师切磋针对残疾学生的教学业务，共同研究备课、上课、辅导等关键性教学环节，被委派的骨干教师还主动为年轻教师上"示范课",确保"随班就读"的残疾学生得到公平教育。被委派的骨干教师还详细了解残疾学生的学习、活动,以及与正常学生的相处等情况,共同探讨正常学生与残疾学生混合的教学方案。

【教学质量提升】 2020年,区特殊教育学校继续瞄准实施素质教育这一目标,在努力提高残疾学生科学文化基础知识的同时兼顾其他,继续开展阳光体育活动,坚持每周举行一次小型趣味体育体育竞赛活动。从学生实际出发,开设洗车、缝纫、麦秸秆贴画、手工串珠、3D贴画、纽扣画等职业技术教育课程。2020年,在江苏省特殊教育学校微课大赛中,大丰区特殊教育学校获得优秀组织奖,2名教师获一等奖,2名获二等奖,1名教师三等奖;在江苏省特殊教育学校青年教师教学基本功大赛中,1人获一等奖;在盐城市特殊教育学校青年教师教学基本功比赛中,区特殊教育学校3人获一等奖,2人获二等奖。

社区教育

【概况】 大丰区把推进社区教育与学习型社会建设工作作为创新社会管理、推进和谐社会建设的重要举措,以服务地方经济、社会发展为宗旨,统筹社区教育资源,创建社会培训共同体。全区建成省级社区教育中心12个、全国"优秀成人继续教育院校"1个、"全国社区教育示范乡镇"2个、"全国城乡社区教育特色学校"1个、"全国老年远程教育先进收视点"1个、"全国优秀学习型村居"1个、"江苏省40佳社教单位"2个、"江苏省社区教育先进集体"1个、"江苏省百强社教单位"2个、"省级农科教示范基地"4个、"江苏学习在线夕阳红扶老上网工程省级示范单位"1个。广泛开展技能教育、学历教育、市民素质教育、老龄文化体育卫生娱乐教育、青少年校外教育等,为不同年龄、不同文化层次的各类人员提供培训。2020年,全区办班3217期,培训11.73万人次,培训率71.8%。通过各级各类培训,城乡居民社区教育活动年参与率分别达到60%和40%,老年人参加社区教育活动率20%,未成年人参加社区教育活动率50%,从业人员继续教育率60%。

【健全社区教育领导机构】 2020年,全区建立以区社区学院为龙头、镇社区教育中心为骨干、村居民学校为基础的三级社区教育网络。全区各镇(街道)均调整、充实社区教育领导小组,由镇(街道)党委书记或镇长(主任)担任组长,社区劳动模范、老党员、老干部、老教师、专业大户代表为主要成员,共同商议社区教育相关的事项,制定教学计划、规章制度等,同时负责招聘并安排专兼职教师定期、定时到指定地点为学员上课,保证社区教育中心的师资力量雄厚且能充分发挥作用。

【社区教育资源融合】 2020年继续做好社区教育中心资源整合,实行社区教育中心资源利用最大化。各镇(街道)社区教育中心根据社会需求程度,主动与镇(街道)业余党校、文化站、老龄委、关工委、扶贫分会、老区开发促进分会、居民学校等联手共建,优势互补,注重资源共享整合,有效提高各类教育设施的利用率。全区公办学校资源有序对社会开放,各镇区党建、科普、文明、法制、文化等教育活动设施不断建成并向居民开放,图书馆、老年大学、文体中心、青少年活动中心、文化广场、市民学校等已成为社区教育活动的重要舞台,使市民群众在家门口就能享受到社区教育服务。全区社区教育经费实行政府主导、社会参与的多元投入机制。2020年,大丰区将社区教育经费按照常住人口不低于人均2元的标准提高到人均不低于4元的标准,纳入区级财政预算,保障了各项活动的正常开展。

【加强社区教育管理】 2020年,区政府与各镇政府签订的责任状中,将社区教育作为其中一项重要内容,纳入对各镇政府教育工作年度考核目标。建立健全了社区教育督导评估制度、检查指导制度、年度考核制度、工作月报告制度等各项管理制度。全区社区教育继续加强网络化管理力度,清晰呈现三个管理层面:第一个层面为区教育局分管领导以及专设相关服务机构,第二个层面为各镇(街道)建立的社区教育领导小组以及专设的社区教育中心,第三个层面为各村(居)社区教育领导小组以及专设的居民学校。全区形成社区教育三级管理网络。大中街道所有村级居民学校硬件设施齐全,标准较高,村村都配备了高规格的教室、课桌椅、阅览室、健身基地、休息娱乐室等,是培训、办学的好去处。

2020年,大丰区社区教育继续做好资源整合,实行社区教育中心资源利用最大化。 (单位供图)

【社区教育师资建设】 2020年，全区14个社区教育中心均按规定配齐专职教师，共105人，另外根据办学需要聘请兼职教师312人，各村（居）均配备了1至2名社区教育联络员，专门负责社区教育日常工作，另外根据办学需要聘请若干兼职教师。兼职教师绝大部分都是本地有一定专业特长的技术性人才。草庙镇、万盈镇、草堰镇的社区教育正常在当地聘请有才能的教师，技术培训效果明显。

【社区教育业绩】 2020年，全区社区教育以“短、平、快”培训为主，以种养大户、家庭农场、合作社负责人为培训对象，组织农村实用人才示范培训班，组织专业技术人员编制《新型职业农民培训实施方案》，对种植大户“撒网式”轮训，全面开展高效种植、稻虾共作等生产技术指导，系统开展粮油、大蒜等专业培训，有效提升了一线农民职业技能。2020年，全区有农技人员2350人，种养大户7000户以上，家庭农场及合作社1509家，新型职业农民队伍日益壮大。大中街道的“乐龄手机学堂”工作经验在联合国教科文组织CLC项目组全国和国际会议上进行了交流。草庙社区教育中心“鹿鸣尚学堂”被认定为2020年江苏省社区教育特色品牌，草庙社区教育中心获得“中国成人教育协会扶贫教育案例”。草庙社区教育中心、万盈社区教育中心、草堰社区教育中心创成“中成协提升农民精神风貌实验单位”。草堰社区教育中心《授之以渔 扶之以智 助力打赢脱贫攻坚战》被中国成人教育协会农村成人教育专业委员会评选为典型经验，在全国农村成人教育网站交流。

【民办教育管理】 2020年，全区正式挂牌的民办学校共有86所，其中义务教育学校2所，校外培训机构65所，幼儿园19所，全区各级各类民办学校均已完善法人法理机构，设立了学校董事会、理事会，建立健全了内部管理机构，分别从资格审批、收费管理、学籍管理、教育教学常规管理、教师队伍管理、财务后勤管理等多渠道多层面进行监管。区教育局组织相关科室人员对已经区教育局审批领取民办学校许可证的民办教育机构及已在区教育局实施备案管理的社会办学机构进行年度检查，持续加强对民办学校的日常监管，联合相关部门对大丰外国语学校、创新学校开展综合督导。同时，加强对合格类校外培训机构进行常态化管理和日常监督，督促他们规范、诚信、安全办学，时刻严防违规办学现象发生或反弹。

师资建设

【概况】 2020年，全区紧紧围绕《国家中长期教育改革和发展规划纲要》中提出的师资建设要求，始终瞄准“造就一支师德高尚、业务精湛、结构合理、充满活力的高素质专业化教师队伍”的宏伟目标，针对全区各级各类师资现状，挖掘可利用的资源，创造内外部条件，为教师队伍建设提供支撑。

【优化教师队伍】 2020年，区教育部门开展校园招聘工作，赴南京师范大学、东北师范大学、山东师范大学、江苏师范大学、山西师范大学5个招聘点举行专场招聘会，宣传大丰的人才引进政策，招聘研究生34人，其中大丰高级中学10人，新丰中学9人，南阳中学10人，大丰中等专业学校5人；坚持公开、公平、公正原则，开展社会招聘，招聘新教师214人；接收、录用免费男幼师3人，乡村定向师范生3人。组织实施城乡教师交流工作，2020年暑期，通过进城考试，交流城乡教师30名；根据乡镇学校学科余缺情况和教师个人意愿，在乡镇学校间调动教师13人、城区间学校调动教师7人；配强学校领导班子，实施异地异校调整校级干部10人。严把教师入口关，严格教师资格审核，完成认定、注册工作，2020年两批次教师资格认定工作，全区共有451人申请，经过网上报名、现场材料审核、体检等程序，共439人审核通过教师资格；完成盐城市政务服务工作平台数据同步和教师资格证发放工作。依照文件规定，科学合理开展岗位聘用，全区教育系统中级职称的教师全部聘用到位，副高职称尚有300余名教师受岗位限制，未能聘用到位，经区长会办会同意，对普通高中工作业绩突出，坚持一线工作、符合申报高一级职称评审条件的人员，按60%的比例开展低职高聘。2020年，全区合计低职高聘副高97人、中级37人。全区新推荐、评

2020年8月5日，大丰区教育局举办全区中小学班主任基本功竞赛。（单位供图）

审产生区级教学能手87名、学科带头人46名。推荐柏玉婷、许玲艺被评为2020年省乡村优秀青年教师培养奖励计划人选，其中柏玉婷被推荐为教育部乡村优秀青年教师培养奖励计划人选；杨剑峰、陈慧君领衔的教师团队被盐城市评为“四有”好教师团队；胡文兵、张勇、杨学兵、陈炜等4人入选盐城市“名校长培养工程”首批培养对象；为入编的应届全日制硕士研究生、“双一流”建设师范院校本科毕业生申报、发放教育人才奖励经费58.24万元；推荐陈慧君、陈玉剑、韦建新3人为“苏教名家”培养工程培养对象；推荐陈慧君、于亚鹏、王彪、季自洲、单雪峰5人为江苏省教育家型校长创新培育计划培养对象。大丰高中马玉、新丰高中陈小龙被推荐为江苏省卓越校长创新培育计划培养对象。

2020年9月，盐城市第五届乡村骨干教师培育站主持人和导师培训会议在大丰举行。（单位供图）

【中小学教师培训】 2020年，全区教育系统在江苏省培训管理系统中完成国家、省、市级培训35个项目计855人的配额、报名、审核及学时审定、验证工作。印发大丰区中小学校本培训通知，进行校本培训计划审批。完成了全区中小学幼儿园6000余名教师培训学时的审定和验证工作。组织中小学（幼儿园）教师参加省网络培训，2020年，全区600名中小学教师参加师德教育网络培训，合格率99.3%。11月初，组织老师参加省“教育技术能力提升2.0”培训网络学习，全区441名幼教老师参加第一批次的学习，11月22日第二批次435名小学教师也参加学习。组织省“师德师风及法律知识”和省“教师信息技术应用能力提升”网络知识竞赛，全区分别有4852名、4806名教师参加竞赛，分别有4736人、4702人合格。春季疫情期间，组织全区教师参加“开学第一课”400分钟的网络学习，4815名教师参学，4495名教师合格。

【新教师专业培训】 2020年，区教育局上半年组织2017—2020年新招录的384名新教师进行钢笔字、粉笔字培训和过关考核；8月，组织2017—2020新招录教师再次进行培训，从教师心理健康、教师专业发展等方面加强培训，通过专家案例分析、对话交流，优秀教师成长经验介绍、教育故事分享等学习，不断提升自身职业道德素养，丰富学科专业知识。2020年，全区有620名近6年新招录教师参加培训。

【跨区域合作培训】 2020年11月26—28日，区教育局组织市县合作“初中数学新课改专题培训”项目，330多名初中数学教师参训，其中大丰区262人，盐城市其他县（区）53人，盐城市初中数学乡村骨干教师培育站20多人。通过外聘教师和本土教师同课异构教学、名师讲座和案例分析等研讨活动，在专家的引领下，教师听而学，学而思，有了深刻的体会和较大的收获。组织了两期初中教师赴南通大学进行为期各4天的集中“封闭式”培训。第一期初中语文、数学、英语计60人，第二期初中物理、化学、政治、历史计80人，通过聆听专家讲座、与专家交流、深入课堂听课、与上课老师探讨等环节，学习南通经验。12月28日下午，组织开展大丰区教育系统“南通大学大丰班学员学习心得交流专题汇报会”，巩固南通学习的成效。

【培育站管理】 2020年，初中语文、中小学思想品德两个乡村骨干教师培育站通过一年的研修，完成终期验收。初中语文骨干教师培育站有1人在省里优秀课评选中获一等奖，有5名学员在培育站优秀论文评比中获盐城市一等奖。下半年，加大培育站申报力度，完成初中化学、小学英语2个乡村培育站的建站任务，两个培育站正按建站方案开展学科研修。

【协助对口扶贫培训】 9月，大丰区选派裕华小学袁桂朋、新丰初中蔡杰、沈灶初中骆海岚、新丰初中冯逸斌、小海初中姜庆军、西团小学陈东亚赴宜君县支教，选派区刘庄初级中学丁建国、区第二中学管海雷、黄健、倪玉玲赴新疆维吾尔自治区察布查尔高级中学支教，选派区幸福路小学秦香莲、康平路小学王进云赴新疆维吾尔自治区克州三小支教，涵盖化学、数学、科学、语文4门学科。9月21日，区教育局副局长、教师发展中心主任高智华携送教团队一行16人赴宜君6所中小学幼儿园开展送教活动，并在宜君高级中学进行指导性教学和同课异构交流研讨活动，大丰区幼儿园、大丰区城东实验幼儿园等园作了专题讲座。11月23日，宜君县一中教育考察团一行9人到大丰实验初中举行教研交流活动。活动主要是同课异构，涉及语文、英语、数学、化学四门学科。大丰实验初中老师和宜君县一中老师分别就不同切入、不同风格、不同设计进行了课堂教学展示。大丰宜君结对帮扶，为两地学校交流学习搭建了广阔平台，实现优质教育资源的共享。2020年接待宜君到大丰考察学习团3批18人次。

【指导校本研修】 2020年初，区教育局要求各学校制定校本培训计划，并组织实施。区教师发展中心等相关部门审核了各学校校本培训计划。年底，对全区各学校校本培训完成情况进行考核，并为合格教师进行了学时认定。为深入落实《中小学教师培训规定》要求，发挥名优教师的作用，面向全区各中小学校、各直属单位以及区教师发展中心研训员，公开征集中小学教师培训课程资源，组织到各学校讲课，做到优质培训资源建设与共享。2020年，完成全省中小学校长培训优秀案例的征集工作。

【教学改革】 2020年，区教育局继续推进教学改革，着力打造高效课堂。全区5人获省优质课竞赛一等奖，16人获盐城市优质课竞赛一等奖，12人获盐城市基本功竞赛一等奖。引领课堂改革，推动学校抓好教师"让学引思"课堂教学过关验收活动，组织基于"让学引思"课堂教学理念的大丰区中小学优质课竞赛和青年教师教学基本功竞赛活动。区级赛课选拔赛评出各学段基本功竞赛一等奖67名、二等奖90名，优质课竞赛一等奖68名、二等奖107名。全区10位骨干教师参与全市课堂教学同课异构展示活动。

【教学新成效】 2020年，高考取得较好成绩，语文、数学、外语较以往有提升，物理、化学、生物、政治、历史、地理学科排名进入全市前列；中考各学科突破连续多年的中等状态，稳步进入第一方阵；小学年级统一检测，语文、数学均分、合格率都高于市平均成绩。在2020年省级学科竞赛中，大丰高级中学有20多人获省一等奖，50多人获省二等奖；在"苏教国际杯"作文大赛中，大丰高级中学两位同学获特等奖，1人获一等奖；在"领航杯"第十九届中学生英语口语电视比赛中，大丰高级中学1人获一等奖，列盐城选手第一名，2人获盐城市一等奖；大丰高级中学1人在全国中学生生物联赛复赛中获得国家二等奖。2020年，在高中五大联赛中，大丰区18人获省一等奖，45人获省二等奖，32人获省三等奖，获奖总人数95人次。在"新华杯"课外阅读知识竞赛、英语读写大赛、微视频大赛、"领航杯"江苏省中学生英语口语电视比赛、"七彩语文杯"江苏省第十四届中小学生硬笔·软笔书法展示赛等学生素养比赛中，获省特等奖1名，获省一等奖1名，获盐城特等奖3名，盐城一等奖562名。

【教研活动】 2020年，区教育局把科研管理的力度重点放在课题研究的管理上，并力求规范化，在各课题的研究过程中，学校教师的课堂教学能力、教改能力和教育科研能力等业务素养得到锤炼和提高。《初中生创意写作能力提升的操作性研究》等省级课题结题，《基于逻辑体系和技能训练的代数教学研究》《小学生新时代劳动精神培育的路径创新研究》等江苏省教研课题顺利开题，《STEM基于视阈下幼儿游学自然的案例研究》《"四能"视角下的初中生数学阅读教学的实践研究》等数十项盐城市级课题立项；《部编教材背景下的小学语文课外阅读评价方法的可行性研究》等十几项盐城市级课题顺利结题。2020年审批立项区级课题"小课题"348个，"十三五"课题35个，结题课题340多个。2020年度，组织了省市课题开题结题活动3次，参与开题结题的省市课题共30个，盐城市级课题立项10个。大丰区教师发展中心和3所学校获省教科研先进单位，6名教师获省教科研先进个人。省课题评比一等奖、二等奖各1个，盐城市教科研成果一等奖2人。

【赛课评比】 2020年，区教育局改变了赛课选拔方法，由原来的各学科分散选拔调整为区级集中、外聘评委的方式开展赛课选拔活动，规范选拔流程，统一学科选拔标准，发挥赛课选拔对课堂改革的目标引领作用。组织区级优质课基本功竞赛，外聘专家评委开展优质课、基本功竞赛，规范评比选拔流程，推动全员参与，促进教师全员参与共成长，倾力打造骨干教师和名教师群体。2020年，全区教师在省优秀课比赛中获一等奖5名，盐城市优秀课一等奖16名，二等奖28名；在省基本功比赛中获二等奖1名，在盐城市基本功竞赛中获一等奖12名，二等奖27名。

（崔跃兵）

〖编辑 陈一青〗

综 述

【概况】 2020年，大丰文化工作贯彻落实中央、省、市关于文化建设的部署要求，取得了显著成绩，实现文化建设高质量发展。

公共文化设施建设稳步推进。2020年，大丰区人均接受文化场馆服务人次4.01次，位列全市第一，并完成“十百千”示范工程创建。总投资6.5亿元的文化会展中心、总投资1500万元城区3个阅读新空间建成并对外开放；总投资1.1亿元的八路军新四军白驹狮子口会师纪念馆建成对外开放；总投资600万元、建筑面积1400平方米的开发区综合性文化服务中心，完成内部装修，进入设备采购阶段。全区208个村、55个社区在全部建成省级综合性文化服务中心的基础上，围绕服务特色，完善内部设施。

文化活动精彩纷呈。2020年，大丰区组织开展各类公益性文艺演出33场，送戏下乡243场、主流文化场馆送展览52场。组织开展了“黄海湿地 鹿乡情韵”群众文艺调演、第二届秦淮·大丰梅花湾新春灯会、篆刻艺术与印文化走进大丰、荷兰花海郁金香文化月、第八届恒北梨花节、大丰区庆丰收农民舞蹈大赛、2020紫金文化艺术节群文广场演出大丰分会场等各类大型文化活动。

文艺精品创作硕果累累。2020年全面战“疫”期间，大丰区各文化单位，持续推进“线下＋线上”服务，创作完成了《点亮生命》《我相信》等92部疫情防控作品，以音诗画、腰鼓表演、快板、朗诵等形式，在央视新闻移动网、省级融媒体、学习强国、盐城全媒体新闻中心、交汇点新闻、新闻报业网等平台密集播出，受到社会广泛好评。大丰区创排的锡剧小戏《打车》、少儿舞蹈《妈妈的花摆裙》、老顽童四重唱《花海仙境》，全部入围江苏省第十四届“五星工程奖”；锡剧《淑娘》入选2020年度江苏艺术基金大型舞台剧资助项目；大丰区6部篆刻作品入选参加“印记中国2020——决战脱贫奔小康大众篆刻作品展”；杨国美摄影作品《水润花娆》获第三届贝宁国际摄影展特别奖，严正东的《湿地似锦 沙洲如画》等6幅摄影作品入选2020北京国际摄影周。“大丰瓷刻”被列入国家级非物质文化遗产代表性项目名录。

文化遗产保护扎实推进。组织开展大丰区文物安全大检查和消防培训，完成大丰区博物馆“110”联网升级程控盒施工，完成施耐庵纪念馆大厅、碑廊、安防外皮及部分道路修缮和施耐庵书院内部提升。联合大丰区自然资源和规划局与白驹镇，对省保护单位八路军新四军白驹狮子口会师旧址的保护范围和建设控制地带进行划定。修缮保护省级文物保护单位草堰石闸，抢修维护大丰区级文物保护单位朱氏民居、海丰农场场部旧址。省级非遗项目大丰麦秆剪贴的代表性传承人吴永龙入选为江苏省“三带名人”（带领技艺传承，带强产业发展，带动群众致富）。沈社国获盐城市乡土人才“三带”项目资助。在2020年全国“文化和自然遗产日”期间，“大丰瓷刻”和“大丰麦秆画”两个非遗项目，代表盐城市先后参加了省文旅厅主办的江苏主场活动暨“2020江苏‘非遗’购物节”、盐城市人民政府主办的“2020盐城文化旅游（上海）推介会”、省委宣传部和省文旅厅等6家单位主办的“第二届大运河文化旅游博览会”，以及第三届中国（淮安）大运河文化带城市非遗展，宣传推介盐城、大丰的地方文明和“非遗”文化。

【八路军新四军白驹狮子口会师纪念馆】 八路军新四军白驹狮子口会师纪念馆，位于江苏省盐城市大丰区白驹镇狮子口村，项目总用地面积约3.8万平方米，总投资1.1亿元，2020年建成对外开放。由会师纪念广场（含会师纪念碑）和会师文化展示区组成，是中国新四军和华中抗日根据地研究会“铁军精神教育基地”、盐城市爱国主义教育基地。建筑面积10800平方米，展陈面积3700平方米，配套建设有600平方米临展厅，能够容纳240人的报告厅（电影院）、80人的会议室和2间10人的会议室，另有接待室3间。会师文化展示区以全史馆的形式共分为五个部分：日本侵华，全民抗战；巩固华北，发展华中；同侪并马，会师白驹；开辟苏北，砥柱华中；将星闪耀，缅怀铭记。会师文化展示区是江苏省新四军纪念重要场馆之一、是传承和弘扬铁军精神的红色教育基地。

艺术创作及演出

【概况】 2020年，大丰区广大文艺工作者深入生活，扎根人民，创作出一批优秀艺术作品。经统计，在国际展览中，有1部作品入选；在国家级展演、展览中，有13部作品入选；在省级比赛、展演、展览中，有4部作品获奖入选；在市级比赛、展演、展览中，有43部作品获奖、入选。组织创作瓷刻《打好战疫》、音乐《点亮生命》等疫情防控文艺作品92部，在各级平台发表、播出。

【书法篆刻】 2020年，徐中林书法作品《对联（少莲撰联）》入选江苏省抗疫主题美术书法精品展。6部篆刻作品入选参加"印记中国2020——决战脱贫奔小康大众篆刻作品展"，成为国家级展览中全国唯一的县区级参展单位。

【戏剧文学】 锡剧《淑娘》入选2020年度江苏艺术基金大型舞台剧资助项目，小品剧本《特殊暗访》获得中国剧协张家港（全国）创作基地2020年度小戏小品、小剧场剧本征集活动二等奖。小锡剧《打车》获得盐城市小戏小品展演一等奖。1部大戏剧本、2部小戏剧本获得盐城市政府文艺奖三等奖。在盐城市新剧本评奖中，获得大戏一等奖1个、二等奖1个；小戏一等奖2个、二等奖4个、三等奖2个；在盐城市"金菊杯"小戏小品征文评奖中，获得一等奖3个、二等奖10个、三等奖11个。

【音乐舞蹈】 2020年，少儿舞蹈《妈妈的花摆裙》、男声四重唱《花海仙境》获得江苏省第十四届"五星工程奖"。舞蹈《百里槐花香》获得盐城市政府文艺奖三等奖。舞蹈《最美的温暖》获得盐城妇联系统融媒体作品路演二等奖。

【2020年群众文艺调演】 1月8日，由大丰区委宣传部、区文广旅局主办的2020年"黄海湿地 鹿乡情韵"群众文艺调演在大丰区百姓星光大舞台举行。全区12个镇（街道）文化站创作了37个节目参加了调演，舞蹈《盛世欢歌》、京剧《忆秦娥·娄山关》、锡剧《东方日出照窗纱》、小品《过日子谋幸福》、配乐诗朗诵《五星红旗迎风飘扬》等一个个精彩纷呈的节目依次登场。

2020年12月23日，杨国美《世遗湿地 吉祥麋鹿》专题摄影展览在上海市崇明区图书馆举办。 影友 摄

文物保护

【概况】 2020年，大丰区博物馆文物保护工作坚持贯彻"保护为主、抢救第一、合理利用、加强管理"的方针，全面落实各级文物工作会议精神，配合"5·18"国际博物馆日、"文化遗产日的主题活动"，开展免费对外开放工作和文物保护宣传工作，发挥爱国主义教育基地和德育基地阵地作用，全年线上线下免费参观人数44.6万人次。博物馆征集抗疫相关藏品3件，千足虫化石1件，"文化大革命"时期丁字镐1件。全年文物保护安全无事故。

【博物馆举办各类展览】 2020年，区博物馆举办展览4场，分别为："大丰区博物馆新馆展陈提升设计图片展"、"常州三杰——瞿秋白、张太雷、恽代英生平事迹展"、"'澡耀鸣凤'四人书画展"、江苏省文物巡回展"繁华印记——文物中的无锡近代民族工商业"；开展活动8场，分别为："中国水浒协会2020年换届选举活动""博物馆安保防暴演练""大丰书画家座谈会""文物修复研讨会""文物古建筑单位消防器材赠送仪式""博物馆新馆专家评审方案研讨会""博物馆新馆建设座谈会""革命文物专家研讨会"。形式各样的展览和活动，丰富了市民的精神文化生活，提升博物馆的业务能力，发挥了博物馆作为爱国主义教育基地的作用。

【非物质文化遗产保护】 2020年度，区博物馆优秀传统文化传承保护和特色文化建设工作，以传承保护地方非物质文化遗产为主要工作目标，根据省、市相关要求和布置，在全面做好区、市级"非遗"项目传承保护的同时，重点跟踪服务省级"非遗"代表性项目"大丰瓷刻"和"大丰麦秆剪贴"以及市级项目"抖空竹"的传承保护，收效良好。传承人多次收到云南、浙江等省内外邀请，参加各类艺术展演。

【知青纪念馆公共服务】 2020年，大丰区知青纪念馆及知青农场被纳入2020年度盐城市“510”警示教育3条线路之一。全年接待相关单位警示教育活动超200批次、8000人次。

公共文化及设施建设

【概况】 2020年，大丰区公共文化及设施建设以提升基本公共服务标准化均等化水平为基础，以提升公共服务效能为重点，围绕高质量发展，有力推进阵地建设。全年人均接受文化场馆服务人次4.01次，位列全市第一。

【阅读新空间建设】 2020年，根据盐城市为民办实事工程的要求，大丰区继续推进阅读新空间建设，为市民提供普遍均等、开放共享、高雅优质的公共阅读服务。建成总占地1700平方米的三个阅读新空间，分别为：投资530万元的万芳阁书吧，占地400平方米，藏书约8000册，建设与茶文化交相融合的阅读新空间；投资720万元的怡丰园，占地1000平方米，藏书约15000册，建成包含面向休闲阅读、文创经营、咖啡轻食等多功能复合的阅读新空间；投资250万元的晓荷轩书吧，占地300平方米，藏书约6000册，利用公园现有自然环境，重点建设面向青少年的阅读新空间。3处阅读新空间现完成对外开放工作，图书可与区图书馆实现通借通还，满足市民阅读图书大流通的需要。

【综合文化服务中心】 2020年，全区11个镇、大中街道和港区建成综合性文化服务中心，所有站房建筑面积都达700平方米以上，免费活动服务项目10个以上，图书室藏书2万册以上，报刊20多种，文化信息资源共享工程设备达到国家规定标准。建成208个村、55个社区的省级综合性文化服务中心，覆盖率100%。

群众文化

【概况】 2020年，在做好疫情防控的前提下，大丰区先后组织开展的各类公益性文艺演出33场，送戏下乡243场、主流文化场馆送展览52场。

【“黄海湿地 鹿乡情韵”群众文艺调演】 1月8日，由区委宣传部、区文广旅局主办的2020年群众文艺调演在大丰区百姓星光大舞台隆重举行。盐城市文广旅局的相关领导以及周边地区文广旅系统的专家一行观看了演出。此次文艺调演得到大丰区11个镇、2个街道、7个社会文艺团体的支持，共有37个节目、450名演职人员参加区级调演，艺术形式分为舞蹈、曲艺、歌曲、小品、诗朗诵等多种形式。舞蹈《盛世欢歌》、京剧《忆秦娥·娄山关》、锡剧《东方日出照窗纱》、小品《过日子谋幸福》、配乐诗朗诵《五星红旗迎风飘扬》、歌表演《我们这一辈子》、舞蹈《又见红珊瑚》等一个个节目依次登场。

【篆刻艺术与印文化走进大丰】 6月10日，区文广旅局举办篆刻艺术与印文化培训活动，倡扬“大众篆刻”理念，传承中华传统优秀文化，推动传统艺术大众化、普及化；7月27日上午，大丰区首届篆刻艺术公益培训班开班仪式在区青少年活动中心举行，区文化广电和旅游局负责人、分管负责人以及区教育局分管负责人等出席。

【第八届恒北梨花节】 4月5日，2020年第八届梨花文化节在盐城市大丰区恒北村启幕。恒北旅游形象代言人、中共十九大代表、大丰区恒北村党委书记李晓霞介绍恒北乡村旅游发展及梨花文化节活动情况。江苏省演艺集团党委副书记周东亮为“大丰区文艺创作基地”揭牌并表演。

2020年9月21日，大丰区庆祝第三届“中国农民丰收节”暨金秋特色农产品展销会在丰收大地举行。　周古凯　摄

文化产业

【概况】 2020年，大丰区有规模以上文化企业59个。位于大丰区城东高新区的丰华文化产业集聚区，占地28公顷，建成的建筑面积约为10万平方米，将文化会展中心、图书馆、博物馆、卯酉书局等公共文化设施连接起来。文化会展中心以会展经济、专业剧场、音乐厅为主营方向，卯酉书局融入传统文化，打造四季阅读、移步换景的特色书店。图书馆致力于公共文化服务和阅读空间分享，博物馆传承历史、展望未来、引领奋斗，四大业态各有侧重，又密切相连，带来全新的文创消费体验。

【卯酉书局】 卯酉书局位于大丰城区主干道幸福路南、图书馆北侧，书局面积约6000平方米，由兴城公司和凤凰书城合作运营，是一座集书店、咖啡、文创展示于一体的新型复合式文化体验空间。2020年底进入试运营状态。书局力求打造影响力，发挥文化先锋和阵地作用，并试图通过招商走市场化运营之路。

【文化会展中心】 大丰文化会展中心位于盐城市大丰区城东新区，冬柏路西侧，中央湖畔，毗邻大丰奥体中心。项目占地8.39公顷，总建筑面积69734平方米，有4个主要功能区：剧场1050个座位，音乐厅779个座位，展厅13081平方米，半地下车库有509汽车车位以及室外广场、道路、绿化等。

【博物馆新馆建设】 博物馆新馆位于大丰区丰华文化产业集聚区，总投资额约7000万元，建筑面积7983.8平方米，该项目投资主体是大丰区兴城投资开发有限公司。以"黄海湿地、流金热土、峥嵘岁月"三大展区呈现大丰城市发展的历程，重点突出世界自然遗产中国黄(渤)海候鸟栖息地等最新生态文明建设和"非遗"保护成果。

文化市场管理

【概况】 2020年，大丰区文化市场综合执法大队巡查文化市场经营单位2817家次，出动执法人员11275人次，组织开展文化市场各类联合执法检查11次，立案查处出版物市场案件5起，共罚款1000元。

【综合执法队伍建设】 2020年，区文化市场综合执法大队制定完善了自身《文化市场综合执法改革示范点建设标准》（以下简称《标准》），《标准》中明确了大丰区文化市场综合执法队伍专业化、规范化、信息化建设标准，综合执法制度建设标准和执法能力建设标准，具体体现在设立独立办公场所、配备执法专用房间、配备执法专用车辆、配备执法专用设备、配备统一执法制服；设立业务工作制度、人员管理制度、协作协调制度；规范执法办公系统使用、规范行政处罚案件办理程序、规范执法文书制作和案件归档、规范执法人员执法行为等方面。

【文化市场疫情防控】 1月24日起，区文化市场综合执法大队根据省、市、区疫情防控工作要求，大队通知全区文化市场经营单位暂时停业，组织开展早、中、晚多时段巡查工作，每日检查文化市场经营单位30余家次，保证全区网吧、歌舞厅等经营单位在相关防疫工作新指示出台前，始终处于停业状态。1月25日至3月19日期间，大队检查经营单位2195家次，出动执法人员8700多人次，未发现经营单位擅自经营的行为。3月20日起，互联网上网服务营业场所等经营单位开始有序恢复经营，大丰区文化市场综合执法大队制作统一的场所疫情防控工作登记表，为复工单位配发消毒药品，指导卫生消毒工作，明确了以工作人员、消费者"苏康码+测温+口罩"为主的7项防控制度。

2020年年底，由兴城公司和凤凰书城合作运营的卯酉书局，进入试运营状态。 周古凯 摄

【文化市场安全督查】 2020年，区文化市场综合执法大队开展安全生产宣传和学习工作，向经营单位负责人、从业人员普及安全生产常识，以案说法、以案示警，在"安全生产月"等活动节点，组织全体执法人员、业主和从业人员参加安全生产专题展览和专题培训讲座，接受系统的消防基础知识学习和应急救援技能的培训。2次联合区消防救援大队、区供电公司、区市场监督局等部门开展文化市场安全生产联合检查，检查经营单位47家，出动各部门执法人员311人次，发现各类问题隐患92处，全部整改完毕。

【文化市场整治】 2020年，区文化市场综合执法大队联合区市场监管局、区卫健委、区生态环境局、区消防救援大队等多个部门抽查全区歌舞娱乐行业中的9家经营单位，检查组按照"谁检查、谁录入、谁公开"的要求，将抽查结果录入江苏省市场监管信息平台进行公示，对抽查中发现的问题线索一查到底，依法依规处罚。开展区内影院恢复开放前专项检查，联合区委宣传部、区卫健委、区市场监管局、区消防救援大队等相关职能部门组成检查组，对全区影院开展恢复开放前联合专项检查和指导工作。开展社会艺术水平考级活动执法检查工作，对省音乐家协会、南京艺术学院、中国艺术职业教育学会、中国歌剧舞剧院、中国文化管理协会、省文化馆等8家主办单位在大丰开展的15场社会艺术水平考级活动现场监管，重点对考级活动现场《考级简章》和《恢复开展社会艺术水平考级现场考级活动疫情防控措施指南》张贴情况；体温检测设备、口罩、消毒剂等防护物资配备情况；《考点清洁消毒记录表》建立填写情况；考官身份证信息和考官证佩戴情况进行检查，检查人员现场对考级时间、考级地点、考生数量、考场安排、考级专业、考官名单等进行核对，未发现与备案内容不一致的情况。开展出版物市场专项检查，重点检查出版物零售经营单位是否销售宣扬淫秽、赌博、邪教、危害社会公德等含有《出版管理条例》禁止内容的违禁出版物；未经批准擅自出版、伪造假冒、非法进口等各类非法出版物，立案查处5起未能提供近两年的出版物发行进销货清单等有关非财务票据案件，罚款1000元。

（谢　杨）

新华书店

【概况】 江苏凤凰新华书店集团有限公司大丰分公司（以下简称大丰新华书店）始终坚持把社会效益放在首位，充分发挥图书发行主渠道作用。以服务好教育、教学，完成"课前到书，人手一册"政治任务为重点工作；以推动全民阅读为重点，致力于书香社会的建设。2020年，完成营业收入4555万元，实现利润455万元。

【建立廉政书屋】 2020年，大丰新华书店在区纪委、区委宣传部的支持下，大丰新华书店与上海知青纪念馆在馆内联合建立"凤凰廉政书屋"，书屋内陈列的党风廉政建设、理论宣讲、红色经典等系列图书400余册，定期推荐廉政教育主题阅读图书、提供理论学习读物，满足读者党风廉政学习需求。

2020年，大丰新华书店开展与组织多项公益活动，得到社会的认可。
（单位供图）

【政治理论读物发行】 2020年，大丰新华书店从讲政治的高度出发，做好政治理论读物的发行，宣传党的路线、方针、政策。组织员工走出店门，深入党政机关、工厂企业、大小学校，通过预订、上门征订、送书上门及门店零售等方式进行宣传发行。2020年在全省重点政治读物发行工作中，表现突出，获得江苏凤凰新华书店集团有限公司颁发的"2020年政治理论读物突出业绩奖"。其中《习近平谈治国理政》第三卷宣传发行2.13万册，码洋176万余元；《中华人民共和国民法典》宣传发行1万多册，码洋33万余元。

【开展各类读书活动】 2020年，大丰新华书店中心门店则以阅读为核心，针对不同读者开展各类如《朗读者》《凤凰姐姐讲故事》《读书分享会》《新华科学实验室》等主题读书活动22场，吸引大量读者参与到活动中，激发大家读书热情，提高群众文明文化素质，为丰富人民群众精神文化生活，推动全民阅读起到促进作用。

【承担社会责任】 2020年，大丰新华书店承担起国有文化企业的担当，投入各项公益活动的开展与组织。为援鄂医护人员的子女送去免费图书；走进校园，通过赠送图书及收看网络安全课等形式，引导学生抵制有害出版物，助力孩子们健康成长；与宣传部、教育局、学校等多家单位联合承办的2020年诵经典·传美德少儿诵读大赛、新华杯迎元旦中小学语文示范诵读竞赛等一系列读书活动10余次，取得了良好的社会效益。在全区范围内打造多处社区、医院、学校便民的小微书店，持续不断地向社会传播优秀文化，播种美好阅读的未来，为推广全民阅读，建设"书香大丰"做出贡献。

（朱冬梅）

〖编辑　陈一青〗

综 述

【概况】 2020年，大丰区有公立医疗卫生计生机构43个，其中：三级综合医院、二甲中医医院、二级精神病专科医院、二级综合医院各1所，疾控中心、卫生监督所、妇幼计生中心、120急救中心各1所，镇（中心）卫生院11个，社区卫生服务中心3个，防保所1个，计生服务中心（办）20个；有镇卫生院一体化管理的村卫生室216个，民营医院15个。城乡居民主要健康指标处于较高水平，人均期望寿命82.45岁，婴儿死亡率2.64‰（省定标准为小于8‰）。

【新冠肺炎疫情防控】 2020年，大丰区卫健委全力做好新冠肺炎疫情防控和医疗救治工作，全区累计确诊病例4例，其中3例为湖北输入病例、1例为境外输入病例，全部治愈出院；申请医疗救助俄罗斯籍海员2人，治愈出院离境回国。16名医务人员逆行援鄂，盐城市委书记戴源专程到大丰亲授出征旗。严格规范医疗机构预检分诊、发热门诊，所有发热病人统一到发热门诊就诊，全年累计诊疗发热病人13679人，人民医院隔离留置观察110例。加强核酸检测能力建设，改造升级人民医院、中医院、疾控中心、三院核酸检测实验室，核酸日检测（单次检测）能力6600人份。强化重点人群监测，对密切接触者、境外入境人员、重点地区到大丰人员、发热门诊患者、新住院患者及陪护人员、门诊手术和内镜检查患者、医疗机构工作人员、口岸检疫和边防检查人员、进口冷链食品接触人员、监所工作人员、社会福利养老机构工作人员等重点人群，全部做到核酸检测“应检尽检”，全年累计采样检测67958人。加强重点人群管理，做好入境和国内中高风险地区回大丰人员健康管理，落实集中隔离医学观察和核酸检测工作，累计隔离观察1308人。年底，区卫健委被省委、省政府表彰为全省抗击新冠肺炎疫情先进集体。

【卫健系统接轨上海】 2020年，大丰区卫健委选派40名基层医疗骨干，分两批到复旦大学附属中山医院跟班进修。大丰人民医院与上海第十人民医院教授殷志强签订甲乳外科名医工作室，与上海中医药大学附属岳阳中西医结合医院教授许华签订疼痛科名医工作室。中医院成立复旦大学附属妇产科医院（红房子医院）妇科（宫颈和腹腔镜方向）专家团队工作站，成立上海中医药大学附属岳阳中西医结合医院中医皮肤科名医工作室。

【人才科教】 2020年，大丰区卫健系统加强高层次人才引进，全职引进博士生1名、硕士生5名，柔性引进博士生17名、硕士生7名。加强适用型人才引进，全年招聘医疗卫生技术人员50名，其中校园招聘20名、社会公开招聘27名、改制民营医院选调3名。开展基层紧缺人才培养，订单定向免费培养本科生7名、大专生7名，委托南通卫生高等职业技术学校培养农村医学生22名。开展第三批骨干人才遴选，确认23名省骨干人才、44名区骨干人才和35名骨干村医，骨干人才数量占卫技人员总数8%以上。选送9名卫生院骨干医务人员到县级医院务实进修，遴选27名村医开展脱产强化进修。加强科研教育，4个项目获盐城市医学新技术引进奖二等奖、2个项目被省医院管理协会科研立项。

【卫生应急】 2020年，大丰区卫健部门开展全民自救互救素养教育，联合相关部门开展应急救护知识进企业、进社区、进机关、进学校活动。区防控办、区卫健委联合组织制订《大丰区突发公共卫生事件应急预案》《大丰区新冠肺炎局部小规模疫情处置预案》《大丰区进口冷链食品疫情防控应急预案（试行）》等预案，举办进口冷链食品污染引发局部聚集性新冠肺炎疫情应急处置演练，完成各类重大活动医疗卫生保障任务20多次。

【“华夏院士论坛2020大丰”举办】 10月24—25日，由中国医疗保健国际交流促进会主办，大丰区人民政府、盐城市卫生健康委员会承办的

"华夏院士论坛2020大丰"活动在大丰举行。中国科学院院士、复旦大学附属中山医院院长樊嘉通过视频向论坛的召开表示祝贺。中国工程院院士、北京同仁医院耳鼻咽喉头颈外科中心主任、首都医科大学教授、博士研究生导师、中国医疗保健国际交流促进会会长韩德民，中国工程院院士、南通大学江苏省神经再生重点实验室主任、中国生物医学工程学会副理事长、中国解剖学会名誉理事长顾晓松，中国科学院院士、国家心血管病中心副主任、中国医学科学院阜外医院副院长、北京协和医学院教授顾东风出席并分别作主旨演讲。复旦大学肝癌研究所常务副所长、复旦大学附属中山医院肝外科行政副主任、教授、主任医师、博士生导师史颖弘出席。盐城市委常委、常务副市长羊维达，大丰区委书记薛盛堂分别致辞。区长李志军主持。中国医疗保健国际交流促进会以及来自全国各地的专家、学者和来宾150余人参加论坛，人民网、中新网、新华网、《新华日报》、江苏广电总台等中央及省、市主流媒体对活动进行报道。

【人民医院晋升三级综合医院活动举行】 12月20日上午，大丰人民医院举行晋升三级综合医院暨樊嘉院士学术报告活动。中科院院士、复旦大学附属中山医院院长樊嘉，南通大学党委书记浦玉忠，盐城市人民政府副市长费坚，大丰区委书记薛盛堂，区长李志军出席。下午，樊嘉就《建立健全现代医院管理制度的中山实践》进行专题讲座。

【卫健系统行风建设】 2020年，大丰区卫健委深入开展"正风肃纪看机关""作风建设突出问题专项整治"等活动，组织人员对各医疗卫生单位临床诊疗行为、违规收受红包回扣、高值医用耗材采购等事项进行专项督查，发现问题8个，医务人员主动上缴廉政账户9700元、退回红包113420元。开展全系统安全生产领域党员干部和公职人员岗位廉政风险教育，排查风险点4753条、制定整改措施3308条。常态化开展行风巡查和明察暗访，加强系统内工程建设、物资采购、重大项目、人才招录等工作的监督。认真查办损害群众利益案件，严肃追责，年内处理信访23件，立案查处6件。

卫生改革

【医共体建设】 2020年，大丰区卫健委牵头制定《盐城市大丰区紧密型县域医疗卫生共同体建设实施方案》，明确基本原则、工作目标、主要任务和工作要求。人民医院和中医院分别牵头组建两个紧密型医共体，并进入实质性运作阶段。医共体内医疗资源全面共享。

2020年10月24—25日，"华夏院士论坛2020大丰"活动在大丰区举行。（单位供图）

【等级医院创建】 2020年，大丰人民医院被确认为三级综合医院。大丰中医院三级中医医院创建工作通过市级评审，并申报省考核验收。大丰第三人民医院建成二级综合医院。

【基层卫生】 2020年，大丰区开展"优质服务基层行"活动，全区11家基层医疗机构通过基本标准、3家通过推荐标准。小海中心卫生院、三龙中心卫生院成功挂牌"江苏省社区医院"。城东社区卫生服务中心康复医学科、小海中心卫生院呼吸内科和康复医学科、西团镇卫生院消化内科建成市级特色科室。丰华社区卫生服务中心投入使用。妇幼保健院新建项目主体工程封顶。第三人民医院异地新建项目开工建设。

公共卫生管理

【公共卫生服务项目】 年内，大丰基本公共卫生服务项目人均经费提高到80元。开展第三周期第三轮"两癌"筛查，全年宫颈癌筛查25664人、乳腺癌筛查25983人，发现确诊宫颈癌13例、乳腺癌21例。

【综合执法监督】 2020年，大丰区依法实施卫生行政许可，全年制发"健康培训合格证"28130本，办理"独生子女父母光荣证"124件、婚育情况证明177件，批准"再生育一个孩子生育服务证"112件。依法实施行政处罚，全年行政处罚立案81件。

【妇幼保健质效指标】 2020年，大丰区无孕产妇死亡，孕产妇保健管理率99.4%，早孕建卡率86.37%，产后访视率99.40%，出生缺陷发生率4.72‰，婴儿死亡率2.64‰，5岁以下儿童死亡率3.39‰；全面实施新生儿先天性心脏病免费筛查，全年免费筛查2527例，筛查率99.68%，其中筛查阳性54例，确诊9例；加强儿童近视防控工作，建立儿童视力健康电子档案12335例。艾滋病筛查率、梅毒筛查率、乙肝表面抗原检测率均为100%。

【全民健康体检】 2020年，大丰区卫健委组织开展全民健康体检工作，出台《全民健康体检机构服务标准（试行）》。各基层医疗卫生机构加班加点完成全民健康体检任务，累计体检56.82万人，体检率84.96%。

【精神卫生管理】 2020年，大丰区卫健委认真落实"以奖代补"政策，对新增上报的易肇事肇祸严重精神障碍患者进行核定，核实2020年"以奖代补"对象453人的实际住院情况，补助90.02万元。加强严重精神障碍患者管理，全年免费住院治疗1585人次，减免住院自付费用229.5万元。联合区残联，对贫困精神障碍患者开展1年4次的免费服药和1年1次的免费体检，全年减免药费70.5万元、体检费12.6万元。

医（药）政管理

【医疗质量管理】 2020年，大丰区卫健委按照"三合理一规范"（合理检查、合理用药、合理治疗，规范收费管理制度）标准，严格落实18项医疗核心制度，加大医务人员和群众满意度测评权重，强化和落实医疗质量的管理和控制。规范医院感染管理，开展医院感染防控排查整顿，常态化开展医院感染防控重点科室、重点部门、重点环节自查自纠，进一步排除医疗风险。加强对医疗废弃物、医疗废水和血液净化中心的管理，杜绝防控死角。

【药事管理】 2020年，大丰区卫健委强化基药配备使用监管，确保配备、使用比例均达到省、市规定，提高基药保障水平。强化短缺药品的管理，规范短缺药品供应流程，及时上报短缺药品信息。规范支付购药款，明确省网平台采购药品发票必须经核对后方可入账列支。组织开展基本药物现场核查、抗菌药物临床应用和医疗机构合理用药专项督查，提高基本药物临床应用管理水平。

疾病预防控制

【重点传染病防治】 2020年，大丰区全年报告甲、乙类传染病624例，报告发病率88.31/10万，与2019年同期相比下降12.85%。全区未发生传染病暴发疫情和重大公共卫生事件。结核病、艾滋病、麻风病等传染病防治成效显著。

【慢性病防治】 2020年，大丰区加强癌症、脑卒中等重点慢性病的早查、早诊、早治，规范和提高死因监测、肿瘤登记、心脑血管监测的质量和水平，全年报告心脑血管事件3629例，报告各类死亡人数6012人、肿瘤新发病例3008例、肿瘤死亡病例1919例。全年高血压规范管理率68.20%、血压控制率55.57%，糖尿病规范管理率60.02%、血糖控制率45.67%，慢性病"防、治、管"工作机制进一步健全。

【预防接种】 2020年，大丰区所有预防接种门诊均按照规定要求，强化预防接种规范化管理，未发生接种差错和事故，未出现严重的预防接种异常反应或事件。加强新生儿预防接种门诊建设，全区各产房单位均独立设置新生儿乙肝疫苗接种室，配备电脑、扫码枪、签字板等设备，产科信息系统全面上线并投入使用。加强冷链设施建设，实时监控全区冷链设备、疫苗储存和运输温湿度监测网络平台、疫苗出入库信息，及时发现冷链监测异常情况。

【职业健康监测】 2020年，大丰区开展粉尘危害专项治理，对1146个企业粉尘危害进行调查摸底并建立基础数据库，对纳入治理范围的38个企业进行粉尘危害申报，对3530名接尘劳动者进行职业健康检查。将尘肺病纳入重点职业病监测，对58名尘肺病病人进行随访和回顾性调查。

中医药事业

【中医药服务设施建设】 2020年，大丰区加强基层中医馆建设，镇卫生院中医馆、村卫生室中医阁实现全覆盖。正常开展4类6项以上中医药适宜技术，提升基层常见病多发病的中医药诊疗服务能力。

【中医药服务能力】 2020年，大丰区卫健委组织开展西学中培训，组织19名西医执业医师学习中医药理论和技能，提高西医人员的中医药诊疗服务能力。加强名中医工作室业务传承，"袁兴石名中医传承工作室"通过省中医药管理局中期评估。面向基层卫生院，定期举办中医经方和中医药适宜技术讲座，提升中医药诊疗水平。

【中医药文化宣传】 2020年，大丰区卫健委组织开展《中华人民共和国中医药法》《江苏省中医药条例》和中医药健康保健知识宣传活动，发放宣传折页、举办健康知识讲座、开展义诊咨询等，宣传中医药养生、保健、防病知识，发放宣传资料5248份，开展健康讲座和义诊咨询19场次，受益群众7800人次。

爱国卫生

【卫生创建】 2020年，草堰镇通过国家卫生镇技术评估，大丰实现国家卫生镇全覆盖。根据区委区政府出台的卫生创建奖补方案，落实被全国爱卫会命名为"2017—2019周期国家卫生镇”的7个镇财政奖补资金。

【农村改厕】 2020年，大丰区完成“中央财政奖补农村‘厕所革命’整村推进2000座改厕”任务。为全国农村人居环境整治现场会——恒北村现场观摩点做准备。会同大中街道按照国家标准，对9座厕所进行改造。配合相关部门拍摄视频在全国人居环境整治推进会上播放。大丰区顺利通过农村人居环境整治3年行动农村无害化户厕验收销号省级现场核查。

【健康教育与健康促进】 2020年，大丰区卫健委在多种媒体上开展经常性宣传教育活动，结合主题卫生日开展健康知识宣传，组织专家深入机关、企业、学校、社区、农村开展健康巡讲，发放宣传资料100多万份，播放宣传片14万多次。推广运用手机版“居民健康素养网上学习测评系统”，抽取9个镇18个村的981人开展居民健康素养调查，居民健康素养水平25%。区爱卫会制定出台《关于印发大丰区建设健康促进区实施方案的通知》，全面启动江苏省健康促进区创建工作。开展健康镇村建设，西团镇建成江苏省健康镇，白驹镇马家村等15个村、大中街道浦江社区等3个居委会建成江苏省健康村(居)。

血吸虫病地方病防治

【查螺灭螺】 2020年，大丰区卫健委组织对5个流行镇49个流行村、大丰林场以及与疫区镇毗邻的10409个环境进行螺情调查，查螺5478.35万平方米，未发现钉螺。对近5年发现的有螺环境开展巩固药物灭螺，全区灭螺61.22万平方米。

【查病治病】 2020年，大丰区完成2101人血清学查病、427人粪检查病和345名流动及水上作业人员查病任务，对血检抗体阳性者全部按疗程进行扩大化疗。

【晚血病人管理】 2020年，大丰区卫健委继续开展晚期血吸虫病病人(简称晚血病人)家庭医生签约服务和晚血病人关爱治疗救助工作，发挥村、镇、区三级医疗网作用，改善晚血病人临床症状。全年对42名晚血病人医疗救助207223元。

老龄事业

【老年健康宣传周活动】 2020年，大丰区卫健委围绕“提升健康素养，乐享银龄生活”主题，组织开展老年健康宣传周活动，宣传老年健康科学知识和老年健康服务政策，发放宣传资料50000份，免费为400多名老年人测量血压和血糖，引导老年人保持良好的心态和积极向上的精神面貌。

【孝亲敬老活动】 2020年“敬老月”活动期间，大丰区开通上线大丰老龄微信公众号“晚晴”，区委书记薛盛堂、区长李志军分别带队看望慰问区老龄协会工作人员，走访慰问百岁老人和敬老院老人。组织发动全区涉老部门和为老服务行业，开展敬老爱老助老活动，营造敬老爱老助老氛围；引导全社会传承敬老爱老传统美德，引导老年人在新时代发挥正能量、作出新贡献。开展“安康关爱行动”，为辖区内60周岁以上的128616名户籍老人购买人身意外伤害险，保费643.08万元。年内，区老年大学被评为“全国敬老文明号”。

（王国生　陈伟琴）

2020年大丰区百岁以上老人名单

表16

序　号	姓　名	户籍所在地	性　别	出生年月
1	施卫明	大中街道晋丰村	女	1916年1月
2	王　兆	大中街道飞达居委会	男	1918年11月
3	陈桂连	大中街道康平居委会	女	1918年12月
4	顾金兰	大中街道光明村	女	1919年1月
5	郁高福	大中街道西河口居委会	男	1919年6月
6	曹桂英	大中街道新街居委会	女	1919年12月
7	施品先	大中街道晋北村	女	1920年1月
8	刘耕兰	大中街道利民村	女	1920年7月
9	候秀英	大中街道福丰村	女	1920年8月
10	陈保琴	大中街道飞达居委会	女	1920年7月
11	倪秀英	大中街道康平居委会	女	1920年12月
12	王存英	草堰镇三新村	女	1914年5月
13	单伯然	草堰镇三渣村	男	1918年11月
14	杨德高	草堰镇丁溪村	女	1919年12月
15	陈秀英	白驹镇沿堤村	女	1917年7月
16	周风喜	白驹镇狮子口村	男	1920年8月

续表16

序　号	姓　名	户籍所在地	性　别	出生年月
17	肖同珍	白驹镇窑港村	女	1920年10月
18	王林英	刘庄镇新桥村	女	1920年10月
19	王巧銮	刘庄镇云溪村	女	1910年3月
20	吴兰珍	小海镇海团村	女	1917年12月
21	肖桂英	小海镇徐南村	女	1919年1月
22	李福珍	小海镇海西村	女	1919年2月
23	杨永红	小海镇小海居委会	女	1919年7月
24	刘大林	小海镇北虹村	女	1920年3月
25	唐凤英	小海镇北虹村	女	1920年10月
26	姚如英	小海镇小海居委会	女	1920年12月
27	丁翠英	新丰镇全心村	女	1918年12月
28	刘安女	新丰镇鼎丰村	女	1919年1月
29	倪思安	新丰镇同丰村	男	1919年10月
30	董月芳	新丰镇鼎丰村	女	1919年12月
31	杨似进	新丰镇老墩村	女	1920年4月
32	陈　云	新丰镇裕北村	女	1920年8月
33	吴启宽	新丰镇团结居委会	男	1920年8月
34	陈玉佩	新丰镇裕北村	女	1920年10月
35	王桂英	大桥镇双丰村	女	1918年2月
36	吴义芳	大桥镇洋南村	女	1920年3月
37	许桂英	大桥镇方向村	女	1920年8月
38	施伟娥	草庙镇新场村	女	1914年11月
39	沈　璜	万盈镇沈灶村	男	1916年1月
40	陈桂英	万盈镇双星村	女	1917年8月
41	刘珍喜	万盈镇天池村	女	1919年9月
42	施秀兰	万盈镇文达村	女	1920年10月
43	丁巧云	万盈镇金龙村	女	1920年12月
44	徐兆英	南阳镇诚心村	女	1917年1月
45	潘广山	南阳镇祥西村	男	1920年1月
46	顾兰英	南阳镇城乡村	女	1920年4月
47	唐金娣	南阳镇广丰村	女	1920年12月
48	刘庆林	三龙镇斗龙港村	男	1919年1月
49	蔡汉英	三龙镇前进村	女	1919年1月
50	陈秀华	三龙镇前进村	女	1919年2月
51	周立珍	三龙镇下坝村	女	1919年10月
52	曹杨氏	开发区和瑞村	女	1918年2月
53	朱星楼	丰华街道阜丰村	男	1920年9月
54	施兰芳	丰华街道阜南村	女	1920年11月
55	顾东英	小海镇新圩村	女	1921年1月
56	冯守娣	草堰镇草堰村	女	1921年2月
57	张亚芳	新丰镇鼎丰村	女	1921年2月
58	丁　兰	大桥镇大桥村	女	1921年2月
59	沈志芳	丰华街道朝荣村	女	1921年2月
60	朱广法	大中街道阜北村	男	1921年3月
61	徐凤英	南阳镇祥北村	女	1921年3月
62	陆桂英	草堰镇合新村	女	1920年12月
63	高桂英	西团镇马港村	女	1921年3月
64	宗加贤	草堰镇草堰居委会	女	1920年8月

续表16

序 号	姓 名	户籍所在地	性 别	出生年月
65	朱信英	万盈镇康宁村	女	1921年2月
66	李桂英	万盈镇六川村	女	1921年2月
67	王凤英	西团镇西团村	女	1921年4月
68	王锡华	大中街道福丰村	男	1921年4月
69	董桂英	西团镇赵场村	女	1921年4月
70	董维忠	大中街道康平居委会	男	1921年5月
71	施惠琴	新丰镇全心村	女	1921年5月
72	徐翠英	开发区灶圩村	女	1921年5月
73	朱连英	草堰镇草堰村	女	1921年2月
74	申翠兰	大中农场	女	1921年5月
75	彭参娣	万盈镇益民村	女	1921年5月
76	王锦凤	小海镇新圩村	女	1921年6月
77	张连英	三龙镇龙东村	女	1921年6月
78	杨吉英	草堰镇三元村	女	1921年6月
79	沈鞋女	草庙镇沿河村	女	1921年7月
80	智伯昌	刘庄镇竞赛村	男	1921年7月
81	朱宝珍	小海镇无泊村	女	1921年7月
82	陈福新	大中街道育红居委会	女	1921年8月
83	赵玉和	万盈镇兆丰村	男	1921年9月
84	蔡芝英	新丰镇赤旗村	女	1921年8月
85	陈桂央	白驹镇窑港村	女	1921年10月
86	冯凤晓	草堰镇双河村	女	1921年10月
87	韦秀红	开发区龙福村	女	1921年11月
88	陈翠英	西团镇描花村	女	1921年11月
89	沈红英	小海镇北虹村	女	1921年10月
90	陈淑贞	南阳镇南阳居委会	女	1921年11月
91	顾宝龙	草堰镇丁溪村	男	1921年11月
92	王元英	大中街道同德村	女	1921年10月
93	沈凤英	小海镇温泉村	女	1921年11月
94	蒋彩付	小海镇江北村	男	1921年11月
95	冯正英	草庙镇新海村	女	1921年12月
96	储凤英	大桥镇江岸村	女	1921年12月
97	骆昌英	刘庄镇光荣村	女	1921年2月
98	朱明英	刘庄镇建成村	女	1922年1月
99	徐仲英	新丰镇方强居委会	女	1922年1月
100	刘书珍	西团镇黄浦村	女	1922年1月
101	黄兆文	丰华街道朝荣村	男	1922年1月
102	罗秀英	小海镇小海居委会	女	1922年1月
103	陈月祥	三龙镇龙西村	男	1922年1月
104	夏正修	大中街道西河口居委会	男	1922年1月
105	杨德维	刘庄镇紫林居委会	男	1922年1月
106	王大珍	万盈镇文达村	女	1922年2月
107	施亚兰	大中街道人民居委会	女	1922年2月
108	刘海元	大中街道八灶村	男	1922年1月
109	王秀英	大中街道建业居委会	女	1921年2月

说明：表内统计人员为2020年12月健在的老人。

（仲维华）

〖编辑　刘洪芳〗

体育

综　述

【概况】 2020年，大丰体育工作按照稳中求进工作总基调，围绕创建全民运动健身模范市工作重点，逐步完善公共体育服务体系，蓬勃开展青少年体育，体育产业得到较快增长，体育竞赛效益不断提升。年内，飞达路初中获得教育部认定的全国篮球体育传统特色学校，三龙初中、万盈小学、刘庄小学获得全国青少年校园足球特色学校称号。江苏省体育局公布的2020年度全省县级体育重点工作督查结果，大丰区体育工作在全省64个县（市、区）中以总分89.03排名第14位，列苏北第3名。

【区体育局获市体育局表彰】 盐城市体育局对2020年度全市体育工作先进集体、先进个人进行通报表彰。大丰区体育局被表彰为全市体育工作综合先进集体，大丰区获竞技体育贡献奖、体育产业贡献奖、重大体育赛事贡献奖等3个单项奖。

群众体育

【概况】 2020年，大丰区深入开展全民健身活动，以实施全民建设国家战略为宗旨，以各体育协会为阵地，广泛开展群众体育活动。全年组织开展各种体育健身活动100余场次，直接参加活动约8万人次。组织开展国民体质监测，采用定点测试与流动测试相结合的形式，服务到乡镇，全年完成测试3000余人。大丰龙舟代表队在盐城市第三届龙舟赛获得三金三银一铜的成绩。

【全民健身志愿服务队伍扩大】 2020年，大丰区鼓励全民健身志愿服务活动，先后举办健身瑜伽、气排球、门球、健身气功、广场舞等项目三级社会体育指导员、教练员培训班及一线社会体育指导员提高班，参培400余人次。组织参加省、市体育局社会体育指导员培训，新申报一级社会体育指导员8人，二级社会体育指导员21人，为群众科学健身提供保障，推动各项体育运动项目在广大群众中普及和提高。

【2020年江苏省“全民健身日”大丰分会场活动启动仪式暨大丰区“沪丰一体，健康同行”健身跑活动】 8月7日，2020年江苏省“全民健身日”大丰分会场活动启动仪式暨大丰区“沪丰一体，健康同行”健身跑活动在大丰区梅花湾南门虹碟广场举行。大丰区委常委、宣传部部长赵玉霞、上海农场有限公司工会副主席叶慧芳等出席活动。启动仪式上健身秧歌、太极功夫扇、健身瑜伽、快乐体操、热身运动等节目，受到现场观众的热烈欢迎。全区各部门、上海农场1200余人健身爱好者、体育志愿服务人员身着统一服装，围绕梅花湾景区畅跑。

【江苏省广场舞公益培训进社区（乡村）活动大丰站】 10月13日，江苏省广场舞公益培训进社区（乡村）活动大丰站在大丰梅花湾景区举行。江苏省广场健身舞运动协会会长贺珍珠，盐城市广场健身舞运动协会会长司太平，盐城市大丰区教育局副局长何钢等出席开班仪式。大丰区各乡镇、街道200余名广场舞骨干、指导员参加培训。活动中，参加培训的广场舞骨干集体展演《没有共产党就没有新中国》《爱的奉献》，展现了广场舞人积极向上的精神面貌。省广场健身舞运动协会副会长刘荣就围绕《妈妈教我一支歌》《党啊，亲爱的妈妈》两支广场舞进行现场教学。

【2020年江苏省门球大联赛（公开站）暨“梦幻迷宫杯”门球比赛在大丰举行】 10月17—19日，江苏省社会体育管理中心、江苏省门球运动协会、盐城市大丰区人民政府主办的2020年江苏省门球大联赛（公开站）暨“梦幻迷宫杯”门球比赛在大丰区草堰镇梦幻迷宫举行。全省29支门球队，300多名运动员、裁判员、教练员、志愿者参加比赛。经过角逐，淮安洪泽队、南京紫金队、常州市队、南通海门队、扬州高邮队、盐城滨海队、泰州泰兴队、苏州张家港队获得前八名。

【2020年江苏省场地越野(国际)邀请赛暨中国大丰港第六届摩托车旅游嘉年华活动】 10月3日，2020年江苏省场地越野(国际)邀请赛暨中国大丰港第六届摩托车旅游嘉年华活动在大丰港赛车公园举行。此次活动由江苏省汽车摩托车运动联合会主办、盐城市大丰区汽车摩托车运动协会承办。长三角地区300多名摩托车自驾游骑行爱好者和国内外近40名越野摩托车赛手参与。活动包括摩托车越野赛、摩托车特技表演、“一盔一带，安全常在”公益巡游、车友联欢晚会、“探寻神秘湿地，感受世遗风采”公益骑行、无极ADV体验营、画里大丰一日游等项目，为市民献上一场摩托车嘉年华盛宴。

【大丰区第二十六届“风驰·乒协杯”乒乓球比赛】 11月13—15日，北京金风科创风电设备有限公司工会主办，北京金风体育文化有限公司、盐城市大丰区乒乓球协会承办的盐城市大丰区第二十六届“风驰·乒协杯”乒乓球比赛在大丰区奥体中心举行，全国62支球队近400名运动员参赛。比赛分为儿童A组单打、儿童B组单打、男子A组单打、男子B组单打、女子单打、团体甲组、团体乙组7个组别。经过角逐，陆则铭、朱彦铭、黄军、李文、朱莹、苏江检测集团代表队、鼎蚨一队分别获得儿童A组单打、儿童B组单打、男子A组单打、男子B组单打、女子单打、团体甲组、团体乙组第一名。此次乒乓球比赛为广大乒乓球爱好者搭建了一个交流沟通、增进友谊的平台，同时还对外展示大丰人民的精神风貌。

竞技体育

【概况】 2020年，大丰区竞技体育成绩稳中有进。组队参加江苏省青少年田径锦标赛，获得女子七项全能冠军。参加盐城市中小学生田径比赛，获得41块金牌，团体总分、金牌数和奖牌数均获第一名。参加盐城市“市长杯”小学组足球联赛，获得男子甲组、男子乙组第三。参加盐城市皮划艇比赛，获得1金7银。参加盐城市网球比赛，获得男子甲组和男子戊组两项团体冠军、女子甲组单打冠军、女子丁组冠军、男子戊组冠军。参加盐城市跆拳道比赛，获得5金4银2铜。参加2020年盐城市青少年举重比赛，获得4金1铜。参加2020年北体青训杯体校武校青少年足球冠军赛获得全国第六名，同时男子U10组球队获得北京体育大学竞技体育后备人才培养基地办公室颁发的“最具影响力奖”。

2020年10月3日，2020年江苏省场地越野(国际)邀请赛暨中国大丰港第六届摩托车旅游嘉年华活动在大丰港赛车公园举行。
周古凯　摄

【“三大球进校园”活动】 2020年，大丰区举办2020年大丰区校园足球、篮球教练员、裁判员培训班，邀请亚洲高级教练员张志跃、盐城市足球协会教授孙飞、盐城师范学院博士汪庆波现场授课，全区80余名中小学体育教师参加培训。承办江苏省校足办、江苏省足球运动协会举办的2020年校园足球特色学校E级教练员定向盐城市培训班，培训班邀请江苏足协技术部主管陆闯、中国足协职业级教练员李志主讲，中国足协B级教练员庄明助讲，盐城市各县(区)30名一线体育老师参加培训。

【盐城大丰“足尖上的精灵”全国青少年足球邀请赛】 1月14—20日，盐城大丰“足尖上的精灵”全国青少年足球邀请赛在盐城市大丰区青少年足球训练基地举行，来自镇江、苏州、上海、泰州等地区的18支足球队参加U8、U10两个年龄组别的比赛。大丰代表队夺得U8组和U10两个组别的季军。

【2020“省长杯”江苏省青少年校园足球联赛】 9月3日，2020“省长杯”江苏省青少年校园足球联赛暨全国青少年校园足球夏令营选拔赛在盐城市大丰区足球训练基地开赛。此次赛事历时17天，采用集中赛会制比赛形式在盐城大丰、常州武进和镇江扬中三个赛区举行，比赛项目为高中男子组、高中女子组、初中男子组、初中女子组、小学男子甲组精英训练营、小学女子甲组精英训练营、小学男子乙组精英训练营、女子乙组精英训练营在内的八个组别总决赛。大丰区承办高中组、初中男子组、小学乙组精英训练营五项比赛。经过角逐，江阴市第一中学、江阴市第二中学、海门市海南中学、张家港市凤凰中心小学、南通市港闸实验小学分别获高中男子组、高中女子组、初中男子组、小学男子乙组精英训练营、女子乙组精英训练营第一名。

【大丰区承办2020“大洋湾”杯中国盐城黄海湿地公路自行车邀请赛部分赛事】 11月22日，盐城市人民政府主办，东台市、大丰区、亭湖区、江苏省自行车运动协会、盐城市体育局、盐城市城投集团共同承办的2020“大洋湾”杯中国盐城黄海湿地公路自行车邀请赛举办。上海、南通、盐城、连云港、东营、沧州、唐山、秦皇岛、盘锦、大连、丹东等11个沿海湿地城市的自行车爱好者参加。比赛分为三个组别，起点均设在东台市江苏沿海职业技术学院（东台分院）南门。精英组（159千米），参赛人数为500人，终点设在亭湖区盐东镇千鹤湾；挑战组（85千米），参赛人数为850人，终点设在大丰区日月湖公园；欢乐骑行组（12千米），参赛人数为650人，终点设在东台市沿海经济区条子泥湿地公园。经过比拼，精英组男子第一名被孔文生以4小时22分31秒的成绩夺得。精英组女子冠军被王学丽以5小时24分11秒的成绩夺得。何光远以2小时29分13秒获挑战组男子冠军；挑战组女子冠军被于广冬夺得，成绩是3小时13分02秒。大丰区负责境内92.6千米的赛事组织工作。教育、公安、体育、卫健、城管、水利等多个部门，1150余名志愿者、982名安保人员参与服务，有力保障了赛事的圆满完成。

【“风中足迹”风电行业马拉松邀请赛举办】 11月29日上午，由大丰区人民政府主办，大丰经济开发区、大丰区体育局、荷兰花海和江苏金风科技有限公司承办，北京金风体育文化有限公司运营的2020第三届盐城市大丰区“风中足迹”半程马拉松在荷兰花海鸣枪开跑。大丰区委副书记、区长李志军，盐城市体育局局长汤冬青，大丰区人大常委会党组成员、副主任、新丰镇党委书记、荷兰花海旅游度假区党工委书记李实业，伦敦奥运会羽毛球女双和混双冠军赵芸蕾，女子重剑世界杯个人冠军、伦敦奥运会击剑团体冠军骆晓娟，多哈亚运会团体冠军、塞浦路斯飞碟世锦赛团体冠军、第十一届全运会冠军於秀敏等嘉宾出席起跑仪式。半程马拉松赛共设置2个组别，分别是半程马拉松（21.0975千米）、和迷你跑（4千米）。赛事起终点均为荷兰花海南门，整个赛道涉及盐城市斗龙港旅游度假区集团公司荷兰花海、梅花湾、水韵龙湾三个核心景区的内部游览线路和S226省道、南环大道、新时代大道、淮海大道、西环大道、新区大道部分路段。绿色新能源行业、盐城本地企业，社会团体及全国各地近3000名跑友参赛，30名裁判员、24名官方配速员和330名志愿者参与赛事工作。本届赛事通过智慧盐城APP、央视新闻+、新华社现场云、人民网江苏频道进行全媒体同步直播，累计浏览量超120万人次。王佩林、吴朝辉、包月坤分别获得半程马拉松男子组第一、第二、第三名，吴玉香、魏秀华、周晓梅分别荣获半程马拉松女子组第一、第二、第三名。

2020年11月29日上午，2020年第三届盐城市大丰区“风中足迹”半程马拉松在荷兰花海鸣枪开跑。 朱小龙 摄

体育设施

【概况】 年内，大丰区持续做好体育设施完善工作。投入50万元在朝阳游园、交通游园各安装一套二代智能健身路径，为城市公园广场嵌入体育元素。为25个老旧小区加密更新一代全民健身路径，实现全区所有社区（行政村）一代全民健身路径覆盖率100%。完成丰华街道福成体育公园笼式足球场建设工作，新建健身步道5.4千米。做好健身设施维护，落实所有健身设施责任主体及责任人，及时维修保养域内室外健身器材，有效排除各类安全隐患，保障群众健身活动安全正常开展。推行公共体育设施免费或低收费开放，坚持场馆的公益性质，严格执行《江苏省体育设施向社会开放管理办法》，区奥体中心、全民健身中心下属场馆均免费或低收费开放。

【全区室外公共体育健身场地设施专项督查培训会召开】 9月18日下午，大丰区体育局在教育局三楼会议室召开全区室外公共体育健身场地设施专项督查培训会，加强对室外公共体育健身场地设施的监管。大丰区教育局副局长何钢到会并提出具体要求，全区40名督查员参加培训。会议下发大丰区体育局出台的《关于进一步加强全民健身场地设施管理维护工作的通知》，要求对辖区内全民健身场地设施从环境、器材规范安装、器材是否安全等方面进行全面排查整改，消除安全隐患。对整改情况全面督查，对发现的问题发放限期整改清单。各镇（区、街道）、各有关单位要按照属地管理和谁管理谁负责的原则，切实承担起主体责任，加强对辖区内公共体育健身场地设施管理维护，落实长效管护机制，促进全民健身运动基础设施建设日益完善，增强人民群众体育幸福感。

（李明姝）

〖编辑　谢竹青〗

人民生活及收入消费

【概况】 2020年，大丰区推进稳增长、促改革、调结构、惠民生、防风险、保稳定，推进经济社会向高质量发展，城乡居民收入稳中有升，消费支出有所增长。全年城镇居民人均可支配收入40975元，农村居民人均可支配收入26754元。城乡居民收入比由2019年的1.57缩小至1.53。

【城镇居民生活】 2020年，全年城镇常住居民人均可支配收入40975元，比2019年增加1538.0元，增长3.9%；其中工资性收入21972.3元，经营净收入6735.5元。城镇居民人均生活消费支出20299.0元，比2019年增加181元，增长0.9%。其中：人均食品烟酒消费支出5846.1元，比2019年减少281.8元，占生活消费支出的比重为28.8%，比2019年减少1.7个百分点；医疗保健消费支出1470.4元，比2019年增加66元，占生活消费支出的比重为7.2%，比2019年增加0.2个百分点；交通通信消费支出3468.6元，比2019年增加254元，占生活消费支出的比重为17.1%，比2019年增加1.1个百分点；居住类消费3178.6元，比2019年增加265.1元，占生活消费支出的比重为15.7%，比2019年增加1.2个百分点；年末，城镇居民人均住房建筑面积52.9平方米，比2019年增加0.4平方米，增长0.8%。

【农村居民生活】 2020年，全年农村常住居民人均可支配收入26754元，比2019年增加1632.9元，增长6.5%；其中工资性收入13466.8元，经营净收入8878.9元。农村居民人均生活消费支出16554.2元，比2019年减少169.2元；其中食品烟酒支出4784.2元，占生活消费支出的比重为28.9%，比2019年增加0.4个百分点；医疗保健消费支出1312.1元，占生活消费支出的比重为7.9%，比2019年增加0.5个百分点；交通通信消费支出2113.6元，占生活消费支出的比重为12.8%，比2019年减少0.7个百分点；居住类消费3552.9元，占生活消费支出的比重为21.5%，比2019年减少0.2个百分点；年末，农村居民人均居住房屋面积为66.4平方米，比2019年增加2.4平方米，增长3.8%。

（杨利平）

民政事务

【概况】 2020年，大丰区民政局深入学习贯彻习近平总书记对民政工作的重要指示精神和省市区重大决策部署，牢固树立以人民为中心的发展思想，持续提升兜底保障水平，深入推进社区治理创新，着力破解民生堵点难点，顺利打赢脱贫攻坚和疫情防控两场战役。养老助困服务保障高质量发展水平位居全市前列，建成全市唯一一家省现代社区治理创新实验区，大丰区婚姻登记处创建成全市首家省民政标准化示范单位。

【社会救助】 2020年，大丰区民政部门保障四类困难群众7538人（其中低保户3737户5658人、“五保户”1305人、城镇“三无”老人67人、困境儿童508人），发放保障资金5722.36万元。疫情防控期间，简化救助审核审批程序，在镇（区、街道）建立临时救助备用金制度，提高救助效率。建立预警监测机制，将273户建档立卡扶贫户、受疫情影响的农民工等未参保失业人员纳入预警监测范围，区申请救助家庭经济状况核对中心受到盐城市嘉奖。开展低保、特困、“残疾人两补”、困境儿童等年审复核工作，加强动态管理。低保标准由每人每月620元提高至670元，最低补差380元，特困人员、困境儿童、残疾人、20世纪60年代精减退职老职工等困难群众基本生活保障标准同步提高。36名流浪乞讨人员全部迁入区第二人民医院集中托养。

【养老服务】 截至2020年年底，全区有60周岁以上户籍老年人20.6万人，老龄化率29.2%，老龄化程度高于全省23.32%、全市24.3%的水平。其中，80~89岁老年人2.64万人，90~99岁老年人0.32万人，百岁老人110人。对80周岁、90周岁和百岁以上老人按照70元、120元和500元的标准按月发放尊老金，2020年发放2648.724万元。截至2020年年底，全区有区福利院1所，乡镇敬老院12所，民办养老机构4所。有养老床位8301张，每千名老人拥有养老床位40张。养老机构入住老年人849人，其中集中供养特困人员631人，社会寄养218人，全年培训养老护理员246人。依托日间照料中心、居家养老服务中心（站），对全区60周岁以上老人免费开放。全区接受上门服务老人人数达4.17万人，占60周岁以上户籍老年人口的20.24%，服务老人28.7万人次。

【社区治理】 2020年，大丰区民政部门积极探索农房改善下的新型农村社区治理路径，充分发挥农村社区党建引领功能，有效提升新型农村社区治理水平，打造"红色邻里"党建品牌。加强社会组织培育监管，全区有社会组织764个，所有行业协会商会与行政机关全部完成脱钩，民营企业商会、浙江商会顺利通过省AAAAA级验收。做好"两委"换届选举工作，实现书记主任"一肩挑"比例100%，选举"一次性成功率"100%。积极推动农场社会事务属地化，三龙镇一里河社区居民委员会、草庙镇仙鹤社区居民委员会相继成立。

【社会福利】 2020年，大丰区有儿童总数82207人，困境儿童有1600人，其中，全区保障且按月发放困境儿童基本生活费补贴的儿童总数（主要是孤儿、重病重残、监护人无力监护、监护人缺失的四类困境儿童）有508人。全区享受残疾人"两项补贴"19809人次，全年发放残疾人"两项补贴"5914.21万元。

【民政公共服务】 2020年，大丰区婚姻登记处弘扬健康、文明、和谐的婚姻理念，举办户外草坪式等多样化的集体颁证仪式，推行线上预约服务，深入开展婚姻家庭辅导，促进婚姻家庭和谐。在全市率先开展婚姻登记自助服务，全年办理婚姻登记业务8003件（其中涉外登记16件），全年办理收养登记3件，被省民政厅授予全省民政标准化示范单位。福寿园公墓实行清明"代客祭扫""网上祭扫"服务，殡仪服务中心推出"云守灵"服务，解决了群众需求。深入开展超大墓、豪华墓专项整治工作，全力推进高铁沿线范围内散坟整治工作，整治散坟2100座，遮挡散坟5420米。落实惠民殡葬政策，全年火化遗体6670具，惠民火化遗体5739具，发放惠民补贴579.27万元。加大私营公益性公墓回购推进力度，8个私营公益性公墓已全部评估并实现闭园。严格按照法律法规规范命名新增小区、建筑物、道路等地理实体，完成国家和省标准地名词典和标准地名志大丰部分编撰工作。加大2361名三峡移民后扶力度，全年投入2525万元，实施幸福家园项目42个，移民生产生活条件不断改善。

（仲维华）

2020年10月15日，老年广场舞爱好者在荷兰花海录制民族舞视频。
周古凯 摄

人口与家庭

【概况】 2020年，大丰区常住人口为64.57万人，出生人口2677人，出生人口性别比107.82，出生政策符合率99.78%，人口自然增长率为-3.55‰。城乡居民主要健康指标处于较高水平，人均期望寿命82.25岁，婴儿死亡率2.64‰（省定标准为小于8‰）。

【计生基层基础管理】 2020年，大丰区开展集中整治"两非"（非医学需要的胎儿性别鉴定和非医学需要的选择性别的人工终止妊娠行为）专项行动，对符合生育政策怀孕的对象引产情况进行核查，对孕情异常消失的孕妇进行专门调查，全面排找"两非"线索，全区出生人口性别比综合保持稳定。

【计生政策服务】 2020年，大丰区完善生育服务登记制度，由家庭自主安排生育。全年办理生育登记2271对，其中再生育审批125对。全面深化两孩配套服务，推进母婴设施建设，公共场所累计建成50个母婴室；加强0~3岁托幼机构监管，落实托育机构信息管理系统登记制度。

【计生民生改善】 2020年，大丰区按照规定条件、程序和时限要求，对2020年新增的奖扶、特扶对象进行了资格确认，当期全区有农村部分计划生育家庭奖励扶助对象61865人，计划生育特别扶助对象2824人，计划生育手术并发症特扶对象1235人。关怀关爱计划生育特殊家庭，为1574名计划生育特殊家庭人员购买200元的人身意外伤害综合保险，对2015

2020年，大丰区常住人口64.57万人，出生人口2677人，出生政策符合率99.78%，人口自然增长率为-3.55‰。 周古凯 摄

年以来独生子女意外死亡家庭发放3000元/户的补助金，对2015年以来独生子女意外死亡家庭发生重大疾病的父母发放2000元/户的慰问金。大中街道恒北村连心家园项目成功入选2020年江苏省"连心家园——关爱失独家庭"优秀项目试点。

（王国生 陈伟琴）

民族事务

【概况】 2020年，大丰区民族工作认真贯彻全国民族工作会议精神，围绕"共同团结奋斗，共同繁荣发展"的民族工作主题，不断加大民族工作力度，民族领域团结进步、和谐稳定，为推动大丰高质量发展作贡献。2020年，大丰区境内居民以汉族为主，少数民族人口主要由婚进少数民族妇女及其子女构成，有33个少数民族，少数民族总人数3000多人。

【民族团结进步工作】 2020年，大丰区民族宗教局组织开展大丰区首届青少年民族团结进步征文比赛，收到来自30所学校200余篇参赛作品，在区金丰路初级中学举办民族团结进步创建暨征文颁奖活动。组织各镇（街道、区园）以"中华民族一家亲，同心共筑中国梦"为主题，开展"民族团结进步宣传月"活动，通过开展一次宣讲、召开一次座谈、组织一次帮扶，提升广大党员干部、青少年儿童和少数民族群众对民族团结重要性的认识和理解。

【少数民族阵地作用发挥】 2020年，大丰区民宗局依托村（居、社区）少数民族工作服务站，对适龄少数民族群众开展家政、育婴、按摩等劳动技能培训，培训少数民族妇女70余人，通过专业就业20余人，利用工资性收入提高少数民族群众生活水平。以"妇女微家"和少数民族服务站相结合的方式，组织广场舞培训，吸引30多名少数民族妇女参加，丰富少数民族群众的娱乐生活。对适龄少数民族妇女实行免费的特定医疗检测，促进少数民族群众身心健康。

（吉中旭）

宗教事务

【概况】 2020年，大丰区民族宗教事务局（以下简称大丰区民宗局）认真贯彻落实全国宗教工作会议、全省宗教工作会议精神，积极履行宗教部门职能，维护宗教领域的和谐稳定，推动宗教向中国化方向发展，全面提高新形势下宗教工作水平。2020年，大丰区民宗局指导成立大丰区佛教协会，指导宗教团体开展"爱国主义教育第一课"，引导宗教界人士增强"四个自信"，坚定走爱国爱教道路。

【宗教领域教育引导工作】 2020年，大丰区民宗局积极构建宗教干部与宗教界人士联系交友制度，区民宗局领导班子重点联系区宗教团体班子成员，镇区统战干部重点联系辖区宗教活动场所负责人。强化落实镇村两级责任制，深入推进宗教工作"1113工程"，要求镇区统战委员与宗教活动场所党员联络员，开展走访联络、谈心谈话活动，第一时间掌握宗教界人士思想动态，及时传递党和政府关于宗教工作政策和要求。

【宗教活动场所安全工作】 2020年，大丰区民宗局开展宗教活动场所安全专项整治工作，召开宗教活动场所"五个一"（开展一次集中宣讲活动、开展一次集中警示教育活动、开展一次集中应急演练活动、开展一次集中社会宣传活动、开展一次集中安全培训活动）暨"百团进百万企业"宣讲现场会，通过一系列学习、观摩、实践等活动，提高宗教干部和宗教场所负责人安全意识。联合住建、消防部门制定《盐城市大丰区宗教活动场所建筑、消防安全问题专项整治方案》，组织第三方检测机构对全区所有宗教活动场所开展安全鉴定并出具检测报告，对存在安全隐患的落实整改，全区29处宗教活动场所完成建筑消防"双安全"（建筑安全、消防安全）备案，提升大丰区宗教活动场所本质安全水平。

【宗教领域法治建设工作】 2020年，大丰区民宗局对涉及民宗领域的13项行政审批和行政处罚事项进行权力下放。组织开展宗教政策法规宣传月，通过集中学习《宗教事务条例》《江苏省宗教事务条例》，提高民宗干部依法履职能力和信教群众法治意识。对全区各镇、街道综合执法局50多名业务工作人员开展民族宗教政策法规培训，取得良好效果。

（吉中旭）

消费者权益保护

【概况】 2020年，盐城市大丰区消费者协会（以下简称大丰区消协）围绕“凝聚你我力量”年主题，积极履行《中华人民共和国消费者权益保护法》《江苏省消费者权益保护条例》赋予的公益性职责，引导全区广大经营主体诚信经营，切实营造安全放心的消费环境。全年受理消费者投诉1856件，为消费者挽回直接经济损失157万元。

【参与“政风热线”栏目】 3月15日，大丰区消协走进大丰广播电视台《政风行风热线》栏目直播间，围绕“凝聚你我力量”主题，受理群众来电咨询，为群众排忧解难。节目中解读“凝聚你我力量”主题，并就转供电环节收费、购买口罩注意事项、气瓶安全使用等热点话题进行现场解答，倡导经营者自觉守法经营，广大消费者科学理性消费，维护自身合法权益。

【“3·15”国际消费者权益日纪念活动】 2020年，大丰区消协牢固树立消费者至上理念，畅通消费渠道，加强宣传引导，全区消费环境有效改善。开展“凝聚你我力量”年主题宣传，传播消费维权社会共治理念，向社会公开发布年度十大消费维权典型案例，提振消费信心。加强消费教育引导，以提质量、强效果为目标，利用新技术、新载体开展消费教育，增强消费者的维权意识和能力，培育成熟理性的消费者群体。推进消费投诉便利化，适应互联网时代信息传递新形势，畅通在线投诉渠道，保障消费者随时随地便捷维权。推进消费者评测，听取消费者意见，围绕问题、短板查原因、补漏洞，及时改进工作，提升消费者满意度。加强投诉数据统计分析和舆情监测，准确把握消费维权工作动态和着力方向，为相关机构开展消费维权工作提供有效参考。

（方振宇）

关心下一代

【概况】 2020年，大丰区关心下一代工作委员会（以下简称区关工委）围绕中心，牢牢把握服务青少年的正确方向，扎实开展关心下一代工作，为关心教育培养青少年作出新贡献。在10月召开的中国关工委成立30周年纪念表彰大会上，区关工委主任朱达丰被表彰为全国关心下一代工作先进工作者。11月11日，中国关心下一代工作委员会主任顾秀莲在大丰区关工委捐资助学材料上作出批示：“大丰区关工委工作做得很好。发扬五老优势，扎实开展‘捐资助学’活动。目标明确，做法灵活，成绩显著，得到党政重视、相关部门支持、社会赞扬。祝贺你们，问候关工委领导和同志们好！希继续努力，把关工委工作越做越好”。

【全区“五老”参与新冠肺炎防疫抗疫工作】 2020年，按照区委区政府的统一部署和上级关工委要求，全区有1500多名“五老”（老干部、老专家、老军人、老教师、老模范）积极参与新冠肺炎防疫抗疫工作，协助发放宣传材料，张贴抗疫宣传画和标语，劝阻集聚事件150多场次，动员430多名春节返乡青年农民就地就近就业，助力地方复工复产。捐资捐物86.536万元，其中，草堰镇成文村“五老”盛月新捐出5000元，新丰镇太兴村“五老”韦献和捐出1万元。

【青少年主题教育活动】 3月27日，区文明办、关工委、教育局联合召开主题教育活动动员会议，围绕全面阻击新冠疫情的生动实践和决战脱贫攻坚、决胜全面建成小康社会的伟大成果，利用各类阵地和平台，推进主题教育活动。组织学习、宣讲、读书、演讲、征文等各类主题教育活动1116场次，参与的青少年23万人次。“我为国旗点个赞”活动，全区点赞13.75万个，先后获得省、市关工委奖励的有34人48件作品，区关工委、区教育局关工委以及学校、校外辅导站等39个单位被表彰为先进集体、获优秀组织奖。6月16日，开展宣讲培训班活动，区关工委运用大丰区16名医务工作者赴湖北黄石抗疫和刘庄籍志愿者许鹏英雄事迹等典型事例，编印《爱党爱国爱人民，立德立志重于行》宣讲稿，各地各单位结合自身特色资源，编写

2020年3月27日，大丰区2020年青少年主题教育活动动员会召开。
（单位供图）

宣讲材料245份，接受教育的青少年18万人次以上。

【校外教育辅导工作】 2020年，大丰区镇(区、街道)校外教育中心辅导站14所，村办站227所(镇、村两级与辖区中小学校联办站41所)，家庭辅导点195个，全年11.59万人次学生参加活动。加强家庭辅导点培植，涌现一批环境好、设施优、活动多的家庭辅导点。改善村办站条件，一批村(居)辅导站融入新型社区建设中，有更多的活动空间和更丰富的活动内容。进一步深化校站结合，全区辖区中小学派出优秀在职教师387名，到187个挂钩村办辅导站开展辅导工作。草庙镇中心站被命名为“全省优秀校外教育辅导站”，小海镇关工委主任陈锦才、城东实验小学副校长唐春涛、草堰镇双和村江英家庭辅导点冯焕江被表彰为全省校外教育辅导站工作优秀辅导员。

【“四助”关爱行动】 2020年，全区关工系统开展“助困、助学、助就业、助成家”关爱行动，开展春节前助困送温暖行动、暑期助学圆梦行动、秋季助毕业生就业行动、常年关爱大龄青年助成家行动。全年帮助贫困生获得助学资金181.05万元、慰问财物40多万元，为657名待业务工青年找到就业岗位，帮助17对大龄青年牵手组建小家庭。区关工委争取《扬子晚报》的“希诺阳光助学行动”资助35名贫困大学新生每人5000元助学金，获助人数占全省384人的9.1%，争取到省关心下一代周报社的“冰凌花”奖学金、省关心下一代基金会助学金，共计21万元，帮助81名贫困生受益。

【预防和减少青少年违法犯罪工作】 2020年，全区关工系统广泛组织法治教育。区教育局、公安局联合为全区中小学聘任56名优秀公安民警为法治副校长。各政法部门“送法进校园进村居进企业”，深入开展以宪法为核心、以与青少年相关的法律法规为重点的法治教育300多场次，受教青少年10多万人次。配合政法部门和村(居)党政组织，对排查出的293名问题青少年，落实了536名“五老”、323名在职干部，与问题青少年结对，问题青少年转化率96.1%。参与环境治理。152名“五老”义务监督员，协同文旅、广电部门，开展校园和周边环境整治督查。区公安局关工委在15个镇(区、街道)派出所建立16所关爱工作站，加强基层一线关爱青少年力量。区法院关工委对未成年被害人、被监护人实施救助。区司法局关工委配合社区矫正局参与社区矫正对象安置帮扶工作。

【“三扶两创”工作】 2020年，区关工委加大“三扶两创”(扶志、扶技、扶创业、创建创业示范基地、评选创业之星)工作推进力度。5月，区关工委、农业农村局向评选出的19名“全区青年农民创业之星”授予奖牌、证书，将他们的创业事迹，在大丰电视台、《大丰日报》等新闻媒体进行宣传。11月13日，盐城市关工委副主任葛传华到大丰区调研，对大丰区“三扶两创”工作给予肯定。各村(居)政治科技学校全年开课2633场次，受训青年农民5万多人次。组织80多名“五老”、22名老科技人员和在职农业科技人员挂钩联系35个青年农民，帮扶青年农民致富。

【企业关工委建设】 9月1日，省关工委副主任王学成在市关工委主任陆树臻、副主任葛传华陪同下到大丰区调研考察时指出，大丰的民企关工委工作，坚持党建带关建，区委重视，区关工委和市场监管局民营经济关工委主动，民营企业真正将关心下一代工作摆在心上、扛在肩上、抓在手上、落到实处。2020年，加大企业尤其是规模以上工业企业关工委组建力度。已建企业关工委配合企业党政，开展思想道德法治教育、加强技能培训、参与企业文化建设、关爱资助贫困青年职工及职工子女、参与公益活动，增强社会责任，积极地开展工作，涌现出港务公司、辉丰股份公司、万达纺织公司、锐奇曼制衣公司、华尚汽车玻璃有限公司、恒丰海绵公司、驷博电气有限公司、三鼎水产品有限公司等一批先进企业关工委。

【关工委宣传工作】 2020年，区关工委向上级主流媒体和系统媒体报送通讯、消息等850多篇，总结、撰写先进集体和个人典型材料34篇。在全区关心下一代工作会议、省市关工委领导到大丰调研座谈会和盐城市关工委基层骨干培训班上，推选出11家先进集体和个人作交流发言。《大丰日报》关心下一代专版和《大丰关工》报道14位“五老”先进个人事迹，9月份起开辟的《大丰日报》关心下一代专栏报道与大丰公众号同期发布。报道全区关工系统捐资助学《助学贫困生，关工献爱心》材料，被江苏少年网、《江苏慈善》采用，受到中国关工委主任顾秀莲的批示。《大丰关工》全年出刊12期、用稿192篇。区关工委《积极主动作为，助力全面小康》被省关工委《薪火》刊登。中国关工委《中国火炬》公众号采用163篇，江苏少年网采用67篇，市关工委《简讯》采用11篇，《盐阜大众报》、《大丰日报》、大丰电视台等主流媒体用稿84篇。《关心下一代周报》征订量达到省关工委关于“每一位中小学生拥有一份”的征订要求。

【基层关工委建设】 2020年，大丰关工队伍加强自身建设，及时组织“五老”学习习近平总书记关于做好关心下一代工作的最新指示精神，提高政治站位，把握服务青少年的正确方向。万盈镇、政法委、卫健委、发改委、审计局、水利局、党校等单位及时调整、配齐配强班子，各级关工委调整充实“五老”志愿者队伍，截至年底有关工委组织1085个，其中，镇(区、街道)关工委15个，区直单位关工委23个，村(居、社区)关工委263个，学校关工委64个，企业关工委657个，区直单位下属关工委127个，有五老志愿者8036人。镇(区、街道)、区直单位关工委有牌子、有办公室、活动室，有必要的办公设施。村(居、社区)关工委达到一室一站一校(办公室、校外教育辅导站、农村政治科技学校)要求。区关工委12月1日修订印发《镇（区、街道）关工委工作制度》《镇（区、街道）校外教育辅导中心站、联办学校站工作制度》《村（居）关工委工作制度》《村（居）青年农民政治科技学校办学制度》《村（居）校外教育辅导站（点）工作制度》等5项制度，为基层关工委工作制度化、规范化、常态化提供依据。全区关工委建有班子和“五老”工作队伍微信、QQ工作群37个，入群成员846人，开通电子邮箱，发挥了部署任务、指导工作、进行教育、组织活动、开展宣传、交流情况等功能，提高了现代化办公水平和效率。

（康东升）

革命老区开发促进工作

【概况】 2020年，大丰区革命老区开发促进工作（以下简称老促会）按照省扶贫“三会”（省老区开发促进会、省扶贫开发协会、省扶贫基金会）和盐城市老促会的工作部署，围绕大丰区委、区政府的总体要求，主动作为，开展“一行三比”（红色镇村盐阜行、比告慰先烈、比红色传承、比村民致富）、“两带一扶”（会员带头致富，带领群众致富）、“赛三事”（热心公益做好事，推进发展办实事，促进和谐解难事）等活动，求真务实，开拓创新，全区老区开发促进工作取得新成效。

【基层组织建设】 2020年，区老促会加强镇（街道）部门分会建设，充实分会力量，扩大会员队伍，全区会员人数3245人。省扶贫“三会”和盐城市老促会联合发起“新冠病毒肺炎疫情防控专项捐赠”活动，发起网上募捐倡议，区老促会积极响应，广泛宣传发动，全区有2923人次参加捐款，捐款金额37多万元。丰华街道参与捐款1202人次，金额12万多元，省“三会”发文予以表彰，被盐城市老促会表彰为先进单位。

【老区调研宣传】 2020年，区老促会和各分会在中国老区建设、江苏老区、盐阜老区等媒体，发表宣传报道稿件60多篇。各分会上报调研成果20多篇，紧紧围绕老区振兴发展，深入开展调查研究，小海分会连续3篇调研报告得到镇领导批示。白驹、草堰、刘庄、新丰等分会调研实在，成效显著。

【“一行三比”活动】 2020年，盐城市老促会部署在全市开展“一行三比”活动。大丰区老促会积极组织活动，邀请区委党史办、区退役军人事务局的负责人召开座谈会，走访乡镇，深入调研，详细了解大丰区以烈士命名的镇、村情况和革命遗址遗迹保护情况。组织开展慰问、瞻仰、参观活动，形成《弘扬老区精神，传承红色基因》调研报告。编写《大丰红色革命故事集》，改编革命英烈、革命战斗故事，展示老区发展史的成果。开展“弘扬老区精神，发展老区经济，决战脱贫攻坚，决胜全面小康，诗词书画摄影作品展”系列活动。区老促会与区政协、宣传部、诗画社联合开展书画摄影作品展和诗歌朗诵会，加强老区建设成果的宣传，扩大老区建设的影响。区老促会组织各镇（街道）、“两区”（大丰经济开发区、大丰港经济开发区）分会会长赴东台、海安、如皋考察学习，考察学习组一行先后参观了苏中七战七捷纪念馆、红十四军纪念馆、红十四军纪念公园等现场，听取相关情况介绍，与三地“两会”进行交流座谈。

【“两带一扶”活动】 7月17日，区扶贫“两会”召开“两带”基地建设观摩会，与会者集中观摩了白驹锦绣大地现代农业示范园、草堰晓成家庭农场。草堰晓城家庭农场带动本村5个农户加入业合作社，组织全区各镇80多户水稻种养户，免费进行稻虾养殖技术培训，带动就业1000多人，拉动养殖、运输、加工餐饮等一、二、三产业发展。南阳镇的“两带”采用结对帮扶的办法，组织174名村组干部、专业大户、农技人员开展一对一或几对一帮助，解决105户低收入农户增收难题。

【“赛三事”活动】 2020年，区老促会持续组织开展“赛三事”活动，各镇、街道分会普遍设立会员奉献余热登记簿，凡会员办成的好事、实事以及解决的难事，及时登记在册，及时宣传报道突出的典型，弘扬正能量，奉献爱心。4月，区扶贫“两会”联合同仁医院，在草堰开展义诊活动，近百名村民参加，10多位医生专家现场会诊，经初查，对需进一步治疗的进行分类跟踪。年初，区扶贫“两会”在基层调研时了解到草堰镇草堰村和西团镇马岗村因河阻隔，村民出行不方便的难题，及时与财政部门沟通，优先在农桥改造中安排。白驹镇举办赛得奥杯“赛三事”征文竞赛活动，推动了“赛三事”活动深入开展，扩大了“赛三事”影响力。

（陈桂官）

慈善事业

【概况】 2020年，区慈善总会紧紧围绕“聚焦脱贫攻坚、聚焦特殊群体、聚焦群众关切”的理念，改革创新，突出工作重点，拓展募捐渠道，提升救助水平，广泛宣传发动，全面推进“大众慈善、文化慈善、开放慈善、创新慈善”品牌建设，全区慈善事业取得新发展。2019年12月1日至2020年11月30日，共募集到账资金1898.84万元，支出救助金1517.86万元，救助各类困难群众1.3万人次。

【区慈善总会召开三届三次理事大会】 12月23日，盐城市大丰区慈善总会三届三次理事大会召开，区慈善总会名誉会长、副区长韦国、区慈善总会会长韦新出席，区民政局党委书记、局长，区慈善总会副会长兼秘书长朱晓扣主持会议。会议要求提高站位，努力践行慈善组织担当使命。贯彻以人民为中心发展理念，坚持为党分忧，为民解难，充分发挥慈善救助的积极作用。要突出重点，全力推动慈善事业创新发展。要聚焦困难群体，创新救助方式，加大宣传力度，为巩固脱贫攻坚

2020年5月15日，大丰区慈善总会举行2019年度“朱国钧奖学金”颁奖仪式，对16名优秀学生和6名优秀教师进行表彰奖励。

（单位供图）

成果再立新功。要加强管理，切实提升慈善队伍工作水平，要坚持党建引领，选优配强队伍，严格规范管理，持续加强全区慈善队伍建设，不断推动大丰慈善事业高质量发展。会上增补7名副会长、18个理事单位，举行新增的江苏大丰江南村镇银行股份有限公司、盐城市大丰区众心助困联合会、盐城市大丰区在沪企业家商会3家副会长单位3年认捐210万元举牌仪式，并对大中街道慈善会等8个慈善工作综合先进集体，丰山集团等9个抗击新冠肺炎疫情捐赠先进集体授予表彰，大中街道、小海镇两家慈善会会长分别作了交流发言。

【区慈善总会召开三届三次会长办公会】 12月18日，区慈善总会召开三届三次会长办公会。区慈善总会名誉会长、副区长韦国出席。会议要求不断强化思想认识，充分意识到慈善事业对社会文明、社会责任、社会和谐的重要性，推动慈善事业深入发展。要坚持走多元化、多形式的慈善资金募集之路，拓宽资源渠道。要着力打造“慈行鹿乡·善美大丰”和“大众慈善、文化慈善、开放慈善、创新慈善”等系列慈善品牌项目，全面增强大丰慈善的知名度。要健全完善慈善资金和使用情况披露机制，真正让慈善事业成为人人信任的“透明口袋”。要进位争先，努力在全市慈善事业高质量发展中站排头、做表率、走前列。会上，通报了2020年度慈善总会（基金会）财务收支情况及16个企业会长单位捐赠情况，就2021年度慈善项目情况作了说明。

【区慈善总会募捐款物助力疫情防控】 1月28日，市慈善总会发起开展抗击新冠肺炎疫情防控慈善募捐活动，区慈善总会高度重视，认真落实。疫情防控期间，丰山集团捐赠128.67万元、正大丰海公司捐赠130.09万元、联鑫钢铁公司捐赠100万元，各镇（街道、区园）慈善会、村（居）工作站通过微信群、流动宣传车、致村民一封信等途径，动员广大党员干部和群众为疫区奉献爱心，大中街道捐款166.03万元，用于支援湖北黄石150万元，小海镇捐款93.66万元。截至4月30日，区慈善总会累计接收款物863.44万元（其中物资149.09万元），支出819.24万元（其中物资149.09万元），用于支持区内外新冠肺炎防疫防控工作。

【盐城市首个慈善文化园在大丰开园】 2020年，为扎实推进“文化慈善”品牌建设，大丰区将河滨公园改建慈善文化园，区政府两次牵头召开慈善文化园设计方案评审会，区城管局等部门投入45万元修整完善原河滨公园基础设施、绿化、亮化等，区慈善总会申请获批30万元按规范要求进行设计施工一体化招标。该园占地1.33公顷，分政治引领、法制护航、典型示范、文化传承4个版块。区慈善总会于9月1日举办慈善文化园开园仪式。

【“朱国钧奖学金”颁奖仪式首次举行】 5月15日，区慈善总会首次举行“朱国钧奖学金”颁奖仪式，对16名优秀学生和6名优秀教师进行表彰奖励。市慈善总会会长冯永农、区政协主席石根美出席，区慈善总会会长韦新主持，区领导张德凯参加。朱国钧是大丰籍新四军老战士，自愿捐赠个人积蓄20万元，在区慈善总会设立“朱国钧奖学金”慈善冠名基金，奖励草庙小学品学兼优的学生和德艺双馨的老师，助力家乡教育事业发展。

【慈善敬老慰问金发放仪式举办】 10月21日，区慈善总会、区老龄协会联合举办2020年农商行与辉丰集团慈善敬老慰问金发放仪式。对老人表示慰问，并询问他们的日常生活及身体情况，叮嘱敬老院负责人要做好老人的服务工作，在节日期间做好相关的生活保障、安全保障，为老人创造舒心过节、安享晚年的环境。该活动向1000名老人发放20万元慰问金。

【慈善血透救助金发放仪式举行】 1月14日，区慈善总会在大丰人民医院举行慈善血透救助金发放仪式，区慈善总会会长韦新出席。慈善血透救助项目是2010年区慈善总会联合省慈善总会着力打造的品牌项目。区慈善总会在大丰人民医院、中医院、第二人民医院设立慈善血透救助站，每年对全区尿毒症患者每人发放慈善血透救助金1500元。为巩固完善该项目，从2020年起，在对一般血透病人每人每年发放1500元救助金的基础上，又对2019年年底城乡低保户、低保边缘户血透病人每人每年增发1000元。2020年，区慈善总会向在大丰人民医院就医的245名血透患者发放血透慈善救助金44.15万元，还向在大丰中医院、第二人民医院就医的181名血透患者发放血透慈善救助金33.45万元。

【政策外困境儿童慈善救助项目实施】 年内，区慈善总会在2019年11月走访调研的基础上，设立政策外困境儿童救助项目，并制定实施细则，项目计划每年救助人数200人左右，项目覆盖范围和类型是未纳入民政部门困境儿童保障范围、但家庭确有实际困难的大丰户籍儿童家庭。5月28日，区慈善总会会长韦新到丰华街道新东苑社区政策外困境儿童家中送慈善救助金。大丰区111名政策外困境儿童每人分别获得1000元慈善救助，合计发放救助金11.1万元。

【多功能护理床助力残疾人康复捐赠仪式举行】 4月28日，区慈善总会在区残联康复中心大厅内举行多功能护理床助力残疾人康复捐赠仪式。大丰农商行向区慈善总会捐款20万元，区慈善总会协同大丰农商行采购118张多功能护理床，分发给基层残联，为不在适配范围内的残疾人提供护理床借用服务。

【慈善总会"五个一"活动】 9月5日是第五个"中华慈善日"，区慈善总会组织"五个一"活动。在原河滨公园举行一次慈善文化园开园仪式，造浓慈善氛围。开展一次街头宣传、义诊和义工活动，与区卫健委、民政局等单位在慈善文化园中开展街头宣传、义诊和义工活动，接受群众咨询，回应群众关切。刊登一次慈善之星宣传，在《大丰日报》整版宣传2019年度区"十大慈善之星"事迹简介。举办一台慈善文艺演出，请区文旅局、歌舞团支持协助，在慈善文化园举办唱响慈善歌曲主题文艺演出。开展一次慈善文化"五进"活动，要求各镇（街道、区园）慈善会、各村（居）慈善工作站加强与镇（街道、区园）文化站和社会组织的联系与合作，开展慈善文化进机关、进企业、进学校、进社区、进乡村活动，全面推进大众慈善、文化慈善、开放慈善、创新慈善品牌建设。

【大丰区在沪企业家商会与区慈善总会签署战略合作协议】 5月18日，大丰区在沪企业家商会与区慈善总会签署战略合作协议。区领导蔡保生、韦国出席。区领导表示，盐城市大丰区在沪企业家商会和区慈善总会要以本次战略合作协议签订为契机，加强沟通协作，凝聚慈善共识，实现优势互补，积极搭建资源对接、慈善共建的慈善文化发展平台，共同推动大丰慈善事业再上新台阶。

【区慈善总会组团赴常熟市考察学习】 9月8—9日，区慈善总会组织全区各镇（街道、区园）慈善会长赴常熟市考察学习慈善工作，提升大丰区慈善工作水平。考察组一行先后观摩碧溪街道李袁村、辛庄镇平墅村、辛庄镇中心小学、梅李孝爱慈善园和沙家浜红色教育基地等常熟市慈善文化示范点，详细了解该市基层慈善工作情况，并就开展慈善工程、打造基层阵地、宣传慈善文化等方面进行深入交流和探讨。

（张　丰　高伟伟）

农村扶贫开发

【概况】 2020年，大丰区扶贫开发协会按照省扶贫"三会"和盐城扶贫协会工作部署，围绕区委、区政府的总体要求，较好地完成年度各项工作，推动脱贫攻坚与乡村振兴有效衔接。

【扶贫协会基层组织建设】 2020年，根据盐城市扶贫"两会"（老区开发促进会、扶贫开发协会）召开的基层组织和志愿者队伍建设座谈会要求，加强镇（街道）、部门分会建设，充实分会力量，扩大志愿者队伍。全区志愿者人数3706人。西团镇全年新增志愿者39人。新丰镇全年新增会员31人，新增志愿者54人。全区2900多名志愿者参与募捐活动，募集资金总额50多万元。大丰区扶贫协会获得省"三会"2020年度社会公募业绩一等奖。年底召开年度工作会议，表彰丰华街道、新丰镇、小海镇、万盈镇、区教育局、区财政局等6家先进分会，区浙江商会、区众心助困联合会、区友义医院、小海初级中学等4家爱心助困先进单位以及100名优秀志愿者。

【扶贫协会调研宣传工作】 2020年，区"两会"和各分会在中国老区建设、江苏扶贫之窗、盐城"两会"刊物等媒体，共发表扶贫"两会"工作方面的宣传报道稿件63篇。围绕实施乡村振兴战略和脱贫攻坚有效衔接，助推经济社会高质量发展，深入开展调查研究。专题调研草堰、白驹、刘庄、小海等地，了解扶贫基地运转情况、带动效应和存在的困难问题等，形成调研报告《建好农旅示范基地，提升脱贫富民水平》报送区委、区政府。全年各分会共上报调研成果20多份。

【产业扶贫】 2020年，区扶贫协会认真组织好省产业扶贫项目的实施，获得省扶贫借款100万元，分别实施4个项目，资助贫困生18人，资助学费3.6万元，吸纳贫困户就业180户、192人。大丰区在省产业扶贫项目借款中推行了公职人员担保、确保产业资金安全的做法，在全省会议上推广。7月17日，区扶贫"两会"召开"两带"基地建设观摩会，与会者集中观摩白驹锦绣大地现代农业示范园、草堰晓成家庭农场。

【助学扶贫】 2020年，区扶贫协会做好国华中学招生工作，报考数量质量明显提升，4名参考学生中考分数都在690分以上，其中，有2名同学笔试通过参加国华夏令营，小海初中1名学生以全省前列的成绩被国华中学录取。截至2020年年底，大丰区已有22名家境贫困的优秀初中毕业生考取广东国华中学，其中20名已从国华中学毕业。争取碧桂园"沪苏一对一帮扶基金"和"滴水筑梦助学工程"。1月，争取省扶贫"三会"资金10万元，资助50名困难高中学生。加强与碧桂园大丰项目部的沟通，全区有11名同学获得沪苏碧桂园的资助，每人每年5000元直至高中毕业。10月，争取省"三会""滴水筑梦、扶贫助学工程"6万元，资助全区20名高一学生每人3000元。联合社会力量开展助学活动，区扶贫"两会"会同众心联合会开展"爱心助学·众扶圆梦"活动，对90名初中阶段的困难学生进行资助，每人1000元。

【济困扶困】 2020年，区扶贫协会组织"众筹助老区大丰行"网上公募活动，镇（街道）分会积极参与，发动会员和志愿者献爱心，"99公益日"活动的三天中，每天参加近1000人次，区教育分会参与人数958人，全区累计捐赠额14万元。开展"暖冬行动"，联合浙江商会、中华联合保险大丰公司，对250户农村困难家庭给予资助。探索消费扶贫，网上购买大米和食油等物资，"两会"负责登门到户送温暖。

（陈桂官）

社会矛盾纠纷大调解

【概况】 2020年，区矛盾纠纷调处中心以"构建一线实战平台、打造大调解工作品牌"为目标，以社会关心的热点、难点问题为切入点，以维护"两会"、元旦、春节、国庆节及重要时期社会稳定为重点，坚持"预防为主、教育疏导、依法调处、防止激化"的原则，组织开展各类矛盾纠纷排查调处工作，处置化解大量的社会矛盾纠纷，维护社会和谐稳定。2020年，区矛盾纠纷调处中心及各工作室调结各类矛盾纠纷1911件，其中"公调对接"885件、"诉调对接"289件、专行业672件、行政复议案件65件。

【矛盾纠纷排查整治】 2020年，区矛盾纠纷调处中心组织各司法所、各村（居）调委会及各调解工作室排查各自辖区的社会矛盾纠纷，注重掌握重大纠纷隐患苗头。对排查出的矛盾纠纷分类处理，对一般纠纷立即组织人员及时调解，化解在基层；对重大疑难复杂的矛盾纠纷和信访积案，制定一对一的调处工作方案，明确责任主体，实行"一个纠纷、一名责任领导、一套班子、一个方案、一调到底"责任体系。

【矛盾纠纷化解督查"家家到"】 2020年，区矛盾纠纷调处中心组成有律师、调解员、信访工作人员的工作组，对全区各镇（街道、区）和重点部门开展实地督导，督查矛盾纠纷排查汇总、化解稳控责任落实、特殊人群管控、包案领导化解等情况，确保"大排查大整治"行动取得实效。

【矛盾纠纷分析研判预警工作加强】 2020年，区矛盾纠纷调处中心建立重大矛盾风险清单，健全矛盾纠纷动态分析研判机制，了解掌握区域内各类矛盾纠纷情况，加强对重点人员、重点群体、重点领域的信息收集，开展跟踪分析，全面掌握纠纷发展趋势，强化对纠纷动态和发展趋势的综合研判，根据研判结果及时制定预防措施和应急预案，有针对性地采取教育疏导稳控等措施，掌握苗头性、倾向性矛盾纠纷和信访问题，使矛盾纠纷在第一时间发现、第一时间化解，确保纠纷不扩大、不激化。

【应对重大突发事件能力提升】 2020年，区矛盾纠纷调处中心全力做好重大突发性事件处置工作，落实《大丰区司法局应对重大突发性事件处置预案》，借助信息化的科技手段，建立和完善必要的预警系统，确保信息传递迅速，情况掌握准确，人员到位及时，物质保障到位，稳控措施得当。成立处置重大突发事件领导小组，组建大调解应急小分队，明确部门职责和分工，对容易发生重大突发性事件和社会面关注人员的矛盾纠纷提前制定应急预案，提高应对重大突发事件的防控能力。

（袁康勇）

2020年10月16日，大丰区司法局组织全区人民调解员业务培训。
赵悦　摄

〖编辑　董　艺〗

综 述

【概况】 2020年，大丰区人社系统强化政策落实，做好舆论引导，确保人社领域稳定、高效运行。完成全区就业创业服务、社会保险扩面、人才引进培养等重点目标任务。盐城市对大丰区2020年度目标任务综合考核中，涉及人社部门的3项指标全部满分。大丰区人社局全年承办2次全省社保现场会，全市首家举办市级一类综合性职业技能大赛，3个单项工作受到盐城市人社局表扬。连续第10年被区委区政府表彰为“目标任务综合考核先进集体”。

【完成“两项区政府民生实事项目”】 2020年，大丰区人社局完成就业创业富民、提升社会保障水平等两项“区政府民生实事项目”。贯彻落实国家和省、市“稳就业”“保就业”系列政策，全力促发展、惠民生、稳企业，全年城镇新增就业26254人，城镇登记失业率1.77%，就业的规模、结构、质量不断优化提升。企业退休人员养老金“16连调”，城乡居民基础养老金实现“10连涨”，城乡群众幸福指数显著提升。

【大丰人社部门疫情防控】 2020年，大丰区人社系统在新冠肺炎疫情发生后，立即采取应急措施，暂停现场就业招聘、聚集性技能培训等活动，调整人事考试时间，推行“网上办、不见面”服务模式，遏制疫情扩散传播。超常规实施援企纾困“组合拳”，大力度推进稳岗返还“扩围提标”，加强企业用工指导，全力保障复工达产。

【人社工作改革创新】 2020年，大丰区人社局全面落实省市人社部门和大丰区委深改办落实的各项改革任务，深入推进简政放权、放管结合，全面推进惠企资金“直接发”、就业服务“减流程”、领取待遇“免申报”、行政执法“双随机”等高关注度领域的改革，实现人社事业更高质量、更有效率、更加公平、更可持续地发展。完善《大丰区人社基层平台建设标准和服务规范》，“标准化建设、精细化管理、规范化运行、人性化服务”的平台建设模式得到省政协主席黄莉新和省人社厅领导的肯定，入选盐城市人社局“创新创特争一流”竞赛推广方案。

人才工作

【概况】 2020年，大丰区人社局扎实推进“金丰人才工程”，深化人才发展体制机制改革，持续优化人才发展环境，加快集聚各类优秀人才。简化人才补贴申报流程，推行人才补贴“不见面审批”，全年发放各项人才补贴3231万元，引进创新创业领军人才63名，新增大学生就业4231人，人才队伍建设与产业发展的契合度更加密切。

【人才活动接轨上海】 2020年，大丰区多层次、多形式开展上海、大丰两地人才合作，构建大丰人才工作接轨上海新格局。3月，大丰区委组织部与区人社局、科技局等部门通过上海人才服务中心、上海科学技术交流中心，与上海高校就业、科技部门加强交流合作，签订上海理工大学、上海应用技术大学大学生实习基地等协议，达成同济大学在大丰共建同济大学技术转移中心大丰分中心意向。7月，大丰区委组织部与区人社局、科技局等部门共同举办“上海高端人才大丰行”活动，博敏电子和上海微系统与信息技术研究所达成合作意向。10月，大丰区委组织部、区人社局在上海举办江苏大丰（上海）汽车及零部件产业创新发展对接洽谈会，推介大丰区人才政策和创新创业环境。会上，大丰经济开发区与模具CAD国家工程研究中心签署产学研合作平台协议，上海交通大学材料科学与工程学院——大丰精密成形制造联合研究中心揭牌。

【大丰区创新创业大赛】 2020年，大丰区人社局围绕首届中国盐城创新创业大赛相关要求，组织2020年度盐城市大丰区创新创业大赛。发挥海外人才工作站、留学人员创业园和大学生创业园等载体作用，动员组织符合条件的海内外高层次人才(团队)、大丰籍在外人才,以及有关企业参加大赛,并择优一批项目参加首届中国盐城创新创业大赛。其中,张世忠团队获得高层次人才团队组优秀奖,马昕团队获得初创企业组一等奖。

【人才项目申报评审】 2020年,根据盐城市创新创业领军人才引进计划安排,结合大丰区实际,区人才办、区人社局组织"金丰领军人才"申报评审工作。通过下发通知、组织发动、材料申报、资格审查、实地考察、专家评审、专题会办等程序,13个人才项目获资助430万元。组织企业做好国家重大人才工程计划、省"双创计划"等人才项目申报和储备工作,主动深入园区、企业摸排调研,协助企业做好项目申报、审核等工作。年内,大丰入选省"双创"人才项目2个。

【上海高校院所产学研合作】 2020年,大丰区人社局鼓励引导企业与上海高校院所的校企合作,激发接轨上海新动力,推动爵格工业和蓝科减震与同济大学、天生药业与上海交通大学、光和光学与上海理工大学、上海纺织(集团)大丰纺织与东华大学等分别开展科技人才项目合作。鸿基金属、法腾电力、金韦尔机械分别聘请上海交通大学、上海理工大学的博士任职企业科技副总。丰东热技术有限公司引进上海交通大学博士顾剑锋团队合作共建江苏省智能热处理及表面改性工艺装备实验室。全年引进的31名创新创业领军人才中,有9人从上海引进。

【人才工作区场一体化】 2020年,大丰区贯彻落实盐城市《关于推动地方和农场联动发展的意见》,根据上海农场人才队伍状况及需求,协同推进人才公共服务一体化。利用大丰公共就业服务网、大丰人才微信公众号等平台为上海农场企业、上海在大丰投资企业发布人才需求信息,动员农场企业报名参加各类高校网络招聘活动。推动区场人才政策与服务互联互通,大丰区人社局配合区委组织部出台"金丰人才提升工程",对在大丰纳税的沪属农场企业引进的人才在大丰缴纳社保的,纳入"金丰人才提升工程"政策实施范围,化解上海农场"引才难、留才难"的问题。

【开展与上海优质教育资源合作】 2020年,大丰区借力区域教育联盟,承接上海教育资源,在与上海市20所学校结成校际联盟的基础上,不断加深各相关学校与上海联盟校的互动和沟通。疫情防控期间,大丰区有关学校组织教师与上海联盟校教师开展点对点线上交流研讨活动,接受上海联盟校教师在线指导,促进提升大丰区学校的教学水平。4所学校与上海对接校商定在大丰设立"名师工作室"。

【人才培育】 2020年,大丰区举办乡土人才培训班11场次,入选2020年盐城市乡土人才项目资助7个,获评首批"乡土人才技能大师工作室"1个,培植郁金香种植专家尼可、瓷刻艺人陈银付等乡土人才典型16名。实施"名师名家集聚工程",兑现"333工程"(培养30名左右研究成果具有国际先进、国内领先水平的国家级科学家、工程技术专家和理论家;培养300名左右具有省内领先水平的省级优秀人才;培养3000名左右成绩显著的市级优秀人才)培养对象奖励资金55万元。

【高校毕业生就业指导】 2020年,大丰区贯彻落实盐城市名校优生"汇盐行动"部署,成立6个宣讲组赴全国20所名校引进2021届优秀毕业生,提供优质岗位257个,吸引1500余名名校毕业生投递简历。动员引导全区企业注册使用"沿(盐)海行、成(城)就你"——盐城市高校毕业生网络供需平台,组织412家单位发布岗位3063个。密切关注全国各大高校网络招聘消息,及时通知、动员区用人单位参加重点地区高校2020届毕业生网络招聘会,为用人单位和高校毕业生提供精准对接,线上洽谈高层次人才31名。区人社局联合团区委推出青春留丰"云求职"线上就业服务,向全区55个规模企业征集高校毕业生岗位544个,引导本地高校毕业生就近就地就业。扩大事业单位定向招聘应届毕业生的比例,在2020年度的事业单位招聘考试的614个岗位中,定向招录应届毕业生的岗位有469个,占岗位总数的76.4%。

【高校毕业生见习】 2020年,大丰区人社局开展2020年高校毕业生就业见习工作,发布《关于做好2020年高校毕业生就业见习工作的通知》,面向全区见习基地及重点企事业单位开展就业见习政策宣传,开发质量高、专业优的就业见习岗位,新审核认定区级就业见习基地16个,开发见习岗位857个。利用人力资源市场招聘会和高校毕业生报到的时机,向未就业毕业生及失业青年宣传见习政策、见习岗位,提高见习政策、申报流程、见习岗位等信息的知晓度。组织267名高校毕业生参加见习,审核发放见习补贴56万元。

【高校毕业生就业帮扶】 2020年,大丰区人社局坚持优服务、简流程,积极为高校毕业生就业提供服务。发布《致广大高校毕业生的一封信》,向2020届高校毕业生推介大丰区就业创业政策,扩大人才补贴、创业帮扶、创业贷款、人事代理等政策知晓面,吸引高校毕业生到大丰就业创业。联合团区委举办"青春留丰"大丰籍大学生座谈会,解读就业创业、"金丰人才工程"政策,鼓励在外的优秀青年学子到大丰就业创业,反哺家乡建设。简化就业手续,实现网上办、不见面办,全区就业见习、党员关系接转、档案查询全部实现网上办理,就业手续办理、实名登记、档案转递等实行不见面办理,毕业生可通过信函方式邮寄至区人才服务中心。

【招才引智活动】 2020年,大丰区人社局举办大丰区2020年高校毕业生就业暨夏季人才交流网络招聘会、大丰区2020年"金秋送岗 就业暖心"

用工纳才国庆专场招聘会，1025名高校毕业生与用人单位现场达成就业意向。组织开展"优秀企业高校行"系列活动，先后组织重点园区、企业赴盐城、南京、武汉、甘肃等地开展招才引智活动，提供就业岗位1200多个，与550名高校毕业生达成就业意向。11月8日，在电子科技大学举办2020江苏大丰（电科大）"金丰人才工程"推介会，提供优质岗位54个，吸引200余名电子科技大学毕业生咨询、投递简历。

【安全生产专项人才考聘】 2020年3—4月，大丰区人社局联合区消防救援大队，组织盐城市大丰区公开招聘政府专职消防员考试，为各镇、街道及经济开发区招录专职消防员125名。助力相关企业招引化工人才，组织丰山集团、正大丰海、兄弟维生素、瑞科医药、辉丰生物、诚康药业等规模医药化工企业参加省内外高校举办的各类线上线下招聘活动，储备化工类人才，提供安全、环保、检测、研发等岗位315个，招录相关人才102人。做好事业单位专职安监人员招聘工作，认真选拔优秀专职安监人才，优化事业单位安监岗位人员，组织4个事业单位面向社会公开招聘专职安监人员7名。

【职业技能提升攻坚突破年行动】 2020年，大丰区人社局围绕全区五大重点产业、五大战略性新兴产业，组织开展"5+5"技能提升攻坚突破专项行动。制定出台《大丰区职业技能提升行动实施方案》《大丰区职业技能提升行动专账资金使用管理办法》《大丰区安全技能培训补贴实施办法》，强化综合协调和工作督导，职业技能鉴定取证5521人，新增高技能人才1442人。推行工学结合、校企合作的技术工人培养模式，鼓励全面推行以"招工即招生、入企即入校、企校双师联合培养"为主要内容的企业新型学徒制，鼓励龙头企业、大型规模企业积极申报自主职业技能等级认定资质。全年签约新型学徒制企业11个，申报自主开展技能等级认定企业3个，发放培训补贴82.2万元。

2020年11月23日，大丰区人社局和区融媒体中心联合举办工伤预防知识竞赛。（单位供图）

【职业技能提升补贴】 2020年，大丰区人社局组织实施职业技能提升3年（2019—2021）行动计划，对各类技能提升培训给予一定的补贴。对受疫情影响导致停工停业的企业，按照在启动疫情一级防控期间企业参保人数，给予500元/人发放1个月的以工代训补贴，开展补贴性技能提升培训46720人，发放职业技能提升行动资金2673万元。对企业新入职员工开展岗前培训的，每人按照500元的标准发放补贴，补贴企业278个、37183名职工，发放以工代训补贴1859万元。在岗职工通过企业技能人才评价取得相应工种岗位职业资格证书的，按照初级工1000元/人、中级工1500元/人、高级工2000元/人的标准给予企业补贴，发放在岗职工技能提升培训补贴369.2万元，补贴企业15个。

【青年职业技能大赛】 6月20日，大丰区人社局联合团区委举办2020年大丰青年职业技能大赛，272名选手参加决赛。大赛结束后，对获得职工组各职业（工种）第一名的5名选手，由团区委授予"大丰区杰出青年岗位能手"称号，颁发荣誉证书；对获得职工组各职业（工种）第二名至第六名的25名选手，给予一定的奖励，授予获奖证书；对获得学生组前三名的9名选手，由区团委、区人社局联合授予"大丰区青年技能岗位能手"称号。

【职业技能大赛】 9月19—29日，大丰区职业技能大赛在职教中心举办。此次大赛由大丰区政府和盐城市人社局联合举办，以生产急需的、社会需求量大的、促进就业效果明显的技能为竞赛项目，是大丰区首次举办的市级一类综合性职业技能大赛。大赛企业职工组设24个职业（工种），学生组设6个职业（工种），1500多名选手参加大赛决赛。通过大赛，对获得企业职工组各职业（工种）一等奖的23名选手，由盐城市人社局授予"盐城市技术能手"称号，区政府授予"大丰区技能状元"称号，区总工会授予"大丰区五一劳动奖章"称号，颁发相应荣誉证书，并给予一定的奖励。对获得企业职工组各职业（工种）二等奖的46名选手，由盐城市人社局授予"盐城市技术能手"称号，区总工会授予"大丰区五一创新能手"称号，颁发荣誉证书，并给予一定的奖励。对获得企业职工组各职业（工种）三等奖的73名选手，由区人社局授予"大丰区技术能手"称号，颁发荣誉证书，并给予一定的奖励。对获得企业职工组各职业（工种）前6名的35周岁以下选手，由团区委授予“大丰区青年岗位能手”称号。对获得企业职工组各职业（工种）前6名的女性选手，由区妇联授予“大丰区巾帼建功标兵”称号。对获得学生组各职业（工种）一等奖的6名选手，颁发获奖证书，给予一定的奖励；对获得学生组各职业（工种）二等奖的12名选手，颁发获奖证书，给予一定的奖励；对获得学生组各职业（工种）三等奖的18名选手，颁发获奖证书，给予一定的奖励。

【博士后工作站建设】 2020年，大丰区人社局按照创建博士后国家站和省级创新实践基地相关要求，深入园区和重点骨干企业大力宣传博士后工作站和基地的申报条件、申报程序及优惠政策。择优推荐金色农业和森威精锻2个企业申报国家级博士后科研工作站，并成功获批。帮助丰海新能源淡化海水发展有限公司和江苏博敏电子申报省级博士后创新实践基地。推动江苏金色农业股份有限公司与南京农业大学达成博士后合作意向，完成博士后进站相关工作。同时，在服务人才方面打出资金补贴、项目支持、服务保障等组合拳，为在站博士后研究人员提供良好的科研条件，鼓励和支持开展创新性研究。截至2020年年底，大丰区拥有国家级博士后工作站5家、分站4家，博士后创新实践基地9家。

【人事代理业务】 2020年，大丰区人才服务中心以“为人才服务，为用人单位服务”为宗旨，按照国家有关人事政策要求，为部分单位及人才提供人事档案管理、职称评定、社保费收缴等服务。为22个改制事业单位187人进行2019年度考核，其中19人优秀、168人合格。强化流动人员党组织关系管理，按照应转尽转的原则转出流动党员52名。截至2020年年底，大丰区人才服务中心保管人事档案68528份，31674份档案录入盐城市流动人员档案信息管理系统。

人事管理

【概况】 2020年，大丰区人社局坚持激励约束保障并举，规范高效推进人事制度改革。不断提升事业单位人员招录考录制度的科学性，持续加强事业单位岗位设置和人员聘用管理，扎实推进事业单位综合管理，强化公职人员履职尽职能力，事业单位干部队伍的素质能力、专业水平和干事创业活力得到全面提升。

【事业单位人员聘用管理】 2020年，大丰区人社局严格执行《事业单位管理条例》相关规定，对事业单位岗位设置及人员聘用等制度进一步完善，严格把关空岗数及聘用条件，指导用人单位自主聘用、管理、辞聘等，实现事业单位人事管理的科学化、法制化。对部分执行两种工资制度的事业单位分类管理，确保执行事业单位工资制度的工作人员在岗位设置管理制度的框架下有正常晋升渠道，调动其工作积极性。扎实做好事业单位新聘人员初任培训，新录用事业单位工作人员初任培训率100%。

【事业单位工作人员年度统计】 2020年，大丰区人社局按照省人社厅和盐城市人社局关于事业单位工作人员资源统计相关工作要求，积极组织，加强协调，在各相关单位的大力配合下，顺利完成年度统计任务。截至2020年年底，全区事业单位工作人员共10075人，其中管理人员685人、专业技术人员9152人（含在管理岗位307人）、工勤技能人员545人。全区事业单位人员较2019年减少115人，专业技术人员所占比重较大，人员类别分布更加合理，人员队伍的整体结构更加优化。

【健全事业考核效能机制】 2020年，大丰区人社局持续推进事业单位人员考核，坚持扩大民主，改进考核方法，增强考核工作的透明度。强化考核结果的运用，使考核工作真正成为事业单位工作人员综合素质评价和选拔任用的重要依据。坚持行政奖励表彰对象立项申报审批制度，严控表彰周期、范围和数量，严格执行社会治安综合治理等“一票否决制”，逐级审核把关，做到考核有根据，奖励有依据。根据考核结果，从7月开始，陆续对除区委管理干部、公务员（参公）单位工作人员、党群系统事业单位工作人员以外的其他事业单位人员，年度考核被确定为合格及其以上等次人员办理年度考核奖审批手续。

【准确执行工资福利政策】 2020年，大丰区人社局按照国家和省市部署，准确规范执行各项工资福利政策，持续保持各类审核审批“零失误”“零差错”。全年审核事业单位工作人员1年1次正常晋升薪级工资1万余人；为符合条件的1000余名事业单位工作人员，办理跨年度变动工作津贴、岗位津贴审批手续；为2019年考录的439名事业单位工作人员，办理试用期满转正核定工资手续；为2020年新考录的423名事业单位工作人员，办理工龄审核、工资核定；对2014年10月后已领取退休待遇人员中，存在提高比例的对象的一次性退休补贴进行审核。做好福利工作，完成2020年遗属生活困难补助审批，完成2019年事业单位应休未休年休假报酬的审核。

【事业单位干部职工退休工作】 2020年，大丰区人社局坚持“到龄即退”原则，严格执行国家、省市关于事业单位干部职工各项退休政策，为247名事业单位工作人员办理退休审批手续，春节前对459名特困退休干部进行慰问，发放慰问金。

【事业单位工资年统】 2020年，大丰区事业单位工资年统对象为全区事业单位的在职人员、离休人员以及机关工人，统计项目为国标工资、省标工资、上下班交通补贴、改革性公车补贴、乡镇补贴、误餐及医疗补贴、其他各类津贴补贴、住房公积金和住房补贴、事业单位奖励性绩效、应休未休年休假报酬、增量绩效、目标任务考核奖。经统计，截至2020年年底，全区执行事业工资在职人员10190人、比2019年增加125人，人均年工资收入157212元、比2019年增加9440元。事业离休人员22人、比2019年减少4人，人均年工资收入163467元、比2019年减少636元。执行机关工人工资在职人员217人、比2019年减少19人，人均年工资收入204627元、比2019年增加20263元。执行事业工资人员最低年工资收入为70415元，最高年工资收入为376453元；执行机关工人工资人员最低年工资收入为145215元，最高年工资收入为261959元。

【专业技术人员职称评聘】 2020年，大丰区人社局严格贯彻落实职称评审聘用各项规定，坚持以人为本，注重政策引导，打破障碍限制，从严资格审查，努力在识别人才、培育人才、评价人才、使用人才、奖励人才方面追求务实导向。对照评审条件，在单位的空岗限额内，认真做好资格条件审核，做好材料整理指导工作，提高评审通过率，优化专业技术人员队伍结构。精心组织初、中级职称的申报评审，严格把关高级职称材料的审核推荐，积极协助卫生、教育条线做好职称申报审核工作。全年申报初级职称599人、中级职称774人、高级职称469人。建立急需紧缺人才评价绿色通道的要求，突出品德、能力和业绩评价导向，采取材料评审、面试答辩、现场查看、业绩展示等多样化评价方式，注重业内、社会和市场认可，破除论资排辈的思想观念，不唯学历、不唯资历、不唯论文，为各类专业技术人员职称晋升创造良好环境。做好事业单位专业技术人员聘任确认，重点审核专业技术人员的职称、继续教育情况，宣传和推进专业技术人员全员继续教育，提升专业技术人员的素质和自身修养。

【事业单位工作人员档案专项审核】 2020年，大丰区人社局以"三龄两历一身份"（年龄、工龄、党龄；学历、工作经历；干部身份）等信息为重点，组织开展全区事业单位干部人事档案审核工作。此次人事档案专项审核涉及全区政府口事业单位的管理岗、专业技术岗的事业人员档案，涉及主管局下属事业单位250家3260份档案。在各有关事业单位的配合下，区人社局组织开展各单位档案联络员专项业务培训，指导各单位人员熟悉政策、掌握标准、规范操作。对于审核过程中发现档案材料不齐全、不规范的，根据材料内容和性质的不同，分别帮助各单位采取补充收集、原件复制、完善手续等方式进行补充和规范。对于审核过程中发现问题，缺少材料难以认定的，区人社局档案中心本着从严掌握的原则，结合档案记载情况，协助各单位综合研判作出认定。各单位审核结束后，由负责审核的联络人填写《干部人事档案专项审核全覆盖工作审核情况统计表》和《三龄两历一身份名册》。截至2020年年底，全区完成126家单位1150份事业人员档案的审核工作。专项审核过程中，转入事业人员档案645份，收集归档材料4800余份，发现档案信息存在记载不一致等问题280条，均已及时整改完成。

【人事档案服务】 2020年，大丰区人社局严格执行《干部人事档案管理条例》，加强档案管理工作规范化、标准化、信息化建设，建立安全、便捷、共享、高效的档案管理体系。区人事档案中心管理134494份人事档案、40854份业务档案。根据用途、使用率以及业务、人事分离等原则，将事业、人才、企业失业、企业退休人员等人事档案与其余业务档案分区管理，确保使用方便、保管有序。通过建立档案管理人员联系簿、建立进出库房登记簿、统一管理门禁卡等管理方式，提高档案中心库房管理安全性，进一步提升档案中心整体管理效能。加大对干部人事档案、流动人员档案、企业退休人员档案的收集、整合力度，让各类查档需求的群众最多跑一次。制定《大丰区人社局档案中心库房管理制度》，严格做好档案日常管理工作，把好流动人员档案进出关，全年接收新建流动人员档案1950份，登记转出档案836份。整理完善企业退休人员档案3000余份。

就业创业

【概况】 2020年，大丰区人社局认真贯彻落实国家、省、市、区"稳就业""保就业"系列政策，扎实组织实施"就业创业富民"政府为民办实事项目，把疫情防控常态化下的就业创业工作作为人社部门的首要任务，全力保复工、促就业、扶创业，通过广泛宣传、加强培训、搭建载体、完善政策、优化发展环境等举措，全区就业规模持续扩大、就业能力不断提升、就业服务扎实有力、全民创业成效显著。全年城镇新增就业26254人，城镇失业人员再就业6652人，城乡就业困难人员再就业1611人，城镇登记失业率1.77%。

【城乡就业线上招聘】 2020年，大丰区人社局积极克服新冠疫情对城乡就业工作的不利影响，创新推进就业服务方式方法，多方联动协作，深挖岗位资源，线上线下同步发力，保证企业用工需要和城乡劳动力就业需求。为避免大型人群集聚活动潜在风险，将原定新春大型专场实体招聘会调整为网络视频招聘会，推行"线上春风——网上牵手"招聘活动，指导293个企业通过"智能就业招聘系统"发布工程主管、机械工程师、电商主播、新媒体运营等8718个岗位。"大丰公共就业网"注册单位963家、发布岗位信息14865个，线上浏览访问量2.23万人次。

【实体招聘系列活动】 6月4日，大丰区人社局联合区残联举办"大丰区农村低收入残疾人""高校残疾人毕业生"招聘会，40个企业提供各类就业岗位436个，400余名求职者报名应聘（其中残疾人近200名），167人与用工单位达成就业意向（其中残疾人36名)。7月17日，大丰区人社局联合区退役军人事务局举办“大丰区退役军人就业专场招聘会”，13个知名企业提供储备干部、质检员等就业岗位412个，150余名退役士兵到场对接，57名退役士兵与用工单位达成就业意向。10月1日，大丰区人社局在区奥体中心举行2020年“金秋送岗 就业暖心”用工纳才国庆专场招聘会，联鑫钢铁、博敏电子、金光纸业等180余个重点规模企业提供生产操作、管理、财务、贸易服务等各类岗位5800余个，1.1万名求职者进场洽谈应聘，4600余人与用人单位在招聘现场达成就业意向。招聘会现场设立大学生、退役军人、公益性岗位等招聘专区，现场接待就业创业政策咨询宣传1800余人次，发放创业宣传手册4000份。10月16日，大丰区人社局在全国第七个“扶贫日”组织开展“就业扶贫行动日”活动，举办“盐城市大丰区扶贫专场招聘会”，爵格工业、辉丰农化等7个重点企业提供岗位163个，117名求职者报名应聘，78人与用工单位达成就业意向。11月13日，大丰区人社局联合区退役军人事务局、区总工会、区工商联共同举办“稳就业、保就业”金秋招聘会，博敏电子、联鑫钢铁、正大丰海制药等24个企业提供就业岗位875个，396人与用工单位达成就业意向。

【助力企业复产复工】 2020年，大丰区人社局组织开展“人社专员”助力企业复产复工专项行动，抽调系统102名干部职工分为10个工作组，对全区规模企业进行上门服务，帮助企业用工招聘，宣传就业、培训、社保优惠政策，帮助广大中小企业树立信心、恢复生产、渡过难关，切实保障企业发展。加大失业动态监测工作力度，在做好40个定点企业失业动态监测的基础上，按照“日报告”制度，核实、采集、发布复工企业用工信息，持续跟进企业招用工状况和劳动力市场供求变化，及时分析研判，密切跟踪疫情对就业形势的影响，认真做好“点对点”服务保障工作，对缺口较大企业“一对一”提出个性化解决方案。

【援企稳岗保障就业】 2020年，大丰区人社局认真落实《就业和失业登记管理办法》《灵活就业人员就业(失业)和参保(停保)登记统一办理的实施意见》和盐城市《12345平台关于建立“保市场主体”企业服务“一企来”专线工作方案》等文件精神，充分运用政府APP、大丰公共就业网、大丰就业创业微信公众平台、短信等渠道方式，加大政策宣传解读工作力度，通过“政策找企业、资金找企业”，主动对接，简化流程，做到失业保险补助“应返尽返”，累计向1478个企业发放稳岗返还资金4559.8万元(其中困难企业10个1331.82万元)。认真落实盐城市《关于做好台资企业用工服务的通知》，开展区内台资企业的用工需求调查，了解掌握台资企业生产经营、职工队伍、缺工人数、空岗结构、问题困难等情况，全程为企业提供用工对接和落实相关优惠政策，千方百计拓宽招工渠道，指导构建和谐劳动关系。

【返乡人员就近就地就业】 2020年春节期间，大丰区人社局专题印制《致返乡人员的一封信》，通过镇村人力资源服务平台上门发放及在镇村显目橱窗公告栏张贴，对全区新春期间返乡的22389人进行跟踪调查，以及“大丰就业创业”微信公众号、“大丰公共就业网”、移动“燃信”等新媒体广泛发布招聘岗位信息，引导返乡人员就地就近就业，对暂时难以外出又有就业意愿的，推荐所在地岗位引导就业。

【农村劳动力转移】 2020年，大丰区人社局认真组织开展“服务乡村振兴农村劳动力转移就业服务专项行动”，结合“人力资源调查家家到”“结对帮扶”等活动，全面了解掌握低收入农户中劳动力技能状况、就业意愿等基础信息，完善台账资料，适时进行就业岗位匹配。对区内企业用工需求情况进行调查，深入镇、村主动了解农村劳动力就业需求，组织开展“农民就业专场”“低收入农户就业专场”“未就业高校毕业生专场招聘”等招聘活动17场，开发公益性岗位53个，镇村消杀防疫岗位254个。全年帮扶696名低收入农户实现就业，城乡零就业家庭动态清零。

【城镇登记失业人员培训】 2020年，为确保与企业解除劳动关系的失业人员均能接受1次免费培训，大丰区人社局自2020年2月起，在失业职工办理失业登记手续时，同时进行培训意向登记，征询意见后扫码进入班级，班级助理进行线上采集报名信息，并分阶段进行线上课程培训引

2020年12月18日，大丰区人社局举办“攻坚稳就业 服务保民生”就业创业政策宣传。（单位供图）

导，扫码听课完成后进行线上测试。全年开展失业人员培训班10期，培训435人。

【"乡村行送培训"系列活动】2020年，为助力精准扶贫，帮助建档立卡低收入贫困劳动力就近就地就业，大丰区人社局对接区扶贫办，全面了解建档立卡低收入贫困劳动力就业状况、技能状况及培训需求，分别与各镇人社服务中心对接，在各镇、街道开展"乡村行"送培训"家家到"活动，举办易学易会的育婴员、保育员、养老护理等技能培训班，培训就业困难人员、建档立卡低收入农户300余人。积极落实职业技能培训补贴政策，简化学员报名和申领补贴的程序，将《大丰区职业技能培训学员报名登记表》发区扶贫办核查确认后反馈，建档立卡贫困劳动力参培只需提供社保卡号即可领取生活费补贴。

【在校大学生创业能力培训】2020年，大丰区人社局贯彻落实省政府办公厅《关于印发江苏省职业技能提升行动实施方案（2019—2021年）》，通过SYB（创办你的企业）系统性、渐进式、实践性的教学培训，让具有创业意愿的大学生掌握创业的基本知识和基本技能。以"SYB"模块教材为中心，将教材内容部分嵌入选修课程，通过互动式教学，帮助学员增强创业风险意识，掌握创业技能。2020年度开展在校大学生创业能力培训235人。

【重点群体职业技能培训】2020年，大丰区人社局印发《大丰区重点群体职业技能培训补贴申领细则》宣传册，制作《大丰区重点群体职业技能培训补贴申领细则》的宣传链接，广泛开展各类群体职业技能培训。7月，与区残联联合举办大丰区2020年残疾人电子商务培训班，培训34名残疾人，31名符合就业困难人员认定的残疾学员给予每人200元的生活费补贴。联合大丰区餐饮行业协会、大丰中等专业学校，为60名下岗失业人员、退役军人、低保对象中的劳动力等群体举办中式烹调师培训班，41人取得国家初级职业资格证书。8月，与区司法局签订"职业技能培训共建协议书"，开展"社区矫正人员"培训班，46名社区在册矫正对象参加创业培训班，培训结业后41名社区矫正人员取得创业培训合格证书，按规定给培训补贴。11月，开展"探监帮教"活动，为盐城监狱100余名服刑人员进行就业创业和劳动保障的政策法规宣讲。9月，联合退役军人事务管理局开展退役士兵创业培训，向退役军人发放创业培训合格证书，并发放生活费补贴。

【疫情防控期间岗前培训补贴发放】2020年，大丰区人社局认真落实盐城市人社局《关于新冠肺炎疫情防控期间对全市中小企业职业技能培训进行补贴的通知》，迅速启动简易程序，对中小企业职工岗前培训进行补贴。通过社保大数据比对符合补贴条件的企业，统一进行信用审核后群发短信或电话通知企业办理申领手续，将申报材料表格样式上传大丰公共就业网下载专区。基本实现一次性办结。全年发放252个企业职工岗前培训补贴236.55万元，其中疫情防控期间中小企业职工岗前培训补贴87.95万元，惠及186个企业1759名职工。

【对口就业协作】2020年，大丰区人社局认真贯彻落实苏陕、盐铜对口扶贫协作要求，扎实做好两地就业协作工作。5月18—22日，组织10个规模重点企业，赴陕西省铜川市宜君县开展苏陕劳务协作对接招聘活动，117名求职者报名到大丰就业。7月6—10日，组织丰山集团、森威精锻等规模重点企业，赴甘肃省兰州市的校地合作基地兰州城市学院和兰州资源环境学院，建立联络机构、人才工作站，互通劳动力供求信息，通过市场运作的方式，促成校企合作共赢；开展企业招聘校园宣讲及2021届毕业生就业推荐活动4场，与179名在校学生建立就业见习、实习意向。9月、10月，大丰区人社局分别赴陕西、云南、贵州等地，建立完善劳务输出精准对接和合作共享机制，签订劳务合作协议，为2021年"两节"期间组织区内规模企业前往劳务合作基地招聘员工夯实对接基础。

【就业失业职工管理】2020年，大丰区人社局扎实做好企业就业失业人员登记服务工作，做好疫情防控期间相关人力资源数据统计分析，严格组织用工录用备案数据和新增录用人员数据的整理、录入工作。2020年新增录用登记备案20895人，受理失业职工登记1086人次，发放"就业失业登记证"2745份，办理失业职工退休（含病退）1010人，新增托管失业职工档案843份。

【创业宣传】2020年，大丰区人社局充分利用大丰公共就业网、大丰就业创业微信公众号等媒体平台，不断加大创业政策的宣传力度，进一步提高创业扶持政策知晓率。坚持区镇联动、部门联合，有计划有组织地开展形式多样、丰富多彩的春节期间返乡创业宣传工作，鼓励在外创业成功人士和务工人员以各种形式创办经济实体，形成"人回乡、钱回流、企回迁"的"雁归经济"效应。在《大丰日报》等媒体宣传家乡支持创业的政策，扶持创业的措施，营造出政府激励创业、社会支持创业、创业者勇于创业的浓厚氛围。依托"创在大丰、赢在未来"全民创业品牌，常态化开展"创业大丰"宣传推广活动，编印《致大丰籍在外人员的一封信》《富民创业担保贷款》《创业补贴》等宣传资料2万多份，进镇区、进村居、进园区，将创业扶持政策送到创业者手中，并指导创业者按照流程进行补贴申报。

【创业载体建设】2020年，大丰区人社局积极推进各类创业载体建设，为创业者提供载体支撑。指导推荐希望小镇申报省级创业孵化基地，大桥镇中小企业创业园、白驹镇锦绣大地现代农业示范园、大中街道泰西村中小企业创业园申报市级创业孵化基地，认定市级创业示范基地1个、区级创业示范基地1个。全区有创业孵化基

2020年，大丰区人社局积极组织参加第四届"中国创翼"创业创新大赛。其中，"喂食喂药器"项目在省赛中成为苏北唯一晋级全国选拔赛的项目；并于11月代表江苏参加全国选拔赛，获得"创翼之星"奖。

（单位供图）

地46个，入驻企业1533个，带动就业近2万人。

【创业培训】 2020年，大丰区人社局在浙江大学举办"大丰区2020创业精英人才培育暨创业服务能力提升培训班"，课程设置"公司治理与企业化运营""打造优秀团队与高效执行力"等高端课题，提高创业者创业能力。所培训学员为全区遴选的104名具有发展潜力的成长型创业人才以及部分创业服务方面的标兵和带头人。通过与专家教授、创业导师面对面学习、零距离沟通，通过平台化、项目化、系统化的培育模式，有针对性地开展创业培训，促进创业意识和创业能力的提升。做好省级大学生优秀创业项目申报推荐的培训辅导，邀请五星级创业导师为大学生针对项目计划书做专题辅导，在省人社厅公布的备案名单中，大丰区报送的4个项目全部入围。

【创业大赛】 2020年，大丰区人社局通过搭建平台，举办和参加各种类型的创业大赛，激发"大众创业、万众创新"的内生动力。精细组织好2020年度返乡创业大赛，征集优秀返乡创业项目40个，通过预赛和决赛，13个项目获奖，其中全自动大蒜播种机项目获得盐城市"十大返乡创业之星"。积极参加第四届"中国创翼"创业创新大赛，在盐城市市级选拔赛中有2个项目获一等奖，并且代表盐城参加省赛。其中，喂食喂药器项目在省赛中取得优异成绩，成为苏北唯一一个晋级全国选拔赛的项目；并于11月代表江苏参加在景德镇市举办的全国选拔赛，获得"创翼之星"奖。对优秀项目进行推广，大桥功夫家庭农场项目先后被《盐阜大众报》、"交汇点"新闻报道。11月11日，中央电视台农业频道到农场做《盐碱地也能养出优质大闸蟹》的专题报道。

【创业担保贷款】 2020年，大丰区人社局灵活利用创业担保贷款政策杠杆，加大与金融机构合作力度，将个人创业担保贷款最高额度提高至50万元。开发创业小额贷款手机APP，在保证资金安全、手续完备的基础上进一步简化业务办理流程，加快创业担保贷款审核发放速度，全年发放创业贷款4000万元。

【返乡创业活动】 2020年，大丰区人社局组织举办形式多样的返乡创业专题活动，以活动促进创业能力水平的提升。元旦起，在大丰汽车站组织开展"邀您回家·助您创业"接站活动，重点宣传就业创业、创业贷款、返乡创业等政策，发放《致大丰籍在外人员的一封信》《优秀创业项目手册》《创办你的企业》《创业富民贷款宣传册》《创业补贴宣传册》等各类宣传材料。1月13日下午，召开大丰区2020年返乡创业座谈会，区全民创业办、区人社局、区劳动就业管理处、各镇(街道)创业工作负责人与全区创业代表交流创业经验、畅谈创业收获。大家表示，将进一步改变创业观念，充分运用创业优惠政策，积极主动与相关部门、单位沟通对接，争取成长为行业骨干企业。5月12日，召开"创在大丰·赢在未来"2020大丰区大学生返乡创业座谈会，宗平、汤协元作为大丰区获评省级大学生优秀创业项目的代表作经验分享，并针对大家在申报过程中遇到的难点进行解答，大丰区劳动就业管理处负责人、江苏省银牌五星创业导师王萍就2020年省级大学生优秀创业项目申报要求、商业计划书撰写要件及注意事项等作详细辅导。

劳动关系

【概况】 2020年，大丰区人社局严格执行《中华人民共和国劳动法》《中华人民共和国劳动合同法》等人力资源社会保障法律法规，积极创新"双维护"手段，探索疫情常态化形势下和谐劳动关系体制机制建设，统筹推进法律法规宣传、劳动关系协调、劳动违法案件查处、劳动用工管理长效机制等工作，劳动关系总体稳定的势头不断巩固。

【人力资源社会保障政策法规宣传】 2020年，大丰区人社局依托报刊、网络、手机APP等媒介，利用各类公共服务窗口等平台，宣传劳动保障法律法规和政策。深入了解劳动关系运行过程中劳资双方的利益诉求，以解答用工咨询等形式，全方位开展《中华人民共和国劳动合同法》《中华人民共和国社会保险法》等法律法规的宣传工作。结合"人社专员服务企业专项行动"，开展人社干部送法进园区、进企业、进镇村活动，着重加强对受疫情

2020年，大丰区委、区政府将农民工工资保障工作列入对各板块综合考核内容，协调、督促兑付农民工工资1600多万元。图为有关部门进工地宣传农民工工资支付办法　葛顺明　摄

影响企业的劳动用工指导和服务，进一步宣传劳动合同解除、依法依规支付职工劳动报酬、合理安排职工休息休假等方面的法律法规知识，切实保障职工合法权益。继续开展“盐城市模范劳动关系和谐企业、和谐工业园区”创建工作，推动建立规范有序、公正合理、互利共赢、和谐稳定的劳动关系。举办农民工工资“四项制度”（农民工实名制管理制度、农民工工资专用账户管理制度、分包企业委托总承包企业代发工资制度、农民工工资按月足额支付制度）培训班，对在建工程项目负责人、劳资专管员、财务负责人专题开展辅导。

【特殊工时工作制审批】 2020年，大丰区人社局根据《中华人民共和国劳动法》和《中华人民共和国劳动合同法》等规定，严格执行综合计算工时和不定时工作制度审批，并指导相关用人单位合理确定劳动定额，规范用人单位的规章制度。2020年，对53家单位的特殊工时工作制申请进行合法性审查，涉及劳动者1.1万人。全区申请实行综合计算工时工作制的岗位主要包括生产一线岗位、生产辅助岗位等，申请实行不定时工作制的岗位包括高级管理人员及其他年薪制人员、销售人员及驾驶员等。实行综合计算工时工作制的，其综合计算周期均为1年。

【企业薪酬调查】 2020年5—7月，大丰区人社局组织开展企业薪酬调查工作。此次调查，人社部从调查单位库筛选并确定大丰区企业28个。大丰区人社局召开企业薪酬调查工作培训会议，对企业薪酬调查工作进行动员部署和业务培训。各企业按照要求填报企业薪酬调查数据，经大丰区人社局审核后通过网上直报的方式上报人社部。

【维权保障服务】 2020年，大丰区人社局建立职工法律援助制度，为广大职工提供法律援助，开展矛盾调解，依法代表职工参与维权。在区劳动保障维权服务中心设立农民工法律援助工作站，委派专业律师坐班，为农民工提供法律咨询和法律援助服务。加强人民调解委员会驻人社工作室力量配备，积极主动开展劳资纠纷案件调解。劳动人事争议仲裁坚持欠薪处理“绿色通道”制度，以“快调、快立、快审、快结”为原则，优先调处、裁决欠薪案件。

【劳动保障监察】 2020年，大丰区劳动监察大队认真贯彻执行《中华人民共和国劳动法》《劳动保障监察条例》等法律法规，以查处违反人力资源社会保障法律、法规为重点，充分发挥劳动保障监察的职能作用，有效保障劳动者的合法权益。全年接待各类来访咨询2100余人次，受理举报劳动保障投诉案件98件，立案42件，结案率100%，涉及劳动者160余人，涉及劳动者工资待遇等2300余万元。主动检查各类用人单位250余户，涉及劳动者1.2万人，补签劳动合同5200余份。

【劳动保障审查检查】 2020年，大丰区劳动监察大队认真开展劳动保障书面审查，规范企业用工行为，如期完成2359户用人单位劳动保障年度书面审查任务，涉及劳动者7余万人。全年开展劳动用工执法检查专项行动5次，对检查发现的未签订劳动合同、未缴纳工伤保险、未办理劳动用工备案手续、未预存工资保障金等问题200余件，均及时查处，确保劳动者的合法权益得到保障。

【劳动监察预警预测】 2020年，大丰区劳动监察大队充分发挥劳动关系应急指挥系统作用，综合运用网络技术，借助电子地图等各种信息化手段，采取网页与手机APP共用，实现劳动关系预警预测的网格化、网络化智慧管理。劳动关系应急监控系统与社保系统、就业系统融会贯通，实现数据共享和业务联动，通过内外部数据交换和比对，实时动态监控劳动关系运行状况。

【农民工工资保障】 2020年，大丰区委区政府将农民工工资保障工作列入对各板块综合考核内容，区委政法委将根治欠薪工作列为综治考核内容，确保责任层层落实、压力层层传导。2月，调整区农民工工资保障工作领导小组成员单位，将自然资源和规划、农业农村等部门列为成员单位，成员单位累计23家。2020年，区政府先后4次召开根治欠薪工作会议，通报情况、分析形势、查找问题，会办和化解疑难、重大矛盾，部署下阶段重点工作，向各板块交办处理农民欠薪隐患21件，会办解决重大疑难问题2件，组织对各板块开展根治欠薪工作专项督查2次，协调、督促兑付农民工工资1600多万元。

【农民工工资欠薪排查】 2020年，大丰区农民工工资保障工作领导小组认真贯彻落实国家、省、市关于保障农民工工资支付的各项要求，进一步完善农民工工资支付管理制度，落实企业主体责任、属地管理责任、行业监管责任。定期开展欠薪排查，要求各板块、各行业主管部门认真组织对所负责的辖区、行业开展全面性的企业欠薪情况排查，重点针对建筑施工企业以及发生过欠薪问题的企业进行深入排查，对存在欠薪问题的，及时进行梳理分析，制定工作措施，落实处置工作责任。制定人社部门与行业主管部门对工程建设领域“双随机一公开”（在监管过程中随机抽取检查对象，随机选派执法检查人员，抽查情况及查处结果及时向社会公开）检查实施办法，完善对企业劳动法律监督制度，健全完善对农民工实施法律援助制度，建立信息通报制度，通过条线、板块相结合开展摸排，做到底册清、情况明，不留死角。全年组织欠薪排查3次，涉及建设项目116个，对存在欠薪隐患的21个项目，逐一制定解决方案，限时化解。

【农民工工资保障联动机制】 2020年，大丰区人社局广开农民工工资权益维护渠道，通过政府12345、人社12333、法律援助12348等服务热线，以及门户网站、领导信箱、政风热线、微信公众号、手机APP、社保卡终端机、维权二维码等各类途径，为农民工提供维权咨询服务，使农民工投诉有门、有诉必处。全年通过各类网络平台接到维权线索1917起，98%以上线索第一时间处理完毕。接到国家、省、市人社部门转办欠薪线索16件，国家、省信访平台转来欠薪线索8件，全部按时化解或者依法作出行政处罚处理决定。完善人社部门与公检法联席会议制度，适时召开联席会议，解决涉嫌犯罪案件移送过程中遇到的问题。情况特别复杂的，由政法委牵头，召开会办会，提出解决方案。组织总工会、人社、司法等部门开展劳动法律监督检查，对用人单位开展用工体检，纠正违法行为，2020年检查用人单位20家，提出改进建议12条。建立人社、住建、公安、市场监管等部门联合执法机制，在重点时期对重点区域、重点行业联合开展专项执法检查。区发改委、财政局、行政审批局联合加强对政府投资工程项目的管理，对不落实资金来源的项目不予批准。

【劳动保障监察执法检查】 2020年，大丰区人社局在全区开展根治欠薪夏季行动和冬季行动，以工程建设领域和劳动密集型加工制造、餐饮服务等行业为重点，主要检查用人单位落实《保障农民工工资支付条例》情况、按时足额支付农民工工资情况、劳动合同履行情况等，检查用人单位78户，涉及劳动者1万多人，协调、督促发放农民工工资960万元。开展劳动监察双随机检查、投诉举报专查，受理举报投诉案件89起，立案31起，结案率100%，其中涉及工资类案件21起，涉及农民工1200多人，涉及金额约1900万元。对存在劳动保障违法行为的22户用人单位责令限期整改，作出行政处理、行政处罚13件，移送公安机关3件。

【劳动保障诚信等级评价】 2020年，大丰区人社局建立用人单位劳动保障守法信用档案，加大对欠薪违法行为的信用惩戒力度。认真落实人社部《拖欠农民工工资“黑名单”管理暂行办法》，进一步加强对欠薪问题的协同监管和联合惩戒，加大公开曝光力度，通过主流媒体、网站等集中向社会公布重大劳动保障违法行为和曝光典型案件，对恶意欠薪造成严重后果的企业，将其列入拖欠工资“黑名单”，使失信企业“一处违法、处处受限”，提高企业失信违法成本。全年向社会公布重大违法行为3起，并按规定逐级上报列入公共信用系统黑名单。

【执法能力建设】 2020年，大丰区人社局进一步整合执法维权资源，推行劳动监察、劳动人事争议仲裁、信访接待、工伤认定一窗式受理，实行前置调解，合理分流案件，促进维权工作高效运转。健全工作网络，实施区、镇联动，劳动监察一、二级网格以及各板块、行业协会、重点企业调解组织构成的覆盖全区维权工作网络。强化预警预测和应急处置，建设劳动监察智慧指挥系统，通过整合系统内外数据，进行数据交换和数据比对，动态监控劳动关系运行状况。对发生拖欠农民工工资而引发群访、集访的，启动应急预案，迅速组成工作组，稳定局面，化解矛盾。

【劳动人事争议仲裁】 2020年，大丰区劳动人事争议仲裁工作以提高争议案件办理质量为中心，持续推进劳动人事争议仲裁实体化建设，加大调解力度，创新办案模式，着力构建和谐劳动关系。全年大丰区劳动人事争议仲裁院处理各类案件309件，其中集体案件6件。案前调解192件。仲裁结案117件，其中仲裁调解112件，裁决5件，调解成功率95.7%。网上平台调解案件1248件，调解成功率100%。

【劳动人事争议案件调解】 2020年，大丰区劳动人事争议仲裁院创新打造全员、全程、全情“三全”调解新模式，实现立案前50%案件调处结案，提升劳动争议纠纷调处效能，减少群众维权诉累。充实“驻仲裁院人民调解工作室”人员，采取政府购买服务方式，聘请专业律师作为人民调解员，打造专业化调解团队。依托镇、街道劳动人事争议调解委员会，将有调解意向、争议不大的案件当事人引导到镇、街道等调解组织进行调解，推进劳动纠纷在镇、街道一线就近就地化解。建立镇、街道调解员调解、律师诉前调解、窗口工作人员现场调解、仲裁员和书记员庭审调解的全员调解机制。构建调解类型多元化、调解队伍菜单化、调解服务多样化的“大调解”

模式，最大化发挥调解疏通化解劳动纠纷作用，促进仲裁调解工作提档升级。分流处置仲裁案件，简单劳动纠纷先行移送至镇、街道调解组织属地调解，专业律师再次进行诉前调解。复杂疑难案件直接进入仲裁程序，由后端仲裁员精审精裁，加快案件处理速度。

【"要素式"仲裁办案模式】 2020年，大丰区劳动人事争议仲裁院以"要素式"仲裁办案模式，强化庭前引导、优化庭审程序，为案件调查处理提能增效。强化庭前引导，归纳提炼案件涉及基本要素，改进传统劳动人事争议申请书，将入职时间、工作岗位、离职情况等要素以填空的方式由申请人逐项填写，有助于仲裁员快速全面了解案情。优化庭审程序，强化庭前准备，梳理归纳争议焦点，将传统庭审中相对独立的调查和辩论环节进行融合，庭审过程聚焦案件要素，围绕双方存在争议直奔主题，快速有序推进裁决，提高庭审效率，缩短结案周期。延伸服务一线，健全巡回仲裁庭机制。强化调解员、兼职仲裁员业务培训，通过案件探讨等活动，加强专业化建设，提升仲裁员、调解员的专业思维、素养和能力。

社会保险

【概况】 2020年，大丰区人社局坚持"保基本、全覆盖、有弹性、可持续"，持续推进"社会保险扩面征缴三年行动计划"，覆盖范围和待遇水平得到双提升。截至2020年年底，全区参加社会保险用人单位4606户，其中新增开户966户。基本养老、工伤、失业保险参保人数分别为18.58万人、10.72万人、10.13万人，城乡居民养老保险覆盖37.57万人。2020年，企业养老保险基金收入12.48亿元、失业保险基金收入4226万元、工伤保险基金收入4129万元，城乡居民养老保险基金收入5.08亿元，机关事业社会保险基金收入7.53亿元，机关事业职业年金收入2.63亿元；企业养老保险基金支出17.67亿元、失业保险基金支出9204万元、工伤保险基金支出6647万元，城乡居民养老保险基金支出3.97亿元，机关事业社会保险基金支出7.53亿元，机关事业职业年金支出3.25亿元。2020年年末，全区"三项保险"基金积余4.4亿元，城乡居民养老保险基金积余9.6亿元。

【社会保险扩面征缴】 2020年，大丰区人社局深入"社会保险扩面征缴三年行动计划"，健全全民参保登记长效管理机制和数据分析应用，精确锁定符合参保条件但游离于社保体系之外的人员情况，明确区、镇（街道）、村（居）、组4个层级扩面征缴任务，构建共同推进机制。以市场监管部门新设立单位数据为参考，定期开展有就业未参保人员企业的重点核查，推行数据多重比对，加强数据分析评估，推动社保精准扩面，扩大人群参保覆盖面。落实好社会保险扶贫政策，为5802名低收入人员、困难群体代缴养老保险费。深入实施"同舟计划"二期项目，新增工程项目289个、水利工程项目15个、交通工程项目16个。

【规范社会保险经办】 2020年，大丰区人社系统认真贯彻落实国家、省市关于社会保险经办服务有关要求，以高效、规范、便民、安全为标准，持续强化用人单位和城乡参保人员的社会保险经办服务。对照省政府《关于规范企业职工基本养老保险省级统筹制度的意见》，落实省人社厅社会保障一体化信息平台建设方案的要求，扎实做好社会保险数据清洗工作，梳理新老政策、业务流程、转移接续以及财政预算上存在的异同，严格按政策落实。根据省审计厅《关于我市企业职工基本养老保险基金的审计报告》要求，对社会保障政策执行，社会保障资金筹集、管理和使用，以及业务管理等方面存在的问题进行整改；根据省社会保险基金管理中心《关于全面开展社保经办风险防控自查自纠整改工作的通知》，对照问题清单，进行自查自纠，并迅速整改到位。认真落实退役中断缴费人员养老保险补缴工作，根据退役军人事务局提供的部分退役人员名单，组织专人逐人核实参保缴费情况，分5批将中断缴费人员的应征数据提供给税务部门征收，同时根据税务部门征收情况，及时记载该类人员的个人账户。与税务、组织、财政、卫生等部门协调落实村组干部、村医等群体2019年度养老保险缴费和个人账户记载工作，完成机关、事业单位工资调整后各险种缴费基数变更及社保费补差结算工作。

2020年年末，大丰区"三项保险"基金积余4.4亿元，城乡居民养老保险基金积余9.6亿元。 周古凯 摄

【降低社会保险费率】 2020年，大丰区人社局认真贯彻落实省人社厅、财政厅、税务局《关于阶段性减免企业社会保险费的通知》，以及省人社厅、财政厅、医疗保障局、税务局《关于延长阶段性减免企业社会保险费政策实施期限等问题的通知》要求，自2020年2月1日起，中小微企业（含有雇工的个体工商户）单位应缴社会保险费全部减免，2020年2月1日—2020年6月30日间，大型企业、社会团体、民办非企业单位及其他类型参保单位，单位应缴社会保险费部分减半征收。累计减免4529户参保单位社会保险费5.56亿元，其中养老保险费4.99亿元、工伤保险费4060万元、失业保险费1635万元，涉及参保职工106175人。

【社保待遇水平提升】 2020年，大丰区连续第16次按国家、省规定增加企业退休人员基本养老金，5.2万名统筹人员人均养老金2821.8元/月，人均增加136.7元/月，为盐城各县（市、区）最高。城乡居民基础养老金领取人数15.13万人，年内2次提高待遇，领取标准由158元/月上调至190元/月，65周岁以上的城乡老年参保居民基础养老金在基础养老金标准的基础上每人每月增发5元。失业保险金人均待遇提高到1643.5元/月，比2019年度增长21%。

【退休审批“不见面”】 2020年，大丰区人社局持续推进“放管服”改革，积极推进退休审批“不见面”服务。聚焦城乡居保服务“最后一公里”，对年满60周岁的城乡居民养老保险参保人员试行免申报，办理待遇领取手续全程“不见面”。通过“大数据”信息，按月梳理下个月已到龄未办理领取人员名单，比对生存状况、缴费记录是否享受其他社会保障待遇等情况，比对、审核后下发到镇（街道）人社中心再核实。对有中断、需补缴的参保人，由村（居）协理员提醒补缴。核实符合条件的，由镇（街道）人社中心在信息系统办理待遇核定，区城乡居保中心复核通过后，直接将养老金打到参保人社保卡中。上半年在南阳镇先行试点的基础上，7月起选择大中街道、新丰镇、小海镇、草庙镇作为扩大试点范围，全年办理到龄待遇领取免申报1706人。同时，开发“企业职工退休不见面审批系统”，该系统可以通过手机或大厅自助机自助完成数据的采集、照片和文件的扫描上传等，做到数据采集的无纸化；利用人社的短信平台和微信平台，与申请人员保持信息沟通，做到审批流程中不见面；参保职工也可以通过手机微信登录小程序，在填写基础信息、上传相关证件、人脸生物识别后，即可完成养老退休的申请手续。

【第三方实施工伤预防培训】 2020年，大丰区人社局积极探索科学、规范、高效的工伤预防模式，切实保障劳动者职业健康，在盐城市率先创新招标方式，确定第三方机构，实施持续改善与现场互动式工伤预防培训项目，并委托第三方专业评估机构进行跟踪评估。全年完成20个企业和6个在建工程项目的培训，培训人数2600人。实施过程中，大丰区人社局听取财政、应急、卫健、住建、公安、总工会等部门的建议，科学确定工伤预防工作的具体内容，重点将近两年来工伤事故发生率较高企业、工伤基金支付较高的企业纳入培训名录。通过公开招标程序，确定北京外企人力资源服务江苏有限公司作为第三方培训机构，交由市场化选择合适的第三方负责实施项目。区人社局采用第三方监督评估方式，确定南通市工伤预防协会全程跟踪培训方的日常工作，做到项目随时监督，确保培训单位工作落到实处。针对每个企业检查出来的风险点，有针对性地制作一企一案的培训教案。同时，全面指导企业建立工伤预防委员会，明确企业在工伤预防中的主体责任，对所有经培训的企业，全部指导建立工伤预防委员会，帮助企业培训工伤预防导师，引导企业将工伤预防融入生产日常。

【被征地农民社会保障工作】 2020年，大丰区认真贯彻落实省委、省政府关于被征地农民社会保障工作的要求，扎实开展被征地农民社会保障落实情况排查整改工作。7月4日，区政府召开被征地农民保障推进专题会议；7月29日，区政府第49次常务会议强调要将被征地农民刚性纳入社会保障。区自然资源、人社、财政、农业农村等部门按照“即征即保、应保尽保”原则，完整填报历年征地项目批次、纳入社保情况、社保资金归集等数据。各镇（区、街道）严格落实各镇（区、街道）的主体责任，抓紧抓实集中整改。截至2020年年底，全区2020年7月以前的103批次征地、9972名被征地农民名单全部产生。

【省基层平台城乡居民基本养老保险公共服务规范示范工作推进会】 7月13日，全省基层平台城乡居民基本养老保险公共服务规范示范工作推进会在大丰区召开。连云港、徐州、盐城等市部分县（市、区）城乡居保经办机构负责人及部分省专家咨询组成员参加会议。会上研讨省基层平台城乡基本养老保险公共服务规范示范点工作方案，布置安排年内试点工作，推进《基层平台城乡居民基本养老保险公共服务规范》落地实施，参会人员实地观摩盐城市大丰区试点工作筹备情况。

【全省城乡居民养老保险工作座谈会】 12月28—30日，全省城乡居民养老保险工作座谈会在大丰区召开。出席座谈会的有省辖市人社局分管领导、养老处（居保处）处长、城乡居保经办机构负责人等。会上，各市介绍2020年城乡居民养老保险工作情况、主要成效和亮点做法，并现场观摩大丰区城乡居民养老保险基层公共服务标准化示范点建设。

【工伤医疗费报销实时联网结算】 2020年，大丰区人社局搭建工伤经办机构与医疗机构全面网络架构，扩大社保经办机构与定点医院的数据共享范围，6月正式上线运行工伤保险定点医院医疗费联网结算系统，工伤保险实行全面联网结算制度，为参保职工的就医治疗提供完整的“一站式”

服务，大幅提升工伤经办服务效率，同时也减轻工伤职工住院时职工及其单位工伤医疗费用的垫资压力。

【机关事业单位养老保险制度改革】 2020年，大丰区人社局持续深化机关事业单位养老保险制度改革，完成2020年年底前退休“中人”、转移人员及部分单位的年金虚账记实归集1.08亿元，同时对2014年10月—2020年5月期间的职业年金实账部分向省人社厅完成归集，归集资金5.49亿元。加快推进“中人”待遇核定，2019年度退休“中人”按新政策核定待遇复审通过330人，复审通过率为94.56%。养老保险关系实现省内跨统筹区转移，全区符合省内同险种转出条件226人，年内已开具转出缴费凭证221人。推进部分“事改企”单位参保全覆盖，水利建设有限公司、种业有限公司、恺达水利工程有限公司、恒昌交通建设工程有限公司等4家“事改企”单位完成线上参保登记。

（刘　波）

医疗保障

【概况】 6月22日，盐城市医疗保障局大丰分局（以下简称大丰分局）和盐城市医疗保险基金管理中心大丰分中心（以下简称大丰分中心）挂牌成立。大丰分局以基本医疗保险和生育保险市级统筹为契机，进一步强化管理、优化服务，医疗保障各项工作取得新的进展，连续两年获区委、区政府目标任务考核综合先进集体，获盐城市医保系统考核第一等次。

【医保参保扩面】 2020年，大丰分局按照全民参保计划要求，不断巩固和扩大基本医疗保险参保覆盖面。开展参保信息比对，对户籍和生活在大丰区内未参保的人员名单进行全面排查摸底，特别是对近两年参加过城乡居民医保未缴费的人员逐一核实状况，确保参保信息“底数清、情况明、数据准”，有针对性地做好参保工作。协助税务部门做好阶段性减征职工医保费工作，全年减征职工医保费6969万元，涉及2295个单位，93343名在职职工。截至2020年年底，大丰基本医疗保险参保66.01万人，其中，职工医保参保17.15万人，城乡居民医保参保48.86万人，参保率为目标任务的100.9%，排全市前列。

【医疗保障待遇】 2020年，大丰分局对部分基本医疗保险待遇政策进行调整。职工医保个人账户划入比例以职工缴费工资为基数，根据不同的年龄段确定：35周岁及以下的划入2.5%，36~45周岁的划入3%，46周岁及以上的划入4%；退休人员按退休者上年度退休金总额的5.5%划入。职工医保年度累计纳入报销的医疗费用最高限额提高至53万元。2020年度城乡居民医保个人缴费标准：年满18周岁（不含在校学生）以上的，每人为320元；学生及其他未成年人每人为220元，财政补助每人680元。职工大病保险筹资标准60元/人·年，分别从职工医保统筹基金、个人医疗账户中每人每年提取48元、12元。城乡居民大病保险筹资标准提高到110元/人·年，从城乡居民基本医疗保险基金中提取。

【医保市级统筹】 2020年，大丰分局推进基本医疗保险和生育保险市级统筹制度，实行盐城市内就医一律刷卡结算，参保人员在全市县级及以下定点医疗机构，全市定点药店持社保卡直接结算。根据市级统筹要求，将全区全额拨款事业单位全部纳入公务员医疗补助政策范围，涉及全额拨款事业单位368个，在职职工7458人，退休职工6934人，区财政全年增加支出1733万元。

【医保基金监管】 2020年，大丰分局按照堵漏洞、强监管、重惩处、严震慑的要求，强化基金监管。开展医疗保障基金监管源头治理工作，全区197家医保定点医药机构以2018年1月—2020年4月30日内医保结算数据为基础，分类实施自查自纠，自查自纠覆盖率100%。开展打击欺诈骗保专项行动，全年检查定点医药机构202家，处理违法违规医药机构186家，占被检查医药机构的92%。其中，暂停零售药店协议1家，解除零售药店协议1家，移交司法机关零售药店1家，追回医保基金本金及违约金1632.51万元。提升医保监控智能化水平，投入160余万元建立医保智能监管大厅，同时将远程实时监控范围由59家社区门诊、55家定点零售药店拓展至165家社区门诊（含村卫生室和社区卫生服务站）、126家定点零售

2020年，盐城市医疗保障局大丰分局开展医疗保障基金监管源头治理工作。图为医保智能监管大厅（单位供图）

药店，实现定点社区门诊、定点零售药店监管全覆盖。

【医保精准扶贫】 2020年，大丰分局继续深入推进医保扶贫3年行动计划，巩固医保脱贫攻坚成果。全面资助各类医疗救助对象、农村建档立卡低收入人口参加城乡基本医疗保险。全区25299名困难人员全部参加居民医保，参保率100%，全年参保资助797万元。定点医疗机构全面实行困难人员基本医疗保险、大病保险、医疗救助"一站式"费用结算服务。困难人员在区内门诊就诊或办理出院时，只需缴纳个人负担费用。实施住院医疗费用托底保障，对2019年1月1日以来低收入人口在县域内定点医疗机构发生的住院医疗费用，开展回头看，对881人次手工补救助25.62万元，确保个人自负部分控制在住院费用10%以内。强化医疗行为监管，加大对定点医疗机构目录外药品、诊疗项目、耗材使用的监管力度，严控目录外费用，引导医疗机构将政策范围外自费医疗费用控制在住院总费用的8%以内。

【医保支付方式改革】 2020年，大丰分局进一步优化医保支付方式，借鉴上海医保部门的做法，依据各定点医疗机构总体情况、近5年业务数据、硬件和软件设施等6个方面内容，通过数据建模分配确定各医疗机构2020年城乡居民医保普通门诊和住院总额控制指标。建立数据模型所需的内容和数据由各定点医疗机构提供，大丰分中心组织专业人员审核，确保真实有效。鉴于2020年城乡居民医保普通门诊待遇政策调整幅度较大，城乡居民医保普通门诊和住院总额控制指标实行合并、统筹使用，门诊慢性病总额超出部分可在普通门诊和住院总额结余中调剂支出。推进住院按病种付费，付费病种280种，基金支付占住院统筹基金支出比例30%以上。

【医药价格】 2020年，大丰分局对全区37家医疗机构医疗服务项目进行清理，整治价格乱象。根据各医疗机构卫生医疗资质许可，将实际开展的医疗项目列入《医疗机构医疗服务项目价格目录库》收费，对医疗机构收费程序中的9000多项医疗服务项目价格，进行全面梳理，清理不开展收费项目4000多项。37家医疗机构建立医疗服务项目价格目录库。其中，乡镇及其他一级医疗机构医疗服务项目在180~500个左右，区直二、三级医疗机构医疗服务项目在3000个左右。

【药品(医用耗材)招标采购】 2020年，大丰分局落实国家药品(医用耗材)招标采购政策，推进民营医疗机构参加阳光平台招标采购。出台民营医疗机构参加阳光平台招标采购激励制度，实行"一制二策"(平台价格低于网下或与网下价格相同的必须从省平台采购；平台价格高于网下价格的，自愿选择采购)，与公立享有同等的政策宣传培训、配备CA资质、预付货款待遇等措施，民营医疗机构参加阳光平台采购、国家组织药品带量采购率100%。

【医保经办服务】 2020年，大丰分局持续优化医保公共服务，深入开展"医疗保障公共服务专项治理年"活动。投入240万元，新建医疗保障服务大厅。对照省市统一的医疗保障经办政务服务事项清单和办事指南，优化简化办事流程，提高服务效率。拓宽"不见面"事项办理渠道，所有医保公共业务均可实行窗口办、网上办。按照"一窗受理、一次办好"改革要求，推行"前台综合受理、后台分类审批、统一窗口出件"的综合服务模式。拓展个性化公共服务，设立税务、农商行专门服务窗口，实行参保缴费、基数申报、缴费扣款"一站式"服务；实行提前办、预约办，延长大厅工作时间，工作日上午、下午各提前半小时开展服务；所有服务窗口均配置多功能显示屏，可根据需要同屏显示业务经办情况，方便参保群众信息查询和业务办理；引进北京慧闻小笨智能机器人，与群众实行互动交流，解答群众关心的热点问题。

【疫情防控医疗保障】 2020年，大丰分局围绕"两个确保"(确保患者不因费用问题得不到及时救治，确保定点医疗机构不因医保总额预算管理规定影响救治)，全力做好应对和救治保障工作。将国家诊疗方案覆盖的药品和医疗服务项目，临时性纳入医保基金支付范围。临时将用于疫情防治的各类医用口罩、医用手套、医用酒精、医用雾化器、84消毒液等防控用品纳入医保刷卡范畴，进一步满足群众防护需求。对集中收治的大丰人民医院，预付1190万元；对门诊就诊人数较多的大丰中医院、大丰区第三人民医院分别预付380万元、190万元，用于医疗机构疫情医疗保障，减轻垫付压力。对确诊或疑似的异地就医患者，先救治后结算，减少患者流动带来的传染风险，患者医疗费用不纳入医院总额预算控制指标。

(王军勇)

〖编辑　於晨婷〗

公共安全

安全生产监督管理

【概况】 2020年，大丰区以“开展安全生产专项整治一年行动”为主线，紧密衔接“全国安全生产专项整治三年行动”，牢固树立安全发展理念，加强安全生产治理体系和治理能力现代化建设，全力防范化解重大安全风险，全区安全生产和消防工作保持稳定，未发生较大以上级别生产安全事故，一般事故起数和死亡人数同比分别下降70.7%、63.6%。

【安全生产责任落实】 2020年，大丰区不断压实安全生产责任，区委、区政府主要负责人同任区安委会主任、区安全生产专项整治行动领导小组组长；区委常委会每季度、区政府常务会每月至少研究部署1次安全生产工作；年度区对部门的综合考核中，安全生产分值由2分提高到5分。各镇（街道、区园）党政主要负责人严格履行安全生产“第一责任人”职责，并明确1名副镇长（副主任）分管安全生产。出台部门及有关单位安全生产职责清单，明确38个区政府安全生产委员会成员单位、13个有关部门和单位安全生产工作职责。区级12个安全生产督导组，常态化对18个镇（街道、区园）和19个专项整治牵头部门开展督导，全年组织4批次安全生产巡查；对12个部门和港区开展化工行业安全生产专项巡察。推进落实“企业安全生产主体责任三年行动”年度重点工作，综合运用执法、指导、管理、服务、教育、培训等多种手段，倒逼企业落实“一必须五到位”（必须依法依规生产经营管理，安全责任到位、安全投入到位、安全培训到位、安全管理到位、应急救援到位）。建立健全企业主体责任失信惩戒和守信激励机制，1328个企业实行安全承诺制度，218个重大危险源全部登记建档并落实管控措施。

【危险化学品安全生产专项整治和综合治理】 2020年，大丰区扎实推进危险化学品综合治理，区政府制定出台《盐城市大丰区危险化学品安全综合治理实施方案》，成立危险化学品安全综合治理领导小组，明确各部门整治内容及分工。在化工和工贸领域建立生态环境和应急管理部门联动机制。成立违法违规“小化工”专项整治联席会议领导小组，共同推进危险化学品综合监管。督促重大危险源企业对重大危险源进行登记建档，定期开展检测、评估、监控，制定应急预案，完成重大危险源备案工作。突出全区行业领域涉及危险化学品生产、储存、使用、经营、运输和废弃处置等各环节的安全风险管控，各条线、板块联防联动，重点检查危险化学品生产、经营、使用、储存和使用危险化学品的工贸企业和学校、医院。全年检查危险化学品企业1742个次，排查存在问题隐患企业705个次，摸排安全风险点2219个，发现治理风险隐患1586项。

【冶金等工贸行业安全生产专项整治】 2020年，大丰区开展冶金等工贸行业安全生产专项整治，部署金属冶炼领域安全生产专项治理，对铸造熔炼炉进出水温度流量报警、天然气加热炉可燃气体泄漏报警以及地坑积水等问题开展治理，全区机械铸造企业全部整改到位。开展涉危工贸企业安全专项治理，全面摸排使用危险化学品的工贸企业，建立使用危险化学品工贸企业基础信息台账；对使用危险化学品的重点企业开展逐企检查，规范使用危险化学品工贸企业安全管理。开展粉尘涉爆安全专项治理，重点突出金属粉尘以及单班涉粉10人以上的企业，邀请省级行业专家开展执法检查，全面排查重大安全风险和隐患，强化粉尘的产生、收集、处置全流程监管。按照《企业安全生产主体责任落实“家家到”对照检查表》，全面核查企业“一必须五到位”落实情况，依法查处主体责任不落实行为，倒逼企业主体履职尽责。全面排查木制品加工企业，强化冶金有色企业检查和空置租赁厂房安全管理，突出机械企业喷涂作业风险隐患整治。对近3年发生安全生产事故的企业开展“回头看”，重点突出企业主体责任落实、安全风险分级管控和隐患排查治理情况，全力防范事故发生。

【安全生产教育培训】 2020年，大

丰区开展落实企业安全生产主体责任“春风行动”集中宣讲活动，提升企业安全生产主体责任意识。对全区140名安全生产分管负责人进行能力提升培训；联合区委组织部，组织全区276名应急管理干部分两批赴上海交通大学参加综合能力提升培训，提升工作能力和业务水平。坚持以企业“三项岗位”（企业主要负责人员、安全生产管理人员、特种作业人员）人员培训为重点，督促企业健全培训制度，全面提高安全意识、安全技能和安全防范水平。全年培训“三项岗位”人员8203人次，其中企业主要负责人3081人次、安全生产管理人员3209人次、特种作业人员1913人次。

【安全生产宣传】 2020年，根据省、市关于“百团进百万企业”宣讲活动部署，大丰区组织宣讲682次，参加宣传人数24239人，规模以上、规模以下企业全覆盖。组织开展“安全生产月”活动，联合相关部门和单位，做好安全生产集中咨询日活动，现场接受群众咨询，展出安全生产图板110块，发放安全文化宣传资料2万多份，现场播放事故警示教育片和安全公益宣传片。深入开展“五进”活动，全年进企业3095场次、进农村267场次、进社区1129场次、进学校39场次、进家庭57194场次。

【安全生产行政执法】 2020年，大丰区加强安全生产行政执法体系建设，建立事故信息共享研判机制。通过信息互通，打击瞒报谎报迟报事故行为；加强非亡人事故的规范管理，强化事故管控和追责。推动安全生产与司法联动，建立联络员工作制度，明确工作职责，常态做好沟通联系、情况通报、案件移送、要情信息报送和联动执法等工作。加强事前执法力度，推进安全生产委托执法，全年查处安全生产非法违法案件148起，实施罚款252.98万元，无行政复议和行政诉讼。

【基层安监能力建设】 2020年，大丰区实行基层安监机构建设“2+3+X”模式[各镇（街道）安监机构行政、事业人员分别不少于2名、3名，结合实际聘用专职安全员]，年底，全区基层安监机构配备安全监管人员151人。推进政府专职消防队伍建设，重新组建15个镇（街道、区园）专职消防伍，并分批次开展消防业务技能培训。区交警部门组建农村地区“铁骑队”，推动交通管理“路长制”。

【防灾减灾救灾】 2020年，大丰区建立健全防灾减灾救灾体系，及时调整区减灾委员会和区森林防灭火指挥部组成人员，建立自然灾害防治区级联席会议制度，成立全国第一次自然灾害综合风险普查工作领导小组，统筹协调全区防灾减灾工作。顺利完成全区自然灾害管理“一图一表”的编印。完善防灾减灾救灾“党政同责、一岗双责”责任制和区、镇（街道、区园）、村（居）三级灾害信息员网络，将防灾减灾救灾责任落实到各级各部门。积极与区防汛抗旱指挥部办公室对接联动，参与各类防汛抗旱准备工作的指导检查，初步建立数据互联互通机制。开展“5·12”全国防灾减灾日、“国际减灾日”宣传教育和紧急避险演练等，把防灾减灾知识送进机关、村居、企业、社区、学校和家庭，提高广大群众防灾减灾意识和自救互救能力，营造全民防灾减灾氛围。

（陈　白）

2020年7月2日，大丰区危险化学品事故应急救援综合演练在江苏大丰港经济开发区江苏丰山集团股份有限公司举行。 （单位供图）

防震减灾

【概况】 2020年，大丰区防震减灾工作坚持以防为主、防抗救相结合的工作方针，坚持分级负责、相互协同的工作机制，扎实做好各项防范工作，提高全社会抵御地震灾害的能力。大丰区地震局被江苏省地震局表彰为2020年度省防震减灾工作先进单位。认真制定并实施震情监视和短临跟踪工作方案，合理布局和调整地震监测手段，对重点地区有针对性地加密观测，加强台站的巡检维护，密切监视震情发展和前兆变化，做好群测群防。开展全区建设工程地震安全监管检查，做好重点地区、重要建筑和基础设施地震风险隐患检查及治理。结合农村危房改造和抗震安居工程建设，推进防震减灾示范区、防震减灾科普示范学校的创建和巩固。依法将防震减灾知识纳入国民素质教育体系、中小学公共安全教育纲要、各级领导干部及公务员培训教育的重要内容。突出节点宣传，利用“5·12”防灾减灾日、国际防灾减灾日等契机，开展宣传教育，提高社会公众防震减灾意识和应急避险、自救互救能力。开展防震减灾宣传教育“进机关、进学校、进企业、进社区、进农村、进家庭”活动，提高社会公众主动参与和支持防震减灾各项活动的自觉性。大丰初级中学开展国家防震减灾学校创建。区住建局捐赠一套地震声光电模型给图书馆，建立地震科普示范基地。

【地震监测预报】 2020年，大丰区地震局地震监测预报、地震监测台站运行正常，资料连续可靠、准确有效。在全省地震观测资料质量评比中，大丰区地震台电磁波观测获省评比第一名，前兆数据管理与系统维护获省评比第二名。大丰区地震台重建地磁探头房，新增1个痕量氢观测手段；制定完成《盐城市大丰区震情监视跟踪工作方案》，坚持24小时震情值班制度，跟踪监视震情，及时核实处理地震异常现象；参加盐城市地震趋势会商2次，获一等奖。

【震害预防】 2020年，大丰区地震局依法对区内建设工程提供抗震设防标准，把抗震设防纳入建设工程的审批程序，在项目立项和图审阶段分别进行抗震设防的前置审批。对重大建设工程和可能发生严重次生灾害的建设工程，严格按照国家和省有关规定进行地震安全性评价。年内完成大丰经济开发区地震安全性区域评估。其他建设工程按照第五代《中国地震动参数区划图》确定的抗震设防标准，进行抗震设防。加强对农村基础设施、公共设施和农民自建房抗震设防的指导管理，引导农民在建房时采取科学的抗震防震措施。在新型农村社区建设中，将抗震设防作为必备的建设要求落实，达到7度设防的要求。

【防震减灾机制】 2020年，大丰区政府与镇（街道、区园）和相关职能部门签订“防震减灾责任书”，形成“党委统一领导、党政齐抓共管、部门各司其职、地震部门统筹协调”的防震减灾工作格局，发挥了区、镇两级政府在组织领导防震减灾工作中的主体作用。建立长效管理机制。根据区住建局出台的《盐城市大丰区防震减灾“三网一员”队伍建设管理办法》，继续完善防震减灾工作目标管理机制、经费投入机制和督查考核机制，健全“三网一员”（地震宏观测报网、地震灾情速报网、地震知识宣传网、防震减灾助理员）工作队伍、管理制度和绩效考核办法，实行分级管理、分块负责、绩效考核，形成区管镇、镇管村的“三网一员”管理体系。定期召开防震减灾“三网一员”培训会议，组织“三网一员”学习防震减灾法律法规和地震知识，提升履职能力和水平。

【地震应急准备】 2020年，大丰区地震局开展地震应急工作督查，检查全区地震应急预案的制定与更新、地震应急演练、地震应急物资配备、应急队伍和志愿者队伍建设；分季度常态化开展学校、医院、重点企业的地震应急演练。加强应急能力建设，年内开工建设1个中心地震应急避难场所（奥体中心）和3个（城东小学、南阳中学、梅花湾）固定应急避难场所。

（葛顺明）

防汛防旱

【概况】 2020年，大丰区防汛防旱防台形势总体平稳，灾害天气频率与往年比偏高。4月，受降雨少与上游来水少的影响，河道水位降低，但未造成大面积干旱。6月至7月上旬，受超长梅雨期影响，发生8次强降水，未造成人员伤亡和大的经济损失。8月，受第4号台风“黑格比”和第8号台风“威巴”影响，也未造成人员伤亡和大的经济损失。

【水情雨情灾情】 2020年梅雨期间，大丰区发生8次强降水过程，降雨量486.32毫米，是正常年份的近2倍。6月28日20时至6月29日8时，全区普降暴雨到大暴雨，平均降雨91.4毫米，西北部、北部地区以及城区降雨量较大，其中刘庄镇108.5毫米、新丰镇139.5毫米、三龙镇115.0毫米、城区107.6毫米。受暴雨影响，全区内河水位上涨，截至6月29日8时，开发区水位1.94米，超警戒水位14厘米；刘庄镇水位1.80米，达警戒水位标准；其余区域均未达警戒水位，水情基本平稳。面对暴雨，大丰区防汛防旱指挥部启动防汛预案，科学调度沿海各闸、城防排涝站、农村排涝站，大开大排，降低河道水位，未造成人员伤亡与大的经济损失。年内高温天气偏少，全区30℃及以上天气34天，35℃及以上天气2天，未发生大面积旱灾。

2020年7月13日，大丰区川东港新闸排涝。 邱鹏 摄

【台风】 8月4—5日，第4号台风“黑格比”从大丰区过境；8月25—26日，第8号台风“威巴”对大丰区造成外围影响，两次台风均未造成经济损失和人员伤亡。

【防汛责任制】 2020年，大丰区政府根据机构改革和区、镇（街道、园区）两级人事变动情况，及时印发《关于调整区防汛防旱指挥部组成人员的通知》。5月4日，大丰区防汛防旱指挥部印发《大丰区防汛防旱指挥部成员单位主要职责》，落实以行政首长负责制为核心的各项防汛责任制。5月12日，大丰区防汛防旱指挥部印发《2020年大丰区流域性工程防汛责任人名单》，并在《大丰日报》刊登，接受社会监督。5月14日，召开全区防汛防旱工作会议，会上各板块、各相关部门签订2020年防汛防旱工作责任状。

【防汛预案修订】 2020年，根据历年预案运用情况与防汛防旱工作实际需求，大丰区对原有防汛防旱预案进行修订整合，制订印发《盐城市大丰区防洪排涝预案》《盐城市大丰区抗旱预案》《盐城市大丰区防御台风应急预案》，编制《盐城市大丰区城市超标洪水防御预案》《盐城市大丰区海堤超强风暴潮防御预案》等作为补充，确保预案体系科学完善。

【防汛物资储备】 2020年，大丰区防汛防旱指挥部办公室进一步扩充防汛物资储备，全区共储备土工布71400平方米、编织袋105万只、木材91立方米、块石19500吨、钢管1880根，抢排泵400台、潜水泵124台、汽油机泵10台套、柴油机25台、发电机组10台套。4月底，潜水泵、抢排泵全部维修保养到位。严格物资储备管理制度，合理确定仓储地点，对抢险物资实行专库储存、专人负责，对部分超过保存年限的编织袋进行销毁并及时补充，确保防汛物资满足供应、应急调用快速到位。

【防汛抢险队伍】 2020年，按区域防汛抢险要求，在大丰沿海堤防及港区组建6个208人的抢险队，在内地组建294个9958人的抢险队，在城区组建12个356人的抢险队。4月，在城防西站组织排涝演练；5月，抽调镇（街道、区园）防汛队伍参加大丰区重点水利建设工程处组织的四卯酉闸下移工程防汛抢险综合演练，切实提高防汛抢险队伍应急处置能力和实战本领。

【防洪排涝工程】 2020年，四卯酉闸下移工程新闸主体工程通过完工验收并投入运行，发挥工程效益，有效提升上游981平方千米受益面积的排涝引淡能力。完成王竹海堤青坎修复工程，修复冲刷严重的青坎1200米，保障沿海堤防安全。完成疏浚整治大沟18条、中沟120条，完成土方313万立方米，有效提升农村防洪排涝、蓄水灌溉能力。修复通榆河东岸白驹段倒塌严重的河坡870米，保障了通榆河堤防的安全。实施西潮河整治工程，完成土方56万立方米，全面完成水下部分土方及驳岸工程。利用区级财政防汛防旱专项经费450万元，在18个单位安排防汛防旱专项资金项目49个，有效解决防汛隐患。

（黄启明　刘新奇）

消　防

【概况】 2020年，大丰区消防救援大队认真贯彻落实上级党委决策部署，强化组织功能，打造过硬队伍，高标准、高质量完成以防火、灭火为中心的各项工作。年底，大丰连续20年未发生重大以上级别的火灾事故，全年接警出动792起，其中抢险救援165起、火灾扑救533起、社会救助94起，出动消防车1036辆次、人员5258人次，抢救被困人员41人，抢救财产价值156.3万元。11月，大丰区消防员张佳伟获盐城“最美消防员”称号。

【消防大队思想政治建设】 2020年，大丰区消防救援大队党委以“践行训词精神、担当神圣使命、坚持五个不动摇”主题教育实践活动为重点，学习贯彻十九届四中、五中全会精神和习近平总书记训词精神，并结合工作实际，制定政治理论学习计划，组织学习。开展“争创示范基层党组织、争当模范共产党员”“学习陈陆同志先进事迹”等活动，学习先进人物为党恪尽职守、为民竭诚奉献的精神。组织指战员开展《国家综合性消防救援队伍思想政治教育大纲（试行）》等学习，激发干事创业的热情。组织参观知青纪念馆、狮子口会师纪念馆，观看红色电影等社会实践教育，打造忠诚、坚定、无畏的应急救援队伍。开展家属助廉活动，教育引导干部清白做人、干净做事、崇廉拒腐。

【消防宣传培训】 2020年，大丰区消防救援大队在省级以上媒体用稿25篇，盐城和大丰媒体用稿35篇。在大丰电视台、报社、广播电台开设消防宣传专栏，录制提示音频6次。联合区教育局部署全区66所中小学、52所幼儿园，布置“消防作业”，分层次组织灭火和疏散逃生演练118次。持续开展省、市部署的“百团进百万企业”活动和“百名消防指挥长宣讲消防安全”活动。组建消防宣传服务队，消防宣传车每月不少于8个半天走进镇和社区、街道，开展错时宣传。充分发挥消防站开放、消防教育体验馆的作用，开展形式多样、内容丰富的主题消防宣传活动，受益群众5000余人。

【消防执法】 2020年，大丰区消防救援大队与各镇（街道、区园）、26个部门签订消防工作目标责任书，将消防安全委员会办公室成员单位年度消防工作职责履行情况和消防工作目标任务完成情况，作为主要负责人和领导班子综合考核评价的重要依据，推动消防工作责任落实。统筹开展“江苏安全生产专项整治”和3年行动，定期召开会议、发布预警、下达指令、定期督导，持续跟踪问效。向16个重点行业部门送达工作提示函，明确各阶段具体任务，为各项工作任务有效落实提供保障。调整充实镇（街道、区园）消防安全委员会，逐级备案成员名单和工作职责，明确整治任务，合力推动消防重点工作落实。截至年底，大丰连续20年未发生重大以上级别的火灾事故。

【灭火救援能力建设】 2020年，大丰区消防救援大队组织指战员集中学习灭火救援“十快”要则、作战训练安全100问等相关理论知识，每月召开1次“安全大讨论”活动、组织1次作战训练安全理论考试、进行1次自查自纠，及时消除安全隐患。完成《大丰区较大火灾事故处置预案》编制。开展“863”熟悉演练（8看6测3练）和数字化预案录入工作，对辖区167家一二级重点单位进行熟悉演练，做到“底数清、数量明”，并全部录入数字化预案系统。区政府举办“全区第十届政府专职消防队伍技能竞赛”，检验实战技能；举行多部门联合大型演练8次，开展单位“863”熟悉102家，演练68次。委托支队采购1辆抢险救援车、1套远程供水泵组，提升处置火灾能力。

【政府专职消防队伍建设】 3月，区政府出台《关于规范和加强政府专职消防队伍建设管理的工作方案》，明确各镇（街道、区园）重新组建并管理行政区域内的政府专职消防队伍，人员经费1768万元。投入1000余万元，新建大丰经济开发区政府专职消防站。年底，全区专职消防站有各类执勤消防车27辆，专职消防队员196人。全年政府专职消防站接警出动240起，占接警总数的30%，出动车辆354辆次，抢救被困人员5人。

（王志伟）

2020年，大丰区消防救援大队对辖区167家一二级重点单位进行熟悉演练，做到“底数清、数量明”。 周古凯 摄

应急管理

【健全应急预案体系】 2020年，大丰区不断加强和规范全区突发事件应急预案的动态管理，健全完善应急预案体系，提高对突发事件的预知、预警、预防和应急处置水平。重新对全区各类应急救援进行梳理，形成1个区级总体应急预案和46个专项应急预案体系，其中，自然灾害类8个、事故灾难类18个、社会安全类14个、公共卫生类6个，增加23个专项应急预案。全年发布17个专项预案，12个在法制审核、报批用印中，17个在修订中。

【应急救援演练】 2020年，大丰区组织指导各镇（街道、区园）针对可能发生生产安全事故的特点和危害，开展生产安全事故应急救援演练。指导督促有关部门根据各自行业（领域）特点，组织开展针对不同类型灾害事故的综合演练和专项演练，检验预案，磨合机制，提升应对突发事件的能力。在大丰港石化产业园丰山集团，组织开展区级层面的危险化学品应急救援演练，增强区、镇、部门、政企之间的应急联动协调性，提升整体应急救援的反应速度、指挥水平和实战能力，为全区快速、有序、高效应对危险化学品事故积累实战经验。

（陈　白）

〖编辑　刘洪芳〗

草堰镇

【概况】 草堰镇地处大丰区西南，南与东台市毗邻，西与兴化市接壤，204国道、新长铁路、盐通高铁、盐通高速公路、串场河、通榆河贯穿其中。草堰镇具有1800多年历史，是全国卫生镇、盐城市文明镇，镇中古桥、古井、古街、古闸先后被确认为省、市、区文物保护单位，独特的古盐文化使草堰镇成为江苏省唯一的古盐运集散地保护区。草堰村入选“中国传统村落”名录。梦幻迷宫是全国AAAA级旅游景区，曾获两项世界吉尼斯纪录，是草堰镇旅游新亮点。全镇总面积95.86平方千米，集镇建成区面积3平方千米，2020年年末，辖12个村、1个居委会、78个村民小组，总人口36674人，总户数13853户。2020年全镇完成一般公共预算收入7319万元，农民人均纯收入26582元，比2019年增长6.5%。全镇形成机械、铸造、汽车零配件、玩具、建材等支柱产业和花卉、水产品等富民产业。

【工业】 2020年，草堰镇实现规模以上工业开票销售收入17.11亿元，新增规模以上工业企业3个，全镇纳税超100万元企业10个。开展春季招商攻坚赛和秋季招商大会战，全年新签约顺佰健新材料、后浪智能装备等1亿元以上项目3个，开工圣世杰机械、梦幻迷宫生态农业园等项目4个，龙万机械、思宇工艺品等项目竣工投产。

【农业】 2020年，草堰镇农业提质增效。流转土地1653.33公顷，发展设施蔬菜、林果特经作物220公顷，新培植家庭农场43家、专业合作社23家，建成三元村千亩稻虾综合种养基地，成功创建省粮食全程机械化示范镇。梦幻迷宫千亩生态农业园区25栋连片高端智能化温室大棚建成使用。发展农产品电商冷链物流，打造“田阿姨”菜篮子品牌。

【第三产业】 2020年，草堰镇规模以上服务业企业营业收入1.52亿元、限额以上批零住餐企业零售额3200万元。新增规模以上服务企业1个，限上批零住餐企业2个。梦幻迷宫被评为国家AAAA级旅游景区、全国五星级休闲农业和乡村旅游园区、江苏省主题创意农园。挖掘历史文化底蕴，统筹做好古盐运集散地保护区保护和开发，茶食铺子、非遗展示馆、拓片展示馆等特色节点对外开放，草堰村列入“中国传统村落”名录，丁溪村、草堰村五组入选“江苏省传统村落”。

【镇村建设】 2020年，草堰镇加快完善功能配套。农路全面提档升级，改造农村交通桥梁93座，竣工农桥105座，351连接线工程、永宁路北延、润阳桥、通济桥等工程竣工通车。加快改善群众住房条件，改善农房937户。扎实推进双河、三渣新型社区建设，双河社区二期187户、三渣社区一期130户竣工交付，综合公共服务中心和基础设施同步推进实施。完成“四类人群”（纯低保户、五保户、残疾户、建档立卡贫困户）C、D级危房改造367户，开展脱贫攻坚住房安全有保障回头看，全部实现“两不愁三保障”（不愁吃、不愁穿，义务教育、基本医疗、住房安全有保障）。重抓新中路、新街路、农贸市场经营秩序和环境整治，204国道机动车和非机动车分离工程竣工投入使用，沿线建筑外立面出新工程基本竣工，金水门公园完成提档升级。农村人居环境整治三年行动结束，丁溪村等11个村（社区）被评为区文明村（社区），成功创建国家级生态镇、省级生态文明建设示范镇。

【生态环境】 2020年，草堰镇严格落实河长制，关闭搬迁禁养区规模养殖场103家，疏浚河道12条、整治黑臭水体29处。新增成片绿化造林390公顷，界中村、西渣村等5个村成功创建“森林村庄”，全镇森林覆盖率19.41%。

【社会治理】 2020年，草堰镇推进全要素网格化治理，集中治理重复信访，化解信访积案。深入推进扫黑除恶专项斗争，群众安全感满意度不断提升。深入开展安全生产企业主体责任落实“家家到”督导工作，持续推进重点领域安全专项整治和“春风行动”，全镇安全生产形势保持平稳。重视初信初访，严控源头苗头，依法有序化解积案，全力把矛盾化解在萌芽、在基层。纪委、人大、社会监督形成联合体，办理人大代表议案、建议8件，办复率100%，满意率100%。政府机构审批服务执法三整合顺利推进。

【社会事业】 2020年，草堰镇扎实推进脱贫攻坚，全镇建档立卡户639户1126人全部实现脱贫，市定经济薄弱村竹园、三新村年集体经济收入超20万元。落实各项稳就业政策，加大就业创业服务。推进社会保险扩面征缴，广泛宣传城乡居民养老保险政策，新增养老保险参保600人，城乡居民医保、养老保险覆盖面均为95%以上，社会保障体系日趋完善。卫生院新建工程完成投入使用，宜居品质更加彰显。

【疫情防控】 2020年，草堰镇全面贯彻“外防输入、内防反弹”要求，运用“大数据+网格化+铁脚板”精准摸排，严密防控，实现疫情“零输入”。精准有序推进复工复产复市，认真贯彻执行减税降费等举措。全镇各项主要经济指标均实现正增长，一般公共预算收入、固定资产投资、全口径工业开票销售同比分别增长18.55%、26.3%、46.5%，规模以上工业企业增长面66.67%。

【抗美援朝70周年纪念活动】 2020年是中国人民志愿军抗美援朝出国作战70周年，大丰区草堰镇与中华英烈褒扬事业促进会，在江苏铁军国防教育基地——梦幻迷宫联合举行纪念活动，弘扬志愿军抗美援朝精神，缅怀先烈功绩、传承红色基因，向伟大的战斗精神致敬，在梦幻迷宫举行中华英烈褒扬事业促进会教育培训基地揭牌仪式。

【肖长桂上榜“江苏好人榜”】 2020年5月，勇于跳河救人、帮助落水者上岸的肖长桂上榜“江苏好人榜”，成为草堰镇第一位“江苏好人”。65岁的肖长桂，是草堰镇双垛村村民，是一名具有40年党龄的老党员。2019年7月22日下午4时许，肖长桂将侧翻在新横河里的农用车驾驶员救上岸。肖长桂坚持为其做心肺复苏，成功挽救其生命。

2020年草堰镇主要经济社会指标一览表

表17

项　目	数　量	项　目	数　量	项　目	数　量
地区生产总值	21.04亿元	固定资产投资	5.09亿元	小汽车拥有量	8503辆
用电总量	8605万千瓦时	工业技改投入	500万元	医院病床数	96张
农林牧渔业总产值	9.07亿元	进出口总额	500万美元	自来水普及率	99.8%
粮食总产量	5866吨	学校	4所	参加养老保险	9256人
肉类总产量	2155吨	在校学生	1514人	参加合作医疗	27095人
水产品总产量	5819吨	在职教师	189人	农民人均纯收入	26582元
工业总产值	13.35亿元	有线电视用户	10038户	农民人均住房	42.5平方米
规模以上工业企业	14个	互联网用户	5904户	—	—
工业销售收入	20.99亿元	固定电话	7010部	—	—

2020年草堰镇各村、居委会基本情况表

表18

名　称	党总支（党支部）书记	主　任	户数（户）	人口（人）	经济总收入（万元）
丁溪村	袁　艳（女）	李桂祥	1365	3477	97.45
界中村	冯玉军	刘俊峰（　—2020.03）	1217	2773	99.32
双河村	李桂生	黄红山	884	2215	67.85
双垛村	景步国	景步国	1469	3850	84.30
合新村	陈桂红（女）	刘金龙	1474	3880	116.32
草堰村	刘宏进（　—2020.03） 陶春宏（2020.03—　）	袁春龙	1237	2892	68.46
三元村	陈学高（　—2020.03） 钱　军（2020.03—　）	杨兴明	1010	2926	109.34
西渣村	许永明	许素芹（女）	966	2316	86.68
成文村	李鸿翔（第一书记）	—	1115	2845	89.94
竹园村	宗汝刚（　—2020.03） 单庆勇（2020.03—　）	沈丹明	944	2454	82.22

续表18

名　称	党总支（党支部）书记	主　任	户数（户）	人口（人）	经济总收入（万元）
三新村	单云海（　—2020.11） 王　平（2020.11—　）	单云海（　—2020.11）	963	2422	111.84
三渣村	邢俊青	朱国旺	834	21631	121.15
竹溪居委会	刘俊峰（2020.03—　）	—	1104	2383	34.61

说明：双河村、三新村、竹园村、合新村、竹溪居委会为党支部。

2020年草堰镇骨干企业基本情况表

表19　　单位：万元

企业名称	销售收入	利税总额	法人代表
盐城市大丰区林华制造有限公司	5025	195.37	秦金华
大丰欧益箱包有限公司	1835	46.09	陆凤监
江苏鑫国机械铸造有限公司	9442	318.42	居传娇
盐城市大丰真率工艺品有限公司	4170	180.88	赵咏湖
江苏弘烨精密铸造有限公司	3895	301.73	王金栋
盐城市大丰区长荣建材公司	21951	884.95	周　扬
盐城市大丰区比齐密封系统有限公司	2463	137.17	黄家辉
盐城市大丰高昌蓝翔木业有限公司	1254	35.13	宗德宝
江苏禾丰粮油工业有限公司	131072	153.95	蔡兆海
盐城大丰丰宇居宰场	1744	4.9	冯小锋
江苏晨卓建材开发有限公司	3557	55.48	张昌养
江苏翊彩高分子材料有限公司	3564	59.19	胡育华

（周汉明）

草堰镇十字路口。　　（单位供图）

白驹镇

【概况】 白驹镇地处大丰区西南部，总面积约113.27平方千米，下辖16个村、1个社区居委会，有人口数13758户、37453人。白驹有海盐古镇、施公故里、会师胜地、玩具之乡四张名片，是"国家级生态镇""国家卫生镇""江苏省文化名镇""江苏省特色景观旅游名镇"。施耐庵故里·中华水浒园是国家AAAA级旅游景区、江苏"省级水利风景区"。2020年，实现地区生产总值23.89亿元，财政总收入1.53亿元，一般公共预算收入9279万元。农村常住居民人均可支配收入27597元。2020年12月，白驹镇被全国爱国卫生运动委员会命名为国家卫生镇。

【工业】 2020年，白驹镇全口径工业开票销售11.26亿元，规模以上工业开票销售7.17亿元，新增规模以上工业企业4个。开展"春季招商攻坚赛""秋季招商大会战"，全年签约落户项目8个，计划总投资12.6亿元。新开工1亿元以上项目3个，分别为苏合农批一期、大可机械、高凯机械；投产1亿元以上项目3个，分别为润丰智能家居、邦力金属、台益纳米科技；中杰仁硕医药科技项目落户窑港村，通过"三项清理"成功盘活四平机械厂。5亿元重大项目进园区工作取得历史性突破，招引总投资5.2亿元的深圳中天仁智能终端项目签约落户大丰经济开发区。依法关闭神驹建材、白驹砖瓦厂、华宏建材等3个泥土烧结砖瓦生产企业，储备工业用地23.33公顷。

【农业】 2020年，白驹镇重点围绕省道351组织实施绿色果蔬经济带建设，完成土地流转113.33公顷，建设连栋大棚86.67公顷。创新推进盐通高铁沿线两侧农业结构调整，与江苏银宝集团达成战略合作协议，整村推进土地流转，发展连片稻油种植基地546.67公顷。高标准实施锦绣大地现代农业园区提档升级。全年粮食总产量8.01万吨，生猪出栏3.31万头、存栏2.45万头。

【第三产业】 2020年，白驹镇新增规模以上服务业企业3个、限上批零住餐企业3个。水浒街停车场、古盐运码头、文创商店文化旅游重点项目开工建设。深度整合文旅资源，与上海强生国旅集团等38家大型旅行社签订长期战略合作协议，面向长三角打开团队客源市场，施耐庵故里景区年接待游客突破20万人次。

白驹镇水浒街俯瞰图。　　周古凯　摄

【镇村建设】 2020年，白驹镇盐通高铁沿线环境整治基本完成，农户屋面出新户数490户，更换垃圾桶960只。拆除存量违建及危旧房近1万平方米，清理房前屋后垃圾约700吨，惠及农户近1300户。马家新型农村社区建成交付并获评省级特色田园乡村，洋心新型农村社区171套住宅竣工，盛世名城二期农房改善项目9幢403套小高层住宅主体封顶。全年退宅进城入镇447户、退宅还耕225户、进新型农村社区171户，完成D级危房改造61户。

【生态环境】 2020年，白驹镇沿线河道岸线美化13.3万平方米，绿化流转土地160公顷，栽植苗木2.12万株。全镇新造成片林60.67公顷，实施森林抚育面积80公顷。冬春水利工程疏浚河道15条、全长27.49千米，疏浚村庄沟塘32条、全长17.85千米，岸坡绿化13.33公顷，团结村三中沟建成村级生态示范河道。治理黑臭水体18处，整治工业炉窑2家、工业扬尘6家，大气国控监测白驹站点完成安装。

【社会治理】 2020年，白驹镇安全生产专项整治行动和企业主体责任"家家到"强化月活动深入推进，检查生产经营单位1299家次，涉及全镇12个行业领域，排查整改各类安全隐患3773条。防范化解财政金融领域风险，压降政府隐性债务2800万元。依法及时就地化解信访矛盾纠纷，"12345"平台办复各类事项805件，办结率100%，化解信访积案2件。完善全要素网格化服务管理新体系，狮子口村被授予"全国乡村治理示范村"称号。

【社会事业】 2020年，白驹镇204国道集镇段机非分离改造、"三七"公路建设、敬老院消防设施升级、便民服务中心提升、二级消防站移址等10项民生实事工程如期完成。实施串场河白驹段沿线环境综合整治，完成"两违三乱"（违法圈圩、违法建设，乱占、乱排、乱建）整治26处，关停砂石厂、煤炭厂4处，搬迁拆除低效能企业28个，腾空土地面积13.33公顷，复垦绿植8.67公顷。脱贫攻坚取得决定性胜利，714户1242人建档立卡低收入人口全部稳定脱贫，3家市定经济薄弱村全部达标出列。狮子口村获第六届全国文明村称号。团结、马家、新垛、肖坳、洋心等村建成江苏省健康村。白驹初级中学、白驹小学被江苏省教育厅评为江苏省智慧校园。

【疫情防控】 2020年，白驹镇党委、政府成立新冠肺炎疫情防控工作领导小组和应急指挥部，按照"外防输入、内防扩散"的策略，及时管制主要进镇通道和重要交通卡口，织密织牢防控网。全镇285名网格员每天开展走访排查，先后对1231名返回大丰人员、336名外来人员开展随访，对重点地区到镇回大丰人员全部落实集中隔离医学观察措施。发现输入型确诊病例1例，后经治愈出院，未出现二代感染和死亡病例。随疫情形势变化，适时调整工作着力点和应对措施，精准推动复工、复产、复市、复课，以最快速度恢复正常生产生活秩序。认真宣传落实盐城市惠企20条政策、大丰区优化营商环境18条意见，支持小微企业渡过难关。

2020年白驹镇主要经济社会指标一览表

表20

项　目	数　量	项　目	数　量	项　目	数　量
地区生产总值	23.89亿元	水产品总产量	3622吨	在职教师	160人
财政总收入	1.53亿元	规模以上工业企业	19个	小汽车拥有量	9500辆
一般预算收入	9279万元	规模以上工业总产值	8亿元	医院病床数	140张
用电总量	11109万千瓦时	规模以上工业利税总额	0.6883亿元	自来水普及率	100%
工业用电量	7357万千瓦时	固定资产投资	8.48亿元	参加农村社会养老保险	23000人
定报企业用电量	2331万千瓦时	工业技改投入	7317万元	参加农村新型合作医疗	24417人
农林牧渔业总产值	9.78亿元	进出口总额	2119.2万美元	农村居民人均可支配收入	27597元
粮食总产量	79499吨	学校	4所	农民人均住房	48平方米
肉类总产量	2540吨	在校学生	957人	—	—

2020年白驹镇各村、居委会基本情况表

表21

名　称	党总支书记	主　任	户数（户）	人口（人）	总面积（公顷）
沿堤村	肖生存	肖生存	1089	3066	1096
马家村	陈华玺	陈华玺	868	2294	848
民窑村	杨金华	杨金华	1061	2996	1137
七里桥村	陈纪存	陈纪存	609	1687	545
团结村	顾益平	顾益平	718	1954	735
三里树村	陈　伟	陈　伟	676	1781	597
狮子口村	曹　映	曹　映	1757	2973	661
汤舍村	单长虹	单长虹	627	1755	627
唐西村	肖洪伟	肖洪伟	568	1628	581
肖坳村	肖桂存	肖桂存	799	2125	725
进步村	刘庆平	刘庆平	676	1839	570
新垛村	朱保美	朱保美	982	2834	1012
朱舍村	陈维仁	陈维仁	414	1123	326
东窑村	周浦江	周浦江	470	1310	445
窑港村	杨金艳（女）	杨金艳（女）	1002	2782	901
洋心村	唐亚武	唐亚武	910	2601	466
海宁居委会	陈卫华	陈卫华	1682	2886	30

2020年白驹镇骨干企业基本情况表

表22　　单位：万元

企 业 名 称	销售收入	利税总额	法人代表
盐城汇百实业有限公司	128.2	-1955	陈启俊
盐城杉童玩具有限公司	3774.6	292.1	李生祥
盐城杉童纺织品有限公司	1705.1	117.1	陈富传
盐城神龙玩具有限公司	2424.3	146.1	卞九龙
大丰鸿达玩具有限公司	892.9	33.4	葛中东
江苏焕鑫新材料股份有限公司	11050.1	-469.2	崔迎祥
盐城荣达印染有限公司	2715.1	107.5	周惠杰
盐城市大丰区宏丰米业有限公司	2342.4	15.1	朱俊逸
盐城海贝玩具有限公司	1415.6	164.4	王者东
盐城开乐纺织工艺有限公司	4126.5	560	宗胜旺
盐城康盛纸业有限公司	7965.4	888.6	盛立国
盐城市大丰景盛电子有限公司	2662.1	161.1	李铁生
盐城怡童家纺有限公司	2920.9	305.9	李生华
润丰智能家居（江苏）有限公司	5166.9	19	邹亦农
江苏中昌精锻有限公司	3829.4	-13.6	肖　建
江苏大凡生态建材科技有限公司	2198.8	114.4	赵　荣
江苏台益纳米科技有限公司	3526.5	-14.8	高道峰
江苏华硅新材料科技有限公司	4719.5	99.1	刘杨秀（女）
江苏百力事新材料科技有限公司	5920.8	117.2	朱　钧

（冯银山）

刘庄镇

【概况】 刘庄镇是全国重点镇，江苏省重点中心镇，位于大丰西部，南与兴化市隔河相望，北与盐城亭湖区一衣带水，西与盐都区毗邻接壤。全镇总面积96.39平方千米，下辖12个行政村、3个社区、81个村民小组。2020年年末户籍总数14466户，总人口40454人。2020年，财政总收入1.43亿元，其中一般公共预算收入8768万元。年内，刘庄镇获大丰区综合先进奖、生态环境高质量奖，创成国家卫生镇。

【工业】 2020年，刘庄镇经济发展稳中有进，聚焦实体经济，以传统产业为基础，加快机械、玩具、轻纺、农产品加工等产业的转型升级。全口径工业开票销售14.5亿元、规模以上企业开票销售10.2亿元、固定资产投资7.88亿元。新培植规模以上工业企业3个。全年1亿元以上项目新签约2个、开工1个、投产1个；5000万元以上项目新签约5个、开工3个、投产3个。

【农业】 2020年，刘庄镇深化农业结构调整，高效农业总面积2133.33公顷，为农民持续增收奠定坚实的基础。流转土地面积2453.33公顷，适度规模经营加快农产品基地建设的步伐，提高农产品的产量和品质。江苏金色农业科技有限公司投资建设的万亩优质稻米产业园成功申报盐城市级农业园区，并与全镇7个村签订村企联建协议，在良种繁育、特种作物种植、水稻高产创建等项目上进行紧密合作，促进经济发展，实现农民、村居、企业的三方共赢。

【第三产业】 2020年，刘庄镇第三产业持续发展，规模以上服务业企业营业收入6.18亿元、限额以上批零住餐企业5200元；培植规模以上服务业企业1个，新增限额以上批零住餐企业3个。

【镇村建设】 2020年，刘庄镇新建污水管网3千米，完成集镇规划区污水管网规划提升工程。友谊新型农村社区全面建成，322套住宅全部交付使用，获评江苏省美丽宜居乡村；良好新型农村社区新建住宅198套，138套已交付使用。改造提升友谊新型农村社区周边规划点农房166户，完成D级危房改造74户。全面实施大刘路、串场河环境整治工作，全力推进串场河人文景观廊道建设，人居环境不断改善。

【生态环境】 2020年，刘庄镇生态环境持续改善，坚决打赢污染防治攻坚战，对全镇131条河道编制一河一策，疏浚中沟83条，整治“两违三乱”17项。开展锅炉、小烟囱的燃煤整治37家，重污染天气应急管控企业18个，整治散乱污企业17个，规范产生危险废物的企业12个。关闭拆除禁养区内规模畜禽养殖场76个，现有畜禽养殖场全面整改达标。

【社会治理】 2020年，刘庄镇推进“网格化+信访稳定”“网格化+排查化解”工作模式，不断强化矛盾纠纷多元化解。切实履行“七五”普法工作部署，深入推进《中华人民共和国民法典》《中华人民共和国社区矫正法》的普法宣传，确保普法工作顺利落实。深入开展扫黑除恶专项斗争，刑事案件、治安案件发案数双下降。牢固树立“红线意识”，坚持“党政同责、一岗双责、齐抓共管、失职追责”的要求，系统推进“27+2”个行业领域专项整治行动，通过企业自查、安监检查、第三方协查的方式，常态化开展安全生产巡查督导，全年排查隐患2625条，整改销号隐患2620条，重大隐患2条，移送安全线索4起。

【社会事业】 2020年，刘庄镇持续推进医疗卫生事业，有序推进全民健康体检工作，19~64岁居民体检率71.3%；城乡居民健康档案累计建档3.78万人。加强社会救助兜底保障，主动为2名重病重残人员办理“单人保”；为36户重病患者和建档立卡低收入户办理低保边缘户救助；新办理城乡特困供养对象7人，为56名大病患者申请医疗救助，发放救助资金30万元。刘庄镇中考成绩3人位列全区前20名。实施园区水景公园、南闸口绿化提升工程，提升居民幸福感。

2020年刘庄镇主要经济社会指标一览表

表23

项　目	数　量	项　目	数　量	项　目	数　量
地区生产总值	28.4亿元	猪当年出栏数	31277头	有线电视用户	5597户
财政收入	1.43亿元	规模以上工业企业	16个	互联网用户	7655户
用电总量	9889万千瓦时	规模以上工业总产值	145232万元	医院病床数	52张
农林牧渔业总产值	10.34亿元	规模以上工业利税总额	3889万元	自来水普及率	100%
粮食总产量	62654吨	固定资产投资	78814万元	燃气普及率	100%
肉类总产量	2290吨	出口总额	8577万美元	参加合作医疗	38050人
油料作物总产量	1050吨	学校	4所	农村居民人均可支配收入	27502元
蚕茧产量	5.1吨	在校学生	1137人	农民人均住房	42.4平方米
水产品总量	4110吨	在职教师	224人	—	—

2020年刘庄镇各村、居委会基本情况表

表24

名　称	党总支（党支部）书记	主　任	户数（户）	人口（人）	总面积（公顷）
光荣村	王元军	王元军	1121	3271	1131
龙心村	杨　卫	杨　卫	661	1945	655
竞赛村	朱成斌	朱成斌	835	2459	622
新桥村	束正华	束正华	1191	3453	857
友谊村	束长明	束长明	1162	3381	937
东联村	严华标	严华标	870	2715	741
东方村	束　伟	束　伟	703	2189	564
良好村	季明还	季明还	992	3017	800
民主村	朱从俊	朱从俊	1168	3602	965
建成村	卞汗秀	卞汗秀	803	2449	642
润民村	季顺高	季顺高	1142	3363	728
胜利村	季自标	季自标	939	2859	676
云溪居委会	夏建华	夏建华	493	1242	171
紫林社区	黄　勇	黄　勇	1714	3443	120
三圩社区	黄　芳	—	935	1861	30

2020年刘庄镇骨干企业基本情况表

表25 单位：万元

企业名称	销售收入	利税总额	法人代表
大丰市天生药业有限公司	9795	1351	陈隽楼
江苏源源山富数码喷绘科技有限公司	23324	482	牛卫平
江苏协和新型建材有限公司	5646	567	王益民
盐城市大丰恒大铸造辅助材料厂	2012	203	刘国华
盐城市大丰三川麦业有限公司	5190	111	朱　存
江苏盐发机械有限公司	2149	275	黄军龙
盐城丰美羽绒制品有限公司	2008	95	张美英（女）
江苏澳太斯纺织品实业有限公司	4502	42	LINBO（新）
盐城市大丰创意工艺品有限公司	8805	91	王加森
江苏大昌燃气设备有限公司	3226	411	杨金平
盐城恒兴饲料有限公司	20090	–15	陈　丹
盐城市大丰区天生联合药业有限公司	5889	–411	陈隽楼
江苏森月坊纺织制品有限公司	4309	139	陆建军
江苏昊烨新材料科技有限公司	2012	–11	陈智慧
江苏湃福安全用品有限公司	2110	36	葛新海
江苏杰森纺织制品有限公司	6810	181	王加平

（杨开轩）

刘庄镇工业园。 周古凯　摄

西团镇

【概况】 西团镇位于大丰区中南部，总面积86.38平方千米。2020年，下辖11个村委会、2个居委会、69个村民小组，总户数10704户，总人口28083人。拥有各类企业近350个，涉及机械、医疗、纺织、建筑、建材、化工(农药、医药、污水处理)等行业。2020年实现地区生产总值29.9亿元，一般公共预算收入1.66亿元，固定资产投资13.4亿元。2020年，西团镇通过国家卫生镇复审，获得江苏省健康镇称号，获江苏省第四次全国经济普查工作优秀集体，获大丰区综合考核先进奖。

【工业】 2020年，西团镇全口径工业开票销售收入41.5亿元，同比增长12%；外贸进出口总额1058万美元，同比增长66.4%。新培植规模以上工业企业5个。迈硕医疗成为盐城首家商务部医疗物资出口“白名单”企业。扎实开展“招商引资攻坚赛”，签约亿元项目9个，其中5亿元以上项目2个。新开工亿元项目6个、新投产4个。“三项清理”成效凸显，宝齐莱钢构、势于势汽配全面投产，园通置业2.3公顷“闲置土地”完成收购重组。持续推动传统产业转型升级，大型激光切割机、自动造型设备、全自动铸造生产流水线、机器人柔性焊接手等自动化装备实现突破。工业园区建成盐城“AAAAA”级工业园区，有序完成乡镇工业园区合并，项目承载力全面提升。

【农业】 2020年，西团镇“绿野新中”农业园区建设全面展开，创成盐城市AAA农业园区，智能温室投入使用。光明集团申牛牧业公司与新中村合作的青贮种植项目总规模133.33公顷。西团青椒历史悠久，在全镇区域均有种植。西团青椒个大皮薄、翠绿鲜艳、辣中带甜，味道鲜美，营养元素丰富，已取得“无公害农产品”称号。

【第三产业】 2020年，西团镇规模以上服务业营业收入1.54亿元，同比增长52.9%；限上零售总额2.31亿元，同比增长74.2%。新培植规模以上服务业企业2个，限上批零住餐企业4个。

【镇村建设】 2020年，西团镇改造农桥8座，完善农路安保工程38.6千米，维修路面1.2万平方米，创建“四好农村路”(建设好、管理好、养护好、运营好)14千米，沈方线西团段、南白线西团段亮化提升6.1千米。大力推进“厕所革命”，新建、改造卫生厕所1200余座。农房改善进城入镇251户，高铁沿线拆除190户、提升472户。众心新型农村社区创成“市级示范点”，文化大礼堂、村史馆、居家养老服务中心等配套服务阵地建成并对外开放，二期106户竣工交付。众心村建成省级特色田园乡村，全镇建成市级美丽宜居村庄9个。永泰翡翠城二期规划通过初审。

【生态环境】 2020年，西团镇坚持绿色发展理念，坚决打好污染防治攻坚战。建成大气质量监测站1座，指导企业完善环保手续57个，整治“散乱污”企业1个。秸秆“双禁”实现零火点。严格落实河长制，扎实组织河道“两违三乱”整治，疏浚大沟1条、中沟5条，完成土方14.28万立方米，建成生态河道1条、提升2条。新建污水管网26.3千米、分散式农村污水治理设施6座。新中、龙窑、北团、马港4个村生活污水设施工程竣工，黄浦、九一2个村完成农村生活垃圾分类推广。禁养区养殖户12户全部拆除。扎实推进“一片林”建设，完成成片造林90.8公顷，新建和完善农田林网266.67公顷。众心村二中沟庄点建成高铁沿线环境综合整治“示范庄点”。

【社会治理】 2020年，西团严守安全生产底线，扎实开展安全生产专项整治行动。以抛丸机行业专项整治为重点，编制发放《抛丸机行业安全生产应知应会手册》5000余份。强化行业安全培训，开展特种设备等专题培训6场次。落实安全生产挂钩包保和驻厂督导制度，班子成员包片包线指导挂钩村(居)和部门，13个村(居)书记、107名机关干部进驻全镇工业企业，每日驻厂安全打卡。持续深化扫黑除恶专项斗争，扎实推进社会治理“全要素网格”建设，公众安全感明显提升。开展基层审批服务执法力量整合，深入推进区委出台的“1+4”(加强党的全面领导；审批服务一窗口，综合执法一队伍，基层治理一网络，指挥调度一中心)模式方案，实行项目化、扁平化管理，逐步实现“一专多能”“多专多能”。深入推进依法行政，规范聘请法律顾问，重大行政决策、政府文件、行政协议合法性审查率100%。加强立项、招投标、资金使用

西团镇众心村新貌。　卢日伟　摄

全程监督，政府公共工程、专项资金等审计常态化、全覆盖。

【社会事业】 2020年，西团镇坚持精准扶贫、精准脱贫，全镇建档立卡低收入人口全部实现稳定脱贫，对口支援陕西省宜君县棋盘镇、对口挂钩帮扶响水县小尖镇条房村工作完成。深入实施“名师名校”工程，西团镇少儿活动中心、西团小学羽毛球场竣工并投入使用，大龙小学平稳有序撤并。完成城乡居保扩面征缴，社会保险覆盖率超96%。

2020年西团镇主要经济社会指标一览表

表26

项　目	数　量	项　目	数　量	项　目	数　量
地区生产总值	29.9亿元	固定资产净值	13.1亿元	小汽车拥有量	6183辆
财政总收入	2.91亿元	规模固定资产净值	6.43亿元	医院病床数	40张
定报企业用电量	7082万千瓦时	工业技改投入	5500万元	互联网用户	6846户
农林牧渔业总产值	7.34亿元	当年到账外资	100万美元	自来水普及率	100%
粮食总产量	4.65万吨	学校	2所	参加养老保险	22242人
肉类总产量	1710吨	在校学生	367人	参加城乡居民医疗保险	20559人
水产品总产量	3930吨	在职教师	106人	农村居民人均可支配收入	27449元
规模以上工业企业	30个	有线电视用户	8010户	农民人均住房	45平方米
规模以上工业总产值	29.93亿元	固定电话	4482部	—	—
规模以上工业利税总额	3.24亿元	移动电话	23096部	—	—

2020年西团镇各村、居委会基本情况表

表27

名　称	党总支（党委）书记	主　任	户数（户）	人口（人）	总面积（公顷）
西团村	★董尔平	董尔平	998	2540	640.5
北团村	季通芳（女）	季通芳（女）	1100	3080	1097.6
描花村	杨玉权	杨玉权	618	1756	625.99
新中村	吴跃军	吴跃军	620	1620	590.19
西灵村	吴根红	吴根红	802	2016	584.39
赵场村	赵长锋	赵长锋	736	1998	737.36
九一村	丁　成	丁　成	646	1839	713.93
黄浦村	施国林	施国林	898	2400	881.98
马港村	陈新宏	陈新宏	530	1329	415.21
众心村	葛晓萍（女）	葛晓萍（女）	1352	3258	1201.99
龙窑村	邱信凤（女）	邱信凤（女）	866	2242	890.39
建设居委会	祁爱凤（女）	祁爱凤（女）	1007	2385	—
大龙居委会	陈相涛	陈相涛	1158	1959	—

说明：标★者为村党委书记。

2020年西团镇骨干企业基本情况表

表28

单位：万元

企业名称	销售收入	利税总额	法人代表
中再生盐城资源开发有限公司	140287	23642	朱荫诚
江苏腾龙集团	25751	895	肖建中

续表28

企 业 名 称	销售收入	利税总额	法人代表
金山东新铸造江苏有限公司	7022	419	曹大贵
江苏成越金属材料有限公司	10107	802	陈汉兵
江苏南康钢结构有限公司	10129	567	黄惠浩
大丰腾龙祥顺纺织品有限公司	5270	259	左　军
盐城市丰特铸造机械有限公司	3629	422	乔圣兵
江苏久昌机械有限公司	3031	328	陈九昌
江苏成越抛丸机械有限公司	2694	246	陈汉兵
江苏龙发铸造除锈设备有限公司	3274	250	姜　雷
江苏洲达铸造机械有限公司	3210	485	杨华高
江苏龙城铸造机械科技有限公司	3409	379	江兴平
盐城华升环保科技有限公司	3768	416	肖爱华
江苏省华天机电设备有限公司	1215	185	陈　鑫
盐城大丰中信机械制造有限公司	1734	218	王中信
江苏锐达机械制造有限公司	2621	331	周红珠

（张　冲　吴耀庭）

小海镇

【概况】 小海镇位于大丰区中南部，是一个有着700多年历史的古老集镇。全镇总面积124平方千米，耕地面积6505公顷，总户数14357户，总人口37597人。下辖15个行政村、94个村民小组。2020年实现地区生产总值21.19亿元，比2019年同比增长1%；一般公共预算收入6331万元，比2019年同比增长10.8%；固定资产投资6.3亿元，比2019年同比增长28.7%。年内，获区委区政府表彰的综合先进奖、人民生活高质量奖等奖项。

小海镇海团村。　周古凯　摄

【工业】 2020年，小海镇全口径工业开票销售16.1亿元，比2019年同比增长6.4%。加快招商引资步伐，新签约1亿元以上项目8个，开工1亿元以上项目4个，竣工1亿元以上项目2个，新培植规模以上企业5个。鑫伟丰纺织、震业机械全部投产。积极开展银企对接活动，对重大项目协调授信3亿元，投放贷款2.2亿元。小海镇获得2020年度招商引资项目建设先进集体、春季招商攻坚赛招商引资奖和项目推进奖以及秋季招商引资项目建设大会战先进集体。

【农业】 2020年，小海镇招引投资1.5亿元饲料加工项目，100公顷芦笋产业园项目已完成大棚搭建。义禾农业大米深加工项目运营，实现产值6100万元。"万企联万村、共走振兴路"已联建签约项目16个、开工4个，村企联建率100%。上海赛伦生物技术大丰有限公司被评定为农业产业化二星级企业。

【第三产业】 2020年，小海镇规模以上服务业企业营业收入1.06亿元，比2019年同比增长51.4%；限上批零住餐企业零售额9472万元，比2019年同比增长53.2%。

【镇村建设】 2020年，小海镇全年完成农房改善963户，完成退宅进城入镇购房352户，占指导任务数的167.6%。集中整治351省道、大沈路沿线环境，就地改善房屋2.3万平方米，拆除乱搭乱建1.4万平方米，清除杂物堆场530处。投入330.6万元新建农路336米、维修桥梁32座、维修农村道路破碎板块8406.21平方米、生命防护工程线路6条等。

【生态环境】 2020年，小海镇持续改善生态环境质量，安装空气质量自动监测站1处。新建新窑厌氧发酵站、杨树易腐垃圾处理站，新增温泉、无泊、唐中、北虹、江北5个村微动力污水处理设施，并配套建设管网19810米，农村生活垃圾集中收运处理率100%。

【社会治理】 2020年，小海镇扎实开展"企业一把手话安全""亲情助安"等活动，进一步压紧压实企业主体责任。充实镇安监部门人员力量，常态化开展安全生产巡查督导。依法及时就地化解信访矛盾纠纷，认真落实领导干部接访、信访干部下访制度，全年化解信访矛盾积案5件，接待群众来访255批次，全镇信访总体形势稳定。坚决打赢扫黑除恶专项斗争，刑事案件、治安案件破案率104%。不断深化政务公开，保障人民群众知情权、参与权、表达权、监督权，办理"12345"热线群众诉求609件，化解处理结案率100%，群众满意率99.6%。

【社会事业】 2020年，小海镇向5所学校（幼儿园）赠送近4万只口罩及消毒液、额温枪等防疫用品，秋学期开学前投入近20万元为所有学校装配门框式红外自动测温仪。投入120万元用于中学、幼儿园、社区教育、红色教育基地等基础设施建设。新建示范性居家养老服务中心，完成残疾人之家提档升级。新增消防栓10座，建成小海三级消防站，组建专职消防队，并投入实体化运行。成立镇退役军人服务站，健全镇村退役军人服务保障体系。

2020年小海镇主要经济社会指标一览表

表29

项 目	数 量	项 目	数 量	项 目	数 量
地区生产总值	21.19亿元	工业利税	4800万元	固定电话	2980部
财政总收入	9673万元	固定资产净值	18亿元	医院病床数	220张
工业用电总量	3.8亿千瓦时	固定资产投资	6.24亿元	自来水普及率	100%
农业生产总值	5.6亿元	工业技改投入	4517万元	参加养老保险	18500人
粮食总产量	59891吨	进出口总额	240万美元	参加合作医疗	32050人
皮棉总产量	0.1吨	学校	3所	农民人均纯收入	26665元
肉类总产量	8022吨	在校学生	807人	农民人均住房	48平方米
水产品总产量	4151吨	在职教师	140人	—	—
规模以上工业企业	18个	数字电视用户	6500户	—	—
工业销售收入	16.05亿元	互联网用户	7800户	—	—

2020年小海镇各村基本情况表

表30

名 称	党总支书记	主 任	户数（户）	人口（人）	总面积（公顷）
温泉村	康红兵	吕永龙（ —2020.10）	1365	3763	1311.78
无泊村	刘进宽（ —2020.06） 朱兴华（2020.06— ）	刘进宽（ —2020.06）	1048	2558	903.03
小洋村	沈爱华	沈爱华	593	1563	603.87
徐南村	郑志平（ —2020.06） 陈 华（2020.06— ）	朱云书（ —2020.10）	668	1175	687.03
海团村	沈 权（ —2020.06） 丁兴忠（2020.06— ）	—	832	2295	921.65
江北村	董家旺（ —2020.06） 吴玉标（2020.06— ）	卢建国（ —2020.10）	1445	3840	1510.31

续表30

名　称	党总支书记	主　任	户数（户）	人口（人）	总面积（公顷）
新圩村	周小兵（　—2020.06） 顾　明（2020.06—　）	周小兵（　—2020.06）	619	1715	577.56
新村村	唐添资	唐添资	654	1786	734.65
新窑村	施　丰	吴长好（　—2020.06）	634	1742	697.43
北虹村	单井安	单井安	1157	3283	1230.94
海西村	茅正国	茅正国	545	1477	372.2
唐中村	单春明（　—2020.06） 宗　进（2020.06—　）	单春明（　—2020.06）	828	2135	655.81
杨树村	宗德祥（　—2020.06） 吴俊高（2020.06—　）	单秀兰（女，　—2020.10）	906	2132	582.14
小海村	孙学宽（　—2020.06） 袁天荣（2020.06—　）	朱卫民（　—2020.06）	2725	5486	683.5
南团村	吴远红（　—2020.06） 朱加根（2020.06—　）	—	1256	2928	908.74

2020年小海镇骨干企业基本情况表

表31　　　　单位：万元

企业名称	销售收入	利税总额	法人代表
江苏今达纺织实业有限公司	18680	642	沈根发
江苏新丝路纺织科技有限公司	15037	619	杨永和
江苏宏垒化纤有限公司	8526	175	潘云龙
江苏维迅纺织实业有限公司	6200	127	仲美妮（女）
盐城市大丰区瑞升纺织有限公司	5323	145	计伟芳
江苏恒业纺织有限公司	5128	117	郁春明
大丰区园丁纺织有限公司	4133	153	沈正华
江苏靖尧纺织有限公司	3999	63	夏金根
江苏成鑫纺织科技有限公司	3963	82	张亭亭
江苏新佳宝纺织有限公司	3882	121	陆田宝
江苏盛冠纺织有限公司	3671	63	王　掌
盐城市大丰嘉华机械制造有限公司	3435	84	高树海
江苏鑫伟丰纺织有限公司	2688	324	汝雄伟
江苏明宇纺织有限公司	2663	25	杨兴明
天力电力金具制造江苏有限公司	2622	14	周保存
江苏禾晟纺织有限公司	2386	28	胡菊明
盐城市大丰百诚纺织科技有限公司	2342	15	沈正慧
江苏美利合兴织造有限公司	2081	19	孙　利
盐城市天元油品有限公司	1650	43	袁学尹
江苏文翰纺织有限公司	886	30	王建新

（丁荣喜）

大桥镇

【概况】 大桥镇地处大丰区东南部，是江苏省重点中心集镇之一。全镇总面积98.74平方千米，辖13个行政村、70个村民小组。2020年年末总户数12291户，总人口30705人。2020年完成一般公共预算收入6502.41万元，增长14.82%；固定资产投资5.09亿元，增长25%；城乡居民人均可支配收入36042元，增长8.5%。

【工业】 2020年，大桥镇全口径工业开票销售超13亿元，同比增长23.97%；规模以上工业企业开票销售3.24亿元，同比增长25.77%；新材料产业累计开票销售1.4亿元，同比增长151.35%；外贸出口总额60.2万美元；新增市场主体1845户；全年新签约亿元项目6个，开工亿元项目2个，竣工投产亿元项目3个；培植“四上”企业7个、国家高新技术企业1个。大桥镇招引海通新材料、迈祥纺织、玛泽尼泵业、艾蒙思特机械加工、亿伯尔稻米加工等亿元项目5个。持续推进工业企业技改扩能，江苏美谷塑胶工业有限公司10月新上一条聚碳酸酯板材挤出流水线扩大产能，预计年可新增开票销售2000万元；江苏省丰乐铸造有限公司9月新上半自动造型机生产线和砂处理生产线各1条，可节省用工20%，效率提高30%。深入开展接轨上海，加强交流互访，招引上海企业投资亿元项目2个。

【农业】 2020年，大桥镇强化村企联建，全镇13个村全部与企业联建成功，形成全覆盖。创建上海农产品直销窗口两个，其中江东农业和伟景农业种植大葱、西兰花、土豆、西芹、黄百仙芥菜等蔬菜。以点带面，辐射带动周边建成总面积约200公顷的15个设施果蔬生产基地。形成种植+加工+保鲜+仓储的长链条优势。初步与亿佰尔公司达成稻米深加工项目协议。通过平台流转土地401.33公顷，新增土地指标43.33公顷。

【第三产业】 2020年，大桥镇规模以上服务业企业营业收入14881.2万元，限上批零住餐企业营业收入9.12亿元。新培植规模以上服务业企业1个，新培植限上批零住餐企业2个。桃花洲温泉酒店正式对外营业，2020年10月开业，年底已接待游客量8000人左右，营业收入150万元左右。

【镇村建设】 2020年，大桥镇新型农村社区二期已入住群众245户。进城入镇160户，退宅还耕60户，危房改造18户。投资100万元，提升民建街两侧绿化；投资350万元，新建工业园区振兴路。高标准、高目标管理全镇，对全镇出店经营、车辆停放、垃圾清运、街道秩序、街道绿化等建立长效管护体系。加快便民工程建设，新建农路12千米、农桥20座，新增安保设施43处，增加减速带54处。完成路肩、绿化、安保设施等各项配套工程，加大对全镇近300千米水泥公路的各村日常管理考核力度和“四好农路”维护和考核，对各村管养的农路严格考核，确保全镇的农村公路安全畅通。

【生态环境】 2020年，大桥镇围绕“保卫一方碧水蓝天、优化镇域生态环境”总体目标，加强对环境的日常监管。完成排污许可申办工作，14个应办证企业均已领证，50家规模养殖户全部完成平台的“登记管理”；开展危废项目企业的督查，清理危废31.61吨；开展“散乱污”企业的“回头看”排查整治，6家个体养殖户全部拆除关闭；落实各村各单位年度环保工作目标责任，签订责任书45份；完善大气污染源点和企业的管控措施，14个清单企业管控方案及其“一厂一策”公示牌均整改到位；加强集镇生活污水处理能力和污水管网建设，完成集镇污水管网6.5千米，生活污水处理厂的在线监控安装和设备改造全部完成，全镇新增微动力处理设施5座。

【社会治理】 2020年，大桥镇紧紧围绕专项整治推进、企业主体责任落实“家家到”两条主线开展安全生产相关工作。针对全镇危化品、小化工、一般工贸等各行业领域，出动检查人员1870人次对1351个次各类企业单位进行检查，查处各类现场一般安全隐患1481条，排查重大隐患1条，均完成整改。强化教育培训，组织一般工贸企业主要负责人和安全管理人员、冶金铸造企业负责人91人参加持证培训考试。提升综治

大桥镇大桥村农民新居。 周古凯 摄

工作水平，严格执行网格员周例会制度，网格员开展每日巡查走访，及时发现问题、上报问题、解决问题，形成管理闭环，办结案件5327起，办结率100%，无一起上报区矛盾案件。全年化解矛盾纠纷145件236人次；化解信访积案8起；初信初访现场答复245人次；“12345”公共服务平台交办工单616件，件件有回音；阳光信访办理114件。扎实开展扫黑除恶专项斗争，加强宣传发动，设置固定的宣传栏25处，借助沿街电子屏6处、流动宣传车、镇广播、网格员微信群朋友圈等常态化进行宣传，张贴宣传标语200余条。畅通举报渠道，统一制作14个举报箱和19个平安灯箱。依法起诉涉恶案件2起2人。群众安全感满意度99.9%。

【社会事业】 2020年，大桥镇协助企业申报各类就业补贴3.15万元，组织企业开展“以工代训”培训留岗职工300余人。开展线上线下招聘活动，2020年新增就业916人，城镇失业人员再就业447人。全年培训就业困难人员等群体174人，扶持城乡劳动力自主创业180人，引领大学生自主创业18人。2020年城乡居民养老保险新增参保626人。合作医疗缴费人数20269人。人社服务窗口全年接待群众8000余人次，为1081位企业离退休人员办理资格认证，为314位参保人员办理丧葬费，为43名下岗再就业人员办理“4050”（2007年年底前女达到40周岁、男达到50周岁以上的国有、集体企业失业人员）补贴，大桥镇人力资源社会保障服务中心被区总工会表彰为五一巾帼标兵岗。全年调处劳资纠纷3起，开展2次保障农民工工资支付专项行动，维护农民工合法权益和社会和谐稳定。巩固农村低保专项整治成果，严守底线、严把标准，全年清退低保对象11户27人，新增低保户10户21人。优化居家养老服务，服务8536人次。切实加强社会救助，因户制宜采取不同措施，救助各类特困群众528人9.051万元；募集善款20.44万元。大力推进老龄事业，发放尊老金132.36万元。深入推进殡葬改革，规划新建大桥村1.93公顷公益性公墓点。

2020年大桥镇主要经济社会指标一览表

表32

项　目	数　量	项　目	数　量	项　目	数　量
总人口	30705人	规模以上服务业营业收入	14881.2万元	水果总产量	1162吨
一般公共预算收入	6502.41万元	限上批零、住、餐企业营业收入	91216.4万元	蚕茧总产量	63吨
粮食总产量	69790吨	进出口总额	60.2万美元	高标准农田面积	5224公顷
蔬菜总产量	120714吨	固定资产投资	5.09亿元	蔬菜种植面积	2247公顷
肉类总产量	2298吨	学校	4所	当年造林面积	1208亩
水产品产量	2470吨	在校学生	426人	四旁植树	6万株
规模以上工业企业	10个	在职老师	122人	医疗卫生机构	15个
规模以上工业开票销售	3.24亿元	油料总产量	976.1吨	医院病床数	119张

2020年大桥镇各村基本情况表

表33

名　称	党总支书记	主　任	户数（户）	人口（人）	总面积（公顷）
大桥村	陈生龙	陈生龙	2743	6003	1514.5
双丰村	景步乐	景步乐	1020	2663	853.3
联丰村	吕永成	吕永成	932	2418	996.8
中港村	黄　茂	黄　茂	943	2474	874
中业村	奚正进	奚正进	663	1753	934.7
方向村	仇保军	仇保军	635	1718	607.1
中合村	张　勇	张　勇	432	1072	427.9
潘南村	吴宇峰	吴宇峰	708	1898	574.9
潘镦村	钱叶飞	钱叶飞	1235	2589	404.2

续表33

名　称	党总支书记	主　任	户数（户）	人口（人）	总面积（公顷）
江岸村	顾晓春	顾晓春	863	2312	875.7
东塔村	杨　勇	杨　勇	851	2295	860.6
洋南村	施雨华	施雨华	581	1580	625
川南村	王志勇	王志勇	591	1657	705.5

2020年大桥镇骨干企业基本情况表

表34　　单位：万元

企业名称	销售收入	利税总额	法人代表
江苏美谷塑胶工业有限公司	6846.4	157.2	吕锦锋
盐城海盟工贸有限公司	4731	171.5	李晓兵
江苏省荆桥铸造有限公司	3413.3	150.4	夏新建
江苏民博铸造有限公司	3148.9	155.2	王素定
江苏欣茂防治有限公司	2642.3	38.7	章海金

（朱良军）

草庙镇

【概况】 草庙镇位于大丰区东南，地处黄海之滨，总面积124.14平方千米，耕地面积8133.33公顷，辖14个行政村和2个居委会，100个村民小组，总户数10020户，总人口数26593人。2020年实现地区生产总值20.09亿元，实现一般公共预算收入8420万元，完成现价工业总产值23.75亿元，15项主要经济指标全面完成年度目标。

【工业】 2020年，草庙镇全口径工业开票销售22.54亿元，规模以上工业开票销售21.99亿元。新培植规模以上工业企业4个，完成进出口总额70万美元，全社会固定投资20.7亿元，新开工1亿元以上项目6.5个，投产1亿元以上项目3个，签约1亿元以上项目10个。丰王不锈钢、贝迪二期、科尚新材料、洁城环保、沐鑫环保、污水处理厂等一批投资1亿元以上项目顺利开工建设，庆生储能电站、道远能源、洁城环保3个项目成功投产运行，另有明洲机电等11个项目成功签约。

2020年，草庙镇协同投资主体继续推进麋鹿小镇一期工程装修和内外景观工程设计建设。　周古凯　摄

【农业】 2020年，草庙镇粮食总产量9.1万吨。推进生猪复圈，严密防疫管理，确保生猪稳产保供，全年出栏生猪18.9万头。推进农业123重点工程建设，圩东千亩梨园顺利建成，高标准配套基础设施同步跟进，川鹿樱桃、葡萄全部进入初果期，品牌效应明显。全年完成工矿废弃地复垦13.33公顷、增减挂钩指标1.87公顷、实现占补平衡17.33公顷，被评为省级耕地保护先进单位。流转土地666.67公顷，累计流转5666.67公顷。3133.33公顷水稻建成省级绿色优质稻米基地，在全市农业综合实力考评中，被列为全市农业“前十强”第八名。

【第三产业】 2020年，草庙镇完成规模以上服务业营业收入1.44亿元，限上批零、住、餐企业零售额7765万元。协同投资主体继续推进麋鹿小镇一期工程装修和内外景观工程设计建设。开发以世遗、麋鹿、湿地、海洋为主题的生态旅游线路，以麋鹿小镇为世遗入口处，配套建设世遗入口处永久性标志和相关景观工程，围绕重要节点打造各具特色、内涵丰富、品位高雅的文化旅游景观，形成与中华麋鹿园、荷兰花海互动策应的沿海旅游新高地，为大丰全域旅游贡献力量。

【镇村建设】 2020年，草庙镇实施农村公路建设和提档升级工程，年内新建农路9.5千米、农桥12座。疏浚河道41条，完成土方51万立方米，新建涵闸6座。进城入镇农户212户，退宅还耕107户，就地改造55户，拆除老旧房107户。启动川东幸福苑工程。实施沿河、圩东、川竹三个村高标准农田建设，建成19座泵站、29座桥梁、23.9千米水泥路、28.5千米防渗渠、4座节制闸。

【生态环境】 2020年，草庙镇围绕"生态文明高质量"要求，以农村环境"四整治、四提升"专项行动为统领，统筹推进环境治理提升工作。建立健全环境保护责任体系，始终将绿色发展作为高质量发展的优先选项。招商引资抬高绿色门槛，生猪养殖"四到位"（畜禽粪便干湿分离到位、收集池遮盖到位、排粪沟封闭到位、粪污处理到位）不健全的坚决整改或关停。深入推进河长制工作，镇域主干河道水质稳步提升。开展农村人居环境治理提升"四美"创建工作，全力提升人民群众的蓝天幸福感。

【社会治理】 2020年，草庙镇围绕网格创建达标活动，落实关键措施。以重点人头、特殊人群、流动人口、关爱对象、"小化工"企业为重点，开展网格内巡查走访等工作。群众对网格员的知晓率和网格规范达标的创建率大幅提升。扫黑除恶工作开展以来，在全镇范围内排查出涉黑案件3件，其中1件已由公安部门将涉黑人员抓获。加强网格化管理，配合做好违法、违规"小化工"排查整治工作。年内排查出一个"小化工"企业，且已整改到位。坚持以人民为中心的理念，切实履行好工作职责。2020年接待群众来信来访100余起，其中登记73起，接受上级转送交办13起，规范程序办理21件，有效控减信访总量。

【社会事业】 2020年，草庙镇坚持民生优先原则，持续推进集中居住、进城入镇、退宅还耕和就地翻新，东灶社区建成276户，高分通过省农房改善项目验收。草庙镇东灶新型农村社区获得"江苏省特色田园乡村"称号。认真总结疫情防控经验，全面把握医疗卫生体系短板，提升农村居民基本公共卫生服务水平，突出重点人群免费检查服务，做好妇幼保健工作。做好计生奖特扶各项惠民政策落实，添置B超等设备，协同上级部门解决村级医技人员严重不足的问题。推进文化体育事业，率先建成镇级足球场，村村建有农民健身队、农家书室、远程教育网点，促进居民综合素质的整体提升。

2020年草庙镇主要经济社会指标一览表

表35

项　目	数　量	项　目	数　量	项　目	数　量
地区生产总值	20.09亿元	实际利用外资	100万美元	农村居民人均可支配收入	27350元
财政总收入	1.43亿元	互联网用户	8092户	城乡居民基本养老保险参保人数	14388人
一般预算收入	0.84亿元	固定电话	2160部	城乡居民基本医疗保险参保人数	19833人
用电总量	9784.3万千瓦时	移动电话	20000部	农民人均住房	40平方米
农林牧渔业增加值	5.12亿元	小汽车拥有量	3108辆	学校	2个
规模以上工业企业	8个	粮食总产量	7.2万吨	在校学生	249人
规模以上工业销售收入	22.6亿元	油料总产量	1331吨	其中：中学	96人
规模以上工业总产值	24.58亿元	肉类总产量	17026吨	小学	153人
规模以上工业利税总额	6.4亿元	其中：猪肉产量	11795吨	在职教师	82人
规模以上工业利润	5.3亿元	水产品产量	4106吨	—	—
固定资产投资	20.69亿元	医院病房数	30间	—	—
其中：工业技术投入	0.4亿元	自来水普及率	100%	—	—

2020年草庙镇各村、居委会基本情况表

表36

名　称	党总支书记	主　任	户数（户）	人口（人）	总面积（公顷）
庆生村	沈　俊	丁春连	567	1560	577.54
圩东村	陈书明（2020.01—2020.06） 王伟明（2020.06—　）	宗锦荣	437	1258	527.19
沿河村	唐殿宏	冯　晖	363	1008	655.53

续表36

名　称	党总支书记	主　任	户数（户）	人口（人）	总面积（公顷）
新场村	陈春明	陈春明	574	1554	944.93
新东村	陈正付	陈正付	420	1211	772.43
川竹村	陈　兵	陈　兵	621	1802	1087.25
东灶村	潘桂祥	潘桂祥	621	1750	1582.84
川洋村	罗旭升（2020.01—2020.09） 冯　军（2020.09—　）	杨玉华	619	1608	667.31
竹港村	朱荣贵	朱荣贵	569	1538	534.87
北灶村	朱保华	单根存	675	1747	802.69
丁东村	成爱兵	成爱兵	313	853	443.76
四灶村	季汉东	李翠红	558	1626	733.28
五总村	单　祥	单　祥	579	1640	706.56
新海村	奚建斌	奚建斌	600	1717	652.26
草庙居委会	杨海斌	陈学宽	1161	2487	470.80
川东居委会	杨应忠	陈益虎	1156	2763	1343.49

2020年草庙镇骨干企业基本情况表

表37　　单位：万元

企业名称	销售收入	利税总额	法人代表
江苏丰山集团股份有限公司	108540	4000	殷凤山
都市环保新能源开发大丰有限公司	7218	305	胡文杰
江苏大吉环保能源大丰有限公司	8903	482	戴　华
华能盐城大丰新能源发电有限责任公司	21237	208	李来龙

（唐　欢）

万盈镇

【概况】 万盈镇位于大丰区中南部，东毗大丰港和国家级麋鹿保护区，西邻沈海高速和204国道，351省道、226省道、352县道穿境而过。全镇总面积142.04平方千米，下辖18个行政村，109个村民小组。2020年年末总户数16839户，总人口45711人。2020年，财政总收入1.36亿元，其中一般性公共预算收入9022万元。

【工业】 2020年，万盈镇实现全口径工业开票销售17.97亿元，占年计划的102.1%，同比增长15.19%；规模以上工业开票销售10.02亿元，占年计划的78.5%，同比增长10.7%；规模以上工业产值10.92亿元，同比增长1.2%。新增规模以上工业企业3个，规模以上服务业企业2个，限上批零住餐企业3个；新开工项目4个，竣工投产项目4个，跟踪洽谈项目4个。完善配套设施，提升服务水平。工业园区总规划面积200公顷，已开发110公顷，32个企业入驻，2020年对工业园区西延部分道路、绿化、亮化进行提档升级，园区基础设施、投资环境进一步优化。

【农业】 2020年，万盈镇成功创建省特色田园乡村1个、省级绿色优质农产品基地1个；实施"互联网+"农产品出村进城工程，在上海建成直销窗口2个，新建上海市外农产品供应基地1个。农业园区规划面积800公顷，已实施666.67公顷，有15个农业企业、2个旅游企业以及1个物流企业入驻，园区先后被认定为"盐城市AAAA级现代农业示范园区""全国五星级休闲农业与乡村旅游示范园区"、省教育服务"三农"高水平基地。深入推进"万企联万村"工作，18个村均成功签订联建协议。

【第三产业】 2020年，万盈镇围绕农业"123"重点工程目标，进一步做强"农业+旅游"模式，举办万丰绿茵农业示范园采摘休闲节，吸引游客8000余人次；与吉达国旅润扬大区合作，将精品水果采摘项目纳入旅游线路，接待游客1000余人次；天池湖度假村举办钓鱼比赛10场，1000余名钓鱼爱好者参加比赛，提高园区的知名度，聚集人气。中国盐垦博物馆由张謇嫡孙、全国工商联原常务副主席张绪武题名，土建工程已经全部完工，正在进行博物馆布馆。盐城驾考中心东南片考点2020年接待考生2万多人次。

万盈镇益民村党群服务中心。　　周古凯　摄

【镇村建设】 2020年，万盈镇益民新型农村社区一期入住128户，高分通过省考核验收，获“江苏省特色田园乡村”称号；益民二期及沈灶新型农村社区进点户数178户，其中益民二期99户、沈灶79户，所有农房全部竣工并分房到户，基础设施和沈灶社区的公共服务中心已竣工，达到入住条件；进城入镇264户，退宅还耕86户。新建成沈灶垃圾中转站、沈灶农贸市场、万盈智能化农贸市场，新增路灯350盏，更新节能型路灯300盏。垃圾集中收运处理全覆盖，完成农村户厕无害化改造400座，全镇12个村建成微动力污水处理设施，污水直排得到有效控制。实施乡村美化绿化亮化工程，创建盐城市综合示范村1个，大丰区美丽宜居村庄10个。

【生态环境】 2020年，万盈镇全面推进环境整治“四治理四提升”工作，全年整治河道51条，疏浚土方38万立方米，清除阻水障碍物12处，拆除河道违章搭建4处，打捞河道漂浮物6万立方米，水环境质量明显提升。深入推进秸秆综合利用，农作物秸秆综合利用率96%以上；新增森林村庄1个，新造成片林124.33公顷，改造提升101.79公顷，林木覆盖率19.95%。天池居委会获评“盐城市农村人居环境整治示范村”。

【社会治理】 2020年，万盈镇坚守安全生产底线，按照“党政同责、一岗双责”和“三个必须”（管行业必须管安全、管业务必须管安全、管生产经营必须管安全）的要求，扎实推进专项整治，全面开展大排查，排查治理事故隐患1054条，到期全部整改，整改率100%，持续保持安全生产平稳向好态势。

【社会事业】 2020年，万盈镇大力发展健康事业，通过国家卫生镇、江苏省卫生镇复审，省级卫生村全覆盖。推进居家养老服务，辖区内80周岁以上老人服务率100%。万盈小学、万盈初中被江苏省教育厅、江苏省工业和信息化厅评为“智慧校园”，社区教育中心被江苏省教育厅评为“省教育服务三农高水平基地”。“万盈根雕”列入盐城市第五届非物质文化遗产名录。

2020年万盈镇主要经济社会指标一览表

表38

项　目	数　量	项　目	数　量	项　目	数　量
地区生产总值	24.49亿元	工业技改投入	2750万元	自来水普及率	100%
一般公共预算收入	9022.25万元	进出口总额	250.1万美元	参加养老保险	14021人
用电总量	21.6万千瓦时	学校	4所	参加合作医疗	30110人
农林牧渔业总产值	11.31亿元	在校学生	1220人	农村居民人均可支配收入	26974元
粮食总产量	74539吨	在职教师	213人	农民人均住房	82平方米
肉类总产量	6458吨	有线数字电视用户	11500户	工业利税	1.01亿元
水产品产量	2649吨	互联网用户	1050户	固定资产投资	9.14亿元
规模以上工业企业	19个	工业销售收入	17.97亿元	医院病床数	88张

2020年万盈镇各村基本情况表

表39

村　名	党总支书记	主　任	户数（户）	人口（人）	总面积（公顷）
康宁村	丁建军	王桂芹（2020.01—2020.06）	610	1746	578

续表39

村　名	党总支书记	主　任	户数（户）	人口（人）	总面积（公顷）
双灶村	骆冰冰	骆冰冰（2020.01—2020.06）	848	2363	925
六川村	安汉卿	单德华（2020.01—2020.06）	1051	2971	996
双星村	骆　军	吴明安（2020.01—2020.06）	944	2568	838
殷灶村	丁长江	丁长江（2020.01—2020.06）	673	1948	675
顾灶村	顾益群	顾益群（2020.01—2020.06）	714	2086	615
西灶村	刘小勇	刘小勇（2020.01—2020.06）	768	2128	719
沈灶村	蒋小东	孙庆祝（2020.01—2020.06）	1632	3419	512
金龙村	丁国斌	丁国斌（2020.01—2020.06）	792	2167	622
双福村	张国军	王粉明（2020.01—2020.06）	681	1999	610
苗丰村	单龙英（女，2020.01—2020.08） 王晓峰（2020.08—　）	单龙英（女，2020.01—2020.09）	710	2064	661
兆丰村	谢俊堂	景得明（2020.01—2020.06）	1138	3061	1238
万盈村	阮祥付	阮祥付（2020.01—2020.06）	714	2008	728
益民村	吴金云（2020.01—2020.08） 陈勇（2020.08—　）	蒋连芝（2020.01—2020.06）	1185	3388	1190
三合村	朱荣宇	丁静安（2020.01—2020.06）	750	2109	732
文达村	李兴祥	朱根旺（2020.01—2020.06）	1077	2986	976
六里村	单爱民	李银海（2020.01—2020.06）	1145	3187	950
天池村	唐根生	单兵（2020.01—2020.06）	1407	3514	700

2020年万盈镇骨干企业基本情况表

表40　　单位：万元

企业名称	销售收入	利税总额	法人代表
大丰万达纺织有限公司	17314.05	574.1	石　松
江苏海达纺织有限公司	10041.95	80.3	葛永红
大丰万盈纺织有限公司	6414.93	92.4	石　松
江苏旺星纺织科技有限公司	5632.17	118.8	周国林
江苏新元素纺织科技有限公司	3992.96	77.4	凌卫华
江苏丰润纺织有限公司	3555.13	16.3	方　进
江苏禾丰纺织科技有限公司	3266.55	82.6	莫金荣
盐城大丰恺悦纺织有限公司	3206.25	32.1	冷长华
盐城市兴泰织造有限公司	2990.19	2.4	骆　进
盐城市大丰区志杰制造厂	2849.13	25.1	吴进军
盐城市大丰佳达织造厂	2217.83	36	王晓红
江苏中亿佳弘实业有限公司	2567.6	35	任输峰
盐城大丰天池布厂	2415.61	24.6	潘永全

（吕秀凤　张　晨）

南阳镇

【概况】 南阳镇位于大丰区中东部，全镇总面积94.29平方千米，其中耕地面积5800公顷，下辖12个行政村、1个居委会，83个村民小组，总户数14257户，总人口34468人。2020年完成一般公共预算收入1.18亿元，农民人均可支配收入29985元。先后被表彰为阀门特色产业镇、农业特色经济镇、国家生态镇、国家卫生镇、省文明镇、省首批生态文明建设示范镇、省创新型试点镇、省质量强市示范镇、省级和谐社区建设示范镇等称号。

【工业】 2020年，南阳镇坚持规划引领，统筹谋划镇工业园区产业布局，大力招引高端阀门产业和新能源光伏配套产业。成功签约泰扶新能源、江苏万诱引力不锈钢紧固件等1亿元以上项目6.5个。新培植规模以上工业企业4个，新开工1亿元以上项目4.5个，竣工1亿元以上项目1.5个。固定资产投资13.5亿元、增幅8.2%，全部工业企业应税销售收入16.5亿元。

【农业】 2020年，南阳镇扎实开展“万企联万村、共走振兴路”活动，全镇13个村（居）都与相关企业签订联建协议，签约项目数14个。8个村（居）与苏果超市签订优质农产品进超市协议，拓宽农产品销售渠道。全年高效农业种植面积4680公顷，设施农业面积473.33公顷，粮食生产面积5246.67公顷，产量3.45万吨，绿色优质农产品比重90%以上。

【第三产业】 2020年，南阳镇服务业应税销售收入5.3亿元，规模以上服务业企业营业收入3.6亿元，新培植规模以上服务业企业3个、限额以上批零、住、餐企业3个。

【镇村建设】 2020年，南阳镇不断加强基础设施建设。投入350万元，建设农桥27座；投入150万元，新增路灯512盏；投入160万元，升级改造通商农贸市场；投入90万元，进行交通道路等基础设施维护。一步提升改造广丰新型农村社区，重点突出党建引领，挖掘“芦荡火种”红色文化，设置“饮水思源”生态景观，打造“红色邻里”党建品牌。抢工会战诚心新型农村社区建设，3月开工建设的63栋219户已全部竣工、分房到户。

南阳镇工业园。　　周古凯　摄

【生态环境】 2020年，南阳镇树立绿色可持续发展理念，加快推进农村生活污水治理设施建设，持续提升农村人居环境。累计投入250万元，治理农村畜禽粪污、生活垃圾和农村生活污水。投入700万元新建工业污水处理厂一座，新建高标准农田林网100公顷，完成森林抚育100公顷，打造森林村庄1个。

【社会治理】 2020年，南阳镇全面推进各行业领域专项整治行动，突出落实属地管理责任、行业监管责任和企业主体责任，提升全镇安全治理水平。不断探索新型农村社区治理新模式，在广丰村新型农村社区组建“六心”（省心、耐心、放心、贴心、细心、安心）服务队，成立“1+8+N”红色物业，建成“毛奶奶党员联络驿站”，打造“红色邻里”党建品牌。制作《“疫”无反顾，笃定前行》宣传片，动员全镇参加疫情防控，党员佩戴党徽、亮明身份、冲锋在前。进一步完善《关于进一步严肃有关纪律的通知》《南阳镇财务管理制度》等制度，创新开展乡镇“月度之星”评比活动，激发全镇上下比学赶超、进位争先的激情。

【社会事业】 2020年，南阳镇建立长效管护机制，持续巩固省文明镇创建成果。组织395人次参加职业农民技能培训，召开2场招聘会，提供283个岗位，帮助144人达成就业意向。全面落实社会保障有关政策措施，广泛开展走访慰问、帮扶救助等活动。实施精准扶贫、精准脱贫，全镇538户、920人建档立卡户全部脱贫，其中244户、440人人均收入超过1万元。组织开展2020年元旦文艺演出、2020年新春文艺联欢会、“我们的中国梦、文化进万家”送戏下乡巡回演出和送电影下乡等系列活动，计公益播放电影144场次。

2020年南阳镇主要经济社会指标一览表

表41

项　目	数　量	项　目	数　量	项　目	数　量
地区生产总值	22.53亿元	规模以上工业企业	16个	固定电话	3695户
财政总收入	2.10亿元	规模以上工业主营业务收入	6.2亿元	互联网用户	4261户
公共财政预算收入	1.18亿元	规模以上工业增加值	1.58亿元	移动电话	32195户
工业用电总量	9681万千瓦时	工业投资	10.7亿元	小汽车保有量	1219辆
农林牧渔业总产值	9.29亿元	学校	3所	医院病床数	99张
粮食总产量	25857吨	在校学生	368人	参加农村社会养老保险	7998人
肉类总产量	2766吨	在职教师	88人	农村居民人均可支配收入	29325元
水产品总产量	2039吨	有线电视用户	10020户	农民人均住房	52平方米

2020年南阳镇各村、居委会基本情况表

表42

名　称	党总支书记	主　任	户数（户）	人口（人）	总面积（公顷）
沿海村	徐　雷	徐　雷	714	1886	478.17
裕海村	李丽丽	李丽丽	1021	2623	580.4
通商村	石红兵	石红兵	1934	3870	445
民心村	杨桢桢	杨桢桢	836	2159	467.33
东旺村	袁卫国	袁卫国	1014	2580	522.55
吉兴村	刘　静	刘　静	945	2295	656.28
城乡村	陈跃辉	陈跃辉	1295	3333	800.32
诚心村	徐　峰	徐　峰	808	2105	546.33
广丰村	俞建荣	俞建荣	1133	2781	747.47
祥北村	顾　标	顾　标	986	2476	546.97
祥南村	丁　辉	丁　辉	826	2049	529.29
祥西村	宗文斌	宗文斌	1227	3269	788.97
南阳居委会	高俊华	高俊华	1518	3042	226.7

2020年南阳镇骨干企业基本情况表

表43

单位：万元

企 业 名 称	销售收入（万元）	利税总额（万元）	法人代表
盐城奥通特思克铸业有限公司	5116	15	吴卫明
盐城市大丰区亿然阀门有限公司	6170	206	王亚军
江苏大中合金耐磨铸件有限公司	705	9	倪青春
江苏绿州米业有限公司	5815	59	鞠军华
盐城大丰金一品纺织有限公司	796	3	杨哲明
盐城丰工机械有限公司	5839	502	宋大帅
盐城市大丰中意机械有限公司	3022	261	朱建兵

续表43

企业名称	销售收入（万元）	利税总额（万元）	法人代表
盐城通商阀门有限公司	1604	125	龚正林
盐城市大丰洪联铸钢有限责任公司	1554	5	吴卫明
盐城奥克阀门有限公司	4645	275	张　斌
盐城大丰新阳机械厂	1167	5	陈石新
盐城法尔机械有限公司	2666	-137	董春景
盐城固威铸造有限公司	4356	3	顾海军
江苏国信大中风力发电有限公司	12207	8945	顾祥和
盐城市永嘉电力科技有限公司	600	-230	胡永建
盐城市大丰华皇纺织有限公司	0	0	曾金哲
盐城市梦之轩纺织有限公司	2174	24	陈金中

（储　斌）

三龙镇

【概况】 三龙镇地处大丰区东北部，是江苏省沿海开发中心节点镇，总面积152.79平方千米，辖19个行政村、3个居委会，115个村民小组。2020年年末，总户数18076户，总人口52459人。已形成纺织、机械、农产品加工等支柱产业，有工业企业130个，其中定报企业13个。拥有斗龙港国家一级渔港和国家级农产品加工龙头企业——宝龙集团。全年完成固定资产投资7.1亿元，同比增长18.7%；一般公共预算收入6518万元，同比增长20.6%；规模以上工业开票销售收入6.55亿元，同比增长6.6%；限上批零住餐企业零售额6475万元，同比增长26.1%。农村居民人均可支配收入27124元，同比增长6.6%。2020年，获得“国家卫生镇”称号，盐城市创建全国文明城市集体嘉奖，被区委、区政府授予文化建设高质量奖，龙东村新型农村社区被评为省级特色田园乡村。

【工业】 2020年，三龙镇规模以上工业开票销售收入6.55亿元，同比增长6.6%。新开工1亿元以上项目3个，即总投资1亿元的和合家纺二期、总投资1.5亿元的G228三龙服务区、总投资1亿元的盐阜家庭农场生态农旅项目。新签约1亿元以上项目3个，即省沿海集团投资3亿元的沿海现代农业产业园、创海电子投资1.2亿元的汽车配件、鼎祥食品投资1亿元的食品加工项目。在谈跟踪项目3个，即上海宝钒新能源科技有限公司拟在大丰港投资40亿元的全钒液流电池、广东客商拟投资1亿元的博极路灯制造、仙东控股有限公司拟投资2.5亿元的食品加工园区。

【农业】 2020年，三龙镇围绕农业123重点工程，打造G228特色种养循环经济带，重点推进现代种业发展，发挥金色农业万亩种业基地辐射带动作用，新发展水稻制种1200公顷。依托千亩稻田综合种养示范效应，稳定发展稻田综合种养453.33公顷。大力发展高效农业，累计新发展设施大棚种植557.13公顷。深入推进农业接轨上海，与海丰米业公司合作建设万亩优质稻米示范基地，重点打造53.33公顷核心区；完成888.33公顷订单水稻销售，总额2421.09万元。成功申报“大丰梭子蟹”“大丰螃蜞”国家地理标志证明商标。实施土地整理项目30个744.4公顷，新增耕地面积78.2公顷；增减挂钩项目新增

三龙镇斗龙港渔业小镇俯瞰图。　周古凯　摄

耕地面积4.53公顷。19个村集体经营性收入全部为20万元以上，其中有7个村突破50万元。

【第三产业】 2020年，三龙镇限上批零住餐企业零售额6475万元，同比增长26.1%。渔港小镇“6+1”重点项目，包括渔港小镇客厅、渔港花园酒店、特色海鲜烧烤店等建成投入使用。

【镇村建设】 2020年，三龙镇加强集镇常态化管理，保持集镇片区干净整洁有序，创文工作获盐城市嘉奖，被全国爱卫会授予“国家卫生镇”称号。实施集镇环境提升工程，拆除违建16处，清理后街小巷垃圾65处，完成渔业小街45户立面整治。投资150万元对丰富农贸市场进行改造提升。投资45万元，实施陈李线三龙至丰富集镇连接线亮化工程；投资35万元，实施三龙、渔业集镇绿化亮化工程，新增153盏太阳能灯和4盏高杆路灯。投资1283.72万元，新建普通农路7.26千米，改建农路桥梁12座，完成农路安全整治109千米，完善提升“四好农村路”10千米，落实农村公路管理414.996千米。龙东村新型农村社区被命名为省级特色田园乡村。扎实开展农村人居环境整治，创建盐城市人居环境示范村庄1个、大丰区人居环境示范村庄3个，新培育美丽宜居村庄10个。

【生态环境】 2020年，三龙镇投入80万元，实施集镇污水处理厂改造升级工程，铺设6个村污水管网75245米。推进“散乱污”企业整治，关闭退出“散乱污”企业5个，办理排污许可证登记企业52个、畜禽养殖户314户，落实整改环保交办件49件。开展绿色攻坚行动，完成绿化造林108.09公顷，占计划任务的147.41%；发展连片33.33公顷以上规模造林1个，5千米以上河道防护林1个，花卉苗木31.33公顷；完成森林抚育面积133.33公顷、农田林网400公顷、义务植树6.1万株、四旁植树7万株；建成森林村庄2个、小微湿地1个。常态化推进河长制，推广使用盐城河长制平台，持续开展“两违三乱”（违法圈圩、违法建设；乱占、乱排、乱建）专项整治行动，处理涉河事项12件。完成斗龙港村南美白对虾养殖尾水整治。持续推进畜禽养殖污染整治，全镇小型规模以上畜禽养殖场（户）全部治理到位，畜禽粪污综合利用率90%以上，规模养殖场粪污处理设施装备配套率100%。扎实推进“水美乡村”建设，加强农村河道生态治理，投资350万元，疏浚河道4条5.65千米，新建生态河道4条；推进村庄河塘整治44条60千米，打造村庄生态示范河道3条。

【社会治理】 2020年，三龙镇全面落实企业安全生产主体责任，扎实开展“春风行动”“安全生产月”和“百团进百万企业”安全生产学习宣讲活动，大力宣传贯彻《企业落实安全生产主体责任重点事项清单》《盐城市安全生产条例》。深入推进住宅小区消防安全专项整治攻坚行动，打通“生命通道”，坚决预防和遏制火灾事故的发生；突出危险化学品安全综合治理，集中开展违法违规“小化工”专项整治行动，关闭取缔违法违规从事化工生产黑窝点1家。持续深化安全生产专项整治行动，总体整改率99%。严格安全执法检查，倒逼企业履行主体责任，全年立案7起，罚款0.43万元，责令停产整顿企业1个。

【社会事业】 2020年，三龙镇龙东村1新型农村社区全部竣工并分房到户；龙东村2新型农村社区主体全部封顶，其中52户已分房到户，完成年度目标任务120户。退宅还耕进城入镇283户，其中进城202户，入镇81户，占全年目标任务的138%。巩固脱贫攻坚成果，全镇建档立卡低收入农户725户1350人，全部实现动态管理，脱贫不返贫。扎实做好就业和社会保障工作，新增就业562人，扶持劳动力自主创业136人；新增城镇职工社会保险102人；城乡居民医疗保险参保34870人；城乡居民社会养老保险缴费17967人，占任务的99.2%。严格执行国家计生利益导向政策，落实计生奖扶4034人、失独伤残特扶183人。加大社会救助力度，新增农村低保7户11人，其中5户8人为脱贫兜底；新增低保边缘户36户70人、特困供养4户。健全基本医疗服务体系，持续开展村医签约服务，续签率98%以上。新增镇级、村级居家养老示范点各1个，签订80岁以上老人居家养老服务协议1924份。加强基层宣传阵地建设，建立“湿地三龙·魅力渔港”公众号，依托新时代文明实践所（站、点），丰富“龙吟文化”品牌内涵，不断厚植群众文化根基。

2020年三龙镇主要经济社会指标一览表

表44

项　目	数　量	项　目	数　量	项　目	数　量
地区生产总值	27.69亿元	规模以上工业企业	14个	固定电话	1591户
财政总收入	8349万元	规模以上工业总产值	5.30亿元	互联网用户	14346户
一般公共预算收入	6518万元	规模以上工业主营业务收入	4.74亿元	移动电话	30768户
工业用电总量	3455万千瓦时	规模以上工业增加值	0.7297亿元	固定资产投资	7.10亿元
农林牧渔业总产值	19.54亿元	工业投资	3.76亿元	医院病床数	105张
农林牧渔业增加值	11.30亿元	学校	5所	参加农村社会养老保险	34704人
粮食总产量	7.32万吨	在校学生	1538人	农村居民人均可支配收入	27124元
肉类总产量	9531吨	在职教师	189人	农民人均住房	41平方米
水产品总产量	9140吨	有线电视用户	7919户	—	—

2020年三龙镇各村、居委会基本情况表

表45

名　称	党总支（党委、党支部）书记	主　任	户数（户）	人口（人）	总面积（公顷）
龙西村	刘　军	刘　军	684	1929	519
前进村	马克轩	马克轩	1116	3469	1134
丰余村	陈寿堂	陈寿堂	1064	3152	1127
龙南村	卞志钊（第一书记）	卞志钊	1176	3584	1194
龙东村	朱爱华	朱爱华	979	2896	693
斗龙村	周　忠	周　忠	544	1523	433
东红村	季红旗	季红旗	838	2556	765
开明村	黄　峰	黄　峰	650	1950	638
丰富村	刘仲山	刘仲山	1172	3497	1082
新丰村	王中元	王中元	964	2970	996
和平村	丁朝波	丁朝波	678	2207	736
洋桥村	李开奇	李开奇	835	2561	749
持久村	张大为	张大为	578	1922	628
久丰村	浦亚平	浦亚平	663	2183	708
增产村	祁云标	祁云标	628	1969	726
新坍村	李桂桐	李桂桐	663	2000	693
富强村	唐春平（女）	唐春平（女）	734	2252	776
下坝村	束荣荣	束荣荣	486	1589	697
斗龙港村	葛　斌	葛　斌	2086	5784	985
龙王庙居委会	杨春生	杨春生	960	1584	360
丰富居委会	周安新	周安新	525	750	56
斗龙居委会	葛　斌	—	—	—	—

说明：龙东村、斗龙港村是党委，丰富居委会是党支部。

2020年三龙镇骨干企业基本情况表

表46　　单位：万元

企 业 名 称	销售收入	利税总额	法人代表
盐城市大丰二良纺织有限责任公司	4399	-237.9	卞玉良
大丰和合家纺有限公司	4493	45.5	李忠祥
盐城市丰富铝制品厂	3934	31.2	王爱华
盐城亚欧海产有限公司	9425	-1699	王凤书
盐城市百顺农产品初加工有限公司	7495	26.5	季　丹
世贸天阶制药（江苏）有限责任公司	4391	-651.8	张慧君
江苏鹤鸣谷米业有限公司	10880	640.4	魏　云
江苏嘉龙纺织有限公司	2128	32.4	王爱荣
盐城大丰建平铝制品有限责任公司	2991	171.6	张建平
大唐大丰风电开发有限公司	9074	1552.2	陈　荣
盐城市大丰区清泉环保设备有限公司	3467	135.7	李建云（女）

（熊　铮）

新丰镇

【概况】 新丰镇位于大丰城区以北，东与上海市上海农场接壤，北与盐城经济开发区相连。国道204、省道226、新长铁路穿境而过，面积276.21平方千米。2020年年末，总户数38055户，总人口101358人，辖29个村委会、9个居委会、1个街道办事处，218个村民小组。以纺织、机械、建材、电子、汽配产业、健康养年、旅游为支柱产业，有200多个工业企业，其中规模以上工业企业32个，上市企业1个。2020年实现地区生产总值61.83亿元，财政总收入2.23亿元，其中一般公共预算收入1.53亿元。

【工业】 2020年，新丰镇完成全口径工业开票销售44亿元；固定资产投资21.5亿元，同比增幅15%，其中5000万元以上项目投资14.25亿元，同比增幅38.3%。开工建设亿元项目10个，竣工投产亿元项目5个。6个亿元项目和年游客量30万人次的旅游商品集散中心——阿拉客厅落户丰园·大丰（深圳）创客园，前瞻布局全国具有影响力的半导体集成芯片制造中心。汽配产业园以大洋精锻为龙头，年产600万件汽车精密锻件高效智能化加工项目已在试生产。

【农业】 2020年，三龙镇依托全镇300多名农民经纪人，集聚元素培植艾伦特草莓、永裕大米等绿色食品A级认证"地标级"农业品牌，扶持做强车滩、永跃、老墩等村为上海、苏南提供品牌化"菜篮子""鲜花店"服务。依托尼可郁金香土培技术和姚伟花艺技能拓展效应，新增3000多农户加入郁金香种球产业链，新增劳技花技岗位1000个，拉动花艺、花技培训附加值3000万元。总投资4000万元、建设面积1平方千米的羊角村田园风光创意园项目，已建成一期33.33万平方米。全力开展"万企联万村、共走振兴路"行动，成功签约33个项目。

【第三产业】 2020年，新丰镇规模以上服务业营业收入9.05亿元，同比增幅15.1%；限上批零住餐销售额7.81亿元，其中限上批零住餐零售额2.69亿元，同比增幅0.6%。荷兰花海被授予"上海游客最喜欢旅游目的地""中国文化旅游创作基地""国际花卉与旅游产学研基地"称号，上海、苏州市民自驾游荷兰花海产品正式签约。深化院校地"产学研"合作，与盐城生物工程学校和盐城农科院合作共建"荷兰花海花卉研究院"，与盐城师范学院合作共建"荷兰花海旅游创新研究院"，筹建"新丰古镇历史研究院"。王潮歌导演荷兰花海《只有爱》戏剧幻城"6月19日全球揭开帷幕，被誉为"2020年度消费者最青睐的江苏文旅融合标杆项目"。阿姆斯特丹酒店、天沐温泉酒店、只有爱"月下爱河"旅游综合体、郁金香种球花卉产学研基地等项目稳步推进，全季酒店常态化运营。全球化眼光不断聚焦，中国、荷兰

新丰镇人民北路与淮海路交汇处。　　周古凯　摄

各层面开展了近50次经贸、文化、智力、政府合作交流。荷兰花海旅游实体经济绿色发展路径受到央视《新闻联播》《新华日报》《江苏新时空》等权威媒体专题报道。

【镇村建设】2020年，新丰镇按照“四好农路”要求，强化镇域1500千米水泥路和2500座桥涵专项管护措施。结合创文巩固工作和镇域面貌环境提升行动，人民路12座龙门架和沿途3534平方米户外楼宇广告全部拆除，各类违搭、流动摊点均已划行归市，强电杆所涉广电、移动、联通线路全部拆除。以农房改善扮靓乡村振兴底色，进城入镇目标350户，完成395户，退宅还耕目标210户，完成214户，新型农村社区目标300户，完成324户，“四类人群”（贫困户、军人军属、未成年人和残疾人）危房改善144户，一般人群危房改善132户。

【生态环境】2020年，新丰镇严格落实河长制，开展河道巡查42次，发现各类问题16件全部交办整改到位。串场河综合整治项目56个已全部签约，累计拆除48家。实施大中沟疏浚15条34.36千米、土方32.97万立方米，实施高标准生态河道治理3条5.8千米，清理住家船及废船32艘，斗龙港大团桥国考测水点水质各项指标均达到Ⅲ类水标准。

【社会治理】2020年，新丰镇坚决贯彻落实习近平总书记重要指示精神和中共中央、省、市、区各项决策部署，紧急安排、迅速行动，成立疫情防控工作领导小组，把疫情防控作为压倒一切的重要政治任务，用实际行动筑牢疫情防控的城墙，为打赢疫情防控阻击战提供坚强组织保证。制定“22+2”个行业领域专项整治方案，专项整治期间排查生产经营单位1106个，排查隐患3236条，已整改2977条，剩余隐患根据整改期限开展复查，确保隐患整改闭环。38个村（居）高质量完成“小化工”企业摸排工作，发现违法违规“小化工”企业3个，已全部整治到位。深入开展“积案攻坚”活动，上级交办重点信访事件8件已化解6件。全年处理12345工单3000余张，满意率98%。

【社会事业】2020年，新丰镇聚焦精准脱贫，对建档立卡1665户3044人开展横向到边、纵向到底的全面排查，均已稳定脱贫，14个经济薄弱村全部达标。全年发放抚恤金805万元，基础养老金发放率、被征地农民社会保障覆盖率、“四个不出村”（参保登记、个人缴费、待遇领取、权益查询）标准覆盖率100%。镇双拥工作被盐城市推荐为全国双拥模范城市验收点，吸纳40名退伍军人进入村级班子优化结构储备资源库，建立全镇退役军人党员清单并实行动态管理。投资200多万元实施“四有”（有组织、有场地、有项目、有氛围）工程，全力保障群众体育健身需求。

2020年新丰镇主要经济社会指标一览表

表47

项　目	数　量	项　目	数　量	项　目	数　量
地区生产总值	65.64亿元	水产品产量	12084吨	有线电视入户率	100%
财政总收入	2.23亿元	规模以上工业企业	36个	自来水普及率	100%
一般预算收入	1.53亿元	规模以上工业销售收入	37.83亿元	居民储蓄存款	49.45亿元
工业用电总量	1.37亿千瓦时	规模以上工业总产值	41.20亿元	学校	7所
农林牧渔业总产值	25.71亿元	固定资产投资	21.82亿元	在职教师	406人
农林牧渔业增加值	14.82亿元	社会消费品零售总额	3.04亿元	在校学生	2886人
粮食总产量	83316吨	城乡居民基本养老保险参保人数	64931人	农村居民人均可支配收入	29401元
肉类总产量	22580吨	参加合作医疗	101260人	农民人均住房	42平方米

2020年新丰镇各村、居委会基本情况表

表48

名　称	党总支（党委）书记	主　任	户数（户）	人口（人）	总面积（公顷）
鼎丰村	施亚平（女）	施亚平（女）	2150	5693	1895.80
群乐村	朱兆祥	朱兆祥	1688	4667	1389.30
时丰村	唐翠平（女，2020.11—　）	夏　林（主持党总支工作）	1112	3082	822.20
裕南村	丁世祥	朱爱平（女）	983	2489	661.00
裕北村	崔亚兵	陈美华（女）	1807	4122	1147.00

续表48

名　称	党总支（党委）书记	主　任	户数（户）	人口（人）	总面积（公顷）
仁南村	仇　露（　—2020.09） 王　欣（女，2020.11—　）	赵金红（女）	773	2055	532.00
仁北村	殷　鑫	王兴连（女）	1342	3576	983.50
金东村	顾云杰（2020.11—）	丁德贵 （主持党总支工作）	1079	3068	957.90
金西村	杨正权（　—2020.11） 王亚芹（女，2020.11—）	—	1338	3876	1423.00
同丰村	施永康	施永康	1574	3982	925.00
全心村	王　华（　—2020.04） 施锦涛（2020.04—　）	沈建辉	2118	5363	930.70
沙港村	陈　培（女，2020.11—）	张太其	433	1234	521.70
太兴村	王友宏	王炳生	897	2670	1176.40
赤旗村	洪以壮	陈红旗	1158	3368	1091.10
车滩村	施锦涛（　—2020.04） 韦斌和（2020.11—　）	智恒华	863	2431	890.10
永跃村	韦龙华（　—2020.11） 阮　彬（2020.11—　）	韦龙华	904	2718	844.30
万众村	明昌安	倪红生	1003	2871	910.20
小团村	韦兴吾	查永祥	540	1451	545.70
大团村	王荣海（2020.11—　）	奚茂顺 （主持党总支工作）	943	2813	883.40
引水村	严亚军	严加林	753	2273	724.50
圩中村	刘　进	刘　进	823	2588	776.00
五丰村	蔡忠江	李大来	710	2264	682.20
长坍村	赵新全	赵新全	1046	3166	896.00
腰港村	夏德海（2020.11—　）	杨亚芹（女） （主持党总支工作）	763	2276	644.70
老墩村	王桂华（2020.11—　）	周凤林（主持党总支 工作）	1239	3727	1239.40
安龙村	柏丽华（女）	柏丽华（女）	674	1954	598.10
三总村	李　芳（女）	李　芳（女）	1493	4782	1407.40
齐贤村	柏松淦	蔡林华	714	2179	592.30
大明村	朱学军	朱学军	620	1915	471.00
方强居委会	张卫东	张卫东	1193	2120	129.70
民主居委会	黄　美（女）	黄　美（女）	1048	2368	—
团结居委会	徐中龙	徐中龙	886	1680	—
和平居委会	李海娟（女，　—2020.11） 刘　娟（女，2020.11—　）	刘　娟（女）	504	1004	—
新淮居委会	胡　勇（　—2020.11） 袁杨梅（女，2020.11—　）	王玉兴	1068	2310	—
新北居委会	卞小霞（女）	卞小霞（女）	399	897	—
金墩居委会	何春钊（　—2020.11） 申　兵（2020.11—　）	董干凤（女）	724	1105	—
四岔河居委会	沈建标	吴洪爱	147	306	—
龙堤居委会	韩志才	倪加润	546	917	—

2020年新丰镇骨干企业基本情况表

表49 单位：万元

企业名称	销售收入	利税总额	单位负责人
盐城温氏畜牧有限公司	122046.27	149014.2	汪育祥
江苏辉丰生物农业股份有限公司	120155.80	191944.9	仲汉根
江苏大洋精锻有限公司	21810.67	26690.5	宋银生
无锡庆丰（大丰）纺织有限公司	14439.34	13914.9	戴放鸣
盐城市大丰区水泥制造有限公司	11434.45	12182.9	吴　林
大丰恒丰家纺有限公司	6724.85	7515.4	谢俊海
江苏聚润硅谷新材料科技有限公司	6678.01	6103.8	谢增雄
江苏珍鹿纺织有限公司	6351.35	7475.9	赵　勇
盐城市大丰区强丰建材有限公司	6214.08	6796.8	陈庆瑞
江苏金丰纺织有限公司	6166.66	6908.1	王建武
江苏天骏机械有限公司	6019.63	5738.3	吕红军

（束秋莲）

大中街道

【概况】 大中街道总面积133.46平方千米，总人口15.63万人，下辖20个行政村、26个社区居委会和盐城市AAAAA级工业园区、国家级科技农业园区丰收大地现代农业示范区、盐城市级专业市场现代服务业集聚区3个特色区园，拥有丰收大地、恒北两个省五星级乡村旅游点，形成家纺、汽车零部件、空压机、食品加工等特色产业，建成全国最大的早酥梨和大蒜生产基地，是国家级生态镇、国家新型城镇化综合试点镇、江苏省文明乡镇标兵、江苏省社会治安安全镇、江苏省环境优美乡镇。大中工业园区建成"国家级科技企业孵化器""国家级众创空间""国家小型微型企业创业创新示范基地"、省中小企业三星级公共服务平台；丰收大地获"中国驰名商标"、江苏省首批乡镇电子商务特色产业园(街)区、江苏省现代农业科技综合示范基地称号。

【工业】 2020年，大中街道新组建4个专业招商站、8个招商办，新签约温德姆酒店、华英智能科技产业园、海聆梦智能家居等17个1亿元以上项目，其中10亿元以上项目3个；新开工沿海冷链物流智慧城、谦禾楼承板、乐源包装等11个1亿元以上项目；新竣工吾悦广场、中泓鑫海生物科技、建展科技等7个1亿元以上项目。沿海冷链物流智慧城参加全省农业农村重大项目集中开工。海聆梦家居列入国家重点跟踪培育纺织服装品牌企业名单。

【农业】 2020年，大中街道持续推进农业"123"重点工程，新增设施农业300公顷，恒北村挂牌成立省农科院专家工作站，完成百亩梨综合示范园建设；丰收大地创成江苏省首批"优势种苗中心"，省级现代农业产业示范园建设加快推进。实施省"万企联万村、共走振兴路"工程，20个村实现村企联建项目21个。

【第三产业】 2020年，大中街道成功举办梨花文化节，将戏曲文化、非遗文化、民俗文化、美食文化、农耕文化充分融合，展现出精彩纷呈的乡村旅游新业态。恒北村被评为"首批国家森林乡村""江苏省特色田园乡村""第三批江苏省传统村落"，并获"江苏省美丽家园省级示范点""江苏省三八红旗集体""盐城新地标网红打卡地"等称号。

【城乡建设】 2020年，大中街道将全街道划分为"西部高铁、北部城市经济、中部工业产业、南部农旅经济和东部现代高效农业"五大片区，统筹推进城市发展和乡村振兴，经济发展格局进一步优化。主动融入城市建设大会战，完成原缫丝厂、润富花园南侧、春柳路南延等9个地段1480户拆迁，完成大刘路沿线72户、高铁沿线47户拆违工作。通过"全国文明城市创建"三年大考，获盐城市创建全国文明城市集体三等功。紧扣2.0升级版要求，聚力推进农房改善，完成农房改善1707户，利民新型农村社区通过省级验收，红花新型农村社区主体基本竣工。持续改善农村基础设施，新建农路28.84千米、农桥30座、泵站12座、涵闸4座，实施设施农业重点项目4个。

【生态环境】 2020年，大中街道深入推进"263"专项行动、畜禽养殖污染整治行动，"散乱污"企业、"六小"（小旅店、小美发美容店、小歌舞厅、小浴室、小餐饮店、小食品经营店）行业整治及环保交办单，全部完成销号。整治村庄河塘51条，

大中街道恒北村。 周古凯 摄

黑臭水体20处，秸秆双禁实现零火点。恒北村省级特色田园乡村建设全面推进，创成全国第一批国家森林乡村，人居环境整治短片在全国人居环境整治工作推进现场会上播放。大力推进“一片林”工程，新增成片造林86.67公顷，新建和完善农田林网300公顷，建成省级林业示范村庄2个。实施高铁沿线、沪丰大道沿线环境整治，改善农房111户，流转土地615.07公顷，种植彩色水稻13.33公顷。

【社会治理】 2020年，大中街道不断深化“平安网格”建设，持续开展网格安全稳定隐患大排查大整治行动，网格平台受理各类矛盾纠纷、风险隐患4537件，办结4529件，办结率99.8%。全面开展国家安全、反邪、禁毒、打击非法集资等平安法治宣传活动，不断巩固扫黑除恶专项斗争成果，积极推动扫黑除恶专项斗争常态化，建设“平安灯箱”28个，发放平安法治宣传资料23万余份，全民防范意识、法律素质不断增强，群众安全感、满意度显著提升。

【社会事业】 2020年，大中街道942户1667人建档立卡低收入人口全部脱贫。公共服务不断优化，建成AAAA级示范型日间照料中心，完成街道居家养老服务中心和恒北、新德、大新、大华等村、社区养老服务中心改造。大力推进群众文化惠民，《加油！武汉》《战“疫”，我们一起上》等作品被省级媒体平台采用。

2020年大中街道主要经济社会指标一览表

表50

项目	数量	项目	数量	项目	数量
地区生产总值	150.52亿元	规模以上工业销售收入	46.57亿元	居民储蓄存款	191.65亿元
财政收入	12.62亿元	农村民工人均可支配收入	31212元	学校	7个
工业用电总量	45.98亿千瓦时	城镇居民可支配收入	40975元	在校学生	5600人
农林牧渔业总产值	15.42亿元	肉类总产量	3719吨	在职教师	447人
农林牧渔业增加值	8.95亿元	水产品产量	7590吨	医院病床数	786张
粮食总产量	44746吨	固定资产投资	23.08亿元	自来水普及率	100%
规模以上工业企业	46个	社会消费品零售总额	53.8亿元	城乡居民基本养老保险参保人数	81363人

2020年大中街道各村基本情况表

表51

名称	党总支（党委）书记	主任	户数（户）	人口（人）	总面积（公顷）
恒南村	吴红云（女）	葛峰高	587	1637	507.62
恒丰村	陈涛	朱志宏	543	1474	464.92
恒北村	李晓霞（女）	陈涛	684	2140	483.03
利民村	杨晓翠	周汉平	648	1803	533.63
双喜村	卢军昌	卢军昌	799	2374	514.96
泰西村	王正龙 顾旭华	王正龙	1171	3246	525.32

续表51

名　称	党总支（党委）书记	主　任	户数（户）	人口（人）	总面积（公顷）
泰丰村	吴　进	胡日东	1008	2960	522.22
红花村	顾希良	钱海霞	1246	3475	685.50
阜北村	曾龙珠 陈安芹	朱金林	791	2275	563.28
同德村	陈祥林（副）	陈祥林	1464	3994	466.03
德丰村	蔡晓平	张忠明	1226	3857	803.76
大新村	彭怀龙	陈益兵	715	1679	278.39
老坝村	陈进和	周彩生	942	2873	1024.63
新团村	凌志刚	凌志刚	680	2196	636.17
光明村	李　骏	蒋安群	874	2582	725.53
八灶村	卞友权	王荣才	704	2139	630.90
福丰村	周国权 顾广兵	王培昌	1286	3521	972.09
元丰村	吴宏庆	吴宏庆	828	2285	841.49
晋北村	鲍宏伟	鲍宏伟	765	2161	651.90
晋丰村	花诗君	卢日义	1107	2804	840.76

说明：恒北村、同德村为党委。

2020年大中街道社区居委会基本情况表

表52

中心社区管理办公室及居委会名称	党支部（党委）书记	主　任	中心社区管理办公室及居委会名称	党支部（党委）书记	主任
老街居委会	戴海燕（女）	戴海燕（女）	大刘居委会	王志阳	王志阳
新街居委会	李晓平	张晓波	育红居委会	卢定津 吴玲玲	吴玲玲（女）
大华居委会	陈毅梅（女）	陈毅梅（女）	新村居委会	陈　鹏	邵金凤（女）
东宁居委会	张　伟（女）	张　伟（女）	沿河居委会	张　丽（女） 柏晓蕾（女）	柏晓蕾（女）
康平居委会	郑文彬	单　卫	建西居委会	刘新平（女）	刘新平（女）
键东居委会	陈　琦（女）	陈　琦（女）	建业居委会	翟文吉（女）	翟文吉（女）
城中居委会	朱　杰 王　玲	王　玲（女）	西河口居委会	卢定律 胡金林	杨迪虎
人民居委会	王秀琴（女）	张玉娟（女）	新团居委会	周旭阜	柏龙群
飞达居委会	张红霞（女）	张红霞（女）	新德居委会	陈　雯（女） 张　波	黄小燕
大新居委会	李　玲（女）	李　玲（女）	滨河居委会	黄晶晶（女） 陈洪亮	陈洪亮
朝阳居委会	丁　燕（女） 丁　惠（女）	丁　惠（女）	建丰居委会	龚秀兰（女）	龚秀兰（女）
城南社区	张晓波	邵金凤	浦江居委会	周　坚	王　萍（女）
北兴社区	张玉娟（女）	陈益兵	德润社区	黄小燕（女）	单　卫

2020年大中街道骨干企业基本情况表

表53

单位：万元

企业名称	销售收入	利税总额	法人代表
上海电力大丰海上风电有限公司	55886	226177	戴苏峰
海聆梦家居股份有限公司	104417	2883	邱建林
盐城市舒润床上用品有限公司	16569	1901	彭秀琴
通威（大丰）饲料有限公司	26549	424	贾光文
大丰恒卫针织品有限公司	7295	507	钱永根
盐城市恒丰海绵有限公司	20411	1921	顾紫敬
盐城市乐丰纸业有限公司	12693	386	陈镇初
盐城思达德民力阀门有限公司	9012	1109	陆志刚
江苏寰宇天成轻纺科技有限公司	15486	458	陈　晨
盐城中德精锻股份有限公司	6436	997	周国平
江苏金色工业炉股份有限公司	9668	1961	朱　斌

（陈　怡）

丰华街道

【概况】 丰华街道规划面积65.82平方千米，下辖8个村、5个居委会、45个村民小组。2020年年末总户数11260户，总人口29379人。2020年完成固定资产投资45亿元，实现财政收入3.85亿元，一般公共预算收入2.33亿元，新增农村积累1753.95万元，农村人均可支配收入30438元。

【工业】 2020年，丰华街道全口径工业开票销售28.87亿元，规模以上工业开票销售14.5亿元。全年新签约宇豪新材料、美高半导体、摩羯星游戏等1亿元以上企业12个，开工郎克斯、昊芯等亿元项目10个，投产杰源智造、伟途力丰、锦和大厦等1亿元以上项目9个。吉凯同科技、昊芯芯片、正德源智造等一批“高精新”智能终端项目竣工投产，郎克斯、杰源智造等项目代表大丰参加盐城市项目观摩活动。

【农业】 2020年，丰华街道有耕地面积2648公顷，以大蒜为主导产业推进区街农业向技术型、专业性转变。加强农业园区基础建设并完成省级现代农业产业园区申报，已搭建连栋大棚5.3公顷，樱桃、冬瓜、包菜等果蔬种植管理工作稳步进行。街道现代农业园区联手丰收大地组培中心以中国地理标志产品——“裕华大蒜”为载体，在街道打造占地200公顷江苏优质种蒜产业园，并与扬州大学、上海农科院、省农科院、徐州农科院等单位合作，成立专家工作站，引进各地名特优蒜种30多个，建成6.68公顷种蒜引种基地，通过栽培试验选育出适合本地生产的优良种蒜新品种，做好各类大蒜品种的提纯复壮和更新换代，推动大蒜产品由青蒜、蒜薹向青蒜、蒜薹、蒜头多产品转型。建设绿色蔬菜产业基地2个，已完成相关绿色食品申报。天祥村高标准农田进入施工阶段，海防村高标准农田已纳入2021年高标农田计划，并已进入前期勘探阶段。现代农业示范园成功签约中央厨房蔬菜供应基地，街道与东坝头农场共驻共建，9个村企联建项目成功签约，实现优势互补、联动发展。

【第三产业】 2020年，丰华街道全年培植规模以上服务业企业5个，规模以上服务业营业收入3.5亿元。全年培植限额以上批零住餐企业4个，实现限额以上批零住餐营业收入2.3亿元。维也纳国际酒店建成并投入使用，锦和、锦徽、蜀丰、道诚等项目加快建设，幸福里健康小镇、高新城市综合体等城建项目迅速推进。丰华互联网创新创业园创成盐城市AAA级服务业集聚区，大丰智能硬件众创社区获评全区首家省级众创社区。大数据产业园、希望小镇、东方1号创意园集聚各类创新创业企业100多家、人才2000多名。丰华生物制药入选潜在独角兽企业培育库，6个企业获批国家高新技术企业，4个企业成功申报省级科技副总。晶亚汇电子获首届中国电子信息创新创业大赛优胜奖，隔空系统开发项目参加第二届创投峰会开幕路演。

【城乡建设】 2020年，丰华街道按照城市精细化管理目标要求，提升城市内涵品质。坚持养好每片绿、治好每条道、亮好每盏灯，东郊公园、幸福公园、五一公园、团结河风光带管护水平不断提升。大中路、公园东路、北兴路二期等竣工通车。投资48.60万元，完成朝荣村、天祥村、海防村3座农桥建设。组织推进已流转未使用土地绿化增植补栽工作，城市绿化覆盖率34%。

【生态环境】 2020年，丰华街道加快农村人居环境整治，推进畜禽废弃物、污水治理，进一步完善污水处理、畜禽粪污集中处置和综合利用等设施建设。扎实推进“一片林”工程，发展绿色富民产业。开展水环境治理，全面落实河长制工作，疏浚河道20条，做到水清、绿岸、河美。率先试点垃圾分类全覆盖，建立有制度、有标准、有队伍、有经费、有督查的常态化管理体制。突出通港大道、陈李线、大华路等骨干要道沿线环境秩序整治提升，创成江苏省生态文明建设示范镇(街)。

【社会治理】 2020年，丰华街道配强配齐安监队伍，落实安全生产主体责任和“一岗双责”，系统推进“27+2”行业专项整治、企业安全生产主体责任“家家到”活动，全年排查出安全生产隐患1332件、整改1295件，关停化工企业1个。加大矛盾纠纷排查化解力度，调解矛盾纠纷441件，调解成功432件，成功率98%；阳光系统受理233件，件件有回复；成功化解积案5件；受理12345工单1472件、答复满意率99.46%。深入推进扫黑除恶专项斗争，规范网格化管理，街道新东苑社区获评盐城市社会治理先进社区，高新社区网格化治理工作接受全市观摩。

【社会事业】 2020年，丰华街道推进民政救助全覆盖，实施重大疾病医疗救助53人，救助金额50余万元，救助生活困难群众350人次，救助金额16万余元，被评为全区慈善工作先进集体。走访慰问退役军人家庭100余户，发放慰问金26余万元，大力促进退役军人就业。城乡居民养老保险扩面征缴完成88.34%、城乡居民医疗保险征缴完成99.13%，均居全区前列。系统推进农房改善和农民增收致富，41户一般人群D级危房全部改善到位，朝荣新型农村社区按照省级示范点标准扎实推进，420户665人建档立卡低收入农户全面脱贫，4个村(居)年集体收入突破50万元，集体资产积累明显增加。加大民生投入，办好惠民实事，文化会展中心、城东农贸市场、裕华农贸市场、丰华卫生服务中心、大丰外国语学校等民生工程集中投入使用，高新城市综合体、街道日间照料中心、文化产业集聚区、便民服务中心等正积极推进，悦隽幼儿园交付装修，人民医院获批三级综合医院。

2020年丰华街道主要经济社会指标一览表

表54

项　目	数　量	项　目	数　量	项　目	数　量
地区生产总值	55.83亿元	粮食总产量	21756吨	参加合作医疗	19366人
财政总收入	3.85亿元	水产品总量	680吨	农村居民人均可支配收入	30438元
规模以上工业企业	21个	肉类总产量	182吨	自来水普及率	100%
规模以上工业销售收入	15亿元	学校	5所	有线电视用户	98%
规模以上工业增加值	1.75亿元	在校学生	9463人	规模以上工业企业用电总量	0.26亿千瓦时
固定资产投资	45.77亿元	在职教师	617人	—	—
限上批零售总额	2.23亿元	参加养老保险	13661人	—	—

2020年丰华街道各村、居委会基本情况表

表55

名　称	党总支书记	主　任	户数（户）	人口（人）	总面积（公顷）
阜南村	焦红霞	焦红霞	1112	2543	106.6
阜丰村	何　文	何　文	1350	3351	470
丰裕村	袁忠东	袁忠东	1437	4344	625
万丰村	陈　星	陈　星	730	2012	468.75
朝荣村	王远玲	王远玲	1310	3644	628.53
海丰村	卞俊富	卞俊富	1221	3325	1063
天祥村	黄　鑫	黄　鑫	645	1840	407
海防村	卢日锋	卢日锋	804	2367	625
裕华居委会	张南祥	张南祥	2160	4500	527

续表55

名　称	党总支书记	主　任	户数（户）	人口（人）	总面积（公顷）
新东苑社区	刘文庆	刘文庆	5321	9017	114
高新社区	邹　娜	邹　娜	2064	5958	300
香榭丽社区	严　红	严　红	4528	11320	300
海棠社区	范媚娟	范媚娟	3236	10621	350

2020年丰华街道骨干企业基本情况表

表56　　单位：万元

企业名称	销售收入	利税总额	法人代表
江苏苏视光电有限公司	32254	157	王　刚
盐城吉凯同科技有限公司	23624	14	王占成
盐城大丰恒盛商品混凝土有限公司	18647	714	卞忠国
江苏道融电子科技有限公司	17638	179	陈　磊
江苏晶亚汇电子科技有限公司	7466	7	陈　鑫
江苏伟途力丰科技有限公司	7449	44	谢阳江
江苏润丰建材有限公司	10036.6	392	朱银虎

（张　燕）

丰华街道朝荣新型农村社区。　　周左人　摄

〖编辑　於晨婷〗

驻丰农场

上海农场

【概况】 2020年，上海农场占地307平方千米，其中耕地1.33万公顷、林地0.32万公顷、鱼塘0.53万公顷，实现营业收入15.65亿元，同比减少3854万元，完成全年预算92.15%；实现归上海农场净利润1.13亿元，同比增加4345万元，完成预算110.42%。

【现代农业建设】 2020年，农场调整农业结构，增加西瓜、蔬果等经济作物种植面积，非粮作物占比增加到40%，其中种植油菜1420公顷、蔬菜667公顷、西甜瓜1470公顷。完善生产管理体系，实现夏粮增产、秋粮丰收，小麦亩均产量512.96千克、同比增长23.3%，水稻亩均产量563.79千克，维持在行业较高水平。油菜亩均产量265千克，同比增长27%，亩效益同比增加260元。集成应用“农机自动驾驶系统、苗情智能诊断系统、水肥一体化系统、无人飞防系统，智能灌溉系统” 五大类新技术，构筑“无人农场” 智慧农业体系，减肥、减药同比下降4.5%，用工减少80%，产量增加8%，实现了“一人千亩” 高效管控，探索出可复制、可推广的上海农场“无人农场” 模式。

【商业模式转型】 2020年，农场大力开展市场营销，实现品牌农产品销售49764万元，同比增长97.55%，占营业总收入的38.16%。开拓线上线下渠道33个，基本实现线上主流平台全覆盖。扩大营销队伍，营销人员由2019年的104人增至2020年的203人。提升质量管控，成立食品安全管理中心，建立专业化品控队伍，初步制定8类产品的质量标准，全部高于行业标准。与大丰市场监督管理局共同设立“盐城市大丰区检测检验中心上海农场分中心”，合力打造质量检测体系和追溯体系。提升生产组织能力，中垦种业域外繁种基地面积超过8000公顷，种源域外生产面积占比80%。光明禽业实现禽蛋产品集成销售“双突破”，其中销售禽类产品119.9万只，为2019年的2.79倍；销售集成品牌蛋1022.8吨，为2019年的5.47倍。东穗农业南方小麦交易市场苏北分市场进入实质性运营，年成交量5万吨。阳光定食项目实现当年开工、当年投产，全力守护大丰区中小学生餐桌安全。

【社区民生】 2020年，上海农场投入5488万元，开展绿色生态屏障构筑、绿化景观提升“十大工程”、“河长制” 常态化推行等工作，推动上海农场由“局部优美” 向“全域优美” 转变。

2020年11月，上海农场携手大丰区政府打造的“阳光定食”，为大丰区4万多名学生提供供餐服务。每年能够带动大丰当地2万吨以上禽、米、鱼、蛋、蔬菜等农产品深加工和销售，同时为大丰当地提供了150余个就业岗位。

黄云龙　摄

投入850万元，完善公共服务设施，支持农场派出所加强区域监控、信息化等设施建设。夯实为老服务恒温机制，启动爱心送餐活动，为81名高龄孤寡、生活困难人员免费送餐，累计送餐4000余次；与上海长征医院签订VIP就医服务协议，搭起职工居民上海就医绿色通道，累计服务就医122人次，全部实现门诊当日就医、当日检查、住院及时和安排妥善的优质服务。

【稳产保供】 2020年，上海农场贯彻落实集团疫情防控和复工复产的决策部署，筑牢战"疫"防线，抓实稳产保供，光明渔业、光明禽业、川东种植业、东穗公司、东越公司、营销公司等农场子公司，提前复工，做到战疫情、稳生产、保供应，促进上海市场的农产品正常供应。

（陆逢春）

江苏省大中农场

【概况】 2020年，江苏省大中农场（盐城监狱）占地面积81.2平方千米，耕地面积5067公顷，林地面积933公顷。农业主要种植大小麦、水稻，工业主要生产大米、种子和塑料制品。围绕高质量建设"新时代全国一流的现代监狱"总目标，监狱保持持续安全稳定，连续22年10个月实现"四无"（无罪犯脱逃、无重大狱内案件、无重大疫情、无重大安全生产事故）目标，连续15年未发生安全生产责任事故。年内，被江苏省监狱管理局授予全省监狱系统先进党委等荣誉。

【农场信息化建设】 2020年，农场深化"智慧农业"建设，完善无人机飞防参数，开发无人机巡田模式，助力高产稳产。合理规划5年生态河道建设项目，实施2020年生态河道建设。完成一分场1万亩高标准农田建设，完善小型农田水利专项工程建设，优化微喷育秧设施。购进极飞植保无人机等农业机械30余套，重建3万平方米水泥晒场，改造升级农药库、三机队、中心河3号桥，提升农业现代化水平。

【农场实事工程】 2020年，农场关注民警职工身心健康，组织开展民警职工健康体检。注重民生关怀，建成社保民生"一站式"服务窗口，累计结报补充医疗112万元，获各类地方补贴110余万元。投入1600余万元，完成天然气管道安装，改造医院、居委会办公场所，向地方政府移交污水处理、供气、医院等职能。

大中农场利用植保无人机进行麦田冬前化除。　（单位供图）

【监狱安全治理】 年内，监狱积极防御新冠肺炎疫情，实行最严格的全封闭管理，主动纳入大丰区疫情防控联防联控体系，实施社区"网格员"责任制，实现核心区、大社区、农业区3个板块一体化安全管理，实现疫情零输入、零感染、零事故。完善监狱治理体系，建立责任体系、考评体系，制定党建、监狱、企业等3个方面责任体系清单，出台高质量发展综合考核办法，完善中层领导与普通民警考核量化评价办法，制定职工积分考核办法；配套分类管理、内部控制、激励问责"三项机制"，制定民警职工分类管理机制，出台生产经营内部控制规范，健全民警职工激励问责机制，提升监狱治理能力。梳理汇编罪犯收押、释放、提回重审、外出就诊住院等管理制度，健全监狱1分钟处置实战联动机制，完善9个子项指挥调度流程，构建完善的制度体系。健全隐患排查整改机制，建立《督查、检查反馈单》《问题隐患整改清单》《问题隐患整治销号单》以及"整改通知书"，确保问题隐患整治闭环管理。扎实开展"2·21"警钟日、"3·9"警醒日等警示教育活动，定期组织防罪犯脱逃、自杀等典型案例学习，教育广大民警树立居安思危、警钟长鸣的安全责任意识。开展"清雷"行动，纵深推进"扫黑除恶"专项斗争。完成外隔离网达标重建项目和监内民警办公区门禁系统升级，提升技防水平。

【监狱执法改造】 年内，监狱完善执法责任机制，加强执法全周期管理，推行执法纪实管理，规范建成集中办案中心，严格落实集体评议制度，畅通罪犯"申、控、检"流转渠道，实现依法办案"零差错"。组织全监民警签订"公正文明执法责任书"，修订发放《狱务公开手册》2000余份。充分发挥特邀执法监督员的监督、质询职能，强化内部监督，主动接受检察监督。加强罪犯健康管理，强化健康筛查，注重疾病预防，不断提升处置突发公共卫生事件能力。制定推进罪犯改造系统化实施方案，开展“爱党、爱国、爱社会主义”“讲认罪悔罪、讲守法守规、讲改造新生”教育，固化日常改造仪式，促进罪犯改过自新。出台文化改造工作实施意见，加强“文化丛”建设，创建传统文化、传媒文化等两个“文化改造特色监区”。与盐城市、大丰区两级司法部门协同实施“3321”（联席会议、疑难问题处置、绿色通道等3项机制，社区矫正、文化改造、出监教育等3个项目，监狱公共法律服务、监狱非诉讼服务等2个中心，远程联动研判教育等1条专线）联动机制。与盐城市司法局、盐城云科技工学校协作，在系统内率先把罪犯职业技能培训纳入地方规划。开展“心声相伴”系列心健宣传教育活动，建立心理健康“病历卡”，制定个性矫治方案，促进罪犯心理健康。借鉴“枫桥经验”，制定监狱矛盾调处化解办法，取得较好成效。

（仇　勇）

江苏省方强农场

【农场生产经营】 2020年，江苏省方强农场（江苏省方强强制隔离戒毒所）投入1000多万元，购置无人机、大功率拖拉机等农业机械，修建防渗渠3.5千米，改造低产田块20多公顷。深化高产创建，麦子平均亩产567千克，水稻平均亩产577千克，销售种子2.75万吨，产销大米1.8万吨，劳务加工人均产值2万余元，在系统内位居前列。

【所政管理】 2020年，农场主动服务“平安法治”建设，树立“大安全”理念，强化疫情、管教、生产、社区、交通等安全隐患综合治理，开展规范化建设，推进扫黑除恶专项斗争，年内，“智慧戒毒所”高分通过验收。指挥中心实战化运行，纳入地方应急管理体系，顺利实现第24个安全年目标。

2020年，方强农场投入1000多万元，购置无人机、大功率拖拉机等农业机械，提高了生产水平。（单位供图）

【教育戒治】 2020年，农场围绕部级“示范所”创建目标，稳步推进全国司法行政统一戒毒基本模式，“四区五中心”（生理脱毒区、教育适应区、康复巩固区、回归指导区和戒毒医疗中心、教育矫正中心、康复训练中心、心理矫治中心、诊断评估中心）规范运行，教育戒治“4+1+1+1”（4天习艺指导、1天教育、1天康复、1天休息）模式探索取得良好成效，音乐戒治、运动戒毒、意志力训练等戒治技术广泛应用，后续照管“三级网络”实现全覆盖，“千人工程”持续推进，树立了戒毒机关良好形象。

【民生实事】 2020年，农场连续16年为职工增资，提高附加配套和住房补贴；组建惠警利民服务队，帮助解决执勤人员困难；与属地3家优质医院建成干部职工快速就医的“绿色通道”，组织民警职工全员健康体检、购买意外伤害险；推进危房搬迁，亮化分场办公用房7幢，建设水泥路2.7千米，更新路灯120盏，新建50余个停车位，设置智能充电桩，持续改善社区服务质量。

【疫情防控受表彰】 2020年，江苏省方强农场（江苏省方强强制隔离戒毒所）众志成城，进一步完善物防技防设施、实施规范化管理、组织专项安保行动、推进重点隐患整治，取得疫情防控阶段性胜利，被司法部表彰为全国司法行政系统抗击新冠肺炎疫情先进集体。

（刘　源）

江苏省东坝头农场

【概况】 2020年，江苏省东坝头农场占地1300公顷，其中无公害农产品生产基地898公顷；职工有820人，其中在职职工231人（转农206人），离、退休职工589人。全年实现营业收入4342万元、利润1162.7万元。年底被江苏农垦集团公司授予“先进企业”“农业社会化服务工作达标单位”等荣誉。

【农场改革改制】 5月，盐城市召开推动地方与农场联动发展会议，同步发布《关于推动地方与农场联动发展的意见》，强化地方与农场合作，全面开启农业农场化、规模化发展新征程。年底，“三供一业”（供电、供水、供气、物业）完成移交，天然气原计划

东坝头农场小镇。（单位供图）

安装150户、实际安装200户；生活垃圾处理分离移交区大中街道，实现压缩打包外运处理；9月，与大中街道办事处签订《省属东坝头农场退休人员社会化管理协议》，并于当月将579名退休人员移交区人社局退管中心。

【农场现代农业】 2020年，农场建立以“亩效益”为核心的现代农业发展新模式，优化麦、稻品种布局，布好、布足种子生产，全面种植高效、优质、高产品种（西农979、南粳9108），重点引进“华农超级吨麦”新品种，平均亩产690千克。科学制定麦稻周年超高产栽培实施操作方案，强化阶段作业的布置与考核，创新“微喷灌”水稻场头育秧，试验推广精准施肥、侧方位施肥、全程无人机飞防等技术，年内实现小麦单产601千克、水稻单产681千克。

【农业社会化服务】 年内，江苏农垦农业服务有限公司东坝头分公司全力实施农业社会化服务，形成联上游、跑下游、建平台、联网络、拓用户为一体的营销模式。帮助种植大户实行融资，建立农服东坝头分公司大户资源共享机制，组织开展农业社会化服务培训，建立种植大户信息资料和档案库，全年实现农业社会化服务2500万元，农资服务面积4400公顷，农技服务面积17600公顷。

【农产品质量安全】 2020年，农场围绕“全年系统录入——零错误、全年农产品质量安全——零事故、平时生产记录与日常平台操作无差错、整体团队质控精通率超85%”的4项目标，健全农场质控网络，规范农资投入，明确质控职责，强化质控考核，及时、准确、完整、规范录入数据，实现农产品质量追溯体系全覆盖，年底被江苏农垦集团公司表彰为农产品质量安全管理工作先进单位。

【农场民生工程】 2020年，农场投资600多万元，新建和改造水泥路2.8千米；升级改造公厕7座，为农场老场区家庭厕所新建化粪池和连通管道2500米；新建老场部职工文化健身广场，实施环境整治及小城镇提升项目。落实长效保洁机制，常态化开展“爱国卫生”环境整治行动，实现生活垃圾压缩打包外运处理。制定《江苏省东坝头有限公司大病医疗互助基金管理办法（试行）》，帮扶大病职工3人4500元。为7名贫困学子申请金秋助学金6000元，慰问困难职工138人，慰问金7.45万元，慰问困难老党员20人，慰问金1.45万元。

（朱红军）

〖编辑　刘洪芳〗

李晓霞

盐城市大丰区政协港澳台侨委主任、恒北村党委书记，兼任江苏省妇联副主席。江苏大丰人。女。1977年10月生。大学专科。中共党员。

李晓霞1999年7月参加工作，扎根基层20多年，团结带领恒北村两委班子成员，围绕“梨园风光、生态宜居、乡村旅游”发展定位，走“生态富农、以农富农”的生态绿色发展道路，大力实施乡村振兴战略，通过“好班子、好队伍、好路子、好村风、好环境”打造五好基层党组织，凝聚党员、干部、群众建设合力，创新党建工作机制，提升组织力，创新工作思维，加快美丽乡村建设，突出基础配套、公共服务、景点打造、新村庄建设、老村庄整治等重点，挖掘梨园文化，做精发展规划，做足梨文章，放大恒北品牌效应，将农旅、文旅有机结合，实现了一二三产业融合发展。在李晓霞的带领下，休闲农业和乡村旅游发展成为恒北的特色产业，连续9年举办恒北梨花文化节，连续6年举办恒北过大年等旅游节庆活动，招商引资浙江华盛达控股集团投资5亿元建设恒北原乡温泉度假村，2020年接待游客30万人次，实现乡村旅游收入2000万元。

在李晓霞的带领下，恒北村先后获得“全国文明村”“国家生态村”“全国乡村旅游重点村”等称号。李晓霞2016年4月被江苏省委、省政府表彰为江苏省先进工作者，2016年7月被中共中央授予“全国优秀党务工作者”称号，2017年10月当选为“中国共产党第十九次全国代表大会代表”，2019年11月被中共江苏省委组织部评为“江苏省首批百名示范村书记”，2020年11月，李晓霞被江苏省妇联授予“江苏省三八红旗手”称号。2020年11月，李晓霞被中共中央、国务院授予“全国先进工作者”称号。

（张　慧）

朱达丰

盐城市大丰区关工委主任。江苏大丰人。男。1948年10月生。本科学历。中共党员。

朱达丰自2014年2月起担任大丰区关工委主任以来，积极主动作为，落实工作重点，务求工作实效。认真做好主题教育，2014年起，每年主题教育活动由区文明办、关工委和教育局3家联合在城区1所小学作示范性动员启动，朱达丰做动员报告，参与编写宣讲材料，成功开展活动，两次在省关工委经验交流会上作典型发言。积极落实校外教育，在全区镇（区、街道）和村（居）均设立辅导站，设立家庭辅导点，为留守、困境儿童提供了离校不离教不失管的好去处。组织关爱帮扶，对留守、困境儿童和青少年开展“四助”（助学、助困、助创业就业、助成家立业）关爱帮扶行动，两次获得中国关工委主任顾秀莲批示称赞。落实结对帮教，区关工委每年发动基层关工委“五老”志愿者与有不良行为的青少年一一结成帮教对子，大丰区预防和减少青少年违法犯罪工作两次在省关工委会议上交流。加强关工委自身建设。朱达丰积极推动落实《江苏省关心下一代工作委员会工作规则》要求，组织上，全区镇（区、街道）和村（居、社区）、学校关工组织全覆盖。队伍上，基本落实同级退下来的老领导担任关工委主任，全区保持1支8000人左右的“五老”志愿者队伍；阵地上，每个村（居）关工委有“一室一校一站”（办公室、政治科技学校、校外辅导站）；制度上，全区关工工作做到年初召开工作会议，季有重点工作安排，半年有“家家到”专项工作调研指导，年终有“家家到”全年工作考核，为关工工作落实到基层提供保证。

在朱达丰的带领下，2016年6月，区关工委被省关工委、文明办表彰为全省关心下一代工作先进集体。2017年5月，朱达丰被盐城市委、市政府授予“全市关心下一代工作突出贡献奖”。2020年10月，朱达丰被中国关工委、中央文明办表彰为全国关心下一代工作先进工作者。

（康东升）

张　辉

盐城市大丰区公安局党委副书记、政委。江苏大丰人。男。1967年1月生。本科学历。中共党员。

张辉自新型冠状病毒感染肺炎疫情发生以来，坚决扛起疫情防控的政治责任，把人民群众生命安全和身体健康放在第一位，在区疫情防控领导小组领导下，以最严战时纪律、战时机制、战时作风，统筹各职能部门、带领社会防控组，落细落实防风险、护安全、战疫情、保稳定各项措施，坚决维护社会大局稳定。

张辉先后45次牵头组织召开统筹协调、视频调度、专题研判、数据核查等会议，建立重点人员信息核查、风险评估、应急处置等5项机制，研究部署疫情防控工作；坚持“大数据＋网格化+铁脚板”，牵头组织核查4.5万人，无一人漏管失控；高度重视社会面防控、舆情应对和涉疫违法犯罪活动，快速处置涉疫警情1100起，协调解决涉疫矛盾200多个，从快办理行政许可1100多件，侦破涉疫违法犯罪案件53起，其中案值1500万元的王某峰制售伪劣口罩案被国务院联防联控办作为典型案例予以肯定通报。

张辉坚持每周至少3次视频调度、督查各单位的疫情防控工作进度，经常到交通卡点、重点人员摸排现场、集中隔离点开展现场督查。在防疫关键时期，建立上午研判、下午交办的日闭环工作机制，先后交办提示单40期，推动职能部门将疫情防控措施落到实处。疫情期间，暂停或取消大型活动6场次，劝停群体性聚餐11706桌，及时统计退热止咳药品实名销售信息49278条。

张辉积极推动部门促发联动，利用传统载体和新媒体广泛宣传发动，不断提升群众参与疫情防控意识；推动民政部门强化“绿色通道”应急响应机制，共开展临时救助306人次，发放救助资金47万元，向困难群众发放低保金1729万元。深化“七个在一线”（领导干部在一线、慰问激励在一线、宣传发动在一线、督察问责在一线、排忧解难在一线、后勤保障在一线、执法服务在一线）战时思想工作，编发疫情防控通报表扬专刊14期，表扬民警和单位160人（家）次，激发民警投身抗疫的荣誉感和战斗力；面对抗疫物资短缺，先后7次主动协调、筹备储存防疫物资，为一线民警提供健康安全保障。

张辉2018年获评中共盐城市委、盐城市人民政府“全市党的十九大安保维稳工作先进个人”。2020年11月，张辉被中共江苏省委、江苏省人民政府表彰为全省抗击新冠肺炎疫情先进个人。

（金伟杰）

柏正群

盐城市大丰人民医院党委副书记、院长。江苏大丰人。男。1968年4月生。硕士研究生。中共党员。

在2020年的新冠肺炎疫情阻击战中，柏正群用精湛技术和高尚品德构建起一道坚实的防疫高墙。从疫情阻击战打响的第一天起，柏正群就进入紧张状态。第一时间成立医院防控领导小组，靠前指挥，专业的技术，精准的施策，使得医院防疫工作成绩显著。大丰确诊了盐城市第一例新冠肺炎患者，并先后再次确诊2例送至盐城市定点医院救治，及时发现盐城市第一例境外输入病例，实现病人“零死亡”、医务人员“零感染”。为解决发热门诊无CT的问题，紧急采购螺旋CT，不到两周就正式投入使用，成为江苏省发热门诊配置专用CT的先例，得到省卫健委防疫专家的高度赞许，并在全省推广。为提高核酸检测能力，对原有的PCR实验室进行提档升级、完善流程，为东台、大丰临床诊断提供强有力的支持。面对全国疫情告急，组建15人的医疗队火速驰援黄石，让疫区患者、同仁感受到“大丰力量”。

疫情发生以来，在柏正群的带领下，大丰人民医院采取全方位措施，严格落实疫情防控常态化管控，代表盐城接受省督导检查，受到充分肯定和好评。

2020年11月，柏正群被中共江苏省委、江苏省人民政府表彰为全省抗击新冠肺炎疫情先进个人。

（区卫健委供）

智恒奎

盐城市大丰区疾病预防控制中心党支部书记、主任。江苏大丰人。男。1966年2月生。大学专科。中共党员。

智恒奎自2012年担任区疾控中心主任以来，始终以保障人民群众身体健康为己任。2020年年初新冠疫情暴发，他带领区疾控中心全体人员投入到抗击疫情第一线，筑牢疫情防控墙。智恒奎作为全区新冠肺炎疫情防控工作领导小组预防控制组副组长，奋战在抗疫第一线，把好每个环节的疫情防控关。疫情最紧张期间，他把疫情防控指挥部当成家。在他的带领下，疾控中心全体人员始终坚守在疫情防控一线，严格落实所有风险地区输入人员和病例密切接触者管理，全区除发现4例输入性病例外，未发生二代病例。智恒奎带领区疾控中心人员在全区疫情防控工作中交出满意答卷，多次接受上级部门督导，得到上级部门的充分肯定。

大丰区作为入境口岸所在地，承担着入境海员换班任务，外防输入压力大。智恒奎顶住压力，参与隔离点选址和准备，严防境外输入，确保“应隔尽隔”。隔离点运行期间，他多次前往了解各项工作开展情况，对隔离点设置规范、每日健康管理、消毒、人员心理状况等进行把关。他的目标是做好隔离人员的保障工作，将病例输入风险最小化。

智恒奎高度重视防控能力建设，大力推进疾控中心核酸检测实验室建设，亲自参与图纸设计及现场改造，日夜督工。提前完成核酸检测实验室建设改造任务，6月底顺利通过验收并投入使用。9月，区疾控中心实验室检测能力再次提升，全区能完成日检测4000人、混检筛查时能达到日检测量4万人份。重视加强人员培训，完成10多名基层医疗机构检验人员的核酸检测实战教学工作，为“全民核酸检测”奠定坚实的人员基础。

2020年11月，智恒奎被中共江苏省委、江苏省人民政府表彰为全省抗击新冠肺炎疫情先进个人。

（区卫健委供）

葛书杨

盐城市大丰区大桥中心卫生院主治医生，医疗组长。江苏大丰人。男。

1982年12月生。本科学历。中共党员。

面对突如其来的新型冠状病毒感染肺炎疫情，葛书杨积极参与医院内的消毒防控、预检分诊工作，配合政府做好武汉返乡人员医学观察，并积极向群众宣传新冠肺炎防控相关知识。2020年2月初，听到区集中隔离点紧缺医护人员，作为1名中共党员，他毫不犹豫地向院领导申请参加。2月6日下午，葛书杨赶往港口集中隔离点报道，并担任医护组组长，当夜和隔离点总负责人一起安排各小组分工及接待隔离人员，当晚就接收50多名人员，一直工作到凌晨3点多才休息。在隔离点，葛书杨和同事们每天穿好防护服进入隔离区，组织并安排工作人员分发一日三餐，测体温及身体状况询问并做好登记，然后收拾餐盒、分类垃圾。忙完1天的工作之后，他继续完善当天所有资料。作为医护组长，葛书杨重任在肩，每次接受新入隔离人员都得指导并交代隔离期间注意事项，解决隔离人员在生活上、身体上遇到的问题。他在隔离点连续工作3个多月，从未休过假，共接受隔离人员500多人次，未发生感染。9月28日，葛书杨又参加了为期1个月"新冠肺炎疫情防控对接上海转运卫生防疫"的工作。

葛书杨作为1名普通的基层医务人员，用行动诠释初心和使命，在防控疫斗争一线彰显白衣天使的责任与担当，为群众生命健康保驾护航。

2019年8月，葛书杨被区政府表彰为第二届人民满意好医生。2020年11月，葛书杨被中共江苏省委、江苏省人民政府表彰为全省抗击新冠肺炎疫情先进个人。

（区卫健委供）

吴永连

盐城市大丰区价格认定中心主任，高级经济师。江苏大丰人。男。1966年10月生。本科学历。中共党员。

吴永连从事价格认定工作28年来，始终坚守基层一线，带领大家做好涉案财物价格认定、涉税财物价格认定、涉纪财物价格认定以及价格争议调解处理工作。他注重加强与相关部门的沟通配合，主动联合政法、综治、司法、消协等部门，推动价格争议调解处理工作融入社会矛盾纠纷大调解体系。细化自身工作流程，规范认定行为，每年完成"三涉"（涉刑事案件、涉纪检监察案件、涉行政案件）价格认定数百件，极少发生因对价格认定结论异议提出的复核裁定。在他的领导和大家的努力下，中心先后获得"江苏省规范化价格认证中心""国家价格认证机构规范化建设达标单位""江苏省价格认定先进集体""大丰市人民满意基层服务单位"等称号。吴永连在国家级刊物上发表多篇价格认定方面的论文，于2016年获得高级经济师职称。吴永连个人每年主办各类疑难、重大价格认定数十件，全都办成了铁案。吴永连2009年、2012年被盐城市人民政府表彰为盐城市价格工作先进个人，2010年被江苏省物价局评选为江苏省优秀价格鉴证师，2014年被国家发展改革委价格认证中心表彰为全国价格认证工作优秀个人。2020年12月，吴永连被国家发展改革委价格认证中心表彰为全国价格认证工作优秀个人。

（陈涛平）

王晓冬

盐城市大丰区市场监督管理局食品安全监督管理科科长。江苏大丰人。男。1975年12月生。硕士研究生。中共党员。

王晓冬注重理论学习能力和工作实践能力同步提升，不断引入先进食品安全管理理念、监管模式，在他的带领下，大丰区食品监管工作屡出佳绩，"食安大丰"品牌效应得到彰显。在苏北地区率先推进"互联网+明厨亮灶"惠民工程建设，探索推广涵盖"一个中心、两张网络、三大平台、四套系统"（一个多功能数据分析中心，一体化监管网和社会化服务网的"两张网络"，应急指挥、执法监督和信息公示的"三大平台"，监督检查系统、企业管理系统、公众服务系统和基层协管系统）的食品安全智慧监管系统，系统汇集检查、许可、抽检、处罚、分级信息22.6万条，初步建成全区食品生产经营单位信用监管体系。引入第三方机构对240家食品生产经营企业进行风险评估，根据评估报告对普遍性、行业性问题，及时开展面上专项整治，让监管走在风险前面。在全区115个幼儿园、小学、中学食堂推行"5C"（常分类、常整理、常清洁、常检查、常自律）食品安全管理模式，在大型餐饮单位实施"3E"（易操作的整理、易掌握的标准、易持久的监控）、"4D"（整理到位、责任到位、培训到位、执行到位）、"5C"等先进管理模式，全区餐饮行业食品安全水平不断提升。积极开展省食品安全示范城市和省餐饮质量安全示范创建工作，推动大丰区创成全省首批"江苏省食品安全示范城市"。全区食品安全指数在2019年度动态跟踪评价排名全省第二。创成中央名府、中交美庐城、荷兰花海风情街3条省级餐饮质量安全示范街、54家省级示范店，创成数量系全市第一。

王晓冬先后获评"2016年度大丰区目标任务综合考核先进个人""盐城市食品药品监管系统先进个人""2019年度大丰区食品安全先进个人"。2021年1月，王晓冬被江苏省人力资源和社会保障厅、江苏省市场监督管理局联合表彰为全省市场监管系统先进工作者。

（方振宇）

〖编辑　朱晓华〗

先进集体

国家级和国家条线表彰

单位	荣誉称号	授予单位
大丰区	第二批国家全域旅游示范区	文化和旅游部
大丰区	第三批节水型社会建设达标县（区）	水利部
大丰区	全国第四批率先基本实现主要农作物生产全程机械化示范县（市、区）	农业农村部办公厅
大丰区	2019—2020年度畜牧业统计监测工作综合考评优秀生产监测县	农业农村部畜牧兽医局
常州高新区大丰工业园管理委员会	全国脱贫攻坚先进集体	中共中央、国务院
大丰区白驹镇狮子口村	第六届全国文明村镇	中央精神文明建设指导委员会
大丰区实验小学	第二届全国文明校园	中央精神文明建设指导委员会
大丰区人民法院	全国优秀法院	最高人民法院
大丰区白驹镇	国家卫生镇	全国爱国卫生运动委员会
大丰区刘庄镇	国家卫生镇	全国爱国卫生运动委员会
大丰区小海镇	国家卫生镇	全国爱国卫生运动委员会
大丰区大桥镇	国家卫生镇	全国爱国卫生运动委员会
大丰区草庙镇	国家卫生镇	全国爱国卫生运动委员会
大丰区新丰镇	国家卫生镇	全国爱国卫生运动委员会

单　　位	荣誉称号	授予单位
大丰区三龙镇	国家卫生镇	全国爱国卫生运动委员会
大丰区应急管理局	应急管理新闻宣传暨“学报用报”先进单位	中国安全生产报社
大丰区万丰绿茵现代农业园区	2020年第二批全国休闲农业与乡村旅游5星级园区	中国旅游协会休闲农业与乡村旅游分会

省级和省条线表彰

单　　位	荣誉称号	授予单位
大丰区	第三批全省粮食生产全程机械化整体推进县	江苏省农业农村厅
大丰区	2020年度乡村振兴实绩考核县级综合排名第一等次	中共江苏省委农村工作领导小组
大丰区	2019年“四好农村路”省级示范县	江苏省人民政府办公厅
大丰区	全省畜牧业优秀生产监测县	江苏省农业农村厅办公室
大丰区	家庭医生服务模式创新单位	江苏省卫生健康委员会办公室
大丰区	2020年度江苏省水生动物病害测报工作绩效评估一等奖	江苏省渔业技术推广中心
大丰区卫生健康委员会	全省抗击新冠肺炎疫情先进集体	中共江苏省委、省政府
大丰区农业技术推广中心	江苏省农业技术推广三等奖	江苏省人民政府
大丰区市场监督管理局	全省市场监管系统先进集体	江苏省人力资源和社会保障厅、江苏省市场监督管理局
大丰区残疾人联合会	全省残联系统先进集体	江苏省人力资源和社会保障厅、江苏省残疾人联合会
大丰区发展和改革委员会	全省发展改革委系统2020年度综合先进单位	江苏省发展和改革委员会
大丰区应急管理局	2020年度危险化学品安全生产先进集体	江苏省应急管理厅
大丰区城市管理局	2020年度城管执法队伍“强基础、转作风、树形象”专项行动表现突出单位	江苏省住房和城乡建设厅
大丰区体育局	2020年度江苏省县级体育工作先进单位	江苏省体育局
大丰区审计局	全省审计系统疫情防控先进集体	江苏省审计厅
大丰区交通运输局	2019年度扫黑除恶专项斗争工作先进集体	江苏省交通运输厅
大丰区航道管理站	2020年全省交通运输行业五一先进单位	江苏省交通运输厅

单 位	荣誉称号	授予单位
大丰区税务局第一税务分局团支部	江苏省五四红旗团支部（团总支）	共青团江苏省委
大丰区农业农村局团委	江苏省五四红旗团委（团工委）	共青团江苏省委
大丰区残疾人联合会	2019年度按比例安排残疾人就业工作优秀单位	江苏省人民政府残疾人工作委员会
大丰区应急管理局	2020年江苏省“安全生产月”活动先进单位	江苏省安全生产委员会办公室
大丰区西团镇	江苏省健康镇	江苏省爱国卫生运动委员会办公室
大丰区三龙中心卫生院	2020年度家庭医生服务模式创新单位	江苏省卫生健康委员会办公室
大丰区科学技术协会	2020年江苏省“全国科普日”优秀组织单位	江苏省科学技术协会
大丰区科学技术协会	2020—2021年度江苏省全民科学素质大赛优秀组织单位	江苏省科学技术协会
大丰区科学技术协会	第三十一届江苏省青少年科技创新大赛基层赛事优秀组织奖	江苏省科学技术协会、江苏省教育厅、江苏省科学技术厅、江苏省发展和改革委员会、江苏省文明办、江苏省生态环境厅、江苏省体育局、共青团江苏省委、江苏省妇女联合会、江苏省知识产权局
大丰区大桥镇大桥新型农村社区	江苏省特色田园乡村	江苏省特色田园乡村建设工作联席会议
大丰区草庙镇东灶新型农村社区	江苏省特色田园乡村	江苏省特色田园乡村建设工作联席会议
大丰区小海镇海团新型农村社区	江苏省特色田园乡村	江苏省特色田园乡村建设工作联席会议
大丰区三龙镇龙东新型农村社区	江苏省特色田园乡村	江苏省特色田园乡村建设工作联席会议
大丰区白驹镇马家新型农村社区	江苏省特色田园乡村	江苏省特色田园乡村建设工作联席会议
大丰区万盈镇益民新型农村社区	江苏省特色田园乡村	江苏省特色田园乡村建设工作联席会议
大丰区刘庄镇友谊新型农村社区	江苏省特色田园乡村	江苏省特色田园乡村建设工作联席会议
大丰区西团镇众心新型农村社区	江苏省特色田园乡村	江苏省特色田园乡村建设工作联席会议
大丰区大丰街道恒北村2号村庄	江苏省特色田园乡村	江苏省特色田园乡村建设工作联席会议

盐城市级表彰

单 位	荣誉称号	授予单位
大丰区	2020年度全市综合考核第一等次	中共盐城市委、盐城市人民政府

单　　位	荣誉称号	授予单位
大丰区	2020年度全市综合考核经济发展高质量单项奖	中共盐城市委、盐城市人民政府
大丰区	2020年度全市综合考核文化建设高质量单项奖	中共盐城市委、盐城市人民政府
大丰区人民政府	创建全国文明城市工作集体二等功	中共盐城市委、盐城市人民政府
大丰区公安局	创建全国文明城市工作集体三等功	中共盐城市委、盐城市人民政府
大丰区大中街道办事处	创建全国文明城市工作集体三等功	中共盐城市委、盐城市人民政府
大丰区城市管理局	创建全国文明城市工作集体嘉奖	中共盐城市委、盐城市人民政府
大丰区市场监督管理局	创建全国文明城市工作集体嘉奖	中共盐城市委、盐城市人民政府
大丰区三龙镇人民政府	创建全国文明城市工作集体嘉奖	中共盐城市委、盐城市人民政府
大丰区住房和城乡建设局	创建全国文明城市工作先进集体	中共盐城市委、盐城市人民政府
大丰区交通运输局	创建全国文明城市工作先进集体	中共盐城市委、盐城市人民政府
大丰区文化广电和旅游局	创建全国文明城市工作先进集体	中共盐城市委、盐城市人民政府
大丰区教育局	创建全国文明城市工作先进集体	中共盐城市委、盐城市人民政府
江苏省大丰麋鹿国家级自然保护区管理处	创建全国文明城市工作先进集体	中共盐城市委、盐城市人民政府
江苏大丰农村商业银行股份有限公司	创建全国文明城市工作先进集体	中共盐城市委、盐城市人民政府
大丰区白驹镇狮子口村党总支	全市先进基层党组织	中共盐城市委
大丰区供电公司电力调度控制中心党支部	全市先进基层党组织	中共盐城市委
大丰区退役军人事务局	全市双拥工作先进单位	中共盐城市委、盐城市人民政府
大丰区公安局	全市抗击新冠肺炎疫情先进集体	中共盐城市委、盐城市人民政府
大丰区市场监督管理局	全市抗击新冠肺炎疫情先进集体	中共盐城市委、盐城市人民政府
江苏大丰港经济开发区管理委员会	全市抗击新冠肺炎疫情先进集体	中共盐城市委、盐城市人民政府
大丰区大中街道办事处	全市抗击新冠肺炎疫情先进集体	中共盐城市委、盐城市人民政府
大丰人民医院	全市抗击新冠肺炎疫情先进集体	中共盐城市委、盐城市人民政府
大丰区疾病预防控制中心	全市抗击新冠肺炎疫情先进集体	中共盐城市委、盐城市人民政府

先 进 个 人

国家级和国家条线表彰

姓 名	单位职务	荣誉称号	授予单位
李晓霞	大丰区政协港澳台侨委主任、恒北村党委书记	全国先进工作者	中共中央、国务院
朱达丰	大丰区关工委主任	全国关心下一代工作先进工作者	中国关工委、中央文明办
吴永连	大丰区价格认定中心主任	全国价格认证工作优秀个人	国家发展改革委价格认证中心
耿 建	大丰区气象局综合管理科科长	2020年度优秀通讯员	中国气象报社
袁 涛	江苏大丰农村商业银行股份有限公司纪委书记、监事长	2019—2020年全国金融系统文化建设先进工作者	中国金融思想政治工作研究会、中国金融文化建设协会

省级和省条线表彰

姓 名	单位职务	荣誉称号	授予单位
柏正群	大丰人民医院党委副书记、院长	全省抗击新冠肺炎疫情先进个人	中共江苏省委、江苏省人民政府
智恒奎	大丰区疾病预防控制中心党支部书记、主任	全省抗击新冠肺炎疫情先进个人	中共江苏省委、江苏省人民政府
葛书杨	大丰区大桥中心卫生院医疗组长	全省抗击新冠肺炎疫情先进个人	中共江苏省委、江苏省人民政府
张 辉	大丰区公安局党委副书记、政委	全省抗击新冠肺炎疫情先进个人	中共江苏省委、江苏省人民政府
夏光进	大丰人民医院呼吸科副主任	新时代最美逆行者	中共湖北省委、湖北省人民政府
葛德芹	大丰人民医院呼吸内科主治医师	新时代最美逆行者	中共湖北省委、湖北省人民政府
季 娟	大丰人民医院呼吸内科主治医师	新时代最美逆行者	中共湖北省委、湖北省人民政府
陈素明	大丰人民医院感染科主治医师	新时代最美逆行者	中共湖北省委、湖北省人民政府
王大勇	大丰中医院感染科副主任中医师	新时代最美逆行者	中共湖北省委、湖北省人民政府
陈松华	大丰人民医院重症医学科主治医师	新时代最美逆行者	中共湖北省委、湖北省人民政府

姓　名	单位职务	荣誉称号	授予单位
柏　静	大丰人民医院呼吸内科主管护师	新时代最美逆行者	中共湖北省委、湖北省人民政府
束　丽	大丰人民医院呼吸内科主管护师	新时代最美逆行者	中共湖北省委、湖北省人民政府
单燕芳	大丰人民医院呼吸内科护师	新时代最美逆行者	中共湖北省委、湖北省人民政府
周　萍	大丰人民医院呼吸内科护师	新时代最美逆行者	中共湖北省委、湖北省人民政府
沈晓燕	大丰人民医院重症医学科主管护师	新时代最美逆行者	中共湖北省委、湖北省人民政府
卞　博	大丰人民医院重症医学科护师	新时代最美逆行者	中共湖北省委、湖北省人民政府
葛陈娟	大丰人民医院感染科主管护师	新时代最美逆行者	中共湖北省委、湖北省人民政府
康　璐	大丰人民医院感染科主管护师	新时代最美逆行者	中共湖北省委、湖北省人民政府
张玲玲	大丰人民医院感染科护师	新时代最美逆行者	中共湖北省委、湖北省人民政府
徐　红	大丰人民医院感染科护师	新时代最美逆行者	中共湖北省委、湖北省人民政府
徐银祥	大丰区烟草专卖局副局长	全省“七五”普法中期先进个人	中共江苏省委宣传部、江苏省法治宣传教育工作领导小组办公室、江苏省司法厅
胡文兵	大丰区西团镇大龙小学校长	全省“七五”普法中期先进个人	中共江苏省委宣传部、江苏省法治宣传教育工作领导小组办公室、江苏省司法厅
朱彩春	大丰区税务局税政二股股长	全省“七五”普法中期先进个人	中共江苏省委宣传部、江苏省法治宣传教育工作领导小组办公室、江苏省司法厅
冯龙喜	大丰第二人民医院副院长	第五届江苏省“百名医德之星”	中共江苏省委宣传部、江苏省文明办、江苏省卫生健康委员会
刘正和	大丰区残疾人联合会副理事长	2019年度按比例安排残疾人就业工作优秀个人	江苏省人民政府残疾人工作委员会
王晓冬	大丰区市场监督管理局食品安全监督管理科科长	全省市场监管系统先进工作者	江苏省人力资源和社会保障厅、江苏省市场监督管理局
高　杨	大丰区水旱灾害防御调度指挥中心四级主任科员	全省抗旱抗台抗洪工作先进个人	江苏省人力资源和社会保障厅、江苏省水利厅、江苏省应急管理厅
葛德芹	大丰人民医院呼吸内科主治医师	新冠肺炎疫情防控“嘉奖”	江苏省人力资源和社会保障厅、江苏省卫生健康委员会
季　娟	大丰人民医院呼吸内科主治医师	新冠肺炎疫情防控“嘉奖”	江苏省人力资源和社会保障厅、江苏省卫生健康委员会
陈素明	大丰人民医院感染科主治医师	新冠肺炎疫情防控“嘉奖”	江苏省人力资源和社会保障厅、江苏省卫生健康委员会
王大勇	大丰中医院感染科副主任中医师	新冠肺炎疫情防控“嘉奖”	江苏省人力资源和社会保障厅、江苏省卫生健康委员会

姓　名	单位职务	荣誉称号	授予单位
陈松华	大丰人民医院重症医学科主治医师	新冠肺炎疫情防控“嘉奖”	江苏省人力资源和社会保障厅、江苏省卫生健康委员会
束　丽	大丰人民医院呼吸内科主管护师	新冠肺炎疫情防控“嘉奖”	江苏省人力资源和社会保障厅、江苏省卫生健康委员会
单燕芳	大丰人民医院呼吸内科护师	新冠肺炎疫情防控“嘉奖”	江苏省人力资源和社会保障厅、江苏省卫生健康委员会
周　萍	大丰人民医院呼吸内科护师	新冠肺炎疫情防控“嘉奖”	江苏省人力资源和社会保障厅、江苏省卫生健康委员会
沈晓燕	大丰人民医院重症医学科主管护师	新冠肺炎疫情防控“嘉奖”	江苏省人力资源和社会保障厅、江苏省卫生健康委员会
卞　博	大丰人民医院重症医学科护师	新冠肺炎疫情防控“嘉奖”	江苏省人力资源和社会保障厅、江苏省卫生健康委员会
葛陈娟	大丰人民医院感染科主管护师	新冠肺炎疫情防控“嘉奖”	江苏省人力资源和社会保障厅、江苏省卫生健康委员会
康　璐	大丰人民医院感染科主管护师	新冠肺炎疫情防控“嘉奖”	江苏省人力资源和社会保障厅、江苏省卫生健康委员会
张玲玲	大丰人民医院感染科护师	新冠肺炎疫情防控“嘉奖”	江苏省人力资源和社会保障厅、江苏省卫生健康委员会
徐　红	大丰人民医院感染科护师	新冠肺炎疫情防控“嘉奖”	江苏省人力资源和社会保障厅、江苏省卫生健康委员会
夏光进	大丰人民医院呼吸科副主任	新冠肺炎疫情防控“记功”奖励	江苏省人力资源和社会保障厅、江苏省卫生健康委员会
柏　静	大丰人民医院呼吸内科主管护师	新冠肺炎疫情防控“记功”奖励	江苏省人力资源和社会保障厅、江苏省卫生健康委员会
夏洁羽	大丰区万盈镇人民政府统计助理	第四次全国经济普查优秀工作者	江苏省第四次全国经济普查领导小组
黄晓冲	大丰区税务局副局长	2019年度科技税收政策落实成效突出个人	江苏省科学技术厅、国家税务总局江苏省税务局
徐　鑫	大丰区可持续发展实验区办公室副主任	2019年度科技税收政策落实成效突出个人	江苏省科学技术厅、国家税务总局江苏省税务局
黄海峰	大丰区审计局党组书记、局长	江苏省审计专业领军人才	江苏省审计厅
丁江波	中国人民解放军92155部队少校副营	二等功	中国人民解放军92155部队政治工作部
胡晓舟	中国人民解放军92858部队26分队艇长	二等功	中国人民解放军92858部队政治工作部
陈　思	中国人民解放军94655部队正团职军官	二等功	中国人民解放军94655部队政治工作部
金　宗	中国人民解放军31604部队副团职营长	二等功	中国人民解放军31604部队政治工作部
李晓霞	大丰区政协港澳台侨委主任、恒北村党委书记	江苏省三八红旗手	江苏省妇女联合会
王　宸	大丰疾病预防控制中心副主任	全省疾控工作作出贡献个人	江苏省疾病预防控制中心
汤海燕	大丰区审计局农业农村审计科科长	全省乡村振兴审计工作成绩突出个人	江苏省审计厅办公室

姓　名	单位职务	荣誉称号	授予单位
丁亚男	大丰区疾病预防控制中心健教科科长	2020年度卫生科普工作先进个人	江苏省健康教育协会
高金平	大丰区新丰镇金西村卫生室室长	第五届江苏省“优秀基层医师”	江苏省医师协会、江苏省基层卫生协会

盐城市级表彰

姓　名	单位职务	荣誉称号	授予单位
朱庆祝	大丰区应急管理局局长、党组书记	全市综合先进个人	中共盐城市委、盐城市人民政府
葛玉贵	大丰区信访局党组书记、局长	全市综合先进个人	中共盐城市委、盐城市人民政府
高　翔	大丰港石化新材料产业园管理办公室副主任	全市综合先进个人	中共盐城市委、盐城市人民政府
沈海燕	大丰经济开发区经济发展局局长	全市综合先进个人	中共盐城市委、盐城市人民政府
卞旭辉	大丰区白驹镇经济发展局副局长	全市综合先进个人	中共盐城市委、盐城市人民政府
柏栋梁	江苏大丰农村商业银行股份有限公司副行长	全市综合先进个人	中共盐城市委、盐城市人民政府
沈　阳	大丰区政府副区长、区公安局局长	盐城市创建全国文明城市工作个人二等功	中共盐城市委、盐城市人民政府
袁金荣	大丰区委宣传部副部长、区文明办主任	盐城市创建全国文明城市工作个人二等功	中共盐城市委、盐城市人民政府
冯永义	大丰区文联主席	盐城市创建全国文明城市工作个人二等功	中共盐城市委、盐城市人民政府
席　刚	大丰区大中街道党工委书记	盐城市创建全国文明城市工作个人二等功	中共盐城市委、盐城市人民政府
商明华	大丰区城市管理局党委书记、局长	盐城市创建全国文明城市工作个人二等功	中共盐城市委、盐城市人民政府
张正辉	大丰区公安局副局长	盐城市创建全国文明城市工作个人二等功	中共盐城市委、盐城市人民政府
王国平	大丰区教育局局长	盐城市创建全国文明城市工作个人三等功	中共盐城市委、盐城市人民政府
栾建军	大丰区卫生健康委员会党委书记、主任	盐城市创建全国文明城市工作个人三等功	中共盐城市委、盐城市人民政府
赵建荣	大丰区公安局副局长	盐城市创建全国文明城市工作个人三等功	中共盐城市委、盐城市人民政府
刘　宾	大丰区住建局副局长	盐城市创建全国文明城市工作个人三等功	中共盐城市委、盐城市人民政府
仲海波	大丰区交通局副局长	盐城市创建全国文明城市工作个人三等功	中共盐城市委、盐城市人民政府

姓　名	单位职务	荣誉称号	授予单位
陈卫东	大丰区城市管理局副局长	盐城市创建全国文明城市工作个人三等功	中共盐城市委、盐城市人民政府
王建华	大丰区市场监督管理局副局长	盐城市创建全国文明城市工作个人三等功	中共盐城市委、盐城市人民政府
蔡　枫	大丰区三龙镇人民政府副镇长	盐城市创建全国文明城市工作个人三等功	中共盐城市委、盐城市人民政府
王小华	大丰区大中街道办事处副主任	盐城市创建全国文明城市工作个人三等功	中共盐城市委、盐城市人民政府
姚卫祥	大丰区委宣传部精神文明建设指导管理科负责人	盐城市创建全国文明城市工作个人三等功	中共盐城市委、盐城市人民政府
叶泽海	大丰区供销合作总社监事会主任	盐城市创建全国文明城市工作个人嘉奖	中共盐城市委、盐城市人民政府
杨　毅	大丰区城市管理局副局长	盐城市创建全国文明城市工作个人嘉奖	中共盐城市委、盐城市人民政府
叶海涛	大丰区卫生健康委员会副主任	盐城市创建全国文明城市工作个人嘉奖	中共盐城市委、盐城市人民政府
周立新	大丰区文广旅局副局长	盐城市创建全国文明城市工作个人嘉奖	中共盐城市委、盐城市人民政府
冯慧琴	大丰区教育督导室主任	盐城市创建全国文明城市工作个人嘉奖	中共盐城市委、盐城市人民政府
唐月华	大丰区行政服务中心主任	盐城市创建全国文明城市工作个人嘉奖	中共盐城市委、盐城市人民政府
陈志祥	大丰区城市管理综合行政执法大队大队长	盐城市创建全国文明城市工作个人嘉奖	中共盐城市委、盐城市人民政府
周　宁	大丰区公安局交警大队副大队长、城区一中队中队长	盐城市创建全国文明城市工作个人嘉奖	中共盐城市委、盐城市人民政府
陆玉岗	大丰区市场监督管理局信用监督管理科科长	盐城市创建全国文明城市工作个人嘉奖	中共盐城市委、盐城市人民政府
吉曙云	大丰人民医院党委办主任	盐城市创建全国文明城市工作个人嘉奖	中共盐城市委、盐城市人民政府
何　蕾	大丰区农商行党工部副总经理	盐城市创建全国文明城市工作个人嘉奖	中共盐城市委、盐城市人民政府
陈慧君	大丰区实验小学校长	盐城市创建全国文明城市工作个人嘉奖	中共盐城市委、盐城市人民政府
吴琛琛	大丰区住建局墙改站站长	盐城市创建全国文明城市工作个人嘉奖	中共盐城市委、盐城市人民政府
唐国安	大丰区商务局办公室主任	盐城市创建全国文明城市工作个人嘉奖	中共盐城市委、盐城市人民政府
卞忠明	大丰区财政局办公室主任	盐城市创建全国文明城市工作个人嘉奖	中共盐城市委、盐城市人民政府
陈雯婷	大丰区机关事务服务中心一级科员	盐城市创建全国文明城市工作个人嘉奖	中共盐城市委、盐城市人民政府
王柏存	大丰区融媒体中心党政办办事员	盐城市创建全国文明城市工作个人嘉奖	中共盐城市委、盐城市人民政府

姓　名	单位职务	荣誉称号	授予单位
袁海兵	大丰高新区管委会高级工程师	盐城市创建全国文明城市工作个人嘉奖	中共盐城市委、盐城市人民政府
徐　辉	大丰区新丰镇镇长	盐城市创建全国文明城市工作个人嘉奖	中共盐城市委、盐城市人民政府
吕银舟	大丰区委宣传部意识形态工作督查科负责人	盐城市创建全国文明城市工作个人嘉奖	中共盐城市委、盐城市人民政府
单　婧	大丰区委办四级主任科员、技术服务中心主任	盐城市创建全国文明城市工作先进个人	中共盐城市委、盐城市人民政府
雒聪聪	大丰区人大办公室监司工委司法监督科副科长	盐城市创建全国文明城市工作先进个人	中共盐城市委、盐城市人民政府
周炫子	大丰区政府办一级科员	盐城市创建全国文明城市工作先进个人	中共盐城市委、盐城市人民政府
胡　勇	大丰区政协办秘书科科长	盐城市创建全国文明城市工作先进个人	中共盐城市委、盐城市人民政府
王　艳	大丰区纪委监委第十六派驻组纪检监察组副组长	盐城市创建全国文明城市工作先进个人	中共盐城市委、盐城市人民政府
张浩东	大丰区考核办副主任、区委组织部办公室主任	盐城市创建全国文明城市工作先进个人	中共盐城市委、盐城市人民政府
董建华	大丰区委政法委办公室科员	盐城市创建全国文明城市工作先进个人	中共盐城市委、盐城市人民政府
季　慧	大丰区城管局市容管理科科长	盐城市创建全国文明城市工作先进个人	中共盐城市委、盐城市人民政府
张　杰	大丰区公安局行政执法大队一级警长	盐城市创建全国文明城市工作先进个人	中共盐城市委、盐城市人民政府
沈海星	大丰区交通局运输管理处办事员	盐城市创建全国文明城市工作先进个人	中共盐城市委、盐城市人民政府
陈亚辉	大丰区少体校负责人	盐城市创建全国文明城市工作先进个人	中共盐城市委、盐城市人民政府
董　洪	大丰区建设工程质量安全服务中心主任	盐城市创建全国文明城市工作先进个人	中共盐城市委、盐城市人民政府
杭玲玲	大丰区文广旅局一级科员	盐城市创建全国文明城市工作先进个人	中共盐城市委、盐城市人民政府
周新海	大丰区市场监督管理局城东分局副局长	盐城市创建全国文明城市工作先进个人	中共盐城市委、盐城市人民政府
卞新建	大丰区卫生监督所生活饮用水与公共场所监督科科长	盐城市创建全国文明城市工作先进个人	中共盐城市委、盐城市人民政府
乔建兵	江苏盐阜人民商场有限公司大丰购物中心主任	盐城市创建全国文明城市工作先进个人	中共盐城市委、盐城市人民政府
陈　辉	大丰区总工会三级主任科员	盐城市创建全国文明城市工作先进个人	中共盐城市委、盐城市人民政府
黄旭东	大丰区文明办科员	盐城市创建全国文明城市工作先进个人	中共盐城市委、盐城市人民政府
高伟伟	大丰区申请救助家庭经济状况核对中心副主任、区慈善总会办公室、宣传部主任	盐城市创建全国文明城市工作先进个人	中共盐城市委、盐城市人民政府

姓　名	单位职务	荣誉称号	授予单位
施　磊	大丰经济开发区综合执法队队长助理	盐城市创建全国文明城市工作先进个人	中共盐城市委、盐城市人民政府
束伶俐	大丰区南阳镇副书记、政法委书记	盐城市创建全国文明城市工作先进个人	中共盐城市委、盐城市人民政府
冷亚妍	大丰区大桥镇宣传委员	盐城市创建全国文明城市工作先进个人	中共盐城市委、盐城市人民政府
陈　慧	大丰区草庙镇副镇长	盐城市创建全国文明城市工作先进个人	中共盐城市委、盐城市人民政府
卞慧敏	大丰区西团镇宣传干事	盐城市创建全国文明城市工作先进个人	中共盐城市委、盐城市人民政府
蒋书红	大丰区大中街道文化站站长	盐城市创建全国文明城市工作先进个人	中共盐城市委、盐城市人民政府
施海丰	大丰中医院工会主席	盐城市创建全国文明城市工作先进个人	中共盐城市委、盐城市人民政府
康　强	大丰区统计局农业科科长	盐城市创建全国文明城市工作优秀志愿者	中共盐城市委、盐城市人民政府
薛贵彬	大丰区自然资源和规划局机关党委副书记	盐城市创建全国文明城市工作优秀志愿者	中共盐城市委、盐城市人民政府
陈　璐	大丰区文明办科员	盐城市创建全国文明城市工作优秀志愿者	中共盐城市委、盐城市人民政府
胡　楠	大丰区文明办科员	盐城市创建全国文明城市工作优秀志愿者	中共盐城市委、盐城市人民政府
唐　艳	大丰区物业管理办公室办事员	盐城市创建全国文明城市工作优秀志愿者	中共盐城市委、盐城市人民政府
崔　华	盐城市烟草公司大丰分公司办事员	盐城市创建全国文明城市工作优秀志愿者	中共盐城市委、盐城市人民政府
陈新星	大丰区人社局考试中心副主任	盐城市创建全国文明城市工作优秀志愿者	中共盐城市委、盐城市人民政府
张源倍	大丰团区委青年发展部副部长	盐城市创建全国文明城市工作优秀志愿者	中共盐城市委、盐城市人民政府
张清儒	大丰区妇联城乡工作部部长	盐城市创建全国文明城市工作优秀志愿者	中共盐城市委、盐城市人民政府
陈爱义	大丰区财政局科员	盐城市创建全国文明城市工作优秀志愿者	中共盐城市委、盐城市人民政府
肖　波	大丰区文化旅游市场综合执法大队大队长	盐城市创建全国文明城市工作优秀志愿者	中共盐城市委、盐城市人民政府
董　翔	盐城市医保中心大丰分中心党支部副书记	盐城市创建全国文明城市工作优秀志愿者	中共盐城市委、盐城市人民政府
施　辉	大丰区税务局科员	盐城市创建全国文明城市工作优秀志愿者	中共盐城市委、盐城市人民政府
谢　斌	大丰区融媒体中心采访部记者	盐城市创建全国文明城市工作优秀志愿者	中共盐城市委、盐城市人民政府
王　进	大丰区大丰高级中学教师	盐城市创建全国文明城市工作优秀志愿者	中共盐城市委、盐城市人民政府

姓名	单位职务	荣誉称号	授予单位
陈　波	大丰区城东实验小学装备室副主任	盐城市创建全国文明城市工作优秀志愿者	中共盐城市委、盐城市人民政府
王尔立	大丰区汽摩协会会长	盐城市创建全国文明城市工作优秀志愿者	中共盐城市委、盐城市人民政府
徐松银	大丰区刘庄镇服务业办副主任	盐城市创建全国文明城市工作优秀志愿者	中共盐城市委、盐城市人民政府
冯永忠	大丰区万盈镇文广中心站长	盐城市创建全国文明城市工作优秀志愿者	中共盐城市委、盐城市人民政府
沈丹丹	大丰区小海镇党建工作局副局长兼宣传科员	盐城市创建全国文明城市工作优秀志愿者	中共盐城市委、盐城市人民政府
宋　蔚	大丰区白驹镇宣传干事	盐城市创建全国文明城市工作优秀志愿者	中共盐城市委、盐城市人民政府
陶春宏	大丰区草堰镇草堰村党总支书记	盐城市创建全国文明城市工作优秀志愿者	中共盐城市委、盐城市人民政府
吴　燕	大丰区大中街道大刘社区办事员	盐城市创建全国文明城市工作优秀志愿者	中共盐城市委、盐城市人民政府
曾志霞	荷兰花海旅游度假区管委会办公室副主任	盐城市创建全国文明城市工作优秀志愿者	中共盐城市委、盐城市人民政府
朱启荣	大丰义工联副会长	盐城市创建全国文明城市工作优秀志愿者	中共盐城市委、盐城市人民政府
夏光进	大丰人民医院呼吸科副主任	全市抗击新冠肺炎疫情先进个人	中共盐城市委、盐城市人民政府
葛德芹	大丰人民医院呼吸内科主治医师	全市抗击新冠肺炎疫情先进个人	中共盐城市委、盐城市人民政府
季　娟	大丰人民医院呼吸内科主治医师	全市抗击新冠肺炎疫情先进个人	中共盐城市委、盐城市人民政府
陈素明	大丰人民医院感染科主治医师	全市抗击新冠肺炎疫情先进个人	中共盐城市委、盐城市人民政府
陈松华	大丰人民医院重症医学科主治医师	全市抗击新冠肺炎疫情先进个人	中共盐城市委、盐城市人民政府
柏　静	大丰人民医院呼吸内科主管护师	全市抗击新冠肺炎疫情先进个人	中共盐城市委、盐城市人民政府
束　丽	大丰人民医院呼吸内科主管护师	全市抗击新冠肺炎疫情先进个人	中共盐城市委、盐城市人民政府
单燕芳	大丰人民医院呼吸内科护师	全市抗击新冠肺炎疫情先进个人	中共盐城市委、盐城市人民政府
周　萍	大丰人民医院呼吸内科护师	全市抗击新冠肺炎疫情先进个人	中共盐城市委、盐城市人民政府
沈晓燕	大丰人民医院重症医学科主管护师	全市抗击新冠肺炎疫情先进个人	中共盐城市委、盐城市人民政府
卞　博	大丰人民医院重症医学科护师	全市抗击新冠肺炎疫情先进个人	中共盐城市委、盐城市人民政府
葛陈娟	大丰人民医院感染科主管护师	全市抗击新冠肺炎疫情先进个人	中共盐城市委、盐城市人民政府

姓　名	单位职务	荣誉称号	授予单位
康　璐	大丰人民医院感染科主管护师	全市抗击新冠肺炎疫情先进个人	中共盐城市委、盐城市人民政府
张玲玲	大丰人民医院感染科护师	全市抗击新冠肺炎疫情先进个人	中共盐城市委、盐城市人民政府
徐　红	大丰人民医院感染科护师	全市抗击新冠肺炎疫情先进个人	中共盐城市委、盐城市人民政府
王大勇	大丰中医院感染科副主任中医师	全市抗击新冠肺炎疫情先进个人	中共盐城市委、盐城市人民政府
董晓剑	大丰区纪委监委党风政风监督室主任	全市抗击新冠肺炎疫情先进个人	中共盐城市委、盐城市人民政府
李建森	大丰区城市管理综合行政执法大队副大队长	全市抗击新冠肺炎疫情先进个人	中共盐城市委、盐城市人民政府
王进军	大丰区交通运输局办公室主任、大丰区乡镇交通运输综合管理所副所长	全市抗击新冠肺炎疫情先进个人	中共盐城市委、盐城市人民政府
朱松阳	大丰经济开发区管委会办事员	全市抗击新冠肺炎疫情先进个人	中共盐城市委、盐城市人民政府
陈钟元	大丰区公安局交通警察大队刘庄中队副中队长	全市优秀共产党员	中共盐城市委
卞玉叶	大丰农村商业银行股份有限公司党委书记、董事长	全市优秀共产党员	中共盐城市委
季　娟	大丰人民医院呼吸内科主治医师	全市优秀共产党员	中共盐城市委

2020年大丰区目标任务综合考核先进集体和先进个人名单

一、先进集体

（一）综合先进奖

1.镇（街道）、区（园）

大中街道、丰华街道、新丰镇、西团镇、小海镇、刘庄镇、万盈镇、大桥镇、大丰经济开发区、大丰港经济开发区、大丰高新区、常州高新区大丰工业园、沪苏大丰产业联动集聚区

2.区级机关部门（单位）

交通运输局、发改委（项目服务中心）、财政局、农业农村局、工信局、住建局、统计局、金融监管局、水利局、科技局、商务局（服务业发展中心）、市场监管局、卫健委、行政审批局、公安局、应急管理局、司法局、人社局、教育局、文旅局、城管局、检察院、法院、编办、团区委、党校、党史办、侨联、审计局、税务局、医疗保障局、供电公司、生态环境局、自然资源和规划局、消防救援大队、人民银行、国家统计局大丰调查队、大丰农商行、农业银行、紫金产险、城建集团、交通控股集团、文旅集团

（二）高质量发展单项奖

1.经济发展高质量

大丰经济开发区、大中街道、西团镇

2.改革开放高质量

大丰港经济开发区、新丰镇、白驹镇

3.城乡建设高质量

丰华街道、大桥镇、草堰镇

4.文化建设高质量

三龙镇、万盈镇、草庙镇

5.生态环境高质量

沪苏大丰产业联动集聚区、常州高新区大丰工业园、刘庄镇

6.人民生活高质量

大丰高新区、南阳镇、小海镇

二、特别贡献奖

韦桂和　陈国军　骆　顺
夏文锦　栾建军　潘　伟

三、综合先进个人

（一）镇（街道）

大中街道：席　刚　殷　昊　周瑞祺　黄　曼
嵇妙妙　陈　雪　张　波　吴红云

丰华街道：密　云　陈纪忠　刘广金　卞　婧
陈　鹏　李　森　朱　艳　焦红霞

新 丰 镇：徐　辉　李晓娟　钱　康　李忠兵
罗雪晨　董延霞　赵志芳　马秀云

西 团 镇：郁　冰　丁卫伟　詹桂玉　朱啸奇
季　延　储　悦　葛晓萍　陈　霞

南 阳 镇：施　瑶　徐　耀　顾　军　陈跃辉
石　昕

白 驹 镇：吕　阳　董春婷　杨　珊　朱劲松
肖生存

草 庙 镇：苏国存　王智祥　智日栋　杨应忠
单永祥

刘 庄 镇：黄　磊　黄　斌　杨丽华　陆月琴
束正华　戴文健　胡晓荣　束长明

万 盈 镇：薛文杰　郭大海　吕秀凤　刘桂斌
陈　勇　葛红平　石　松　李兴祥

三 龙 镇：陈　迁　李　莉　鲍海燕　朱爱华
张大为

草 堰 镇：宗亚芹　杨　艳　王志成　陶春宏
陈桂红

小 海 镇：韩志勇　吴守祥　赵桂存　肖艳萍
纪国安　茅正国　高树海　袁锦桂

大 桥 镇：袁　伟　徐中健　胡业飞　曹　飞
陆　韬　仇保军　丁青松　朱海卫

（二）区（园）

仇兆华　沈　刚　黄同城　张渊涛　刘书良
赵维海　杨一峰　张亚华　杜卫国　蔡　雪
施益新　陈云平　郭　建　洪　秀　尤　勇
王继钢　陈　杨　曹骥青　赵全民　石　磊
耿荣生　王国发　周珍琼　邱玉同　杨小红
钱　进　何　敏

（三）区直部门

顾　斌　陈爱华　沈旭峰　顾国华　朱　薇
高新东　姚保平　茅晓峰　束必怀　刘兴宏
朱一鸣　顾仲荣　钱锡军　季晓路　陈小龙
骆　顺　夏文锦　卞松岭　韦桂和　潘　伟
陈国军　张　强　沈明智　陈良忠　郁兴忠
杨国峰　张锦存　栾建军　茅曙峰　张　辉
朱庆祝　陈月华　王亚东　王国平　陶　耸
商明华　李智祥　郑　刚　黄海峰　蔡茂康
王秋枫　张　运　周　伟　石永明　纪建军
徐　进　朱三强　刘爱民　朱瑞华　卞玉叶
章　勇　崔建晖　顾　华　仇宏伟　桂伯祥
奚晓平　李　波　朱荣虎　黄　艳　郭永民
丁　宇　杨　尉　张浩东　郭治中　吴海丰
骆　荣　刘中海　谢世平　曹　冰　房金钺
朱红斌　刘　宾　顾大华　褚小慧　徐海峰
陈　静　沈　倩　金　军　常春贵　唐月华
仇　勇　张　红　张旭飞　周　冰　丁善辉
周正华　杨　毅　顾兴俊　吴　丹　张明安
贾桂芬　王　刚　徐　慧　陆　杰　潘世博
朱瀚威　唐金鑫　杨　波　张　娴　黄振威
钱　翰　倪卫华　蔡　良　沈海涵　校逸凡
陆红梅　陈志钧　汪　倩　荣频中　施　君
王广洪　王　琨　江春飞　赵华清　徐俊祥
韦　璇　朱司明　董　艺　朱爱凤　秦　灏
唐根晖　刘珍武　刘其君　王　敏　陈　卫
陈　晨　刘　慧　曹成祥　陆嘉鹏　夏晓霞
陈　玥　张　杰　刘为民　陈春芹　冯嫣羚
吴　荣　肖　林　杨雪松　王绍君　徐　炜
李春美　邹成璐　蔡丽明　智恒龙　陆　振
施卫东　奚海娟　陈　白　柳　敏　李　颖
陈　炜　肖正桃　沈　琴　王军勇　董　霖
张　平　佘世春　张　利　冯永生　唐　凯
蔡俊民　王杰坤　郭云凯　李　阳　曾祥征
朱文琦

〖编辑　於晨婷〗

附　录

组织机构及其领导人

中共盐城市大丰区委员会

书　记　薛盛堂
副书记　李志军
　　　　陈允春
常　委　薛盛堂
　　　　李志军
　　　　陈允春
　　　　何为志(挂,2020.07—)
　　　　蔡保生(—2020.12)
　　　　须卫琴(女)
　　　　周小进
　　　　韦应生(—2020.12)
　　　　赵玉霞(女)
　　　　张林海
　　　　陈　华(女,2020.04—)
　　　　陈　豪(挂)

中共盐城市大丰区委办公室

主　任　汤云庆(—2020.02)
　　　　顾　斌(2020.02—)
副主任　顾　斌(—2020.02)
　　　　陈小龙
　　　　倪怀东(2020.02—)
　　　　朱荣虎(2020.02—)
　　　　陈　堃(2020.02—)
派驻纪检组组长　张　利(女)

中共盐城市大丰区委全面深化改革委员会办公室

副主任　倪怀东(—2020.02)
　　　　陈　炜(2020.02—)

中共盐城市大丰区纪律检查委员会

书　记　须卫琴(女)
副书记　仲明桓(—2020.08)
　　　　朱　薇
　　　　周云冲(2020.12—)
常　委　仲明桓(—2020.08)
　　　　朱　薇
　　　　周云冲
　　　　徐　俊
　　　　郁　峰
　　　　杨　尉

盐城市大丰区监察委员会

主　任　须卫琴(女)
副主任　仲明桓(—2020.08)
　　　　朱　薇
委　员　徐　俊
　　　　杨　尉
　　　　陶冬林
　　　　朱　闽(女)

中共盐城市大丰区委组织部

部　长　蔡保生(—2020.03)
　　　　陈　华(女,2020.03—)
常务副部长　高新东
副部长　唐亚标(—2020.08)
　　　　冯银芳(女, —2020.08)
　　　　吴建卫(2020.08—)
　　　　刘兴宏(2020.12—)
　　　　吴　兵(2020.08—)
派驻纪检组组长
　　　　耿忠清(—2020.08)
　　　　朱　燕(女,2020.08—)

中共盐城市大丰区委党建工作领导小组办公室

主　任　陈新江

中共盐城市大丰区委区级机关工作委员会

副书记　吴　兵(—2020.06)

盐城市大丰区公务员局

副局长　郭大海（　—2020.03）

盐城市大丰区考核工作委员会办公室

副主任　张浩东

中共盐城市大丰区委宣传部

部　长　赵玉霞（女）
常务副部长　姚保平
副部长　袁金荣
　　　　周　昕
　　　　郭治中（挂）
派驻纪检组组长　陈　梅（女）

盐城市大丰区精神文明建设指导委员会办公室

主　任　袁金荣
副主任　冯永义（　—2020.06）
　　　　沈　文（女，2020.06—　）

盐城市大丰区政府新闻办公室

主　任　周　昕

盐城市大丰区互联网信息办公室

副主任　韦　伟

中共盐城市大丰区委通讯站

站　长　李拥钧（2020.06—　）

中共盐城市大丰区委统一战线工作部

部　长　陈　华（女，2020.03—　）
常务副部长
　　　　刘兴乐（　—2020.06）
　　　　茅晓峰（2020.06—　）
副部长　周　兵

盐城市大丰区民族宗教事务局

局　长　刘兴乐（　—2020.06）
　　　　茅晓峰（2020.06—　）
副局长　吴海丰

中共盐城市大丰区委政法委员会

书　记　韦应生（　—2020.04）
　　　　钱　勇（2020.04—　）
常务副书记
　　　　成　星（　—2020.06）
　　　　束必怀（2020.06—　）
副书记　束必怀（　—2020.06）
　　　　骆　荣（2020.06—　）
政治处主任
　　　　骆　荣（　—2020.06）
　　　　戚立国（2020.06—　）

中共盐城市大丰区委巡察工作办公室

主　任　周云冲
副主任　张　银

中共盐城市大丰区委老干部局

局　长　冯银芳（女，　—2020.06）
　　　　吴　兵（2020.06—　）
副局长　纪　丽（女）
区委离退休干部党工委书记
　　　　冯银芳（女，　—2020.06）
　　　　吴　兵（2020.06—　）

盐城市大丰区机构编制委员会办公室

主　任　潘　伟（　—2020.03）
　　　　刘兴宏（2020.03—　）
副主任　何建明（　—2020.02）
　　　　王春梅（女，2020.02—2020.06）
　　　　王　波
　　　　周雪梅（女，2020.08—　）

盐城市大丰区事业单位登记中心主任

主　任　朱继军（2020.06—　）

中共盐城市大丰区委党校

校　长　陈允春
常务副校长　顾仲荣
副校长　王晓华（女）
　　　　王武驷

盐城市大丰区行政学校

校　长　韦应生

中共盐城市大丰区委党史工作办公室

主　任　钱锡军
副主任　周剑飞
　　　　奚　俊

盐城市大丰区地方志编纂委员会办公室

主　任　钱锡军

盐城市大丰区档案馆

馆　长　陈小龙（2020.02—　）
副馆长　刘文萍（女）
　　　　徐　玲（女）
　　　　王成蓉（女）

盐城市大丰区融媒体中心

主　任　郭治中（2020.08—　）
副主任　陆益新（2020.08—　）
　　　　王志文（2020.08—　）
　　　　孙耀武（2020.08—　）
　　　　俞红军（2020.08—　）
　　　　李丁非（2020.08—　）
　　　　马苏南（女，2020.08—　）

盐城市大丰区人大常委会

主　任　范大玉
副主任　江　波（女）
　　　　朱国新
　　　　李实业
　　　　季明珍

盐城市大丰区人大常委会办公室

主　任　陈爱华
副主任　夏萍娟（女）
　　　　黄永新

盐城市大丰区人大常委会人事代表联络工作委员会

主　任　黄　艳（女）
副主任　金福华

盐城市大丰区人大常委会监察和司法工作委员会

主　任　曹　震
副主任　姜　玲（女）

盐城市大丰区人大常委会财政经济工作委员会

主　任　杨海慧（女）
副主任　王晓聪

盐城市大丰区人大常委会教科文卫工作委员会

主　任　李　勇
副主任　周　健

盐城市大丰区人大常委会农村工作委员会

主　任　王连军
副主任　黄冬霞（女）

盐城市大丰区人大常委会环境资源城乡建设工作委员会

主　任　王海滨
副主任　徐文忠

盐城市大丰区人民政府

区　长　李志军
副区长　韦应生
　　　　韦　国
　　　　沈　阳
　　　　钱　江
　　　　朱晓春
　　　　张德凯
　　　　何昊宇（2020.12—　）
　　　　花卫华（挂）
　　　　梁呈元（挂，2020.08—　）

盐城市大丰区人民政府办公室

主　任　沈旭峰
党组书记　沈旭峰
副主任　柏传卫
　　　　陈　明（　—2020.06）
　　　　朱海东
　　　　唐成钢
　　　　薛飞平
　　　　马沈春（2020.06—　）
　　　　葛玉贵（挂）
派驻纪检组组长
　　　　李　波（　—2020.02）
　　　　陈　鑫（2020.08—　）

中共盐城市大丰区委外事工作委员会办公室

副主任　朱爱军

盐城市大丰区发展和改革委员会

主任、党委书记
　　　　陆　斌（　—2020.03）
　　　　夏文锦（2020.03—　）
副主任　陈雨晴
　　　　谢世平
　　　　陈　伟
　　　　俞　平
　　　　殷桂祥
　　　　殷　昊（　—2020.03）
　　　　刘正华
　　　　汤习飞
能源发展中心主任
　　　　骆保国（2020.11—　）

盐城市大丰区教育局

局长、党委书记　王国平
副局长　何　钢
　　　　蒋美萍（女）
　　　　高智华
派驻纪检组组长
　　　　卢逢祥（　—2020.08）
　　　　顾　勇（2020.08—　）
区委教育工委书记　王国平
区委教育工委副书记　陈　林

盐城市大丰区体育局

局　长　王国平

盐城市大丰区科学技术局

局长、党组书记　郁兴忠
副局长　陈　静
　　　　董　慧
　　　　殷蓓蓓（女）
　　　　蒋诚钢（科挂，　—2020.08）
　　　　蒋　蕾（女，科挂，2020.08—　）

盐城市大丰区工业和信息化局

局长、党委书记
　　　　程　维（　—2020.03）
　　　　潘　伟（2020.03—　）
副局长　陈书岷（　—2020.06）
　　　　王春梅（女，　—2020.02）
　　　　孔晓荣（2020.09—　）
　　　　朱红斌
　　　　李生鹏
　　　　徐佳庆（2020.11—　）
　　　　范伟伟（科挂，　—2020.08）

盐城市大丰区公安局

局长、党委书记　沈　阳
政委、党委副书记　张　辉
党委副书记　张建忠
副局长　张建忠
　　　　赵建荣
　　　　顾建忠
　　　　张正辉
　　　　霍金蓉（女，挂）
政治处主任　陈一岭
派驻纪检组组长　智　勇

盐城市大丰区民政局

局长、党委书记　朱晓扣
副局长　吴汉钧
　　　　吴　淳

盐城市大丰区司法局

局　长　朱梅芳（女）
党组书记、副局长　陈月华
副局长　种修环
　　张旭飞
　　朱　政
政治处主任　高　岭

盐城市大丰区财政局

局长、党组书记　卞松岭
副局长　黄　浩
　　曹锦平
　　吴育青（女）
　　曹　冰
派驻纪检组组长
　　朱轶竹（女）

盐城市大丰区人民政府国有资产监督管理办公室

主　任　卞松岭

盐城市大丰区投资公司

副经理　史　涛（挂）

盐城市大丰区人力资源和社会保障局

局长、党委书记　王亚东
副局长　高金荣
　　吴　卫
　　王永新
　　徐安桂
　　范伟伟（科挂，2020.08— ）
派驻纪检组组长
　　郁　刚（ —2020.08）
　　卢逢祥（2020.08— ）

盐城市大丰区自然资源和规划局

局长、党委书记　商明星
副局长　景　曙
　　李城静
　　吴桂宏
　　纪建军
　　徐永跃
　　许　锋
　　朱佩文
　　徐金林
　　张　钧
　　徐　慧
　　王培正

盐城市大丰区住房和城乡建设局

局长、党委书记
　　季明珍（ —2020.04）
　　陈国军（2020.04— ）
副局长　王　政
　　管宏贵
　　陆一川
　　刘　宾
　　陶正明
　　蔡惠民
　　周红霞
　　（女，挂，2020.02—2020.08）
　　蒋真雅
　　（女，挂，2020.09— ）
派驻纪检组组长　陈干荣

盐城市大丰区城市管理局

局长、党委书记　商明华
副局长　潘春海
　　丁宏生（ —2020.06）
　　杨　毅
　　陈卫东
　　陈　飞
　　袁同锁

盐城市大丰区综合行政执法局

局　长　商明华

盐城市大丰区交通运输局

局长、党委书记　骆　顺
副局长　刘中海
　　仲海波
　　束方平
派驻纪检组组长　何　菊（女）

盐城市大丰区水利局

局长、党委书记　陈良忠
副局长　季祥华
　　徐海峰
　　陈志兵
派驻纪检组组长　张淞明

盐城市大丰区农业农村局

局长、党委书记
　　杨国峰（ —2020.03）
　　韦桂和（2020.03— ）
副主任　顾龙林（ —2020.06）
　　何承祥
　　孟　宇
　　周正群（ —2020.06）
　　周兴权
　　陈　彤
　　房金钺
　　肖　栋（科挂， —2020.08）
　　万小羽（科挂，2020.08— ）

盐城市大丰区商务局

局长、党委书记
　　王海涛（ —2020.03）
　　杨国峰（2020.03— ）
副局长　任美红（女）
　　王　英（女）
　　沈　倩（女）
　　俞兴敏
　　高晓飞（挂，2020.06—2020.12）

盐城市大丰区文化广电和旅游局

局长、党委书记　陶　耸
副局长　倪　红
　　周立新
　　周正华
　　孙　平
　　沈彬彬（女）
　　李　萍（女）

盐城市大丰区卫生健康委员会

主任、党委书记
　　仇兆华（ —2020.03）
　　栾建军（2020.04— ）
副主任　陈　玲（女）
　　沙文彪
　　叶海涛

常春贵

派驻纪检组组长

董晓剑（ —2020.08）

郁　刚（2020.08— ）

盐城市大丰区退役军人事务局

局长、党组书记　孟祥龙

副局长　潘正忠

许荣军

张国庆（挂）

盐城市大丰区应急管理局

局长、党组书记　朱庆祝

副局长　王兴珍

汤洪源

刘咏枫

陈桂俊

张　红（女）

盐城市大丰区审计局

局长、党组书记　黄海峰

副局长　单德勇

张明安

吕金生（2020.08— ）

总审计师　吕金生（ —2020.08）

盐城市大丰区行政审批局

局长、党委书记

张锦存（ —2020.04）

茅曙峰（2020.04— ）

副局长　蔡春雷

晁心华

唐月华（女， —2020.02）

李欣中（ —2020.11）

沈　峰（2020.11— ）

盐城市大丰区市场监督管理局

局长、党组书记

栾建军（ —2020.04）

张锦存（2020.04— ）

副局长　薛学斌

陈曙翔

汤建明

包红杰

肖　袁

王建华

冯永进

金　军

冯钧生

张秀松

派驻纪检组组长　谢　颖（女）

盐城市大丰区统计局

局长、党组书记　张　强

副局长　顾大华

李桂荣

盐城市大丰区信访局

局　长　葛玉贵

副局长　葛余波

督查专员　吴少卿

盐城市大丰区地方金融监督管理局

局长、党组书记

茅曙峰（ —2020.04）

沈明智（2020.04— ）

副局长　蔡　宁

褚小慧（女）

盐城市大丰区供销合作总社

主任、党委书记　徐金宏

副主任　周雪梅（女）

季明春

陆晓熹（2020.03— ）

监事会主任　叶泽海

盐城市大丰区服务业发展中心

主任、党委书记

杨正锋（ —2020.03）

杨国峰（2020.03— ）

副主任　陈　海

李晓平

盐城市大丰区港口口岸发展中心

主任、党委书记　施晓钟

副主任　施剑峰

杨照兵

袁建祥

陆晓熹（ —2020.03）

盐城市大丰区接轨上海工作部

主　任　周锐进（2020.09— ）

副主任　周锐进（ —2020.09）

政协盐城市大丰区委员会

主　席　石根美

副主席　汤小山

李志阳

张春山

汤云庆

朱梅芳

秘书长　顾国华

办公室

主　任　顾国华

副主任　刘国钧（ —2020.02）

张雷磊（2020.02— ）

提案委员会

主　任　朱　刚

副主任　徐文新（挂）

刘国钧（2020.02— ）

农业和农村委员会

副主任　丁　宇（女，2020.02— ）

科教文卫体委员会

主　任　王步中

经济委员会

主　任　严如鹏（ —2020.11）

副主任　丁　皓（2020.02— ）

港澳台侨委员会

主　任　林　雁（ —2020.06）

李晓霞（女，2020.06— ）

盐城市大丰区人民法院

院长、党组书记
朱　亮（　—2020.12）
王如平（2020.12—　）
副书记　徐远峰（2020.06—　）
副院长　徐远峰
郑　刚
秦　钢
臧全思
政治部主任
尹　健（2020.02—　）
审判管理办公室主任
唐鑫邦（2020.02—　）
派驻纪检组组长
柏永娴（女，　—2020.06）
龚　辉（2020.08—　）

盐城市大丰区人民检察院

检察长、党组书记　许正胜
副检察长　李智祥
顾兴俊
朱德勇（　—2020.08）
苏学峰（2020.08—　）
派驻纪检组组长　吴育宇

群众团体

盐城市大丰区总工会

主　席　汤云庆
党组书记　汤云庆（　—2020.02）
王海涛（2020.03—　）
副主席　王海涛（2020.03—　）
陈　辉（女，　—2020.06）
杨爱斌

共青团盐城市大丰区委员会

书　记　朱一鸣
副书记　陈晶晶（女，　—2020.09）
陶　琳（挂，女）
张静思（2020.09—　）

盐城市大丰区妇女联合会

主　席　鲁丽霞（女，　—2020.09）
党组书记　鲁丽霞（女，　—2020.09）
副主席　陈惠娟（女）
施春香（女，2020.08—　）

盐城市大丰区科学技术协会

党组书记、主席
黄　静（女，　—2020.06）
林　雁（2020.06—2020.09）
鲁丽霞（女，2020.09—）
副主席　吴永健
周淑兰（女）
施春香（挂，女，　—2020.08）

盐城市大丰区文学艺术界联合会

主　席　何建明（2020.02—2020.06）
冯永义（2020.06—　）

盐城市大丰区归侨侨眷联合会

主　席　季晓路（女）

盐城市大丰区工商业联合会

主　席　汤小山
党组书记、副主席
刘兴乐（　—2020.06）
党组书记　茅晓峰（2020.06—　）

盐城市大丰区总商会

会　长　汤小山
副会长　刘兴乐

盐城市大丰区残疾人联合会

理事长、党组书记
丁　扬（　—2020.06）
刘亚和（2020.06—　）
副理事长　刘正和

盐城市大丰区红十字会

会　长　张德凯（2020.03—　）
常务副会长　孙　杰
党组书记　孙　杰
副会长　周　勇（　—2020.03）
陶正明（2020.03—　）
秘书长　周　勇（　—2020.03）
陶正明（2020.03—　）

园、区、专业招商局

沪苏大丰产业联动集聚区

党工委书记　蔡保生（　—2020.12）
董　坤（2020.12—　）
主　任　董　坤
副主任　张四福
陈苏萍（女）
黄同城（　—2020.01）
杨荣富（2020.01—　）
纪工委书记　陆　斌

党政办（社会事业局）

主　任　施茂盛（2020.11—　）
副主任　施益新（　—2020.02）
曾国付（2020.02—2020.11）
杨进东（2020.11—　）

安监局

副局长　丁富桂（2020.02—　）

生态环境局

局　长　施益新（2020.02—　）
副局长　范伟伟（科挂，2020.08—　）

经济发展局

局　长　杨一峰
副局长　杨进东（　—2020.11）

规划建设局、城市管理局

局　长　臧正明

财税审计局

局　长　黄　浩
副局长　朱世美（2020.09—　）

监察室

主　任　施茂盛（　—2020.11）
副主任　曾国付（2020.11—　）

江苏大丰经济开发区

党工委书记　仇兆华
主　任　沈　刚
党工委副书记
茅晓峰（　—2020.06）
周善余（2020.06—　）
副主任　徐　韡（女）
周善余（　—2020.06）
马　琳（女，2020.06—　）
张亚华

陈　钧（女，挂，　—2020.02）
徐　辉（挂，2020.08—　）
黄　斌（挂，2020.08—　）
马智慧（科挂，　—2020.08）
尹红灵（科挂，2020.08—　）
纪工委书记　王亚军

江苏大丰风电产业园管理办公室

主　任　陈雨晴（2020.09—　）
副主任　陈雨晴（挂，　—2020.09）
康　红

大丰电子信息产业园管理办公室

主　任　顾海荣（2020.02—　）
副主任　林　雁（挂，　—2020.06）
季　晔
顾海荣（　—2020.02）

大丰轻工机械产业管理办公室

主　任　顾德根（2020.09—　）
副主任　陈　钧（女，　—2020.02）
黄　霞（女）

大丰汽配高端装备产业园管委会

副主任　马　琳（女，　—2020.06）
卞洪生

江苏大丰经济开发区管理委员会项目服务中心

主　任　蒋　峥（2020.02—　）
副主任　蒋　峥（　—2020.02）
张　莉（女）

盐城市大丰区人民政府装备制造产业招商局

局　长　康　红
副局长　吕文斌
陈　亮（2020.09—　）

盐城市大丰区人民政府汽配及热处理产业招商局

局　长　王　前（2020.02—　）
副局长　王　前（　—2020.02）
武　尚（2020.02—　）
金钟宏（2020.02—　）

盐城市大丰区人民政府泵阀及不锈钢产业招商局

副局长　宗江亚
葛爱华

盐城市大丰区人民政府境外招商一局

局　长　林　雁（挂，　—2020.06）
副局长　唐　军
陈　勇
朱金瑜

常州高新技术产业开发区大丰工业园

党工委书记　刘书良
管委会主任　赵维海
副主任　邓娜明
吴少平（挂）

江苏大丰港经济开发区

党工委书记　张林海
党工委副书记
杨荣富（　—2020.02）
黄同城（2020.02—　）
程　功（　—2020.11）
吴光辉（2020.11—　）
主　任　杨荣富（　—2020.01）
黄同城（2020.01—　）
副主任　程　功（　—2020.06）
沈　剑
柏　健
冯天明（　—2020.03）
刘忠明（2020.06—　）
林　雁（2020.09—　）
吴光辉（挂，　—2020.11）
杜卫国（挂）
袁　宏（挂，　—2020.03）
张渊涛（挂）
吴树宏（挂）
范伟伟（科挂，　—2020.08）
周博见（科挂，2020.08—　）
纪工委书记　徐忠良

大丰港经济区造纸产业园管理办公室

主　任　张渊涛
副主任　史中军

大丰港石化新材料产业园管理办公室

主　任　夏　伟
副主任　杨　俊（挂）
高　翔（2020.09—　）

盐城海洋生物产业园管理办公室

副主任　张　莉（女）
郁　峰

盐城新能源淡化海水产业园管理办公室

主　任　吴光辉（　—2020.11）
副主任　郝圣响

大丰港特钢新材料产业园管理办公室

主　任　顾洪林（2020.06—　）
副主任　顾洪林（　—2020.06）

大丰港物流中心管理办公室

主　任　吴慧露
副主任　柏建荣（　—2020.08）
聂青松（2020.09—　）

大丰港城管理办公室

主　任　杜卫国
副主任　杨建生
陈　飞（挂，　—2020.08）

大丰港经济开发区管委会安监局

局　长　刘忠明（2020.02—　）

大丰港经济开发区管委会生态环境局

局　长　柏建荣（2020.09—　）

盐城市大丰区人民政府新能源与新材料产业招商局

局　长　曹海忠（2020.09—　）
副局长　曹海忠（　—2020.09）
　　　　杨　俊（　—2020.03）
　　　　李　锋（2020.09—　）

盐城市大丰区人民政府境外招商二局

局　长　单激文（女）
副局长　陈丰来
　　　　唐春银

盐城市大丰区荷兰花海旅游度假区

党工委书记　李实业
主　任、党工委副书记
　　　　丁卫伟（　—2020.03）
　　　　缪勇峰（2020.03—　）
副书记　陶　琳（女，2020.03—　）
纪工委书记
　　　　徐永毅（女，2020.03—　）
副主任　缪勇峰（　—2020.03）
　　　　徐月婷（女，2020.03—　）
　　　　岳银华（2020.11—　）
　　　　陶　蕾（女，2020.11—　）

盐城市大丰区高新技术区

党工委书记
　　　　董　坤（　—2020.03）
　　　　密　云（女，2020.03—　）
主　任　密　云（女，　—2020.03）
　　　　陈纪忠（2020.03—　）
党工委副书记
　　　　密　云（女，　—2020.03）
　　　　蔡　雪（女，2020.11—　）
副主任　陶　成（挂，　—2020.08）
　　　　孔晓荣（挂）
　　　　刘广金（挂，　—2020.03）
　　　　袁晓聪（挂，　—2020.08）
　　　　孙　平（挂，　—2020.02）
　　　　姜　华（挂，　—2020.08）
　　　　刘卫东（挂，　—2020.02）
　　　　顾　丰（挂，　—2020.08）
　　　　蒋　蕾（科挂，女）
　　　　褚国东（2020.08—　）
　　　　金　晖（2020.08—　）
　　　　陈　军（挂，　—2020.12）
纪工委书记
　　　　杨　波（挂，　—2020.08）

盐城市大丰区项目服务中心

主　任　沈明智（　—2020.04）
　　　　夏文锦（2020.04—　）
副主任　周传邦
　　　　骆文喜

各镇（街道）

草堰镇

党委书记　沈韶霞（女）
副书记　王　路
　　　　朱　高（　—2020.08）
　　　　陈长青（2020.08—　）
人大主席
　　　　朱　高（2020.08—　）
镇　长　王　路
副镇长　王怀珠
　　　　梅海江
　　　　李　萍（女）
　　　　陈长青
纪委书记　曹　蓉（女）
组织委员　刘杏芬（女，　—2020.08）
　　　　王　雷（2020.11—　）
宣传委员　季自庆（　—2020.06）
　　　　袁　元（2020.11—　）
统战委员　查晓程（女，　—2020.08）
　　　　陈姗姗（女，2020.08—　）
政法委员　陆卫林
人武部部长　李鸿翔

白驹镇

党委书记　王志建
副书记　姜华新
　　　　黄爱华（女）
人大主席　陈　钧（2020.02—　）
人大副主席
　　　　王　丹（女，　—2020.02）
镇　长　姜华新
副镇长　沈　辉
　　　　朱　锐
　　　　管蔚蓉（女）
　　　　宗圣勇
　　　　陈小平
　　　　朱瀚威（2020.08—2020.11）
纪委书记　杨安波
组织委员　王　丹（女）
宣传委员　陈东平（　—2020.06）
　　　　查晓程（女，2020.08—2020.11）
统战委员　朱瀚威（　—2020.08）
　　　　张南睿（2020.08—　）
政法委员　周生涛
人武部部长　周　中

刘庄镇

党委书记　黄　磊（2020.03—　）
副书记　黄　磊（　—2020.03）
　　　　周　瑾（女）
　　　　黄　斌
　　　　申友益（2020.08—　）
人大主席　黄永健
镇　长　黄　磊（　—2020.03）
　　　　黄　斌（2020.03—　）
副镇长　曹永新
　　　　申友益（　—2020.08）
　　　　葛余美
　　　　杨丽华（女）
　　　　黄晓东
　　　　季顺吉（2020.08—　）
纪委书记　计晓红（女）
组织委员　王　婧（女）
宣传委员　王　伟（　—2020.11）
统战委员　季顺吉（　—2020.08）
　　　　何裕明（2020.08—　）
政法委员　顾兴东
人武部部长　蒋元林

西团镇

党委书记　刘兴宏（　—2020.03）
　　　　郁　冰（2020.03—　）
副书记　郁　冰（　—2020.03）
　　　　吴君祥（　—2020.08）
　　　　丁卫伟（2020.03—　）
　　　　殷亚萍（2020.08—　）
　　　　董　汇（挂科）
人大主席　吴君祥（2020.08—　）
镇　长　郁　冰（　—2020.03）
　　　　丁卫伟（2020.03—　）

副镇长　詹桂玉（女）
　　管卫兵
　　沈海涛
　　杨银珠（女）
　　孙令贵
纪委书记　何美萍（女，　—2020.06）
　　高子冬（2020.06—　）
组织委员　任　伟
宣传委员　顾海燕（女，　—2020.03）
　　张　冲（2020.08—　）
统战委员　李蓉蓉（女）
政法委员
　　殷亚萍（女，　—2020.08）
　　韩旻晋（2020.08—　）
人武部部长　吴仁桃（2020.08—　）

小海镇

党委书记　周　俊（　—2020.03）
　　韩志勇（2020.03—　）
副书记　韩志勇（　—2020.03）
　　吴守祥
　　沈　辉（2020.08—　）
人大主席　姚日新
镇　长　韩志勇（　—2020.03）
　　吴守祥（2020.03—　）
副镇长　黄　翊
　　单金华
　　陆进红
　　赵桂存
纪委书记　黄晓梅（女，　—2020.08）
　　许文杰（2020.08—　）
组织委员　陈秀芹（女，　—2020.03）
　　仇　露（2020.08—　）
宣传委员　许小华（女）
统战委员　吴少平（　—2020.02）
　　朱国华（2020.11—　）
政法委员　薛友龙
人武部部长　邹　杰

大桥镇

党委书记　陈国军
副书记　徐中健
　　蒋真雅（女）
人大主席　金干生
镇　长　徐中健
副镇长　卞天群
　　吴恒圣
　　罗卫东
　　胡业飞
纪委书记　管佩均（女）
组织委员　单春芳（女）
宣传委员　冷亚妍（女）
统战委员　金文存
政法委员　李宏斌
人武部部长　王小东

草庙镇

党委书记　万　强
副书记　袁　伟（　—2020.03）
　　袁　军
　　单金华（2020.08—　）
人大主席　张　津
镇　长　袁　伟（　—2020.03）
　　袁　军（2020.03—　）
副镇长　朱成安
　　吴金星
　　单金华（　—2020.08）
　　陈　慧（女）
　　邹小燕（女）
　　殷桂荣（2020.08—　）
纪委书记　金　玫（女）
组织委员　陶　琳（女，　—2020.03）
　　吉荣春（2020.08—　）
宣传委员　石　曙
统战委员　殷桂荣（　—2020.08）
　　顾　益（2020.08—　）
政法委员　李　鹏
人武部部长　张凤鸣（　—2020.03）
　　王庆松（2020.08—　）

万盈镇

党委书记　薛文杰
副书记　陈纪忠（　—2020.03）
　　郭大海（2020.03—　）
　　吴少卿（　—2020.02）
　　陈邑新（2020.08—　）
人大主席　宗汝干
镇　长　陈纪忠（　—2020.03）
　　郭大海（2020.03—　）
副镇长　陈邑新
　　吕秀凤（女）
　　肖　华
　　张静思（女，　—2020.08）
　　黄晓梅（女，2020.08—　）
　　陈　敏（女，2020.08—　）
纪委书记　王卫东
组织委员　王学武
宣传委员　张建祥
统战委员　许秀平（女，　—2020.08）
政法委员　陈　敏（女，　—2020.08）
　　沈苏珍（女，2020.08—　）
人武部部长　金祎臣

南阳镇

党委书记　夏文锦（　—2020.04）
　　葛余柏（2020.08—　）
副书记　葛余柏（　—2020.08）
　　周红霞（女）
　　束伶俐（女）
　　肖　栋（科挂，　—2020.08）
　　夏　清（2020.08—　）
　　万小羽（科挂，2020.08—　）
人大主席　陈　锋（　—2020.08）
　　周红霞（女，2020.08—　）
镇　长　葛余柏
副镇长　顾汉东（　—2020.02）
　　夏一涛
　　杨艳存
　　刘永杰
　　潘克红（女）
　　陈晶晶（女，2020.08—　）
　　顾津仲（2020.11—　）
纪委书记　顾津仲（　—2020.11）
组织委员　朱　燕（女，　—2020.08）
宣传委员　朱少波（　—2020.11）
统战委员　盛月华
政法委员　王一平
人武部部长　何爱军

三龙镇

党委书记　韦桂和（　—2020.03）
　　邢　程（2020.03—　）
副书记　邢　程（　—2020.03）
　　韦　峰
　　陆　锋（2020.08—　）
人大副主席　陈根生
镇　长　邢　程（　—2020.03）
　　韦　峰（2020.03—　）

副镇长 朱吉恺
陆 锋(—2020.08)
陈 刚
翟东芳(女)
董汉忠
汪金涛(科挂, —2020.08)
林国明(科挂,2020.08—)
蔡 枫(2020.08—)
纪委书记 陈 烨(女)
组织委员 王海同
宣传委员 蔡 枫(女, —2020.08)
刘 成(2020.08—)
统战委员 丁旭明
政法委员 唐林海
人武部部长 成宝明

新丰镇

党委书记 李实业
副书记 徐 辉
赵长春
张建华(—2020.11)
丁卫伟(挂, —2020.03)
朱文勇(2020.11—)
人大主席 马绍良
人大副主席 顾晓东
镇 长 徐 辉
副镇长 钱 康
朱文勇(—2020.11)
沈 娟(女)
胡 勇
张冠华
陈玉凡(挂)
沈 辉(2020.11—)
纪委书记
朱玲芳(女, —2020.06)
朱瑞丰(2020.08—)
组织委员 葛 栋
宣传委员 李晓娟(女)
统战委员 吴海燕
政法委员 施春香(女)
人武部部长 沈 辉(—2020.11)
朱 江(2020.11—)

大中街道

党工委书记 席 刚(2020.03—)
副书记 席 刚(—2020.03)
殷 昊(2020.03—)
杨建明(—2020.08)
许益龙
蒋诚钢(科挂, —2020.08)
邓颖峰(2020.08—)
人大工委主任
孙素芳(女, —2020.06)
杨建明(2020.08—)
主 任 席 刚
副主任 邓颖峰
李晓霞(女)
褚国东(—2020.02)
李凤玲(女)
崔恒骏
王小华(女)
纪 纲(挂)
刘卫东(2020.02—)
周瑞琪(2020.08—)
李惠娟(2020.08—)
吴永忠(科挂,2020.08—)
纪工委书记
李云东(—2020.08)
鲁 浩(2020.08—)
组织委员 孙从亮
宣传委员 李惠娟(女, —2020.08)
吴洪汛(2020.08—)
统战委员 杨骐菲(女)
政法委员 周瑞祺(—2020.08)
沙丽丽(女,2020.08—)
人武部部长 翟荣忠

丰华街道

党工委书记 董 坤(—2020.03)
副书记 密 云(女)
孙晓荣(—2020.02)
刘广金(2020.03—)
人大工委副主任 陶 成
主 任 密 云(女)
副主任 刘广金(—2020.03)
刘卫东
姜 华
蔡 雪(女,2020.03—)
杨 波(2020.11—)
陈 军(挂,2020.12—)
纪工委书记
杨 波(—2020.11)
朱少波(2020.11—)
组织委员 袁晓聪(—2020.08)
陈忠斌(2020.08—)
宣传委员 顾 丰
政法委员 蔡 雪(女, —2020.03)
徐 俊(2020.03—)
人武部部长 宗志祥
统战委员 王婷华(女,2020.08—)
(区委组织部)

垂直单位

国网江苏省电力有限公司盐城市大丰区供电分公司

总经理、党委副书记
金 海(—2020.03)
张 运(2020.03—)
党委书记、副总经理
周 伟
副总经理 丁 峰
杨 明
张 超
纪委书记、工会主席
刘 勇

中国电信股份有限公司大丰分公司

总经理、党委书记
何晓昌(—2020.04)
程文娟(女,2020.04—)
副总经理、纪委书记
马 翔(—2020.08)
唐小晨(2020.08—)
副总经理、工会主席 丁宇杰

中国移动通信集团江苏有限公司大丰分公司

总经理 朱海军
副总经理 吴 骏
夏 哲

中国邮政集团有限公司盐城市大丰区分公司

总经理、党委书记
张培红(—2020.11)

梁克冬（2020.11— ）
副总经理、纪委书记、工会主席
蒋秀华（女）
副总经理 杨卫东
滕建祥（2020.12— ）

大丰区邮政管理局

副局长 顾建祥

中国人民银行大丰支行

党组书记、行长
刘爱民（2020.04— ）
副行长、纪检组组长
刘爱民（ —2020.04）
韦斌元（2020.04— ）
副行长 韦斌元（ —2020.04）
陈 衡（2020.08— ）

中国工商银行股份有限公司盐城大丰支行

行长、党总支书记
王东方（ —2020.04）
副行长、党总支副书记
唐昆蓓（女，2020.05— ）
副行长 唐昆蓓（女，2020.01—2020.05）
何 亮（2020.08— ）
游 敏（女，2020.05— ）
葛 梅（女，2020.12— ）
纪检员 李玉生

中国农业银行股份有限公司盐城大丰支行

行长、党委书记 崔建晖
副行长、党委副书记
张忠杰（2020.02— ）
纪委书记 管东平
副行长 羊 文（ —2020.02）
唐 乐
尕玛才让（挂， —2020.07）

中国银行股份有限公司大丰支行

党总支书记、行长 刘小璇（女）
党总支副书记
江 舟（ —2020.01）
副行长 沈浴波
吴旭涛
刘建民
杨 军

中国建设银行股份有限公司盐城大丰支行

行长、党委书记 陈瑞峰
副行长 陈天琳（女， —2020.01）
糜海忠
纪委书记 丁加进

江苏银行股份有限公司盐城大丰支行

行 长 刘 娣（女）
副行长 顾海伟（ —2020.12）
马清华（2020.04— ）

交通银行股份有限公司盐城大丰支行

行 长 高 刚
副行长 施小敏（女）

江苏大丰农村商业银行股份有限公司

董事长、党委书记 卞玉叶
行长、党委副书记
李纪荣（ —2020.08）
章 勇（2020.08— ）
监事长、纪委书记
孙海燕（女， —2020.08）
袁 涛（女，2020.08— ）
副行长 袁 涛（女， —2020.08）
袁永金（ —2020.11）
柏 寅（2020.11— ）
柏栋梁
罗海娟（女）
杜爱华（女，2020.08— ）
王 淏（2020.08— ）

中国农业发展银行盐城市大丰区支行

行 长 赵 堃（ —2020.09）
郑 彦（2020.12— ）
副行长 沈小军（ —2020.12）
严金梅（女，2020.12— ）
曹 莹（女）

中国邮政储蓄银行股份有限公司盐城市大丰支行

行 长 蔡 强
副行长 刘爱进（ —2020.09）
李正杰（2020.09— ）
颜 艳（女）

江苏大丰江南村镇银行股份有限公司

董事长 夏晓冬
行 长 袁宝城
支部书记、监事长 王玉冰
副行长 周 骏

上海浦东发展银行股份有限公司盐城大丰支行

行 长 时森林
副行长 刘 军（ —2020.02）
蔡 昊

江苏太仓农村商业银行股份有限公司大丰支行

行 长 尹中秋
副行长 高 维（ —2020.09）
丁 力
金 燕（女，2020.09— ）

苏州银行股份有限公司大丰支行

行 长 毛剑峰
副行长 王 娟（女）

中国人民财产保险股份有限公司盐城市大丰支公司

经理、党支部书记、盐城市分公司高级业务主管 钱洪达
副经理 陈林华
王正平

中国人寿保险股份有限公司大丰支公司

经理、党支部书记 庄 雨
副经理 冯金房
张一俊

陈　樱（女）

中国太平洋财产保险股份有限公司大丰支公司

经　理　施乐波
副经理　王春友
　　　　殷　鸿

中国太平洋人寿保险股份有限公司大丰支公司

经　理　张　巍（　—2020.11）
　　　　周小燕（女，2020.12—　）

国家税务总局盐城市大丰区税务局

党委书记、局长　蔡茂康
党委副书记、副局长　徐世新
副局长　康达国（　—2020.11）
　　　　黄晓冲
　　　　高　峰
　　　　卞松建
　　　　顾　宏
　　　　刘海涛
纪检组组长　张子东

盐城市大丰生态环境局

局长、党组书记　石永明
副局长　韩小平（　—2020.04）
　　　　周啸尘
　　　　曹嘉庚（　—2020.04）
　　　　江建新（　—2020.04）
　　　　任仕明（　—2020.04）
　　　　胡　俊（2020.04—　）
　　　　周　斌（2020.11—　）
总工程师　胡　俊（　—2020.04）

盐城市医疗保障局大丰分局

局长、党组书记　王秋枫
副局长　孙卫东
　　　　贾桂芬（女）

盐城市大丰区气象局

局长、局党组书记　蒋　伟
副局长　平海波

盐城市大丰区烟草专卖局

局长、党组书记　骆银海
副局长　孙　逊

盐城市烟草公司大丰分公司

经　理　骆银海
副经理　朱建华

盐城海关驻大丰港办事处

主　任　钱　成
副主任　崔克劲

盐城大丰海事处

处　长　窦清功（　—2020.07）
　　　　万仁英（女，2020.07—　）

盐城市住房公积金大丰管理部

主　任　陈月华（女）
副主任　秦　隽
　　　　施　波

国家统计局大丰调查队

队长、党组书记　朱瑞华
副队长　赵　旭（2020.06—　）
纪检员　陈卫莉（女）

（各单位）
〖编辑　朱晓华〗

夕照环湖。　　周古凯　摄

重要会议报告

聚焦“争当表率争做示范走在前列”乘势而上再奋斗　携手迈进社会主义现代化建设新征程

——在区委十二届十一次全会上的讲话（摘要）

区委书记　薛盛堂

（2020年12月29日）

在改革创新、推动高质量发展上争当表率，在服务全国构建新发展格局上争做示范，在率先实现社会主义现代化上走在前列，这是习近平总书记赋予江苏的重大使命，是我们现代化建设的总纲领、总命题、总要求。今年是我国现代化建设进程中具有特殊重要性的一年，是中国共产党建党100周年，是“十四五”规划的开局之年，做好各项工作意义重大。我们要准确把握经济发展形势，坚定发展信心，保持战略定力，全力推动更高质量发展。

一、突出延链条强节点，构建现代化产业链

提升产业链供应链稳定性和竞争力，在优势产业领域精耕细作，夯实稳增长、调结构、促转型的根基。一要打造新兴产业链条。以金风科技为龙头，构建海上风电全产业链生态圈，突破轴承、控制系统等缺链项目，龙马风电装备、中天科技海缆上半年部分投产，四大风场年内全部并网发电。以行业前10强为带动，集聚光伏上下游项目，正泰新能源一期、阿特斯二期、天合光能全部竣工投产。新能源汽车及零部件要依托中汽研汽车试验场，招引电机、传感器、智能控制等缺链补链项目，加快长三角智能网联汽车试验场建设，加快培育二手汽车交易、翻新、出口等产业。新一代电子信息及智能终端要主攻5G信息、光电材料和终端产品，重抓弈博太智能制造、博敏二期等一批投资20—30亿元重大产业链节点项目，苏大维格光电产业园加快建设，微纳防伪新材料、维旺光学导光板年底前竣工投产。三大战略性新兴产业全年开票销售360亿元。二要转型提升传统产业。围绕全市打造千亿钢铁大基地目标，推动联鑫钢铁转型提升，发展绿色建材，260万吨干熄焦项目启动建设。以中化集团重组辉丰为带动，引进央企国企重组化工企业，构建农化、医化齐头并进的精细化工产业格局，安道麦辉丰新上2000吨咪鲜胺等三个项目。博汇造纸三期年底前开工建设，打造年产250万吨、全国最大的高档造纸基地。三大传统产业全年开票销售突破350亿元。三要培大育强骨干企业。紧盯规上新增长点和新增规上后备企业，积极协调要素，促增产满运转，全年新增规上工业企业60家。组织企业“争星创优”，市级五星级企业和星级企业总数保持全市前列。实施《促进制造业高质量发展的激励意见》，加快推进63项千万元以上技改项目，发挥企业创新主体作用，支持领军企业组建创新联合体，年内新创建省市级企业技术中心8家以上，中汽研汽车试验场、大丰农商行成功IPO，加快海聆梦、理研科技、谷登机械等企业上市步伐，全力打造企业上市“大丰板块”。同时，更加注重集约节约发展，加强“三项清理”，“砸笼换绿”“腾笼换鸟”，扩大新兴产业规模，扎实做好碳达峰、碳中和工作，加大节能减排力度，构建绿色低碳的产业体系。

二、突出畅通道促循环，推动“两海”联动发展

沿海是大丰最大的空间，上海是大丰最大的竞争力。我们要抢抓全省突出向海发展的战略机遇，进一步兴起沿海发展的新热潮。一要切实增强对外通达能力。围绕上海港的组合港，推动实施大丰港“五大提升”工程，15万吨级深水航道二期列入国家、省“十四五”交通专项规划，国际集装箱智慧物流中心建成运营。积极与淮河流域城市签订集装箱出海战略合作协议，加强与市级国有企业合作，推进建设大丰港铁路支线，规划建设铁路物流园区，加快申报汽车整车进出口口岸，全力建设陆海联运口岸，打造长三角北翼区域性现代物流枢纽港。二要瞄准上海深耕长三角。抢抓规划编制的关键节点，力争飞地经济示范区、“一区三基地”建设等重大事项和重大项目列入国家、省和上海市“十四五”相关规划。沪苏集聚区要突破在沪国企、上市公司、国内外500强企业项目，正泰新能源一期竣工投产，智造园二期开工建设，产业服务中心下半年建成使用。全力推进光明食品集团“一园一厨五基地”建设，新建改造提升农产品上海直销窗口15个，全年销售额达45亿元。继续加强与上海在基础教育、医疗卫生、社会治理等领域交流合作，举办政产学研对接等活动，年内新增科技创新载体5个。三要深化合作提升开放度。全面落实《常盐工业园高质量发展总体方案》，支持参与建设常盐工业园新拓展区。

苏盐沿海合作开发园区争创省级特色园区。加快中韩产业园临港产业配套区建设，围绕中国（盐城）跨境电商综合试验区，运营好大丰港区保税物流中心（B型），加强对韩贸易与投资合作，引进汽车及零部件、电子信息、医药保健等韩资项目，打造韩资中小企业集聚区。

三、突出塑形象聚人气，加快城市更新步伐

扎实推进以县城为重要载体的新型城镇化建设，以"十四五"末集聚30万人为目标，完善公共配套，提升承载能力，让群众享有高质量城市生活。一要着力提升城市品质。通过产城融合、商城融合和旅城融合，将城市建设从拉框架向"填格子"转变，从外延式扩张向内涵式提升转变，繁荣城市经济，集聚城市人气。加快推进文化产业集聚区建设，运营好文化会展中心，卯酉书局、城市规划馆10月份对外开放，黄海路东延、春柳路南延6月份通车。人民路海派风情街6月底全面竣工，成为"网红街"和"席地而坐"的城市客厅，培育"网红经济"。幸福大街公建提升工程四季度竣工，新丰里年内整体建成，留住城市美好记忆，打造苏北文创新地标。新丰百年古镇更新改造工程二季度全面运营。吾悦广场商圈突出购物消费，中交美庐商圈突出餐饮消费，育红路、金丰路美食街提升工程6月份全面竣工。扎实推进城市棚户区改造，加大老旧小区综合整治和加装电梯工程推进力度，切实提升居民生活质量。把高铁交通枢纽打造成为令人眼前一亮、耳目一新、为之一振的城市门户，沪丰大道建成"大丰之窗"。二要智慧化管理城市。紧扣"十没有、二十有"标准，实施"城市管理提升年"行动，巩固文明城市创建成果，开展小区生活垃圾"四分类"试点工作，营造整洁生活环境。实施城市智慧照明物联网工程和城区景观亮化提升工程，打造缤纷多彩、繁华绚丽的都市夜景，繁荣"夜间经济"。运用5G、大数据、物联网等新技术，改造升级数字化城市管理平台，推进"智慧交通""智慧照明""智慧停车""智慧环卫"，让城市治理步入"智治"阶段。三要建好大市区副中心。积极承接市级植物园、园博园、康养中心等城市功能布局，大力推动以斗龙港生态经济带为廊道，以新丰镇、刘庄镇为主体的盐丰接合片区建设，争创省级城乡融合发展示范区。提高盐丰通达能力，推动盐丰快速通道、盐丰公交一体化建设，实现公交直达主城区。

四、突出兴产业富口袋，全面崛起镇域经济

镇域经济是推动区域发展、促进农民增收的重要支撑，发展镇域经济，着力点在农业，主抓手是"接二连三"。一要加快农业现代化。农业农村现代化是大丰现代化征程的必由之路、潜力所在。要以农业供给侧结构性改革为主线，实施高标准农田建设项目，加快农田连片和闲置地整治，保证粮食安全和生猪等重要农副产品有效供给。坚持规模化、特色化发展，打造万亩农业示范区1个，深入实施农业"123"重点工程，建设全省乃至全国重要的农业研培基地。主抓农业产业化，以农村一二三产融合为路径，以"粮头食尾""农头工尾"为抓手，加快重大项目、重点园区和龙头企业培育建设，大力发展优质粮油、肉制品、蔬果、营养保健品、水产品五大农产品加工产业，健全仓储保鲜、冷链物流等全产业链，形成产加销一体发展格局。持续深化"万企联万村、共走振兴路"行动，加强与省沿海开发集团、光明食品集团等省属、沪属大型国企合作，做大"大丰仓"农业集团，扩大"大丰仓"品牌影响力，年内建成大丰旗舰店1家，在上海、南京、盐城建成品牌店20家。二要坚持特色化发展。立足资源禀赋、产业基础，进一步明确各镇产业发展定位，理清发展路径，创新奖励激励和支持扶持机制，加大区级财政资助镇域经济发展力度，探索组建支持镇域经济高质量发展基金，实施精准化、差别化考核，建设一批农业强镇、工业重镇、旅游名镇。新丰镇、刘庄镇要发挥区位优势，谋划发展好农旅融合、仓储物流等产业，提升大市区辐射承载力。三龙镇、草庙镇要加快推动工业园区转型，打造集仓储、检测、加工等于一体的高水平现代化农业产业园，形成示范效应。西团镇、南阳镇、万盈镇、小海镇要持续推动传统产业转型升级，走出一条绿色产业发展之路。草堰镇、白驹镇要全面发展文旅康养、规模设施农业等产业，高起点打造串场河和通榆河人文景观廊道。大桥镇要以农产品精深加工为主攻方向，打造上海市外蔬菜主供应基地和上海农产品直销窗口。同时，要深化农村改革，加强镇、村、社区资源资产整合利用，做好"资源、资产、资本、资金""四资"文章，持续发展壮大镇村经济，拉长镇域经济"短板"。三要提升农村面貌。持续改善农民群众住房条件，按照2.0标准建好农村社区，做实"后半篇文章"，年内完成农房改善4300户。促进农旅融合，建设美丽乡村休闲旅游集聚区，荷兰花海要打造集农业、旅游、康养为一体的融合发展标杆区。

五、突出拓市场增效益，打响全域旅游品牌

大丰旅游已进入新的发展阶段，必须在运营管理、商业模式上加快改革创新步伐，坚定不移走市场化、专业化、公司（集团）化道路，加大资本运作和引进社会投资力度，提升经济效益，推动旅游经济加速度高质量发展。一要坚持市场化开发注活力。大丰文旅集团、斗龙港旅游集团要加速整合优质旅游资产资源，做大集团规模，采取参股、控股、合股等方式寻求合作，吸引社会资本参与商业化开发，丰富旅游业态，刺激游客消费，增加旅游经济收入。以荷兰花海创成国家AAAAA级景区、斗龙港旅游度假区创成国家级旅游度假区为目标，完善旅游功能配套，天沐温泉酒店、阿姆斯特丹酒店年内建成对外运营，欧洲风情小镇一期、麋鹿小镇、斗龙渔港功能区上半年建成开放，旅游公路3号线、新时代大道延长线年内竣工通车。二要坚持专业化管理提内涵。通过高效的经营机制、科学的管理手段，

快速构建起景区职业化、规范化的运营管理体系。完善全域旅游集散体系，斗龙港旅游度假区二级游客集散中心建成使用。积极对接以上海为中心的长三角市场，加强与大型旅行社合作，构建区内区外一体化的旅游营销网络。积极拓展营收渠道，提高游客的参与性和互动性，真正做到住在大丰、食在大丰、玩在大丰、购在大丰。强化旅游专业人才队伍建设，内培外引，实现旅游经济良性发展。三要坚持公司（集团）化运营抓改革。大丰文旅集团要坚持走实体化道路，重点经营好景区景点、餐饮住宿、旅游购物、游客集散等主营业务，拓展文化教育和健康养老，构建多元综合文旅产业。斗龙港旅游集团要规范集团管理，提升运营能力，以荷兰花海、梅花湾和水韵龙湾三区联动为基础，科学规划，合理布局，完善配套产业，全力打造全市旅游板块上市"第一股"。要以资本为纽带，串景成线，集点成团，建设高效高质全域旅游示范区。四要坚持立体化宣传打品牌。深入研究不同客源地、不同年龄阶层游客需求，开展全方位、立体式精准宣传。新媒体围绕抖音、视频号，打造大丰网红IP，吸引游客来丰打卡；融媒体紧扣央视卫视、报刊、公众号等联动式宣传；户外媒体主攻上海、南京等高铁沿线城市以及盐城周边地区，推介"世遗探秘之旅""乡村田园之旅"等多日游及"大丰一日游"重点产品。精心策划"乘着高铁游大丰"区外城市旅游推介会，继续组织秦淮·大丰梅花湾新春灯会、恒北梨花文化节、郁金香文化月、鹿王争霸等系列活动，全面提升大丰旅游品牌影响力和远程号召力。

六、突出抓保护优生态，筑牢绿色发展屏障

把保护生态环境摆在更加突出的位置，走出一条大丰特色的生态发展新路子。一要加强生态修复保护。严格执行生态红线保护规划，统筹做好"治污""添绿""留白"三篇文章。加强黄海湿地保护修复，落实土地、滩涂、岸线、海洋生物等多样性保护措施，筑牢生态安全屏障。组织开展新一轮国土绿化行动，推进沿海防护林、绿色通道、城乡绿化建设，新增绿地面积45万平方米、成片造林400亩，建成森林村庄10个。二要建设生态宜居城乡环境。坚决打好污染防治攻坚战，建设人与自然和谐共生的现代化。要围绕PM2.5和臭氧浓度"双控双减"目标，确保达到国家标准。压紧压实河长制工作职责，大力整治"两违三乱"，确保国省考断面水质达标。强化城乡饮用水安全保障，抓好通榆河、串场河环境整治提升。持续开展农村环境综合整治，加强农业面源污染治理，年内建成省级特色田园乡村4个。三要讲好世遗"大丰故事"。突出大丰在黄（渤）海候鸟栖息地世界自然遗产中的独特地位，加快世遗项目和沿海生态风光廊道建设，年内珍禽保护区生态修复工程一期开工建设，东沙市级湿地公园完成基础设施建设，麋鹿研学基地和黄海湿地公园野鹿荡完成提升改造，打造一批面向国际的世遗品牌产品，提升大丰对外知名度和美誉度。

七、突出办实事惠百姓，提高人民生活品质

发展经济归根结底是为了造福百姓，让广大群众享有更多实实在在的获得感、幸福感和安全感。一要稳就业促增收。继续实施困难行业和中小微企业帮扶行动，落实阶段性减免、缓缴社会保险费、金融支持等助企纾困政策，新增扶贫公益性岗位100个，优先吸纳贫困人口和低收入群体就业。对高校毕业生、退役军人、农村转移劳动力、登记失业人员等提供有针对性的就业帮扶。二要办好人民满意教育。崇尚尊师重教，加大教育投入，重点实施基础设施、教学装备、教师素质"三大工程"，开展农村学校三年提升计划。加强义务教育布点，开展联合办学，推进教育集团化改革，盐垦中学完成改造，卯西教育服务中心投入使用，创成"盐城市小学内涵建设示范校"2所，新增省优质园1所，创建国家、省农村特色社区教育中心2个，三年内增加区级骨干教师100名以上，打造大丰教育品牌和人才高地。三要深化健康大丰建设。继续实施全民免费健康体检，劳动者职业健康体检率达100%。开展常态化疫情防控，提档升级医疗卫生服务，中医院加大三级医院创建力度，人民医院向地区一流三甲医院迈进，妇幼保健院新建工程年底竣工，三院异地建设项目年底主体封顶。四要兜牢社会保障网。深化全民参保扩面，建立未参保人员动态清零机制，稳步提高社会保障待遇水平，城乡居民医保参保、职工医保灵活就业人员参保签约率100%。扩大政府购买养老服务范围，争创省级居家和社区养老服务改革试点。五要创新社会治理。深化网格治理，扎实推进平安前哨工程，推动网格事务一体化处置，着力提高风险防范化解能力，推进乡村领域自治、法治、德治"三治融合"。加强公共安全监管，深入推进智慧平安大道建设，升级立体防控体系建设，巩固"一年小灶"专项整治成果，深入开展安全生产专项整治三年行动，加强食品药品安全监管，严厉打击各种违法犯罪，确保社会大局和谐稳定。

（转载于2021年《大丰通讯》第1期）

政府工作报告

——2021年1月6日在盐城市大丰区第十五届人民代表大会第五次会议上

区 长 李志军

各位代表：

现在，我代表区人民政府向大会作工作报告，请予审议，并请各位政协委员和其他列席人员提出宝贵意见。

一、砥砺奋进，决胜全面建成小康社会取得决定性成就

“十三五”时期是大丰行政区划调整后的第一个五年，我们坚持以习近平新时代中国特色社会主义思想为指导，深入贯彻新发展理念，紧扣“强富美高”总目标，践行“两海两绿”新路径，主攻“四大经济”，发展“3+3+3”产业，各项事业迈上新台阶，总体完成“十三五”规划目标任务，决胜全面建成小康社会取得决定性成就。

——综合实力更强。预计地区生产总值年均增长6%，人均GDP近10万元。全口径工业开票销售年均增长10%，2019年突破千亿元，2020年超1100亿元。外贸进出口总额年均增长12.9%，总量超过全市四分之一。开票销售超亿元工业企业110家、纳税超亿元企业10家，分别较“十二五”末增加36家、6家。“四上企业”总数突破千家，达1050家。城镇和农村常住居民人均可支配收入分别达41015元、26628元，年均增长7.4%、8.2%。金融机构存款余额超1000亿元、贷款余额近900亿元，存贷款总额苏北第一。上市公司数量、累计融资额、合计市值均居全市前列。

——转型升级更快。战略性新兴产业开票销售达296亿元，占规上工业比重30%、较“十二五”末提高8个百分点，海上风电总装机容量占全市近50%。金光、中化两个世界500强企业重组并购项目全面落地。国家高新技术企业总数超150家、是“十二五”末的3倍，建成国家级企业技术中心4家、占全市一半。“金丰人才工程”扎实推进，引进“两院”院士5名、国家重大人才工程专家8名、海外高端人才55名。现代农业加快发展，率先实现市级农业园区全覆盖。成立大丰文旅集团、斗龙港旅游集团，筹建大丰仓农业集团，国有企业改革发展不断深化。

——开放程度更高。盐通高铁正式通车，高铁综合枢纽、沪丰大道同步建成，大丰迈入“高铁时代”。大丰港入列盐城港“一港四区”组团，对韩主要港口集装箱航线全覆盖，实现“沪丰通”通关模式。大丰港铁路支线开工，10万吨级深水航道建成。中韩（盐城）产业园临港产业配套区扎实推进，B型保税物流中心封关运行。沪苏大丰产业联动集聚区被纳入国家《长江三角洲区域一体化发展规划纲要》和江苏省、上海市实施方案，常盐工业园在全省45个南北共建园区中位列第一方阵。

——城乡面貌更美。城镇化率达64%，较“十二五”末提高6.2个百分点，与大市区一同创成全国文明城市。中交美庐城、吾悦广场建成营业，市民服务中心、文化会展中心、图书馆新馆投入使用。获评国家全域旅游示范区、全国旅游标准化示范城市、全国休闲农业与乡村旅游示范区，高等级景区数量质量居全省前列。新建新型农村社区21个，改善农房9979户，被表彰为苏北农房改善工作绩效评价优秀县（市、区）。建成省特色田园乡村9个、数量苏北第一，恒北村、全心村、狮子口村被评为全国文明村。盐丰快速通道启动建设，盐丰公交开通运营，省道331、省道351、新时代大道建成通车，创成省级“四好农村路”示范区。

——生态环境更优。污染防治攻坚战成效显著，PM2.5年均浓度28.5微克/立方米、较“十二五”末下降41.5%，空气质量优良天数比例86.3%、较“十二五”末提高17.8个百分点，国省考断面水质达标率及优Ⅲ比例、国控入海河流断面水质达标率均为100%。全面加强湿地保护，为盐城黄海湿地成功申遗作出重大贡献。建成国家级节水型社会建设达标县（市、区）。国家级生态镇实现全覆盖，创成省级生态文明建设示范镇4个、示范村7个。农村人居环境整治三年行动任务圆满完成，农村河道长效管护连续6年列全省第一等次。在全市率先建成沿海万亩新林场，林木覆盖率21%，获评国家森林城市。

——百姓生活更好。建档立卡农户全部脱贫，省市定经济薄弱村全部达标，农村四类重点对象危房全面改造到位，城乡居保扶贫工作成为全省唯一入选“2019年全国人社扶贫典型事例”。城乡居民养老保险基础养老金标准苏北最高，企业退休人员人均养老金水平盐城各县（市、区）第一。新水源地及引水工程大丰支线竣工通水，彻底解决饮水安全问题。新建中小学3所、幼儿园11所，新增四星级高中2所。在全市首家实现国家卫生镇、省卫生村全覆盖，家庭医生签约服务成为全国深化医改35项典型案例之一，被确定为全国紧密型县域医疗卫生共同体建设试点区。建成全市唯一一家省现代社区治理创新实验区，获评省平安县（市、区）、法治建设示范县（市、区）。

各位代表，2020年是极不平凡的一年，面对严峻复杂形势、艰巨繁重任务特别是新冠肺炎疫情的严重冲击，我们坚持稳中求进工作总基调，沉着有力应对各种风险挑战，向着“双胜利”和“全面小康”奋力冲刺，在高质量发展进程中迈出了坚实步伐。

一年来，我们抓实疫情防控，全面做好“六稳”“六保”，巩固了稳中向好新局面。把人民群众生命安全和身体健康放在第一位，坚持“外防输入、内防反弹”，仅用一个多月就稳住了疫情，实现新冠患者“零病亡”、医务人员

“零感染”，16名医疗队员逆行出征、驰援黄石阳新县，为全国抗疫大局作出了大丰贡献。在全市率先启动复工复产，出台“六保”方案、优化营商环境18条意见、促进制造业高质量发展的激励意见，减免3959家用人单位社保缴费5.57亿元，向1488家企业发放稳岗返还资金4335万元。常态化开展银企对接活动，举办南京金融投资说明会，为76个重大项目协调贷款授信245.4亿元，企业贷款利率平均下降12%。预计全年实现地区生产总值680亿元左右、同比增长3.5%以上；一般公共预算收入53.57亿元、同比增长5%；注册外资实际到账1.12亿美元、同比增长117.9%；外贸进出口总额27.8亿美元、同比增长17.8%；固定资产投资同比增长6%；新增城镇就业2.38万人，城镇登记失业率1.77%；粮食生产实现面积产量“双增”，稳定度位居盐城前列。

一年来，我们抢抓战略机遇，聚力主攻“四大经济”，积蓄了区域发展新动能。海洋经济持续壮大，新开竣工临港产业项目32个，进境肉类、水果指定监管场地获批，“韩品荟”线上商城启动运营，全年完成港口货物吞吐量5310万吨、集装箱26.8万标箱，分别占盐城港66%、98%。飞地经济取得突破，与光明食品集团共建上海优质农副产品供应和加工基地列入长三角区域一体化发展年度工作计划，“一园一厨五基地”项目在长三角城市经济协调会第二十次全体会议上签约，常盐工业园开发建设实现拓展、升格。旅游经济风生水起，荷兰花海创建国家AAAAA级景区通过景观质量评审，《只有爱·戏剧幻城》对外公演，旅游公路1号线、6号线建成开放。城市经济加快发展，全面掀起城建大会战热潮，精心打造“一镇一里两街两商圈”，33项重点工程投入81.5亿元，完成棚户区改造2600户，人民路海派风情街快车道通车，新丰里、幸福大街公建提升工程进场施工。

一年来，我们聚焦“3+3+3”产业，强势组织招商引资，取得了重大项目新突破。建立产业链“链长制”，成立上海、深圳、北京招商服务中心，开展春季招商攻坚赛和秋季招商大会战，高频次组织项目集中观摩、开竣工活动，全年亿元以上项目新签约150个、开工65个、投产35个，新增规上工业企业65家、规上服务业企业40家。探索“拿地即开工”模式，着力提高重大项目推进效率，总投资55亿元的长三角智能网联汽车试验场及悦达汽车科创园、40亿元的正泰新能源、30亿元的龙马风电装备、30亿元的弈博太智能制造、25亿元的天合光能、25亿元的中天科技海缆、22亿元的耀德电子、20亿元的博敏电子二期、12亿元的双瑞风电叶片等11个超10亿元重大项目启动建设。

一年来，我们坚持人民至上，着力补齐短板弱项，增添了民生幸福新内涵。财政压力再大不降民生投入，20项民生实事工程完成投资22.7亿元。城乡公交一体化改造到位，四卯酉闸下移工程建成发挥效益，新改建提升农贸市场10个，整治老旧小区11个，完成全民健康体检年度任务。大力实施居家养老服务提升工程，区级智慧养老服务指挥中心建成运行，为老年人提供上门服务28万人次。对标南通地区，推进教育改革，全区63所学校与南通有关学校结成教育合作联盟，常态化开展教科研交流；大丰外国语学校投入使用，卯酉教育服务中心开工建设。人民医院高分创成三级综合医院，胸痛中心、卒中中心、创伤中心荣获国家级授牌；妇幼保健院、三院异地新建工程开工建设，丰华社区卫生服务中心投入使用。全面实施串场河综合整治，拆除、搬迁低效污染项目216个。

一年来，我们树牢底线思维，坚决防范重大风险，实现了治理水平新提升。把安全发展贯穿全区发展各领域和全过程，系统推进“27+2”个行业领域专项整治行动、企业安全生产主体责任落实“家家到”活动，充实镇（区、街道）、相关职能部门安监机构人员力量，常态化开展安全生产巡查督导，安全生产形势保持平稳。持续改善生态环境质量，关闭退出化工企业8家，完成退渔还湿和浒苔绿潮联防联控工作任务，镇（区、街道）空气质量自动监测站实现全覆盖，55个行政村生活污水治理设施建成投运，农村生活垃圾集中收运处理率达100%。牢牢守住不发生区域性、系统性金融风险的底线，县域金融生态环境列全省第5位。依法及时就地化解信访矛盾纠纷，创成全省信访“三无”县（市、区）。深入开展扫黑除恶专项斗争，刑事案件、治安案件发案数双下降。

一年来，我们加强自身建设，持续改进工作作风，展现了实干担当新形象。深入开展“比学赶超、进位争先”活动，不断激发区政府系统广大党员干部干事创业的强大动力。完成基本建成法治政府目标任务，出台《重大行政决策目录管理办法》等依法行政制度，《政府合同合法性审查工作指引》荣获省法治建设创新奖。118件人大代表议案建议和198件政协委员提案全部办结，满意和基本满意率达100%。在全市创新推出企业开办“全程通、零费用”模式，在全省率先探索“一照多业、一码多证”改革，最大程度优化政务服务。切实加强廉政建设，聚焦“吃喝、交往、车轮、奖金津补贴”等方面，坚决整治作风建设突出问题，始终保持清正廉洁的良好形象。

与此同时，人武、双拥、退役军人事务、审计、统计、气象、消防、供销社、公积金、民族宗教、防灾减灾、外事、侨务、对台、档案、科协、地方志、老区开发、扶贫开发、妇女、儿童、青少年、关心下一代、老龄、慈善、工会、残疾人、红十字等工作坚持围绕中心、服务大局，取得新成绩。

各位代表，过去五年的成绩来之不易，归根结底在于我们始终以习近平新时代中国特色社会主义思想为根本遵循和前进指引，得益于上级党委、政府和区委的坚强领导，得益于区人大、区政协的有效监督，得益于全区上下的共同努力。在此，我谨代表区人民政府，向广大干部群众，向全体人大代表、政协委员，向离退休老同志，向驻丰部队、单位，以及所有关心支持大丰发展的各界人士，致以崇高的敬意和衷心的感谢！

当然，我们也清醒看到，经济社会发展中还存在明显不足：产业结构相对偏重，城市布局不够紧凑，镇域经济相对薄弱，教育、医疗等优质服务资源供给水平还需进一步提升。风险隐患不容忽视，安全、环保等工作还要进一步加强。营商环境仍需优化，政务效能有待进一步提升，等等。对此，我们一定高度重视，采取有力措施，切实加以解决。

二、乘势而上，奋力开启社会主义现代化建设新征程

“十四五”时期是大丰实现高质量发展的重要阶段，根据区委关于制定“十四五”规划和二〇三五年远景目标的建议，我们制定了《盐城市大丰区国民经济和社会发展第十四个五年规划和二〇三五年远景目标纲要（草案）》，提请大会审议。

“十四五”期间，我们将坚持以习近平新时代中国特色社会主义思想为指导，全面落实党的十九大和十九届二中、三中、四中、五中全会以及中央经济工作会议精神，深入贯彻习近平总书记视察江苏重要讲话指示精神，立足新发展阶段，贯彻新发展理念，融入新发展格局，按照省委十三届九次全会、市委七届十一次全会、区委十二届十一次全会工作部署，以推动高质量发展为主题，以深化供给侧结构性改革为主线，以改革创新为根本动力，以满足人民日益增长的美好生活需要为根本目的，持续主攻“四大经济”，实施创新驱动、“两海”引领、绿色赋能、融合共享“四大战略”，打造苏北高质量发展排头兵、沿海绿色产业新高地、长三角飞地经济示范区，努力实现地区生产总值1000亿元、一般公共预算收入100亿元、规上工业开票销售翻一番、大丰港货物吞吐量1亿吨、集装箱100万标箱的“五个一”奋斗目标，谱写“争当表率、争做示范、走在前列”的大丰篇章。

——按照“在改革创新、推动高质量发展上争当表率”的要求，积极践行新发展理念，打造绿色协调发展和以人民为中心的共享发展样板。做足世界湿地自然遗产文章，守护好长三角最优越的自然生态。科学合理规划发展空间，打造“一城一港两廊双轴”的城乡新格局。以创成国家全域旅游示范区为契机，挖掘张謇、北上海等历史文化，促进文旅融合，打造斗龙港旅游度假、串场河文化旅游、美丽乡村休闲旅游等“五大片区”，荷兰花海创成国家AAAAA级景区，斗龙港旅游度假区创成国家级旅游度假区，“十四五”末旅游人数达2000万人次，旅游经济总收入300亿元。坚持人民至上，巩固提升全国文明城市创建成果，提升城市能级，建设高水平安全发展城市，推动民生事业逐步与大市区接轨，办好大丰外国语学校和卯酉教育服务中心两所高端学校，建好人民医院和中医院两所三级医院，拓宽居民就业增收渠道，融入长三角公共服务一体化，在城乡居民基础养老金、百姓平均寿命等方面继续领跑苏北，建成苏北苏中幸福指数最高的地区之一。

——按照“在服务全国构建新发展格局上争做示范”的要求，全力融入新发展格局，打造开放开发样板。以3059平方公里大丰全域、307平方公里上海农场、33平方公里沪苏大丰产业联动集聚区为载体，打造长三角飞地经济示范区；以盐城支持常盐工业园高质量发展为撬动，打造全省高质量区域协调发展示范基地；以全省第五、苏北第一的县域金融生态环境为依托，打造全市最佳的金融环境和最具活力的企业上市“大丰板块”，“十四五”末全区国家高新技术企业数实现倍增，新增上市企业5家。

——按照“在率先实现社会主义现代化上走在前列”的要求，准确把握新发展阶段，打造产业现代化建设样板。依托沿海丰富的风光资源，做大做强金风、中车、三峡和阿特斯、正泰、天合等一批行业“链主”项目，为全市建设具有全国影响力的新能源产业基地提供“大丰支撑”。以亚洲最大、全球领先的中汽研汽车试验场为平台，加快建设长三角智能网联汽车试验场，建好盐城现代汽车城“大丰板块”，“十四五”末新能源及装备制造产业形成800亿销售规模，新能源汽车及零部件和新一代电子信息及智能终端产业达到400亿销售规模，形成6家开票销售超百亿企业。加快农业农村现代化，探索新型城镇化和乡村振兴战略双轮驱动的新路，发挥人均耕地面积全省第一的优势，加强保产稳供，积极实施全域农业现代化示范区建设，将农业发展成最具竞争力的优势产业和最有获得感的富民产业。加快光明食品集团“一园一厨五基地”、江苏沿海现代农业产业园、沿海冷链物流智慧城等农业产业化项目建设，打响“大丰仓”品牌。依托华丰种业院士工作站、丰收大地、郁金香种球研培基地等载体，加强优质稻麦、绿色蔬菜、观赏花卉等品种研发、繁育和推广，在种业创新上形成大丰品牌，打造国家级现代农业（种业）产业园，为全市农业农村现代化扛起重担。

三、聚焦重点，全力推动“十四五”发展开好局、起好步

2021年是中国共产党成立100周年，是“十四五”规划开局之年，做好各项工作意义十分重大。我们将坚持稳中求进工作总基调，坚持系统观念，巩固拓展疫情防控和经济社会发展成果，更好统筹发展和安全，扎实做好“六稳”工作、全面落实“六保”任务，努力保持经济运行在合理区间，确保“十四五”开好局，以优异成绩庆祝建党100周年。

2021年全区经济社会发展的主要预期目标是：地区生产总值增长7.5%；固定资产投资增长10%；工业投资增长20%；社会消费品零售总额增长7.5%；一般公共预算收入增长7.5%；全社会研发投入占GDP比重2.7%；城镇和农村常住居民人均可支配收入分别增长7%、8.2%；居民消费价格总水平涨幅控制在3%以内；城镇登记失业率控制在3%以内；节能减排等指标完成省、市下达任务。

（一）创新驱动激发经济增长活力。坚持创新核心地位，激发各类市场主体活力，稳住实体经济“基本盘”。

一是充分发挥企业主体作用。深入实施高新技术企业培育计划，形成一批“专精特新”企业，新增国家高新技术企业45家。扎实开展大企业（集团）培育计划，以“争星创优”为抓手，推动跨档升级，新增规上工业企

业60家，开票销售超亿元工业企业达120家，其中超10亿元20家、超50亿元5家。积极抢抓"新基建"机遇，做好数字经济和实体经济深度融合文章，推动以智能制造为主攻方向的企业数字化转型。培育壮大电子商务等新业态，推动生产性服务业向专业化和价值链高端延伸、生活性服务业向高品质和多样化升级，新增规上服务业企业40家。扎实推进建筑业高质量发展，努力"夺杯创优"，新增建筑业一级资质企业1家、10亿元以上产值建筑业企业3家。

二是加速构建"一核两翼"模式。推行以科技创新为核心、资本和智慧为两翼的"一核两翼"模式，增强区域竞争力。支持领军企业组建创新联合体，带动中小企业创新活动，提升风电检测试验、汽车测试研发水平，新增省级院士工作站、工程技术研究中心、重点实验室各1家。加快海聆梦、理研科技、谷登机械等企业上市步伐，中汽研汽车试验场、大丰农商行深交所上市。升级"金丰人才工程"政策，实施招才引智增效、名校优生集聚、本土人才培优工程，全方位引进产业、科技、教育、卫生等领域人才。依托职教中心，加大高素质产业工人培养力度，满足企业高质量发展需求。

三是持续营造一流营商环境。大力弘扬新时代企业家精神，在全社会营造尊重企业家、爱护企业家、支持企业家的浓厚氛围。不折不扣落实减税降费、纾困惠企和促进制造业高质量发展等政策，让企业得到更多实惠。全力增强金融服务实体经济能力，深化银企对接，破解融资难、融资贵问题，新引进落户银行机构2家，普惠型金融领域贷款余额占比超18%。用好新兴产业投资基金，通过直接投资项目、参与设立项目子基金等方式，引导服务落地战略性新兴产业项目。

（二）高端引领发展现代产业体系。把握产业发展规律，聚焦战略性新兴产业发展，坚定不移走产业强区之路。

一是攻坚重大项目。持续开展招商竞赛，充实专业专职力量，发扬狼性拼抢精神，打好精准招商、以商引商、产业招商"组合拳"。以世界500强、国企央企、行业龙头、上市公司为主攻点，着力突破一批高质量重大项目。重点抓好"两重一实"项目建设，常态化组织综合督查、现场观摩、集中开竣工活动，倒排工期，挂图作战。全年新签约亿元以上项目160个，其中10亿元以上项目15个；新开工亿元以上项目70个，其中10亿元以上项目10个；新投产亿元以上项目40个，其中10亿元以上项目6个。

二是重抓链式发展。全面推行"链长制"，在产业优势领域精耕细作，聚力延链补链强链，推动战略性新兴产业做大总量、提升质量，全年开票销售360亿元。新能源及装备制造产业以海上风电和光伏两大产业为重点，集聚产业链关键项目。海上风电产业，围绕构建全产业链生态圈，拉长做粗产业链条，完善叶片、变压器等一级部件，攻坚轴承、电控、铸件等二级部件，推动研发、制造、安装、运维、检测一体化发展。中天科技海缆、龙马风电装备、金风16兆瓦传动实验室、双瑞风电叶片、海恒海上风电装备制造等重大项目全部竣工。光伏产业，围绕产业链中下游和应用端，重点招引电池片、组件成套设备制造企业，推广运营"光伏+"集成发展模式。天合光能、正泰新能源一期、阿特斯二期建成投产。新能源汽车及零部件产业以智能化、电动化、网联化为方向，依托中汽研汽车试验场，突破汽车零部件知名企业。加快汽车后市场发展，培育二手车产业链，发展二手车交易、翻新、出口等业务。长三角智能网联汽车试验场全面推进，悦达汽车科创园一期投入运营。新一代电子信息及智能终端产业向开发区电子信息产业园、高新区智能终端产业园集聚，主攻印制线路板、光电材料、智能终端等领域。加快推进弈博太智能制造、博敏电子二期等重大产业链节点项目，维旺微纳光学导光板、宇豪新材料、耀德电子一期竣工投产。

三是力促转型升级。坚决守住安全、环保门槛，加快传统产业高端化、智能化、绿色化转型，促进产业基础高级化，全年实施千万元以上技改项目不少于60个。钢铁产业支持联鑫钢铁提质增效，发展绿色建材，推动产品向装配式建筑用钢升级，工艺技术路线向非高炉冶炼、氢冶炼方向转变。化工产业组建行业专家库，修订产业规划，实施化工企业项目"密闭化、连续化、自动化、信息化"升级改造，引进优势企业参与兼并重组，形成以新医药和石化新材料为主导，以基础化工为支撑的产业布局。造纸产业优化提升现有造纸企业，打造高档工业造纸基地。

四是建优园区载体。深入推进省级园区"去行政化"改革，突出经济发展主责主业。更加注重亩均效益和节约集约发展，重抓"三项清理"，提升园区开发强度。瞄准重特大项目，强势攻坚突破，坚决扛起制造强区主力军责任。港区重点产业再聚焦，发展规划再整合，配套功能再健全，全力盘活闲置土地、"僵尸"企业，充分发挥港口、保税物流中心作用，聚力发展海上风电、光伏和新能源汽车及零部件产业，支撑临港产业高质量发展。开发区抓住高铁通车契机，做好规划调整、基础配套、产业基金等工作，聚焦发展新能源装备、电子信息等产业，推进园区整体环境提档升级，提高重大项目承载能力。高新区集中精力做好园区整合后半篇文章，聚焦发展智能终端、智能家居、抛丸装备和现代服务业，完善水电气、道路交通、污水管网等配套，加强科研孵化、投资开发、金融服务等平台建设，加速产城融合发展。

（三）坚定不移提升对外开放层次。坚持向海发展，用足用好"两海"资源，实行高水平对外开放。

一是聚力建设现代物流枢纽港。对标上海港等先进港区，加快提升港口综合能级，全力服务支持盐城港集团大丰港建设发展。积极申报汽车整车进口口岸、全国二手车出口基地，加快避风港池、通用码头南侧扩建泊位、集装箱码头扩建泊位工程建设，15万吨级深水航道二期列入国家、省"十四五"交通专项规划，滚装码头正式对外开放，国际集装箱智慧物流中心建成运营。继续拓展至淮安和豫皖地区内河集装箱航线，开通至重庆港直航航线，“沪丰海上专线”增至每周四班。启动盐宝金高速、临海高速前期研究，大丰港铁路支线完成桥梁桩基、路基地基施工，通用机场力争开工建设，构建多式联运交通新格局。

二是全面接轨大上海、融入长三角。策应“高铁时代”，全方位深层次接轨上海，拓展与长三角各城市的交流协作。加强与上海大院大所合作，新增科技创新载体5个，力争引进一所知名高校落户大丰。深化与上海市民政局、教委合作，打造上海域外有影响力的康养和研学基地。推进区场一体化发展，加快光明食品集团“一园一厨五基地”8个加工项目、26个种养基地建设。沪苏大丰产业联动集聚区创新“飞地发展”模式，优化体制机制，推进理念、规划、工作一体化，凝聚主攻重大项目的合力。全面落实《常盐工业园高质量发展总体方案》，支持参与建设常盐工业园新拓展区。苏盐合作园区争创省级特色园区。

三是着力稳外资稳外贸。抢抓RCEP正式签署和环黄海生态经济圈建设机遇，发挥中韩(盐城)产业园临港产业配套区优势，加强与日韩合作，用好荷兰花海品牌，拓展与荷兰乃至欧洲的合作，发展更高水平的开放型经济。加大外资引进力度，新招引1000万美元以上外资项目10个，全年注册外资实际到账1.21亿美元。支持企业参加广交会、进博会等展会，与“一带一路”沿线国家加强贸易合作，新培育进出口超5亿美元企业1家，全年外贸进出口总额增长10%。着力培育跨境电商企业，跨境电商交易额增长20%。

(四)更高标准实施城市更新行动。立足盐城副城定位，全面对标大市区建管标准，推动城市居住更舒适、面貌更靓丽、商业更繁荣。

一是坚持组团发展。持续开展城建大会战，重点推进人民路、斗龙港、新民中心河组团建设，新丰百年古镇更新改造、新丰里、人民路海派风情街、幸福大街公建提升工程全面建成。重抓吾悦广场、中交美庐城两个核心商圈规划、设计和招商，进一步繁荣城市商贸业态，大力培育“夜间经济”“网红经济”。组团式推进棚户区改造，完成房屋搬迁3000户、30万平方米，景尚名城、康馨雅苑保障房竣工交付。

二是完善功能配套。畅通城市交通出行，全力配合盐丰快速通道建设，实施东宁路、益民路、飞达路等道路和雨污分流改造工程，春柳路南延开工建设，黄海路东延、新时代大道延长线建成通车。打造文化产业集聚区，卯西书局、城市规划馆对外开放。新建体育公园1个、健身步道5公里，健全“10分钟休闲健身圈”。整治老旧小区10个，对具备条件的老旧小区加装电梯。实施城区“八横十纵”照明景观亮化提升，打造多维一体的景观亮化体系。

三是强化精细管理。紧扣“十没有、二十有”标准，实施“城市管理提升年”行动。组织围挡、户外广告牌专项整治，提升广告品位，拆除各类围挡，因地制宜设置口袋公园、景观小品、城市家具。开展大刘路、南翔路、通港大道等沿线环境综合整治，扮靓城市出入口。推广垃圾分类，营造整洁生活环境。改造升级数字化城市管理平台，推进“智慧交通”“智慧照明”“智慧停车”“智慧环卫”，建设智慧城市。

(五)精准施策加快乡村振兴步伐。全面实施乡村振兴战略，强化以工补农、以城带乡，加快农业农村现代化。

一是壮大镇域经济。坚持系统化、特色化、高效化、一体化、协同化“五化”思维，补齐镇域经济短板。强化政策激励，进一步加大财力下移、项目补助、化债奖补力度。立足特色资源，优化产业布局，支持镇工业园区转型升级、填平补齐，着力招引三大战略性新兴产业配套项目，积极发展农产品加工、仓储物流，提升产业强镇水平。加快城市基础设施向农村延伸，统筹城市公交、区镇公交、镇村公交一体化发展，省道226南段全线建成通车。做强新丰、刘庄两个重点镇，引领镇域经济高质量发展。

二是做特现代农业。围绕“一镇一特”，加强农业产业链培育，发展优质粮油、肉制品、蔬果、营养保健品、水产品“五大农产品加工产业”，新办农产品加工项目15个以上。坚持农村一二三产融合发展，推动农业与旅游、康养等产业深度融合，推进“互联网+”农产品出村进城工程。以龙头企业为牵引，以高校科研机构集聚为支撑，打造全省乃至全国重要的农业研培基地。做强种业经济，新建万亩以上集中连片制种基地8个、千亩以上10个。坚决遏制耕地“非农化”、防止“非粮化”，保障粮食安全和生猪等重要农副产品有效供给。开展农田连片和闲置地整治，新建高标准农田10万亩。做实大丰仓农业集团，加强与大型农业集团合作，实现挂大靠强、实体经营。

三是推动强村富民。加快推进农村重点领域和关键环节改革，做足土地、资产、人力资源文章，用市场化经营化办法增加村集体收入，年集体经营收益50万元以上村总数达79家。鼓励通过土地流转、股份合作等多种形式开展适度规模经营，新增家庭农场30家。支持村集体探索组织村民成立劳务、家政公司，发展园林绿化、保洁保安、保姆月嫂等业务。健全防止返贫动态监测和帮扶机制，切实巩固“两不愁三保障”成果。

四是建设美丽乡村。着力实施乡村建设行动，推进城乡基本公共服务均等化。持续改善农民群众住房条件，完成农房改善4300户，创建美丽宜居村庄70个、省特色田园乡村4个。深入推进农村人居环境整治提升行动，建设县乡生态河道32条，实施县乡道安全生命防护工程150公里、农村公路100公里、危桥改造30座。加快城镇生活污水处理厂网提标改造工程，建成69个行政村生活污水治理设施，行政村生活污水治理设施覆盖率达100%。加强农业面源污染防治，畜禽规模养殖场污染“四到位”规范整治率达100%。

(六)持续发力增强全域旅游品质。围绕建设高效高质全域旅游示范区，丰富内涵、提升层次，提高旅游经济效益。

一是决胜“双创”目标。按照“提

标准、强配套、做环境、优服务”要求，全力打赢“双创”这场硬仗。荷兰花海咬定创成国家AAAAA级景区目标，坚持充分利用荷兰风情、体现“以我为主”的发展方向，更加直观展示“本源”文化，着力提升游客中心、旅游厕所、智慧管理等功能配套。斗龙港旅游度假区紧扣今年创成省级旅游度假区、三年创成国家级旅游度假区目标，高水平编制总体规划，加快大龙岛综合开发、水上游览线、欧洲风情小镇建设，“月下爱河”旅游综合体、梅花湾景区提升工程建成开放。

二是丰富要素业态。完善“吃住行游购娱”等要素配备，延伸经济业态，扩大旅游消费。建好恒北特色小吃、花都美食城、育红路和金丰路美食街等特色餐饮街区，天沐温泉酒店、阿姆斯特丹酒店对外运营。做强高铁站旅游集散中心、斗龙港旅游度假区二级集散中心，健全全域旅游大数据中心、咨询服务体系，提升旅游导向系统，建成旅游公路3号线。推进斗龙渔港小镇、大丰黄海湿地公园建设，梦幻迷宫创成国家级国防教育示范基地。

三是提升运营能力。坚定不移走市场化、专业化、公司(集团)化道路，大丰文旅集团重点经营好景区景点、餐饮住宿、旅游购物、旅游集散等主营业务，拓展文化教育和健康养老，构建多元综合文旅产业；斗龙港旅游集团整合串联荷兰花海、梅花湾、水韵龙湾等旅游资源，做大演艺、婚庆、花卉、酒店、康养等主题文旅产业，全力打造全市旅游板块上市“第一股”。精心策划高铁沿线城市旅游推介会，积极融入“水韵江苏”旅游线路，持续开展精准宣传。强化人才队伍建设，培养、引进更多旅游管理、营销、活动策划、新媒体运营等高层次人才。

（七）坚持不懈加强生态文明建设。牢固树立“绿水青山就是金山银山”的理念，坚持尊重自然、顺应自然、保护自然，推动绿色转型、绿色跨越。

一是加大系统治污力度。统筹陆海河、上下游、左右岸、干支流，系统实施水环境综合治理，着力消除城乡黑臭水体，国省考断面水质达标率100%。重点实施串场河沿线环境整治、通榆河草堰段护岸、斗龙港景区段整治、二卯西河疏浚、新丰镇全域农村河道提档升级工程，打造水清岸绿的优美风光。集中整治入海河流沿线村庄河塘103条、支河17条，坚决抓好浒苔绿潮联防联控，促进近岸海域水质稳定达标。扎实开展PM2.5与臭氧协同治理以及扬尘污染等专项治理行动，持续改善空气环境质量。深入开展危废“减存量、控风险”行动，切实保障土壤环境安全。

二是推动绿色低碳发展。积极创建绿色工厂、绿色产品、绿色供应链和绿色园区，实施开发区、港区以及大丰港石化新材料产业园循环化改造，构建绿色低碳循环产业体系。狠抓节能降耗，加快重点耗能企业向高效低耗方向发展，实现生产洁净化、废物资源化、能源低碳化。加强环保基础设施建设，港区中水回用工业污水处理厂和港城生活污水处理厂开工，三龙、南阳、草庙工业污水处理厂竣工。持续开展生态文明建设示范创建，倡导绿色生活，打造一批省级生态文明示范镇、村。

三是放大世遗生态效应。严格执行生态红线保护规划，落实滩涂、岸线、海洋生物等多样性保护措施，筑牢生态安全屏障。以保护黄海湿地世界自然遗产为契机，重抓沿海生态风光廊道建设，打造具有鲜明生态特色的滨海风貌。着力维护湿地生态系统稳定性，启动珍禽保护区生态修复一期工程，提升改造麋鹿研学基地和野鹿荡，完成东沙市级湿地公园基础设施建设。

（八）千方百计提高社会建设水平。坚持以人民为中心，着力改善人民生活品质，不断增强老百姓获得感、幸福感、安全感。

一是扎实抓好常态化疫情防控。把外防输入作为重点，注重“人”“物”同防，严格境外和国内中高风险地区来丰人员全程闭环管控，强化港口口岸防控措施，规范隔离场所管理，完善进口冷链食品全链条监管机制，从源头防范输入性风险。把内防反弹作为关键，抓好监测预警，注重多病共防，发挥发热门诊等医疗机构“哨点”作用，加强学校、医院、车站、旅游景区、农贸市场、商超影院、养老机构等重点场所防控，动态储备更新防疫物资。把增强群众自我防护意识作为基础，深入开展新时代爱国卫生运动，倡导健康生活方式，筑牢疫情防控社会大防线。

二是积极兴办民生实事工程。坚持尽力而为、量力而行，继续加大民生实事投入力度，切实解决好群众最急需、最期盼的问题。今年民生实事工程采取代表票决制，前期区政府围绕“六稳”“六保”和高质量发展要求，统筹考虑民生需求迫切、群众获得感强、实施覆盖面广等因素，在广泛征求意见的基础上，编排了12类22项民生实事项目。区政府将按照本次人代会公布的票决结果，高质量、高标准、高效率组织实施今年民生实事工程，确保好事办好、实事办实，不折不扣兑现承诺。

三是大力发展优质公共服务。抓紧抓好就业这个最大的民生，开展大规模职业技能提升行动，实现更加充分更高质量就业。全力推动教育高质量发展，扩大与南通等地教学交流合作，打造高素质校长教师队伍，卯西教育服务中心初中部投入使用，盐垦中学完成改造，实现优质普惠教育资源充分供给。深入推进健康大丰建设，建成省级健康促进区，打造紧密型医共体大丰样板，妇幼保健院、三院异地新建工程竣工，人民医院争创三级甲等综合医院，中医院纳入三级中医医院管理。健全养老服务体系，扩大政府购买养老服务范围，完善村(居)居家养老服务站功能。织密社会保障网络，持续推进全民参保扩面。强化退役军人服务保障，开展双拥共建活动，巩固和发展军政军民团结。

四是深入开展安全生产专项整治。牢固树立安全发展理念，围绕“务必整出成效”总目标和“两个不放松”总要求，扎实开展安全生产专项整治三年行动，守牢安全生产底线。紧盯危化品、道路交通、建筑施工、消防等重点行业领域，摸清小微企业安全生产情况，全覆盖开展隐患大排查、大整治，从源头防范和遏制事故发生。严格日常执法监管，推动基层安全生产委托执法全覆盖。做好三项岗位人员教育培训，定期组织防灾减灾宣传和应急救援演练。加强安全生产信息化建设，不断提升本质安全水平。

五是切实维护社会大局稳定。加强金融生态建设，坚决打击各类非法金融活动，银行不良贷款率继续保持全市最低。严格抓好降债务规模、降债务率、降风险等级、降融资成本"四降"工作，严禁乡镇新增负债。强化食品药品安全体系建设，运用互联网、大数据等信息技术，完善全过程、全链条监管机制，保障人民群众吃得更安全、更放心。坚持和发展新时代"枫桥经验"，深化非诉讼纠纷解决机制，加快区级非诉讼纠纷化解综合平台建设，实现群众合理诉求"最多访一次"。推动扫黑除恶常态化，加快现代社会治安防控体系、平安前哨、智慧平安大道、智慧平安网格建设，进一步提升高质量平安大丰建设水平。

四、担当尽责，致力建设人民满意政府

面对新发展阶段的新任务新要求，我们将始终把人民利益高高举过头顶，不忘初心、牢记使命，勇于担当、履职尽责，做到为人民服务、对人民负责、受人民监督、让人民满意。

（一）始终做到讲政治、顾大局。更加自觉地用习近平新时代中国特色社会主义思想武装头脑、指导实践、推动工作，切实提高政治站位，增强"四个意识"、坚定"四个自信"、做到"两个维护"，任何时候都坚决地听从习近平总书记和党中央的号令，坚决地以新思想定向领航。善于用政治眼光观察和分析经济社会问题，注重提高专业化能力，努力成为做好工作的行家里手。坚决贯彻区委各项决策部署，在落细落实上下功夫，确保令行禁止、政令畅通。

（二）始终做到快节奏、高效率。秉持"高效率成就高质量"的工作追求，强化紧张快干的意识，以"今天再晚也是早、明天再早也是晚"的紧迫感，只争朝夕，雷厉风行。对议定的工作、敲定的事项，不等不靠，不待扬鞭自奋蹄，做到件件有落实、事事有回音。持续深化"放管服"改革，推动行政审批提速增效，坚决打通重大项目落地难、开工慢的堵点痛点。切实提高为企服务效率，想企业之所想、急企业之所急，以"马上办""用心办"，及时解决企业实际困难，真正让企业更加舒心、暖心。

（三）始终做到重法治、慎用权。认真学习习近平法治思想，坚持依宪施政、依法行政，持续推动法治政府建设。着力提高行政决策法治化水平，建立重大行政决策专家库，发挥"立法民意直通车"作用，全面推行规范性文件合法性审核机制。严格规范公正文明执法，全面落实行政执法责任制。把民法典作为行政决策、行政管理、行政监督的重要标尺，切实加强政务诚信建设，健全政府守信践诺机制。自觉接受区人大法律监督、工作监督和区政协民主监督，高度重视审计监督、司法监督、社会监督和舆论监督，加大政务公开力度，让权力在阳光下运行。

（四）始终做到知敬畏、守清廉。突出问题导向，持续正风肃纪，加大对群众身边不正之风的整治力度，力戒形式主义、官僚主义，坚决纠正不作为乱作为、表态多调门高、行动少落实差等突出问题。扎紧制度笼子，硬化刚性约束，突出抓好国资国企管理、政府采购、工程招投标、国有产权交易等重点领域和关键环节风险管控，构建廉政风险防控长效机制。坚持过紧日子，严控"三公"经费和一般性支出，把有限的资金和资源更多用在促发展、保民生、补短板上，树立为民务实清廉的良好形象。

各位代表，蓝图已经绘就，目标催人奋进。让我们更加紧密地团结在以习近平同志为核心的党中央周围，在区委的坚强领导下，切实担负起"争当表率、争做示范、走在前列"的重大使命，大力弘扬"开放、创新、实干、担当"的新大丰精神，乘势而上，接续奋斗，携手迈进社会主义现代化建设新征程！

黄海湿地野鹿荡。　　周古凯　摄

媒体聚焦

喜看仓廪赋新容
——江苏盐城市大丰区赋能赋新农业农村纪闻

陈　兵　李文博　夏　寅　周　昕

9月30日，世界自然保护联盟发布消息称，在最新版本的《世界暗夜保护地名录》中，收录了来自中国的4个新成员，其中，中华暗夜星空保护地·江苏野鹿荡就位于盐城市大丰区。

大丰名盛，新闻迭出。“农拍档”“快手”前不久在大丰落实了赋能全区农业农村的具体举措；导演王潮歌的沉浸式文旅项目，“云”首演直播便吸引了共计610万人次观看，花样灯光秀为游客呈现了一场流光溢彩的视觉盛宴；全国新媒体主流文学平台《人民作家》，先后组织了近百名作家，采风和写作有关大丰的诗歌、散文、报告文学，让全国更多的读者和听众认识大丰……

从“大丰好玩呢”到“大丰好居处”
“大丰仓容”量多业新更坚实

发展实践表明，农业的“仓容”，不仅仅取决于农业。大丰区将“大丰仓”用作农业区域公用品牌，一句“大丰好玩呢”的宣传语，指的是起步于农业的大丰全域旅游，如今“大丰好玩呢”又升级为“大丰好居处”，成为游客交相赞誉的热词。

去年9月30日，盐通铁路大丰高铁站全面开工建设，大丰人终于圆了“高铁梦”，大丰由此进入上海一小时都市圈。同时大丰也用更多精品标杆工程，向世人展示着“大丰速度”和“大丰形象”。

有一种幸福叫“蓝天白云”。根据江苏省生态环境厅公布的数据，今年7月大丰区蓝天“全勤”，空气质量全省第一；水质达标率、入海河流断面水质达标率100%。大丰成为一个可以“深呼吸、净生活”的宜居城市。

“这既有历届党委、政府努力打下的良好基础，更有在习近平总书记‘两山’理念指导下，区委、区政府牢固确立绿色发展理念，让‘绿水青山’得到保护，经济效益得到释放，城乡居民得到实惠。”区委书记薛盛堂说。

近两年，大丰城市绿色建设按下了“快进键”。邀请国内权威专家为大丰城市规划建设把脉支招、出谋划策，同时全面吹响城市绿色建设大会战的“号角”，提出“做实城东、做精城中、做美城西”的城市建设方向。

蓝图精彩铺展，全区上下“干”字当头，一锤接一锤敲，一环紧一环拧。“一镇一里两街两商圈”的规划，让这座城市既有颜值更有内涵。随着一件件惠民实事新鲜出炉，宜居城市绿色建设为大丰经济社会高质量发展注入了强劲动能。

苏北农房改善工作一直是中央和省委领导挂心的大事。如何既改善民居又乐民意？薛盛堂说：“要将群众愿意不愿意、满意不满意，贯穿农房改善全过程。”

区住建局局长陈国军介绍，大丰明确“十不”要求：不赶农民上楼、不搞强拆强建、不建高层、不建大户型、不建大门厅、不建大牌坊、不建大公园、不建宽马路、不建大草坪、不建大广场，让农房改善过程成为干部转变作风务实为民的过程。

区长李志军说：“精准把握新形势新要求，要站在群众角度、立足农民利益，建百姓想要的房，真正以‘搬得出、留得住、能致富’的实际成效撬动乡村振兴‘大文章’，让高水平全面建成小康社会更具底气、更具成色、更具品质。”

有关组织和相关部门、单位，对全区17.7万名农房住户，开展“进村入户大走访”，根据农民进城入镇、进新型农村社区、老村庄提升等改善意愿，做到分类施策、精准改善。同时同步布局配套产业，做到“一个新建社区一个特色产业”，让群众“搬得出、稳得住、能致富”，推动“家门口就业”，让农民群众住上好房子、过上好日子。

农房改善的“后半篇文章”怎么做？大丰有了新探索：将新型农村社区党建与改善农民群众住房条件工作有机融合，建设“红色邻里”，将党建引领与共建共享、清廉文化、议事协商、文明创建等方面融合，搭建基层治理大舞台。

仓廪实而知礼节。以“田园乡村”“水美村庄”建设为抓手，全区开展“微笑服务”“服务技能大比武”等活动，使得“大丰好玩呢”正向“大丰人好呢”转变，自编自演身边群众自娱自乐的文化活动，不断优化着全域旅游发展的软环境。

良好的生态环境和绿色经济引来更多“凤凰入巢”，重大产业项目和平台纷纷集聚大丰。今年1月至9月，全区新能源等三大战略性新兴产业，规模以上企业实现工业开票销售192.1亿元，同比增长8.2%。全区全口径工业开票销售、进出口总额、全社会用电量、新增“四上”企业数、金融机构贷款余额及增量等指标全市第一。

从绿色发展的亮点到绿色发展的高点
“大丰仓容”农业赋能更赋新

9月16日，南京钟山宾馆展示区。乘着“万企联万村、共走振兴路”行动的东风，早酥梨、猕猴桃、大米、郁金香等多个优质农产品集结，以“大丰仓”区域品牌正式登台,将量与质及美感集合,引得满堂彩。

仓,谷藏也,仓黄取而藏之,故谓之仓。今日的“大丰仓”,不仅是传统意义上富足的粮仓,更是品类齐全、质量优良的“农”仓,一座“会呼吸的”生态绿色之仓。

区委副书记陈允春多角度地解读发展思路说,大丰以实施乡村振兴战略为总抓手,践行“两海两绿”发展路径,以“123”重点工程为主抓,坚持做大恒北早酥梨品牌,做强丰收大地、盐土大地两大载体,做特三大特色观光农业经济带,迈出了一条从农业大区向农业强区转型的康庄大道。

区农业农村局局长韦桂和介绍,全区高效农业面积达125万亩,粮经比居盐城全市第一;在全市率先实现市级农业园区全覆盖;绿色优质农产品比重达80.6%、全省领先……一组组沉甸甸的数据汇聚成“大丰仓”品牌的含金量和含绿量。

副区长韦国深有感触地说,近年来,大丰不断加强与上海、苏南等地区的农产品生产加工和供销合作,“恒北早酥梨”“丰收大地蔬果”“大丰大米”“裕华大蒜”等品牌农产品争先恐后登上长三角市民餐桌,每年销往长三角地区农产品近70亿元。

一块飞地一段情,在大丰划出的一块飞地,是上海域外最大的农业生产基地,是当年上海知青奋斗的地方。一组数据一条纽带,供应上海15%的鲜奶、12%的优质大米、8%的瘦肉型生猪和3%的淡水产品,这是目前“大丰仓”支持上海农产品供给的真实数据。

各方资源,多种要素,赋能“大丰仓”,更有新兴产业和新型业态赋新“大丰仓”。全国知名的农村数字化电商平台“农拍档”公司与“快手”江苏公司等,联合在大丰投入,利用当下流行的社交平台传播,结合“视频带货”,拍摄本地农畜商品视频,通过新兴传播方式,让名优产品“飞入寻常百姓家”。

“大丰拥有比较成熟的农产品产销基础,下一步,将立足‘大循环、双循环’的新发展格局,深化农业领域开放合作,以‘大丰仓’品牌为引领,加强与农产品加工、酒店餐饮、农贸商超等企业合作,携手各位企业家把大丰优质的农副产品推向长三角乃至全国市场,共享农业发展红利。”薛盛堂满怀信心。

从全域旅游的“花园”到全业融合的“田园”

“大丰仓容”颜新貌美更富民

一百年前,清末状元张謇请来荷兰专家来这里规划水利修农田,废灶兴垦植棉花,农业公司取名“大丰”,在盐碱荒滩绽露中国现代农业曙光。大丰由此得县名。一百年后,这里的人们也请来荷兰专家,播种培育“荷兰花海”郁金香,在黄海之滨绽放全域旅游创新融合发展的瑰丽奇葩。

今年的“双节”长假期间,大丰区荷兰花海景区共接待38.66万游客,综合收入超2900万元,同比增加8.5%;2019年荷兰花海全年接待游客约305万人次,实现综合收入约3.63亿元,成为“释放富民能量”新典范。

万企联万村是江苏省委、省政府推进乡村振兴战略的一项重大行动。荷兰花海坚持联农带农,助推乡村振兴,形成“基地+研培+农户+公司”的全产业链运作模式,辐射周边8个村,带动3000多农户每年人均增收3万多元,目前花海种球国产化率达90%。

区文旅局局长陶耸说,全域旅游实质上就是多产业融合、全产业链发展。他介绍,大丰不满足于“单项发力”,而是致力于“全面开花”,一镇一品、一村一品,不断丰富乡村旅游产品和业态。

“疏影横斜水清浅,暗香浮动月黄昏。”走进城西梅花湾景区,玫粉、水粉、白色、朱砂、宫粉、绿萼……各色品种的梅花竞相开放,丛丛梅树错落有致;精品梅苑中,500年树龄的梅王、梅后相伴而立,800年的宋梅诱人驻足……

还有城东“丰收大地”园区的花卉创意,东南重镇大桥“东方桃花洲”的花蕾初绽,三四月的郁金香,六七月的薰衣草,八九月的格桑花,九十月的百合,冬季的三色堇,四季花香招引八方游客,营造乐的心境,留下美的靓影……

人在景中走,如在画中游。怀揣匠心精神,大丰的风景不断更新。大丰正在打造它的首条旅游公路1号线,全长96.5公里,以“鹿鹤海港,滩涂风光”为理念,将海港、滩涂、鹿鹤、农渔文化互相融合,以麋鹿园及风景区为引爆点,打造一条自然乡野的海堤风景廊道,让乏味的公路行变得一路风光、一路芬芳。

“全域旅游让多产业跨界融合,旅游+文化、农业、工业、手工业、创意产业等,既发挥旅游产业凝聚力和带动力优势,又孵化出旅游新业态,从而不断丰富和提供有效供给,又拓展农民收入增长新空间。”区政协主席石根美说。

经济学上有个“微笑曲线”的概念,该曲线显示:在产业链上游,随着技术研发等方面的投入和创新,产品附加值呈现上升趋势;在产业链下游,随着品牌运作、销售渠道拓展、售后服务完善,附加值也显著上升。而劳动密集型部门则成为整个价值链条中附加值最低的部分,处于“微笑曲线”的最底端。

恒北村过去户户栽梨树,人均年收入不过万元。如今四季旅游产业链条形成,让农民不仅从产中,更从产业两头获得更多收入和微笑。

村党委书记李晓霞介绍,延伸梨园产业链条,打造休闲农业价值链,让全村从事梨树生产的劳动力12%转移进入农业旅游服务业;1330户农户中,收入与农业旅游服务业相关的有280户,占21%;2019年农民人均纯收入3.16万多元。

慢慢穿过生态长廊,踏上二层楼高的梨花亭,亭柱上题有诗句:“梨花淡白柳深青,柳絮飞时花满村”。

夕阳西下,晚风轻拂。踏出恒北之际,再回首,但见那梨枝迭迭、梨花蝶蝶、树影幢幢,难状之美,深留心中。

好美的大丰乡村,好美的“大丰仓”!

(摘自2020年12月22日《农民日报》头版头条)

江苏盐城大丰区 开放作楫弄潮长三角

张道平　周　昕　沈　文

习近平总书记多次强调，中国开放的大门不会关闭，只会越开越大。在基层，以江苏省盐城市大丰区为代表的不少县市区，已将开放发展理念转化为一场场生动实践。

大丰沿海，本身就蕴含着开放的特质。从启海移民、张謇兴垦植棉，到聘请荷兰人设计农田水利，再到实施沿海开发建设大丰港，开放成为大丰的城市基因。江苏沿海开发上升为国家战略以来，大丰区干部群众在开放中深化开放，书写了开放图强的壮丽篇章。开放，不仅支撑了大丰经济稳健增长，更推动了政务服务、社会治理、文化旅游各层面的创新进步，深刻改变了大丰的城市面貌和居民生活质量。

盐城是长三角中心区唯一的苏北城市。大丰区作为盐城市区的副中心，发展的机遇和空间前所未有，与长三角城市群200多个县市区同台比拼，压力和挑战同样前所未有。在更高的坐标系中，根据自身产业发展现状和规划，围绕上下游关键环节招引一批建链、补链、强链项目，努力构建长三角产业协同开放合作新格局。

沿海是大丰发展的最大优势和潜力。大丰港作业货种除LNG外实现全覆盖，风电、汽车、钢铁、石化等腹地产业支撑有力，跻身中国三大风电出口基本港。从2010年到2019年，大丰港货物吞吐量增长了25倍，特别是与上港集团合作共建国际集装箱物流中心以来，吞吐量增长了25%。

在经济大开放的同时，大丰区积极融入长三角城市群，促进城市大开放；融入上海国际航运中心，促进交通大开放；融入资源要素联动共享，促进科技人才金融大开放。下一步，大丰区将以更加创新和开放的姿态，把全域作为发展“飞地经济”的主阵地，将跨地区合作贯穿于大丰开放发展的全过程，强化与长三角城市的产业项目合作，探索“人才飞地”等“飞地经济”升级版合作模式，不仅为盐城打造北上海“飞地经济”示范区作出大丰贡献，更为全国“飞地经济”发展提供大丰样板。

（摘自2020年5月25日《中国县域经济报》头版）

10万上海知青在此洒过汗水，如今是沪上重要农产品基地——

这里，被大丰人叫做“北上海”

许海燕　沈佳暄

距上海280公里，占地307平方公里，在盐城市大丰区，有一片上海“飞地”——上海农场。这里，承载着几代上海人的青春记忆。

在“飞地”纽带连接下，大丰与上海从农产品保障向产业联动纵深拓展，这块“飞地”已成为大丰发展的新动能、上海发展的新空间。

走过70年，10万上海知青洒下汗水

在大丰汽车站，记者坐上出租车，听说记者要去上海农场，52岁的司机朱建芳一脸骄傲：“大丰的上海农场是正儿八经的上海‘地界’。因为上海农场，我们跟上海有割不断的情。这个车站每天去上海的车有十几趟，比去南京的还多！”

飞地，是指隶属于某一行政区管辖但不与本区毗连的土地，大丰上海农场是上海几块“飞地”中面积最大的一块。1950年，时任上海市市长陈毅提出在大丰划出一片土地作为上海垦区；1968年开始，上海农场开始接纳第一批上海知青，先后有10万上海知青在此留下足迹，洒下汗水。

70年来，一代又一代建设者在黄海滩涂上垦荒辟壤、发展生产，沧海桑田，农场几多变迁。“上世纪90年代以前，农场生产主要以人力为主，农场曾是周边农民‘赚外快’的地方，农忙的时候，数千村民到农场打工。后来农场机械化程度提高到了98%，用工减少了，但农忙时还需要一些工人来帮忙。”上海农场党委工作部部长王季说。

“改革开放后，农场尝试多元化发展，建起了链条厂、轴承厂、轧花厂。但后来还是认定农场出路是农业。”王季说，2009年，农场加入光明食品集团，如今农场成为上海市民不可或缺的“米袋子”“菜篮子”“肉盘子”。农场年产粮食超过20万吨、生猪规模突破100万头、年产淡水鱼5万吨，分别占上海市场最低保有量的20%、40%和31.25%。

上海农场生活服务公司总经理阮永根老家在大丰新丰镇，1991年大学毕业后到农场从供电所技术员做起，凭努力走上领导岗位。2003年，他等到期待已久的上海户口，还在上海买了一套二手房，让朋友们羡慕不已。

在阮永根印象中，农场和大丰，以往有明显的道路界线，比如进农场的路口，有类似检查站，但现在，界线逐渐打通，一般人从大丰开车到农场，不注意根本没想到已到上海“地界”。农场约1800名职工中，盐城人超过30%，“我刚到农场，领导要求我们过好语言关，不仅要听懂上海话，最好还能说。而现在，上海话、盐城话都是农场通用方言。”

依托“飞地”，大丰成立接轨上海工作部

近年来，农场与大丰的一体化发展在加速。在大家的印象中，这两年农场重大活动都要请大丰区政府参加，而大丰在上海搞推介，上海农场也组团出席。今年4月，大丰区委出台《关于推进区场一体化发展的意见》，明确了在规划编制、产业发展、基础设施、社会事业、生态保护、区域市场

6个方面一体化发展。

据解放日报报道，去年7月，上海市委书记李强专程到上海农场调研，指出农场是满足上海市民对优质农副产品需求的重要供应基地和上海城市未来发展的重要战略空间。

“农场是上海域外最大的现代农业生产基地，但与上海巨大的需求量相比，我们保供能力还不够。”王季说，光明食品集团在上海有品牌有渠道，“在区场一体化发展中，我们将发挥龙头企业带动作用，带动当地合作社、老百姓共同发展。双方合作将从农场307平方公里向大丰3059平方公里乃至更广领域拓展。”

5月，光明集团与大丰区政府在线签署共建“五大生产基地”框架协议书，总投资50亿元。根据协议，双方合作共建1000万羽蛋鸡养殖及深加工、奶牛及乳制品深加工、粮食储备加工、进口牛羊肉深加工以及100万头生猪屠宰深加工基地。

沪苏大丰产业联动集聚区是“飞地经济”的“升级版”。2015年底，盐城市、大丰区、上海临港集团和光明食品集团四方共同签署“开发建设合作协议”，沪苏大丰产业联动集聚区正式揭牌。集聚区位于上海农场境内，面积33平方公里，上海市与江苏省合作开发，是全国唯一省级层面的共建园区。《长江三角洲一体化发展规划纲要》把“加快沪苏大丰产业联动集聚区发展”列入其中。

驱车进入集聚区，现代化产业园区图景雏形初具，总投资5.8亿元的新时代建筑材料、总投资1.3亿元的颐柏科技等“上亿级”项目落户投产。为了推进招商，集聚区汇聚了上海与大丰两地“顶配”人马：临港集团派出40人招商团队往返沪丰之间，大丰也配齐补强队伍。

集聚区管委会副主任陈苏萍说，集聚区全面对标上海松江园区，由沪苏开发公司主导，管委会靠前服务，打造“两家并一家、甘当店小二”的“飞地”合作新样本。

4月13日，年产5GW电池及5GW组件的正泰光伏新能源项目签约。谈起项目落地，陈苏萍记忆犹新，“当时接到项目可能落户的消息，既兴奋又担忧。”手上没有用地规划空间和土地指标，项目如何落地；建设可行性报告来不来得及制定？一系列现实问题萦绕在项目组每个人心中。

“必须‘挂图作战！’”在这张图中，企业、开发公司、管委会列出指标落实、规划设计、配套设施建设等环节，一一标明时间节点。陈苏萍感慨地说，“当一项项任务如期完成，我们真正感受到沪苏合作的力量。”

依托“飞地”，大丰努力靠上海近些再近些。为此，大丰成立了全省唯一的接轨上海工作部。工作部副主任周锐进说，和其他地区接轨上海不同，“北上海”所强调的是，这里本就是上海。

“借梯登高”，大丰全域接轨上海

大丰与上海的合作，早已超出“飞地”本身。在长三角一体化的背景下，大丰正发挥独特优势，打造“全域飞地”，在接轨上海的快车道上走得更远。在大丰经济开发区，记者感受到上海人对大丰的“偏爱”。

2007年，上海纺织裕丰科技有限公司在经开区里的大丰上海纺织园建成投产，成为纺织园内第一个“吃螃蟹的人”。“当时符合条件的备选落户地挺多，但和上海有如此深厚情感的，只有大丰。”公司党委书记华论波回想起选址设厂的往事，深感“选对了”，“大丰城市配套在逐步完善，周末回上海，走苏通大桥只要3个小时，将来通了高铁，可以缩短到1个小时。”

裕丰的落户，为大丰上海纺织园带来了来自上海的三枪、申达川岛等产业链中下游企业，在让当地产业链趋于完整的同时，也给企业实实在在降低了成本。“在同一个园区，上游制纱企业和下游织布企业省去了中间环节，包装、物流和仓储成本都节省下来了。”华论波说。

三枪集团江苏纺织生产保障部经理包云飞给记者展示了一个名为“沪属驻丰企业交流群”的微信群，其中38名成员都是上海驻大丰企业的负责人。“大家在群里分享生活、交流工作、共享资源，希望群里成员越来越多，让大丰成为上海企业的首选。”

上海企业在大丰建厂，不仅是上海产业的简单转移，更是产业的转型升级。华论波说，公司计划在两个月内把总部搬到大丰，形成研发、制作、展览于一体的完整产业链。具备国内一流岩棉制造水准的上海新型建材岩棉有限公司，把研发端和生产端放在大丰，“公司的中层管理人员和技术骨干大多是当地人，企业已经完全融入大丰。”公司副总经理胡卫军笑着说。

“目前，已有光明食品集团、临港集团等50多家上海企业落户大丰。大丰也是上海人青睐的旅游休闲目的地，每年上海到大丰旅游的人数达到200多万人次。”大丰区人大负责接轨上海工作的王连军说，大丰将努力吸引更多上海企业、上海要素、上海资源，实现“借梯登高”。

随着今年年底盐沪高铁建成通车，盐城大丰将快速融入上海“一小时经济圈”，让“飞地”真正插上翅膀。

（摘自2020年7月13日《新华日报》12版）

大丰探路农房改善“后半篇文章”

“红色邻里”品牌党建引领基层治理

卞小燕 杨芸芸

“村里新建的新型农村社区322户，入住率近一半，面临的问题是如何管理？”这是盐城市大丰区刘庄镇友谊村党总支书记束长明曾经的困惑，“新型农村社区是新生事物，小区居民还不是来自同一个村，怎样才能管理好？”

农房改善的“后半篇文章”怎么做？如今在大丰有了探索：将新型农

村社区党建与改善农民群众住房条件工作有机融合，建设“红色邻里”。大丰区委常委、组织部部长、统战部部长陈华说，编织近邻“红色网格”，搭建睦邻“红色阵地”，凝聚亲邻“红色力量”，汇集友邻“红色温暖”，“红色邻里”就是通过党建引领与共建共享、清廉文化、议事协商、文明创建等方面融合，搭建基层治理的大舞台。

织密“红网格”，党组织就在家门口

早晨的西团镇众心村，被欢快的音乐唤醒。

“不用约，每天早上8点前大家笃定来，不是到广场跳舞，就是去文化礼堂吹拉弹唱、看书下棋。”9月28日一早，爱好书法的退休教师张中如从家里出来，像往常一样来到社区文化礼堂，开启他一天的理想生活。

礼堂设在众心新型农村社区里。目前，社区一期120户已搬进新居，二期106户正在建设中。“哪想到能住上这么好的房子？”70岁的徐瑞兰正给门前花草浇水，“农房改善启动之初，群众还有顾虑，我们党员就带头示范。”

“时时作示范，事事我带头。”墙上，党员中心户的红色标牌“亮”着徐瑞兰的身份。这位党龄近50年的老大姐一脸乐呵呵：“党员干部做什么，大家都看着，我带头搬家腾房，妹妹、外甥、邻居们很快就跟上。”

坚持党建引领，大丰构建起“村（居）党总支—网格党支部—党员中心户”三级联动组织架构，建强“红色邻里”主心骨，充分发挥基层党组织和党员在价值引领、宣传动员、联动服务等方面的作用，创新治理格局。

“村民有事，也都找党员说道，党员收集民意，及时反映到村里。”众心村党总支书记葛晓萍说。众心社区挂牌了10个党员中心户，每户包保11户群众，帮助他们解难。

“门前挂标牌，主动亮身份、作承诺，党员中心户通过包挂联户，不断织密联系服务网络，让群众感到‘党组织就在家门口’。”大丰区委组织部副部长吴建卫说。在新型农村社区，村党总支（党委）下属支部全部建在综治网格上，构建党建网格和综治网格“全融合”的“红网格”体系。

与群众靠得近，才能走进群众心里。在刘庄镇友谊村，“一肩挑”着村党总支书记、村委会主任两个角色的束长明没有单独的办公室：“所有村干部都在一楼大厅办公，办公面积小了，服务效率高了，群众不用再跑上楼找我们。”

激活“红细胞”，打造“5分钟服务圈”

十月，稻菽成熟，党员陈岗又忙碌起来。2016年，这个大学毕业后就在无锡开了多年网络公司的年轻人回到家乡友谊村，做起电商。“以前帮别人卖产品，现在帮家乡卖产品。村里种植的黄豆、红豆等农产品品质好，我的收购价比市场价每斤高出一两毛，对上了年纪的村民我们上门服务。”带着大家一起富是陈岗的初衷，现在只要村民打来电话，他就会立即赶过去。

在一张“红色邻里”服务清单上，记者看到，“5分钟服务圈”里有6名红管家、6支服务队、6项服务内容，涉及生活便利、家政便民、环境保洁、医疗应急等服务。群众打电话给服务队，5分钟内就有人上门，如果得不到回应，还可以找“红管家”帮助协调。作为电商店主的陈岗就是服务队的队员。这些服务队，就像红网格里的一个个红细胞，而这“5分钟服务圈”还有个特别响亮的名字：红色邻里“666”服务帮。

“村民住上新房，但土地流转后面临的首要问题是就业，现在哪家有就业需求，第一时间都找我，我与镇上企业对接后，及时反馈信息，并跟踪服务。”负责就业的“红管家”徐艳说。群众有事知道找谁，把服务向下延伸，大丰把党建引领落实落细，红色邻里的党建品牌在基层越叫越响。

将便民服务中心与党群服务中心合在一起，在友谊村服务大厅，群众需要办理的37个事项都能办成。友谊村由三村合并而成，1500户5000人让村卫生室负责人季彩霞走路都“脚下生风”，“卫生室处在三个村的中心位置，村民看病方便了，现在我们不仅看病，还会帮助大家做疾病预防、养生保健，忙是常态。”

系好“红纽带”，“三治融合”营造和谐氛围

“镇党建文化展览馆在小区安了家，社区党员群众有了自己的精神家园。”在大桥镇桃源居社区，镇组织委员单春芳说。

“友善大谊”是友谊村的党建特色品牌。每年，村里都会评选道德楷模、守纪模范、助人为乐等身边榜样。“新型农村社区建成后，精神文化建设得到很大提升，新时代文明实践站每天欢歌笑语，不仅本村人，邻村人也喜欢来看戏听唱。”刘庄镇组织委员王婧告诉记者。

不仅以文化人，补齐精神短板，大丰还构建自治新格局，让更多新型农村社区成立自治组织，推动民事民议、民事民办、民事民管。同时，培育法治新观念，选派党员法律工作者开展驻点服务，引导群众依法办事，形成崇法循法行动自觉。

每周，在刘庄法律服务所工作的律师洪俊高都会雷打不动挤出两天，前来友谊村办公。“接受咨询、调解纠纷，通过我们的专业力量，让小矛盾就地化解，大矛盾协商化解，总之，矛盾不出村，让群众满意。”在友谊村老书记工作室，“民意墙”和“回音壁”上贴着五颜六色的纸片，有问有答，事事落地。

“建立党组织领导下自治、法治、德治‘三治融合’的社区治理体系，红色邻里营造出大事一起干、好坏大家判、事事有人管的和谐氛围。”吴建卫说。

（摘自2020年10月10日《新华日报》头版）

“北上海”发力接轨上海

盐城大丰不只有上海农场，还要打造“全域飞地”

朱凌君

随着盐通高铁建设的迅速推进，按计划今年底盐城人能坐高铁直达上海。最近，一向以“北上海”自居的盐城大丰区在接轨上海上发力。

7月18日，大丰举办了接轨上海重大项目开工签约活动，总投资270.6亿元，涉及新能源、智能制造、食品加工、研学旅游等多个领域。另外，大丰正推进与上海农场一体化发展，在规划编制、产业发展、社会事业、基础设施、生态环境、区域市场等方面做文章。

值得注意的新变化有二：一是光明食品(集团)将与盐城大丰共建五大生产基地；二是此前已在浙江和上海布局的正泰集团，在沪苏大丰产业联动集聚区启动光伏高效电池及组件项目。

盐城大丰与上海多年来亲近，关键在于上海农场这块飞地在大丰，约70%的大丰家庭在上海有亲戚朋友，从大丰上海农场运出来的海丰大米等，是上海人耳熟能详的老牌子。大丰已建成11家上海市外蔬菜主供应基地，2019年从大丰销往上海市场的农副产品销售额达37.5亿元；上海农场年产粮食超过20万吨、生猪规模突破100万头、年产淡水鱼5万吨，分别占上海市场最低保有量的20%、40%和31.25%。

这个“菜篮子”还要变得更大，新的五大生产基地包括1000万羽蛋鸡养殖及深加工、奶牛及乳制品深加工、粮食储备加工、进口牛羊肉深加工以及100万头生猪屠宰深加工基地。飞地的合作互补优势将得到进一步发挥，比如粮食储备加工基地项目，大丰约70%的规模种植大户纳入光明稻米生产基地，采取“公司+合作社+农户”模式进行标准化、订单化种植。预计统一供种每亩降低成本10元左右，统一供药供肥每亩降低成本10元左右，产品收购价每亩高于市场价100元左右，24万亩每年可为大丰种植户增加约3000万元收益。

盐城的雄心，是要将整个大丰为“飞地经济”做配合，打造“全域飞地”。

飞地上不仅有农场，还有沪苏大丰产业联动集聚区。刚落地的正泰光伏高效电池及组件项目，将加速“北上海”临港生态智造城的建设，助推大丰加快形成完整的新能源及装备制造产业体系。沪苏大丰产业联动集聚区作为上海和江苏省级层面唯一合作园区，是国家《长三角区域一体化发展规划纲要》和江苏省、上海市实施方案中，明确支持加快发展的跨区域产业合作园区。

集聚区自带光环。比如，在上海临港集团对旗下园区品牌进行推介时，集聚区总是处于优先位置，在招引工作中，也会向客商等群体首要推荐。在集聚区，一些农业产业化项目还有酒店、超市都直接来自上海投资。去年以来，大丰相继举办了长三角一体化发展对接交流会(大丰专场)、2020长三角农产品新生态高峰论坛等活动，吸引了光明食品、上海临港、东方国际、宝龙集团等一批大企业、大集团前来布局项目、建设基地，为当地高质量发展添能蓄势。

上海农场是满足广大市民对优质农副产品需求的重要供应基地，也是上海城市未来发展的重要战略空间，在长三角更高质量一体化的大背景下，飞地有了更大的想象空间。

(摘自2020年7月22日《解放日报》10版)

“风光电”绘就大丰高质量发展风景线

张兆领　周　昕　朱浩铭

今年以来，大丰的新能源产业及其装备制造业“风头”正劲：

近日公布的全市新能源创新示范十大工程，大丰占了四个；

总投资40亿元的正泰新能源5吉瓦高效电池和组件项目，从签约到开工仅用不到3个月时间，跑出了“大丰速度”；

阿特斯太阳能组件二期项目启动开工，项目全部建成后将具备年产7吉瓦高效光伏组件制造能力，年产值将超过100亿元；

9月7日的2020中国新能源高峰论坛上，总投资40亿元的中天天丰海工装备产业链项目签约落户大丰，其投资体量位居集中签约的8个新能源项目之首；

……

如果说2020中国新能源高峰论坛掀起的是一场新能源产业发展“风暴”，那么这次“风暴”的“风眼”显然在海上风电王国大丰。因为，目前盐城的海上风电装机容量291.3万千瓦，占全国近半，而大丰独占140万千瓦，占盐城近半。

“风头”正劲的大丰，为盐城黄海之滨新添了一道又一道靓丽的“风景线”。

近年来，该区坚持把发展新能源产业作为推进生态优先、绿色发展的重要战略任务全力推进，加快构建系统开发“新格局”、打造制造集群“新高地”、布局智慧能源“新基建”。特别是该区深入贯彻新发展理念，践行“绿水青山就是金山银山”，突出海上风电和光伏两大平台，大力发展新能源及装备制造，招引旗舰型、基地型、引领型项目，集聚研发测试、装备制造、运维服务等上下游企业，构建风光电全产业链，完成了“从无到有”“从有到特”的华丽转身。全区去年新能源及装备制造业开票销售166亿元，占到全市近40%，更为难得的是，今年以来，“风光”产业一路逆势上扬，同比增长6.5%。风光无限的新能源已然成为大丰绘就高质量发展的最靓底色。

深挖资源优势 打通“风光”产业绿色通道

风从海上来，“风口”在大丰！

初秋时节，一件件风电叶片被送到大丰港通用堆场，进行吊装作业，它们将从这里出海运往南非、德国、比利时等地。今年1至8月，该堆场出口叶片总量2120件，同比增长69.3%。

以港口为“门户”东向出海，该区抢抓大丰港铁路支线等项目建设，“公铁水并进、江海河联通”综合集疏运体系正在形成，具备满足大型风力发电机组运输的良好条件。和交通大开放同样吸引眼球的是，大丰设立总规模20亿元的新兴产业投资基金，支持产业项目建设、企业发展壮大；开辟重大项目VIP通道，从洽谈签约到落地投产，实行“全过程、一条龙、菜单式”跟踪对接、上门服务，在资源供给、政策激励、用地指标等方面，最大程度支持海上风电产业发展。

据悉，“十三五”期间，大丰海上风电规划容量415万千瓦，而根据江苏省“十四五”海上风电规划初步成果，大丰预计“十四五”海上风电可规划容量接近1000万千瓦。凭借资源优势，金风科技、中车电机、双瑞风电叶片等一大批行业重量级企业纷纷“抢滩登陆”大丰，呈现出“中国风电看海上，海上风电看大丰”的发展态势。与此同时，光伏产业也传来好消息，预计到“十四五”，大丰将形成超过20吉瓦电池和组件的生产规模。

攻坚重大项目 筑牢绿色发展坚实底盘

“这里拥有得天独厚的风电资源和良好的投资环境，新能源产业链越来越完善。”9月7日，中天科技海洋产业集团副总裁薛建凌一语道出项目落户大丰的原因。

攻坚重大项目，不单是新能源产业。当前，大丰持续放大优质资源和龙头企业效应，在海上风电、光伏、新能源汽车及零部件和新一代电子信息及智能终端等产业上，重点突破，做大做强，形成产业链条。9月10日召开的全区春季招商攻坚赛总结暨秋季招商大会战动员大会提出，聚焦优势主导产业，精准发力攻坚突破产业链重大项目，在区域上以“北、上、深”等大城市及韩国为重点，产业上以既定的主导产业为重点，对象上以央企国企、上市公司、行业前20强为重点，聚力突破10亿元以上产业链项目。会上还发放《大丰区新基建产业招商地图》手册，明晰了5G、特高压、工业互联网等7大产业招商地图，让招商人员可以“按图索骥”，迅速掀起“你追我赶、比学赶超”秋季招商会战新热潮。

项目招引聚焦点，项目建设也在同步进行。数据显示，目前，大丰新基建重点项目共39个，计划总投资539.7亿元，其中今年计划总投资138.8亿元。随着阿特斯太阳能组件、正泰新能源5吉瓦高效电池和组件、中天天丰海工装备产业链等一批重大项目落户投产，以及金风科技、中车电机等领军企业存量增长，到“十四五”末，全区新能源及装备制造业将实现千亿销售规模。值得一提的是，盐通高铁开通后，大丰将全面融入上海一小时通勤圈、北京一日商务圈，这为该区未来绿色转型创造更多“可能”。

夯实“链长”机制 新起点上谋划全新蓝图

产业发展，关键在人。面对新机遇、新挑战，大丰主动融入国内国际新发展格局，在新起点上谋划全新蓝图。今年8月，大丰区委十二届十次全会提出“突出集聚集群，推动新兴产业链式发展。大力推行‘链长制’，实行‘一条产业链、一位区领导、一个工作专班、一位专班负责人’的‘四个一’推进机制，形成‘点线块面’系统推进之势。”

紧接着，9月9日召开的区委常委会研究并原则同意《关于实施产业链链长制的工作方案》，该方案明确区委书记为新能源及装备制造产业链长，区委副书记、区长为新能源汽车及零部件产业链长，区委常委、常务副区长为新一代电子信息及智能终端产业链长，充分发挥总牵头、总协调作用，定期会办研究，全力攻坚龙头型、基地型、领军型项目，不断增强产业链群发展后劲。

在相关政策推动下，大丰今年力争实现新能源及装备制造开票销售突破200亿元，新能源汽车及零部件、新一代电子信息及智能终端开票销售突破100亿元。展望“十四五”，该区发改委主任夏文锦充满信心：“我们将通过‘链长制’，新基建招商地图等专项机制，持续扩大新兴产业链条。相信在不久的未来，大丰三大新兴产业开票销售将占据全区经济发展的‘半壁江山’。”

（摘自2020年9月25日《盐阜大众报》头版头条）

（区委通讯站）

文 件 目 录

中共盐城市大丰区委员会文件目录（摘要）

01–23　关于表彰2019年度招商先进个人和高质量重大项目攻坚赛先进集体的决定

01–24　关于表彰2019年度十佳企业家和星级企业的决定

01–28　关于成立区委应对新型冠状病毒感染肺炎疫情工作领导小组的通知

02-01 关于深入贯彻落实习近平总书记重要指示精神切实加强领导坚决打赢疫情防控阻击战的通知
02-03 关于表彰2019年度全区综合考核先进集体和先进个人的决定
02-26 关于印发《中共盐城市大丰区委常委会议事决策规则》的通知
03-26 关于促进2020年度旅游经济发展的意见
04-02 关于抓好"三农"领域重点工作确保如期实现高水平全面小康的实施意见
04-13 印发《贯彻落实中共盐城市委盐城市人民政府〈关于中央纪委国家监委纪检监察建议整改工作方案具体整改措施〉工作任务清单》的通知
04-27 关于推进大丰与上海农场一体化发展的意见
04-27 关于进一步扩大对外开放推动经济高质量发展的实施意见
05-14 关于表扬2019年度"十佳政法单位""十佳政法干警"的决定
05-19 关于印发《全区重大项目建设决策审查制度》的通知
06-01 印发《关于在全区开展"比学赶超、进位争先"活动的实施意见》的通知
07-09 关于印发《大丰区招商引资奖励办法》的通知
07-24 关于命名表彰2018-2019年度大丰区文明创建先进集体的决定
08-18 关于印发《大丰区基层党委(党组)落实全面从严治党主体责任办公室履责暂行办法》的通知
08-24 关于印发《新时代大丰产业工人队伍建设改革实施方案》的通知
09-05 关于表彰2020年度春季招商攻坚赛先进集体的决定
09-08 关于表扬大丰区"十佳师德模范""十佳教学精英""十佳班主任""十佳乡村园丁"和"十佳校长"的决定
09-23 关于全面实施预算绩效管理的实施意见
09-25 关于印发《2020年度镇(街道)、区(园)综合考核意见》《2020年度各级机关部门(单位)综合考核意见》的通知
09-29 关于加快推进镇域经济发展的实施意见
10-22 印发《关于深化改革加强食品安全工作的实施办法》的通知
11-18 印发《关于进一步优化行政审批服务助力高质量项目加快建设的意见》的通知
12-29 关于支持大丰港经济开发区加快高质量发展的意见
12-29 关于2020年全区乡村振兴战略实施情况的报告

盐城市大丰区人大常委会文件目录(摘要)

01-19 关于区人大常委会领导分工和挂钩联系镇级人大工作的通知
02-04 关于印发《盐城市大丰区人大常委会2020年工作要点》的通知
02-12 关于贯彻落实省人大常委会《决定》和市人大常委会《通知》的意见
03-20 关于盐城市大丰区人大常委会内务司法工作委员会更名为盐城市大丰区人大常委会监察和司法工作委员会有关事项的决定
03-20 关于区人民代表大会代表建议、批评和意见的处理办法
03-20 盐城市大丰区人大代表履职考核评价办法
03-23 关于盐城市大丰区十五届人大四次会议第1号代表议案的交办意见
03-27 关于推动决胜高水平全面建成小康社会的决定
05-12 关于表彰2019年度镇级人大工作先进单位的决定
05-28 关于检查《中华人民共和国传染病防治法》和《江苏省实施〈中华人民共和国传染病防治法〉办法》贯彻实施情况报告的审议意见
05-28 关于《中华人民共和国土壤污染防治法》贯彻落实情况的审议意见
05-28 关于部门接受专项工作评议情况报告的审议意见
07-30 关于上半年国民经济和社会发展计划执行情况报告的审议意见
07-30 关于2019年区本级财政决算、审计工作报告及2020年上半年预算执行情况的审议意见
10-10 关于我区农业"123"重点工程建设情况报告的审议意见
10-10 关于挖掘和放大世遗优势的审议意见
11-05 关于表彰2019—2020年度"十佳模范代表"、代表活动积极分子、代表活动先进小组和优秀联络员的决定
11-05 关于表彰区十五届人大四次会议人大代表优秀议案和建议的决定
12-31 关于批准2020年财政预算调整的决议

盐城市大丰区人民政府文件目录（摘要）

01–09 关于在市场监管领域全面推行部门联合“双随机一公开”监管的通知
01–10 关于表彰2019年度全区安全生产工作先进集体和先进个人的决定
01–10 关于表彰2019年度全区食品安全工作先进集体和先进个人的决定
01–23 关于印发《全区招商引资跨区域落户项目共建共享激励政策》的通知
02–10 关于下达2020年度财政收入预算的通知
02–10 关于下达2020年区政府为民办实事项目任务的通知
02–25 关于印发《2020年大丰区域城市建设大会战实施意见》的通知
03–02 关于切实做好全区第七次全国人口普查工作的通知
03–04 关于印发《盐通高铁、沪丰大道沿线环境整治工作实施方案》的通知
03–19 关于表彰2019年度法治政府建设工作先进集体和先进个人的决定
03–24 关于成立盐城市斗龙港生态旅游度假区（集团）发展有限公司的通知
04–09 关于印发《盐城市大丰区闲置土地清理处置工作方案》的通知
04–14 关于表彰2019年度服务业发展工作先进集体和先进个人的决定
04–17 关于表彰2019年度全区科技工作先进集体和先进个人的决定
04–22 关于表彰2019年度全区消防工作先进集体和先进个人的决定
04–22 关于表彰2019年度全区金融工作先进集体和先进个人的决定
04–22 关于表彰2019年度全区人力资源社会保障工作先进集体和先进个人的决定
05–11 关于印发《盐城市大丰区政府投资项目审计监督办法》的通知
05–14 关于印发《关于盐城市大丰区改善农民群众住房条件土地复垦项目实施办法》的通知
05–20 关于加快推进2020年现代服务业高质量发展的实施意见
05–26 关于印发《全区2020年度民兵组织整顿工作方案》的通知
06–01 关于表扬2019年度全区卫生健康工作先进集体和先进个人的决定
06–19 关于印发《盐城市大丰区镇级债务化解三年行动方案》的通知
07–09 关于2020年秸秆综合利用工作的实施意见
07–14 关于2019年食品安全工作评价考核反馈问题整改情况的报告
08–10 关于授予2019年度盐城市大丰区区长质量奖及提名奖的决定
08–12 关于表扬大丰区第三届“人民满意好医生”的决定
09–01 关于印发盐城市大丰区国土空间规划利用工作委员会工作规则的通知
09–11 关于表彰2019年度财税工作先进单位和先进个人的通知
09–11 关于印发《盐城市大丰区生态文明建设规划（2018—2021编修）》的通知
09–21 关于表彰十佳新型农民、十佳农民经纪人和十佳农产品直播带货达人的决定
09–21 关于印发《盐城市大丰区紧密型县域医疗卫生共同体建设实施方案（试行）》的通知
09–21 关于印发《盐城市大丰区区级医疗卫生机构建设三年行动计划实施方案》的通知
11–16 关于公布大丰区征地区片综合地价标准的通知
11–25 关于公布2020年大丰区职业技能大赛优秀选手和选送单位名单的通知
12–21 关于印发《盐城市大丰区重大行政决策目录管理办法》等三个重大行政决策程序规定配套文体的通知
12–21 关于印发盐城市大丰区突发事件总体应急预案的通知
12–31 关于农贸市场建设资金奖补的实施细则

政协盐城市大丰区委员会文件目录（摘要）

01–05 关于表彰2019年度全区政协工作先进集体、先进个人的决定
01–18 关于主席会议成员工作分工的通知
02–03 关于成立新型冠状病毒感染的肺炎疫情防控工作领导小组的通知
05–26 关于推进我区项目建设工作的建议案
12–11 全区政协2020年度先进集体、先进个人评选表彰计划
12–21 关于我区“十四五”规划编制工作的建议案

统 计 资 料

分行业地区生产总值

表57

单位：亿元

指 标	2020年	2019年	以2019年为100的可比价速度（%）
地区生产总值	686.78	650.36	4
农林牧渔业	104.76	94.69	2.7
工业	198.09	195.66	3.6
建筑业	26.8	28.27	-2.1
批发和零售业	62.09	58.36	4
#批发业	37.98	34.94	5.6
零售业	24.11	23.42	1.6
交通运输、仓储和邮政业	34.26	33.58	4.3
住宿和餐饮业	11.31	12.21	-9.8
#住宿业	2.38	2.7	-8.1
餐饮业	8.94	9.51	-10.2
金融业	60.01	53.03	9.9
房地产业	56.23	46.58	8.5
其他服务业	133.23	127.98	3.7
第一产业	98.64	88.72	2.7
第二产业	224.61	223.65	3
第三产业	363.54	337.99	4.9
人均地区生产总值（元）	106502	101145	3.7

国民经济与社会发展总量与速度指标

表58

指　标	总量指标						环比速度指标%					
	2015年	2016年	2017年	2018年	2019年	2020年	2015年	2016年	2017年	2018年	2019年	2020年
一、人口（万人）												
年末总人口	71.72	71.65	71.45	71.09	70.66	70.1	-1.1	-0.1	-0.28	-0.5	-0.6	-0.8
常住人口	63.67	63.8	64	64.2	64.4	64.57	-0.4	0.2	0.3	0.3	0.3	0.3
二、就业（万人）												
单位从业人数	5.83	5.51	5.18	5.2	4.25	4.46	-5.6	-5.5	-6	0.5	-18.2	4.9
国有经济	2.2	2.19	2.16	2	2.15	2.59	-2.4	-0.4	-1.4	-7.4	7.5	20.4
城镇集体	0.14	0.14	0.11	0.11	0.11	0.15	-7.8	—	-25.4	6.3	-1	32.5
其他经济	3.48	3.17	2.91	3.09	1.99	1.73	-7.5	-8.9	-8.2	6.2	-35.5	-13.2
三、国民经济核算（亿元）												
地区生产总值	482.37	522.67	574.44	621.52	650.36	686.78	11.1	9.5	7.5	5.2	5.1	4
第一产业增加值	75.36	77.69	80.26	84.75	88.72	98.64	3.9	1.3	2.8	3.4	3	2.7
第二产业增加值	180.51	188.91	209.24	225.08	223.65	224.61	11.6	9.7	6.2	2.3	1.4	3
工业	153.1	160.61	185.1	198.66	195.66	198.09	10.7	9.8	7.5	1.2	1.1	3.6
第三产业增加值	226.5	256.07	284.94	311.7	337.99	363.54	13	10.8	10.1	7.9	8.3	4.9
人均地区生产总值（元）	75613	82007	89897	96961	101145	106502	11.1	9.5	7.6	5.4	5.3	3.7
四、工业（亿元）												
规模以上工业总产值	840.88	944.76	936.58	865.45	812.53	884.24	—	—	—	—	—	—
规模以上工业主营业务收入	785.93	920.18	887.81	841.23	835.04	938.62	—	—	—	—	—	—
工业用电量（亿千瓦时）	41.29	43.65	44.86	52.06	48.45	56.8	-7.5	5.7	2.8	16.1	-6.9	17.2
五、固定资产投资（亿元）												
固定资产投资	394.95	453.8	494.64	341.54（新口径）	362.01（新口径）	392.7（新口径）	22.4	14.9	9	8.6（按新口径）	5.7（按新口径）	4.2（按新口径）
工业投资	237.55	266.31	294.84	240.05（新口径）	254.66（新口径）	218.73（新口径）	20.6	12.5	7.9	15.3（按新口径）	6.1（按新口径）	-14.1（按新口径）

续表58

指　标	总量指标						环比速度指标%					
	2015年	2016年	2017年	2018年	2019年	2020年	2015年	2016年	2017年	2018年	2019年	2020年
六、农业(亿元)												
农林牧渔业总产值	166.79	171.02	173.23	152.07	160.46	182.22	2.9	2.5	1.3	0.5	3.2	2.7
农业	81.31	81.83	83.61	71.14	72.78	83.88	3	0.6	2.2	0.3	4.1	2.1
林业	4.12	4.15	4.14	3.32	3.49	4.39	7.3	0.7	−0.3	4.3	3.8	5.2
牧业	34.71	36.95	36.52	27.98	30.51	36.83	0.1	6.5	−1.2	0.6	−1.8	3.3
渔业	35.61	36.72	37.7	39.14	42.2	45.3	5.1	3.1	2.7	0.5	5.1	2.9
农林牧渔业服务业	11.04	11.36	11.36	10.49	11.48	11.82	3	2.9	—	−0.7	2.9	3.3
七、主要农产品产量												
粮食(万吨)	85.69	86.05	92.71	86.99	90.94	91.34	4.4	0.4	7.7	−6.2	4.5	0.4
棉花(万吨)	0.87	0.5	0.23	0	0	0	−66.6	−41.9	−54.4	−100	—	—
油料(万吨)	5.19	5.11	4.99	2.91	2.42	2.51	−11.2	−1.4	−2.4	−41.7	−16.7	3.7
生猪年末存栏数(万头)	44.56	42.3	51.76	50.85	27.99	48.18	1.1	−5.1	22.4	−1.8	−45	72.1
水产品(万吨)	17.5	17.7	17.7	17.52	17.37	17.36	0.5	1.1	—	−1.1	−0.8	−0.1
肉类总产量(万吨)	11.66	11.22	10.77	10.48	11.17	8.32	−15.4	−3.7	−4	−2.7	6.6	−25.5
蚕茧(吨)	927	749	713	669	760	624	−23.2	−19.2	—	−6.2	13.6	−17.9
禽蛋(万吨)	6.46	4.85	3.82	5.68	6.06	7.34	−3.9	−24.9	−21.2	48.7	6.7	21.1
八、运输和邮电												
客运量(万人)	961	948	828	912	934	589	−2.9	−1.4	−12.7	10.1	2.4	−37
货运量(万吨)	1046	1039	1100	1113	1133	1038	5.3 (新口径)	−0.7	5.9	1.2	1.8	−8.4
旅客周转量(万人公里)	54344	53529	43585	43203	45370	52100	−3	−1.5	−18.6	−0.9	5	14.8
货物周转量(万吨公里)	248808	246701	255284	243410	268450	251500	5.4 (新口径)	−0.8	3.5	−4.7	10.3	−6.3
邮政业务总量(万元)	7838.91	8638.21	10363.33	12734.65	21148.4	19811.03	12.5	10.2	20	22.9	66.1	−6.3
出口计费函件(万件)	67.97	58.15	21.72	15.75	11.22	8.87	−61.2	−14.4	−62.6	−27.5	−28.8	−20.9
订销报纸累计份数(万份)	1336.07	1215.76	1271.84	1223.25	1222.84	1659.21	−5.3	−9	4.6	−3.8	0	35.7
九、贸易												
社会消费品零售总额(亿元)	155.58	172.77	189.36	187.89	202.74	205.85	11.8	11.1	9.6	6.8	7.9	1.4
自营出口额(万美元)	89450	87432	110513	115544	113087	143000	15.5	−2.3	26.4	4.5	−2.1	26.5
实际利用外资(万美元)	18720	14456	11357	15003	5139	11184	−9.1	−22.8	−21.4	32.1	−65.7	117.6

续表58

指 标	总量指标						环比速度指标%					
	2015年	2016年	2017年	2018年	2019年	2020年	2015年	2016年	2017年	2018年	2019年	2020年
十、财政（亿元）												
财政收入	86.55	77.9	76.85	85.19	80.41	81.71	11.8	-10	-1.4	10.9	-5.5	1.6
一般公共预算收入	69.33	59.26	52.5	55.13	51.01	53.57	15.5	-14.5（同口径-2）	-11.4（同口径15）	5	-7.5	5
一般公共预算支出	94.76	89.38	84.66	91.06	96.07	112.6	14.3	-5.7	-5.3	7.6	5.5	17.2
十一、金融（亿元）												
银行年末存款余额（本外币）	502.11	620.16	703.68	751.88	835.16	1017.99	14.2	23.5	13.5	6.9	11.1	21.9
银行年末贷款余额（本外币）	335.03	396.81	469.05	561.58	709.59	856.46	17.1	18.4	18.2	19.7	26.4	20.7
城乡居民储蓄余额（本外币）	312.38	338.54	350.41	360.94	400.57	462.74	13.7	8.4	3.5	3	11	15.5
十二、物价（%）												
零售物价总指数	101.3	101.7	102.1	102.8	103.8	101.5	1.3	1.7	2.1	2.8	3.8	1.5
居民消费价格总指数	101.2	101.5	101.2	102.8	103.9	103.6	1.2	1.5	1.2	2.8	3.9	3.6
十三、教育（万人）												
各类在校学生	7.02	6.92	6.59	6.56	6.56	6.55	-3.7	-1.4	-4.8	-0.5	0.1	-0.3
普通中学	2.3	2.25	2.18	2.16	2.16	2.15	-5	-2.2	-2.9	-1	-0.1	-0.5
小学	2.75	2.71	2.72	2.76	2.78	2.78	-1.1	-1.5	0.4	1.4	0.9	0
十四、卫生												
卫生机构数（个）	42	42	42	350（卫生部口径）	364（卫生部口径）	363（卫生部口径）	5	—	—	—	4	-0.3
床位（张）	3499	3514	3431	3482	3725	3893	8.8	0.4	-2.4	1.5	7	4.5
卫生技术人员（人）	2894	2884	3067	3955	4120	4540	5.6	-0.3	6.3	29	4.2	10.2
十五、人民生活												
全体居民人均可支配收入（元）	23291	25445	28125	30590	33279	34973	9.1	9.3	10.5	8.8	8.8	5.1
城镇常住居民人均可支配收入（元）	28752	31104	33717	36462	39437	40975	9.1	8.2	8.4	8.1	8.2	3.9
农村常住居民人均可支配收入（元）	17918	19480	21202	23055	25121	26754	9.2	8.7	8.8	8.7	9	6.5

人口、户数及构成

表59

指　标	2017年	2018年	2019年	2020年
全区总人口（万人）	71.45	71.09	70.66	70.1
按性别分：				
男（万人）	35.7	35.51	35.3	35.01
比重（%）	49.97	49.95	49.96	49.94
女（万人）	35.74	35.58	35.36	35.09
比重（%）	50.03	50.05	50.04	50.06
按城镇和乡村分：				
城镇人口（万人）	41.72	42.36	42.87	43.38
比重（%）	58.4	59.58	60.67	61.88
乡村人口（万人）	29.72	28.73	27.79	26.72
比重（%）	41.6	40.42	39.33	38.12
全区总户数（万户）	27.06	26.87	26.72	26.47
平均每户人口（人）	2.64	2.65	2.64	2.65
年平均人口（万人）	71.55	71.27	70.88	70.38
人口密度（人/平方千米）	237.52	236.34	234.91	233.05
出生人数（人）	6953	4999	4015	4072
#男	3634	2579	2060	2157
女	3319	2420	1955	1915
出生率（‰）	9.72	7.01	5.66	5.79
死亡人数（人）	6467	5925	5221	6573
#男	3486	3190	2809	3483
女	2981	2735	2412	3090
死亡率（‰）	9.04	8.31	7.37	9.34
自然增长（人）	486	-926	-1206	-2501
自然增长率（‰）	0.68	-1.3	-1.71	-3.55

说明：1、城镇和乡村人口数据以城镇化率推算。

2、根据第七次全国人口普查结果，对2010-2020年常住人口城镇化率等数据进行修订，此表历年有关数据为修订后数据。

规模以上工业企业主要经济指标

表60 单位：万元

指标	2019年	2020年
企业单位数（个）	441	474
#亏损企业（个）	111	111
工业总产值（当年价）	8125337	8842423
营业收入	8622351	9723721
其中：主营业务收入	8350358	9386242
利税总额	328077	754495
利润总额	229752	523333
亏损企业亏损额	166312	170866
工业产品销售率（%）	98.37	100.94
年平均用工人数（人）	64716	62638

数据来源：联网直报工业年报。

固定资产投资

表61 单位：万元

指标及分类	2019年	2020年
规模以上固定资产投资	3216340	3384672
其中：规模工业投资	2546641	2187290
房地产开发投资	403808	542431

规模以上工业企业单位数

表62　　单位：个

分　类	2019年	2020年
总　计	441	474
总计中：乡镇工业	255	267
区直工业	186	207
总计中：国有企业	1	5
集体企业	0	0
股份合作企业	0	0
外商及港澳台投资	52	50
大型企业	8	8
中型企业	31	25
小型企业	372	384
总计中：轻工业	176	178
重工业	265	296
丰华街道	18	21
大中街道	47	46
草堰镇	15	14
白驹镇	19	19
刘庄镇	14	16
西团镇	31	30
小海镇	14	18
大桥镇	8	10
草庙镇	8	8
万盈镇	19	19
南阳镇	16	16
新丰镇	32	36
三龙镇	14	14
苏盐合作区	4	2
沪苏集聚区	3	6
经济开发区	97	108
大丰港经济区	58	65
常州高新区	24	26

说明：大中农场2家企业调整南阳镇统计，方强农场3家企业列入三龙镇统计。

对外经济基本情况

表63

指　　标	2019年	2020年
外贸		
自营进出口总额（万美元）	235753	287000
自营出口（万美元）	113087	143000
自营进口（万美元）	122666	144000
外资		
新签协议（合同）数（个）	15	19
协议（合同）外资金额（万美元）	25730	25148.94
实际利用外资金额（含境外借款）（万美元）	5139	11184

各镇（街道、场）土地面积

表64　（2020年）

镇（街道、场）	土地面积（平方千米）	镇（街道、场）	土地面积（平方千米）	镇（街道、场）	土地面积（平方千米）
合　　计	3008.08	小　　海	123.81	大中农场	79.45
大中街道	133.46	大　　桥	98.74	方强农场	27.12
丰华街道	65.82	草　　庙	124.14	东坝头农场	11.94
草　　堰	95.86	万　　盈	142.04	上海农场	296.48
白　　驹	113.27	南　　阳	94.29	其　　他	989.89
刘　　庄	96.39	新　　丰	276.21	—	—
西　　团	86.38	三　　龙	152.79	—	—

说明：此表数据由区自然资源和规划局提供。

城镇常住居民家庭就业与收支情况

表65

（2020年）

指　　标	大丰区	指　　标	大丰区
平均每户家庭常住人口（人）	2.51	人均生活消费支出	20299
平均每户就业人口（人）	1.75	食品烟酒	5846
平均每一就业人口负担人数（人）	1.43	衣着	1284
平均每户就业面（%）	69.83	居住	3179
人均可支配收入	52.9	生活用品及服务	1042
工资性收入	21972	交通通信	3469
经营净收入	6736	教育文化娱乐	3552
财产净收入	2554	医疗保健	1470
转移净收入	9713	其他用品及服务	457

各镇（区）农村居民人均可支配收入

表66

单位：元

镇（区）	2019年	2020年	比2019年（±%）	镇（区）	2019年	2020年	比2019年（±%）
大　中	29253	31212	6.7	万　盈	25328	26974	6.5
草　堰	24960	26582	6.5	南　阳	27509	29325	6.6
白　驹	25937	27597	6.4	新　丰	27529	29401	6.8
刘　庄	25775	27502	6.7	三　龙	25445	27124	6.6
西　团	25798	27449	6.4	经济开发区	25825	27530	6.6
小　海	24990	26665	6.7	大丰港经济区	25552	27264	6.7
大　桥	25289	27008	6.8	高新技术区（丰华街道）	28581	30438	6.5
草　庙	25681	27350	6.5				

农村基本情况

表67

指　标	2019年	2020年	比2019年（±%）
一、村组织情况			
村民委员会（个）	208	208	0
村民小组（个）	1296	1296	0
二、乡村户数、人口			
乡村总户数（万户）	20.41	20.22	-0.9
乡村总人口（万人）	52.98	52.48	-0.9
三、乡村实有从业人员（万人）	29.98	29.88	-0.3
1、农业	8.83	8.69	-1.6
2、工业	7.67	7.69	0.3
3、建筑业	2.55	2.58	1.2
4、交通运输仓储和邮电通讯业	1.51	1.54	2
5、信息传输、计算机服务和软件业	0.28	0.29	3.6
6、批发、零售、贸易业、餐饮业	1.51	1.52	0.7
7、住宿和餐饮业	0.59	0.57	-3.4
8、金融保险业	0.22	0.23	4.5
9、房地产社会服务业	0.17	0.2	17.6
10、卫生体育和社会福利业	0.17	0.17	0
11、教育文化艺术和广播电视事业	0.17	0.17	0
12、科学研究和综合技术服务事业	0.06	0.06	0
13、乡村经济管理	0.2	0.2	0
14、其他	6.05	5.97	-1.3

各镇（区、街道）居委会和村委会名称

表68

（2020年）

镇别	居、村委会数（个）	居委会数（个）	居委会名称	村委会数（个）	村委会名称
合计	265	57		208	
大中	43	23	大华、大新、康平、人民、沿河、大刘、老街、新街、城中、健东、建业、育红、东宁、建西、飞达、新村、新团、西河口、滨河、新德、朝阳、建丰、浦江	20	红花、泰西、德丰、同德、新团、光明、老坝、八灶、泰丰、双喜、利民、恒北、恒丰、恒南、阜北、大新、福丰、元丰、晋丰、晋北
丰华	13	5	新东苑、高新、裕华、海棠、香榭丽	8	阜南、阜丰、丰裕、万丰、朝荣、海防、天祥、海丰
草堰	13	1	竹溪	12	丁溪、双河、双垛、合新、草堰、三元、西渣、成文、竹园、三新、三渣、界中
白驹	17	1	海宁	16	洋心、沿堤、马家、民窑、团结、狮子口、汤舍、肖坳、进步、新垛、窑港、七里桥、三里树、唐西、朱舍、东窑
刘庄	15	3	紫林、三圩、云溪	12	光荣、新桥、友谊、民主、良好、建成、润民、胜利、竞赛、龙心、东联、东方
西团	13	2	大龙、建设	11	北团、西团、西灵、龙窑、众心、黄浦、九一、新中、赵场、马港、描花
小海	15			15	温泉、无泊、海团、江北、新圩、北虹、唐中、杨树、新村、小洋、徐南、海西、新窑、小海、南团
大桥	13			13	大桥、潘镦、潘南、方向、中业、中港、联丰、双丰、东塔、江岸、川南、洋南、中合
草庙	16	2	草庙、川东	14	东灶、川洋、竹港、北灶、川竹、庆生、圩东、新海、五总、四灶、新场、新东、丁东、沿河
万盈	18			18	兆丰、益民、文达、六里、苗丰、万盈、三合、天池、沈灶、双灶、六川、西灶、金龙、双福、双星、康宁、殷灶、顾灶
南阳	13	1	南阳	12	城乡、广丰、祥北、祥南、祥西、诚心、裕海、民心、东旺、吉兴、沿海、通商
新丰	38	9	民主、团结、新淮、和平、新北、金墩、四岔河、龙堤、方强	29	鼎丰、时丰、裕南、裕北、仁北、金西、同丰、全心、群乐、仁南、金东、大团、沙港、太兴、赤旗、车滩、永跃、万众、小团、长坍、腰港、老墩、三总、引水、圩中、五丰、安龙、齐贤、大明
三龙	22	3	龙王庙、丰富、斗龙	19	龙西、龙东、丰余、龙南、丰富、下坝、斗龙港、前进、斗龙、东红、开明、新丰、洋桥、持久、久丰、增产、新坍、富强、和平
开发区	12	4	新民、新城、上海花园、蝴蝶湾	8	和瑞、七灶河、灶圩、同圣、建设、龙福、长安、河口
港区	4	3	王港、海湾、海港	1	南新

（区统计局）

〖编辑　刘洪芳〗

索引

说明

1.本索引采用内容分析法编制，按汉语拼音顺序排列。

2.标引词后的数字表示内容所在页码，数字后的字母a、b、c分别表示左、中、右栏。

3.卷首、特载、大事记、荣誉栏、附录等内容未作索引。

4.本索引编有附见系统和参见系统。主款目下行空一格排列者为附见条目，标引词后的第二个页码起为参见页码。

5.栏目、分目标题用黑体字标示。表格均注明“(表)”字样。

6.索引标引词一般采用中心词或简称。“省”即江苏省，“市”即盐城市，“区”即大丰区。

A

B

G

H

J

K

L

R

S

T

W

X

Y

〖编辑　於晨婷〗